MEIN GARTEN

MEIN GARTEN

PFLANZEN, PFLEGEN, GENIESSEN

PETER MCHOY
SUSAN BERRY UND STEVE BRADLEY

EDITION LEMPERTZ

IMPRESSUM

Mathias Lempertz GmbH
Hauptstr. 354
53639 Königswinter
Tel.: 02223 / 900036
Fax: 02223 / 900038
Info@edition-lempertz.de
www.edition-lempertz.de

Deutsche Ausgabe: Mein Garten

Englische Originalausgabe:
Original Title: HOW TO GARDEN

Deutsche Übersetzung: Horner Translation GmbH
(www.translation-horner.com), Christoph Birnbaum

Umschlaggestaltung: Patrick McLeavey Partners, Petra Hammermann

Satz und Layout: Petra Hammermann

Printed and bound in Slovakia

ISBN: 978-3-941557-98-7

Inhaltsverzeichnis

3 Gartenarbeit im Jahreswandel

4 Zimmerpflanzen

EINLEITUNG

Eine von Erfolg gekrönte Gartenarbeit ist das Ergebnis sorgfältiger Planung, sachkundiger Ausführung, einer gewissen Kenntnis und einem Verständnis für Pflanzen. Dieses Buch bietet kreative Ideen für jeden Garten – für alle Arten der Gestaltung und jede Größe und gibt praktische Hilfestellung bei allgemeinen Gartenbauproblemen. Es erklärt, wie Sie Ihren Garten planen und gestalten und, was mindestens genauso wichtig ist, wann Sie dies tun sollten.

Um das Beste aus Ihrem Garten herauszuholen, müssen Sie als Erstes entscheiden, was Sie von ihm wollen und dann ausarbeiten, wie dies erreicht werden kann, wobei Sie die Geländeform, die Bodenbeschaffenheit und die klimatischen Gegebenheiten berücksichtigen sollten. Da dieses Buch alle Aspekte der Gartenplanung behandelt, wird im ersten Abschnitt erklärt, was man berücksichtigen muss, wenn man ein Gartendesign entwirft. Ob Sie einen Bereich in einem bereits bestehenden Garten anpassen oder das gesamte Grundstück neu anlegen wollen - Sie erhalten jede Menge Informationen, die Ihnen helfen, die Formgebung, die Landschaftsgestaltung und die Grenzen zu planen. Auch die Feinarbeit, wie das Setzen eines bestimmten Blickfangs, Pergolen und Beleuchtung, die die Ansicht und die Perspektive völlig verändern können, werden behandelt.

Der zweite Teil des Buches enthält eine Übersicht der Pflanzen. Dieser Abschnitt ist nach bestimmten Vorlieben oder allgemeinen Merkmalen angeordnet und wird sich als unschätzbarer Leitfaden erweisen, um die Pflanzen auszusuchen, die unter den bestimmten Bedingungen Ihres Gartens wachsen. Er wird Ihnen helfen, die richtigen Pflanzen für genau den richtigen Platz zu wählen – es gibt nichts Schlimmeres als eine wertvolle Pflanze in die falsche Umgebung zu pflanzen und zuzusehen, wie sie eingeht. Und wenn Ihre Lieblingspflanze nicht unter den Bedingungen wächst, die Sie ihr bieten können, dann werden Ihnen die Tipps in diesem Abschnitt helfen, eine passende Alternative zu finden. Mit Hilfe der Hinweise zur Bodenbeschaffenheit und dem Feuchtigkeitsbedarf können Sie die örtlichen Bedingungen für besonders empfindliche oder anspruchsvolle Pflanzen verbessern. Pflanzen mit besonderen Duftstoffen und Winterfarben werden ebenfalls behandelt.

Die sorgfältigste Planung und Vorbereitung ist jedoch nutzlos, wenn sie nicht durch praktische Kenntnisse, z. B. wann die wichtigsten Arbeiten erledigt werden sollten, ergänzt werden. Der dritte Abschnitt des Buches widmet sich den besonderen Bedürfnissen eines Gemüse- und Blumengartens, dem Gewächshaus und dem Wintergarten während des gesamten Gartenjahrs.

Da die Gartenarbeit sehr stark von der Witterung abhängig ist, sind die Aufgaben nach der jeweiligen Jahreszeit geordnet, so dass Sie Ihren Zeitplan entsprechend den klimatischen Bedingungen anpassen können.

Der letzte Abschnitt des Buches ist denjenigen gewidmet, für die die Leidenschaft für Pflanzen so weit geht, dass sie sowohl drinnen wie draußen gedeihen sollen. Jede Gattung von Zimmerpflanzen wird detailliert beschrieben. Dieser Abschnitt wird Ihnen eine unschätzbare Hilfe sein – egal, ob Sie nur einige Topfpflanzen im Haus oder einen Wintergarten voller Pflanztröge haben.

Dieses Buch bietet die unkomplizierte, praktische Hilfestellung und den fachmännischen Rat, den jeder Hobbygärtner braucht, unabhängig von seiner Erfahrung oder den landschaftlichen Bedingungen. Es ist eine wertvolle Informationsquelle und ein Nachschlagewerk, auf das Sie immer wieder zurückgreifen werden.

GANZ OBEN: *Syringa X henryi (lila)*

OBEN: *Hemerocallis „Burning Daylight" (Day lily)*

LINKS: *Cornus canadensis*

GEGENÜBERLIEGENDE SEITE: *Impatiens New Guinea Hybride*

GARTENPLANUNG

EINLEITUNG

Wie Sie die vorhandene Gartenfläche am besten nutzen, hängt sowohl von der Gestaltung als auch von der Bepflanzung ab. Wenn Sie einen pflegeleichten Garten haben wollen, sollte der Schwerpunkt auf einer sparsamen Landschaftsgestaltung und der Verwendung von Bodendeckern und anspruchslosen Pflanzen liegen. Wenn Sie ein Pflanzenliebhaber sind, ist für Sie wahrscheinlich eine Gestaltung, die viel Raum für Pflanzen lässt, wichtig. Entscheidend ist, dass Sie die richtigen Pflanzen im Verhältnis zum vorhandenen Platz auswählen.

Sie finden viele Tipps für die Umgestaltung eines Gartens, von den ersten Ideen bis zur Ausführung. Manchmal reichen nur geringfügige Änderungen Ihres bestehenden Gartens, um ihm ein neues Gesicht zu verleihen. Auch über Strukturen und Formen enthält das Kapitel viele anregende Beispiele.

Die Auswahl der passenden Pflanzen kann der Schlüssel sein, um sicherzustellen, dass eine Gartengestaltung gut gelingt. Im dritten Abschnitt finden Sie hunderte von Pflanzen, die - geordnet nach Verwendung oder Zweck - empfohlen werden. Pflanzen für eine farbliche Beetgestaltung bis zu solchen, die in den kalten Monaten Farbakzente setzen. Da viele Pflanzen natürlich mehr als eine Funktion haben, wurden Querverweise gemacht, um Wiederholungen zu vermeiden und Platz für mehr Pflanzen zu haben.

Der Platz ist ganz besonders in kleinen Gärten ein wichtiges Thema, weshalb wir Hinweise auf die wahrscheinliche Höhe und Ausbreitung der jeweiligen Pflanzen gegeben haben. Bei Stauden bezieht sich diese Angabe auf die Größe nach einigen Jahren Wachstum, für langsamer wachsende Bäume und Sträucher auf die wahrscheinliche Größe nach etwa 10-15 Jahren. Denken Sie jedoch daran, dass es sich bei den Größenangaben nur um eine grobe Richtschnur handelt. Je nach Bodenverhältnissen, dem Standort, und den Klimabedingungen kann die Größe gewaltig variieren. Manche Bäume und Sträucher können durch regelmäßiges Schneiden kompakt gehalten werden. Buddleia und Eukalyptus zum Beispiel, sind für einen kleinen Garten zu groß, wenn man sie nicht schneidet. Sie können allerdings kompakte Sträucher bilden, wenn sie jedes Frühjahr kräftig zurückgeschnitten werden.

Auch wenn Sie auf den folgenden Seiten viele Vorschläge finden werden – ein ansprechender Garten wird nicht nach festen Regeln gestaltet und lässt immer Raum für individuelle Interpretationen – ja sogar Exzentrizität. Es gibt Gärten, deren Gestaltung schockierend wirkt, andere sind in ihrem Konzept traditionell, einige sind streng formal und viele sind ein Kompromiss aus formaler und individueller Gestaltung. Es gibt so viele Gartenstile wie Geschmäcker und das einzige Erfolgskriterium ist, ob das Ergebnis Ihnen persönlich gefällt.

Gestaltungselemente

Schöne Gärten wachsen selten einfach von allein, sondern werden angelegt. Und trotz des offensichtlichen Widerspruchs wird das Gestalten mit wachsender Größe nicht einfacher – es wird vielmehr schwieriger und anspruchsvoller. Ein großer Garten sieht immer gut aus, mit dem geschwungenen, mit Unkraut bewachsenen Beet, das sich fast unmerklich in die Gesamtimpression von Rasenflächen, Bäumen und Sträuchern einfügt. In einem kleinen Garten sind räumliche Perspektiven kein Thema und der Einsatz von Bäumen und Sträuchern ist oft stark begrenzt. Halten Sie die Gestaltung einfach, beschränken Sie sich auf einen Stil und folgen Sie den Vorschlägen und Planungsvorgaben in diesem Abschnitt. Überprüfen Sie die Wirkung, indem Sie die Umrisse in Ihrem Garten abstecken, bevor Sie beginnen. Auf diese Weise wird Ihnen der Erfolg sicher sein.

OBEN: *Manchmal können Stauräume wie dieser Geräteschuppen zum Problem werden. Eine sorgfältige Bestandsaufnahme und Planung können helfen, dass sich solche Auswirkungen im Rahmen halten.*

GEGENÜBERLIEGENDE SEITE: *Auch ein kleiner Garten kann wirken. Wenn er gut bepflanzt ist und einige Blickpunkte aufweist, sieht man darüber hinweg, dass der Raum begrenzt ist.*

DIE PLANUNG IHRES GARTENS

Einige attraktive Gärten wurden vor Ort gestaltet, andere entstanden vor dem geistigen Auge oder als Vision während eines Spaziergangs durch einen Garten oder sind nach und nach während des Anlegens des Gartens gewachsen. Dieses Vorgehen ist eher für die überdurchschnittlich begabten oder erfahrenen Gärtner geeignet und es ist weitaus besser, seine Fehler zuerst auf dem Papier zu machen.

Eine generelle Umgestaltung kann zeitaufwändig und kostspielig sein, insbesondere wenn sie größere Landschaftsgestaltungen umfasst (Pflasterung, Wände, Treppen, etc.). Andererseits reicht es selten aus, einfach ein paar Pflanzen zu versetzen, um einen langweiligen Garten in etwas Besonderes zu verwandeln. Es lohnt sich, ein Ziel zu haben, einen Plan, nach dem man arbeiten kann, auch wenn man auf dem Weg Kompromisse eingehen muss. Denken Sie daran, dass Sie die Arbeit und die Kosten auf mehrere Jahreszeiten verteilen können, aber ein gut durchdachtes Gestaltungskonzept stellt sicher, dass sich der Garten in einer strukturierten Form entwickelt.

Klären Sie anhand der Checkliste auf der nächsten Seite Ihre Bedürfnisse und entscheiden Sie dann, wie der Stil des Gartens aussehen soll, den Sie sich wünschen. Machen Sie eine Liste mit alltäglichen und praktischen Überlegungen, z.B. „Wo trockne ich die Kleider und lagere den Abfall?" Machen Sie sich auch Gedanken über Elemente, die geplant werden müssen, zum Beispiel einen Bereich für den Kompost oder die Gestaltung einer unschönen Ansicht.

Unattraktive Ansichten und notwendige, aber nicht sehr ansehnliche Objekte im Garten, wie Geräteschuppen, sind ein besonderes Problem, da sie einen kleinen Garten dominieren können. Geschickt positionierte Büsche und kleine Bäume können als Sichtschutz dienen. Mit einer großen Kübelpflanze können Sie eine Ansicht sofort verbessern.

OBEN: *In diesem Garten lenkt das Vogelhäuschen das Auge weg von der praktischen Ecke des Gartens.*

LINKS: *Lassen Sie einen kleinen Garten größer erscheinen als er in Wirklichkeit ist, indem Sie darauf achten, dass die Seitenflächen gut bepflanzt sind und ein Blickpunkt geschaffen wird, der die Aufmerksamkeit auf sich zieht.*

GEGENÜBERLIEGENDE SEITE: *Formen und Flächen können genauso wie Farben wichtige Elemente sein, um einen stilvollen Garten zu gestalten.*

ARBEITSSPARENDE TIPPS

• Um Arbeit und Kosten zu minimieren, belassen Sie so viele Wege und gepflasterte Bereiche wie sie sind, aber nur, wenn sie nicht mit der Gesamtgestaltung kollidieren.

• Wenn Sie einen gepflasterten Bereich erweitern oder verschönern wollen, können Sie auch den bestehenden Belag überpflastern und sich damit die mühselige Arbeit ersparen, das Originalpflaster zu entfernen.

• Die Form Ihres bestehenden Rasens zu verändern ist günstiger als ihn umzugraben und einen neuen zu verlegen. Es ist relativ einfach, ihn auf eine kleinere Form zu trimmen, wenn er auf der gleichen Fläche verbleiben soll.

LINKS: *Klare, strenge Linien und unterschiedliche Ebenen machen diesen kleinen Garten interessant. Bei diesem Stil ist die Landschaftsgestaltung wichtiger als die Bepflanzung.*

CHECKLISTE

Bevor Sie Ihr Gartenmodell entwerfen, machen Sie sich eine Liste mit Anforderungen für Ihren idealen Garten. Sie werden sehr wahrscheinlich einige davon verwerfen oder verändern, aber Sie werden zumindest realisieren, welche Merkmale für Sie am wichtigsten sind.

Verwenden Sie diese Checkliste im Grobplanungs-Stadium, wenn Entscheidungen getroffen werden müssen. Dann ist es einfacher, seine Meinung zu ändern

Merkmale

- Grillplatz ☐
- Beete ☐
- Rabatten für Stauden ☐
- Rabatten für Sträucher ☐
- Rabatten gemischt ☐
- Vogeltränke ☐
- Unterschiedliche Ebenen ☐
- Obstgarten ☐
- Kiesfläche ☐
- Treibhaus/Wintergarten ☐
- Kräutergarten ☐
- Rasen (Zierrasen) ☐
- Rasen (Nutzrasen) ☐
- Ziergegenstände ☐
- Innenhof/Terrasse ☐
- Pergola ☐
- Teich ☐
- Hügelbeete ☐
- Gartenhaus ☐
- Sonnenuhr ☐
- Gemüsebeet ☐
- Sonstiges… ☐

Funktionale Merkmale

- Kompostbereich ☐
- Garage ☐
- Geräteschuppen ☐
- Sonstiges… ☐

Unbedingt notwendig

- Kinderspielplatz ☐
- Klettergerüst ☐
- Sandkasten ☐
- Schaukel ☐
- Wäschespinne ☐
- Platz für Mülltonne ☐
- Sonstiges… ☐

Einen Stil wählen

Bevor Sie sich mit Bleistift und Papier hinsetzen, um Ihren Garten zu skizzieren, nehmen Sie sich etwas Zeit, um darüber nachzudenken, wie Ihr Wunschgarten aussehen soll. In vielen Gärten werden Pflanzen und Gestaltungselemente nur eingesetzt, um zu gefallen; sicher ein ausgezeichneter Grund, aber nicht der Weg, um ein Gesamtkonzept zu entwickeln, mit dem Ihr Garten sich von anderen abhebt.

Die Stile, die auf den folgenden sechs Seiten gezeigt werden, sind nicht erschöpfend und vielleicht wird keiner Ihre Vorstellungen exakt treffen, aber sie werden Ihnen helfen, Ihre Gedanken zu sortieren. Sie sollten ungefähr wissen, was Sie von Ihrem Garten erwarten, bevor Sie anfangen, ihn zu entwerfen.

FORMALER STIL

Ein formaler Garten gefällt jemandem, der sich an sauberen, gepflegten Rasenkanten und einer gewissen Ordnung erfreut. Viele traditionelle Vorstadtgärten haben einen formalen Grundriss mit einem rechtwinkligen Rasen, eingefasst von geraden Blumenrabatten, eventuell unterbrochen von rechteckigen oder runden Blumenbeeten.

Solche starren Gestaltungsformen werden oft von einer Auffahrt oder geraden Wegen diktiert, die beim Hausbau festgelegt wurden. Obwohl die hier gezeigten Gärten alle sehr unterschiedlich sind, haben sie doch eines gemeinsam, nämlich, dass ihre Gliederung den gleichen Stellenwert hat wie ihre Bepflanzung. Die Gestaltung ist größtenteils symmetrisch, ohne den Anschein zu erwecken, als wolle man eine natürlich aussehende Umgebung für die Pflanzen schaffen.

Die begrenzten Größenverhältnisse und die vorgegebenen Grundrisse der meisten kleinen Gärten schränken die Möglichkeiten einer natürlich wirkenden Landschaftsgestaltung stark ein, so dass ein formaler Stil eine weit verbreitete Lösung ist.

Französische Gärten und Knotengärten

Französische Gärten und Knotengärten begeistern oft diejenigen, die Gefallen an historischen Gärten finden, obwohl sich die Wirkung in einem kleinen Garten eher auf eine Andeutung der prachtvollen Anlagen beschränken wird, die von den italienischen und französischen Gartenarchitekten des sechzehnten Jahrhunderts geschaffen wurden. Ein französischer Garten besteht aus mehreren geformten Beeten oder Feldern, die zusammen ein oft sehr komplexes Muster bilden. Sie wurden häufig angelegt, um aus den oberen Fenstern von Herrschaftshäusern betrachtet zu werden.

Auch Knotengärten wurden ursprünglich angelegt, um von oben betrachtet zu werden. Sie sind den französischen Gärten sehr ähnlich, man verwendet jedoch niedrig wachsende, geschnittene Hecken, um die

OBEN: *Ein Knotengarten. Diese Art von Garten ist nicht farbenfroh, vielmehr lassen die klaren, strengen Linien und die formale Form, die von einer Vielfalt von Grüntönen untermalt wird, ihn zu einem ruhigen Ort der Entspannung werden.*

LINKS: *Dieser kleine, geschlossene Innenhof verbindet einen zentralen Blickfang mit der Abgrenzung und betont diesen wirkungsvollen Eingang.*

LINKS: *Weiß gestrichenes Mauerwerk kann einen dunkel wirkenden Garten oder einen Innenhof, der von hohen Wänden umschlossen ist, heller wirken lassen.*

UNTEN: *Dieses schmale, lange Grundstück wurde durch strenge Linien aufgebrochen: eine wirkungsvolle Gestaltungstechnik.*

Geometrie und die ineinander verflochtene Form zu erreichen. Die Fläche zwischen den Hecken kann mit Blumen gefüllt werden oder, historisch korrekter, mit farbigem Sand oder Kies, oder sogar mit zerkleinerter Kohle, wenn einem Schwarz gefällt.

Die Anlage dieser Gärten ist kostspielig, zeitaufwändig und die Pflege arbeitsintensiv, aber das Ergebnis kann überwältigend sein. Diese Art Garten ist für eine junge Familie nicht geeignet.

Formale Kräutergärten

Kräutergärten sind beliebt und viel einfacher anzulegen als Knotengärten. Aus Abbildungen in Büchern von alten und neuen Kräutergärten können Sie sich oft Ideen für die Gestaltung holen.

Rosengärten

Ein formaler Rosengarten ist einfach anzulegen und sieht bereits vom ersten Jahr an gut aus. Fassen Sie die Beete mit saisonalen Blumen ein und pflanzen Sie unter die Rosen Frühblüher oder niedrig wachsende Sommerblumen, um das ganze Jahr einen blühenden Garten zu haben.

Gepflasterte Gärten

Ein kleiner Garten bietet sich für eine komplette Bepflasterung an. Durch die Bepflanzung in Hügelbeeten oder in Pflanztrögen sind weniger Wege notwendig und viele der kleineren Pflanzen kommen besser zur Geltung. Mit Kletterpflanzen können vertikale Bereiche am besten genutzt werden und wenn Sie offene Bereiche innerhalb der Pflasterung bepflanzen, kann der Garten trotzdem noch grün aussehen.

Innenhöfe

In Innenstädten kann Platz etwas wirklich Wertvolles sein, aber Sie können Ihren Hinterhof mit Bodenplatten und weißen Wänden, die das Licht reflektieren, in eine Oase verwandeln. Fügen Sie einige üppige Grünpflanzen, einen „architektonischen" Baum oder einen großen Strauch und das Geräusch von fließendem Wasser hinzu. Auch mit wenigen Pflanzen kann man eine große Wirkung erzielen.

Traditionelle Gestaltung

Ein kleiner, formal gestalteter Garten mit einer rechtwinkligen Rasenfläche, streng verlaufenden Staudenrabatten, Rosen- und Blumenbeeten ist bei Gärtnern nach wie vor sehr beliebt. Er bietet sich an, um eine große Vielfalt an Pflanzen, wie Sommerblumen, Stauden und die beliebten Rosen zu pflanzen. Die Gestaltungselemente sind in diesem Fall weniger wichtig, hier stehen die Pflanzen im Mittelpunkt.

Zwanglose Gestaltung

Die Ungezwungenheit eines Bauerngartens und die „verwilderte“ Atmosphäre eines wilden Gartens sind auf engem Raum schwer zu verwirklichen, besonders in der Stadt. Mit dicht bewachsenen Einfriedungen, so dass moderne Gebäude nicht sichtbar sind, kann ein naturnaher Garten aber selbst unter diesen Bedingungen funktionieren.

Bauerngarten

Der Stil eines Bauerngartens wird zum Teil sowohl durch die Gestaltung und die Verwendung von bestimmten Pflastermaterialien erreicht (Ziegelsteine für die Wege anstelle von modernen Steinplatten) als auch durch die Wahl der Pflanzen.

Für einen Bauerngarten ist relativ wenig Landschaftsbau notwendig – Ziegelwege und vielleicht Trittsteine in den Beeten – mehr braucht es nicht. Es ist das Miteinander von „althergebrachten“ Pflanzen und Gemüse, die dem Garten das lockere, farbenfrohe Aussehen verleihen, das typisch für einen Bauerngarten ist.

Mischen Sie einjährige mit mehrjährigen Pflanzen – insbesondere mit solchen, die sich selbst vermehren, wie Ringelblumen und *Limnanthes douglasii*, die überall wachsen und ein farbenprächtiges Durcheinander schaffen. Wenn sich Pflanzen an den Wegrändern oder zwischen anderen Pflanzen vermehren, lassen Sie die meisten davon an dem Ort stehen, an dem sie beschlossen haben, ihre Wurzeln zu schlagen. Setzen Sie Gemüse zwischen die Blumen und lassen Sie vielleicht am Ende des Beetes eine dekorative Stangenbohne an Bambusstäben empor ranken.

Naturnahe Gärten

Ein kleiner naturnaher Garten ist eigentlich ein Widerspruch in sich, aber selbst ein winziges Grundstück kann für jede Art von Lebewesen Zuflucht bieten, wenn Sie schon bei der Gestaltung und Bepflanzung den „Wildgarten“ im Hinterkopf haben.

Naturgarten-Liebhaber lassen ihre Gärten oft einfach nur verwildern. Dies ist jedoch

RECHTS: *Das Haus selbst wird einen kleinen Garten zwangsläufig dominieren, besonders, wenn Sie von hinten darauf schauen. Sie können es optisch etwas kaschieren, indem Sie die Wände mit Kletterpflanzen bewachsen lassen.*

nicht notwendig. Ein wirklich naturnaher Garten sieht gepflegt und schön aus und bietet doch eine Vegetation, in der sich Tiere und Insekten verbergen und Nahrung finden können. Ein Teich ermöglicht das Leben im Wasser, Blumen und Sträucher locken Bienen an und produzieren Samen für die Vögel. Auch ein Obstgarten kann in einem naturnahen Garten sehr attraktiv sein.

Waldgärten

Die Wirkung eines Waldgartens ist in einem sehr kleinen Grundstück praktisch nicht zu erreichen. Wenn Sie aber einen langgestreckten, schmalen Garten haben, können Bäume und Sträucher sehr wirkungsvoll eingesetzt werden. Wählen Sie schnell wachsende Laubbäume mit einer lichten Krone (Birken und alle *Betula*-Arten eignen sich sehr gut, wenn der Platz vorhanden ist, können aber sehr hoch werden). Vermeiden Sie immergrüne Gehölze, da Sie sonst nicht in den Genuss von Frühlingsblumen und Farnen kommen, die eigentlich zum Charakter eines Waldgartens gehören. Mit niedrig wachsenden Rhododendren und Azaleen sorgen Sie unter den Bäumen für Farbe.

RECHTS: *Der Waldeffekt kann an einem warmen Frühlings- oder Sommertag herrlich erfrischend sein, kommt aber am besten zur Geltung mit Bäumen, die eine hohe Krone haben und viel Licht durchlassen. Auch wenn in dieser Gestaltung ein Teich sehr attraktiv ist, muss man darauf achten, dass im Herbst die Blätter entfernt werden.*

UNTEN: *Ein schöner Teich ist eine ideale Möglichkeit, um wild lebende Tiere anzulocken und sieht besonders gut aus, wenn er wie in diesem Fall harmonisch in den Garten integriert ist.*

Pflanzen Sie Bodendecker, einheimische Blumen, wie Buschwindröschen und Glockenblumen und typische Waldpflanzen wie Farne und Schlüsselblumen. Mit einem Waldgarten können Sie eine unattraktive Aussicht oder ein großes Haus abschirmen. Darüber hinaus ist er auch noch pflegeleicht.

Felsen und Wasserläufe

Felsen oder Wasser bilden für sich allein noch kein „Design". In einer größeren Gesamtplanung können sie jedoch sehr wirkungsvoll eingesetzt werden. Miteinander kombiniert können Felsen und Wasser als zentrales Thema einer Gestaltung gewählt werden, um in einem zwanglosen Garten einen natürlichen Stil zu erreichen.

Wiese

Anstelle eines rechteckigen Rasens, der normalerweise in kleinen Gärten üblich ist, versuchen Sie, die Konturen leicht geschwungen auslaufen zu lassen, um sie natürlich mit einem attraktiven Blickpunkt in der Ferne zu verbinden. Wenn der entfernte Blickpunkt unansehnlich ist, halten Sie die Konturen rund, so dass die Rasenkante vor dem Blickpunkt abschließt. Pflanzen Sie Büsche und niedrig wachsende Beetpflanzen, um die Art von Einfassung zu kreieren, wie Sie sie auch am Waldrand finden könnten.

Lebhafte Blumenrabatten und Beete

Verwenden Sie viele weitläufige Beete und Rabatten, wenn die Pflanzen wichtiger sind als die Gestaltungselemente, und konzentrieren Sie sich hauptsächlich auf Sträucher und Stauden, um dem Garten Kontur zu verleihen. Lassen Sie die Pflanzen über die Beetkanten hinauswachsen und sich natürlich zwischen dem Pflaster verteilen.

Wenn Sie in einem pflanzenorientierten kleinen Garten eine strenge Gestaltung schaffen wollen, setzen Sie Blickpunkte wie Ornamente, Sitzplätze oder Vogeltränken ein.

Einflüsse ferner Länder

Professionelle Gartendesigner werden häufig von klassischen Stilrichtungen anderer Länder, insbesondere aus Japan beeinflusst, Amateure tun sich hingegen häufig schwer, wenn sie versuchen, solche Gestaltungen selbst zu realisieren. Wenn Sie allerdings mit der klaren Vorgabe starten, dass das einzige Kriterium, ob etwas funktioniert oder nicht, Ihr persönlicher Geschmack ist – das, was Ihnen gefällt - dann kann das Erschaffen eines gewissen „fremden“ Stils großen Spaß machen. Passen Sie den gewählten Stil an die klimatischen Gegebenheiten, das Landschaftsbild und die vorhandenen Pflanzen und Materialien an.

Japanische Gärten

„Echte“ japanische Gärten sind gedacht für Puristen, die sich intensiv mit dem Thema befassen. Geharkter Sand und gruppierte Steine haben für diejenigen, die mit den japanischen Traditionen vertraut sind, bestimmte Bedeutungen, können jedoch für untrainierte westliche Augen rätselhaft erscheinen.

Viele Elemente des japanischen Stils können jedoch an den westlichen Geschmack angepasst werden und die meisten Gartenbauer verwenden einfach die wichtigsten visuellen Elemente, ohne sich um die tiefere Bedeutung zu kümmern. Dieser Stil ist sehr einfach an die Gegebenheiten eines kleinen Gartens anzupassen und das geordnete Bild lässt einen begrenzten Raum größer erscheinen.

Stein- und Kiesgärten

Obwohl Felsen und Steine sehr häufig in japanischen Gärten zu finden sind, können sie auch Schlüsselelemente sein, wenn man einen Garten gestalten will, der mehr an ein trockenes Flussbett in einer dürren Landschaft erinnert – die Art von Garten, den Sie in einer felsigen Halbwüste finden würden.

Ein solcher Garten erfordert einen minimalen Pflegeaufwand und wenn Sie trockenheitstolerante Pflanzen wählen, sieht er selbst in sehr heißen Sommern gut aus. Steingärten gefallen eher denjenigen, die einen starken Sinn für Design und eine abenteuerlustige Einstellung haben. Auch wenn die Pflanzen eine zentrale Rolle in der Gesamtinszenierung bilden, sind die Möglichkeiten für eine große Pflanzenpalette doch eher eingeschränkt.

Kiesgärten sind ebenfalls eine praktische Lösung für Gärten mit beschränktem Platzangebot. Sie können einige große Felsbrocken als Blickpunkte hinzufügen und die Pflanzen können viel freier eingesetzt werden. Man kann sie einfach zwischen den Kies oder als Gruppe sowie isolierte Exemplare pflanzen.

Mediterrane Gärten

Die Illusion eines mediterranen Gartens ist in einem Hinterhof oder von Mauern um-

LINKS: *Sie brauchen für die Gestaltung eines japanischen Gartens nicht viele Pflanzen. Strenge Landschaftsformen und der sparsame Einsatz von Pflanzen sind das Markenzeichen des japanischen Gartenstils.*

GEGENÜBERLIEGENDE SEITE OBEN: *Die Verwendung eines formalen Wasserbeckens, gestrichene Wände und die Überdachung verleihen diesem Garten eine mediterrane Atmosphäre.*

GEGENÜBERLIEGENDE SEITE: *Die trockene Kiesfläche und der Einsatz von Pflanzen wie Yuccas schaffen die Illusion eines Gartens in einem warmen, trockenen Klima.*

gebenen, kleinen Garten sehr einfach zu erreichen. Schwieriger ist es, wenn Sie über einen niedrigen Zaun den Nachbargarten sehen können, wodurch jede Selbsttäuschung hinsichtlich Ihres Wunschortes zum Scheitern verurteilt ist!

Streichen Sie die Wände weiß oder mit einer anderen hellen Farbe, um das Licht zu reflektieren und schaffen Sie ein helles, luftiges Feeling. Planen Sie wenn möglich Alkoven ein, in denen Sie Pflanzen setzen oder bauen Sie Absätze, auf die Sie Pflanzentröge stellen können. Pflastern Sie den Bereich mit Backsteinen, terracottafarbenen Pflastersteinen oder Ziegeln. Setzen Sie viele Terracotta-Töpfe und –Kübel ein.

Die Illusion wird durch den Einsatz von vielen typischen Pflanzen, wie Pelargonium, Oleander, Bougainvillea und Stechapfel (Brugmansias) komplettiert.

Stellen Sie auch Töpfe mit großen Kakteen und Sukkulenten auf. Der Erfolg dieses Gartentyps liegt weniger in der strukturellen Gestaltung als in der Auswahl der typischen Pflanzen, der Ausschmückung und der Gartenmöbel.

Exotische Effekte

Sie können Ihrem Garten eine exotische Ausstrahlung verleihen, indem Sie sich auf exotische Pflanzen konzentrieren, die meistens härter sind als ihr Aussehen vermuten lässt. Ziehen Sie sie in Pflanztrögen auf der Terrasse (so können Sie die empfindlicheren Sorten in ein Gewächshaus, einen Wintergarten oder an einen geschützten Ort stellen, wenn Sie in einer kalten Region wohnen) oder in einem Kleingarten.

Viele der winterharten Yuccas und der Neuseeländische Flachs, sofern er in Ihrer Region ohne Schutz gedeiht, sind widerstandsfähige, robuste Pflanzen, die Sie für diese Art von Garten berücksichtigen können. Gesellen Sie einige Agaven, wie *A. americana* hinzu, wenn Sie in einer sehr milden Gegend leben.

Palmen werden mit warmem Klima assoziiert und einige sind hart genug, um milde Winter zu überstehen.

Vor allem die *Trachycarpus fortunei* hat sich sehr gut bewährt. Mit nur wenigen ausgesuchten Pflanzen lässt sich die Illusion schaffen, dass man sich in einem fremden Land befindet.

Das Design entwickeln

Der schwierigste Teil beim Entwurf eines Designs ist das leere Blatt Papier. Wenn man diese Hürde erst einmal genommen hat, macht es Spaß, die unterschiedlichen Pläne zu entwerfen und es ist äußerst befriedigend, wenn man sieht, wie sich die Lücken auf dem Plan füllen und man den Endzustand im Garten sieht. Folgen Sie einfach den nachstehend beschriebenen Phasen.

Phase 1: Das Grundraster

Bevor Sie die Abmessungen auf das Zeichenpapier übertragen, sollten Sie bereits einen Plan Ihres Gartens haben, der alle festen Gebäude und Merkmale enthält, die Sie beibehalten wollen.

Übertragen Sie jetzt auf dieses Raster Ihr gewünschtes Design, zum Beispiel auf der Basis von Kreisen, Rechtecken oder Diagonalen. Wenn Sie sicher sind, welches Layout Sie wollen, zeichnen Sie dieses direkt auf Ihrem Plan mit einer anderen Farbe ein.

Wenn Sie glauben, dass Sie Ihre Meinung eventuell noch einmal ändern könnten, zeichnen Sie das Raster auf ein transparentes Deckblatt. Für die meisten kleinen Gärten sind Rasterlinien im Abstand von 1,8 bis 2,4 Metern ideal. Zeichnen Sie mit Hilfe des Transparentpapiers oder eines Fotos Ihres Gartens, auf dem das Raster eingezeichnet ist, jetzt die neuen Merkmale in ihrer ungefähren Position ein. Es kann hilfreich sein, Papierelemente in der richtigen Größe und Form auszuschneiden, damit Sie sie auf dem Plan herum schieben können.

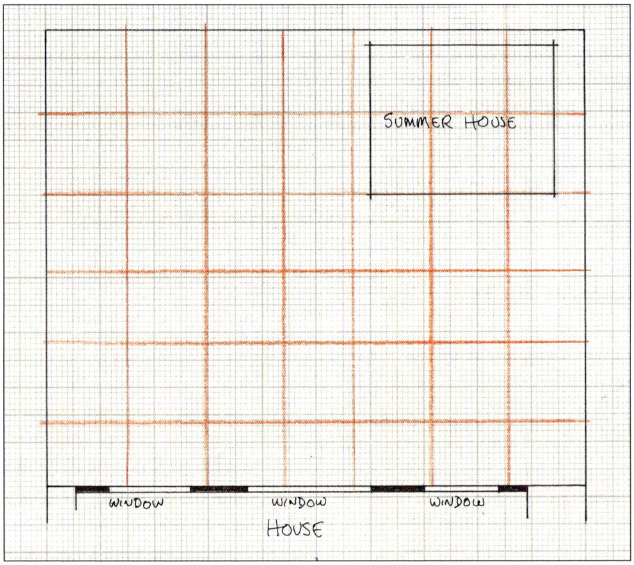

Phase 2: Die Grobplanung

Beginnen Sie mit Hilfe des Transparentpapiers oder eines Fotos mit der Entwurfszeichnung. Wenn Sie sich das Gesamtdesign vorstellen können, skizzieren Sie dieses als Erstes und bauen Sie dann die einzelnen Merkmale ein. Wenn Sie noch nicht soweit sind, beginnen Sie damit, provisorisch die Merkmale zu skizzieren, es kann aber sein, dass Sie sie nochmals anpassen müssen, wenn die Gestaltung weiter Form annimmt.

Sie werden wahrscheinlich viele Versuche unternehmen müssen. Seien Sie nicht mit dem erstbesten Ergebnis zufrieden – vielleicht ist es das Beste, aber Sie werden es nicht sicher wissen, wenn Sie keine weiteren Optionen ausprobiert haben.

Kümmern Sie sich in diesem Stadium nicht um pflanzliche Details, mit Ausnahme

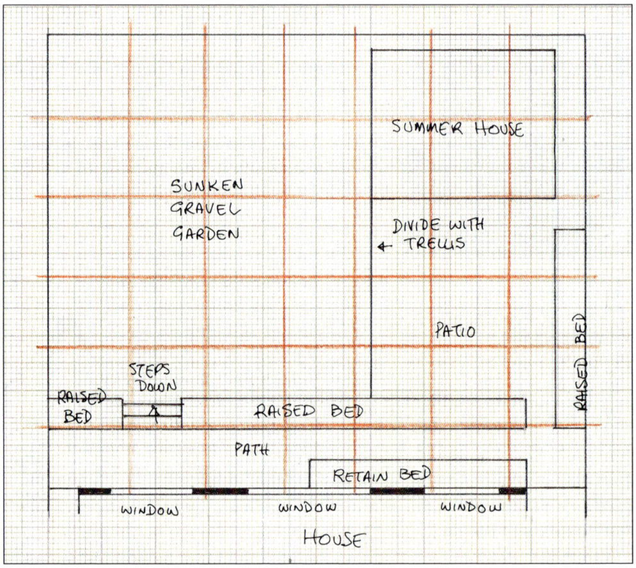

vielleicht von einigen wenigen wichtigen Pflanzen, die in der Gesamtgestaltung Blickpunkte bilden.

Phase 3: Die Detailzeichnung

Jetzt sollten Details wie die Art der Pflasterung entschieden werden – nicht nur, weil es Ihnen dabei hilft, sich das Endstadium vorzustellen, sondern auch, weil diese Bereiche normalerweise eine große Fläche einnehmen und große Mengen an Platten, Pflastersteinen oder Ziegeln benötigen. Zeichnen Sie auch markante Pflanzen ein, insbesondere große Bäume und Sträucher, aber kümmern Sie sich in diesem Stadium noch nicht um Pflanzendetails.

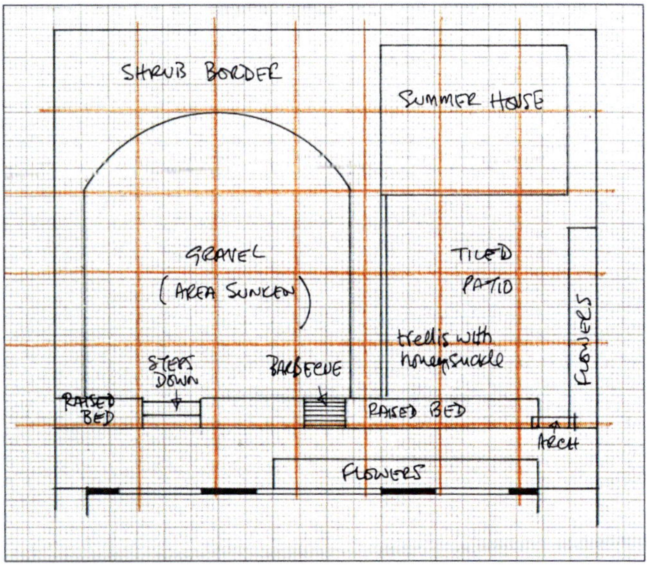

Probieren Sie es aus

Bevor Sie Material bestellen oder mit den Arbeiten beginnen, stecken Sie so viele Details des Entwurfs wie möglich in Ihrem Garten ab. Markieren Sie die Bereiche mit Pflöcken und Bindfaden und laufen Sie darum herum. Werfen Sie wenn möglich von einem höher gelegenen Fenster aus einen Blick darauf. Dadurch erhalten Sie einen viel besseren Überblick über das Gesamtdesign und Sie sehen, ob Wege und Sitzplätze groß genug sind.

Mit hohen Stöcken markieren Sie die Position von wichtigen Pflanzen und neuen Bäumen. So sehen Sie, wieviel Sichtschutz sie wahrscheinlich bieten und ob sie im Laufe der Zeit eventuell Probleme machen werden. Wenn Sie die Schattenbildung zu unterschiedlichen Tageszeiten beobachten, werden Sie auch wissen, ob es für andere Pflanzen oder für einen Sitzplatz Probleme mit dem Schatten gibt.

GARTENANLAGE

Sie können natürlich einen Gartenbauer engagieren, der den Garten für Sie anlegt, die meisten Gartenbesitzer ziehen es aus Kostengründen jedoch vor, nur bei den wichtigsten baulichen Maßnahmen, wie dem Bau der Terrasse, Hilfe in Anspruch zu nehmen und den Rest der Arbeiten selbst zu machen.
Selbst „schwere“ Arbeiten sind von den meisten Gärtnern, auch wenn sie nur geringe handwerkliche Fähigkeiten haben, allein ausführbar. Weitere Informationen finden Sie im nächsten Kapitel.

Schwierige Grundstücke

Schwierige Grundstücke und problematische Landschaftsformen können eine Herausforderung sein, die aber mit ein bisschen Entscheidungsfreude und etwas Inspiration durchaus zu lösen ist. Einige Wege, wie man mit solchen besonderen Gegebenheiten umgeht, werden auf den folgenden Seiten vorgeschlagen.

Wenn Ihr Garten nicht viel größer ist als ein Autodach oder ein Balkon oder Ihr Haus in ein Grundstück gequetscht wurde, das möglicherweise eine L-Form hat oder sogar dreieckig ist, dann wird traditionelle Gartenbautechnik wahrscheinlich schwierig anzuwenden sein.

Viele der Gestaltungsvorschläge auf den vorangegangenen Seiten können trotzdem umgesetzt werden, auch wenn Sie für einige spezielle Bereiche vielleicht eine alternative Strategie brauchen.

Terrassen sind normalerweise ein Element in einer Gesamtgestaltung, müssen aber auch für sich allein gestaltet

OBEN: *Wenn Ihr Vorgarten so winzig ist wie dieser, kompensieren Sie dies, indem Sie die vertikalen Flächen mit Kletterpflanzen und Blumenkästen möglichst effektiv ausnutzen.*

LINKS: *Hohe Wände, die andernfalls diesen Garten dominieren würden, wurden mit strengen, vertikalen Linien unterbrochen. Selbst die Mauersimse wurden gut ausgenutzt.*

werden. Schwierige Geländeformen wie Böschungen, enge Wege und Durchgänge zwischen Häusern erfordern sorgfältige Planung und die passende Bepflanzung.

Vorgärten sind ein ganz spezielles Problem, nicht wegen ihrer Form oder Größe, sondern weil ein großer Teil dieses Bereichs für das Auto vorgesehen ist – oft gibt es eine breite Garagenzufahrt oder einen festen Bereich, wo das Auto längere Zeit abgestellt wird. Darüber hinaus können gesetzliche Vorschriften über die Art, wie Sie Ihren Vorgarten gestalten, ein mögliches Problem sein – insbesondere bei Anwesen, bei denen die Planer oder örtlichen Behörden den „offenen Stil" bewahren wollen.

Sollten die Bedingungen für dauerhafte Pflanzen wirklich zu unwirtlich oder der Platz zu klein für einen „richtigen" Garten sein, dann können Pflanztröge die Lösung für dieses Problem sein. Setzen Sie sie kreativ ein, bepflanzen Sie sie oft oder wechseln Sie die Bepflanzung, so dass sie immer gut aussehen – zu jeder Jahreszeit. Unattraktive Hinterhöfe können sowohl durch einen Maueranstrich, ausgewählte Pflanzen und einige elegante Gartenmöbel und Kübelpflanzen als auch eine weitreichende – und teure – Umgestaltung verwandelt werden. Vorstellungskraft und Inspiration sind für diese Art von Garten die Grundgedanken.

In diesem Kapitel finden Sie viele Lösungen für solche Probleme und selbst wenn Ihre besondere Problematik nicht exakt wiedergegeben wird, sollten Sie doch nützliche Ideen finden, die Sie anpassen können.

OBEN: *Dieses lange, enge Grundstück wurde in mehrere Abschnitte aufgeteilt und mit einem abgewinkelten Weg verbunden, sodass man den Garten nicht auf einer geraden Linien durchquert*

LINKS: *Dachgärten sind immer beengt, wenn Sie aber versuchen, die Töpfe in der Ecke anzuordnen, ist es möglich, ein Gefühl von Platz in der Mitte zu schaffen.*

Unübliche Formen

Kehren Sie die problematische Form Ihres Gartens zum Vorteil, indem Sie den unüblichen Grundriss nutzen, um einen Garten zu gestalten, der sich von den Nachbargärten abhebt. Was früher einmal ein schwierig zu gestaltender Bereich war, wird wegen seiner Originalität bald zu einem Objekt des Neides in den Augen der anderen Gärtner werden.

Lang und eng – auf der Basis eines Kreismotivs

Dieser Plan zeigt eine Gestaltung auf der Basis eines Kreismotivs. Der gepflasterte Bereich in der Nähe des Hauses kann als Terrasse genutzt werden, der am anderen Ende, der zum größten Teil außer Sichtweite des Hauses liegt, zum Trocknen der Wäsche. Alternativ kann man die Rolle der Terrassen auch tauschen, falls das Ende des Gartens mehr Sonne bekommt.

Wenn man den verbindenden Weg durch den Garten in einem Winkel anlegt und kleine Bäume und / oder große Sträucher einsetzt, damit das Auge nicht auf geradem Weg an den Seiten entlang gelenkt wird, erweckt das den Eindruck eines Gartens, der zum Entdecken einlädt.

Lang und eng – auf der Basis von Diagonalen

Dieser Garten verwendet diagonale Linien, um ihn in Abschnitte zu unterteilen, aber das Ziel ist dasselbe wie bei der Kreisgestaltung. Es wird vermieden, einen geraden Weg vom einen Ende des Gartens zum anderen zu führen und bringt die Beete zur Mitte hin zusammen, um viele kleine Mini-Gärten zu gestalten.

Lang und spitz zulaufend

Wenn Ihr Garten lang ist und gleichzeitig noch spitz zuläuft, sollten Sie überlegen, ob Sie den Hauptbereich nicht abtrennen und die tatsächliche Form verbergen, indem Sie mit einem Durchgang oder Torbogen den Eindruck erwecken, dass mehr dahinter verborgen ist. In diesem Plan wurde der sich verengende Bereich als Obstgarten genutzt, er könnte aber genauso gut als Gemüsegarten angelegt werden.

Wenn Sie die drei gepflasterten Bereiche versetzt anlegen – mit einer leichten Änderung des zweiten Höhenniveaus –macht dies den Garten interessant und vermeidet, dass er zu lang und langweilig wirkt. Gleichzeitig wird ein tiefer Ausblick beibehalten, was das Gefühl von Größe vermittelt.

Eckgrundstücke

Eckgrundstücke sind normalerweise größer als die anderen Grundstücke in der Straße und bieten Möglichkeiten für interessante Gestaltungen. Dieses wird so geplant, dass nicht wie üblich der hintere oder vordere Bereich des Hauses, sondern der zusätzliche Platz an der Seite des Hauses zum Hauptbereich so effektiv wie möglich genutzt wird.

Quadratisch

Ein kleines, quadratisches Grundstück wie dieses bietet wenig Möglichkeiten für eine raffinierte Gestaltung. Beschränken Sie sich also auf einige wenige, einfache Elemente. Um den Eindruck von mehr Größe zu vermitteln, läuft die Blickrichtung diagonal durch den Garten. Der Holzbodenbelag wird leicht erhöht, was den Garten durch das unterschiedliche Niveau zusätzlich interessant macht. Auf einem winzigen Grundstück kann es schwierig sein, einen Rasen zu mähen. Als Alternative zu Gras würde sich z.B. Kamille anbieten, die nicht regelmäßig gemäht werden muss.

Bei diesem Plan werden mehrere unterschiedliche Stilrichtungen kombiniert – Diagonale und Kreise, die beide ein Gegengewicht zur rechtwinkligen Form des Gartens bilden.

Bogenförmige Eckgrundstücke

Bogenförmige Eckgärten sind relativ schwierig zu gestalten. Bei diesem Plan ist das Haus auf der linken Seite von einer Terrasse umgeben, eine niedrige Mauer trennt sie vom Rest des Gartens und macht sie somit etwas heimeliger. Die Auffahrt ist vom Kiesgarten durch einen Weg getrennt – auch das sorgt für eine zusätzliche interessante Ansicht: Kies und Flusssteine, von Pflanzen unterbrochen, die ins Auge fallen, wie Phormium (Neuseeländischer Flachs) und Yucca. Diese harmonisieren die strengen Kanten und die geschwungene Linie, die durch das Eckgrundstück gegeben ist.

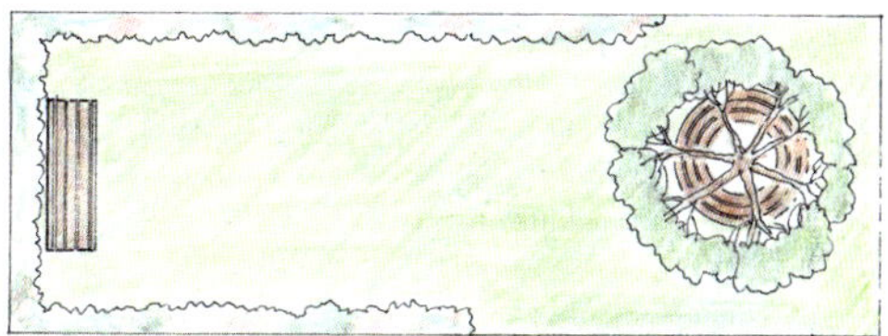

L-Form

L-förmige Gärten bieten viele Möglichkeiten. Selbst in einem kleinen Garten ist die Möglichkeit herumzulaufen und einen Bereich zu entdecken, der von einem anderen Standort aus nicht zu sehen ist, ein wirklicher Pluspunkt. Dieser Plan zeigt den geschickten Einsatz von Blickpunkten – eine Baumsitzbank und eine Bank am anderen Ende – damit wird ein Grund geschaffen, den Garten zu entdecken. Der Terrassenbereich ist teilweise mit Balken überdacht und vom Rest des Gartens durch erhöhte Blumenbeete abgetrennt.

Eine Terrasse planen

Die Mehrzahl der Terrassen in kleinen Gärten sind nicht viel mehr als ein gepflasterter Bereich, der an die Rückseite des Hauses anschließt – normalerweise mit wenig Sinn für Design und für die meiste Zeit des Jahres recht langweilig.

Ihre Terrasse kann ein wichtiger Blickpunkt sein, der zu allen Jahreszeiten gut aussieht. Eine Terrasse verlangt sorgfältige Planung. Sie sollte für sich selbst ein attraktives Merkmal sein und doch einen integralen Teil der gesamten Gartengestaltung bilden.

Eine Terrasse anlegen

Eine Terrasse ist die natürliche Wahl für einen Sitzplatz in der Nähe des Hauses, vor allem wenn Sie gerne Grillen. Diese Lage ist praktisch und bildet so einen zusätzlichen „Raum", eine Art Verlängerung des Wohnraums mit einem schönen Blick auf den Rest des Gartens.

Allerdings könnte es sein, dass dieser Ort meistens sehr schattig ist, in einem Windkanal liegt, der durch Nachbarhäuser verursacht wird oder einfach nicht in Ihre Gesamtgestaltung passt.

Stellen Sie sich darauf ein, die Terrasse weg vom Hauptgebäude anzulegen, um einen geschützteren Ort oder mehr Sonne zu bekommen, damit es besser in Ihre Planung passt. Wenn Sie eine Position in einer Ecke des Gartens oder sogar am anderen Ende wählen, können Sie dadurch möglicherweise vor Nachbarn geschützt sein oder einen besseren Blick auf den Garten haben.

OBEN: *Ziehen Sie Alternativen zu Pflastersteinen in Betracht – Ziegelsteine, Ton- und Zementplatten.*

UNTEN: *Durch die geschickte Terrassenüberdachung entsteht ein zusätzlicher Raum.*

Eine Form wählen

Die meisten Terrassen sind rechteckig – die logische Form für die meisten Gärten – tun Sie sich aber keinen Zwang an und bringen Sie Ihre Wunschvorstellung in einer Form zum Ausdruck, die zum Gesamtdesign passt. Eine runde oder halbrunde Terrasse kann Teil eines Kreismotivs sein. Jedoch wirkt in einem kleinen Garten eine runde Terrasse, die innerhalb von Rechtecken gestaltet wird, unpassend.

Wenn man die Terrasse in einem Winkel zum Haus anlegt, bewahrt man die Zweckmäßigkeit der geraden Linien und doch zeigt diese Form einen starken Sinn für Design. Diese Gestaltung eignet sich für eine Ecke des Hauses.

Terrassenbegrenzungen

Eine klar definierte Abgrenzung betont die Linien einer rechteckigen Gestaltung. Eine niedrige Mauer mit Pflanzlöchern mildert die harte Linie zwischen Pflaster und Rasen.

Hohe Wände als Terrassenbegrenzung sollten mit Vorsicht verwendet werden, in manchen Fällen können Sie jedoch an ein oder zwei Seiten der Terrasse als Wind- oder Sichtschutz nützlich sein.

Ein Gittermauerwerk ist weniger kompakt als eine feste Wand oder Schaumsteine. Einige passende Sträucher vor der Mauer mildern die Wirkung und halten den Wind ab.

Unterschiedliche Ebenen

Wenn der Garten zum Haus hin abfällt, helfen unterschiedliche Ebenen bei der Anlage einer Terrasse. Verwenden Sie einige

LINKS: *Sitzplätze müssen nicht direkt beim Haus liegen. Eine lauschige Ecke des Gartens kann eventuell weitaus attraktiver sein.*

UNTEN: *Eine Terrasse zeigt sich von ihrer besten Seite – hier treffen sich Pflanzen und Menschen. Die Verwendung von Ziegeln anstelle von großen Pflastersteinen vermittelt ein Gefühl von Größe.*

flache Stufen als „Durchgang" zum restlichen Garten.

Eine erhöhte Terrasse ist eine praktische Lösung, wenn Ihr Garten vom Haus zu einer Böschung ansteigt. Dies schafft einen Aussichtspunkt, eine Terrasse, von der Sie den gesamten Garten überblicken können. Auf einem flachen Grundstück kann der Terrasse durch einfaches Erhöhen einer Ebene um vielleicht 15 cm eine ganz andere Dimension verliehen werden.

Pflastermaterial

Die Wahl der Pflasterung bestimmt den Stil der Terrasse: auffallend und farbig; gedämpft, aber geschmackvoll; unauffällig etc.

Haben Sie keine Angst davor, Materialien zu mischen. Einfache Reihen mit Ziegelsteinen lockern einen großen Bereich mit Steinplatten auf. Sie können alle Kombinationen wählen, die zur Gestaltung passen.

Wenn die Terrasse in der Nähe des Hauses ist, wählen Sie Ziegelsteine oder Klinker, die gut zu den Ziegeln des Hauses passen. Verblendziegel vom Haus sind zum Pflastern vielleicht nicht gerade geeignet, aber es sollte möglich sein, ihnen im Aussehen so nah wie möglich zu kommen.

Die Feinarbeit an der Terrasse

Es ist die Feinarbeit, durch die eine Terrasse von einer harten, flachen, uninteressanten Fläche zu einem Ort wird, an dem Sie die Entspannung genießen können.

RECHTS: *Wenn Sie Ihre Terrasse vom Haus entfernt anlegen, müssen Sie eventuell eine freistehende Überdachung bauen.*

Pergola

Die Balken über einer Pergola verleihen der Terrasse ein geschlossenes, eingebundenes Erscheinungsbild, das den Wohnraum erweitert. Sie bieten ausgezeichnete Stützen für Kletterpflanzen, die nicht nur schön aussehen, sondern auch wertvollen Schatten spenden können. Vermeiden Sie aber, die gesamte Terrasse mit einer dicken Schicht aus Kletterpflanzen bewachsen zu lassen, da Sie sonst keine Sonne mehr bekommen und nach einer Dusche im Sommer fröstelnd auf dem Sitzplatz sitzen.

Weinreben sind eine gute Wahl für eine Pergola, vor allem, weil sie die Blätter fallen lassen und Sie so im Winter volle Sonne haben. Ein Verwandter mit weitaus größeren Blättern und umwerfenden Herbstfarben ist die *Vitis coignettiae*.

Sie können Deckenbalken mit Balkenschuhen an einer Ziegelmauer befestigen (entfernen Sie etwas Mörtel, schieben Sie den Balkenschuh hinein und befüllen Sie ihn anschließend wieder mit Mörtel). Vermeiden Sie, dass das Holz direkten Kontakt zum feuchten Boden hat, um die Lebensdauer zu erhöhen und verwenden Sie Erdanker für die Pfosten.

OBEN: *Balkenschuhe werden verwendet, um die Holzbalken für eine Terrassenüberdachung am Haus zu sichern.*

Eingebaute Elemente

Ein eingebauter Grill fügt sich in eine Gartengestaltung in einer Weise ein, wie es ein freistehender Grill niemals könnte und wahrscheinlich wird er auch häufiger genutzt werden. Eingebaute Sitzplätze sparen Platz und verleihen der Terrasse – wie auch der Grill – ein interessantes Aussehen. Einige Kissen in leuchtenden Farben machen harte Sitze bequem und farbenfroh.

Pflanzflächen

Die meisten Gärtner stellen Pflanzkübel auf die Terrasse. Wenn Sie die Pflanzen jedoch direkt in den Boden setzen, sparen Sie sich das lästige Wässern. Sträucher und kleine Bäume sollte man wann immer möglich direkt in den Boden pflanzen. Einige Hersteller bieten Betonplatten mit Aussparungen für Pflanzlöcher an.

Die richtige Höhe

Balken auf der Terrasse sollten immer hoch genug sein, damit die Pflanzen genug Platz haben. Selbst Pflanzen, die regelmäßig geschnitten und angebunden werden, können Triebe bilden, die nach unten ranken, was besonders bei dornigen Pflanzen, wie Kletterrosen, gefährlich sein kann. Wenn Sie an den Balken auch einen Basketballkorb aufhängen wollen, achten Sie darauf, dass der Boden des Korbs über Kopfhöhe hängt, wenn er an einer Stelle aufgehängt wird, wo Sie durchlaufen. Als Richtschnur sollte der Abstand mindestens 2,4 m betragen.

DACHGÄRTEN

Trotz aller Widrigkeiten gelingt es Menschen, selbst auf Hochhäusern grüne Flächen anzulegen. Wenn man sie nicht einsehen kann, können Dachgärten sehr heimelig sein. Es gibt jedoch einige bauliche Einschränkungen, die im Vorfeld abgeklärt werden müssen. Legen Sie niemals einen Dachgarten an, ohne vorher den fachmännischen Rat eines Bauingenieurs einzuholen, ob das Dach das Gewicht auch trägt.

Vielleicht stellt sich heraus, dass es sicherer ist, wenn Sie das Gewicht nur in einem bestimmten Bereich, zum Beispiel an der Brüstungsmauer aufbringen. Sie sollten sich jedoch von der Idee eines Dachgartens verabschieden, wenn festgestellt wird, dass das Anlegen eines solchen unsicher ist. Manchmal können zusätzlich Tragkonstruktionen angebracht werden, aber dies sind größere und möglicherweise kostspielige Maßnahmen.

Ihr Design wird größtenteils von der Dachform vorgegeben werden. Normalerweise werden erhöhte Beete an den Seiten angelegt und ein Sitzbereich in der Mitte. Pflanzenkübel können den Pflasterbereich auflockern.

Das Dach ist der Ort, wo Kunstrasen seine Berechtigung hat. Pflaster ist schwer, Kunstrasen leicht. Darüber hinaus liefert er den notwendigen Farbtupfer.

OBEN: *Ein Dachgarten kann äußerst eindrucksvoll sein, besonders wenn das Gebäude stabil genug ist, um bauliche Maßnahmen wie in diesem Fall realisieren zu können.*

Geeignete Pflanzen

Die meisten Pflanzen überstehen den Wind und die kalten Wintertemperaturen auf einem Dach einfach nicht. Wählen Sie ein Gerüst aus winterharten und windunempfindlichen Sträuchern, die als Schutz für die empfindlicheren, mehrjährigen Pflanzen und Sommerblumen dienen.

Windschutz-Wand

Eine Abschirmung ist als Windschutz, aber auch um viele unattraktive Merkmale auf dem Dach zu verbergen sehr hilfreich. Verwenden Sie ein Gittergerüst und lassen Sie es mit widerstandsfähigen Kletterpflanzen, wie Efeu bewachsen.

Halten Sie das Gewicht gering

Nutzen Sie jede Gelegenheit, um das Gewicht niedrig zu halten. Vermeiden Sie dicke, schwere Pflastersteine – wenn Sie Pflaster verwenden wollen, wählen Sie ein möglichst leichtes. Nehmen Sie leichte, lehmfreie Erdmischungen und Kunststoff- oder Glasfiber-Kübel anstelle von Terrakotta oder Holz.

Bewässerung

Containerpflanzen brauchen bei warmem Wetter häufig Wasser. Es wird Sie bald nerven, wenn Sie das Wasser in Gießkannen ständig auf das Dach tragen müssen. Der Anschluss eines Gartenschlauchs an einen Wasserhahn in der Wohnung ist ziemlich umständlich. Überlegen Sie sich ernsthaft, ob Sie nicht ein automatisches Bewässerungssystem installieren wollen.

UNTEN: *Spaliere schaffen eine heimelige Atmosphäre und schützen vor Wind. Sie können sehr leicht sein und helfen, das Gewicht niedrig zu halten.*

VORGÄRTEN

Vorgärten heißen Besucher willkommen und erfreuen Passanten. Leider sind sie nicht ganz einfach zu gestalten, wenn Sie eine Auffahrt zur Garage und einen separaten Weg zum Hauseingang vorsehen müssen. Selbst begeisterte Gartenbauer mit reizvollen Hinterhofgärten verlässt bei der Gestaltung des Vorgartens der Mut. Wir haben vier typische Vorgärten genommen und zeigen, wie man sie verbessern kann. Vielleicht können Sie sich von diesen inspirieren lassen und sie auf Ihr eigenes Grundstück übertragen.

BEISPIEL EINS

Dies ist ein typisches Design für einen Vorgarten: Ein rechteckiger Rasen wird von Blumenbeeten eingefasst und mit einer Hecke abgegrenzt. Die Neugestaltung des Gartens konzentriert sich darauf, die strengen Grenzlinien zwischen der Auffahrt und dem dekorativen Bereich abzumildern.

Pflanzen spielen jetzt eine dominantere Rolle und die Betonung liegt auf der freien Gestaltung anstatt auf rechtwinkligen Linien.

Probleme

- Die Auffahrt ist nicht Teil der Gartengestaltung und der Bereich, der für Pflanzen oder Rasen übrig bleibt, sieht noch kleiner aus.
- Der Boden in der Nähe einer Hecke ist oft trocken und nährstoffarm, so dass die Pflanzen in den Beeten nicht gedeihen.

Lösungen

- Es wird auf den größten Teil der Rasenfläche verzichtet, die Blumenbeete werden vergrößert und mit pflegeleichten Sträuchern bepflanzt. Es werden viele immergrüne Pflanzen gewählt, um während des gesamten Jahres einen interessanten Anblick zu haben.
- Für die Auffahrt wird Kies gewählt und sie wird so erweitert, dass sie eine zwanglose, breite Linie zum Hauseingang bildet. Nicht jeder mag Kies als Belag – in diesem Fall könnte man stattdessen auch Pflastersteine nehmen. Wenn viele Pflanzen über die Einfassungen wachsen, sieht die geschwungene Linie weich und ansprechend aus.

BEISPIEL ZWEI

Hohe Koniferen entlang der Auffahrt dominieren den Garten und würden dies selbst nach einer Umgestaltung tun. Es ist besser, zu große Bäume zu fällen als um sie herum zu planen.

Probleme:

- Hohe Hecken schaffen zwar eine Privatsphäre, aber hier stimmen die Proportionen nicht und je nach Lage können sie zu viel Licht wegnehmen.
- Rosenbeete sind beliebt, aber das kleine, runde Beet im Rasen passt nicht zum rechtwinkligen Design und es könnte schwierig sein, darum herum zu mähen.
- Schmale Beeteinfassungen mit geraden Linien lassen den Rasen eher kleiner wirken.

Lösungen:

- Die betonierte Auffahrt wird mit Ziegelsteinen oder ziegelähnlichen Steinen gepflastert.
- Ein mittiger Pflanzstreifen wird beibehalten, um die gepflasterte Fläche aufzulockern.
- Die hohe, dunkle Hecke wird durch einen attraktiven weißen Bauernzaun ersetzt. Der gekieste Bereich davor ist mit Alpenblumen bepflanzt.
- Kletterrosen ersetzen die zentrale Beetrose. Wenn man sie in Richtung des Hauses zieht, liefert sie im Sommer einen angenehmen Duft.
- Die bestehenden Begrenzungen werden beibehalten, um die Umbaumaßnahmen gering zu halten.
- Anstelle von saisonalen Beetpflanzen wurden kleine Stauden wie Heben und Lavendel zusammen mit niedrig wachsenden mehrjährigen Pflanzen wie *Stachys lanata* (auch *S.byzantina oder S. olympica*) und *Bergenia cordifolia* verwendet.
- Ein kleiner Laubbaum, z. B. ein Holzapfel, ersetzt die große Konifere in der oberen Ecke. Der Bereich davor kann mit Frühlingsblühern wie Krokussen und Schneeglöckchen bepflanzt werden.
- Das kleine, runde Beet wird vergrößert und mit Kies als Untergrund für Pflanzkübel befüllt.
- Das schmale Beet wird mit dem Gras aufgefüllt, das entfernt wurde, als der neue Pflasterbelag vor dem Haus gelegt wurde. Ziegelsteine oder Pflastersteine bilden eine schöne, gerade Kante.

VORGÄRTEN

BEISPIEL DREI

Langweiliger kann ein Garten kaum sein: eine betonierte Auffahrt, kleine, schmale Blumenbeete vor dem Fenster und entlang der Grundstücksgrenze eine einzelne Zierkirsche.

Die Lösung für diesen Garten ist einfach, wie die Neugestaltung zeigt. Der Bauerngarten-Stil kombiniert alle möglichen Pflanzen, die fröhlich durcheinander wachsen. Die Trittsteine sind die schnellste Verbindung zum Hauseingang und laden ein, den Garten und seine Pflanzen zu entdecken. Man läuft praktisch durch die Anpflanzung, die sich um die Steinplatten rankt. Der Garten wird so umgestaltet, dass die Pflanzen das Herzstück des Gartens bilden und nicht mehr an den Rand des Grundstücks verbannt sind.

Probleme

- Auch wenn die Zierkirsche während der Blütezeit eindrucksvoll ist und im Herbst ein herrliches Farbschauspiel liefert, ist sie doch nur wenige Wochen im Jahr attraktiv. Die bestehende Position macht jede Art von Umgestaltung unmöglich, so dass es am besten ist, sie zu entfernen.
- Nackte Holzzäune unterstreichen das düstere Erscheinungsbild.
- Kleine Blumenbeete wie diese wirken nicht und sind für eine phantasievolle Gestaltung mit Sträuchern und Stauden einfach zu klein.

Lösungen

- Der Rasen und der Baum werden entfernt und der gesamte Bereich mit einer Mischung aus Zwergsträuchern, Stauden, robusten einjährigen Pflanzen und vielen Blumenzwiebeln für eine vielfältige Farbenpracht im Frühling bepflanzt.
- Trittsteine werden für diejenigen verlegt, die auf direktem Weg zum Haus gelangen wollen (sie vereinfachen auch das Unkrautjäten).
- Die Zäune werden durch niedrige Mauern ersetzt, sodass der Garten nicht so begrenzt wirkt.

BEISPIEL VIER

Dieser Garten ist ein Durcheinander von Winkeln und Formen und lässt jegliches Design vermissen. In der neuen Gestaltung wird der alte, geschwungene Weg wegen des massiven Betonuntergrunds und der Gullideckel beibehalten, die es schwierig gemacht hätten, ihn zu verlegen. Alle anderen Linien werden jedoch vereinfacht und geeignete Pflanzen eingesetzt.

Probleme

• Steingärten machen sich auf einem flachen Grundstück selten gut. Auch wenn kleine Steinansammlungen in einem Rasen einen natürlichen Eindruck vermitteln, können die Steine in dieser Lage niemals überzeugend wirken.

• Der vorhandene Baum ist noch jung, wird aber eine stattliche Größe erreichen und dann wahrscheinlich viel Schatten werfen und den Garten dominieren.

• Die kleinen Blumenbeete sind im Sommer farbenfroh, sehen im Winter jedoch wahrscheinlich nicht besonders interessant aus. Diese Linien harmonieren nicht mit der geraden Kante auf der einen und der Kurve des Weges auf der anderen Seite.

Lösungen

• Der Steingarten wird gepflastert, so dass die bepflanzte Fläche nicht durch die Auffahrt geteilt wird.

• Kies ersetzt den Rasen. Dies erfordert minimale Pflege und bietet den Pflanzen einen guten Untergrund.

• Niedrige und halbhohe Koniferen schaffen Höhe und Schutz. Durch die Wahl von unterschiedlichen Pflanzenarten und vielen Varianten und Formen in Grün- und Goldtönen wirkt dieser Garten während des ganzen Jahres interessant.

• Trittsteine sorgen für zusätzliche interessante Merkmale. Die Unmöglichkeit, vom einen Ende aus zu überblicken, wohin die Trittsteine führen (die Koniferen verbergen den Weg), verleiht dem Garten etwas Geheimnisvolles, das zum Entdecken einlädt.

• Der bestehende Weg wird beibehalten, aber mit Schieferplatten bedeckt, wodurch er interessanter wirkt. Ein Teich wird angelegt.

• Der ungünstige schmale Streifen neben dem Weg wird zu einem „Fluss“ umgestaltet, in dem Wasser über eine Kaskade zum Teich am anderen Ende fließt.

Hinterhöfe

Manche Gärten sind nicht nur klein, sondern darüber hinaus auch noch düster, weil sie unterhalb des Straßenniveaus liegen oder von hohen Mauern umgeben sind. Da baulich an diesen Gärten wenig zu ändern ist, ist es am besten, alle Bemühungen darauf zu konzentrieren, das Umfeld zu verbessern und eine Strategie zu entwickeln, die den Pflanzen hilft zu überleben oder zumindest vielen üppig wachsenden Pflanzen die Möglichkeit bietet, trotz der widrigen Bedingungen zu gedeihen. Nicht alle der hier vorgestellten Techniken werden auf Ihren Garten übertragbar sein, viele aber können so angepasst werden, dass sie selbst bei extrem aussichtslosen Fällen passen.

Beleuchtung einsetzen

Eine Gartenbeleuchtung kann die Zeit, in der Sie Freude an Ihrem Garten haben, verlängern – und Sie brauchen nicht viele Lampen, um in einem kleinen Garten eine große Wirkung zu erzielen. Sie können fast jeden Bereich beleuchten – das ist nützlich, wenn Sie oft am Abend Feste feiern, oder nur ein oder zwei Spotlights einsetzen, um einige hervorstechende Merkmale ins Licht zu rücken. Manche Leuchten können geschwenkt werden, um unterschiedliche Bereiche zu betonen. Für eine dezente Beleuchtung sind Laternen mit Kerzen eine billigere und schöne Option.

Die Mauern streichen

In einem von Mauern oder Zäunen umgebenen Garten müssen Sie alles tun, um das Licht zu reflektieren und den Hintergrund hell und freundlich zu gestalten. Wenn Sie die Wände hell streichen, kann dies eine gewaltige Verbesserung bewirken.

Rankgitter verwenden

Rankgitter können als dekoratives Element allein oder als Stütze für Pflanzen verwendet werden. Wenn Sie es als dekoratives Element nutzen wollen, streichen Sie es weiß; wenn Sie es allerdings hauptsächlich als Rankhilfe nutzen wollen, sollten Sie es mit einem ungiftigen Holzschutzmittel behandeln. Verbergen Sie unansehnliche Ablaufrohre mit einem Rankgitter, über das Sie immergrüne Kletterer wie Efeu wachsen lassen.

Wasserspiele

Das Geräusch von plätscherndem Wasser ist an einem Sommertag sehr erfrischend und in einem kleinen Garten brauchen Sie dafür nicht mehr als ein Rinnsal. Ein Wandspeirohr (mit einem kleinen Auffangbehälter in Bodenhöhe, von dem aus das Wasser wieder in Umlauf gepumpt wird) oder ein eigenständiger Wandbrunnen sind ideal.

OBEN: *Farne gedeihen auch an schattigen Orten, wo viele andere Pflanzen eingehen würden. Wenn Sie Wasser von einer Wasserstelle liefern können, umso besser.*

RECHTS: *Selbst im kleinsten Hinterhofgarten ist Platz für ein Wasserspiel.*

Windspiele

Windspiele hören sich gut an und sehen gut aus. Wählen Sie es hauptsächlich nach dem Ton aus, den es erzeugt.

Spalierobst ziehen

Lassen Sie einige Wände mit Kletterpflanzen bewachsen, aber versuchen Sie es auch mit Spalierobst.

Stilvolle Gartenmöbel

Weiße Gartenmöbel sehen in einem kleinen, abgeschlossenen Garten sehr freundlich aus. Stellen Sie aber nicht zu viele Möbel auf, da der Bereich sonst schnell überladen und nicht mehr elegant aussieht.

Wählen Sie Gefäße mit Charakter

Wenn Sie nur wenig Platz haben, achten Sie darauf, dass jedes Detail passt. Anstelle von Plastikgefäßen wählen Sie interessante alte Küchenutensilien oder andere außergewöhnliche Behälter, achten Sie aber darauf, dass sie Drainagelöcher haben, um Staunässe zu vermeiden.

Blickpunkte im Schatten

Hinterhöfe und ummauerte Kleingärten sind oft ungünstig für Pflanzen – das Licht ist schlecht und die Mauern halten viel Regen ab. Wenn Sie darüber hinaus noch einen Baum haben, der Schatten wirft, werden selbst die Schatten liebenden Pflanzen zu kämpfen haben. Nutzen Sie diese Stellen für Ornamente oder machen Sie sie zum besonderen Blickpunkt.

Farne pflanzen

Farne lieben kühle, schattige Plätze. Sie können sie also überall dort pflanzen, wo es zu düster für leuchtende Sommerblumen ist. Wählen Sie verschiedene widerstandsfähige Sorten. Sie sehen nicht langweilig aus, wenn sie sich zum Beispiel um ein attraktives Ornament ranken. Sie können auch weiße Blumen, vielleicht vor dem Hintergrund einer weißen Mauer setzen. An einem heißen Sommertag wird der Ort eine Oase der Kühle und Ruhe sein.

Weiß blühende Pflanzen setzen

Pflanzen Sie helle Blumen, wenn der Bereich keine direkte Sonne bekommt. Sie können keine Pflanzen verwenden, die starkes Sonnenlicht brauchen, aber glücklicherweise gedeihen einige der schönsten weiß blühenden Pflanzen gut im Schatten. Versuchen Sie es zum Beispiel mit den weißen Sorten der Impatiens und weißen Nicotiana. Weiße Blumen wirken in einem düsteren Ort leuchtender als farbige.

Exotische Pflanzen wählen

Ein mit Mauern umschlossener Garten kann heiß und sonnig sein und wenn er geschützt ist, kann er ideale Bedingungen für viele exotische Pflanzen bieten. Mit ein paar wenigen großen Zimmerpflanzen können Sie einen tropischen Effekt erzielen.

LINKS: *Verwenden Sie Mauertöpfe und Körbe, um eine dominante Mauer interessanter zu machen. Wenn man sie versetzt anordnet, wirken Sie mehr als in einer Reihe.*

LINKS UNTEN: *Weiße Blumen wie diese Nicotiana wirken in dunkleren Ecken besonders gut.*

Das Beste aus Stufen machen

Offene Geländer können als Stütze für attraktive Kletterpflanzen dienen, die in Töpfen am Fuß der Treppe gepflanzt werden. Halten Sie sie aber immer gut geschnitten und vermeiden Sie, dass rutschige Blätter über die Stufen wachsen oder den Handlauf behindern. Wenn die Stufen sehr breit sind, stellen Sie Töpfe mit leuchtenden Blumen auf die Stufen, um ein Farbenband zu kreieren. Versperren Sie nicht die Stufen. Wenn auf den Stufen nicht genug Platz ist, gruppieren Sie einige Kübel mit Blumen am Fußende und am oberen Teil der Treppenstufen.

Blumenkästen und -körbe anbringen

Verwenden Sie Blumenkästen großzügig – nicht nur unter den Fenstern, sondern auch an den Wänden. Blumenkästen, Wandtöpfe und Blumenkörbe können nackte Wände in Kaskaden von Farbe verwandeln. Versetzen Sie die Reihen anstatt sie in Reih und Glied anzuordnen.

Die Düfte einfangen

Ein abgeschlossener Garten ist ein idealer Platz, um duftende Pflanzen zu ziehen – die Düfte bleiben in der Luft und werden nicht vom Wind weggetragen. Verwenden Sie jede Menge an aromatischen Pflanzen, insbesondere große, kräftige Pflanzen wie Daturas und solche mit einem starken Duft wie Nicotiana.

Balkon und Veranda

Für jemand, der keinen Garten hat, kann der Balkon sein ganzer „Freiraum" sein, ein „Garten", den er von innen genießen kann, wenn das Wetter schlecht ist. Mehr noch als eine Terrasse ist ein Balkon oder eine Veranda eine Verlängerung des Wohnraums. Der Bereich ist normalerweise klein, daher wird das Geld, das Sie bereit sind, für den Gartenbau auszugeben, weit reichen. Investieren Sie in Qualitätspflanzen und –möbel und attraktive Pflanztöpfe, die Ihren Pflanzen einen stilvollen Rahmen verleihen.

Den Bodenbelag auswählen

Durch den Bodenbelag setzen Sie Akzente und bestimmen den Stil; er kann bei so einem kleinen „Garten" ein ausschlaggebendes Merkmal sein. Steinplatten sollten Sie möglichst vermeiden: Sie sind schwer, können die Art von Vornehmheit, die Sie mit Fliesen erreichen können, nicht bieten, und die Größe der einzelnen Platten kann für den kleinen Bereich zu groß sein.

Wählen Sie für Ihren Balkon oder Ihre Veranda eher einen Bodenbelag aus, den Sie auch in Ihrer Küche oder im Wintergarten verlegen und verwenden Sie Materialien, die Sie auch im Innenraum wählen würden. Kunststeinplatten oder dekorative Keramikplatten sind sehr gut geeignet und schaffen eine gute visuelle Verbindung zum Haus. Achten Sie jedoch darauf, dass die Keramikplatten frostsicher sind. Fliesen sind relativ leicht und ihre Proportionen passen zu den Abmessungen. Ein Holzbodenbelag ist eine weitere gute Alternative für eine Veranda.

Das Problem mit der Lage

Anders als bei normalen Gärten oder auch Dachgärten kann das Licht den ganzen Tag über grell und intensiv sein oder es gibt je nach Position durchgehend Schatten. Übereinander liegende Balkone können ebenfalls Schatten werfen.

Wenn die Lage sonnig ist, kann etwas Schatten von oben jedoch nicht schaden. Ziehen Sie die Montage einer verstellbaren Markise in Betracht, die Sie zu besonders heißen Tageszeiten herunterlassen können.

Wählen Sie Licht liebende Pflanzen, die sich an diese trockenen Bedingungen anpassen können – Ihre Kakteen und Fettpflanzen aus dem Haus freuen sich, wenn sie im Sommer nach draußen dürfen.

RECHTS: *Dachgärten und Balkone gewinnen oft durch einen Bodenbelag aus Holz.*

Wenn Ihr Balkon sich während des größten Teils des Tages im Schatten befindet, werden viele blühende Pflanzen dort nicht gedeihen. Sie können sich auf Blattpflanzen konzentrieren; allerdings gedeihen einige leuchtende Blumen, wie Impatiens und Nicotiana, auch im Schatten gut.

Dem Wind trotzen

Wie Dachgärten, sind auch Balkone häufig kalten und schädlichen Winden ausgesetzt. Je höher der Balkon liegt, desto größer wird das Problem mit dem Wind wahrscheinlich sein. Wenn Sie empfindliche und exotische Pflanzen ziehen wollen, empfiehlt es sich, eine Abschirmung anzubringen, die den Wind abhält, ohne turbulente Wirbel zu entfachen. Ein Spalier mit einer dichten, immergrünen Bewachsung, wie Efeu, ist gut geeignet, oder wählen Sie eine Abschirmung aus Bambus oder Schilfrohr an der windigsten Seite – sie bieten nicht nur den nötigen Schutz und Privatsphäre, sondern auch einen attraktiven Hintergrund für Kübelpflanzen.

Farbenpracht während des ganzen Jahres

Schaffen Sie einen Rahmen aus robusten, immergrünen Pflanzen, um Ihren Balkon oder Ihre Veranda während des ganzen Jahres einzukleiden und als Hintergrund für die farbenfroheren saisonabhängigen Pflanzen. Verwenden Sie üppig leuchtende Sommerblumen in Balkonkästen oder Bottichen, die über die Ränder hinausranken.

In geschützteren Lagen können Sie viele exotisch aussehende Pflanzen ziehen. Und haben Sie keine Angst davor, Ihren robusten Zimmerpflanzen einen Sommerurlaub auf dem Balkon zu gönnen.

Töpfe mit Frühlingsblühern verlängern die Saison der blühenden Pflanzen – wählen Sie aber niedrige Sorten – hohe Narzissen würden vom Wind wahrscheinlich abgeknickt werden. Mischen Sie mit Schnittblumen einige Farbspritzer dazu. Wählen Sie im Sommer die langlebigen *Exoten* wie Strelitzien und Anthurien.

OBEN: *In milden Gegenden oder einer geschützten Lage können Sie Ihren Balkon in einen tropischen Garten verwandeln.*

RECHTS: *Verwandeln Sie Ihren Balkon in einen Außenraum, in dem im Sommer viele Zimmerpflanzen gedeihen.*

MUSTER *und* STRUKTUREN

Die Gesamtgestaltung des Gartens ist ein wichtiges Element, aber es sind die individuellen Merkmale, die den Garten zu etwas Besonderem machen. Die wichtigen strukturellen Entscheidungen wie die Art des Bodenbelags, die Form des Rasens oder die Gestaltung der Grenzen, haben einen wichtigen Einfluss darauf, aber auch kleine Details, wie Ornamente und Gartenleuchten können einen kleinen Garten aus dem Durchschnitt emporheben. Die Verwendung von Kübelpflanzen ist besonders in einem kleinen Garten wichtig – auf einem winzigen Balkon können sie der eigentliche Garten sein. Setzen Sie sie phantasievoll ein, wählen Sie dekorative Behälter und gruppieren Sie sie, um eine interessantere Wirkung zu erzielen.

OBEN: *Erwecken Sie den Entdeckergeist mit kleinen Wegen, die zu Elementen wie Sitzbänken und Ornamenten führen.*

GEGENÜBERLIEGENDE SEITE: *Der Bodenbelag im Garten ist wichtig, egal ob gepflastert oder Rasenfläche, aber es sind die Elemente wie diese Laube und ihre Sitzfläche, die dem Garten Charakter verleihen.*

RASEN

Der Rasen ist oft das Herzstück des Gartens, die Leinwand, auf dem der Rest des Gartens gemalt wird. Viele Gärtner nehmen daher all das Mähen, Jäten und Pflegen in Kauf, das ein guter Rasen verlangt. Wenn Ihr Rasen auch als Spielwiese dient, seien Sie realistisch und sähen Sie robuste Grassorten und geben Sie sich mit einem strapazierfähigen Rasen zufrieden anstatt mit einem Schaustück zu liebäugeln. Er kann trotzdem grün und satt aussehen. Das wirklich wichtige Kriterium vom gestalterischen Gesichtspunkt aus betrachtet. Anstatt zu versuchen, eine Golfplatz-ähnliche Oberfläche zu gestalten, können die Form des Rasens oder eine ins Auge fallende Einfassung viel mehr überzeugen.

Kreisformen

Kreisförmige Rasenflächen können sehr wirkungsvoll sein. In einem langen, schmalen Garten sehen mehrere runde Rasenflächen in Verbindung mit gepflasterten Bereichen sehr gut aus.

Ist Ihr Garten sehr klein, haben Sie vielleicht nur Platz für eine einzige kreisförmige Rasenfläche. Wenn der Rasen das Herzstück und von Beeten umrandet ist, die zum Ende des Gartens hin breiter werden, können Sie kleine Bäume und hohe Sträucher an der Rückseite mit kleineren Sträuchern und Stauden im Vordergrund kombinieren. Als zusätzliches interessantes Detail bietet sich ein Weg mit Trittsteinen an, der zu einer verborgenen Ecke führt.

Rechtwinklige Formen

Rechteckige Rasenflächen können langweilig aussehen, manchmal allerdings kann man sie interessant gestalten, indem man sie durch gestalterische Maßnahmen, wie einer Terrasse oder einem Blumenbeet auflockert, so dass ein L-förmiger Rasen entsteht. Alternativ können Sie auch interessante Elemente, wie eine Vogeltränke oder eine Sonnenuhr (oftmals besser an einer Seite oder am Ende der Rasenfläche anstatt direkt in der Mitte) einbauen. Eine Wasserfläche ist eine weitere gute Möglichkeit, um eine langweilige rechteckige Rasenfläche aufzulockern.

Ein winkelförmiger Rasen

Wenn Sie für Ihr Design ein diagonales Motto gewählt haben, wollen Sie Ihren Rasen wahrscheinlich in einem Winkel anlegen, so dass er zu den Merkmalen passt. Das gleiche Rasen-Rechteck wird wesentlich interessanter, wenn man es in einem Winkel von 45 Grad anlegt. Wenn Sie den Rasen abheben und wieder

OBEN : *Eine geschwungene Rasenfläche kann ein Gefühl von Perspektive vermitteln.*

UNTEN: *Dieser Rasen würde mit geraden Kanten langweilig aussehen. Die Kurven sorgen für einen gewissen Stil.*

einsetzen, können Sie dies erreichen, ohne bei Null anfangen zu müssen.

Bögen

Ein weitläufiger Garten mit geschwungenen Linien und Einbuchtungen, der wie bei Ebbe und Flut von Blumenbeeten eingerahmt wird, ist sehr wirkungsvoll. In einem kleinen Garten ist dies allerdings schwierig zu realisieren. Sie können jedoch eine Fläche in einem großen Bogen anlegen, hinter dem die Grasfläche am Ende verschwindet. Sie können dies erreichen, indem Sie die Fläche eines bestehenden rechtwinkligen Rasens erweitern.

Unterschiedliches Höhenniveau

Wenn Sie einen kleinen Bereich interessant gestalten wollen, versuchen Sie es mit einem erhöhten oder abgesenkten Rasen. Die Stufe muss nicht hoch sein – 12 bis 23 Zentimeter sind oftmals ausreichend. Wenn Sie einen abgesenkten Rasen anlegen, sollten Sie immer eine Mähkante vorsehen, damit Sie mit dem Rasenmäher bis an den Rand mähen können.

OBEN: *Abgesenkte Rasenflächen sind sehr eindrucksvoll.*

EINEN RANDSTREIFEN BELASSEN

Runde Rasenflächen müssen korrekt eingefasst sein. Nichts sieht schlechter aus als ein kreisförmiger Rasen, der nicht rund ist, und ständiges Trimmen wird mit den Jahren natürlich die Fläche des Rasens immer mehr schmälern. Um dies zu vermeiden, sollten Sie beim Anlegen des Rasens eine feste Begrenzung vorsehen, zum Beispiel mit Klinkersteinen, die in einem Mörtelbett verlegt sind.

WIE MAN EINE MÄHKANTE ANLEGT

Wenn die Blumen über das Beet hinauswachsen oder es eine steile Kante gibt, die das Mähen erschwert, legen Sie eine Mähkante aus Ziegelsteinen oder Pflastersteinen an.

1 Markieren Sie den Rasenbereich, der ausgestochen werden soll, indem Sie einen Stein als Markierungshilfe verwenden. Damit die neue Kante gerade wird, stechen Sie sie mit einem halbmondförmigen Kantenschneider direkt hinter der Platte aus. Anschließend heben Sie das Rasenstück ab, indem sie es mit einem Spaten abschneiden.

2 Machen Sie einen festen Untergrund, indem Sie dort, wo die Platten verlegt werden sollen, Kies oder eine Mischung aus Sand und Kies verdichten. Nehmen sie eine Holzplanke, um die Fläche zu egalisieren. Berücksichtigen Sie die Dicke der Platte und einige wenige Kleckse Mörtel.

3 Zur Stabilität empfiehlt es sich, die Platten in Mörtel zu legen. Da sie aber kein großes Gewicht tragen müssen, drücken Sie sie einfach in einen Klecks Mörtel und klopfen Sie sie eben.
(Überprüfen Sie die Höhe zur Sicherheit mit einer Wasserwaage).

RASENERSATZ

Gras ist immer noch der beste natürliche Teppich für einen strapazierfähigen Rasen. Kleinere Bereiche hingegen eignen sich, um mit den Alternativen zu Gras zu experimentieren und Ihrem Garten ein sehr individuelles Gesicht zu verleihen.

RECHTS: *Für einen attraktiven Rasen innerhalb eines kleinen Bereichs, der nicht häufig betreten wird, ist Kamille ideal.*

UNTEN: *Thymian ist robust genug, um zwischen Pflaster zu wachsen, wo er auch einmal „Fußtritte" abbekommt.*

Keine der beschriebenen Pflanzen bildet einen so widerstandsfähigen Rasen wie Gras und doch hat jede ihren eigenen Reiz.

Bedenken Sie, dass Sie kein handelsübliches Rasen-Unkrautvernichtungsmittel bei diesen breitblättrigen Pflanzen verwenden können – stellen Sie sich also darauf ein, dass Sie das Unkraut per Hand jäten müssen. Bei einem kleinen Grundstück sollte das aber machbar und der Mühe wert sein, wenn Sie mit einem Rasen liebäugeln, der etwas ganz Besonderes ist.

Duftende Kamille

Dieser klassische Grasersatz wird seit Jahrhunderten verwendet, um eine attraktive, helle Rasenfläche zu schaffen. Die Tatsache, dass sie einen aromatischen Duft abgibt und relativ strapazierfähig ist, macht Kamille zu einer ausgezeichneten Wahl für einen kleinen Ziergarten. Wie die anderen hier vorgestellten Pflanzen ist sie jedoch keine praktische Lösung für eine Kinderspielwiese.

Wie sie aussieht

Kamille hat kleine, zarte, aromatische Blätter und weiße Korbblüten, obwohl die nichtblühende „Treneague" sich am besten eignet, da die Blüten die dichte Teppichwirkung stören. Sie vermehrt sich rasch durch kriechende Triebe, was ein Grund ist, dass sie so ein guter Ersatz für Gras ist.

Wie man sie ansäht oder pflanzt

Sie können Samen aussähen, aber die besten Rasenflächen erhält man, wenn man junge Ausläufer oder abgeschnittene Triebe einer nichtblühenden Sorte setzt. Wenn Sie Samen kaufen, sollten Sie sie zunächst in einer Saatschale vorziehen und später als junge Pflanzen ins Freie setzen. Wenn Sie junge Pflanzen oder Triebe per Post schicken lassen, kommen sie wahrscheinlich in einem Plastiksack an. Größere Exemplare werden in einem Topf gezogen, sind aber teurer.

Pflanzen Sie sie mit einem Abstand von 23 cm – Sie können einen geringeren Abstand wählen, wenn Sie viele aus Samen gezogene Pflanzen oder Triebe Ihrer eigenen Pflanzen haben. Mit einem engeren Abstand erreichen Sie schneller eine deckende Fläche, das Endergebnis ist aber das gleiche.

Wenn Sie die Pflanzen aus Samen ziehen, beginnen Sie im frühen Frühjahr unter Glas und setzen Sie sie im späten Frühjahr ins Freie. Dies ist besser als sie direkt in die Erde oder ins Gras zu sähen.

Wenn die Pflanzen nicht genügend buschige Seitentriebe bilden, mähen Sie sie mit einem auf hohe Stufe gestellten Rasenmäher, um die Bildung von Trieben zu fördern.

Auch blühende Sorten werden Sie von Zeit zu Zeit mähen müssen, damit die Pflanzen kompakt bleiben. Sie finden die Kamille unter ihren beiden weit verbreiteten lateinischen Namen *Chamaemelum nobile* oder *Anthemis nobilis*.

Thymian

Eine weitere beliebte Alternative zu Gras für kleine Flächen ist Thymian – Sie sollten aber darauf achten, dass Sie die richtige Sorte wählen. Die als Küchenkraut verwendete Sorte ist für diesen Zweck zu hoch und buschig. Wählen Sie die niedrigere Sorte *Thymus serpyllum*.

Thymian eignet sich gut bei trockenen Böden und gedeiht ebenfalls gut in kalkhaltigen Gegenden. Leider neigt er dazu, nach vier bis fünf Jahren zu wuchern und holzig zu werden. Ableger sind einfach zu ziehen, so dass eine Nachpflanzung von Zeit zu Zeit keine teure Angelegenheit ist.

Wie er aussieht

Thymian hat kleine, aromatische Blätter. *T. serpyllum* hat eine niedrige Wuchshöhe von 5 cm. Im Sommer bildet er winzige fliederfarbene, weiß-pinkfarbene, rote oder lilafarbene Blütentrauben.

Wie man ihn ansäht oder pflanzt

Pflanzen Sie mit einem Abstand von ungefähr 23 cm. Sie können Ihre eigenen Pflanzen aus Samen ziehen (in Saatschalen, nicht direkt in den Boden).

WIE MAN EINEN THYMIAN-RASEN PFLANZT

1 Bereiten Sie den Untergrund sorgfältig vor, indem Sie die Fläche mindestens einen Monat vor der Pflanzung umgraben und einebnen. Graben Sie das Unkraut aus und hacken Sie alle Keimlinge heraus. Harken Sie die Fläche eben.

2 Wässern Sie die Pflanzen in ihren Töpfen und setzen Sie sie dann mit einem Abstand von etwa 20 cm in versetzten Reihen (etwas enger für schnellere Flächendeckung, etwas weiter auseinander für eine langsamere, aber kostengünstigere Flächendeckung).

3 Klopfen Sie die Pflanze aus ihrem Topf. Falls einige Wurzeln aus dem Topf herauswachsen, ziehen Sie sie vorsichtig heraus.

4 Pflanzen Sie sie in ihrer ursprünglichen Tiefe und drücken die Erde um die Wurzeln fest, bevor Sie die nächste Pflanze setzen.

5 Wässern Sie den Boden sorgfältig und halten Sie ihn während der ersten Saison gut feucht.

Klee

Wenn in Ihrem Rasen Klee besser gedeiht als Gras, dann entfernen Sie das Gras und probieren Sie es mit einem Kleerasen – bei trockenem Wetter wird er wahrscheinlich grüner aussehen als Gras! Sie werden allerdings auch weiterhin Unkraut jäten müssen, um die anderen Keimlinge zu entfernen.

Wie er aussieht

Die dreilappigen Blätter des Klees kennt wohl jeder. Die weißen oder lilafarbenen Blüten sollten jedoch nicht das Merkmal eines Kleerasens sein – mähen Sie die Pflanzen, bevor sie groß genug sind, um zu blühen.

LINKS: *Klee – in diesem Fall wilder, weißer Klee– macht einen ganz neuartigen Rasen. Und das, wo doch Gärtner normalerweise so viel Zeit darauf verwenden, ihn zu entfernen.*

Wie man ihn ansäht oder pflanzt

Klee wird direkt in einen gut vorbereiteten, unkrautfreien Boden ausgesät – am besten im Frühling. Sie können Kleesamen manchmal von Anbietern kaufen, die sich auf Wildblumensamen spezialisiert haben. Weißer Klee (*Trifolium repens*) ist eine Sorte, die sich sehr gut für einen Rasen eignet.

Cotula (Laugenblume)

Es gibt viele niedrig wachsende Sorten der Cotula, die für einen Rasen geeignet sind. In manchen Ländern werden sie als Rasenunkraut betrachtet, in anderen wiederum werden Rasenflächen speziell für sie angelegt. Sie ist ein Versuch wert, wenn Sie sich auf eine wild wuchernde Pflanze einstellen wollen, die von Zeit zu Zeit zurückgeschnitten werden muss.

Wie sie aussieht

Cotulas sind niedrigwüchsige Pflanzen mit geteilten, farnartigen Blättern. Die kriechenden Triebe wurzeln, wo sie wachsen. Im Juli/August produziert sie massenweise kleine, gelbe Blüten.

Wie man sie aussäht oder pflanzt

Pflanzen Sie sie in einem Abstand von ungefähr 10 bis 15 cm. Als Grasersatz wird am häufigsten *Cotula coronopifolia* verwendet. Die kostengünstigste Methode ist das Aussähen von Samen, die aber wahrscheinlich nur bei ausgesuchten Anbietern erhältlich sind, die sich auf seltene Sorten spezialisiert haben.

FANTASIEVOLLE PFLASTERUNG

Die meisten Gärten haben eine Terrasse oder zumindest einen gepflasterten Bereich in der Nähe des Hauses. Oft ist dies der Hauptbereich, um den der Rest des Gartens angeordnet ist. Dieser Bereich kann die Verbindung zwischen Haus und Garten sein und als Außenraum fungieren. Im schlimmsten Fall kann die Pflasterung langweilig und unansehnlich sein; im besten Fall kann sie einen wirklichen Beitrag zum Gesamteindruck des Gartens liefern.

Auf den folgenden Seiten finden Sie eine Auswahl von beliebten Pflastermaterialien, mit Vorschlägen für deren Verwendung und den jeweiligen Vor- und Nachteilen. Vergleichen Sie die Preise, weil das Angebot und die Preise von Natursteinen enorm variieren – nicht nur von Land zu Land, sondern auch in den einzelnen Gegenden.

Insbesondere das Angebot an handgemachten Pflastersteinen wird von Ort zu Ort sehr verschieden sein. Die Wahl des richtigen Materials ist nur ein Teil des Geheimnisses einer gelungenen Pflasterung – wie sie es verlegen, allein oder kombiniert mit anderen Materialien, ist ebenfalls ein Punkt, der darüber entscheidet, ob der gepflasterte Bereich alltäglich aussieht oder etwas ganz Besonderes ist.

LINKS: *Ziegelsteine und Pflasterklinker sehen oftmals attraktiver aus, wenn sie in einem Muster, wie etwa diesem Fischgrätmuster, angelegt werden.*

Farbkombinationen

Auch wenn Sie eine Vorliebe für helle und auffallende Farbkombinationen haben – die Wahl wird abhängig von der Wirkung sein, die sie erzielen wollen. Seien Sie vorsichtig mit leuchtenden Farben – sie können von den Pflanzen ablenken, obwohl sie mit der Zeit etwas verblassen.

Das Problem mit der Größe

Großformatige Steinplatten können das Gefühl für die Größenverhältnisse in einem kleinen Garten zerstören. Versuchen Sie es mit kleinen Platten (die auch einfacher zu verlegen sind), Ziegelsteinen, Pflastersteinen oder Klinker.

Materialkombinationen

Das Mischen von unterschiedlichen Materialien kann auch in einem kleinen Garten sehr wirkungsvoll sein. Versuchen Sie es mit Flächen oder Reihen aus Klinker, Tonplatten mit Pflastersteinen oder Eisenbahnschwellen mit Klinker – möglich sind alle Kombinationen, die gut miteinander harmonieren und zur Gestaltung passen.

Vermeiden Sie jedoch, mehr als drei verschiedene Materialien zu verwenden, dies würde in einem kleinen Garten zu unruhig wirken.

Muster

Sie können sich für eine völlig zufällige Pflasterung entscheiden – das Mosaikpflaster ist ein gutes Beispiel dafür – die meisten Pflasterungen werden jedoch nach einem festgelegten Muster verlegt und verwenden rechteckige Platten oder Pflastersteine.

Schauen Sie sich die Broschüren für Pflastersteine an. Diese zeigen normalerweise viele Ideen, wie die Steine verlegt werden können. Auch wenn ein großer Bereich, der mit Steinen in der gleichen Größe gepflastert ist, langweilig aussehen kann, sollten Sie in einem kleinen Garten zu viele verschiedene Größen oder komplexe Muster vermeiden. Einfachheit ist oft wirkungsvoller.

Klinker und Tonplatten sind oft die beste Wahl für eine kleine Fläche, da ihr kleines Format wahrscheinlich am besten mit Ausmaßen des Gartens harmoniert. Die Art der Verlegung macht visuell jedoch einen großen Unterschied – treffen Sie Ihre Auswahl daher mit Bedacht.

Der Läuferverband ist normalerweise für kleine Flächen und Wege am wirkungsvollsten. Fischgrätmuster sind sowohl für große wie auch für kleine Flächen geeignet, während ein Schachbrettmuster eine relativ große Fläche braucht, um zu wirken.

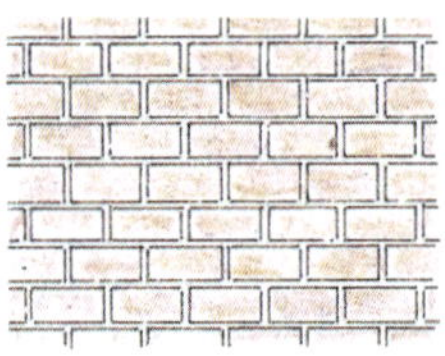

Läuferverband

Fischgrät

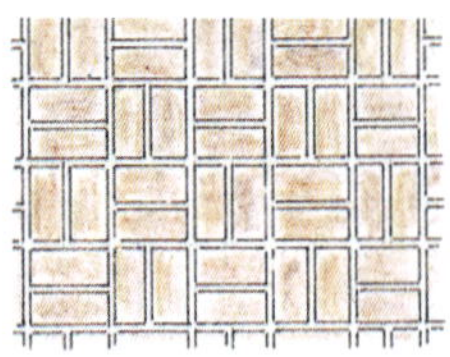

Schachbrett

Wie man Pflaster verlegt

1 Heben Sie den Bereich so tief aus, dass ca. 5 cm verdichteter Untergrund, eine Schicht von 3 bis 5 cm Schotter plus die Stärke des Pflasters und des Mörtels berücksichtigt werden. Als Alternative zum verdichteten Untergrund mit einer Schicht Schotter können Sie auch 5 cm Schotter verwenden. Überprüfen Sie die Tiefe des Fundaments, bevor Sie das Pflaster verlegen. Wenn das Pflaster an das Haus angrenzt, achten Sie darauf, dass es unterhalb der Dampfsperre endet.

2 Setzen Sie fünf Kleckse Mörtel an die Stelle, an der die Platte verlegt werden soll – einen an jede Ecke und in die Mitte.

3 Alternativ können Sie den gesamten zu pflasternden Bereich mit Mörtel bedecken und anschließend einebnen.

4 Positionieren Sie die Platte vorsichtig und setzen Sie sie dann in das Mörtelbett.

5 Prüfen Sie mit einer Wasserwaage, ob die Platte eben ist, setzen Sie aber unter ein Ende einen Holzkeil, um über eine große Fläche eine leichte Neigung zu erreichen, damit das Regenwasser gut abfließen kann. Klopfen Sie die Platte tiefer oder heben Sie sie leicht an, indem Sie etwas mehr Mörtel unterschieben. Legen Sie die Wasserwaage über mehr als eine Platte (legen Sie sie notfalls über ein kantengerades Stück Holz).

6 Verwenden Sie Abstandshalter in gleicher Stärke, um einen gleichmäßigen Abstand zu erreichen. Entfernen Sie diese später wieder, bevor die Fugen mit Mörtel verfüllt werden.

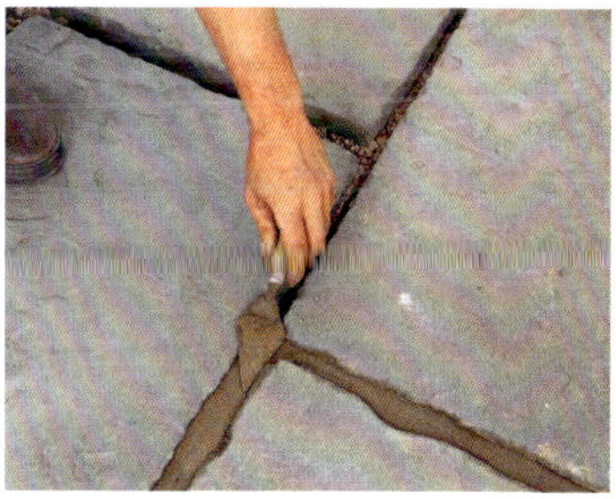

7 Ein oder zwei Tage nachdem Sie die Platten gelegt haben, sollten Sie sie verfugen. Verwenden Sie dafür eine spitze Kelle und eine trockene Mörtelmischung. Ziehen Sie zum Schluss die Fuge leicht ab, so dass der Mörtel etwas vertieft ist. Waschen Sie überschüssigen Mörtel vor dem Trocknen ab.

PFLASTERMATERIALIEN

Es gibt eine große Auswahl an Pflastermaterialien, aus denen Sie wählen können. Es empfiehlt sich daher, etwas Zeit zu investieren, um Broschüren zu studieren und Gartencenter und Baustoffhändler zu besuchen, bevor Sie eine Entscheidung treffen.

RECHTS: *Anders als Tonplatten wird Klinker mit Mörtelfugen verlegt. Dadurch kann das Design zur Geltung gebracht werden.*

STEINPLATTEN

Rechtwinklige Steinplatten

Die meisten Steinplatten haben eine Größe von 45 x 45 cm oder 45 x 60 cm. Halbe und quadratische Platten können etwas kleiner sein. Je nach Hersteller kann auch die Stärke variieren. Wenn Sie aber nur Platten von einem Lieferanten verwenden, fällt dies nicht ins Gewicht.

Eine gleichmäßige Oberfläche kann schnell langweilig wirken, rutschig sein und an öffentliche Plätze erinnern – es gibt jedoch auch Platten mit einer strukturierten Oberfläche. Es gibt die unterschiedlichsten Strukturen. Eine zerrissene Oberfläche sieht normalerweise aus wie Naturstein, eine erhabene Oberfläche mit Kieseln ergibt eine natürlich aussehende, rutschfeste Platte.

Platten, die Teil eines größeren, aufgedruckten Musters sind, eignen sich für kleinere Gärten weniger, da sie die begrenzten Platzverhältnisse noch deutlicher zutage treten lassen.

Geformte Steinplatten

Verwenden Sie geformte Platten mit Vorsicht. Kreisförmige Platten eignen sich gut für Trittsteine, die Verlegung auf einer kleinen Terrasse kann sich jedoch schwierig gestalten. Sechseckige Platten benötigen ebenfalls eine größere Fläche, um zu wirken. Um eine gerade Kante zu schaffen, gibt es normalerweise spezielle Ecksteine.

Platten mit Pflastermuster

Einige Platten haben ein geprägtes Muster, das so aussieht als wären mehrere Pflastersteine oder Klinker zusammengefasst – einige enthalten bis zu acht „Klinker" in einer Platte. Dies erweckt den Eindruck, dass kleinere Pflastereinheiten verwendet wurden und ist bei kleinen Flächen sehr effektvoll.

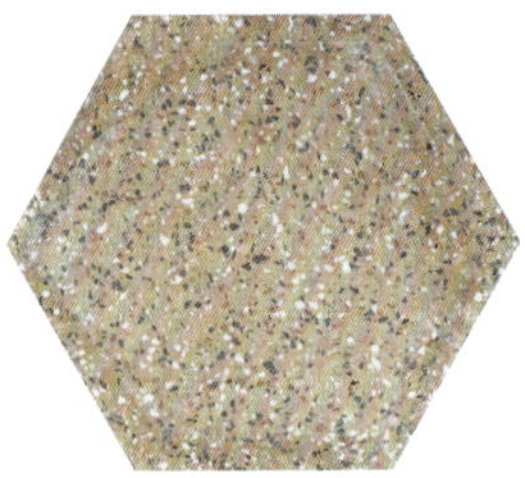

OBEN LINKS: *Solche Platten sind besonders für kleine Flächen geeignet, da sie den Eindruck erwecken, dass kleinere Pflastersteine verwendet wurden.*

OBEN RECHTS: *Platten mit einer zerrissenen Oberfläche sehen aus wie echte, verwitterte Steine.*

Mitte links: Steinplatten verwittern mit der Zeit. Helle Farbtöne wie diese werden bald dunkler aussehen, während leuchtende Farben verblassen.

MITTE RECHTS: *Rechteckige Platten können interessant aussehen, sind für eine kleine Fläche aber nicht geeignet.*

UNTEN: *Rechteckige Formen wie diese können für sich allein verwendet oder mit anderen Größen kombiniert werden, um ein interessantes Design zu gestalten.*

Pflanzkreise

Einige Hersteller bieten Platten an, die an einer Ecke abgerundet sind. Wenn man vier dieser Platten zusammen verlegt, entsteht eine runde Pflanzinsel für einen Baum oder andere Pflanzen.

KLINKER UND PFLASTERSTEINE

Klinker und Pflastersteine eignen sich besonders gut für einen kleinen Garten. Selbst auf einer kleinen Fläche können Sie ein attraktives Design entwerfen. Sie erhalten sie in der Farbe und Form, die zu Ihrem Haus passt, was Ihre ganz persönliche Note unterstreicht.

Überprüfen Sie jedoch immer, dass die Klinkersteine als Pflastersteine geeignet sind, da es auch Sorten für den Hausbau gibt, die dem ständigen Wechsel von Feuchtigkeit und Frost, dem sie auf einer Terrasse ausgesetzt sind, nicht standhalten können. Sie würden nach einigen Jahren zu bröckeln beginnen. Tonplatten hingegen werden so gebrannt, dass sie als Pflaster gut geeignet sind. Betonpflaster und -blöcke sind eine weitere Option, obwohl sie eher für eine Garagenauffahrt als eine kleine Terrasse geeignet sind.

Rechtwinklige Pflastersteine

Tonplatten sehen auf den ersten Blick aus wie Klinker, sind aber für eine Verlegung ohne Mörtel vorgesehen. Sie sind auch dünner als die meisten Klinkersteine, obwohl man das nicht sieht, wenn sie verlegt sind. Betonplatten oder -blöcke werden auf ähnliche Art verlegt und sind interessanter als eine betonierte Auffahrt. Sie können ein bisschen „städtisch" aussehen.

Verzahnte Pflastersteine und -klötze

Betonsteine oder -klötze sind oft so geformt, dass sie miteinander verzahnt sind. Es gibt auch verzahnte Tonplatten.

Klinker

Klinker benötigen Mörtelfugen – sie passen sich nicht so gut an wie Tonplatten. Andererseits können sie den gleichen Klinker für erhöhte Beete und niedrige Mauern verwenden, was dem ganzen Design ein einheitliches und gut integriertes Aussehen verleiht.

Für eine sparsame Verlegung von Klinker sollten Sie sie mit ihrer größten Oberfläche nach oben und nicht hochkant verlegen. Dies schließt die Verwendung von gestanztem Klinker aus, da diese über ein Loch in der Mitte verfügen. Es macht nichts, wenn sie auf einer Seite eine Vertiefung haben, sofern diese mit dem Gesicht nach unten verlegt wird.

Wacken- und Kopfsteinpflaster

Granitpflaster-Imitate aus Kunststein und natürliche Wackenpflaster, bzw. große, von Flüssen oder Gletschern gerundete Steine eignen sich besonders gut für kleine Flächen mit einer ungleichmäßigen Form. Durch ihre Größe sind sie leichter in Bögen zu verlegen. Verlegen Sie sie in einem Mörtelbett auf einem festen Untergrund.

Bodenfliesen

Stein- und Keramikfliesen eignen sich für kleine Flächen in der Nähe des Hauses oder um eine Terrasse mit einem etwas anderen Stil zu gestalten. Achten Sie bei Keramikfliesen immer darauf, dass sie frostsicher sind. Legen Sie sie in ein Betonbett, das bereits abgebunden hat und fixieren Sie sie mit einem vom Hersteller oder Lieferanten empfohlenen Kleber.

LINKS: *Pflaster gibt es in vielen Formen. Die oberste Reihe zeigt (von links nach rechts) Natursteinpflaster, Tonpflaster, Tonziegel, Kunststeinpflaster. Die mittlere Reihe zeigt eine typische Auswahl an Betonklötzen. Die untere Reihe zeigt einige [illegible], die bei Betonplatten erhältlich sind.*

Wege und Wegbeläge

Wie bei allen anderen Gartenelementen sollten auch Wege so gestaltet sein, dass sie den gewünschten Zweck erfüllen. Es gibt auf dem Markt eine große Auswahl an Materialien für jeden Wunsch, schauen Sie sich also zuerst in Ruhe um, bevor Sie sich für eines entscheiden.

RECHTS: *Die Zwischenräume zwischen diesen Platten wurden in diesem Beispiel mit Holzschnitzel gefüllt – genauso gut können Sie aber auch Kies verwenden.*

Wege sollten in erster Linie funktional und erst in zweiter Linie attraktiv sein. Eine Garagenauffahrt oder der Weg zum Haupteingang müssen auf einem guten Fundament verlegt werden. Und sparen Sie nicht an der Breite – es ist für Besucher äußerst unangenehm, wenn Sie Ihr Haus nur im Gänsemarsch erreichen können. Es kann besser sein, einen Umweg zu wählen, vielleicht indem man mit der Auffahrt eine L-Form bildet, wenn für einen direkten, breiten Weg zum Haus nicht genug Platz zur Verfügung steht.

Wege durch das Gartenareal, die einen Teil des Gartens mit einem anderen verbinden, können leichter und mit Pflanzen weicher gestaltet werden.

Pfade, die oft nirgendwo hinführen und nur aus stilistischen Gründen angelegt wurden, wie Trittsteine durch ein Blumenbeet, können ebenfalls leicht gestaltet werden und sind vom Stil her wesentlich weniger formal.

Klinker und Pflastersteine

Diese sind ideal für Wege innerhalb des Gartens, die sowohl praktisch als auch hübsch sein sollen. Komplexe Muster sollten möglichst vermieden werden, es sei denn, der Weg ist sehr breit.

Steinplatten

Wenn man Steinplatten mit anderen Materialien kombiniert, kann man das Aussehen sehr verbessern. Ein schmaler Kiesstreifen an den Seiten kann hübsch aussehen – man kann den Kies sogar bis zu den Fugen ausdehnen. Die Platten-Kies-Kombination ist ideal, wenn Sie einen gekurvten Weg brauchen.

Ein gerader Weg kann mit Flusskieseln aufgebrochen werden, die zwischen den Platten in ein Mörtelbett gelegt werden. Stampfen Sie sie fest, so dass Sie mit den umgebenden Platten eine ebene Fläche bilden.

UNTEN: *Mit Pflasterungen kann man sich künstlerisch verwirklichen.*

UNTEN RECHTS: *Beeteinfassung im Viktorianischen Stil*

Mosaikpflaster

Verwenden Sie Mosaikpflaster mit Vorsicht. Am richtigen Ort und mit Natursteinen verlegt kann die Wirkung sehr heiter sein und mit den Pflanzen harmonieren. Seien Sie jedoch vorsichtig mit Bruchsteinen, auch wenn sie billiger sind. Farbige Steine können sehr grell wirken und selbst neutrale Exemplare können eckig aussehen und haben nicht die weiche Form eines Natursteins.

Wegeinfassungen

Wege wirken immer ansprechender mit einer sauberen oder interessanten Einfassung. Wenn Sie ein Anwesen in einem älteren Stil haben, bietet sich eine Einfassung in Viktorianischem Stil an. In einem ländlichen Garten können Sie versuchen, Raffinesse und Ungewöhnliches miteinander zu kombinieren, zum Beispiel grüne Flaschen, die in die Erde versenkt werden, so dass nur der Boden sichtbar ist. Oder nehmen Sie Klinker, auf die Seite gelegt, aufrecht oder in einem Winkel von 45 Grad.

MAUERPFLANZEN

Pflanzen mildern die scharfe Linie eines strengen, geraden Weges, was ihn insgesamt attraktiver aussehen lässt. Sie sind problemlos bei Mosaikpflaster oder Kieswegen zu pflanzen, wobei es notwendig sein kann, kleine Löcher auszuheben. Füllen Sie sie mit einer guten Pflanzerde. Säen oder pflanzen Sie in diese vorbereiteten Vertiefungen. Einige der besten Pflanzen für Bereiche, die betreten werden, sind Kamille, *Thymus serpyllum* und *Cotula squalida*. Für Bereiche, auf denen man nicht läuft, gibt es mehrere gute Kandidaten, zum Beispiel *Ajuga reptans* und *Armeria maritima*.

WIE MAN TON- ODER BETONPFLASTER VERLEGT

Die Verlegemethode für Ton- oder Betonpflaster, die wir Ihnen hier zeigen, kann sowohl für eine Auffahrt oder eine Terrasse als auch für einen Weg verwendet werden.

1 Heben Sie die Fläche aus und bereiten Sie einen Unterbau mit ungefähr 5 cm komprimiertem Schotter oder einem Kies-Sand-Gemisch vor. Verlegen Sie als erstes an einer Seite eine Kante und betonieren Sie sie, bevor Sie das restliche Pflaster verlegen.

2 Legen Sie ein 5 cm hohes Sandbett über die Fläche und ziehen Sie sie dann mit einem geraden Stück Holz zwischen zwei Höhenmesspunkten (Latten, die auf der Höhe des Sandbetts fixiert wurden) eben. So entfernen Sie überschüssiges Material und schaffen eine ebene Oberfläche.

3 Positionen Sie das Pflaster und verlegen Sie immer nur 2 m zur gleichen Zeit. Achten Sie darauf, dass sie aneinander anstoßen und zur Kante hin fest anliegen. Betonieren Sie weitere Randkanten.

4 Mieten Sie sich ein Rüttelgerät, um den Sand zu verdichten. Alternativ können Sie das Pflaster auch mit einem Fäustel über einem Holzstück einklopfen. Gehen Sie mit dem Rüttler nicht zu nah an eine nicht gestützte Kante.

5 Bürsten Sie zusätzlichen Sand in die Fugen und rütteln oder klopfen Sie die Fläche erneut. Es kann notwendig sein, diesen Vorgang ein weiteres Mal zu wiederholen.

HOLZBELAG

Ein Holzbelag hat eine ganz eigene, charakteristische Wirkung und ist eine erfrischende Alternative zu den üblichen Terrassen-Pflasterungen. Wie bei Pflaster sollte auch hier das Material auf die Proportionen des Gartens Rücksicht nehmen – die Breite der Planke ist also wichtig. Breite Planken sehen am besten in einem großen Garten aus, während man in einem kleinen Garten normalerweise schmale Exemplare bevorzugt.

Wenn man Planken von unterschiedlicher Breite nimmt und sie – wie in diesen Beispielen - in unterschiedliche Richtungen verlegt, können ganz unterschiedliche Designs gestaltet werden. Generell sollte man das Muster aber relativ einfach halten. Lassen Sie zwischen den Planken eine Lücke, jedoch nicht so groß, dass man mit hochhackigen Schuhen darin stecken bleibt.

Die Bauweise und die Größe des Holzes richten sich nach dem Gesamtaufbau und dem Design – vor allem wenn der Bereich auf abschüssigem Gelände geplant ist. In manchen Ländern gibt es Bauvorschriften und Regeln, die eventuell zu beachten sind. Falls Sie sich nicht sicher sind, suchen Sie fachmännischen Rat bei der Planung, auch wenn Sie später die Baumaßnahmen selbst durchführen.

Alle Holzarten, die für einen Belag verwendet werden, müssen sorgfältig mit einem Holzschutzmittel behandelt sein. Einige Holzschutzmittel und Beizen sind in verschiedenen Farben erhältlich und lassen Möglichkeiten für Kreativität. Dunkle Brauntöne und Schwarz sehen immer gut aus und überstehen Witterung gut, wenn Sie allerdings experimentierfreudiger sind, können Sie aus Rot-, Grün- und Grautönen wählen.

Wenn Sie einen besonders langlebigen Holzbelag wollen, dann ist spezielles druckbehandeltes Holz die beste Wahl.

Parkettbelag

Die einfachste Art Holz als Oberfläche zu verlegen ist, Parkettbelag zu kaufen oder herzustellen. Vorausgesetzt, der Untergrund ist flach, sind Paneele einfach zu verlegen und sehen sehr gut aus. Verlegen Sie sie in einem Bett aus ca. 5 cm Sand auf einem Kiesunterbau, um eine ungehinderte Drainage zu gewährleisten. Wenn bereits ein passender Betonunterbau vorhanden ist, können Sie die Paneele auch direkt darauf verlegen.

LINKS: *Ein Holzbelag ist eine erfrischende Alternative zu Steinplatten oder Pflaster und kann einem Garten einen Hauch von Klasse verleihen.*

Muster von Holzbelägen

Bodenbedeckung mit Pflanzen

Wenn Sie einen Teil des Bodens mit einem lebenden Teppich bedecken wollen und es nicht vorgesehen ist, dass Sie darauf laufen, sind Bodendecker die richtige Antwort. Wenn Sie Bodendecker auf diese Weise verwenden wollen und nicht nur, um Unkraut in einem Blumenbeet zu unterdrücken, dann müssen Sie darauf achten, dass die Pflanzen immergrün sind, kompakt und niedrig sowie gleichmäßig wachsend.

WIE MAN KISSEN BILDENDE BODENDECKER PFLANZT

1 Säubern Sie den Boden als erstes von Unkraut und achten Sie besonders darauf, tief wurzelnde, hartnäckige Triebe zu entfernen.

2 Fügen Sie reichlich Kompost oder verrotteten Mist hinzu und harken Sie einen Dünger unter. Dies sollten Sie tun, bevor Sie eine Mulchfolie darauf legen.

3 Decken Sie den Bereich mit einer Unkraut unterdrückenden Mulchfolie oder einer Polyäthylenfolie ab. Eine speziell gewebte Mulchfolie ist jedoch am besten.

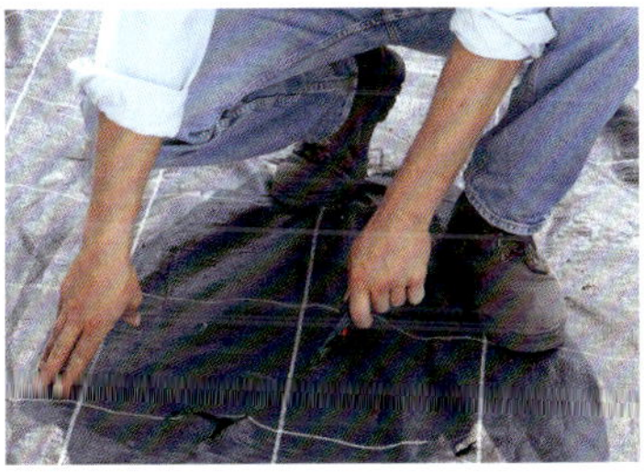

4 Machen Sie dort, wo Sie pflanzen wollen, gekreuzte Schnitte durch die Folie. Machen Sie die Schnitte nicht zu groß.

5 Heben Sie Pflanzlöcher aus und passen Sie die Pflanzen ein. Kappen Sie notfalls einige der herausgewachsenen Wurzeln.

6 Wässern Sie sorgfältig und halten Sie die Pflanzen anschließend gut feucht. Entfernen Sie die Folie, sobald die Pflanzen gut angewachsen sind.

WIE MAN KRIECHENDE BODENDECKER PFLANZT

Die Mulchfolien-Methode ist ideal, um Kissen bildenden Bodendeckern, zum Beispiel Erika, zu einem guten Start zu verhelfen. Verwenden Sie diese Methode aber nicht für Sorten, die kriechen und wurzeln, wie Ajugas und Hypericum calycinum. Pflanzen Sie diese wie üblich in die Erde und bringen Sie um die Pflanzen eine Lage losen Mulch von ungefähr 5 cm Stärke auf den Boden auf.

BODENDECKER

Einige der besten Pflanzen für diesen Job sind *America maritima*, Bergenien, *Cotoneaster dammeri*, *Euonymus claycinum* und Pachysandra terminalis. Wenn Sie vor allem Wert auf blühende Pflanzen legen, dann ist Erika nicht zu schlagen.

KIESGÄRTEN

Kies ist eine günstige und praktische Alternative zu Pflastersteinen oder Rasen, allerdings nicht geeignet für eine Terrasse. Er harmoniert wundervoll mit Pflanzen, braucht wenig Pflege und kann für die formale und auch informale Gestaltung verwendet werden. Er ist auch ein nützlicher Füllstoff zwischen anderen Materialien oder für Bereiche, die schwierig geformt sind und wo Pflaster nicht problemlos passen und ein Rasen schwierig zu mähen wäre.

LINKS: *Kies variiert von Natur aus sehr in der Farbe.*

Kiesarten

Kies gibt es in vielen unterschiedlichen Formen, Größen und Farben. Einige Sorten sind eckig, andere gerundet, einige sind weiß, andere haben Farbschattierungen in Grün oder Rot. Sie sehen alle in der Sonne oder im Schatten, in trockenem oder nassem Zustand unterschiedlich aus. Eine zarte Änderung der Farbe oder der Stimmung ist eines der Reize von Kies. Welche Kiessorten verfügbar sind, hängt davon ab, wo Sie wohnen und von wo aus es noch wirtschaftlich ist, ihn zu transportieren. Informieren Sie sich in Gartencentern und bei Baustoffhändlern, welche Sorten in Ihrer Gegend erhältlich sind, bevor Sie sich endgültig entscheiden.

Kieswege

Kies wird oft für die Auffahrt verwendet, ist aber auch für informelle Wege innerhalb des Gartens eine gute Wahl. Er passt zu allen Formen und ist daher ideal für Wege, die sich winden und schlängeln. Für Wege, auf denen Sie mit dem Rasenmäher fahren müssen, ist er allerdings nicht geeignet.

WIE MAN EINEN KIESWEG ANLEGT

1 Heben Sie den Bereich in einer Tiefe von ca. 15 cm aus und rammen Sie den Untergrund fest.

2 Legen Sie eine feste Kante an, um den Kies an Ort und Stelle zu halten. Für einen geraden Weg sind Latten, die mit Pflöcken im Abstand von ca. 1 m gesichert sind, eine einfache und kostengünstige Methode.

3 Bringen Sie als erstes eine Lage mit verdichtetem Schotter auf. Fügen Sie dann eine Mischung aus Sand und grobem Kies hinzu (Sie können eine Kies-Sand-Mischung verwenden, die als Kiesschotter verkauft wird). Harken Sie die Fläche eben und stampfen oder rollen Sie sie, bis sie fest ist.

4 Füllen Sie die Fläche bis zur gewünschten Höhe mit der endgültig gewünschten Kiesgröße auf. In kleinen Gärten sieht Feinkies sehr gut aus und man kann gut darauf laufen. Harken und rollen Sie den Bereich mehrmals, bis die Oberfläche fest und stabil ist. Wenn der Weg sehr breit ist, ist es eine gute Idee, den Kies zur Mitte hin leicht zu erhöhen, damit sich bei starkem Regen keine Pfützen bilden.

Kiesbeete

Kies kann als sehr gute Alternative zu Gras verwendet werden und benötigt weitaus weniger Pflege. Sie können sogar einen bestehenden Rasen sehr einfach umwandeln, indem Sie Unkrautvernichter auf das Gras aufbringen, die Kanten befestigen und dann die Fläche mit Kies auffüllen. Auch informelle Kiesbeete benötigen einen gewissen Kantenhalt, damit der Kies sich nicht verteilt. Wenn das Beet von einem Rasen umgeben ist, achten Sie einfach darauf, dass die Kiesfläche ungefähr 5 cm tiefer liegt als der umgebende Rasen.

Andere praktische Möglichkeiten, um zu verhindern, dass sich der Kies in Blumenbeete oder andere unerwünschte Bereiche verteilt ist, einen leicht abgesenkten Garten anzulegen oder die umliegenden Bereiche mit einer passenden Kante leicht zu erhöhen.

Informell gestaltete Kiesbereiche wirken besonders gut, wenn einige Pflanzen durch den Kies wachsen – entweder in Beeten mit nahtlosen Kanten, über die der Kies hinausläuft oder als einzelne Pflanzen.

WIE MAN EIN KIESBEET ANLEGT

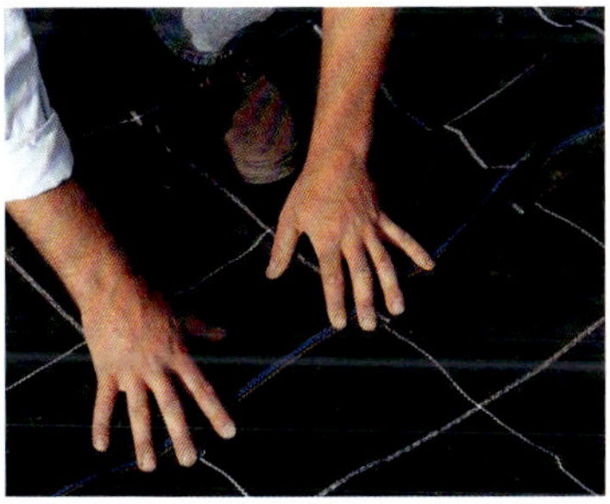

1 Heben Sie den Bereich bis zur gewünschten Tiefe aus – etwa 2 cm Kies ist in den meisten Fällen ausreichend.

2 Ebnen Sie den Untergrund ein. Legen Sie eine schwere, schwarze Polyäthylen- oder eine Mulchfolie über die Fläche. Lassen Sie die Streifen ungefähr 5 cm überlappen.

3 Anschließend kippen Sie den Kies auf die Fläche und harken ihn eben.

4 Um zwischen den Kies zu pflanzen, schieben Sie an dieser Stelle den Kies zur Seite und schneiden Sie einen Schlitz in die Folie. Pflanzen Sie wie üblich. Gegebenenfalls können Sie die Pflanzstelle durch etwas Dünger anreichern.

5 Drücken Sie die Pflanze fest und ziehen Sie die Folie wieder zurück, bevor Sie die Fläche wieder mit Kies bedecken.

Grundstücksgrenzen gestalten

Die meisten von uns haben den instinktiven Wunsch, unser Gelände mit einer sichtbaren Grenze zu markieren. Dies vermittelt uns das Gefühl der Geborgenheit und die Illusion von Sicherheit, vor allem aber bestimmt sie unser Grundstück, den Bereich, in dem wir unser ganz persönliches Paradies schaffen.

Das Problem bei einem kleinen Garten ist, dass die Grenzen einen großen Teil des Gartens in Anspruch nehmen und man sie immer im Blick hat, egal von welcher Richtung aus man schaut. In einem großen Garten verschmelzen die Grenzen oft mit dem Hintergrund, während sie in einem kleinen sehr leicht eine dominante Rolle spielen können.

Hohe Mauern können ein Gewinn sein – ein ummauerter Stadtgarten hat viele der wertvollen Eigenschaften eines ländlichen Gartens – eintönige Holzzäune und große bewachsene Hecken jedoch stellen ein wirkliches Problem dar, wenn Sie wollen, dass Ihr Garten elegant und stilvoll aussehen soll.

Nehmen Sie Ihre Umzäunung nicht als gegeben hin und denken Sie nie, dass man sie nicht verbessern könnte. Das Ersetzen eines Zauns oder das Ausgraben einer alten Hecke sind keine Projekte, die man auf die leichte Schulter nehmen könnte. Sie können kostspielig und arbeitsintensiv sein. Nehmen Sie keine Änderungen vor, bevor Sie nicht Nachbarn, die davon betroffen sind, gefragt haben.

LINKS: *Dies ist ein ausgezeichnetes Beispiel einer kombinierten Grenze – ein Palisadenzaun aus Holz, der von einer niedrigen Mauer gestützt wird und mit einer Escallonia bewachsen ist.*

GEGENÜBERLIEGENDE SEITE OBEN: *Mauern bieten sichere Grenzen. Damit sie aber nicht erdrückend wirken, sollten Sie sie mit Kletterpflanzen bewachsen lassen, und möglichst einen Durchblick nach hinten schaffen, wie bei diesem reizvollen Tor.*

GEGENÜBERLIEGENDE SEITE: *So eine hohe Wand kann einen kleinen Garten schnell dominieren, wenn man sie aber mutig integriert und sie als Schmuckstück behandelt, kann sie zu einem wirklichen Gewinn für den Garten werden.*

Die Grenze könnte nicht ihnen gehören – in diesem Fall wären Sie nicht befugt, einseitige Änderungen vorzunehmen. Selbst wenn Sie gesetzlich befugt sind, die Grenze zu ersetzen, zahlt sich die Höflichkeit, Änderungen mit den Betroffenen zu besprechen, auf lange Sicht aus und trägt dazu bei, dass Ihr Verhältnis zu den Nachbarn angenehm bleibt.

Wahrscheinlich werden Sie in einem kleinen Garten eine Mauer nicht erhöhen wollen – trotzdem sollten Sie sich informieren, da es gesetzlich festgelegte Beschränkungen bezüglich der Höhe geben kann, die vielleicht vertraglich festgelegt wurden, als Sie das Anwesen gekauft haben. In manchen Ländern gibt es aus Gründen für die Sicherheit von Straßen Einschränkungen vom Straßenbauamt.

Diese Einschränkungen werden größtenteils die Vorgärten betreffen – einige „open plan"-Anwesen können beispielsweise Beschränkungen bezüglich allem haben, was die integrierte Struktur des Gartens verletzen könnte.

Keine dieser Einschränkungen sind ein Grund, auf gutes Gartendesign zu verzichten, aber es ist immer ratsam abzuklären, ob es irgendwelche Auflagen gibt, bevor man eine neue Grundstücksgrenze baut oder pflanzt.

GARTENHECKEN

Viele der klassischen Hecken, wie Buche, Eibe und hohe Koniferen wie *Cypressocyparis leylandii* und selbst Liguster (*Ligustrum ovalifolium*) sind in einem kleinen Garten nur bedingt einzusetzen. In einem kleinen Garten sollte man sich auf Pflanzen konzentrieren, die einen kompakten Wuchs haben. Die hier empfohlenen Hecken sind nur einige der Pflanzen, die Sie einsetzen können, um Ihre Grenze zu markieren, ohne düster oder erdrückend zu wirken.

Geschnittene Förmlichkeit

Die klassische Buchsbaumhecke (*Buxus sempervirens*) ist immer noch die beste Lösung. Sie lässt sich gut schneiden und kann kompakt gehalten werden. Wählen Sie aber die Sorte „Suffruticosa", wenn Sie eine wirklich robuste Hecke haben wollen, wie man sie von Knotengärten her kennt. Ein schnell wachsender Ersatz ist *Lonicera nitida*, es gibt eine goldene Art, die immer hübsch aussieht, sie sollte allerdings häufig geschnitten werden. Einige der robusten Berberis vertragen einen kräftigen Schnitt – versuchen Sie es mit den rotblättrigen *Berberis thunbergii* „Atropurperea Nana". Eibe (*Taxus baccata*) eignet sich ebenfalls hervorragend für formale Schnitte und kann auch für einen kleinen Garten kompakt genug gehalten werden.

Farbenprächtige zwanglose Hecken

Wenn Sie sich das Schneiden ersparen und etwas leuchtenderes und farbenfroheres haben wollen als die meisten Laubhecken bieten können, dann versuchen Sie es mit der graublättrigen *Senecio* „Sunshine" oder der goldenen *Philadelphus coronarius* „Aureus" (verliert leider ihre Blätter im Winter). *Viburnum tinus* kann ebenfalls bis zu einer vernünftigen Höhe gezogen werden. Vorausgesetzt, Sie vermeiden es, die neuen Triebe abzuschneiden, blüht er auch im Winter. Viele der blühenden und blättrigen Berberis bilden gute buschige Hecken. Diese haben zwar keine ordentlich geschnittene Form, dafür ist das Schneiden und in Form bringen auch eine Arbeit, die normalerweise nur ein Mal im Jahr erforderlich ist.

OBEN: *Auch wenn Lonicera nitida einen häufigen Schnitt braucht, bildet er eine gepflegte, fomale Hecke.*

LINKS: *Viele Strauchrosen machen im Sommer eine attraktiv blühende Hecke, pflanzen Sie sie aber nicht zu dicht an den Wegrand, da sonst ihre Dornen stören würden.*

Rosen

Rosen kreieren reizvolle – und oft auch duftende – Begrenzungen, aber sie haben ihre Nachteile. So herrlich wie sie im Sommer sind, so unansehnlich sind sie im Winter und sie sind keine gute Wahl für Hecken, bei denen sich die Passanten durch die Dornen verletzen könnten. Sie können eine Reihe mit Edelrosen verwenden, aber normalerweise werden die robusten Sorten für diese Verwendung bevorzugt.

Althergebrachte Lavendel- und Rosmarinabtrennungen

Die Kräuter machen ausgezeichnete, informale Hecken, mit dem Vorteil, dass sie immergrün sind. Sie können den niedrigeren Lavendel vor dem höheren Rosmarin pflanzen. Beide werden mit dem Alter struppig, ersetzen Sie die Pflanzen also, sobald es nötig ist.

Andere blühende Hecken

Die Forsythie ist eine der beliebtesten blühenden Hecken, es ist aber ein sorgfältiger Gehölzschnitt notwendig, um eine dauerhaft blühende, kompakte Hecke zu erhalten. Es gibt eine Vielzahl an Alternativen, darunter der buschige Potentilla, Berberis (z.B. der *B. x stenophylaa* mit üppigen Blüten, obwohl diese viel Platz braucht) und selbst die hohen Sorten von Erika, wenn Sie eher eine Abgrenzung wollen anstelle eine Barriere.

OBEN: *Buchsbaum ist eine der klassischen Pflanzen, die man für getrimmte Formen verwendet. Dies ist eine grünlich-blaue Sorte.*

WIE MAN EINE NEUE HECKE PFLANZT

1 Bereiten Sie den Untergrund sehr sorgfältig vor. Heben Sie einen Streifen aus – ideal sind ca. 60 cm Breite – und harken Sie reichlich Mist oder Gartenkompost unter.

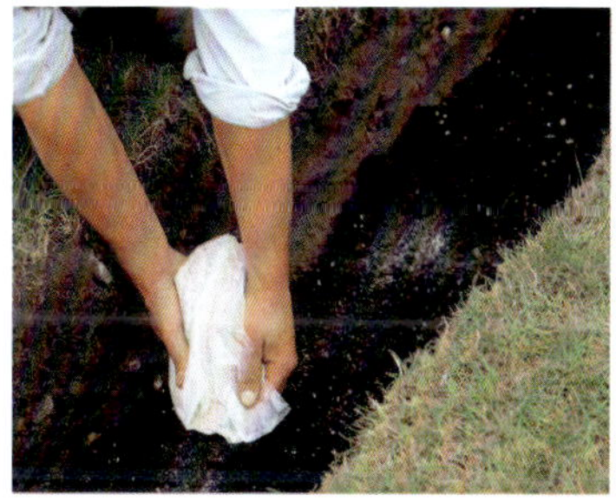

2 Fügen Sie einen ausgewogenen Dünger in der Menge hinzu, die vom Hersteller empfohlen wurde. Verwenden Sie einen Dünger aus kontrolliertem Anbau, wenn Sie im Herbst pflanzen.

3 Verwenden Sie einen Garten-Bindfaden als Positionierhilfe, den Sie entlang der Mitte des Streifens spannen. Wenn der Bereich sehr windig ist oder Sie eine besonders dichte Hecke haben wollen, pflanzen Sie eine Doppelreihe mit Bäumen. Pflanzen mit Wurzelballen sind billiger als Containerpflanzen, packen Sie sie aber zunächst aus und legen Sie die Wurzeln erst kurz vor dem Pflanzen frei. Sie werden wahrscheinlich nur die bekannten Heckensorten mit Wurzelballen erhalten – bei vielen der vorgeschlagenen Pflanzen werden Sie nicht umhin kommen, eine Reihe von Containerpflanzen zu setzen.

4 Nehmen Sie ein passend zugeschnittenes Holzstück oder einen Stock als Hilfe, um einen einheitlichen Abstand zu bekommen. Achten Sie darauf, dass die Wurzeln gut ausgebreitet sind. Wenn Sie Containerpflanzen setzen, ziehen Sie Wurzeln, die über den Wurzelballen hinauswachsen, heraus.

5 Drücken Sie die Pflanzen gut fest und wässern Sie sie reichlich. In der ersten Saison sollten Sie die Hecke bei Trockenheit regelmäßig gießen. Halten Sie das Unkraut fern, bis die Hecke gut angewachsen ist, danach sollten sie das Unkraut ganz natürlich unterdrücken.

Gartenmauern

Mit Ausnahme von speziellen Fällen, wie Kellerwohnungen oder Wahrung der Privatsphäre bei schwierigen Nachbarschaftsverhältnissen, sind hohe Mauern in einem kleinen Garten nicht geeignet. Niedrige Mauern bis 1 oder 1,3 m Höhe sind jedoch eine gute Alternative zu einer Hecke, insbesondere wenn Sie das regelmäßige Schneiden vermeiden wollen. Obwohl die Probleme mit dem Regenschatten und Schattenprobleme bei einer Mauer und einer Hecke die gleichen sind, wird eine Mauer den Boden jedoch nicht in der Form auslaugen wie eine Hecke.

Niedrige Mauern

Eine niedrige Mauer, also ca. 30 – 60 cm hoch, hat die gleiche begrenzende Wirkung wie eine höhere, passt jedoch besser zu den Größenverhältnissen eines kleinen Gartens und Pflanzen, die dahinter wachsen, werden wahrscheinlich besser gedeihen. Mäßig hohe Gartenmauern wie diese sind zudem wesentlich einfacher zu errichten als hohe, die möglicherweise beträchtliche Stützpfeiler benötigen und können auch von einem erfahrenen Gartenheimwerker gebaut werden.

Ziegelmauern

Reine Ziegelmauern können zwar mit dem Haus harmonieren, sehen im Allgemeinen aber aus gestalterischer Sicht langweilig aus. Ein begabter Fliesenleger kann manchmal interessante Details hinzufügen, indem er Blenden oder Streifen mit unterschiedlichen Mustern verlegt. Die Wahl der Ziegelsteine und der Abdeckung verändert ebenfalls das Aussehen. Einige haben eine Abdeckung mit Ziegelsteinen, andere mit speziellen Fliesen. All diese Möglichkeiten tragen zu einer geschickten Abwechslung bei Ziegelmauern bei.

Blocksteinmauern

Viele Hersteller von Betonsteinplatten stellen auch Blocksteine aus demselben Material her. Besonders bei innen liegenden Gartenmauern und erhöhten Beeten sind sie sehr nützlich. Sie sind oft farbig und ähneln Naturstein, sind aber auch in leuchtenderen Farben erhältlich, wenn sie zur Farbe der Pflastersteine passen sollen. Denken Sie

OBEN: *Eine interessante Ziegelmauer.*

RECHTS: *Eine Mauer wie diese bietet einen soliden und sicheren Schutz, ohne den Garten zu abgeschlossen wirken zu lassen.*

daran, dass Farben verwittern und im Laufe der Jahre sehr viel blasser werden.

Gittermauern

Gittermauern (manchmal auch Lochsteinmauern genannt) werden am häufigsten für innen liegende Mauern verwendet, um die Terrasse oder einen Teil des Gartens abzutrennen; man kann sie aber auch für eine eindrucksvolle Grenzmauer verwenden. Diese Blöcke müssen mit speziellen Pfeilern gesetzt und einer entsprechenden Abdeckung versehen werden. Sie sind geeignet, wenn Sie ein modernes Aussehen erreichen oder vielleicht die Atmosphäre eines mediterranen Gartens nachempfinden wollen.

Gemischte Materialien

Einige der schönsten Grenzmauern bestehen aus mehr als einem Material. Gittersteine sehen als Füllelemente innerhalb einer Betonsteinmauer gut aus. Sie können auch in einer Ziegelmauer integriert werden, wodurch Licht durchgelassen und der Wind abgeschwächt wird. Blenden aus Flintstein oder anderen Steinen können in eine sonst eher langweilig wirkende Mauer eingesetzt werden.

Hohlraummauern

Niedrige Hohlraummauern können mit Pflanzen verkleidet und sehr schnell zu einem attraktiven Blickfang werden. Bepflanzen Sie sie mit farbenfrohen Sommerblumen oder mehrjährigen Pflanzen wie robusten Koniferen, die während des ganzen Jahres gut aussehen (achten Sie aber darauf, dass Sie nur die wirklich robusten Sorten hierfür wählen). Wenn Sie rankende Sorten wie Kapuzinerkresse oder hängende Lobelien pflanzen, kann die Wirkung wirklich überwältigend sein. Für ein Frühlingsthema können Sie Aubrietia und die gelbe *Alyssum saxatile* mit einigen robusten Frühlingsblühern wählen.

OBEN: *Trockenmauern sind nicht schwierig zu bauen, vorausgesetzt Sie halten sie niedrig. Sie können sie noch interessanter gestalten, wenn Sie die Zwischenräume bepflanzen.*

UNTEN: *Mauern können farbenprächtig sein… wenn Sie Pflanzbereiche vorsehen. Diese Sommerpflanzen werden am Ende der Saison durch Blumenzwiebeln und Frühlingsblüher ersetzt, um so den Pflanzbereich voll auszunutzen.*

Trockenmauern

Trockenmauern werden häufig verwendet, um Abhänge zu sichern oder als Abtrennungen innerhalb des Gartens. In einem passenden Umfeld kann diese Mauer jedoch auch als attraktive Grenzmauer dienen. Am besten sieht sie [illegible] aus, wenn sie Teil einer natürlichen Landschaftsgestaltung ist.

Der große Vorteil einer Trockenmauer, die ohne Mörtel gebaut wird, ist die Möglichkeit, Zwischenräume zu bepflanzen – der ideale Platz für alle möglichen Sorten von Alpenblumen.

Mauern mit dem gewissen Etwas

Je größer und höher die Mauer, desto einfallsreicher sollten Sie bei der Gestaltung sein. Sie können einen Alkoven für ein Gartenornament einbauen oder eine Einbuchtung, in die Sie einen schmiedeeisernen Kunstgegenstand stellen können, den man gegen den Hintergrund des Nachbargartens sehen kann.

MATERIALIEN FÜR DEN MAUERBAU

Die meisten Baumärkte haben eine gute Auswahl an Ziegelsteinen – die meisten sind für Gartenmauern geeignet – wenn Sie jedoch eine große Menge brauchen, genug, um eine Direktbestellungen zu rechtfertigen, dann sollten Sie sich mit einigen Ziegelsteinherstellern in Verbindung setzen. Deren Expertise kann unschätzbar sein und die meisten werden Ihnen eine große Auswahl bieten können.

Ziegelsteine kaufen ist etwas, was die meisten von uns eher selten tun, fachmännischer Rat ist daher ganz besonders wichtig. Nach der Erfahrung des Autors können Sie sich jedoch nicht immer auf den Rat des Baustoffhändlers verlassen. Sehen Sie sich um, bis Sie jemand finden, der sich wirklich mit Ziegelsteinen auskennt – er wird Ihnen wahrscheinlich alles über die verschiedenen Farben und Oberflächen erzählen, und – was noch wichtiger ist - wissen, ob ein bestimmter Stein für den vorgesehenen Zweck geeignet ist. Erklären Sie immer, wofür Sie die Ziegelsteine verwenden wollen: ein Gebäude, eine Gartenmauer, die Wand eines erhöhten Beets oder zum Pflastern. Einige Ziegelsteine, die perfekt für Hauswände geeignet sind, können absolut unpassend für Wege oder Gartenmauern sein.

Wenn Sie eine große Anzahl an Steinen brauchen (mehrere Hundert), ist es besser und günstiger, wenn Sie diese direkt von der Ziegelei kaufen, falls sie an Privatpersonen verkauft.

OBEN: *Ziegel gibt es in vielen verschiedenen Farben und Oberflächen, wobei dies nur eine kleine Auswahl ist. Die Namen für die Ziegelsteine sind von Land zu Land unterschiedlich, aber egal welche Namen verwendet werden – Sie werden eine große Auswahl haben.*

MÖRTEL FÜR MAUERARBEITEN

Ein passender Mörtel für Mauerarbeiten kann aus einem Teil Zement und drei Teilen feinem Sand hergestellt werden. Die Teile beziehen sich auf das Volumen, nicht auf das Gewicht. Für besondere Effekte können Zementfarben hinzugefügt werden, verwenden Sie farbigen Mörtel aber mit Vorsicht.

Übliche Mauerverbände

Erfahrene Fliesenleger können möglicherweise komplizierte Verbände verlegen, für normale Gartenmauern jedoch – und besonders solche, die Sie selbst verlegen wollen, vielleicht für eine niedrige Grenzmauer oder ein erhöhtes Beet im Garten – ist es am besten, eine der drei hier gezeigten Verbände zu wählen.

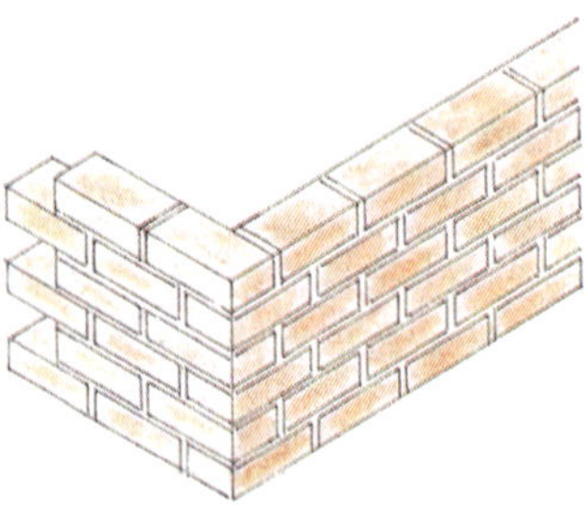

Läuferverband - Dies ist die einfachste Form eines Mauerverbands und wird für Mauern mit einer Breite von einem Ziegel verwendet oder wenn Sie eine Aussparung, wie eine niedrige Mauer mit einer Pflanzaussparung errichten wollen.

Flämischer Verband - Dies ist eine andere Möglichkeit, einen starken Verband mit einer Ziegelbreite von zwei Ziegeln in einer Mauer zu kreieren. Beide Ziegel werden jeweils längs und quer in der gleichen Richtung verlegt.

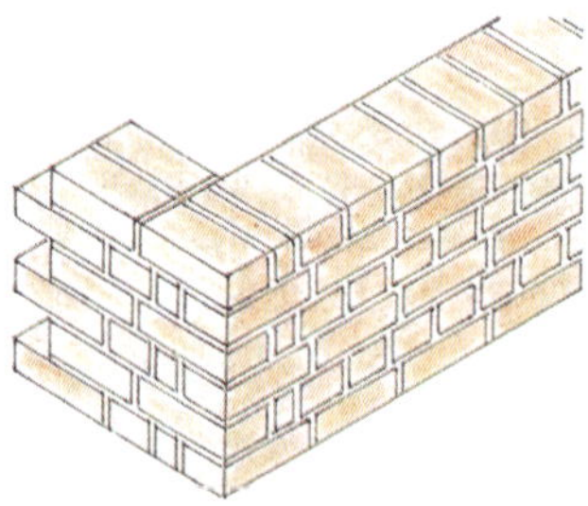

Englischer Verband - Diese Methode wird bei dicken Mauern verwendet, wobei die Breitseite der Ziegel Seite an Seite gelegt wird – sie ist geeignet, wenn Stabilität für eine große Mauer gefragt ist. Die nächste Lage wird dann abwechselnd längs gelegt.

Wie man Ziegel- und Blocksteine verlegt

Bei der Verlegung von Ziegelsteinen gilt dasselbe Prinzip wie beim Verlegen von Mauerblöcken.

1 Jede Mauer braucht ein Fundament. Das hier gezeigte ist geeignet für eine niedrige Mauer mit einer Breite von einem Ziegelstein: Für größere und dickere Mauern ist das Fundament entsprechend anzupassen.

Heben Sie einen Streifen mit ca. 30 cm Tiefe aus und verteilen Sie etwa 13 cm verdichteten Schotter auf den Boden. Stecken Sie Pflöcke hinein, so dass sie mit den Enden auf der endgültigen Höhe der Basis abschließen. Nehmen Sie eine Wasserwaage, um die Höhen zu überprüfen.

2 Füllen Sie den Streifen mit einer Betonmischung von einem Teil Zement, 2 ½ Teilen grobem Sand und 3 ½ Teilen Gestein auf und ziehen Sie die Masse eben.

3 Wenn der Beton nach einigen Tagen ausgehärtet ist, legen Sie die Ziegelsteine auf ein Mörtelbett. Setzen Sie auch etwas Mörtel an das Ende eines jeden Ziegels, den Sie verlegen. Machen Sie zur Stabilität an jedes Ende eine Stütze und falls die Mauer lang ist, auch alle 1,8 bis 2,4 m. Hier werden zu diesem Zweck zwei Ziegelsteine quer übereinander gelegt.

4 Legen Sie für die weiteren Lagen ein Mörtelband auf die vorherige Reihe und „buttern“ Sie dann das Ende des Ziegelsteins, der verlegt werden soll.

5 Klopfen Sie die Steine eben und überprüfen Sie den Vorgang laufend mit der Wasserwaage.

6 Die Mauer muss mit einer Abdeckung aus passenden Ziegelsteinen oder mit Spezialabdeckungen, die für diesen Zweck angeboten werden, abgeschlossen werden.

GRENZZÄUNE

Zäune haben den großen Vorteil, dass Sie schneller Schutz bieten als Hecken und weniger kostspielig sind als Mauern. Das ist der Grund, warum sie von Bauherren so oft bei neuen Gebäuden gewählt werden, und häufig auch dann wieder, wenn der Originalzaun das Ende seines nützlichen Lebens erreicht hat.

Bretter- und Paneelzäune sind beliebt, aber vorhersehbar und etwas langweilig. Es gibt viele Stilrichtungen, aus denen man wählen kann – wählen Sie daher einen Zaun aus, der zu Ihrem Gartendesign passt und doch für den gewünschten Zweck geeignet ist.

Wenn Sie Privatsphäre oder Schutz für Tiere wollen, werden Sie sich eher für eine der massiven Varianten entscheiden; wenn es aber nur eine Markierung der Grundstücksgrenze sein soll, dann gibt es viele attraktive Zäune, die stilvoll aussehen und in einem kleinen Garten nicht erdrückend wirken.

Die Bezeichnungen für die verschiedenen Zaunarten können von Land zu Land variieren. Wenn Sie einige der hier vorgestellten Namen nicht kennen, orientieren Sie sich einfach an den Fotos.

OBEN: *Bretterzaun, der gut mit Kletterrosen bewachsen ist.*

OBEN: *Flechtzäune bilden einen attraktiven Hintergrund für Pflanzen.*

Bretterzaun

Bretterzäune werden vor Ort montiert, indem man überlappende, scharfkantige Bretter auf horizontale Schienen nagelt, die zuvor an starken, aufrechten Pfosten befestigt wurden. Dies ergibt einen festen, sicheren Zaun, der aber nicht besonders attraktiv ist – insbesondere wenn man ihn von der Seite mit den Schienen betrachtet.

Paneele

Vorgefertigte Paneele sind schnell und einfach zu montieren und sehr beliebt. Die Paneele sind normalerweise ungefähr 1,8 m lang und haben eine Höhe von ca. 60 cm bis 1,8 m, normalerweise in Abständen von 30 cm. Die miteinander verflochtenen oder überlappenden Bretter sind in einen Rahmen aus gesägtem Holz eingelegt. Die verflochtene Variante ist nicht so blickdicht wie die mit den überlappenden Brettern.

Überlappend oder mit Schlitz

Diese Variante kombiniert Festigkeit und ein massives Aussehen mit einem besseren Windschutz – anders als bei einem kompakten Zaun (der turbulente Wirbel entwickeln kann, was eventuell schädlich für die Pflanzen ist). Er wird mit scharfkantigen Brettern gebaut, die abwechselnd von beiden Seiten auf die horizontalen Schienen genagelt werden.

OBEN: *Ein niedriger Holzzaun ist nicht zu aufdringlich und kann sehr reizvoll aussehen.*

Überlappende Kanten bieten mehr Privatsphäre, Bretter mit mehr Abstand können dekorativer aussehen.

Latten

Ein Lattenzaun sieht besonders gut in einem Country-Garten aus, ist aber auch für einen kleinen Stadtgarten eine kluge Wahl. Schmale, vertikale Holzpfähle werden auf horizontale Holzlatten mit einem Abstand von ca. 5 cm genagelt. Die einfachste Form für das Ende des Pfahls ist eine Kuppe. Sie können sie aber auch abrunden oder verzieren.

Man kann einen Lattenzaun durchaus in seinem natürlichen Holzton lassen, wenn man ihn jedoch weiß streicht, sieht er ganz besonders hübsch aus. Weil ein Lattenzaun relativ niedrig ist und man durch die großen Lattenabstände viel vom Garten sieht, dominiert er den Garten nicht in dem Maße wie ein hoher, massiver Zaun.

Farmzäune

Farmzäune bestehen aus breiten, horizontalen Planken, die an festen, aufrechten Pfosten befestigt sind. Sie sind normalerweise recht niedrig und bestehen aus lediglich zwei oder drei Planken. Weiß gestrichenes Holz ist ein beliebtes Material, doch auch Kunststoffplanken wirken sehr überzeugend und sind einfach zu pflegen. Für einen kleinen Garten bilden sie eine klare Begrenzung ohne erdrückend zu wirken. Auch werden Regen- und Sonnenschatten nicht in dem Maße erzeugt, wie bei massiveren Zäunen.

Pfosten und Ketten

Dies ist von allen Zäunen der unaufdringlichste. Er ist lediglich eine Grenzmarkierung und wird weder Kinder oder Tiere fernhalten noch Bälle daran hindern, in den Garten zu rollen, er ist jedoch eine gute Wahl, wenn Sie einen Zaun wollen, der fast nicht auffällt. Sie können Pfosten aus Holz, Beton oder Kunststoff sowie Metall- oder Kunststoffketten nehmen. Wählen Sie weiße Kunststoffketten, wenn Sie den Zaun zu einem besonderen Gestaltungsmerkmal machen wollen und schwarze, wenn Sie möchten, dass die Ketten nicht auffallen und in den Hintergrund treten.

Maschendrahtzaun

Ein Maschendrahtzaun ist keine ästhetische Option, er ist jedoch äußerst praktisch und eine wirkungsvolle Absperrung für Tiere. Ein Maschendrahtzaun sollte am besten von einem Fachmann errichtet werden, da er sorgfältig gespannt werden muss. Vielleicht gefällt es Ihnen, dass man durch ihn hindurch sehen kann, insbesondere, wenn die Aussicht auf der anderen Seite reizvoll ist. Sie können aber auch Kletterpflanzen für einen besseren Sichtschutz daneben pflanzen. Wenn Sie einen ganzjährigen Sichtschutz haben wollen, sollten Sie robuste, immergrüne Pflanzen wie Efeu wählen.

Bambus

Bambus ist die natürliche Wahl, wenn Sie einen Garten im orientalischen Stil haben; scheuen Sie sich aber nicht, diese Zaunart auch für jeden anderen Garten zu wählen. Gut ist, was gefällt. Bambus gibt es in vielen Formen und Größen. Ihre Wahl wird sowohl von der Verfügbarkeit und den Materialkosten als auch von Ihrer Kreativität und Ihren Fähigkeiten beim Bau dieses Zauns abhängen.

OBEN: *Ein Zaun wie dieser braucht lediglich Bambusstäbe und handwerkliches Geschick beim Knoten.*

LINKS: *Ein weißer Lattenzaun kann aus der Grenze einen Hingucker machen.*

WIE MAN EINEN ZAUN BAUT

Viele Gartenbesitzer ziehen es vor, den Zaun von einem Fachmann errichten zu lassen. Mit ihren professionellen Werkzeugen zum Ausheben der Pfostenlöcher und ihrer Erfahrung haben sie den Zaun wahrscheinlich in kurzer Zeit gebaut; einige Zäune können Sie aber durchaus auch allein aufstellen. Zwei der am einfachsten zu bauenden Zäune sind Paneel- und Farmzäune, deren Bau hier in einfachen Schritten gezeigt wird.

WIE MAN EINEN PANEELZAUN BAUT

1 Es ist einfacher, Pfostenspitzen zu verwenden als Löcher auszuheben und die Pfosten ein zu betonieren. Die Kosten, die Sie sparen, wenn Sie kürzere Pfosten und kein Beton verwenden, sind wahrscheinlich genauso hoch wie die Kosten für eine Pfostenspitze. Verwenden Sie eine spezielle Vorrichtung, um das obere Ende der Pfostenspitze zu schützen und schlagen Sie sie dann mit einem Vorschlaghammer ein. Überprüfen Sie von Zeit zu Zeit mit einer Wasserwaage, ob sie absolut vertikal arbeiten.

2 Wenn Sie die Spitze eingeschlagen haben, stecken Sie den Pfosten ein und überprüfen Sie erneut die Senkrechte.

3 Legen Sie die Paneele auf dem Boden bereit und markieren Sie die Position des nächsten Pfostens. Schlagen Sie die nächste Spitze ein und überprüfen Sie wiederum die Senkrechte.

4 Es gibt verschiedene Arten, um die Paneele an den Pfosten zu befestigen, wobei die Montage mit Scheibenhaltern die einfachste ist.

5 Setzen Sie die Paneele ein und nageln Sie sie durch die Halter hindurch fest. Setzen Sie den Pfosten am anderen Ende und nageln Sie dann die Paneele an diesem Ende fest.

6 Überprüfen Sie die waagerechte Höhe vor und nach dem Festnageln und nehmen Sie nötige Anpassungen vor, bevor Sie zur nächsten Paneele gehen.

7 Zum Schluss nageln Sie auf jeden Pfosten eine Schutzkappe. Diese hält das Wasser ab und verlängert die Lebensdauer des Holzes.

WIE MAN EINEN FARMZAUN BAUT

1 Auch wenn Farmzäune einfach zu errichten sind, müssen die Pfosten doch gut im Boden verankert werden. Für einen Holzzaun nehmen Sie Pfosten von 12,5 x 10 cm und setzen sie in einem Abstand von ca. 2 m. Für zusätzliche Festigkeit können Sie Zwischenpfosten setzen. Ein Durchmesser von 9 cm ist für diese Pfosten ausreichend. Achten Sie darauf, dass Sie die Pfosten mindestens 45 cm tief in den Boden versenken.

2 Betonieren Sie die Pfosten ein und schrauben oder nageln Sie dann die Planken fest. Achten Sie darauf, dass die Befestigungen rostfrei sind. Überprüfen Sie mit der Wasserwaage, dass die Planken waagerecht sind. Lassen Sie die Planken in der Mitte des Pfostens stumpf zusammenstoßen, aber versuchen Sie die Befestigungspunkte versetzt anzuordnen, damit es keinen Schwachpunkt innerhalb des Zaunes gibt.

3 Befestigen Sie eine Pfostenkappe. Dies sieht besser aus und schützt die Pfosten. Streichen Sie das Holz mit einem guten Holzschutzmittel, das für den Außenbereich empfohlen wird.

OBEN LINKS: *Paneelzäune sind einfach zu errichten und bieten einen guten Sichtschutz, man lässt sie aber am besten mit Pflanzen bewachsen, um die Wirkung zu mildern.*

Oben: Farnzäune bilden eine unaufdringliche Abschrankung – ideal, wenn der Garten in einen ländlichen Bereich übergeht.

DIE KUNSTSTOFF-ALTERNATIVE

Es gibt viele Kunststoff-Farmzäune. Sie unterscheiden sich geringfügig in der Art, wie sie zusammengebaut werden. Es werden bei der Lieferung jedoch detaillierte Beschreibungen mitgeliefert, so dass Sie keine Probleme haben sollten. Die Planken sind teilweise in unterschiedlichen Breiten erhältlich – zum Beispiel 10 cm und 15 cm – wodurch verschiedene Gestaltungen möglich sind. Einige Hersteller bieten auch Tore aus dem gleichen Material an. Die Pfosten werden normalerweise einbetoniert und die Planken in Schlitze oder spezielle Befestigungen geschoben. Es gibt spezielle Anschlussteile, um die Länge anzupassen, die Pfostenkappen sind normalerweise geleimt und werden auf die Pfosten gedrückt. Weiße Farmzäune müssen sauber gehalten werden, damit sie gut aussehen – Kunststoff kann einfach abgewaschen werden.

Grenzen mit Durchblick

Die besten Grenzen sind die, die keine Grenzen sind. Zumindest keine, die man sehen kann. Das Ha-ha, einst sehr beliebt bei den großen Landschaftsgestaltern der Vergangenheit, war ein erfolgreicher Weg, um dies zu erreichen. Die Grenze ist ein tiefer, weiter Graben, der vom Garten aus nicht leicht zu sehen ist, so dass es scheint, als würde er sanft geschwungen in die angrenzende Landschaft übergehen.

Ein Ha-ha ist keine Technik, die man einfach auf einen modernen, kleinen Garten übertragen kann und völlig ungeeignet, wenn Sie anstatt auf saftige, grüne Wiesen auf eine Stadtlandschaft schauen. Jedoch ist das Prinzip, die Grenzen zwischen Ihrem Garten und dem Ihres Nachbarn – oder vielleicht der offenen Landschaft, falls Sie das Glück einer solchen Option haben – zu verwischen, eine Überlegung wert.

Gräben

Ein Graben hört sich zunächst nach einem unattraktiven Gestaltungselement an. Wenn entlang Ihres Grundstücks jedoch ein Graben verläuft, ist es möglicherweise besser, ein Gestaltungselement daraus zu machen, anstatt ihn zu verbergen. Bepflanzen Sie ihn mit Sumpfpflanzen und integrieren Sie ihn landschaftlich in Ihren Garten, vielleicht mit einer Brücke und einem angrenzenden Teich, der die beiden verbindet.

Manche Leute versuchen auch, einen Graben anzulegen, indem Sie den Bereich auskleiden und von Zeit zu Zeit mit Wasser fluten. Wenn der Blick über die Grenze hinaus reizvoll ist, dann ist dies eine ideale Möglichkeit, in einem kleinen Garten einen offenen Stil zu realisieren, was sonst nur bei größeren Gärten möglich ist.

Gemeinsame Gärten

Gleichgesinnte Gartenliebhaber gestalten ihre Gärten manchmal so, dass sie wie ein einziger, verbundener Garten aussehen. Normalerweise macht man dies, indem der Rasen durch eine Lücke in der Grenze hindurch läuft und man Sträucher und Büsche pflanzt, die in einem Garten beginnen und im anderen enden. Dies kann erstaunlicherweise sehr gut funktionieren und obwohl jeder für seinen eigenen Bereich verantwortlich ist, besteht die Illusion, dass der Garten sich über die Grenze hinausdehnt.

OBEN: *Ein Fenster in einer Wand kann eine möglicherweise langweilige Ziegelmauer urplötzlich in einen reizvollen Blickpunkt verwandeln.*

Wem das zu „gemeinschaftlich" ist, kann die gleiche Wirkung erzielen, indem man die Rasenflächen und Begrenzungen zusammenlaufen lässt, aber trotzdem einen unauffälligen Zaun beibehält, wie beispielsweise einen Sprossenzaun mit weiten Zwischenräumen, oder sogar nur einige gespannte Drahtseile, die aus der Ferne fast nicht zu sehen sind.

Eine andere Möglichkeit ist, die Gärten durch ein reizvolles Tor zu verbinden. Sie müssen es nicht nutzen, aber es entsteht dadurch der Eindruck, dass es dahinter weitere Gartenflächen gibt, die entdeckt werden könnten.

Buschige Lösungen

Auch wenn eine ununterbrochene Rasenfläche der beste Weg ist, um angrenzende Gärten zu verbinden, können Sie auch auf den Zaun verzichten und stattdessen von beiden Seiten entlang der Grenze Büsche setzen. Selbst wenn auf jeder Gartenseite nur ein relativ schmaler Streifen bepflanzt wird, entsteht so der Eindruck einer wesentlich größeren und massiveren Buschhecke ohne auffällige Zäune.

Claire-voyée

Dieser Begriff heißt wörtlich „klare Sicht" und kam während des gesetzlosen Mittelalters in Europa in Mode, als es weniger notwendig war, sein Grundstück mit einer festen Grenze zu umschließen und Öffnungen in bestehende Wände geschnitten wurden, um die angrenzende Landschaft von innen betrachten zu können. Wenn Sie einen Ausblick haben, der es wert ist „eingerahmt" zu werden, können Sie ein claire-voyée in einer Wand kreieren – selbst in einem sehr kleinen Garten.

Zäune und Mauern verschönern

Einen bestehenden alten Zaun oder eine Mauer zu ersetzen ist nicht sehr praktisch, weil damit sehr viel Zeit und Kosten verbunden sind. Überlegen Sie sich stattdessen Möglichkeiten, die alte Mauer oder den Zaun zu tarnen oder zu verschönern.

RECHTS: *Alte Zäune bleichen mit den Jahren aus oder sehen düster und unansehnlich aus. Hier eine Möglichkeit, um einen langweiligen Zaun zu verwandeln.*

Kletterpflanzen

Mit Kletterpflanzen lassen sich unansehnliche Mauern oder Zäune am schönsten kaschieren, vergewissern Sie sich aber zuerst, dass das Fundament stark genug ist, sonst würde durch das zusätzliche Gewicht und den Windwiderstand die Mauer schneller zusammenbrechen als Ihnen lieb ist und Sie müssten die Kletterpflanzen entfernen und die Mauer oder den Zaun noch dazu.

Für eine Begrünung während des ganzen Jahres haben sich robuste immergrüne Pflanzen wie Efeu bestens bewährt. Sie sind einfach zu setzen und bilden einen dichten Bewuchs. Darüber hinaus können Sie problemlos ein bis zwei Mal pro Jahr geschnitten werden, damit sie nicht über ihr Territorium hinauswachsen.

Wenn Sie lediglich während des Sommers einen Bewuchs wollen, versuchen Sie es mit dem schnellwüchsigen Hopfen (*Humulus lupulus*), besonders in seiner sehr reizvollen goldenen Form „Aureus". Wenn Sie erst einmal eine Pflanze gesetzt haben, werden Sie bald eine große Fläche des Zaunes bewachsen haben.

Wenn Sie blühende Pflanzen lieben, sind einige Clematisarten sehr geeignet, obwohl sie während der Wintermonate eher unattraktiv sind. Hochwachsende Sorten wie *Clematis montana* klingen nur auf den ersten Blick ungeeignet, sie wachsen jedoch entlang des Zauns und ranken dann an den Seiten nach unten anstatt zu klettern, und vor allem die rosarote *C. m. rubens* sieht sehr prächtig aus.

UNTEN: *Schnell wachsende Clematis wie die C. montana übersäen im späten Frühjahr und Frühsommer einen Zaun mit Blüten.*

Bäume mit Formschnitt

Beschnittene Obstbäume können eine hohe Mauer oder einen Zaun in einen wirklichen Hingucker verwandeln, wenn sie in voller Blüte stehen oder mit Früchten beladen sind. Selbst im Winter können die nackten Äste eines Spalierbaums dramatisch aussehen, besonders gegen eine weiße Wand. Der Grundschnitt ist schwierig und zeitaufwändig und es ist besser, gleich beschnittene Bäume zu kaufen.

Ein Farbanstrich

Eine düstere, alte Mauer kann mit einem Anstrich verwandelt werden. Weiß reflektiert das Licht sehr gut, aber auch jede andere hellere Farbe sieht, besonders im Kontrast zu grünem Laub, sehr gut aus. Setzen Sie einige auffällige Pflanzen wie Phormium oder Yucca davor, so dass deren klare Umrisse gegen den Hintergrund wirken oder eine Gruppe von Kübelpflanzen, die sich vor der gestrichenen Wand besonders gut abheben.

Rahmenwirkung

Zäune sind als Kulisse für Pflanzen weitaus schwieriger zu streichen und Sie müssen vorsichtig sein, dass die Farbe nicht auf den Nachbargarten tropft, hier und da etwas Farbe sollte aber möglich sein. Versuchen Sie es mit einem großen, weißen Kreis, mit dem Sie eine markante Pflanze als Blickpunkt einrahmen können. Anstatt den ganzen Zaun zu streichen, können Sie ein hölzernes Teil herausnehmen und dieses streichen – und anschließend wieder auf den Zaun aufnageln.

Der letzte Schliff

Jeder Garten soll voller Überraschungen sein, ergänzt mit interessanten Details, die die Gesamtgestaltung harmonisch abrunden.

Viele der Blickpunkt-Techniken, die in großen Gärten verwendet werden, können auch an einen kleinen Garten angepasst werden und selbst auf kleinem Raum kann der Garten den Sinn für Humor und die Persönlichkeit des Besitzers durch die kleinen Extras widerspiegeln, die das i-Tüpfelchen des Gartendesigns sind.

Sie können den gesamten Bereich nutzen, in jeder Ecke können verschiedene Details entdeckt werden und man kann einen gewissen Grad von Flexibilität einbauen, um so Raum für alle Spielarten zu lassen.

OBEN: *So eine Sitzbank lässt auf einen Gartenbesitzer mit einem starken Sinn für Design schließen.*

GEGENÜBERLIEGENDE SEITE OBEN: *Hier wurden Gartenornamente sehr wirkungsvoll eingesetzt. Eine Sonnenuhr bildet das Zentrum, von wo aus der Blick durch den Garten auf eine Statue gelenkt wird, die Licht und Lebendigkeit schafft.*

GEGENÜBERLIEGENDE SEITE UNTEN: *Statuen sehen normalerweise am besten aus, wenn sie von Pflanzen eingerahmt werden.*

LINKS: *Diese Ruheecke wurde durch ein weiß gestrichenes Spalier und eine Bank errichtet.*

In einem großen Garten sind die meisten Gartenornamente, Möbel und Einbauten, wie Gartenlampen, ein statischer Teil des Designs. In einem kleinen Garten kann eine leichte Veränderung des Mobiliars, die veränderte Position des Lichts oder nach Lust und Laune einfach nur das Austauschen von einem Ornament durch ein anderes bedeuten, dass der Garten niemals vorhersehbar wird, auch wenn der Platz begrenzt ist. Vor allem Gartenornamente können für einen Garten Akzente setzen: ernst oder frivol, klassisch oder modern. Sie lassen auf den Geschmack des Besitzers schließen – und auf einen gewissen Sinn für Humor. Genauso wie die Bilder im Wohnraum oder die Gegenstände auf dem Sideboarid viel über den Besitzer aussagen können, so offenbaren auch die Gartenornamente viel von der Persönlichkeit des Gartenbauers.

Die Gartenbeleuchtung kann praktisch und sogar eine nützliche Sicherheitsmaßnahme sein, bietet aber auch Raum für künstlerische Interpretationen. Experimentieren Sie mit Spots in verschiedenen Positionen und entdecken Sie die dramatischen Effekte, die durch Licht und Schatten aus verschiedenen Blickwinkeln aus erreicht werden können. Bögen und Gartenlauben sind eher permanente Elemente einer Gartengestaltung, müssen aber noch nicht bei der Planung berücksichtigt, sondern können einfach später in den bestehenden Garten eingefügt werden.

Pergolen und Bögen

Eine gewisse Wahrnehmung von Höhe ist selbst in einem kleinen Garten wichtig. Wenn es keine vertikale Ausrichtung von Pflanzen oder aufrechten Gartenelementen gibt, ist der Kern des Gartens flach. Die Aufmerksamkeit wandert über das Zentrum hinweg direkt zu den Ecken des Gartens: Genau die leblose Wirkung, die Sie vermeiden wollen.

Kleine Bäume, Mauern mit Büschen und Kletterpflanzen können die notwendigen vertikalen Elemente liefern; wenn es aber davon nicht viel gibt, können ein Bogen oder eine Pergola die Antwort sein. Traditionellerweise, und ganz besonders in Bauerngärten, sind sie aus rostigen Pfählen. Wenn sie aber in der Nähe des Hauses stehen, oder das Haus mit der Terrasse verbinden, ist eine Variante aus Holz die bessere Lösung. Bei den verschiedenen Beschreibungen auf diesen Seiten handelt es sich um freistehende Konstruktionen, normalerweise als Pflanzenstütze. Ihre Aufgabe ist es, das Auge weiter in die Tiefe des Gartens zu lenken. Wenn eine Pergola oder ein Bogen nicht geeignet sind, können die gleichen Konstruktionstechniken auch für den Bau einer lauschigen Gartenlaube verwendet werden.

Wie man einen Bogen baut

Am einfachsten baut man einen Bogen, indem man einen Bausatz kauft, den man nur zusammenbauen muss.

1 Legen Sie als erstes die Position der Pfosten fest, wobei Sie 30 cm Abstand zwischen dem Wegrand und den Pfosten berücksichtigen sollten, damit die Pflanzen den Weg nicht beeinträchtigen.

2 Mit Zaunspitzen lassen sich die Pfosten am einfachsten befestigen. Schlagen Sie sie ein, indem Sie eine Schutzvorrichtung verwenden. Überprüfen Sie häufig mit der Wasserwaage. Setzen Sie die Pfosten ein und befestigen Sie die Spitzen um sie herum. Alternativ können Sie vier Löcher mit einer Tiefe von jeweils 60 cm ausheben.

3 Positionieren Sie die Enden des Bogens in die Löcher. Füllen Sie sie mit dem Erdaushub und komprimieren Sie ihn.

4 Legen Sie die Deckenhälften auf einen ebenen Untergrund und schrauben Sie sie sorgfältig mit rostfreien Schrauben zusammen.

5 Befestigen Sie die Deckenbalken an den Pfosten – in diesem Beispiel werden sie in die Schlitze der Pfosten eingepasst und dann festgenagelt.

WIE MAN RUSTIKALE PFOSTEN VERBINDET

Rostige Bögen und Pergolen sehen besonders reizvoll aus, wenn sie mit Rosen oder Kletterpflanzen bewachsen sind. Sie können beim Design kreativ sein, aber die folgenden Grundverbindungen sollten Sie unbedingt beachten:

1 Um horizontale mit vertikalen Pfosten zu verbinden, sägen Sie eine Einkerbung in der passenden Größe, damit das horizontale Teil gut passt.

2 Wenn Sie zwei horizontale Teile verbinden müssen, sägen Sie zwei gegenüberliegende, passende Einkerbungen, so dass die eine auf der anderen sitzt, und sichern Sie sie.

3 Um Kreuze senkrecht oder waagrecht zu befestigen, entfernen Sie eine V-förmige Einkerbung – notfalls mit einem Stemmeisen – um eine gute Passform zu erreichen und nageln Sie sie dann mit rostfreien Nägeln fest.

4 Machen Sie einen Stoß, wo zwei Teile sich kreuzen. Sägen Sie zwei Ausschnitte bis zur Hälfte des Pfostens und entfernen Sie dann das überschüssige Holz mit einem Stemmeisen.

5 Sichern Sie die Verbindung mit einem Nagel. Zusätzliche Festigkeit erreichen Sie, wenn Sie die Verbindungsstellen vorher mit einem Holzleim streichen.

6 Schnabelverbindungen eignen sich, um horizontale oder diagonale Teile an aufrechten zu befestigen. Schneiden Sie eine V-förmige Einkerbung von ungefähr 3 cm Tiefe aus und sägen Sie das andere Teil passend zu. Verwenden Sie ein Stemmeisen, um eine gute Passung zu erreichen.

7 Testen Sie die Konstruktion auf dem Boden und setzen Sie dann die senkrechten Pfähle in die vorbereiteten Löcher. Stellen Sie sicher, dass diese sicher befestigt sind, bevor Sie horizontale Pfosten oder Deckenpfosten hinzufügen. Die meisten Teile kann man zusammennageln; alle Teile, die großen Spannungen ausgesetzt sind, sollten jedoch geschraubt werden.

OBEN: *Rustikale Pfosten sind eine gute Wahl für ein Gestaltungselement wie dieses.*

Gartenornamente

Zierende Elemente können im Garten genauso wie innerhalb des Hauses eingesetzt werden. Wählen Sie sie aus, weil sie Ihnen einfach gefallen, weil sie in einer bestimmten Position gut aussehen werden oder als Element, das Aufsehen und Bewunderung erregt.

RECHTS: *Für einen Standort, der im Schatten liegt, ist eine Vogeltränke besser geeignet als eine Sonnenuhr.*

UNTEN: *Ein Kamintopf – ein ungewöhnlicher Sockel für eine Sonnenuhr.*

In einem kleinen Garten ist der Einsatz von Blickfängen von großer Bedeutung. Große Blickfänge sind unpraktisch oder können höchstens in sehr begrenztem Umfang eingesetzt werden, während kleine Ornamente, wie Vogeltränken, Sonnenuhren und reizvolle Amphoren, ganz großzügig verwendet werden können. Die einzige „Regel" lautet, dass man nicht mehr als zwei auf einmal im Blickfeld haben sollte, da sie sonst eher miteinander konkurrieren, anstatt im Mittelpunkt der Aufmerksamkeit zu stehen. Es gibt keine Beschränkung bei der Anzahl der Ornamente, die Sie in einem kleinen Garten verwenden können, vorausgesetzt, sie sind Teil einer Entdeckungsreise. Verwenden Sie sie unter Pflanzen, so dass man sie nur aus einem bestimmten Blickwinkel aus sehen kann, oder hinter einer Ecke, die Sie nicht vom vorherigen Blickpunkt aus einsehen konnten. Gartenornamente sollten nicht von dem Hauptblickfang ablenken, der Teil der Grundgestaltung ist, und den Garten nicht überhäuft wirken lassen. Trachten Sie nach Einfachheit mit Überraschungseffekten.

Sonnenuhren

Ganze Bücher wurden schon über Sonnenuhren geschrieben und Liebhaber erwarten von ihnen auch Funktionalität. Um sie genau zu installieren, ist nicht nur ein sonniger Standort, sondern auch eine Menge an Berechnungen und ein Abgleich der geographischen Position nötig. Die meisten von uns, die eine Sonnenuhr nur als Gartenschmuck verwenden, haben Freude daran, an einem sonnigen Sommertag nach draußen zu gehen und den Sonnenuhrzeiger zu justieren, damit sie die ungefähre Zeit anzeigt. Diese Anzeige wird nicht exakt sein, da sich die Jahreszeiten ändern, sie wird Ihnen aber auf jeden Fall anzeigen, wann es Zeit ist, das Büro zu verlassen. Exaktheit mag zwar nicht wichtig sein, ein sonniger Standort jedoch schon. Das ganze Sonnenuhr-Projekt ist an einem schattigen Standort zum Scheitern verurteilt, wo eine Vogeltränke die gleiche Wirkung erzielt, ohne fehl am Platz zu wirken. Wählen Sie den Sockel mit Bedacht aus – Sockel variieren in Stil und Höhe (Sie können sogar Ihren eigenen Sockel aus Backsteinen bauen) - und entscheiden Sie sich eher für einen niedrigen, wenn der vorhandene Platz begrenzt ist. Der beste Platz für eine Sonnenuhr ist im Zentrum eines formalen Gartens, vielleicht als Kernstück eines Kräutergartens mit sternförmig zulaufenden Wegen. Die Rasenfläche ist ebenfalls eine gute Wahl. Wenn die Rasenfläche jedoch klein ist, setzen Sie die Sonnenuhr eher in eine Ecke anstatt in die Mitte.

Vogeltränken

Die Standorte, die für eine Sonnenuhr empfohlen werden, eignen sich auch für eine Vogeltränke, wobei eine Vogeltränke auch problemlos an einem schattigen Standort verwendet werden kann – allerdings nicht zu nah an Bäumen, da sie sonst mit Blättern verunreinigt wird.

Skulpturen

Von Skulpturen und Kunstobjekten im Garten muss man überzeugt sein. Es gibt nur wenig Menschen, die ablehnend auf eine Sonnenuhr oder eine Vogeltränke reagieren, wohingegen Skulpturen oder Kunstgegenstände, die beim einen Begeisterung auslösen, beim anderen auf Abscheu stoßen können. Dies sollte jedoch niemanden davon abhalten, Gartenornamente zu verwenden, die einem gefallen. Man ist nur etwas eingeschränkter, um in einem kleinen Garten den richtigen Platz zu finden.

Menschliche Figuren

Büsten scheinen auf den ersten Blick für einen kleinen Garten ungeeignet zu sein, sind sie jedoch nicht zu groß, können sie in einem Alkoven oder auf einem Sockel in einer dunklen Ecke großartig aussehen. Kleine Figuren wirken sehr gut, wenn sie geschickt von Pflanzen umgeben sind.

Tierfiguren

Mit Tierfiguren können Sie nie etwas falsch machen, vor allem, wenn sie zwischen Pflanzen platziert sind oder sogar auf dem Rasen stehen.

Abstrakte Ornamente

Abstrakte Ornamente sollten mit Zurückhaltung eingesetzt werden - sie haben eine beträchtliche Wirkung. Schnell hat man des Guten zu viel getan und der Garten sieht eher aus wie eine Kunstgalerie.

Wandfresken

Großartig, um eine düstere Wand aufzuhellen, am besten wirken sie jedoch zwischen den Blättern einer Kletterpflanze, zum Beispiel Efeu. Das Laub umrahmt das Objekt und unterstreicht seine Rolle als ungewöhnlichen Blickpunkt.

Gnome

Wahrscheinlich werden Sie sie entweder lieben oder hassen, und genau das ist das Problem, wenn Sie Gnome verwenden. Ein oder zwei kleine Wesen geschickt platziert, können sehr wirkungsvoll und witzig sein, aber normalerweise werden sie entweder komplett aus dem Garten verbannt oder es gibt eine ganze Armee von ihnen. Das sieht dann so aus als wäre der Garten eine Bühne für eine Gnom-Sammlung.

Sockel und Podeste

Sockel sind notwendig, um eine Sonnenuhr, Vogeltränke oder Büste auf die passende Höhe zu stellen. In einem kleinen Garten können sie aber schnell zu klobig wirken. Machen Sie den Sockel zu einem Designelement, indem Sie einige niedrige Pflanzen um ihn herum und an den Fuß einige hohe Bodendecker setzen, die daran empor ranken können.

Auf einer Rasenfläche kann ein Sockel sehr streng wirken und das Mähen kann schwierig werden. Versuchen Sie den Sockel in ein Kiesbett zu stellen und Alpenblumen am Fuß zu pflanzen oder belassen Sie den Untergrund als Erdboden und setzen Thymian oder andere niedrige, aromatische Kräuter.

OBEN: *Kleine Tierfiguren, die aus den Pflanzen hervorkriechen, wirken sehr witzig.*

OBEN: *Der Standort eines solchen Ornaments muß in einem kleinen Garten gut geplant werden.*

RECHTS: *Figuren wirken oft am besten, wenn man sie zwischen den Pflanzen entdecken muß.*

Gartenmöbel

Einige Sitzgelegenheiten und ein Tisch verwandeln den Garten in einen Ort, der zum Sitzen und Entspannen einlädt. Leider muss dort, wo Platz ein sehr wertvolles Gut ist, jedes einzelne Stück sehr sorgfältig ausgewählt und platziert werden.

LINKS: *Weiße Metallstühle sehen sehr geschmackvoll aus und können eine dunkle Ecke im Garten beleben.*

UNTEN: *Ein entzückender Holzstuhl*

UNTEN LINKS: *Eine restaurierte Steinbank von zeitloser Schönheit lädt zum Ausruhen und Entspannen ein.*

Tragbare Möbel

Möbel, die man verstellen kann, sind für einen schnellen Szenenwechsel sehr nützlich und verhindern, dass Ihr Garten langweilig wird. Es ist erstaunlich, wie effektvoll ein „Regiestuhl" aus Leinen an einem Sommertag aussehen kann und wenn er nicht gebraucht wird, kann man ihn schnell zusammenklappen und verstauen.

Eingebaut

Fest eingebaute Gartenmöbel sparen in einem kleinen Garten Platz und sorgen dafür, dass der Garten nicht überladen aussieht. Der beste Platz für eingebaute Sitzgelegenheiten ist die Terrasse, wo man diese oft gleich bei der Gesamtplanung berücksichtigen kann. Weiß gestrichene Bohlen sehen hübsch aus und können mit Kissen schnell zu einer eleganten und bequemen Sitzgelegenheit verwandelt werden.

Umbaut

Eine Baumbank ist ein ins Auge fallendes Gestaltungselement und dies ist eine Gelegenheit, bei der der Rat, eine Sitzgelegenheit nicht zu nah an Bäumen zu platzieren, ignoriert werden kann! Weiße Farbe sorgt dafür, dass die Bank aus dem Schatten der Äste heraustritt.

Gehämmert und aus Gusseisen

Original gehämmerte und gusseiserne Möbel sind teuer und sehr schwer, es gibt jedoch legierte Imitate, die den ganzen Charme der Originale haben, aber zu einem erschwinglicheren Preis und mit niedrigerem Gewicht erhältlich sind. Weiß ist auch hier wieder eine sehr beliebte Farbe, denken Sie aber daran, dass diese Möbel, obwohl sie das ganze Jahr über draußen bleiben können, mit der Zeit schmutzig werden. Es ist nicht einfach, die verschnörkelten Muster zu reinigen.

Grün wäre daher eine Alternative: Es sieht hübsch aus und man sieht den Schmutz nicht. Mit Kissen können Sie Farbakzente hinzufügen und die Sitzflächen bequemer machen.

Stühle und Bänke aus Holz

Holzstühle können naturbelassen bleiben und harmonieren so mit dem Hintergrund oder gestrichen werden, so dass sie in den Vordergrund rücken. Weiß ist sehr beliebt, aber auch Grün und sogar Rot können sehr hübsch aussehen. Schiffsfarbe ist witterungsbeständig.

Kunststoff

Verachten Sie Kunststoff nicht. Natürlich gibt es viele billige und hässliche Gartenmöbel aus diesem Material, aber die qualitativ hochwertigen Teile können auf der Terrasse eines modern gestalteten Gartens sehr stilvoll aussehen.

WIE MAN EINE BAUM-SITZBANK BAUT

1 Sichern Sie als Erstes die Füße der Bank in der richtigen Position. Verwenden Sie ein Weichholz von 3,8 x 7,5 cm, das mit einem Holzschutzmittel behandelt wurde. Sie brauchen acht Längen von ca. 68 cm. Betonieren Sie sie ein.

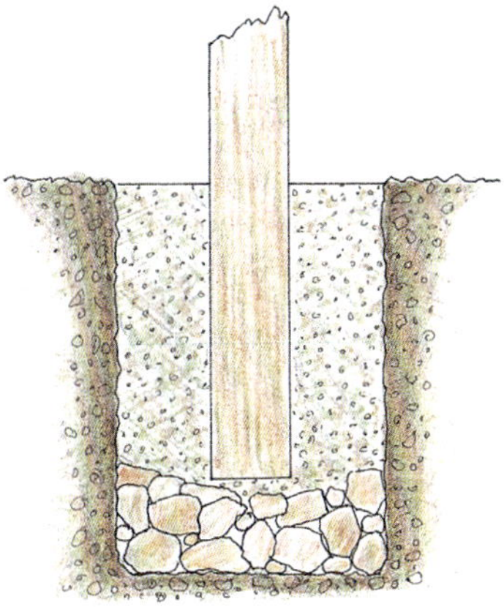

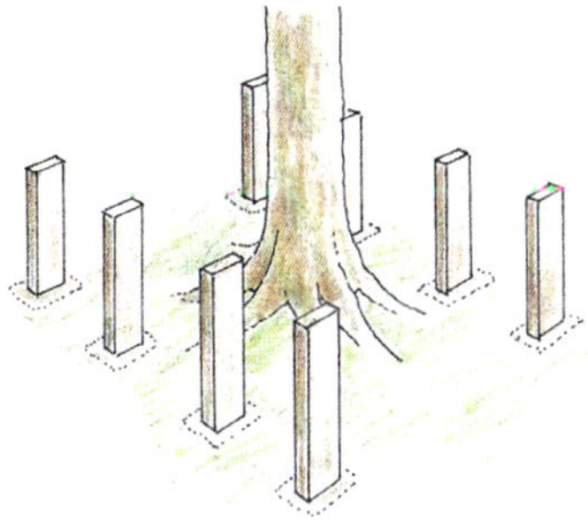

2 Positionieren Sie die Füße im Abstand von ca. 38 – 45 cm in zwei Reihen mit gleichem Abstand zum Stamm.

3 Schneiden Sie 4 Stücke von 2,5 cm x 5 cm Weichholz für die Querbalken. Lassen Sie die Enden an jeder Seite 7,5 cm überstehen.

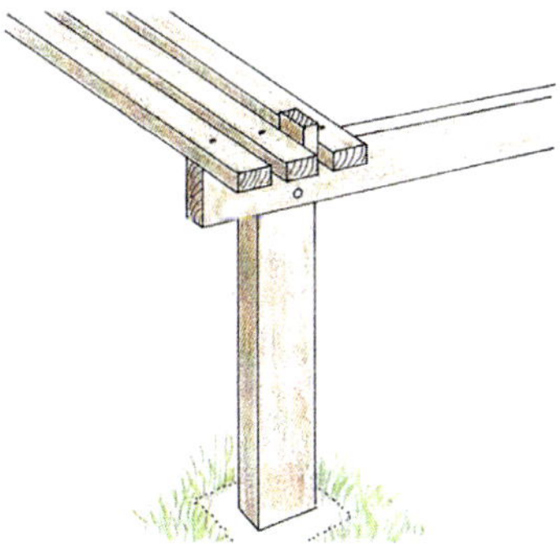

4 Bohren und schrauben Sie sie an den Pfosten fest. Schneiden Sie dann Holzleisten in der gewünschten Länge (die Anzahl hängt von der Größe des Sitzes ab). Lassen Sie 2,5 cm Platz zwischen den Leisten. Streichen Sie die Leisten und die Querbalken mit weißer Farbe (oder einer Holzschutzfarbe oder Beize) und lassen Sie die Farbe trocknen, bevor Sie den Sitz zusammenbauen. Überprüfen Sie die Abstände, indem Sie ein Stück Holz als Richtschnur verwenden. Wenn alle Leisten im gleichen Abstand auf den Querbalken liegen, kleben oder nageln Sie sie fest.

Auswahl an Gefässen

Viele Pflanzgefäße sind einfach nur praktisch: einfache Tontöpfe, schlichte Plastik-Balkonkästen und Holztröge, die zwar funktional sind, aber nicht besonders begeistern. Daran ist nichts auszusetzen, solange sie mit Ranken und hängenden Blüten bedeckt sind. Die meisten Pflanzen sind jedoch aufrecht und ein schöner Pflanzbehälter ist daher Teil des Gesamtbildes und wird zu einem wichtigen Gestaltungsmerkmal.

Pflanzgefäße sind besonders in einem kleinen Garten sehr nützlich, weil sie Farbe und Leben in den Garten bringen oder vielleicht nur zarte Grüntöne in Ecken, die sonst kahl bleiben würden. Ob Sie interessante oder farbige Gefäße an kahle Wände hängen, sie entlang der Treppenstufen platzieren oder einfach Pflanzkübel vor die Haustür stellen – Pflanzgefäße machen das Beste aus dem vorhandenen Platz.

Beschränken Sie sich bei Kübelpflanzen jedoch nicht nur auf Sommer- und Frühlingsblumen. Wenn Sie das

LINKS: *Werfen Sie die alte Metall-Gießkanne nicht weg. Sie kann gestrichen und für Pflanzen wie Efeu verwendet werden.*

GANZ LINKS: *Dieser alte Kupferkessel führt ein zweites Leben als Behälter für Tulpen und Stiefmütterchen.*

GEGENÜBERLIEGENDE SEITE OBEN: *Auch wenn eine Clematis für diesen alten Topf ungewöhnlich erscheint, wird sie mit der Zeit über die Ränder ranken.*

GEGENÜBERLIEGENDE SEITE UNTEN: *Pflanzgefäße sind in einem kleinen Garten unschätzbar, da Sie jeden Raum ausnutzen können.*

UNTEN: *Es ist erstaunlich, wie viel Sie aus einem Dachgarten machen können – indem Sie eine große Vielfalt an Pflanzen in Pflanzgefäßen ziehen.*

tun, sehen Ihre Pflanzgefäße während vieler Monate im Jahr wie Überbleibsel aus einer vergangenen Herrlichkeit aus. Pflanzen Sie immergrüne Büsche oder Gruppen von immergrünen Stauden. Verwenden Sie im Winter kurzlebige Topfpflanzen und scheuen Sie sich nicht, sie nach wenigen Wochen zu ersetzen.

Zimmerpflanzen können im Sommer auf der Terrasse untergebracht werden und dieser einen Hauch von Exotik verleihen. Vorausgesetzt, sie werden zunächst vorsichtig akklimatisiert (an einem überdachten Standort und geschützt vor Wind und starker Sonne, eventuell in der ersten Wochen mit einer Gartenplane abgedeckt), können Sie mit Ihnen tropische Ecken schaffen. Am besten verwenden Sie nur Pflanzen mit dicken oder fleischigen Blättern.

Seien Sie mutig. Verwenden Sie Küchenutensilien wie Töpfe und Pfannen als Pflanzgefäße, alte Tiegel, Abflussrohre, Stiefel und Schuhe, achten Sie aber darauf, dass Drainagelöcher vorhanden sind.

Sie können sogar große Tontöpfe interessanter machen, indem Sie sie mit hübschen Mustern bemalen. Verwenden Sie eine Schablone, wenn Sie kein begnadeter Künstler sind.

Töpfe zur Zierde des Eingangs

Stellen Sie immer eine beeindruckende Pflanze an die Eingangstür, wenn möglich eine, die lange Zeit gut aussieht. Dies ist der Platz für einen geschnittenen Lorbeer in einem verzierten Topf oder Versaille-Kübel oder einen attraktiven Bambus in einem orientalisch anmutenden Behälter.

Wenn Sie für den Eingangsbereich eine imposante Pflanze gewählt haben, ergänzen Sie sie mit einer Gruppe von kleineren Kübelpflanzen, die entsprechend der Jahreszeit Farbe und vielleicht Duft dazu bringen. Scheuen Sie sich nicht, die Töpfe immer wieder anders anzuordnen. Pflanzen Sie einen kleinen Flieder in einen Kübel oder ziehen Sie Töpfe mit Hyazinthen, die Sie in der Blütezeit vor den Eingang stellen können und die einen berauschenden Duft verströmen.

Formale Sträucher

Wenn das Platzangebot sehr beschränkt ist und der Rest des Gartens in einem formalen Stil gehalten wurde, kann eine Gruppe von beschnittenen immergrünen Pflanzen das ganze Jahr über äußerst elegant aussehen. Lorbeer eignet sich gut, wird in kalten Gegenden aber oft im Winter erfrorene Blätter bekommen. Es gibt aber viele andere Koniferen mit einer natürlichen Form, die während des ganzen Jahres attraktiv aussehen und nicht viel Pflege brauchen. Buchs kann bereits als Formschnittware gekauft werden und obwohl er nicht billig ist, erzielt er sofort eine großartige Wirkung. Wenn Sie mit einer einfachen geometrischen Form zufrieden sind, können Sie auch einen Buchsbaum kaufen und ihn selbst während mehrerer Jahre zu einer Kugel oder Pyramide trimmen.

LINKS: *Denken Sie daran, den Geruchssinn und das Auge zu erfreuen. Hier sorgt Lavendel nicht nur für Farbe, sondern auch für einen Hauch von Duft.*

UNTEN LINKS: *Getrimmte Buchsbäume können teuer sein, aber mit Geduld können Sie Ihre eigenen ziehen. Sie eignen sich für eine formale Gestaltung.*

UNTEN: *Gut beschnittene Bäume kann man sehr gut in Töpfen ziehen.*

Duftendes Vergnügen

Wenn Besucher an der Haustür mit dem Duft einer Pflanze empfangen werden, ist das immer ein Grund für Begeisterung. Im Winter haben Sie die Wahl zwischen Frühlingsblumen wie Hyazinthen und *Iris danfordiae*. Im Frühling folgen dann Seidelbast und Flieder (beide sehen für den Rest des Jahres unansehnlich aus, so dass Sie sie nach der Blüte an einen unauffälligeren Platz im Garten stellen sollten). Mit dem Sommer kommt die Gelegenheit für duftende Sommerblumen wie blühende Tabakpflanzen und Stauden.

Kletterpflanzen in Töpfen

Eine Kletterpflanze rund um die Tür sieht immer attraktiv aus und normalerweise können Sie auch ein Spalier als Stütze bauen. Wenn Sie die Möglichkeit haben, pflanzen Sie sie direkt in den Boden, andernfalls ist es auch möglich, sie in einen Topf zu setzen. Die großblumigen Clematis und sogar das Geißblatt eignen sich gut. Sie können auch eine Kletterrose nehmen, jedoch sind sie anspruchsvoller, wenn sie im Topf gedeihen sollen.

Töpfe und Pflanzen gruppieren

Wenn einzelne Töpfe unscheinbar wirken, versuchen Sie, sie in Gruppen zu platzieren – gemeinsam wirken sie oft besser als individuelle Pflanzen. Wenn die Töpfe eher schlicht sind, stellen Sie kleinere davor, um sie zu kaschieren.

Gruppen unter dem Vordach

Schaffen Sie einen starken Auftritt unter dem Vordach, indem Sie hohe Pflanzen, vor allem immergrüne Büsche, im Hintergrund und kleinere, blühende Pflanzen im Vordergrund platzieren.

Wenn der Platz begrenzt ist, konzentrieren Sie sich eher auf die Pflanztöpfe als auf eine üppige Wirkung mit vielen Blattpflanzen und Blumen. Dekorative Töpfe sind oft als passendes Set erhältlich. Wenn man diese in Gruppen zusammenstellt, sehen sie gut aus, selbst wenn die Pflanzen nur unbedeutend sind.

Gruppen in Ecken

Schwierige Ecken sind ideal für Kübelpflanzen, um für Farbakzente zu sorgen und einen Platz zu füllen, an dem sonst nichts gedeiht. Auf der Terrasse gibt es oft solche Ecken, die ansonsten ungenutzt bleiben würden.

Gruppieren Sie Sträucher und hohe Zimmerpflanzen im Hintergrund und farbenfrohe Sommerblumen im Vordergrund.

Alternativ können Sie eine kleine Gruppe von eleganten Töpfen wählen und die Pflanzen eher sparsam einsetzen. Eine Hängepflanze, die in einem Topf auf einem Podest wächst und von einer Ansammlung kleinerer Töpfe eingerahmt wird, kann es ebenso wirkungsvoll sein wie eine große Gruppe.

Versuchen Sie in einer dunklen Ecke, die vielleicht dort entstanden ist, wo zwei Zäune zusammenstoßen, oder in einer schattigen Ecke, wo der Zaun ans Haus anschließt, ein kleines Kiesbeet anzulegen, auf dem Sie eine Gruppe mit Terrakotta-Töpfen arrangieren. Roter Kies sorgt für Farbe.

Bepflanzen Sie die Töpfe mit leuchtenden Pflanzen im Sommer und winterharten Stiefmütterchen und Blumenzwiebeln für den Winter und das Frühjahr. Sie können auch versuchen, die Töpfe etwas auseinander zu stellen und einige interessante Steine dazwischen zu legen.

Oben links: *Eine Gruppe von Pflanzen unter dem Vordach ist ein sehr wirkungsvolles Gestaltungselement. Ersetzen Sie verblühte Pflanzen, damit die Gruppe immer gut aussieht.*

Oben: *Arrangieren Sie eine Gruppe mit Pflanzen an Stellen, an denen der Garten eine Verschönerungskur nötig hat. Die Strandkiesel sorgen für einen individuellen Touch.*

Links: *Einzeln wären diese Pflanzkübel nichts Besonderes, aber in der Gruppe werden sie zu einem Hingucker.*

Gruppen auf dem Rasen

Eine Gruppe von Pflanztöpfen ist ideal, um eine große Rasenfläche aufzubrechen. Stellen Sie sie nicht direkt auf das Gras, sondern verwenden Sie ein Beet aus Sand oder Kies – dies hebt sich gut vom Rasen ab und erleichtert das Mähen rund um die Töpfe.

GANZJÄHRIGE PFLANZGEFÄSSE

In einem großen Garten werden Pflanzgefäße normalerweise verwendet, um Farbakzente mit Sommerblumen zu setzen. Die leeren Stellen im Winter, die entstehen, nachdem die Pflanzen abgestorben sind, fallen zwischen all den anderen Gestaltungselementen nicht so auf. In einem kleinen Garten jedoch und insbesondere auf einer Terrasse, sehen kahle Pflanzgefäße eindeutig unattraktiv aus.

Die Auswahl im Sommer ist unbegrenzt, wir konzentrieren uns hier also hauptsächlich auf den Herbst und den Winter – die Jahreszeiten, in der der größte Aufwand nötig ist.

Ganzjahreskübel – und kästen

Robuste, immergrüne Büsche und Koniferen in all ihren verschiedenen Formen und Farbschattierungen sehen das ganze Jahr über gut aus. Damit aber nicht zuviel Hintergrund-Grün entsteht, lassen Sie davor etwas Platz für ein paar Frühlingsblumen und Freilandpflanzen. Ziehen Sie einige Ersatzpflanzen in Töpfen, damit Sie die Pflanzen ersetzen können, wenn sie verblüht sind.

Herbst-Highlights

Ziehen Sie einige Pflanzen mit auffälligem Herbstlaub in Töpfen, die Sie hervorzaubern können, wenn Sie ein zusätzliches Farb-Highlight brauchen. *Ceratostigma willmottianum* hat einen kompakten Wuchs und Blätter in herrlichen Herbstfarben, während sie gleichzeitig noch blaue Blüten produziert.

Auch Beeren eignen sich sehr gut, Sie können normalerweise kompakte Pernettya, die bereits Beeren tragen, in Ihrem Gartencenter kaufen.

Winterfarben

Einige winterblühende Sträucher können in Kübeln gezogen werden, zum Beispiel *Viburnum tinus* und *Mahonia* „Charity". Wagen Sie sich aber ruhig an kurzlebige Topfpflanzen wie Erika (*Erica x hyemalis* und *E. gracilis*) und Winterkirschen (*Solanum capsicastrum* und ähnliche Sorten und Hybriden). Sie müssen sie nach der Blüte zwar wegwerfen, aber sie sehen zumindest für einige Wochen auch bei kalten und winterlichen Temperaturen attraktiv aus.

LINKS: *Solanum capsicatrum wird in Wintermonaten gerne als Zimmerpflanze verkauft, Sie können sie aber auch als Kübelpflanze als kurzzeitigen Farbtupfer bei Ihren Gartenpflanzen einsetzen. Die abgebildeten Exemplare waren selbst noch im späten Winter schön anzusehen. Entsorgen Sie sie, wenn die Beeren verschrumpeln.*

UNTEN: *Die intensiven blauen Blüten der Ceratostigma blühen bis weit in den Herbst hinein und bilden kräftiges, farbiges Laub.*

WIE SIE PFLANZEN VOR FROST SCHÜTZEN

Einige der schönsten Sommerpflanzen für die Terrasse, wie Datura und Oleander, müssen im Winter an einen frostsicheren Ort gebracht werden. Andere wiederum, wie Lorbeer (*Laurus nobilis*), können leichten Frost vertragen - in kalten Gegenden kann aber auch ihre Widerstandsfähigkeit gegen Frost schnell an Grenzen stoßen. Bei anderen können die Blätter durch Wind und Frost Schaden nehmen (wie *Choisya termata „Sundance"*). Diese brauchen einen gewissen Schutz im Winter. Es wäre schade, diese großartigen Pflanzen zu verlieren, wo man dies doch mit etwas Vorbeugung leicht verhindern kann, wenn der Herbst sich dem Ende zuneigt.

1 Relativ robuste Pflanzen, die lediglich einen Schutz vor der extremen Witterung benötigen, können mit Gartenbaufolie oder Polyäthylenfolie abgedeckt werden. Stecken Sie vier bis fünf Stangen entlang des Topfrandes in die Erde.

2 Schneiden Sie zunächst die Folie in der richtigen Größe zu. Es gibt auch Folien, die Sie als fertige Manschetten kaufen können (ideal für den Winterschutz von Kübelpflanzen). Lassen Sie die Folie über den Topfrand überlappen.

EIN BEWEGENDES GESCHÄFT

Pflanzen, die trotz Schutz im Winter nicht draußen bleiben können, müssen in einen Wintergarten oder ein Gewächshaus gebracht werden. Einen schweren Kübel zu bewegen ist ziemlich schwierig, daher hier einige nützliche Tipps: Versuchen Sie, den Topf über den Rand zu rollen. Selbst ein sehr schwerer Kübel kann auf diese Weise einfach bewegt werden. Eine weitere Möglichkeit ist, den Topf auf einen Transportwagen zu hieven. Wenn eine Person den Wagen schiebt und eine andere den Topf hält, können selbst große Bäume und Sträucher bewegt werden.

3 Lassen Sie die Manschette über die Stangen rutschen, eine Folienbahn wickeln Sie um die Pflanze herum und lassen sie an den Enden großzügig überlappen. Für besonders empfindliche Pflanzen können Sie mehr als eine Lage verwenden.

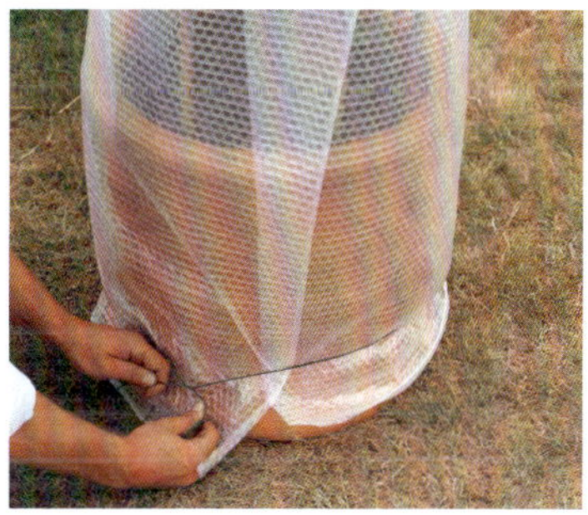

4 Binden Sie die Schutzfolie um den Topf gut fest. Für sehr empfindliche Pflanzen ist es eine gute Idee, das Material gut über den Topf zu ziehen, um den Wurzelballen warm zu halten.

5 Wenn Sie eine Gartenbaufolie verwenden, binden Sie das obere Ende zu (die Feuchtigkeit kann eindringen und die Wärme wird bewahrt). Falls Sie eine Polyäthylenfolie verwenden, lassen Sie das obere Ende zur Belüftung und für die Möglichkeit zum Bewässern offen.

Felsen- und Wassergärten

Felsen und Wasser verleihen jedem Garten eine ganz eigene Note, in einem kleinen Garten jedoch braucht man etwas Fantasie, um die besten Möglichkeiten auszuschöpfen. Die meisten Felsen- und Wasserpflanzen gedeihen am besten an einem sonnigen Standort und es könnte schwierig sein, in einem kleinen Garten einen geeigneten Platz zu finden. Wenn Sie keinen Platz finden, der mindestens einen halben Tag lang Sonne hat – wenn möglich noch länger – ist es eventuell besser, ein Wasserelement zu wählen, dessen Schwerpunkt weniger auf den Pflanzen liegt und für Ihre Felsenpflanzen eine andere Möglichkeit zu suchen, zum Beispiel zwischen Pflaster, in erhöhten Beeten oder in einem Kiesgarten.

Sehr kleine Wasserstellen sind biologisch weit schwieriger „auszubalancieren" als größere und grünes Wasser ist oft ein Problem, das einen das ganze Jahr über beschäftigt. Wenn Ihr Garten sehr klein ist, wählen Sie stattdessen vielleicht eine Wasserfontäne, einen Wandbrunnen oder ein Wasserbecken in einem Behälter.

Felsengärten sehen am besten an einem natürlichen Abhang oder in einer natürlich wirkenden Felsgruppe auf

einer großen Rasenfläche aus. Die meisten kleinen Gärten bieten keine der beiden Möglichkeiten. Oft ist es daher die beste Möglichkeit, ein Felsthema mit einem Wasserelement zu kombinieren. Sie können den Aushub für die Wasserstelle für die Schaffung eines kleinen Abhangs nutzen.

Steinpflanzen oder Alpenpflanzen bieten dem begeisterten Gärtner eine große Auswahl, leider ist oft der Platz nicht vorhanden, um sie alle anzubauen. Sie können an einen Ort, an dem sonst nur Platz für einen einzigen mittelgroßen Busch wäre, Dutzende von Pflanzen setzen und selbst der kleinste Garten kann mehrere hundert Pflanzen beheimaten.

Seien Sie vorsichtig mit der Auswahl von Wasserpflanzen. Einige Irisarten und Binsen sind kompakt, andere wiederum wild wuchernd und können schnell ein „Übernahmeangebot" machen. Es gibt Wasserlilien, die tiefes Wasser und eine große Fläche benötigen, andere sind zufrieden mit einer Wassertiefe von 23 cm und begnügen sich mit einer sehr viel kleineren Fläche.

GANZ OBEN: *Sedum spurium „Atropurpureum".*

OBEN: *Campanulas – hier wachsen sie durch Asplenium scolopendrium – sind sehr beliebte Steinpflanzen.*

RECHTS: *Dieser Garten in einem Steinbecken enthält mehr als ein Dutzend verschiedener Pflanzen auf weniger Raum als ein einziger Strauch normalerweise einnehmen würde.*

GEGENÜBERLIEGENDE SEITE: *Durch das Anheben der Ränder wurde dieses Wasserbecken in den Mittelpunkt gerückt.*

GEGENÜBERLIEGENDE SEITE OBEN: *Verschiedene Sorten der Dianthus machen sich sehr gut in einem Steingarten.*

Teiche und Wasserelemente

Heutzutage ist es sehr einfach, einen Teich anzulegen – die meisten flexiblen Auskleidungen sind widerstandsfähig und langlebig und vorgeformte Pools gibt es praktisch von der Stange zu kaufen. Falls Sie für einen „anständigen“ Teich nicht genug Platz haben, legen Sie einen in einem Fass oder einem Pflanzkübel an.

Wenn Sie in Ihrem Teich Pflanzen ziehen oder Fische halten wollen, wählen Sie einen hellen Standort, der mindestens während der Hälfte des Tages Sonne hat. Vermeiden Sie überhängende Bäume – sie werfen nicht nur Schatten, sondern verlieren Blätter, die das Wasser verunreinigen können.

Springbrunnen und Wasserfälle

Integrieren Sie einen Wasserfall, wenn Sie einen Steingarten bauen und ihn mit einem Teich kombinieren. Eine einfache Niederspannungs-Tauchpumpe, die den Kopf des Wasserfalls mit einem Wasserschlauch verbindet, ist für einen kleinen Wasserfall mit geringem Wasserdurchlauf ausreichend.

Springbrunnen benötigen eine größere Wasserfläche, ansonsten würde durch das Spritzwasser der Wasserpegel mit der Zeit immer niedriger werden. Denken Sie daran, dass Wasserlilien und einige andere Wasserpflanzen die unruhige Wasseroberfläche nicht lieben.

In einem kleinen Garten ist ein einfacher Sprudel- oder Geysirtyp oft passender als ein hoher, prächtiger Strahl.

OBEN: *Sie brauchen keinen großen Garten, um das Geräusch von fließendem Wasser zu genießen, wie dieses interessante Wasserspiel beweist.*

Wandbrunnen

In einem Bauerngarten oder einem von Mauern umschlossenen Hinterhof ist ein Wandbrunnen oft die beste Lösung. Sie brauchen hierfür keinen großen Wasserschwall.

Sie können ein Speirohr befestigen, das Wasser in ein Becken am Fuß der Wand spritzt, welches durch eine versteckte Pumpe umgewälzt wird. Als Alternative können Sie auch einen Brunnen mit einem in sich geschlossenen Wasserkreislauf kaufen, bei dem das Wasser einfach in eine integrierte Schale unter dem Ausgussrohr tröpfelt.

Miniatur-Teiche

Wenn Sie für einen richtigen Teich nicht genug Platz haben, können Sie einen in einer halben Tonne oder sogar einem Kunststoff-Pflanzkübel anlegen. Versenken Sie ihn komplett oder nur zur Hälfte in den Boden oder lassen Sie ihn frei stehen, vielleicht auf einem gepflasterten Bereich wie der Terrasse. Containerteiche sind für Fische nicht geeignet, aber Sie können eine interessante kleine Mischung an Wasserpflanzen, einschließlich Miniatur-Wasserlilien ziehen.

Wie man einen Teich mit einer Auskleidung anlegt

1 Markieren Sie die Umrisse Ihres Teichs mit einem Seil, einem Gartenschlauch oder Sand. Entfernen Sie das Gras und heben Sie den Bereich bis zur gewünschten Tiefe aus und lassen Sie einen leichten Absatz von ca. 23 cm unterhalb des Randes stehen.

2 Entfernen Sie die Erde rund um den Rand, wenn Sie diesen Bereich pflastern wollen. Berücksichtigen Sie die Stärke des Pflasters plus ein Mörtelbett. Überprüfen Sie die Höhen und entfernen Sie notfalls weitere Erde von einer Seite. Die Wasseroberfläche muss auf gleicher Höhe wie die Seiten des Teiches sein.

3 Entfernen Sie spitze Steine und lange Wurzeln und kleiden Sie dann den Teich mit ca. 1 cm Sand aus – er sollte bis zum Rand verteilt werden. Nehmen Sie eine Polyesterfolie (vom Gartenbauspezialisten) oder anstelle des Sandes einen alten Teppich, wenn der Untergrund sehr steinig ist.

WIE MAN EINEN VORGEFORMTEN TEICH ANLEGT

1 Übertragen Sie die Form des Einsatzes auf den Boden, indem Sie rund um den Rand Stöcke in den Boden stecken. Definieren Sie den Umriss mit einem Gartenschlauch oder Seil.

2 Heben Sie das Loch ungefähr bis zur gewünschten Tiefe aus und folgen Sie dabei dem Umriss so exakt wie möglich.

3 Legen Sie ein kantengerades Stück Holz über den oberen Rand und prüfen Sie, ob die Kanten eben sind. Messen Sie nach unten, um die Tiefe zu überprüfen.

4 Setzen Sie den Einsatz in das Loch und fügen Sie etwas Erde hinzu oder tragen Sie etwas Erde ab, falls er nicht genau passt. Entfernen Sie auch alle scharfen Steine. Überprüfen Sie mit Hilfe einer Wasserwaage, dass er absolut gerade ist.

5 Entfernen Sie den Einsatz wieder und füttern Sie die Umrisse mit Sand aus. Füllen Sie soviel Sand auf, bis die Form des Teichs genau in das Loch passt.

6 Lassen Sie Wasser durch einen Schlauch einlaufen und füllen Sie erneut Sand auf, während das Wasser steigt. Prüfen Sie die Höhen ständig, da sich der Einsatz durch das Auffüllen oft leicht anhebt.

4 Ziehen Sie die Folie über das Loch und verankern Sie sie mit Ziegelsteinen. Lassen Sie mit einem Schlauch Wasser in den Pool einlaufen. Wenn das Gewicht des Wassers die Folie in das Loch zieht, lösen Sie die Steine nach und nach. Es werden sich einige Falten bilden, die man vernachlässigen kann.

5 Schneiden Sie die Folie ab und lassen Sie an den Kanten circa 15 cm überstehen – diesen Bereich kann man mit Pflastersteinen abdecken.

6 Legen Sie die Pflastersteine in ein Mörtelbett und decken Sie so die Kanten ab. Die gepflasterte Fläche sollte die Ränder des Pools um ca. 3 cm überlappen. Beenden Sie die Arbeit, indem Sie die Fugen mit Mörtel auskleiden.

WEGE UM STEINPFLANZEN ZU ZIEHEN

Wenn Sie einen sonnigen Platz haben, dann ist dies der ideale Ort für einen Steingarten. Sie können auch Felsen in einen Teich integrieren. Ein steil geneigter Steingarten bietet die Möglichkeit, einige Wasserkaskaden zu integrieren, die durch den Steingarten zum darunter liegenden Teich fließen. Damit ist auch das Problem gelöst, wie man den Aushub vom Teichbau entsorgt!

Wenn Sie sich eher für die herrliche Schönheit der Pflanzen begeistern können als für den gestalterischen Effekt eines Steingartens, dann gibt es neben dem Steingarten auch noch viele andere Möglichkeiten, um Alpenpflanzen anzupflanzen.

Kombiniert mit Wasser

Sowohl ein Steingarten als auch ein Teich brauchen einen sonnigen Standort und ergänzen sich gut. Oft ist es möglich, eine Reihe von Kaskaden einzubauen, die einen kleinen Pool am oberen Ende mit dem Hauptpool am unteren Ende verbinden.

Vergraben Sie den Verbindungsschlauch, wenn Sie den Steingarten anlegen und verwenden Sie viele Steine, um die Kaskaden so natürlich wie möglich aussehen zu lassen. Sehr schöne Kombinationen von Stein- und Wassergärten können auch ohne fließendes Wasser konstruiert werden.

Felseninseln

Vorausgesetzt, der Rasen ist entsprechend groß und von seiner Form her informal, können kleine Felsgruppen arrangiert werden. Für diese Art von Steingarten brauchen Sie nicht viele Steine, nur einige markante, die Sie sorgfältig platzieren sollten, damit sie aussehen als würden sie aus dem Boden herausragen. Damit die Felsen überzeugend wirken ist es wichtig, sie etwas einzugraben und die Schichten in eine Richtung zu legen.

Steinpflanzen in Kiesgärten

Steinpflanzen sehen in Kies besonders gut aus, bauen Sie sie also in einen Kiesgarten ein oder legen Sie ein kleines, flaches Kiesbeet eigens für Steinpflanzen an. Sorgen Sie für die gleichen Bodenbedingungen wie für einen Steingarten am Hang, lediglich auf der Ebene. Zusätzlich können Sie einige wenige Steine einbauen, um den Eindruck von Geröll zu erwecken.

OBEN: *Wenn Sie Alpenblumen lieben, aber keinen Steingarten anlegen wollen, warum versuchen Sie es dann nicht mit einer Reihe von Steinbecken-Gärten?*

LINKS: *Eine niedrige Steinböschung ist eine andere einfache Möglichkeit, um Steinpflanzen anzubauen und sehr einfach anzulegen.*

Gärten in Spülbecken

Alpenblumen sind perfekt für Spülbecken-Gärten. Original Steinbecken sind ideal, jedoch selten und teuer. Man kann aber sehr ansprechende Gärten auch in imitierten Steinbecken anlegen. Obwohl Sie in dem Becken oder Bottich einfach „auf dem Flachen" pflanzen können, ist eine „landschaftliche" Gestaltung, bei der der Eindruck einer felsigen Landschaft kreiert wird, weit wirkungsvoller.

Erhöhte Beete

Der große Vorteil von erhöhten Beeten mit Alpenblumen ist, dass Sie die Schönheit in Miniatur besser bewundern können. Sie können die Beete mit Ziegelsteinen oder Mauerblöcken bauen, wobei Naturstein sehr viel besser ist, insbesondere, wenn Sie viele Pflanzlöcher an den Seiten lassen.

Torfbeete

Die meisten Alpenpflanzen gedeihen großartig in normalem oder alkalischem Boden, einige wenige jedoch brauchen saure Bedingungen. Wenn Ihnen diese Pflanzen gefallen, bauen Sie mit Torfballen ein Torfbeet und verbinden Sie die Ballen wie Ziegelsteine. Füllen Sie sie mit einer Torfmischung oder einer Pflanzerde und pflanzen Sie die Alpenblumen in dem gewünschten Arrangement.

WIE MAN EINEN STEINGARTEN ANLEGT

1 Der Untergrund bietet sich an, um Bauschutt zu lagern, den Sie dann mit Gartenerde bedecken können – der ideale Platz für den Aushub vom Teich.

2 Für die Deckschicht von ca. 15 bis 23 cm ist es am besten, eine spezielle Erdmischung zu verwenden, vor allem, wenn der Aushub vom Teich verwendet wird. Mischen Sie gleiche Teile von Erde, grobem Kies und Torf (oder Torfersatz) und verteilen Sie dies gleichmäßig über der Aufschüttung.

3 Legen Sie die ersten Steine auf den Boden und versuchen Sie, die Gesteinsschicht in eine Richtung laufen zu lassen.

4 Hieven Sie die nächste Reihe mit Steinen in die richtige Position. Verwenden Sie einen Rollwagen oder Hebebalken, um sie zu bewegen.

5 Wenn die Lagen aufgebaut sind, füllen Sie zusätzliche Erde auf und verdichten Sie sie rund um die Steine.

6 Achten Sie darauf, dass die Seiten nach innen abfallen und machen Sie die obere Ebene eher flach anstatt sie zu einer Turmspitze zu bauen. Setzen Sie die Pflanzen an Ort und Stelle und bedecken Sie die Erde dann mit einer dünnen Schicht Gartenbaukies.

AUSWAHL UND PFLANZEN

Bei einem Besuch eines Gartencenters werden Sie mit einer riesigen Auswahl an Pflanzen für Ihren Steingarten konfrontiert werden. Eine der Freuden beim Sammeln von Alpenpflanzen ist, dass Sie ständig Überraschungen erleben und neue Schätze entdecken und Sie in einer großen Vielfalt von Pflanzen schwelgen können, die nicht viel Platz brauchen.

Die hier vorgestellten Pflanzen können nur eine willkürliche Auswahl von einigen der besten sein, wobei wir den Schwerpunkt auf die Pflanzen gelegt haben, die weithin verbreitet sind.

Geeignet für eine Mauer

- *Acanea microphylla* (oben oder Sichtfläche)
- *Achillea tomentosa* (oben)
- *Alyssum montanum* (oben)
- *Alyssum saxatile* (oben oder Sichtfläche)
- *Arabis caucasica* (oben oder Sichtfläche)
- *Arenaria balearica* (oben oder Sichtfläche)
- *Aubrietia* (Sichtfläche)
- *Campanula garganica* (Sichtfläche)
- *Cerastium tomentosum* (Sichtfläche)
- *Corydalis lutea* (Sichtfläche)
- *Dianthus deltoides* (oben oder Sichtfläche)
- *Erinus alpinus* (oben oder Sichtfläche)
- *Gypsophila repens* (oben oder Sichtfläche)
- *Sedum* viele Arten (Sichtfläche)
- *Sempervivum* viele Arten (Sichtfläche)

Probieren Sie diese in einem Trog

- *Arabis ferdinandi-coburgi* „Variegata"
- *Aster alpinus*
- *Gentiana acaulis*
- *Hypericum olympicum*
- *Phlox douglasii*
- *Potentilla tabernaemontani*
- *Raoulia australis*
- *Rhodohypoxis baurii*
- *Sedum lydium*
- *Sempervivum* (verschiedene Sorten)

LINKS: *Alyssum saxatile*

UNTEN LINKS: *Dianthus deltoides „Electra"*

UNTEN: *Helianthemum „Feuerdrache"*

Gute Startpflanzen für einen Steingarten

Einige dieser Pflanzen wuchern sehr stark - *Alyssum saxatile* und *Helianthemum* zum Beispiel. Wenn Sie sich mit bestimmten Pflanzen nicht auskennen, schauen Sie in einem Lexikon nach.

- *Acaena microphylla*
- *Alyssum saxatile*
- *Antennaria dioic* „Rosea"
- *Arabis ferdinandi-coburgi* „Variegata"
- *Armeria maritima*
- *Campanula carpatica*
- *Campanula cochleariifolia*
- *Dianthus deltoides*
- *Dryas octopetala*
- *Erinus alpinus*
- *Gentiana acaulis*
- *Gentiana sino-ornata*
- *Geranium subcaulescens* „Spledens"
- *Gypsophila repens*

- *Helianthemum*
- *Hypericum olympicum*
- *Iberis sempervirens* „Schneeflocke"
- *Oxalis adenophylla*
- *Phlox douglasii*
- *Phlox subulata*
- *Pulsatilla vulgaris*
- *Raoulia australis*
- *Saxifraga* (moosige Sorte)
- Sedum spathulifolium „Cape Blanco"
- *Sedum spurium*
- *Sempervivums* (verschiedene Sorten)
- *Silene schafta*
- *Thymus serpyllum* (verschiedene Sorten)
- *Veronica prostrata*

LINKS: *Sempervivum ballsii*

WIE MAN ALPENPFLANZEN SETZT

1 Positionieren Sie die Pflanzen, während sie noch im Topf sind, damit Sie sehen können, wie sie wirken und sie einfach versetzen können.

2 Machen Sie mit einer Kelle ein Loch, das etwas größer ist als der Wurzelballen. Es gibt extra schmale Kellen, die für das Pflanzen in den Spalten zwischen Steinen sehr nützlich sind.

3 Wenn die Pflanze in der richtigen Tiefe sitzt, schütten Sie sandige/kiesige Erde um die Wurzeln und drücken Sie sie gut fest.

4 Zum Schluss decken Sie die Oberfläche mit feinem Kies ab.

AUSWAHL *der* PFLANZEN

Die „harte“ Landschaftsgestaltung (Pflasterung, Mauern, Zäune, Terrassen, etc.) ist das, was dem Garten eine klare gestalterische Richtung verleiht, das Skelett, das dem Garten seine Form gibt. Es ist die „weiche“ Landschaftsgestaltung (die Pflanzen), die dem Garten Leben verleiht, ihm Form und Struktur gibt. Dasselbe Grunddesign kann unter den Händen von verschiedenen Gärtnern mit unterschiedlichen Auffassungen über die Verwendung von Pflanzen völlig anders aussehen.

OBEN: *Es kann sehr wirkungsvoll sein, wenn man verschiedene Pflanzenarten mischt. Diese Rabatte enthält Sträucher, Stauden, Frühlingsblumen und Gräser.*

GEGENÜBERLIEGENDE SEITE: *Egal wie attraktiv das Gartendesign auch ist – es sind immer die Pflanzen, die für Schönheit sorgen.*

Beete und Blumenrabatten

Beete und Blumenrabatten müssen geplant werden. Die Form hat natürlich einen Einfluss auf das Gesamterscheinungsbild, es gibt aber auch ganz praktische Überlegungen, wie die erforderliche Pflege, das Thema, das man kreieren möchte und die entscheidende Frage, welche Pflanzen man verwenden will.

Formale Beete und Rabatten werden normalerweise durch das Grundgestaltungskonzept diktiert, wodurch oft schon vorgegeben ist, welche Pflanzenarten Sie einsetzen können. Ein formaler Rosengarten wird eindeutig Rosen als Hauptthema haben und man muss sich lediglich über die „Füllpflanzen" Gedanken machen. Ein klassischer Stil mit sauberen asymmetrischen Beeten, die aus dem Rasen ausgeschnitten oder durch beschnittenen Buchs umrandet sind, entspricht diesem formalen Typ Garten.

Stauden und Sträucher lassen eine größere Bandbreite an Interpretationen zu und die tatsächlich verwendeten Pflanzen haben den gleichen Einfluss auf den Gesamteindruck wie die Form oder die Größe der Rabatten.

In traditionellen, großen Gärten gibt es eine klare Unterscheidung zwischen Staudenrabatten und Strauchrabatten, aber nur wenige kleine Gärten können sich diesen Luxus leisten und so sind die „gemischten Rabatten" der übliche Kompromiss.

LINKS: *Geschwungene Beetränder schaffen in einem kleinen Garten zusätzlich Platz und machen den Garten interessanter.*

GEGENÜBERLIEGENDE SEITE OBEN: *Ein Garten wie dieser, mit vielen Sträuchern, wie Rosen, benötigt wenig Pflege und ist dank der einfachen Form relativ günstig anzulegen.*

GEGENÜBERLIEGENDE SEITE UNTEN: *Reine Staudenrabatten sehen in einer bäuerlichen Umgebung und wenn Sie genug Platz haben, gut aus. So eine Rabatte kann während vieler Monate farbenprächtig aussehen.*

Hier drängen sich Sträucher und Stauden mit einjährigen Pflanzen, während sich Sommerblumen und Frühlingszwiebeln um die frei werdenden Plätze streiten. An so einem Garten ist nichts auszusetzen: Die Rabatten sehen noch lange nachdem die Stauden verblüht sind gut aus, und es gibt viele Blumen und immer wieder kleine wechselnde Pflanzengruppen, die viel länger für Interesse sorgen als es mit Sträuchern allein möglich wäre.

Farbthemen sind in einem kleinen Garten ebenfalls schwierig zu realisieren und obwohl einfarbige Rabatten auch in einem kleinen Garten gepflanzt werden können, ist es besser, wenn Sie etwas flexibler sind. Entscheiden Sie sich eher für eine „goldene Ecke“ als für eine goldene Rabatte oder ein blau-silbernes Thema für nur einen Teil einer Rabatte anstatt für die gesamte Fläche.

Kleine Beete im Rasen müssen nicht mit Sommerblumen bepflanzt sein, die dann von Frühlingszwiebeln und Frühlingsblumen ersetzt werden. Bepflanzen Sie sie stattdessen mit mehrjährigen Bodendeckern oder setzen Sie einen Rand mit mehrjährigen Bodendeckern und von Jahreszeiten abhängige Pflanzen in die Mitte.

INSELBEETE

Traditionellerweise werden niedrige, von Jahreszeiten abhängige Pflanzen in Beeten gepflanzt, die aus dem Rasen ausgeschnitten wurden – den Inselbeeten – während höhere Stauden und Sträucher in langen Rabatten gesetzt werden, die so angelegt wurden, dass sie von einer Seite aus betrachtet werden können. Inselbeete, die mit Stauden und Sträuchern bepflanzt sind, überbrücken diese Kluft und schaffen Pflanzmöglichkeiten, die auch auf einen kleinen Garten gut übertragbar sind.

Pflanz - Grundsätze

Inselbeete sind gedacht, um von allen Seiten betrachtet zu werden, so dass die höchsten Pflanzen normalerweise in der Mitte und die kleineren an den Rändern angeordnet sind. Seien Sie jedoch nicht zu starr. Konzentrieren Sie sich darauf, ein Beet anzulegen, um das Sie herumlaufen müssen, um die andere Seite sehen zu können, anstatt einfach nur hohe Sommerblumen wie Rittersporn in die Mitte zu pflanzen.

Buschige Pflanzen, sogar mittelhohe immergrüne Sträucher, können für die Mitte des Beetes besser sein, ebenso wie andere niedrigere Büsche, die mit Pflanzen ausgefüllt werden können, die im Winter verblühen. Dann wird Ihr Beet seine Funktion beibehalten, die Rasenfläche aufzubrechen und eine Unterteilung zu schaffen, die entdeckt werden will. Scheuen Sie sich nicht, in einem Inselbeet einen kleinen Baum zu setzen, zum Beispiel *Malus floribunda*, um die dringend benötigte Höhe zu kreieren.

Falls Ihnen von der Jahreszeit abhängige Pflanzen mehr gefallen als Sträucher und Staudenrabatten, dann bieten Inselbeete auch hier Möglichkeiten für kreative Ideen.

Eine Frage der Form

Die meisten Leute denken bei Inselbeeten an eine informelle Form, sie können aber auch rechteckige Beete anlegen, wenn dies zu Ihrem Gartenstil passt.

Geschwungene Beete sehen im Allgemeinen jedoch weitaus gefälliger aus, vor allem, wenn Sie weite und schmale Bereiche schaffen, so dass sanfte Einbuchtungen entstehen.

Gestaltungsüberlegungen

Verwenden Sie Inselbeete, um die Blickrichtung zu unterbrechen. Ein Inselbeet kann die Aufmerksamkeit von einem unattraktiven Anblick – sei es von einem Anblick hinter der Grenze oder einfach vom Zaun selbst - abwenden, indem es den Blick über den Garten lenkt. Die Aufmerksamkeit wird auf die Seiten gelenkt und während Sie um die Beete herumlaufen, wandert das Auge zum Beet anstatt zu den Einfassungen. Eine Reihe von Inselbeeten kann verwendet werden, um einen langen, schmalen Garten aufzuteilen. Anstatt dass das Auge in einer Linie zum Ende des Gartens gelenkt wird, erfährt der Blick durch die Beete mehrmals eine Kursabweichung.

UNTEN: *Inselbeete helfen, eine große Rasenfläche aufzubrechen und schaffen ein Gefühl von Höhe.*

EINSEITIGE BLUMENRABATTEN

Einseitige Blumenrabatten sind geeignet, wenn Sie rund um die Grundstücksgrenze Begrenzungen mit Blumen schaffen und einen offenen Bereich innerhalb des Gartens zur Geltung bringen wollen. Solche Rabatten sind ideal, um das Auge zu einem entfernten Blickpunkt zu lenken und - indem Sie die Breite der Rabatten variieren – den Eindruck von Perspektive zu vermitteln, wodurch man eine ganz andere Vorstellung von der Größe des Gartens bekommen kann.

Gerade und schmale Beete

Die meisten Gärten haben zumindest einige gerade und schmale Rabatten als Raseneinfassung, ein beliebter Platz für Rosen und von der Jahreszeit abhängige Pflanzen. Wenn Sie nicht regelmäßig nachpflanzen wollen, dann wählen Sie eine Bepflanzung mit robusten Sträuchern als Leitstauden, ergänzen diese dann mit niedrigen, bodendeckenden Pflanzen, wie winterharten Geranien und Frühlingsblumenzwiebeln, um für einen langen Zeitraum ein blühendes Beet zu haben.

Eine Rabatte wirkt größer, wenn Sie eine Mähkante anlegen. Wählen Sie dann Pflanzen, die über die Kanten wuchern und so die harte Linie abschwächen und den Eindruck eines größeren Beetes vermitteln.

Der Vorteil geschwungener Rabatten

Gerade Kanten sind zwar leichter zu mähen und zu trimmen, wenn das Beet aber nicht groß genug ist und mit Stauden in verschiedenen Größen für Abwechslung sorgt, kann dies leicht fantasielos wirken und den Blick zu schnell durch den Garten schweifen und ihn kleiner erscheinen lassen. Durch leicht geschwungene Linien und Einbuchtungen werden die Pflanzen weiter in den Garten hineingebracht und bieten viel mehr pflanzerische Gestaltungsmöglichkeiten.

Es ist möglich, ein bestehendes, gerades Beet zu verändern, indem man es weiter in den Rasen hineinzieht. Denken Sie daran, dass der Aufwand für das Mähen dadurch jedoch wahrscheinlich eher steigt.

OBEN: *Einseitige Rabatten sind die beste Wahl für kleine Stadtgärten mit hohen Mauern, besonders, wenn Sie Kletterpflanzen oder hohe Pflanzen nehmen können, um die Mauer zu verhüllen*

LINKS: *Eine einseitige, gemischte Rabatte.*

Kurvige Ecken

Denken Sie daran, dass Ecken mit Rabatten ausgefüllt werden können. Rechtwinklige Ecken sehen aber selten gut aus, so dass es sich empfiehlt, sie kurvig zu gestalten.

Dadurch entsteht eine größere Tiefe. Sie können die Rabatten sogar in einer fortlaufenden geschwungenen Linie anlegen. Ein schmaler, quadratischer Garten mit einem zentralen, kreisförmigen Rasen in der Mitte, der von Rabatten umrahmt wird, kann recht eindrucksvoll aussehen, wenn sie mit einer Vielfalt an Pflanzen bepflanzt sind, die während des ganzen Jahres interessant aussehen.

Wie man Beete und Rabatten anlegt

Wenn Sie einen Garten von Grund auf neu anlegen, werden Sie das Layout für die Rasenflächen, Beete und Rabatten entsprechend entwerfen, einen bestehenden Garten können Sie oft schon verbessern, indem Sie die Form von Rabatten verändern oder Beete anlegen, wo vorher eine große, eher langweilige Rasenfläche war.

Wie Sie ein ovales Beet anlegen

Für kleine, formale Beete, wie Ovale oder Kreise, ist es am besten, zunächst den ganzen Bereich mit Rasen anzusäen oder zu verlegen und dann die Beete auszustechen, nachdem das Gras angewachsen ist. Markieren Sie zunächst ein Rechteck, das das Oval enthalten wird. Anschließend können Sie überprüfen, ob es rechtwinklig ist, indem Sie über die Diagonalen messen, die gleich lang sein sollten.

Stecken Sie auf halbem Weg an jeder Seite einen Stock in den Boden und spannen Sie eine Schnur dazwischen. Die beiden Schnüre treffen sich im Mittelpunkt. Schneiden Sie jetzt ein Stück Schnur mit der halben Länge des Ovals ab und, indem Sie einen Seitenstock als Angelpunkt nehmen, setzen Sie Stöcke an die Stellen, wo es sich mit den langen Schnüren entlang der Mitte kreuzt. Formen Sie mit einem Stück Schnur eine Schlinge, die doppelt so groß ist wie der Abstand zwischen einem dieser beiden Stöcke und der Ober- oder Unterkante des Ovals (je nachdem welche weiter entfernt ist). Zeichnen Sie mit der über die inneren Stöcke drapierten Schlinge eine Linie ins Gras, während Sie die Schnur gespannt halten. Sie können die Linie besser sichtbar machen, wenn Sie eine enghalsige, mit Sand gefüllte Flasche anstelle eines Stocks nehmen. Verwenden Sie einen Kantenschneider, um die Form auszustechen und heben Sie dann das Gras mit einem Spaten aus.

Wie man geschwungene Rabatten anlegt

1 Wenn Sie eine schnelle und einfache Methode suchen und Sie ein gutes Augenmaß haben, legen Sie einen Gartenschlauch so, wie die neue Kante verlaufen soll. Wenn es kalt ist, lassen Sie zuerst warmes Wasser durch den Schlauch laufen, da er sonst nicht flexibel genug ist und sich nicht ohne Knicke verlegen lässt.

2 Am besten können Sie beurteilen, ob der Bogen zufriedenstellend ist, wenn Sie den Garten von einem erhöhten Fenster aus betrachten und jemand auf dem Boden haben, der notfalls weitere Anpassungen vornehmen kann.

3 Wenn Sie mit dem Umriss zufrieden sind, markieren Sie die Linie mit Sand (trockener Sand in einer Weinflasche ist eine gut geeignete Methode). Schneiden Sie die neue Form mit einem Kantenschneider aus, tragen Sie dann das überschüssige Gras ab und graben Sie die Erde sorgfältig um, bevor Sie den Bereich neu bepflanzen.

4 Eine andere, etwas akkuratere Methode, um eine glatte Kante zu bekommen ist, einen Stock oder eine Flasche zu nehmen, die mit einer Schnur an einem Pflock befestigt ist. Nehmen Sie diesen als Angelpunkt. Indem Sie die Länge der Schnur und die Position des Angelpunktes anpassen, können Sie so mehrere Bögen kreieren. Schneiden Sie dann die Kanten wie vorher beschrieben aus.

Wie man eine gerade Kante bekommt

Betonen Sie das Profil Ihrer Beete, Rabatten und Wege, indem Sie ihnen klare oder interessante Kanten geben. Für eine gerade Rabatte ist eine Mähkante eine praktische Lösung. Geschwungene Beete und Rabatten müssen normalerweise auf andere Weise eingefasst werden.

Einige Methoden, wie der gewellte Kantenstreifen und die Holzkante, die unten gezeigt werden, sind zwar nicht besonders elegant, sie ermöglichen jedoch, die langsame Erosion des Rasens zu verhindern, die durch ständiges Trimmen und Zurückschneiden entsteht, und bewahren ein klares Profil.

Schmückende oder unübliche Kanten
Wählen Sie für einen historischen Garten eine passende Umrandung. Seilförmige Ziegeleinfassungen im Viktorianischen Stil sind eine gute Option. Wenn Sie in einer küstennahen Region leben, wählen Sie große Muscheln. Wenn Sie Wein genauso gern genießen wie Ihren Garten, warum verwenden Sie die leeren Flaschen nicht für eine Beeteinfassung? Setzen Sie sie mit dem Flaschenhals nach unten in einer einfachen oder doppelten Reihe und lassen Sie nur einen kleinen Teil herausschauen.

GANZ OBEN: *Es gibt die moderne Version der Viktorianischen Beeteinfassungen zu kaufen.*

OBEN: *Solche Einfassungen eignen sich, wenn Sie einen formalen, althergebrachten Stil bevorzugen.*

Wie man Kantenstreifen befestigt

Solche Kantenstreifen gibt es in dünnem Metall, das weich genug ist, um es mit einer Schere zu schneiden, oder in Kunststoff. Diese Streifen verhindern die Erosion des Rasens durch häufiges Trimmen und Zurückschneiden. Auch wenn dies nicht die dekorativsten Kantenstreifen sind, so sind Sie doch einfach und schnell zu befestigen.

1 Schlitzen Sie mit dem Spaten entlang der Rasenkante eine Furche, legen Sie dann den Streifen entlang der Furche und schneiden Sie ihn auf die richtige Länge zu. Setzen Sie ihn dann lose hinein.

2 Verfüllen Sie die Rückseite für einen festen Sitz mit Erde und drücken Sie den Streifen dabei leicht fest. Klopfen Sie ihn zum Schluss mit einem Hammer über ein kantengerades Stück Holz eben.

Wie man Kantenrollen aus Holz befestigt

Verdrahtete Rollen mit gesägten Holzscheiten eignen sich für starke und attraktive Kanten, wenn Sie das Beet leicht über der Rasenkante anlegen wollen. Denken Sie aber daran, dass es schwierig sein kann, direkt bis zur Kante zu mähen.

1 Schneiden Sie die Rollen mit einer Drahtschere oder einer Zange auf die entsprechende Länge zu und setzen Sie sie in eine schmale Furche. Verbinden Sie die einzelnen Stücke mit Draht. Verfüllen Sie die Rückseite für einen festen Sitz mit Erde. Überprüfen Sie zunächst nach Augenmaß, ob die Kante gerade ist. Klopfen Sie sie anschließend mit einem Hammer über ein kantengerades Stück Holz eben. Überprüfen Sie die Höhe mit einer Wasserwaage und passen Sie sie gegebenenfalls an.

Blumenrabatten planen

Das Geheimnis einer attraktiven Rabatte ist die Planung, die dafür sorgt, dass sie für lange Zeit interessant aussieht. Egal wie groß eine Rabatte ist: Wenn Sie sie nur mit Pflanzen planen, die alle gemeinsam blühen, wird sie wahrscheinlich nicht länger als einen Monat attraktiv sein. Bei der Planung sollten Sie also nicht nur Pflanzen berücksichtigen, die während der Blüte, sondern auch noch nach der Blüte hübsch aussehen. Planen Sie auch Pflanzen ein, die zu unterschiedlichen Jahreszeiten blühen.

Pflanzen zu setzen, die zu unterschiedlichen Zeiten blühen, birgt allerdings das Risiko, dass die Rabatte unkoordiniert aussieht – mit blühenden Pflanzen inmitten eines Blätterwaldes in unterschiedlichen Wachstumsstadien. Leider gibt es in

OBEN: *Hortensien sehen in einer Staudenrabatte oder einer gemischten Rabatte gut aus; die Blütenfarbe kann jedoch variieren, je nachdem ob der Boden sauer oder alkalisch ist.*

LINKS: *Scheuen Sie sich nicht, einen Blickpunkt wie eine Vogeltränke in einer Blumenrabatte zu verwenden. Sie ist ein Hingucker, auch wenn die Pflanzen nicht in voller Blüte stehen.*

einem kleinen Garten nicht genug Platz für eine Frühlings-, eine Sommer- und eine Herbstrabatte. Einige dieser Nachteile kam man umgehen, indem man eine gemischte Rabatte anlegt, die eindeutig verschiedene Pflanzenarten enthält, und indem man in kompakten Gruppen pflanzt, anstatt vereinzelte Pflanzen zu setzen.

Wenn Sie Ihre Rabatten von Grund auf neu planen, machen Sie Ihre Planung zuerst auf dem Papier. In einer bestehenden Rabatte werden Sie wahrscheinlich so viele Pflanzen wie möglich beibehalten wollen. Sie sollten aber auch bereit sein, diejenigen, die nicht mehr passen, auszugraben, zu versetzen oder zu entsorgen.

Die richtigen Pflanzen auszuwählen ist nicht ganz einfach, aber auf den folgenden Seiten finden Sie Vorschläge mit einigen der beliebtesten Sorten für einen kleinen Garten. Durch den begrenzten Platz ist eine riesige Auswahl an geeigneten Pflanzen ausgeschlossen; bevorzugen Sie also Ihre besonderen Favoriten und die Sorten, die zu *Ihrem* Garten passen und *Ihnen* gefallen.

GANZ OBEN: *Eine Rabatte mit einem guten Mix von Stauden und mehrjährigen Pflanzen.*

OBEN: *Stechpalmen eignen sich gut als Hintergrund für eine Staudenrabatte.*

Wie man eine Rabatte bepflanzt

Sie brauchen keine künstlerische Begabung, um einen funktionalen Pflanzenplan zu zeichnen. Es gibt einfache Computerprogramme zu kaufen, die Ihnen dabei helfen. Sie brauchen aber trotzdem das Wissen über Pflanzen, damit die Rabatte mit Leben gefüllt wird und Ihren eigenen Vorstellungen entspricht. Sie können die gleichen Resultate, die genauso effektiv und wahrscheinlich genauso schnell sind, aber auch mit Papier und Bleistift erzielen.

Der Grundriss

1 Zeichnen Sie einen maßstabgerechten Grundriss des Beetes oder der Rabatte. Verwenden Sie Zeichenpapier, damit Sie die Größe einer speziellen Pflanze beim Einzeichnen abschätzen können.

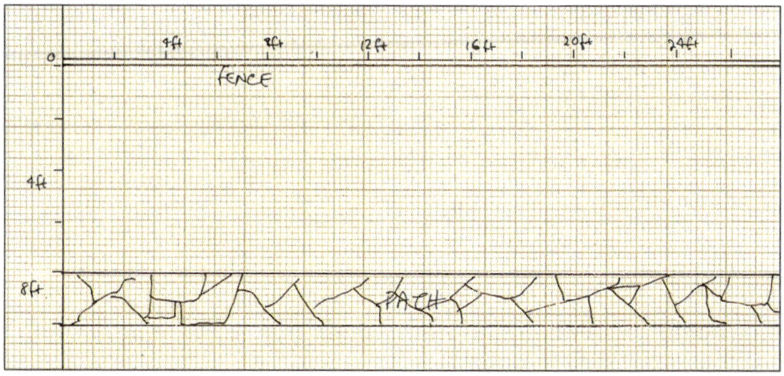

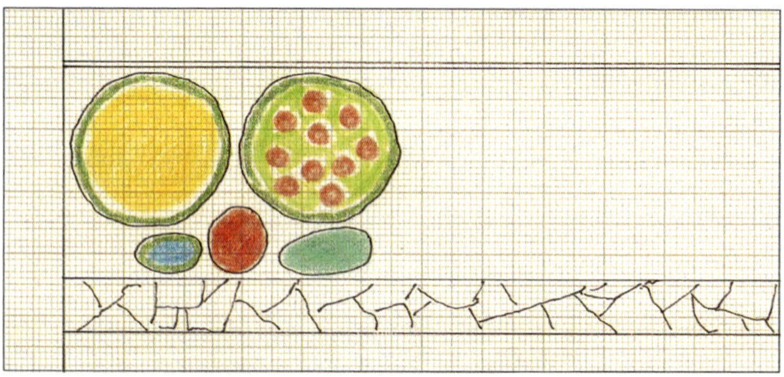

2 Machen Sie eine Liste mit den Pflanzen, die Sie einsetzen wollen. Achten Sie darauf, dass Sie die wichtigen Einzelheiten, wie Höhe, Ausdehnung und Blütezeit notieren. Wenn Sie lieber Papierstücke herumschieben wollen anstatt mit Stift und Radiergummi zu arbeiten, können Sie einige Papierstücke in der richtigen Größe ausschneiden und die Höhe und Blütezeit darauf vermerken. Sie können sie auch bemalen – immergrüne grün, geflammte grün mit goldenen Streifen und blühende Pflanzen in der Farbe der Blüten.

3 Beginnen Sie entweder mit einem Grundplan und viel Platz, den Sie nutzen können (notieren Sie lediglich ob hoch, mittel oder klein) oder schieben Sie Ihre Papierschnipsel herum, bis sie ein schönes Muster ergeben. Machen Sie sich keine Gedanken darüber, ob die Pflanzen den Platz exakt ausfüllen werden – mit der Zeit werden sie alle ineinander wachsen und in der Zwischenzeit können Sie Lücken mit einjährigen Pflanzen füllen.

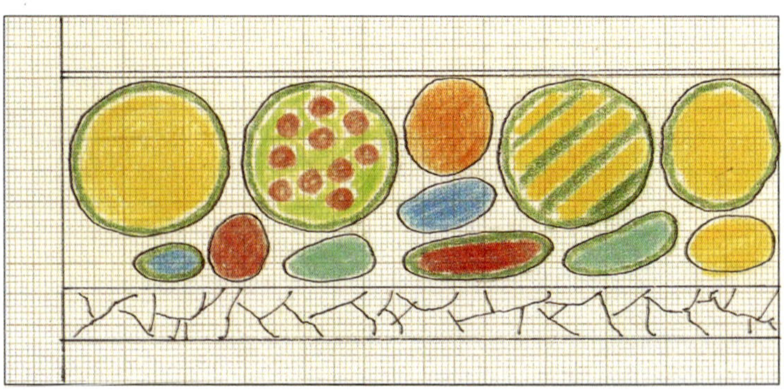

4 Wenn Sie mit Ihren Hauptpflanzen zufrieden sind, zeichnen Sie sie in einen detaillierten Pflanzenplan ein. Füllen Sie dann die Zwischenräume mit anderen Pflanzen, die nicht unbedingt auf Ihrer Prioritätenliste stehen müssen. Wenn Sie sich künstlerisch betätigen wollen, können Sie eine Profilansicht erstellen, die Ihnen einen besseren Eindruck vermittelt, wie die Rabatte aussehen wird – obwohl Sie immer nur eine Augenblicksansicht erhalten werden, wie sie in einer Jahreszeit aussieht.

WIE MAN STAUDEN PFLANZT

WIE ES GUT WIRD – RICHTLINIEN

• Vorausgesetzt die Pflanzen sind nicht sehr groß, setzen Sie sie in Gruppen von ca. drei Pflanzen - eine kompakte Gruppe sieht besser aus als einzelne Pflanzen. Einzelne Pflanzen zu setzen, nur weil der Platz begrenzt ist, ist ein allgemeiner Irrtum - die Wirkung ist oft besser, wenn Sie wenige Sorten pflanzen, dafür aber eine größere Anzahl.

• Berücksichtigen Sie die wahrscheinliche Endhöhe, denken Sie aber daran, dass Pflanzen in einem Garten größer werden können als in einem anderen. Als Regel gilt: Setzen Sie die höheren Pflanzen nach hinten (in die Mitte eines Inselbeetes) und die kleineren nach vorne. Einige Schwerpunktpflanzen, die sich von den restlichen abheben, können sehr wirkungsvoll sein.

• Berücksichtigen Sie bei der Planung, dass unterschiedliche Bereiche zu unterschiedlichen Zeiten in ihrer Bestform sind, indem Sie zum Beispiel mit Frühlingsblumen an der einen Seite beginnen und sich bis zum Herbst auf die andere Seite durcharbeiten.

• Setzen Sie Grünpflanzen ein, um das Beet das ganze Jahr über interessant zu gestalten.

1 Bereiten Sie immer zuerst den Boden vor. Graben Sie ihn tief um, entfernen Sie das Unkraut und arbeiten Sie Dünger oder Kompost ein, wenn der Boden ausgelaugt ist. Die meisten Stauden werden in Töpfen verkauft. Verteilen Sie sie also auf dem entsprechenden Platz und arrangieren Sie sie neu, falls eine Zusammenstellung nicht passt.

2 Wässern Sie die Pflanze ungefähr eine halbe Stunde lang, bevor Sie sie aus dem Topf klopfen und heben Sie dann das Pflanzloch mit einer Kelle aus. Wenn sich die Wurzeln fest um den Wurzelballen gewickelt haben, ziehen Sie einige vorsichtig heraus. Arbeiten Sie methodisch – entweder von der Rückseite des Beetes oder von einem Ende aus.

3 Befestigen Sie den Boden rund um die Wurzeln, um mögliche große Lufteinschlüsse zu entfernen.

4 Wässern Sie nach dem Pflanzen immer sorgfältig und halten Sie die Pflanzen bei trockenem Wetter in den ersten Monaten immer gut feucht.

Strukturpflanzungen

Durch das Pflanzen von Blöcken ein und derselben Pflanze – seien es Sommerblumen, Stauden oder Sträucher – können eindrucksvolle Pflanzungen erreicht werden. Wenn in einem Garten die Themen Leere und Fülle oder Farben und Strukturen im Vordergrund stehen sollen, dann kann der zu erzielende Gesamteindruck genauso wichtig sein wie die einzelnen Pflanzen. Bodendeckende Pflanzen sind zu diesem Zweck ideal.

OBEN: *Thymian ist für einen sonnigen Standort ein nützlicher Bodendecker und hält es auch aus, wenn man gelegentlich über ihn hinweg läuft.*

KONVENTIONELLES PFLANZEN

Viele Bodendecker vermehren sich, indem sie sich seitwärts ausdehnen und Ableger in kurzem Abstand zur Mutterpflanze bilden. Diese Pflanzen werden am besten wie normale Stauden oder Sträucher gepflanzt. Unterdrücken Sie das Unkraut am Anfang mit einer Mulchschicht von 5 cm, zum Beispiel aus Rindenmulch. Dies ist auch der beste Weg, um Bodendecker in einem Mischbeet zu pflanzen.

WIE MAN BODENDECKER PFLANZT

Wenn Sie Bodendecker als „Strukturblock" pflanzen oder vielleicht um einen Bodenbereich zu bedecken, der schwierig zu kultivieren ist, wie einen steilen Hang, ist es am besten, durch eine Gartenfolie zu pflanzen. Sie können schwarze Polyäthylenfolie verwenden, besser ist aber eine richtige Gartenfolie, da Sie wasserdurchlässig ist.

Verwenden Sie die Folie aber nicht bei Pflanzen, die sich durch Triebe vermehren, da die Folie die Triebe genauso effektiv unterdrücken würde wie das Unkraut.

1 Bereiten Sie den Untergrund gut vor, indem Sie das Unkraut entfernen. Fügen Sie verrotteten Mist oder Gartenkompost hinzu und harken Sie Dünger unter, falls der Boden ausgelaugt ist. Sichern Sie die Folie an jeder Ecke. Stecken Sie die Ecken dann fest in den Boden und bedecken Sie sie mit Erde. Dort, wo Sie pflanzen wollen, machen Sie einen kreuzförmigen Schlitz in die Folie.

2 Pflanzen Sie durch die Folie wie üblich, indem Sie die Erde rund um die Wurzeln verdichten. Wenn Sie kleine Pflanzen setzen, ist es kein Problem, wenn Sie eine Kelle benutzen. Wässern Sie anschließend sorgfältig.

3 Die Gartenfolie unterdrückt das Unkraut sehr wirkungsvoll; während die Bodendecker-Pflanzen aber noch sehr jung sind können Sie ihre Aufgabe, den Boden abzudecken noch nicht selbst erfüllen, so dass die Folie sichtbar und nicht besonders ansehnlich ist. Bedecken Sie die Fläche daher am besten mit einer Schicht Rindenmulch.

WIE MAN STRÄUCHER PFLANZT

1 Die meisten Sträucher werden als Topfpflanzen angeboten und können das ganze Jahr über gepflanzt werden, solange der Boden nicht gefroren ist oder unter Wasser steht. Verteilen Sie die Pflanzen zunächst mit dem Topf und arrangieren Sie sie dann neu, falls die Abstände nicht passen sollten.

2 Bereiten Sie den Untergrund gut vor und achten Sie darauf, dass er frei von Unkraut ist. Graben Sie genügend organisches Material wie verrotteten Mist oder Gartenkompost unter. Sie können auch eine passende Pflanzmischung verwenden.

3 Heben Sie das Loch aus und probieren Sie, ob die Größe für die Pflanze passt. Nehmen Sie einen Stock oder ein Stück Holz, das Sie über das Loch legen, um zu prüfen, ob die Pflanze in der Original-Höhe sitzt. Ergänzen Sie eventuell Erde oder heben Sie das Loch tiefer aus.

4 Entfernen Sie den Topf. Wenn die Wurzeln stark mit dem Ballen verwachsen sind, entfernen Sie vorsichtig einige, um ein schnelles Anwurzeln zu fördern.

5 Befestigen Sie die Erde rund um den Wurzelballen gut, um Lufteinschlüsse zu entfernen. Ein sanftes Andrücken mit der Verse ist eine wirkungsvolle Methode – sie können dies aber auch mit der Hand machen.

6 Harken Sie einen guten Dünger unter, um der Pflanze einen optimalen Start zu ermöglichen. Im Herbst empfiehlt es sich, einen Langzeitdünger zu nehmen, um zu vermeiden, dass das Wachstum während der kalten Monate angeregt wird. Wenn Sie im Winter pflanzen, sollten Sie bis zum Frühjahr warten, bevor Sie den Dünger hinzufügen. Wässern Sie die Pflanze gut und bedecken Sie die Fläche mit einer 5 cm dicken Mulchschicht, zum Beispiel Gartenkompost, Kakaoschalen oder Rindenmulch.

FARBMOTIVE

Farbmotive können sehr wirkungsvoll sein, und auch wenn es vielleicht nicht möglich ist, in einem kleinen Garten ganze Rabatten in einer Farbe zu gestalten, so können Sie doch ein Farbmotiv in einem Teil einer Rabatte realisieren, ein Inselbeet einer oder zwei Farbtönen widmen oder vielleicht eine dunkle Ecke mit Gelb oder Gold aufhellen.

LINKS: *Viele Ceanothus werden sehr hoch, setzen Sie sie also ein, wenn Sie einen kräftigen Hintergrund für eine blaue Rabatte brauchen. Es gibt sowohl immergrüne als auch laubabwerfende Arten.*

UNTEN LINKS: *Graublättrige Pflanzen sind als Füllpflanzen für blaue Blüten sehr nützlich. Hier die Artemisia ludoviciana.*

OBEN: *Delphinium ist eine der besten blauen Pflanzen für Staudenrabatten.*

Gemischte Rabatten

Die hier vorgeschlagenen Pflanzen bilden die Basis eines Farbmotivs für eine gemischte Rabatte. Sie können die Auswahl aber mit Frühlingszwiebeln und einjährigen Pflanzen in der passenden Farbe ergänzen.

Rote Rabatten sollten in einem kleinen Garten am besten vermieden werden. Sie brauchen Platz und Kontrastfarben als Gegenpol, damit sie ihre volle Wirkung entfalten können.

Blau und Silber

Agapanthus Hybriden
Laubabwerfende, immergrüne, ausdauernde Pflanze. Hell – bis dunkelblaue ballförmige Blütendolden. Mitte bis Spätsommer.
45 x 75 cm.

Artemisia absinthium
Laubabwerfender Halbstrauch. Silbergraue, fiederteilige Blätter. Gelbe Blüten. Mitte und Spätsommer.
1 m x 75 cm.

Artemisia ludoviciana
Staude. Silbergraue Blätter. 1 m x 45 cm.

Ceanothus x burkwoodii
Immergrüner Strauch. Leuchtende, blaue Blütenrispen. Hochsommer bis Mitte Herbst.
2,4 x 2,1 m.

Delphinium Hybriden
Stauden. Hohe Blütenkerzen in verschiedenen Blautönen. 1,8 m x 60 cm.

Festuca glauca
Gras. Dichte Polster mit blau-grauen Blättern.
23 x 23 cm.

Hibiscus syriacus „Blue Bird"
Laubabwerfender Strauch. Lila-blaue Blüten. Spätsommer bis Mitte Herbst.
2,4 x 2,4 m.

Nepeta x faassenii
Staude. Ährenartige lavendel-blaue Blüten während des gesamten Sommers. Graugrüne Blätter. 45 x 45 cm.

Perovskia atriplicifolia
Mehrjähriger Strauch. Prächtige, fedrige blaue Blüten im Spätsommer und Frühherbst. Grau-grüne Blätter. 1,2 m x 45 cm.

Santolina chamaecyparissus
Immergrüner Strauch mit silber bereiftem Laub an einer Hügel bildenden Pflanze. Kleine gelbe Blüten während des Sommers. 45 x 45 cm.

Senecio „Sunshine" (oder *Brachyglottis* „Sunshine")
Immergrüner Strauch. Silber-graues Laub. Gelbe „Gänseblumen"-Blüten. Mitte Sommer bis Spätsommer. 1 x 1,2 m.

Stachys lanata (oder S. byzantina oder *S. olympica)*
Fast immergrüne Staude. Dicke, silbrige Blätter, Rispen mit lila Blüten im Hochsommer. 30 x 30 cm.

Gelb und gold

Achillea filipendulina
Staude. Flache limonengrüne Blütenköpfe. Hoch- und Spätsommer. 1 x 1 m.

Alyssum saxatile
Immergrüne strauchartige Staude. Goldgelbe Blüten in der Mitte und im späten Frühjahr. Grau-grüne Blätter. 30 x 45 cm.

Anthemis tinctoria
Staude. Gelbe Gänseblümchen-Blüten vom Früh- bis Spätsommer. 75 x 45 cm.

Oben: Achillea filipendulina „Gold Plate", eine der wichtigsten Pflanzen für eine gelbe Rabatte.

Links: Hypericum calycinum kann ein wild wuchernder Partner für andere Pflanzen sein. Pflanzen Sie ihn überall dort, wo Sie einen kräftigen gelben Farbspritzer in einer ungünstigen Lage brauchen.

Berberis thunbergii „Aurea"
Laubabwerfender Strauch. Gelbes Laub, matt gelbe Blüten im Hochsommer. Rote Beeren im Herbst. 1,2 x 1,2 m.

Choisya ternata „Sundance"
Immergrüner Strauch, der normalerweise in einer eher geschützten Lage gepflanzt wird. Gelbes Laub. Weiße Blüten Mitte und Ende Frühjahr. 1,5 x 1,5 m.

Forsythia x intermedia
Laubabwerfender Strauch. Überdeckt mit gelben Blüten. Frühes und mittleres Frühjahr. 2,4 x 2,1 m.

Hemerocallis Hybriden
Staude. Es gibt viele gelbe Sorten, die während des ganzen Sommers blühen. 1 m x 75 cm.

Hypericum „Hidcote"
Immergrüner oder halb-immergrüner Strauch. Große, gelbe Blüten vom Hochsommer bis Frühherbst. 1,5 x 1,5 m.

Ligustrum ovalifolium „Aureum"
Immergrüner oder halb-immergrüner Strauch. Grünes und goldenes Laub. 2,4 x 2,4 m, kann aber geschnitten werden, um ihn kompakter zu halten.

UNTEN: Hemerocallis gibt es in vielen Farben, besonders viele schöne Arten gibt es in gelb, wie „Dutch Beauty".

Lonicera nitida „Baggesen's Gold"
Immergrüner Strauch. Goldenes Laub. 1,2 x 1,8 m.

Philadelphus coronarius „Aureus"
Laubabwerfender Strauch. Gelbe Blätter (können bei starker Sonneneinstrahlung verbrennen, werden im Spätsommer grün). Weiße Blüten im späten Frühjahr und Frühsommer. 2,4 x 1,8 m.

Potentilla fruticosa
Laubabwerfender Strauch. Viele Arten mit gelben Blüten während des ganzen Sommers. 1,2 x 1,2 m.

Solidago Hybriden
Stauden. Zweige mit leuchtend gelben Blüten im Spätsommer und Frühherbst. 30 cm-1,5 m x 30-60 cm, je nach Sorte.

Immer leuchtende Immergrüne

Immergrüne allein können einen Garten düster machen. Sie müssen durch Pflanzen aufgelockert werden, die sich selbst immer wieder erneuern, da Sie sonst die Vielfalt der knospenden, jungen, grünen Blätter vermissen werden, oder das letzte große Schauspiel, die die vielen Sträucher im Herbst bieten, wenn sie ein Feuerwerk an herrlichen Farben entzünden. Ein Garten ohne Immergrüne ist aber genauso glanzlos und es ist die kluge Mischung, die Ihren Garten zu jeder Jahreszeit attraktiv macht.

Setzen Sie einige Immergrüne in gemischten Beeten oder Rabatten, um so für Höhe und Struktur im Winter zu sorgen oder widmen Sie einen ganzen Bereich des Gartens den Immergrünen – ein Garten mit Heidekraut und Zwergkoniferen kann großartig aussehen. Setzen Sie Immergrüne als Blickpunkt ein oder als Solitärpflanze im Rasen.

Wenn Sie ein Beet oder eine Rabatte mit Immergrünen anlegen, verwenden Sie Pflanzen in vielen verschiedenen Grünschattierungen und mehrfarbige zwischen einfarbigen.

Aucuba japonica
Große, glänzende Blätter. Blüten unbedeutend, rote Beeren sind aber manchmal ein Plus. Wählen Sie eine der mehrfarbigen Arten. 1,8 x 1,8 m.

Berberis darwinii
Schmale, palmenartige Blätter. Massenhaft reizvolle, kleine orange-gelbe Blüten im Hochsommer und späten Frühjahr.
2,4 x 2,4 m.

Bergenia Hybride
Immergrüne, nicht holzige, mehrjährige Pflanze, geeignet als Bodendecker vor Sträuchern. Große, abgerundete Blätter, die sich im Winter oft rot oder lila färben. Lila, rote oder weiße Blüten im Frühjahr.
30 x 60 cm.

Camellia Hybride
Glänzende Blätter und große einfache oder doppelte Blüten, normalerweise in lila, rot oder weiß im Frühjahr.
2,4 x 1,8 m.

Ceanothus x „burkwoodii"
Siehe „Farbmotive"

OBEN: *Erica carnea „Myretown Ruby" ist eine der vielen attraktiven Pflanzen, die im Winter blühen.*

GEGENÜBERLIEGENDE SEITE: *Heben sind ausgezeichnete, kompakte, rundliche Pflanzen (obwohl es auch hohe Sorten gibt). Hier die Hebe x franciscana „Variegata", die selbst für die kleinste Stelle geeignet ist.*

LINKS: *Immergrüne haben den Vorteil, dass sie das ganze Jahr über gut aussehen, wie diese Kombination von Eleagnus pungens „Maculata" und Hebe pinguifolia „Pagei" im Vordergrund.*

Choisya ternata „Sundance"
Siehe „Farbmotive"

Cotoneaster dammeri
Weitläufiger Bodendecker geeignet für Pflanzungen vor anderen Sträuchern. Kleine Blätter. Weiße Blüten im Frühsommer, rote Beeren im Herbst und Winter.
5-8 cm x 1,5 m.

Elaeagnus pungens „Maculata"
Grüne Blätter mit goldenen Flecken in der Mitte. Sehr eindrucksvoll in der Wintersonne.
2,4 x 2,4 m.

Erica
Es gibt viele Sorten und Varianten – halten Sie vor allem Ausschau nach *Erica carnea* (auch E. *herbacea*) und *E. x daleyensis*, beide blühen im Winter und vertragen Kalkböden.
30 x 60 cm.

Escallonia macrantha
Kleine Blätter, lila oder rote Blütendolden im Sommer. 1,8 x 1,8 m.

Euonymus fortunei
Wächst am Boden entlang oder an Mauern empor. Wählen Sie eine der mehrfarbigen Varianten, wie „Emerald 'n' Gold" (grün und gold) 30 cm x 1,2 m für den Boden.

Hebe
Heben sind schön geformte, normalerweise rundliche Pflanzen mit reizvollen Blüten und manchmal auch mehrfarbigem Laub. Die Höhe und die Ausdehnung kann je nach Sorte zwischen 30 cm und 1,2 m variieren. Manche sind frostempfindlich, es empfiehlt sich also, mit Ihrem Gartencenter abzuklären, welche für Ihre Gegend geeignet sind.

Ilex
Die Stechpalme muss nicht groß vorgestellt werden – wählen Sie für einen kleinen Garten eine Pflanze, die als Busch getrimmt ist und eine mehrfarbige Sorte wie „Golden King" oder „Golden Queen" (die King ist weiblich und hat Beeren, die Queen männlich und hat keine!) 3 x 2,4 m.

Lonicera nitida „Baggesen's Gold"
Siehe „Farbmotive".

Mahonia „Charity"
Duftende, gelbe Blütendolden Anfang und Mitte des Winters. 2,4 x 1,8 m.

Phormium Hybriden
Lange, schwertförmige Blätter, die aus Bodenhöhe wachsen. Je nach Sorte mehrfarbige Schattierungen in pink oder violett. Frostempfindlich in kalten Gegenden, so dass Sie mit Ihrem Gartencenter abklären sollten, welche für Ihren Garten geeignet sind. 1,2–1,8 m x 1–1,2 m.

Rosmarinus officinalis
Grau-grüne, aromatische Blätter. Kleine, blaue Blüten im Frühjahr. 1,8 x 1,5 m.

Santolina chamaecyparissus
Siehe „Farbmotive".

Senecio „Sunshine"
Siehe „Farbmotive".

Viburnum tinus
Tiefgrüne bis grüne Blätter an winzigem Strauch. Weiße Blüten (die sich bei manchen Sorten pink verfärben) vom Spätherbst bis Frühjahr. 2,4 x 1,8 m.

UNTEN: *Rosmarin ist in der Blüte wunderschön und in milden Gegenden blüht er oft in den späten Wintermonaten.*

LINKS: *Stechpalmen wachsen normalerweise so langsam, dass die meisten Menschen einen Platz für sie finden dürften. Diese hier ist die Ilex aquifolium „Aurea Marginata".*

Yucca filamentosa „Variegata"
Schwertförmige Blätter mit breiten, cremeweißen bis gelben Rändern. Große, glockenförmige Blüten an hohen Rispen. Hochsommer bis zum Spätsommer.
1,2 x 1 m.

ZWERGKONIFEREN

Ein gutes Gartencenter hat eine Auswahl an Hunderten von Zwergkoniferen in allen möglichen Farbschattierungen, Formen und Größen. Die Variantenvielfalt ist enorm und am besten treffen Sie Ihre Wahl, indem Sie sich mit einem Buch oder Katalog bewaffnen, in dem die Größe in ca. 15 Jahren angegeben ist, und sie dann der Reihe nach durchgehen und eine Kombination auswählen, die gut zusammen passt.

Farbe für die kalten Monate

Immergrüne sind die Winterkleider für den Garten, sie sehen aber nicht besonders kleidsam aus und werden am besten mit Pflanzen gemischt, die sich selbst immer wieder erneuern. Es gibt keinen Ersatz für Blumen und Früchte, die – auch wenn sie vergänglicher sind – umso mehr geschätzt werden.

Farbiges Herbstlaub kann genauso kräftig und leuchtend sein wie viele Blumen, trotzdem ist es ratsam, auch einige Herbstblumen einzusetzen. Einige gut platzierte Kombinationen von späten Herbstblumen verlängern den Sommer und halten den Herbst in Schach.

Übersehen Sie auch nicht farbige Rinden und Äste, die an sonnigen Tagen zum Blickpunkt werden können.

Chimonanthus praecox
Laubabwerfender Strauch. Duftende, gelbe Blüten an blattlosen Stängeln im Winter. 2,4 x 2,4 m.

Chrysanthemum
Halten Sie Ausschau nach Sorten, die spät blühen. Einige blühen bis in den Spätherbst und sogar bis in die frühen Wintermonate. Die Größe hängt von der Sorte ab. Schauen Sie in einem Fachbuch nach oder lassen Sie sich von Ihrem Gartencenter beraten, welche Sorten in Frage kommen.

Colchicum speciosum und Hybriden
Knollen mit großen, dem Krokus ähnlichen Blüten, hauptsächlich in den Farben pink und mauve, einzeln oder doppelt, im Herbst. Das Laub erscheint nicht vor dem Frühjahr. 15 x 23 cm. Die Blätter können doppelt so hoch werden.

Cornus mas
Laubabwerfender Strauch oder kleiner Baum. Unmengen an winzigen, gelben Blüten an blattlosen Stängeln im Spätwinter und Frühjahr. 3 x 2,4 m.

Crocus speciosus
Knolle. Typische violett-blaue Krokusblüten in der Herbstmitte. 10 x 8cm.

Crocus tommasinianus
Knolle, blüht zwischen Mitte des Winters und frühem Frühjahr. Typische Krokusblüten, normalerweise lila oder violett. 8 x 8 cm.

Cyclamen coum
Knolle. Sehr kleine, alpenveilchenförmige Blüten mit zurückgebogenen Blütenblättern. Hauptsächlich in pinkfarbenen Schattierungen, aber auch weiß. Blüht in den frühen Wintermonaten bis zum frühen Frühjahr. Blätter oft silbrig geadert. 8 x 15 cm.

Cyclamen hederifolium (oder *C. neapolitanum*)
Ähnlich wie die vorhergehende, aber mit Blütezeit vom Spätsommer bis Spätherbst.

Erica
Siehe „Immer leuchtende Immergrüne".

OBEN: *Chysanthemum „Ruby Mound".*

LINKS: *Lange bevor die Frühlingskrokusse blühen, zeigen sich die Blüten der C. tommasinianus. Diese wurden im späten Winter fotografiert.*

Hamamelis mollis
Duftende, spinnenartige gelbe Blüten an blattlosen Zweigen in den mittleren und späten Wintermonaten.

Helleborus niger
Immergrüne Staudenpflanze. Große, weiße Blüten in der Wintermitte. 30 x 45 cm.

Helleboris oientalis
Immergrüne Staudenpflanze. Große, weiße, pinkfarbene oder violette Blüten im Spätwinter und frühen Frühjahr. 45 x 60 cm.

Iris unguicularis (oder *I. sylosa*)
Immergrüne Staudenpflanze. Große, blaue Irisblüten in Winter und frühen Frühjahr. 30 x 45 cm.

Jasminum nudiflorum
Ausladender Strauch, normalerweise gegen eine Mauer oder Spalier gezogen. Leuchtende, gelbe Blüten vom Spätherbst bis zum frühen Frühjahr. 2,4 x 2,4 cm.

Mahonia „Charity"
Siehe „Immer leuchtende Immergrüne".

Nerine bowdenii
Hübsche, pinkfarbene, spinnenartige Blüten an blattlosen Stängeln vom Spätsommer bis zu den frühen Wintermonaten. Das Laub erscheint im Frühjahr. 60 x 30 cm.

Prunus subhirtella „Pendula" (oder „Autumnalis Pendula")
Kleiner bis mittelgroßer, herabhängender Laubbaum. Weiße Blüten, manchmal pinkfarben meliert, im Spätherbst und in milden Gegenden während des ganzen Winters.

Sternbergia lutea
Blumenzwiebel. Krokusähnliche Blüten. Mitte und Spätherbst. 10 x 10 cm.

Viburnum x bodnantense „Dawn"
Laubabwerfender Strauch. Kleine Dolden mit weißen bis violetten Blüten an blattlosen Stängeln vom Spätherbst bis zum frühen Frühjahr. 2,3 x 1,5 m.

Viburnum tinus
Siehe „Immer leuchtende Immergrüne".

OBEN: *Helleboris blühen vom Winter bis zum Frühjahr. Hier die H. orientalis guttatus*

MITTE: *Iris unguicularis kann in milden Gegenden während des ganzen Winters blühen. Die Pflanzen brauchen einige Jahre, bis sie voll angewachsen sind und üppig blühen.*

UNTEN: *Nerine bowdenii blühen im Herbst, manchmal sogar bis in den Winter hinein.*

Farbenprächtige Stengel

Ein Baum mit attraktiver Rinde, vielleicht auf einem Rasen oder in einer offenen Position umrundet von winterblühendem Heidekraut kann im Winter ein absoluter Blickfang sein. Exemplare der Birke, z. B. Betula jacquemontii, sehen mit ihrer weißen Rinde einfach immer gut aus. Wenn Sie aus Platzgründen einen (sehr) kleinen Baum suchen, versuchen Sie es mit B. pendula „Youngii", einer kleinen Trauerbirke.

In einem kleinen Garten ist es vielleicht ratsamer, Büsche anzupflanzen. Cornus alba „Sibirica" (rote Rinde) und C. stolonifera „Flaviramea" (grüne Rinde) sind die beiden besten Vertreter ihrer Art.

Ein Mittelding zwischen Baum und Busch ist Salix alba „Chermesina", eine Weide mit scharlachroten Trieben.

Schneiden Sie die Stengel alle zwei Jahre stark auf einen Stumpf von etwa 1,2 Metern Höhe zurück.

Vielfalt mit Vielfarbigkeit

Vielfarbige Pflanzen lassen eine Rabatte leichter und interessanter aussehen, wenn die Blumen rar sind, und panaschierte Immergrüne sind ganz besonders nützlich, wenn wenig blüht. Vermeiden Sie, zu viele mehrfarbige Pflanzen zusammen zu pflanzen. Setzen Sie sie zwischen andere Pflanzen mit einfarbigem Laub, wo die farbigen Blätter voll zur Geltung kommen.

Aralia elata „Variegata"
Laubabwerfender Strauch oder kleiner Baum. Blätter creme-weiß gezeichnet und umrandet. („Aureovariegata" hat eine breite, unregelmäßige, goldene Zeichnung). Weiße Blüten im Spätsommer und frühen Frühjahr. 3 x 2,1 m.

Arundinaria viridistriata (oder *Pleioblastus auricomus, Pleioblastus viridistriatus*)
Bambus. Dunkelgrüne Blätter mit breiten, gelben Streifen. Violett-grüne Stöcke. 1 m x 60 cm.

OBEN: *Hosta fortunei albopicta.*
UNTEN: *Es gibt nur wenig panaschierte Bäume, die geeignet sind. Hier Aralia elata „Variegata".*

Aucuba japonica (mehrfarbige Sorten)
Siehe „Immer leuchtende Immergrüne".

Buxus sempervirens „Aureovariegata"
Immergrüner Strauch mit kleinen Blättern - gestreift, gefleckt oder meliert, hell gelb. „Elegantissima" hat eine unregelmäßige creme-weiße Zeichnung. 1,2 x 1 m.

Carex morrowii „Evergold"
Riedgras. Klumpenbildend mit grasähnlichen Blättern, in der Mitte mit gelben Streifen. 25 x 30 cm.

Cornus alba „Elegantissima"
Laubabwerfender, Schössling bildender Strauch mit roten Zweigen und weiß geränderten und melierten Blättern. „Spaethii" ist ähnlich, jedoch golden panaschiert. 2,1 x 1,8 m.

Eleagnus x ebbingei „Limelight"
Immergrüner Strauch. Große, grüne Blätter mit einem tiefgelben Fleck in der Mitte. 2,4 x 2,1 m.

Elaeagnus pungens „Maculata"
Siehe „Immer leuchtende Immergrüne".

Euonymus fortunei (mehrfarbige Sorten)
Siehe „Immer leuchtende Immergrüne".

Fuchsia magellanica „Versicolor"
Laubabwerfender Strauch. Kleine, fuchsiaartige Blüten im Sommer bis in den Herbst. Grau-grüne, weiße, gelbe und pinkfarbene Arten. Widerstandsfähig, allerdings nicht in sehr kalten Gegenden. 1,2 x 1 m.

Hebe x franciscana „Variegata"
Immergrüner Strauch, nicht geeignet für sehr kalte Gegenden. Kleine, abgerundete Blätter mit cremeweißen Rändern.

OBEN: *Pachysandra terminalis ist ein ausgezeichneter Bodendecker für den Schatten, aber die einfarbige grüne Sorte sieht ziemlich langweilig aus. „Variegata“ ist weitaus interessanter.*

LINKS: *Houttuynia cordata „Chameleon“.*

UNTEN: *Vinca minor „Variegata“.*

Malven-blaue Blüten im Sommer.
60 x 60 cm.

Hostas (viele mehrfarbige Arten)
Staude. 30–60 cm x 30–75 cm.

Houttuynia cordata „Chameleon“
Staude. Außergewöhnlich eindrucksvoll, herzförmiges Laub, panaschiert mit Schattierungen in Gelb, Grün, Bronze und Rot. Kleine weiße Blüten im Sommer.
30 x 45 cm.

Hypericum x moseranum „Tricolor“
Immergrüner Strauch. Ca. 5 cm große, gelbe Blüten. Von Mitte Sommer bis Mitte Herbst. Grüne und weiße Blätter mit pinkfarbenen Rändern. 60 x 60 cm.

Ilex (panaschierte Sorten)
Siehe „Immer leuchtende Immergrüne“.

Iris pallida „Variegata“
Schwertartige Blätter mit cremeweißen und grünen Streifen. Blaue Blüten im Frühsommer. 60 x 60 cm.

Iris pseudacorus „Variegatus“
Schwertartige Blätter mit grünen und gelben Streifen, wenn die Pflanze jung ist; verfärben sich grüner bei einer älteren Pflanze. Blaue Blüten im Frühsommer. Obwohl man sie mit Wasser assoziiert, wächst sie auch in einer normalen Rabatte, gedeiht am besten jedoch in feuchtem Boden. 1 m x 60 cm.

Ligustrum (panaschierte Sorten)
Siehe „Farbmotto“.

Pachysandra terminalis „Variegata“
Immergrüner Halbstrauch. Grüne und weiße Blätter. Unscheinbare Blüten im Spätfrühjahr. 30 x 45 cm.

Phormium Hybriden
Siehe „Immer leuchtende Immergrüne“.

OBEN: *Vielfarbigkeit ist in einer Staudenrabatte sehr wichtig. Hier die Iris pallida „Variegata“.*

Salvia officinalis „Icterina“
Immergrüner Strauch. Grau-grüne Blätter mit gelben Spritzern. 60 x 60 cm.

Vinca minor „Variegata“
Immergrüner, ausgedehnter Strauch. Grüne und creme-weiße Blätter. Helle, malvenfarbige Blüten. 20 x 60 cm.

Weigela florida „Variegata“
Laubabwerfender Strauch. Blätter cremeweiß umrandet. Pinkfarbene Blüten im Frühsommer. 1,5 x 1,2 m.

Yucca gloriosa „Variegata“
Siehe „Immer leuchtende Immergrüne“.

SCHNELLE ERGEBNISSE

Von einjährigen Pflanzen haben Sie sofort etwas – viele blühen bereits, wenn Sie sie kaufen – mehrjährige Stauden sehen nach einem Jahr gut aus, während Sträucher manchmal zum Verzweifeln langsam wachsen. Nicht alle Sträucher sind jedoch Langsamwachser – wenn Sie also wollen, dass Ihre Rabatte nach drei Jahren schon gut aussieht und nicht erst in fünf oder sogar zehn, dann wählen Sie die hier vorgeschlagenen Pflanzen.

Selbst die Pflanzen, die schnell wachsen, lassen in den ersten Jahren Lücken. Füllen Sie diese Lücken in einer gemischten Rabatte mit schneller wachsenden Stauden; in einer Strächerrabatte mit einigen buschigen einjährigen Pflanzen.

Bedenken Sie, dass einige Sträucher, die in den ersten Jahren schnell wachsen, auch weiterwachsen können (über-enthusiastisch), wenn Sie denken, dass sie eigentlich eine gute Höhe erreicht haben. Die folgenden geschätzten Höhen- und Ausdehnungsmaße basieren auf den Abmessungen nach drei Jahren (obwohl es Abweichungen aufgrund von Boden- und Klimaverhältnissen gibt), die hier aufgeführten Pflanzen werden aber nur noch geringfügig größer werden – selbst nach 10 Jahren nicht. Diejenigen, die größer werden, können radikal zurückgeschnitten werden, um ihre Höhe zu begrenzen.

Buddleia davidii zum Beispiel sieht wesentlich besser aus, wenn sie in jedem Frühjahr kräftig zurückgeschnitten wird. Es gibt allerdings noch viele andere Schnellwachser, so dass Sie sich bei Ihrer Auswahl für Pflanzen für eine sofortige Wirkung nicht auf die hier aufgeführten beschränken müssen.

LINKS: *Robust, niedriger Wuchs, wächst schnell und hat leuchtende Blüten – das sind die Eigenschaften, die der Grund dafür sind, dass Genista tinctoria so beliebt ist. Diese Sorte ist die „Royal Gold“.*

UNTEN: *Hypericum calycinum wächst und breitet sich schnell aus. Pflanzen Sie sie also nicht dort, wo dies zum Problem werden könnte. Die Blüten sind voll und wunderschön.*

Aucuba japonica
Siehe „Immer leuchtende Immergrüne“.

Buddleia davidii
Laubabwerfender Strauch. Duftend, normalerweise lila-blaue Blütendolden am Ende von gebogenen Ästen, vom Hochsommer bis Herbstmitte. Auch in anderen Farbschattierungen, wie Rot, Violett und Weiß.
2,4 x 1,5 m.

Caryopteris x clandonensis
Laubabwerfender Strauch. Schmale, graugrüne Blätter. Leuchtend blaue Blütendolden im Spätsommer und frühen Frühjahr.
1 m x 60 cm.

Choisys ternata
Siehe „Farbmotto“.

Cistus x corbariensis
Immergrüner Strauch. Matte, grüne, an den Rändern wellige Blätter. Dicke, weiße Blüten mit einer gelben Zeichnung am Boden des Blütenblattes. Spätes Frühjahr und Frühsommer. 74 x 60 cm.

Cytisus x kewensis
Laubabwerfender Strauch. Blass-gelbe, erbsenähnliche Blüten, im späten Frühjahr im Überfluss. Eine sich ausdehnende Form.
45 cm x 1 m.

Erica carnea
Siehe „Immer leuchtende Immergrüne“.

Fuchsia magallanica
Siehe „Vielfalt mit Vielfarbigkeit“.

Genista tinctoria
Laubabwerfender Strauch. Tiefgelbe, erbsenähnliche Blüten während des gesamten

OBEN: *Leycesteria formosa ist schnellwachsend und bei Vögeln äußerst beliebt. Sie lieben die dunkelvioletten Beeren.*

RECHTS: *Weigelien gibt es in vielen Farbtönen, meistens sind sie aber pink oder rot. Sie wachsen schnell und blühen sehr zeitig und sind so eine ausgezeichnete Wahl, wenn Sie schnelle Ergebnisse haben wollen.*

Sommers. 75 x 50 cm, die Höhe kann aber sehr variieren.

Hebe „Midsummer Beauty"
Immergrüner Strauch. Mattgelbe Blätter, an der Unterseite leicht rötlich. Sträuße von lavendel-lila Blüten vom Hochsommer bis Herbstmitte. In kalten Gegenden nicht frostsicher. 1 x 1 m.

Hypericum calycinum
Immergrüner Strauch. Große gelbe, kelchförmige Blüten während des ganzen Sommers. Kann aufdringlich werden. 45 x 60 cm.

Lavandula (verschiedene Sorten)
Immergrüner Strauch. Der beliebte Lavendel. Grau-grüne Blätter und Blüten in Farbschattierungen von Blau oder Violett. 60 x 60 cm.

Leycesteria formosa
Laubabwerfender Strauch. Binsenähnliche Stängel, die eine bambusartige Gruppe bilden. Hängende Quasten mit weißen Blüten und weinroten Deckblättern, gefolgt von lila-schwarzen Früchten. 1,5 x 1m.

Lupinus arboreus
Kurzlebiger, laubabwerfender Strauch. Das Laub und die Blütenähren erinnern an Lupinenstauden, aber die schwach duftenden Blüten sind wesentlich spärlicher. Normalerweise gelb, es gibt aber auch Sorten in Lila bis Violett oder Blau. Ideal für einen heißen, trockenen Standort. 1,2 x 1 m.

Mahonia „Charity"
Siehe „Immer leuchtende Immergrüne".

Philadelphus coronarius „Aureus"
Siehe „Farbmottos".

Potentilla fruticosa
Siehe „Farbmottos".

Senecio „Sunshine"
Siehe „Farbmottos".

Spiraea x bumalda (verschiedene Sorten)
Schmaler, laubabwerfender Strauch. Flache Blütenköpfe, normalerweise dunkelrot, im Spätsommer. Einige Sorten haben panaschiertes Laub. 75 x 45 cm.

Weigela Hybriden
Laubabwerfender Strauch. Trichterförmige Blüten im Spätfrühjahr und Frühsommer. Hauptsächlich Schattierungen in Rot und Pink. 1,8 x 1,5 m.

UNTEN: *Spirea x bumalda (oder S. japonica). Hier „Anthony Waterer".*

Pflegeleichte Pflanzen

Es gibt viele Leute, die nicht genug Zeit für ihren Garten haben. Wenn Sie sich die Kosten und die Zeit durch regelmäßiges Nachpflanzen mit jahreszeitlich abhängigen Pflanzen ersparen wollen, dann pflanzen Sie winterharte Stauden und Sträucher. Wenn Sie die Pflege allerdings auf ein Minimum beschränken wollen, dann entscheiden Sie sich nur für solche, die anspruchslos sind und nicht regelmäßig getrimmt, vereinzelt oder ausgeschnitten werden müssen.

Die meisten Sträucher brauchen einen gelegentlichen Gehölzschnitt, um tote oder kranke Schößlinge zu entfernen oder um die Form zu verbessern, wenn der Wuchs nicht symmetrisch ist. Früher oder später werden die Staudenpflanzen von dem Schnitt und dem Vereinzeln profitieren; die hier vorgestellten Pflanzen können aber auch viele Jahre lang ohne Pflege bleiben. Sie gedeihen sozusagen auf dem Boden der Vernachlässigung und werden trotzdem nicht außer Kontrolle geraten.

Aucuba japonica
Siehe „Immer leuchtende Immergrüne".

Berberis thunbergii
Es gibt viele Sorten, auch panaschierte, Violett- und Goldblättrige. Die Form und die Höhe variiert je nach Sorte: *B.t. atropurpurea* „Bagatelle", zum Beispiel, hat eine runde Zwergform mit kupferroten Blättern, normalerweise nicht mehr als 45 cm in der Höhe und Breite. „Helmond Pillar" ist dunkellila, wächst aber in einer schmalen Säule ca. 1,2 m nach oben und wird nur ca. 30 cm breit.

Bergenia Hybriden
Siehe „Immer leuchtende Immergrüne".

OBEN: *Cotoneaster horizontalis kann als Bodendecker oder als Kletterpflanze eingesetzt werden.*

OBEN: *Cotinus coggygria wird wegen seiner Blütenköpfe manchmal auch Rauchbusch genannt. Er kann mit der Zeit recht stattlich werden, braucht aber minimale Pflege.*

Choisya ternata
Sowohl die grüne als auch die goldene Sorte (siehe „Farbmottos") sind problemlose Pflanzen, wenn man sie im Winter vor kaltem Wind schützt.

Cornus stolonifera „Flaviramea"
Laubabwerfender Strauch. Die grünen Blätter verfärben sich gelb, bevor sie abgeworfen werden. Gelblich-grüne Winterstängel. 1,8 x 1,8 m.

Cotinus coggygria
Laubabwerfender Strauch. Runde Form mit mattgrünen Blättern (es gibt auch rot-blättrige Sorten) und brillante Herbstfarben. Fedrige Blütensträuße in dunkelrot oder pink. Hochsommer. 2,4 x 2,4 m.

Cotoneaster
Es gibt viele Cotoneaster-Sorten, von Bodendeckern bis zu 3 m hohen Sträuchern oder noch höher. *C.horizontalis* (siehe „Herbstlaub und Beeren") und *C. dammeri* (siehe „Immer leuchtende Immergrüne") sind beliebte Bodendecker, aber es gibt noch viele andere, die ebenfalls für einen kleinen Garten geeignet sind.

Eleagnus pungens „Maculata"
Siehe „Immer leuchtende Immergrüne".

Erica carnea
Siehe „Immer leuchtende Immergrüne".

Fatsia japonica
Immergrüner Strauch. Große, handförmige grüne Blätter (es gibt auch panaschierte Sorten). Weiße, ballförmige Blütenköpfe, die an der reifen Pflanze im Hochsommer erscheinen. 2,4 x 2,4 m.

Griselinia littoralis
Immergrüner Strauch. Mattgrüne Blätter (es gibt auch panaschierte Sorten). Nicht geeignet für kalte Regionen. Langsam wachsend. 3 x 3 m.

Hebes
Siehe „Immer leuchtende Immergrüne".

Hemerocallis Hybriden
Siehe „Farbmottos".

Hibiscus syriacus
Siehe „Farbmottos", es gibt aber auch andere Sorten in verschiedenen Farbtönen von Blau, Pink und Weiß.

Ilex
Siehe „Immer leuchtende Immergrüne".

Kniphofia Hybriden
Staude. Lange, steife, hakenähnliche orangefarbene oder gelbe Blütenähren. Die Blütezeit reicht je nach Sorte vom Frühsommer bis Mitte Herbst.
60 cm - 1,2 m x 60 cm - 1,2 m.

Liriope muscari
Immergrüne mehrjährige Pflanze. Gruppen von breiten grasähnlichen Blättern und Ähren mit malve-lila Blüten vom Spätsommer bis Mitte Herbst. 2,4 x 2,4 m.

Mahonia japonica
Immegrüner Strauch. Dunkelgrün glänzende Blätter, die in einzelne Segmente unterteilt sind. Duftende, limonengelbe Blüten, die vom frühen Winter bis zum Frühjahr blühen. 2,4 x 2,4 m.

Potentilla fruticosa
Siehe „Farbmottos".

Ribes sanguineum
Laubabwerfender Strauch. Herabhängende Dolden mit kleinen pinkfarbenen oder roten Blüten im Frühjahr. 1,8 x 1,8 m.

Ulex europaeus
Immergrüner Strauch. Stachelig, mit tiefgelben einfachen oder doppelten Blüten im Frühjahr. Die Blüten können periodisch auch im Winter auftreten. 1,5 x 1,5 m.

Viburnum davidii
Immergrüner Strauch. Weiße Blüten im Frühsommer. Später türkis-blaue Beeren, wenn sowohl männliche als auch weibliche Pflanzen gepflanzt werden. 1 x 1,2 m.

Viburnum tinus
Siehe „Immer leuchtende Immergrüne".

Yucca
Siehe „Immer leuchtende Immergrüne". Die nicht panaschierten Sorten sind eher für eine Rabatte oder als Solitärpflanze geeignet.

OBEN: *Kniphofias, manchmal auch Red-Hot-Poker genannt, sind robuste Rabattenstauden. Wenn Sie erst einmal gut angewachsen sind, bilden sie große Gruppen. Einige Sorten sind ziemlich klein, andere wiederum blühen zu unterschiedlichen Zeiten. Viele Kniphofias vertragen keinen Frost und müssen in kalten Regionen im Winter eventuell geschützt werden.*

VERGESSEN SIE NICHT DIE ZWERGKONIFEREN

Koniferen brauchen nur geringe Pflege und wenn Sie die Zwergarten wählen, haben Sie darüber hinaus noch den Vorteil, dass sie für einen kleinen Garten kompakt genug bleiben. Seien Sie jedoch vorsichtig, wenn Sie sie in einer gemischten Rabatte setzen, da sie sich oft nicht so gut einfügen wie die üblichen Sträucher.

ZWECKGEBUNDENE PFLANZEN

Eines der Geheimnisse einer erfolgreichen Gartengestaltung ist die Auswahl der richtigen Pflanzen für einen bestimmten Standort oder eine bestimmte Verwendung. Pflanzen gedeihen immer dann am besten, wenn sie entsprechend ihren Bedürfnissen gepflanzt werden. Eine Pflanze an einen Schattenplatz zu zwingen, obwohl sie Sonne braucht oder eine Schatten liebende in grelles Sonnenlicht, ist das beste Rezept für einen Misserfolg.

Auf den folgenden Seiten finden Sie eine Fülle von Ideen für Pflanzen, die sich an problematischen Standorten, wie Schattenplätzen oder Plätzen mit starker Sonneneinstrahlung wohl fühlen, oftmals ist es aber weniger eine Frage, welche Pflanze für eine bestimmte Gegebenheit passend ist als vielmehr, welche Pflanze einen spezifischen Zweck erfüllt. Die folgenden Seiten zeigen Ihnen Pflanzen, die die richtige Lösung sind – ob Sie

OBEN: *Scheuen Sie sich nicht, Sträucher und Pflanzen, zum Beispiel Lilien und die eher alltäglichen Sommerblumen in Töpfen und Kübeln zu ziehen.*

LINKS: *Kletterrosen sind im Sommer für einen Sichtschutz geeignet, denken Sie aber daran, dass dies nur ein jahreszeitlich abhängiger Schutz ist.*

LINKS: *Clematis kann im Schatten gepflanzt werden, wenn sie ihre Blüten in die Sonne strecken kann.*

GEGENÜBERLIEGENDE SEITE OBEN: *Efeu wächst fast überall, in der Sonne oder im Schatten, am Boden oder an einer Mauer oder einem Baum empor. Einfache, grüne Sorten können vielleicht etwas langweilig wirken, die panaschierten Sorten allerdings sehen immer wunderschön aus.*

UNTEN: *„Exoten" können als Blickpunkt eingesetzt werden, um einen vielleicht langweiligen Bereich im Sommer interessanter zu gestalten. Im Winter brauchen sie allerdings einen Schutz.*

einen duftenden Strauch, eine Kletterpflanze für eine Pergola, oder eine umwerfende „architektonische" Pflanze für einen Blickpunkt haben wollen.

Es gibt „Exoten", die relativ robust sind, andere wiederum gedeihen nur in den Sommermonaten draußen und Sie werden sie im Winter entweder schützen oder als Verbrauchsgut behandeln müssen. Es gibt auch Vorschläge für Pflanzen, die einen Lebensraum für Insekten und Vögel bieten.

Wenn eine bestimmte Sorte vorgestellt wurde, dann sind andere Sorten in vielleicht anderen Farben oder mit geringen Abweichungen in der Größe oder der Form sehr wahrscheinlich ebenfalls für die gleiche Situation geeignet. Weiße und matte Farben kommen normalerweise im Schatten besser zur Geltung und wenn möglich, wurde auf solche Sorten, die für ganz bestimmte Bedingungen geeignet sind, ebenfalls hingewiesen.

Versuchen Sie, mit Pflanzen zu experimentieren, besonders mit solchen, die an einem bestimmten Standort in Ihrem Garten besonders gut gedeihen und scheuen Sie sich nicht davor, sich von Pflanzen, die nicht Ihren Vorstellungen entsprechen, zu trennen.

Pflanzen für den tropischen Look

Wenn Sie einen Garten mit mediterranen Einflüssen mit weiß gestrichenen Mauern und dem Schwerpunkt auf einer Flora, wie sie in einem warmen Klima herrscht anlegen wollen, dann werden Sie eine Menge Pflanzen brauchen, die den Eindruck erwecken, dass sie exotisch und zart sind, obwohl sie in Wahrheit relativ frostsicher sind.

Einige der hier vorgestellten Pflanzen sind nur für warme Regionen geeignet, mit nur leichtem und eher kurzen Frostperioden, andere sind relativ robust. Viele von ihnen können natürlich auch in einer normalen Blumenrabatte gepflanzt werden, aber die, die wir Ihnen hier vorstellen, sind eher für einen ins Auge fallenden Standort geeignet.

Wenn Sie in einer kalten Region leben und ein Gewächshaus, einen Wintergarten oder sogar eine überdachte Veranda haben, dann können Sie die empfindlicheren Pflanzen in großen Töpfen ziehen und im Winter an diesen geschützten Ort stellen.

Arundinaria viridistriata
Siehe *Vielfalt mit Vielfarbigkeit*

Clianthus puniceus
Immergrüner Kletterstrauch. Gespaltene, fedrige Blätter, dunkel- bis scharlachrote krallenförmige Blüten im Frühsommer. Überlebt draußen nur in milden Regionen. Kann eine Höhe von 3 m erreichen.

Cordyline australis
Palmenähnliche Pflanze mit schwertförmigen, zu einer dichten Krone geordneten Blättern. *C.a. purpurea* hat braun-rote Blätter. In Regionen mit milden Wintern und keinem starken Frost kann sie in die Erde gepflanzt werden und sich zu einem hohen Baum entwickeln. Ansonsten können Sie sie in einem Topf ziehen, wo sie dann wesentlich kleiner bleibt. Schützen Sie sie im Winter.

Fatsia japonica
Siehe *Kein großes Aufheben. Pflegeleichte Pflanzen*

Gunnera manicata
Riesige Blätter, wie ein gigantischer Rhabarber. Im Boden ist er selbst für einen großen Garten riesig. Sie können ihn aber auch in einem Kübel oder Terrassentopf ziehen, um seine Größe zu begrenzen. Halten Sie ihn sehr feucht und sorgen Sie für einen Schutz im Winter.

OBEN: *Coryline australis „Alberti"*

Kniphofia Hybriden
Siehe *Kein großes Aufheben. Pflegeleichte Pflanzen*

Lilium Hybriden
Sie können natürlich auch Blumenzwiebeln kaufen und Ihre eigenen Lilien ziehen oder aber Pflanzen kaufen, die kurz vor der Blüte stehen. Diese wurden wahrscheinlich chemisch behandelt und eignen sich daher besser als Kübelpflanzen. Die Höhe kann variieren.

Phormium Hybriden
Siehe *Immer leuchtende Immergrüne*

OBEN: *Es kostet Sie nur das Geld für ein Samentütchen und Sie haben so ein Schauspiel: Ipomoea tricolor „Heavenly Blue"*

OBEN: *In Gegenden mit milden Wintern kann Zantedeschia aethiopica draußen überwintert werden.*

GANZ OBEN: *Die großen, dicken Blätter des Rheum palmatum sehen sehr exotisch aus.*

LINKS: *Lilien sind sehr einfach im Topf zu ziehen – vorausgesetzt Sie wählen die richtige Sorte.*

Rheum palmatum
Ein Zierrhabarber, dessen Blüten eine Höhe von 2,4 m erreichen, die Blätter sind nur halb so hoch. Weiße oder rote Blüten im Frühsommer.

Yucca
Siehe *Immer leuchtende Immergrüne*, wobei die grünen Arten genauso wirkungsvoll sein können, wie die mehrfarbigen.

Zantedeschia aethiopica
Weitverbreitete, weiße Aronstab-Blüte, die bei Floristen sehr beliebt ist. Kann in Gegenden mit milden Wintern draußen gepflanzt werden, üblicherweise gedeiht sie aber am besten in einem Topf mit Winterschutz. Das Wachstum lässt im Winter nach.

Exotische einjährige Pflanzen

Einige einjährige Pflanzen, die hauptsächlich als Zimmerpflanzen verwendet werden, können im Sommer in den Garten gepflanzt werden. Unter den blühenden Pflanzen ist die Celosia immer eine Augenweide, ob Sie sich für die fahnenförmigen Arten entscheiden oder für die, die wie ein Hahnenkamm geformt sind. Eine Mischung enthält normalerweise Farbschattierungen in Gelb, Rot und Rosa. Die Coleus ist eine der besten Blattpflanzen für Töpfe und gut geeignet, wenn Sie große Mengen draußen anpflanzen wollen, da sie sehr einfach aus Samen gezogen werden kann. Das mehrfarbige Laub passt mit seiner Kühnheit und Farbkombination zum exotischen Kroton. Achten Sie darauf, dass sie sorgfältig akklimatisiert werden und stellen Sie sie nicht zu früh nach draußen.

Viele relativ winterharte Pflanzen können aus Samen gezogen werden – probieren Sie es mit den gänseblümchenartigen Blumen wie Arctotis mit ihren Blüten in Rot, Orange und Rosa. Auch Salpiglossis sind immer ein Hingucker und haben mit ihren samtenen, trichterförmigen Blüten in Rot, Purpur und Gelb, die normalerweise auffallend marmoriert und gemasert sind, genau diesen „exotischen" Look.

Auch Portulak und Cleomes (mit spinnenartigen Blüten) gehören zu den anderen, ziemlich winterharten einjährigen Pflanzen. Bei *Ipomoea tricolor* sollten Sie für genügend Platz sorgen, damit sie mit ihren großen, blauen Blüten, die oft bis zu 10 cm Größe im Durchmesser erreichen können, voll zur Geltung kommt, wenn sie zum Beispiel an einem Spalier emporrankt.

Einmal blühende Zimmerpflanzen

Sorgen Sie mit blühenden Topfpflanzen kurzfristig für Farbe auf Ihrer Terrasse. Pflanzen wie Gerbera und Zwergchrysantemen sind nicht teuer und werden normalerweise nach der Blüte entsorgt, wenn sie als Zimmerpflanzen gehalten werden. Setzen Sie die Pflanze mit dem Topf in den Boden, damit sie nach der Blüte einfach wieder entfernt werden kann.

ARCHITEKTONISCHE PFLANZEN

„Architektonische Pflanzen" – das scheint auf den ersten Blick ein Widerspruch zu sein, verbindet man doch mit dem einen Begriff die Starrheit von Gebäuden und Strukturen, und mit dem anderen die Zwanglosigkeit und Leichtigkeit des pflanzlichen Lebens. Für Nichtgärtner ist der Begriff oftmals verwirrend – ein Pflanzenliebhaber erkennt eine „architektonische Pflanze" aber sofort.

„Skulptur" -Pflanzen

„Skulptur" -Pflanze ist wahrscheinlich eine treffendere Bezeichnung für diese Pflanzen, die, obwohl sie die natürliche Schönheit einer normalen Pflanze besitzen, darüber hinaus Struktur und Format sowie eine besondere Form oder vielleicht auch Textur besitzen, die ein Architekt vielleicht gerne einsetzt, um seine Gebäude und Strukturen aufzuwerten – genau wie dies eine Skulptur tun würde.

Einige Stauden, zum Beispiel der Acanthus, haben einen architektonischen Status erreicht – in diesem Fall wegen der Blätter, die so oft als Muster in der klassischen Architektur erscheinen, aber auch, weil die Pflanze einen ins Auge fallenden Wuchs und eine unverwechselbare Form hat, die sie so herausragend macht. Bei den meisten architektonischen Pflanzen handelt es sich jedoch um Bäume und Sträucher mit entsprechend ausgeprägten Abmessungen. Setzen Sie architektonische Pflanzen sparsam ein und nicht als Teil einer gemischten Bepflanzung, sondern wie Sie es mit großen Ornamenten tun würden: als punktuelle Highlights im Garten.

Verwenden Sie sie als Blickpunkt in einem gepflasterten Garten sowie einem Kiesgarten, oder um eine langweilige Rasenfläche aufzubrechen.

Acanthus spinosus
Statuenhafte Pflanze mit langen, tief geteilten Blättern, die sowohl aufrecht wie gewölbt sind. Malvenfarbene und weiße helmförmige Blüten an steifen Ähren im Hoch- und Spätsommer. 1 x 1 m.

Angelica archangelica
Ein- oder zweijährige Pflanze. Lange, tief geteilte, aromatische Blätter an einer steifen, aufrechten Pflanze. Ballförmige Blütenköpfe aus kleineren Dolden mit gelblich-grünen Blüten im Hoch- und Spätsommer. 2,4 x 1 m.

LINKS: *Acanthus spinosus ist eine der Pflanzen mit auffälligen Blättern und eindrucksvollen Blüten, die man nicht übersehen kann.*

UNTEN: *Angelica archangelica entwickelt sich zu einer stattlichen Pflanze mit etwa 1,8 m Höhe, mit großen Blättern und eindrucksvollen, kugelförmigen Blütenköpfen. Verwenden Sie sie als Blickpunkt in einem Kräutergarten.*

Catalpa bignonioides „Aurea"
Laubbaum. Die grünen Arten sind für einen kleinen Garten zu groß, der „Aurea" jedoch ist kompakter und kann als beschnittener, strauchähnlicher, mehrstieliger Baum gekauft werden. Die goldenen Blätter sind sehr groß und hübsch. 4,5 x 4,5 m.

Cordyline australis
Siehe *Pflanzen für den tropischen Look*

Cornus controversa „Variegata"
Ein kleiner Baum mit weit ausgebreiteten Ästen, die ihm eine Lagenwirkung verleihen. Die Blätter haben eine auffallende, silberne Maserung. 4,5 x 4,5 m.

Crambe cordifolia
Staudenpflanze. Normalerweise eine Pflanze für einen großen Garten, aber als Solitärpflanze als Blickpunkt auch für einen kleinen Garten geeignet. Gewaltige Blätter und riesige Wolken von gypsophila-ähnlichen kleinen, weißen Blüten im Früh- und Hochsommer. 1,8 x 1,8 m

Datura (oder *Brugmansia*)
Empfindlicher Strauch. Muss an frostsicherem Platz überwintern, wird im Sommer jedoch oft in großen Kübeln auf der Terrasse gezogen. Lange, hängende Blätter und große, glockenförmige, stark duftende Blüten – normalerweise weiß oder cremefarben, es gibt aber auch rote und pinkfarbene Sorten. 1,8 x 1,2 m im Kübel.

Fatsia japonica
Siehe *Kein großes Aufheben – Pflegeleichte Pflanzen*

Gunnera manicata
Siehe *Pflanzen für den tropischen Look*

Juniperus scopulorum „Skyrocket"
Konifere. Ist auch unter dem Namen *J. virgiana* „Skyrocket" zu finden. Sehr schmaler, büschelähnlicher Wuchs. Typisches Koniferenlaub. 4,5 m x 75 cm.

Kniphofia
Siehe *Kein großes Aufheben – Pflegeleichte Pflanzen*

RECHTS: *Salix matsudana „Tortuosa" ist ein kleiner Baum, der im Winter genauso faszinierend ist wie im Sommer.*

Mahonia „Charity"
Siehe *Immer leuchtende Immergrüne*

Paulownia tomentosa
Ein großer Baum, der für einen Garten völlig ungeeignet ist. Er kann jedoch als großer Strauch gezogen werden, indem man ihn jährlich bis fast auf Bodenebene zurückschneidet, sobald die Blätter zu groß werden. Bei dieser Behandlung wird er ca. 2,4 - 3 m hoch und etwa 1,8 m breit.

Phormium Hybriden
Siehe *Immer leuchtende Immergrüne*

Salix matsudana „Tortuosa"
Ein kleiner bis mittelgroßer Baum mit verdreht wachsenden Ästen und gekrümmten Blättern. Wirkt am besten im Winter, wenn die Äste nackt sind. 4,5 x 4,5 m.

Yucca
Siehe *Immer leuchtende Immergrüne*. Als architektonische Pflanze ist jedoch die grüne Form genauso geeignet wie die panaschierte.

LINKS OBEN: *Daturas (inzwischen richtiger Brugmansias genannt) sind ideal für eine Sommerterrasse, müssen aber im Winter ins Haus genommen werden, um sie vor Frost zu schützen.*

OBEN: *„Charity" ist eine der imposantesten Mahonia, mit dicken, gelben Blütensträußen, die während der kältesten Monate des Jahres blühen.*

LEBENDER SICHTSCHUTZ

Bei den hier beschriebenen Sichtschutzpflanzen handelt es sich nicht um Reihen von hohen Koniferen oder einen großen Windschutz entlang der Grenze, was in einem kleinen Garten ungeeignet wäre. Vielmehr haben wir hier Pflanzen aufgeführt, die Sie verwenden können, um Objekte innerhalb des Gartens abzuschirmen und die Sie ebenfalls als Schmuckpflanzen verwenden können.

Normalerweise wird etwas, was abgeschirmt werden muss, diesen Schutz während des gesamten Jahres brauchen, so dass Immergrüne natürlich jede Liste mit Sichtschutzpflanzen dominieren werden. Manchmal ist jedoch auch ein Sichtschutz nur für den Sommer akzeptabel. Für einen Sommersichtschutz in einer Gemüsefläche bieten sich Jerusalem-Artischocken an, die einen ausgezeichneten Sichtschutz und einen reichen Ernteertrag am Ende der Saison bieten!

Wenn Sie nach einem Busch als guten Sichtschutz Ausschau halten, achten Sie darauf, dass er im unteren Bereich schön voll ist. Und falls Sie ein Spalier oder einen Zaun im Innern des Gartens errichten wollen, bieten viele der Pflanzen, die im Kapitel über Kletterpflanzen, Sträucher und Hecken im zweiten Teil beschrieben werden, ausgezeichneten Sichtschutz. Eine Palisade mit dem süßlich duftenden Geißblatt ergibt einen Sommersichtschutz, der sowohl das Auge als auch die Nase erfreut. Die beliebtesten und besten Geißblattsorten sind laubabwerfend – erwarten Sie also keinen Sichtschutz im Winter. Es gibt jedoch einige duftende Kletter-Geißblattsorten, zum Beispiel *Lonicera japonica*, die immergrün oder halbwegs immergrün sind und die im Winter Schutz und im Sommer Duft bieten – allerdings mit weniger eindrucksvollen Blüten.

Spaliere und Sichtschutzmauern

Manchmal kann man ein unansehnliches Objekt, wie einen Vorratsbehälter, mit nur zwei bis drei ausgewählten Sträuchern abschirmen. Alternativ können Sie auch ein Spalier oder eine Sichtschutzmauer errichten, die sorgfältig in das Gesamtdesign integriert ist und die Sie mit Kletterpflanzen, Mauerpflanzen und normalen Stauden bewachsen lassen können. Diese Doppel-Verblendung ist oftmals besonders wirkungsvoll, weil Sie einerseits die volle Auswahl an Kletterpflanzen haben, die man für ein Spalier verwenden kann, einschließlich des universellen und sehr praktischen, immergrünen Efeus, und andererseits Mauerpflanzen wie den Feuerdorn.

Garagenwände

Freistehende Garagen können einen kleinen Garten dominieren, so dass Sie wahrscheinlich die Wirkung der Wände abschwächen müssen. Kletterpflanzen sind eine natürliche Wahl, genauso wie Mauerpflanzen. Sie können die Garagenwand aber auch als idealen Untergrund für Spalierobstbäume nutzen.

OBEN: *Griselinia littoralis „Dixon's Cream".*
LINKS: *Griselinia littoralis.*

Viele immergrüne Sträucher leisten ausgezeichnete Verkleidungsdienste vor einer Garagenwand. Lassen Sie Heckenpflanzen, zum Beispiel *Lonicera nitida* „Baggesen's Gold" oder einen goldenen Liguster (zum Beispiel *Ligustrum ovalifolium* „Aureum") ungetrimmt emporwachsen, bis die gewünschte Höhe erreicht ist. Versuchen Sie nicht, ihn wie eine formale Hecke zu schneiden, sondern schneiden Sie übereifrige Triebe gelegentlich zurück und belassen Sie die natürliche Form.

LINKS: *Für einen schnell wachsenden Sichtschutz ist der kletternde Polygonum baldschuanicum (oder Fallopia baldschunica) unschlagbar.*

UNTEN: *Ligustrum ovalifolium „Aureo-marginatum" (oder „Aureum") ist eine schnell wachsende Heckenpflanze und viel attraktiver als die Sorte mit einfachen grünen Blättern.*

Arundo donax
Gras. Bildet hohe, fast bambusähnliche Gruppen, mit hängenden blau-grünen Blättern. Es gibt auch eine panaschierte Sorte. 2,4 x 1,2 m

Buxus
Achten Sie darauf, dass Sie keine Zwergsorte wählen, wenn Sie einen höheren Sichtschutz haben wollen. Dies ist ein klassischer Busch, der sich gut für einen Formschnitt eignet und wird sowohl in der Formschnittgärtnerei als auch für Hecken verwendet. Mit dieser Pflanze können Sie Ihrem Sichtschutz Form verleihen.

Griselinia littoralis
Siehe *Kein großes Aufheben – Pflegeleichte Pflanzen*

Ilex
Siehe *Immer leuchtende Immergrüne*

Ligustrum ovalifolium „Aureum"
Siehe *Farbmotive*

Lonicera nitida „Baggensen's Gold"
Siehe *Farbmotive*

Miscanthus sacchariflorus
Ein langes Gras. Schmale, bogenförmige Blätter, die eine dichte Gruppe bilden.
2,4 x 1 m.

Polygonum baldschuanicum
Inzwischen richtiger *Fallopia baldschuanica.* Laubabwerfender, stark kletternder Strauch. Anstelle ihn als Sichtschutz an einem Spalier zu pflanzen, können Sie auch versuchen, ihn von allein über ein Objekt, wie einem alten Schuppen wachsen zu lassen. Innerhalb von ein paar Jahren wird er ihn wahrscheinlich komplett bedeckt haben. Kleine weiße oder matt lila Blütensträuße im Überfluss vom Hochsommer bis zum Frühherbst.

Die Höhe und die Breite hängen normalerweise von den Bodenverhältnissen ab.

Dauerhafte Pflanzen für Gefässe

Die Auswahl und Kombinationsmöglichkeiten für Sommerblumen, die in Gefäße gepflanzt werden können, ist nahezu endlos. Jedes Jahr gibt es neue Sorten von Saatgut oder einige der alten und in Vergessenheit geratenen Stauden werden von den Blumenzüchtern wiederentdeckt, damit immer wieder neue Sorten auf den Markt kommen.

Auf dieser Seite finden Sie Ideen für dauerhafte Pflanzen – solche, die in das Gesamtbild des Gartens integriert werden können – im Sommer und im Winter.

Verwenden Sie sie neben – und nicht anstelle - der saisonüblichen Blumen. Vielleicht können Sie sogar Frühlingsblüher und Sommerblumen um eine Gruppe von Stauden pflanzen, die hier vorgeschlagen werden.

Agapanthus
Siehe *Farbmotive*

Camellia
Siehe *Immer leuchtende Immergrüne*

Ceratostigma willmottianum
Siehe *Herbst- und Winterlaub, Abschnitt 2*

Choisya ternata „Sundance"
Siehe *Farbmotive*

Clematis, großblütige
Laubabwerfende Kletterstaude. Große Blüten in vielen Farbvarianten. Pflanzen Sie die stark wuchernden Arten nicht in einem Gefäß.

Cotoneaster „Hybridus Pendulus"
Laubabwerfende Staude, die aufgepfropft zu einem kleinen Baum heranwächst. Kleine, weiße Blüten im Frühsommer. Rote Beeren im Herbst. 1,8x1 m.

Laburnum
Kleiner Laubbaum. Produziert lange Quasten mit gelben, bohnenförmigen Blüten im späten Frühjahr und im Frühsommer. 2,4 x 1,6 m.

Laurus nobilis
Immergrüner Strauch. Süßer Lorbeer ist ein beliebtes Küchenkraut. Wird oft attraktiv in Form geschnitten. Ungefähr 1,8 m.

Mahonia „Charity"
Siehe *Immer leuchtende Immergrüne*

Miscanthus sinensis „Zebrinus"
Gras. Bildet eine kompakte Gruppe mit vertikalen Halmen, die sich am Ende zu schmalen, zurück gebogenen Blättern mit ausgeprägten gelben Bändern öffnen. Wird bis zu 1,2 m hoch, wenn er in einem großen Kübel oder Fass gezogen wird.

Rhododendron
Immergrüner Strauch (einige Azaleen sind laubabwerfend). Es gibt viele verschiedene

GANZ OBEN LINKS: *Agapanthus sind ausgezeichnete Kübelpflanzen, brauchen in kalten Gegenden aber Frostschutz im Winter. Hier die Sorte „Delft".*

GANZ OBEN RECHTS: *Clematis „Nelly Moser" (oben) und „Lasurstern".*

OBEN: *Choisya ternata „Sundance", eine exzellente Gartenpflanze und sehr hübsch in einem großen Gefäß.*

Rhododendren und Azaleen (botanische Rhododendronarten), die klein genug sind, um sie in einem Gefäß zu ziehen. Ein moorhaltiger Kompost ist für ein gutes Resultat ausschlaggebend. Farbe und Größe sind je nach Sorte verschieden.

Rosmarinus officinalis
Siehe *Immer leuchtende Immergrüne*

Salix caprea „Pendula"
Laubabwerfender, hängender Baum. Auch bekannt unter dem Namen *Salix* „Kilmarnock". Kleiner, regenschirmförmiger Baum mit steifen, hängenden Ästen. Attraktive Kätzchen im Frühjahr.

Taxus baccata
Konifere. Die bekannte Eibe, aber wählen Sie die goldene Art, zum Beispiel „Aurea", die eine unregelmäßige Kegelform bildet. Wenn Sie lieber eine schlankere, bleistiftähnliche Form wünschen, dann entscheiden Sie sich für die *T. b.* „Fastigiata Aurea".

Viburnum tinus
Siehe *Immer leuchtende Immergrüne*

Yucca
Siehe *Immer leuchtende Immergrüne*

LINKS: *Rhododendron „Loder's White" in einem bemalten Tontopf.*

WIE MAN EIN CLEMATIS-FASS PFLANZT

Ein Fass mit Clematis kann wirklich umwerfend aussehen, wenn es richtig bepflanzt wird. Sie können sich für mehrere Sorten entscheiden, die zur gleichen Zeit blühen oder für solche, die zu unterschiedlichen Zeiten blühen, um die Blütezeit zu verlängern. Denken Sie aber daran, dass dadurch das Schneiden schwieriger wird.

1 Füllen Sie ein Fass oder einen anderen großen Kübel zur Hälfte mit lehmhaltiger Erde. Sie brauchen ein großes, tiefes Gefäß mit einer schweren Blumenerde, die die Bambusstöcke und die Pflanzen halten kann.

2 Pflanzen Sie drei oder vier Clematis in den Topf. Setzen Sie die Wurzelballen im Winkel, damit die Pflanzen leicht nach außen zeigen.

3 Sichern Sie die Bambusstöcke am Ende. Binden Sie sie mit einer Schnur zusammen oder verwenden Sie einen passenden Stockhalter aus Kunststoff. Seien Sie unbesorgt, wenn die Pflanze über die Stöcke hinauswächst. Sie wird einfach nach unten fallen und die Pflanze noch dichter aussehen lassen.

WILD LEBENDE TIERE ANLOCKEN

Sie müssen Ihren Garten nicht in eine Blumenwiese oder einen Unkrautgarten verwandeln, um wild lebende Tiere anzulocken.

Viele der Stauden, Rabatten- und Steingartenpflanzen sowie der einjährigen und zweijährigen Pflanzen locken alle möglichen Arten von Tieren an – Vögel, Bienen und Schmetterlinge bis zu Wespen und Käfer. Nicht alle sind natürlich willkommen, aber mit Ausnahme der wenigen, die Sie nicht gern haben, werden Sie wahrscheinlich viele wunderschöne und nützliche Tiere in Ihrem Garten haben, die Ihnen helfen werden, Schädlinge zu bekämpfen.

Sie werden allerdings bestimmte Lebensräume schaffen müssen, wenn Sie besondere Tiere anziehen wollen, zum Beispiel einen Teich für Wassertiere.

Es spricht auch viel dafür, einen Bereich des Rasens ungemäht zu lassen – wo vielleicht Frühlingsblumen natürlich wachsen können – falls Sie eine gärtnerische Rechtfertigung brauchen. Und wenn Sie einige Brennnesseln hinter einem Gartenschuppen stehen lassen, bieten Sie Nahrung für viele Raupen, die später Ihren Garten als Schmetterlinge schmücken werden. Auch werden nützliche Insekten wie Schwebefliegen und Marienkäfer angelockt, die Schädlinge wie Blattläuse unter Kontrolle halten.

LINKS: *Aububa japonica „Variegata“.*

OBEN: *Berberis thunbergii „Atropurperea Nana“.*

Stauden

Aucuba (Vögel)
Berberis (Vögel, Bienen, Schmetterlinge)
Callicarpa (Vögel)
Ceanothus (Bienen)
Cistus (Bienen)
Cotoneaster (Bienen, Vögel)
Cytisus (Bienen)
Daphne (Vögel, Bienen)
Escallonia (Bienen)
Hebe (Schmetterlinge)
Hedera (Bienen, Schmetterlinge)
Hypericum (Vögel)
Ilex (Vögel)
Lavandula (Bienen, Schmetterlinge)
Leycesteria formosa (Vögel)
Ligustrum (Bienen, Schmetterlinge)
Lonicera periclymenum (Schmetterlinge)
Mahonia (Vögel)
Pernettya (Vögel)
Perovskia (Bienen)
Potentilla (Bienen)
Pyracantha (Vögel, Bienen)
Rhamnus frangula (Bienen, Schmetterlinge)
Ribes sanguineum (Bienen)
Skimmia (Vögel, Bienen)
Symphoricarpos (Vögel, Bienen)
Syringa (Bienen, Schmetterlinge)
Ulex (Bienen)
Viburnum (Vögel, Bienen)
Weigela (Bienen)

Rabatten- und Steingartenpflanzen

Achillea filipendulina (Bienen, Schmetterlinge)
Alyssum saxatile (Schmetterlinge)
Armeria maritima (Bienen, Schmetterlinge)
Aster novi-beglii (Bienen, Schmetterlinge)
Erigeron (Bienen, Schmetterlinge)
Nepeta (Bienen, Schmetterlinge)
Scabiosa caucasica (Bienen, Schmetterlinge)
Sedum spectabile (Bienen, Schmetterlinge)
Solidago (Vögel, Bienen, Schmetterlinge)
Thymus (Bienen, Schmetterlinge)

Einjährige und zweijährige Pflanzen

Centaurea cyanus (Bienen, Schmetterlinge)
Dipsacus spp (Vögel)
Helianthus annuus (Vögel)
Hesperis matronalis (Bienen)
Limanthes douglasii (Bienen)
Lunaria annua (Vögel)
Scabious annual (Bienen, Schmetterlinge)

LINKS: *Sedum „Autumn Joy“*

OBEN: *Alyssum saxatile.*

UNTEN: *Solidago*

WEITERE MÖGLICHKEITEN WILD LEBENDE TIERE ANZULOCKEN

Eine dichte Hecke lockt weit mehr Tiere an als ein Zaun oder eine Mauer. Eine dornige immergrüne Hecke wie die Stechpalme bietet gute Nist- und Schlafplätze für viele Vögel. Auch ein alter Holzstoß bietet Zuflucht für viele Insekten und kleine Säugetiere.

DER NUTZGARTEN

Ein anspruchsvoller Nutzgarten ist selten auf engem Raum zu realisieren. Gemüsesorten wie Kartoffeln und Kohl, die viel Platz brauchen, ziehen gegenüber Blumen wahrscheinlich den Kürzeren. Wenn Sie allerdings mit kleineren Gemüsesorten wie Salat, Karotten, Randen und kleinen Bohnen zufrieden sind und hohe Stangenbohnen und ausladende Pflanzen wie Artischocken in das Mischbeet oder die Staudenrabatte verbannen können, dann ist es auch bei einem begrenzten Platzangebot sehr praktisch, eine große Gemüseauswahl anzubauen.

Eine große Palette an Gemüsesorten, von Salat bis Bohnen, kann in Gefäßen wie Balkonkästen und Pflanz-

OBEN: *Himbeeren sind für einen kleinen Garten nicht die ideale Anbaupflanze; sie können jedoch beschnitten werden, damit sie nicht zu viel Platz beanspruchen.*

GANZ OBEN: *Selbst auf einem Dach- oder Balkongarten ist ein Obstanbau möglich… mit etwas Fantasie.*

GEGENÜBERLIEGENDE SEITE: *Diese Abbildung zeigt eine interessante Möglichkeit, wie man in einem kleinen Gemüsegarten Stützen für hohe Gemüsesorten anbieten kann.*

LINKS: *Einer der aufrecht wachsenden Apfelbäume, die ideal für einen kleinen Garten oder ein begrenztes Platzangebot sind. Hier die Sorte „Walz“ in einem Beet von „Surrey“ Bodendeckerrosen.*

behältern gezogen werden. Selbst Kartoffeln können aus Töpfen und Pflanzbehältern geerntet und auch Tomaten können erfolgreich in Pflanzbehältern gezogen werden.

Diese Art von kleinräumigem Gemüseanbau ist eine Herausforderung und die Erträge im Vergleich zum Aufwand eher bescheiden. Wenn Sie jedoch die Idee, Ihr eigenes, frisches Gemüse zu ernten, begeistert, wird das für Sie wahrscheinlich die Mühe wert sein. Spaß machen wird es auf jeden Fall.

Wenn Sie einen Garten in einer vernünftigen Größe haben – groß genug, um einen Bereich für einen Gemüsegarten abzuteilen – ist es am praktischsten, Ihr Gemüse und die meisten Obstsorten direkt in der Erde zu ziehen.

Obstbäume und Sträucher sind oft dekorativ und lassen sich gut in einen Blumengarten integrieren. In Form geschnittene Bäume wie Spalier- und Fächerobst sehen selbst im Winter mit nackten Ästen gut aus.

Kräuter sind noch einfacher anzubauen als Gemüse. Viele von Ihnen sind sehr dekorativ und lassen sich gut in Gefäßen ziehen. Andere sehen am besten in einem Beet aus. Wenn Sie Ihre Kräuter in den Vordergrund stellen wollen, dann machen Sie den Kräutergarten zum Kernstück Ihrer Gartengestaltung.

Obst auf kleinem Raum

Die beste Art, Obstbäume wie Äpfel oder Birnen in einem kleinen Garten oder auf einem begrenzten Platz anzubauen ist, sie als Spalier- oder Fächerobstbäume vor einer Mauer oder einem Zaun zu pflanzen.

Brombeeren zum Beispiel können gegen einen Zaun oder einen Bogen gebunden werden. Sie sollten das Wachstum aber unter Kontrolle halten und dornige Triebe, die auf die Wege ranken, abschneiden.

Es ist sogar möglich, Äpfel in Töpfen auf der Terrasse zu ziehen. Vielleicht entscheiden Sie sich aber auch für die neuen Säulen-Sorten, die in schmalen Reihen wachsen, und gepflanzt werden, wo der Platz begrenzt ist. Sie brauchen viel weniger Wasser und Pflege als die normalen Sorten mit beschnittenen Wurzelballen im Topf.

OBEN: *Obstbäume, die an einer Mauer gezogen werden, nehmen wenig Platz in Anspruch.*

RECHTS: *Wenn Sie Äpfel in einem kleinen Garten anbauen wollen, ist es am besten, eine der säulenförmigen Arten zu verwenden oder eine normale Sorte beschnitten als Spalierobst, wie diese Sorte „Lord Lambourne".*

Der Grund-Erziehungsschnitt von Spalierobst erfordert Geduld und Erfahrung. Wenn Sie nicht unbedingt die Herausforderung lieben und zwei oder drei Jahre warten können, dann ist es am besten, bereits beschnittene Bäume zu kaufen.

Obstbäume kaufen

Ob ein Obstbaum wie Apfel, Pfirsich oder Kirsche für einen kleinen Garten geeignet ist, hängt weniger von der Sorte, als vielmehr vom Wurzelstock ab. Dieser hat einen entscheidenden Einfluss auf die Größe des Baumes (und darauf, wie schnell der Baum Früchte tragen wird). Prüfen Sie vor dem Kauf eines Obstbaumes daher immer den Wurzelstock und lassen Sie sich im Zweifelsfall beraten, ob der Baum für einen kleinen Garten geeignet ist.

Beschnittene Obstbäume

Beschnittene Obstbäume sehen attraktiv aus und liefern einen reichen Ertrag auf kleinstem Raum. Aber sie erfordern einen regelmäßigen und methodischen Schnitt, manchmal zwei Mal im Jahr. Wenn Sie nicht sicher sind, wie Sie einen beschnittenen Obstbaum zurückschneiden müssen, schlagen Sie in einem Lexikon oder einem Fachbuch über Obstbäume nach.

Spalierobst sieht dekorativer aus als Rankobst (einige Sträucher wie Pyracanthas werden manchmal mit der gleichen Methode wie Spalierobst beschnitten).
Rankobst wird normalerweise in einem Winkel von 45° gebogen und an Bambusstäben oder mit Drähten an stabilen Pfosten oder an einem Zaun befestigt. Viele Pflanzen können auf kleinstem Raum gepflanzt werden. Auch weiche Fruchtsorten wie Stachelbeeren oder rote und weiße Johannisbeeren können auf diese Weise geformt und so Platz eingespart werden, der normalerweise von der üblichen Buschform eingenommen wird.
Fächer können frei stehen, indem sie an Drähten festgebunden werden, die von Pfosten gestützt sind. Üblicher ist es allerdings, sie gegen eine Mauer oder einen Zaun zu pflanzen. Im Laufe der Zeit kann ein Fächer so beschnitten werden, dass eine große Fläche, zum Beispiel eine Garagenwand, bedeckt werden kann.
Step-overs sind einreihige Spaliere, die als fruchtige Einfassung, vielleicht in einem Kräutergarten verwendet werden.

Eingetopfte Obstbäume

Äpfel können in Töpfen gezogen werden, vorausgesetzt, sie haben einen stark beschnittenen Wurzelstock. Das gleiche gilt für Pfirsiche. Sie können auch mit anderen Obstbüschen – und bäumen experimentieren, sollten aber nicht aus dem Auge verlieren, dass dies nur die zweitbeste Lösung ist. Am besten ist es immer noch, die Pflanzen direkt in den Boden zu pflanzen.

Säulen-Äpfelbäume

Es gibt eine Reihe von Apfelbäumen zu kaufen, die so gut wie keine langen Seitentriebe bilden, sondern nach oben wachsen und die meisten Triebe entlang des Hauptstamms bilden. Sie brauchen wenig Platz und werfen keinen Schatten, sind also ideal in einem Blumenbeet. Die Blüte im Frühling ist sehr hübsch und die reifen Früchte später im Jahr eine Zierde.

Rhabarber

Der Rhabarber ist dekorativ genug, um ihn in ein Blumenbeet zu pflanzen. Sie können ihn sogar in einem großen Topf als Blattpflanze auf der Terrasse ziehen, obwohl dies nicht die beste Art ist, um eine reiche Ernte zu erzielen.

OBEN: *Dieser Rhabarber Mangold wächst in einem Blumenbeet.*

OBEN: *Es gibt immer einen Platz für einige Erdbeeren, wenn Sie sie in einem solchen Gefäß ziehen.*

Erdbeeren

Wenn Sie nicht genug Platz für Obst haben, versuchen Sie zumindest Erdbeeren zu setzen. Ein Fass oder ein hohes Gefäß mit Erdbeeren hat Platz für eine große Menge Pflanzen und wenn Sie sie immer gut wässern, werden sie eine reiche Ernte bringen, die zudem nicht mit Erde verdreckt und einfach zu ernten ist, auch wenn das Wetter einmal schlecht ist. Und die Früchte sind nicht so leicht für Schnecken zu erreichen.

EINEN PLATZ FÜR GEMÜSE FINDEN

Wenn Sie wirklich nur wenig Platz haben, der Appetit auf frisches, selbst gezogenes Gemüse aus dem eigenen Garten aber groß ist, können Sie es auch in Gefäßen ziehen. Natürlich ist es, wenn immer möglich, besser, Gemüse direkt im Boden zu pflanzen. Wenn Sie aber einfach nicht genug Platz für ein Gemüsebeet haben, können viele Gemüsesorten auch in Beeten zusammen mit Zierpflanzen gepflanzt werden.

Der „Gemüsegarten" sollte niemals in den dunklen, schattigen Teil des Gartens verbannt werden. Die meisten Gemüsesorten brauchen gutes Tageslicht und viel Feuchtigkeit, um gut gedeihen zu können. Ein trockener Boden im Schatten einer Hecke oder Mauer bringt selten eine wohlschmeckende Ernte hervor.

Zwischen den Blumen

Es ist durchaus möglich, Gemüse teilweise in eine formale Beetgestaltung einzubeziehen – rote oder violette Mangoldblätter bilden einen guten Kontrast zu graublättrigen Beetpflanzen, Karottenlaub sieht als Gegenstück zu leuchtenden Sommerblumen attraktiv aus, und selbst ein roter oder grünblättriger Eichblattsalat bildet einen schönen Rahmen für Sommerblumen. Leider beginnt das Problem in der Erntezeit, wenn die Lücken im Beet nämlich immer offensichtlicher werden.

In einem Kräuterbeet oder einem gemischten Beet ist Gemüse als Lückenfüller eher akzeptiert. Sie füllen die Zwischenräume gut aus und nach der Ernte sieht das Beet nicht unansehnlicher aus als vorher. Passende Sorten sind Salat, Radieschen, Rote Beete, Erbsen, Karotten, Rüben und Spinat – welche Auswahl Sie treffen, hängt aber im wesentlichen vom Platzangebot und Ihren Vorstellungen ab.

OBEN: *Dieses in einem Blumengarten angelegte Gemüsebeet stellt sowohl ein interessantes Merkmal als auch eine produktive Fläche dar.*

UNTEN: *Zierkohl wird aufgrund seines visuellen Effekts angepflanzt, ist jedoch auch essbar, wenn sie es leid sind, ihn nur zu betrachten! Diese Sorte nennt sich „Coral Queen".*

Dekorativer Gemüsegarten (Potager)

Der Begriff „Potager" kommt von *jardin potager*, der französische Begriff für Gemüsegarten. In erster Linie bezeichnet dieser Begriff aber einen Gemüsegarten – üblicherweise mit Obst- und Gemüsesorten – der dekorativ angelegt wurde, vielleicht mit Beeten, die von niedrigen Hecken wie in einem französischen Garten eingerahmt werden. Ein solcher Gemüsegarten kann zu einem herausragenden Gestaltungselement in einem kleinen Garten werden.

Pflanzbehälter

Pflanzbehälter eignen sich ausgezeichnet für Gemüse, wenn Sie lediglich einen Balkon oder eine Terrasse haben, auf der Sie Gemüse anbauen können. Es ist relativ unkompliziert, Spinat, Radieschen, Gurken, Tomaten, Kohl, ja sogar Bleichsellerie und Kartoffeln zu ziehen.

Natürlich werden Sie keine Familie mit Tomaten aus Pflanzbehältern satt bekommen und auch von der wirtschaftlichen Seite macht es nicht viel Sinn, aber es lohnt sich, wenn Sie frühe Sorten pflanzen (Sie können die Behälter immer an einen geschützten Ort stellen, falls Frost droht), so dass Sie die ersten neuen Kartoffeln direkt aus dem Garten, der Terrasse oder dem Balkon genießen können.

Zwergerbsen – eine weitere seltsam klingende Gemüsesorte, die ebenfalls erfolgreich in Pflanzbehältern angebaut werden kann.

Tröge, Kübel und Töpfe

Tomaten sind eine der am besten geeigneten Gemüsesorten für einen Pflanzbehälter. Auch in einem Topf gedeihen sie gut, vorausgesetzt, Sie wählen eine passende, kompakte Sorte.

Zucchini und Gurken sind ebenfalls eine gute Wahl für einen Kübel oder großen Topf. Kartoffeln können zum Spaß in einem großen Topf gezogen werden, besser eignen sich jedoch Auberginen oder Pfeffer.

Blumenkästen und Körbe

Das einzige Gemüse, das wahrscheinlich in einem hängenden Korb gedeiht, ist die Tomate, aber Sie müssen eine rankende oder hängende Form wählen und ständig darauf achten, dass sie genug Wasser und Dünger bekommt.

Blumenkästen bieten hierbei mehr Möglichkeiten und außer Tomaten (auch hier ist eine kleine oder hängende Sorte wichtig), Karotten, Radieschen und Zwiebeln gedeiht auch Salat gut.

Anstatt Kopfsalat zu pflanzen, der eine Lücke hinterlässt, da der gesamte Kopf geerntet wird, können Sie Pflücksalat setzen, den Sie nach und nach ernten können.

OBEN: *„Totem"- Tomaten in einem Topf mit ca. 25 cm Durchmesser.*

LINKS: *Sie können Tomaten sogar in einem hängenden Korb ziehen.*

Die besten Pflanzen

für Ihren

Garten

Einleitung

Ein Randbeet im Landhausstil mit einer Mischung aus mehrjährigen Pflanzen und kleinen Sträuchern, darunter Lauch, Mohn, Dolden, Weiden, Cistus und Hostas.

Für alle Hobbygärtner ist das entscheidende und wichtigste Kriterium für den Erfolg beim Gärtnern, die richtige Pflanzenauswahl zu treffen. Damit Sie das können, müssen Sie Kenntnisse in mehreren unterschiedlichen Bereichen haben; Sie müssen zum Beispiel das Gesamtbild festlegen können, das Sie erzielen und die Art des Gartens, den Sie schaffen wollen, und Sie müssen die Gegebenheiten kennen, die bestimmen, welche Pflanzen gut gedeihen werden. Eine der wichtigsten Lektionen für jeden Laien ist, zu erkennen, dass man nicht alle Pflanzen, die einem gefallen, überall dorthin pflanzen kann, wo es einem gerade passt.

Obwohl man immer versucht, die Natur zu manipulieren oder sie zumindest soweit wie möglich zu beeinflussen, so sind doch die erfolgreichsten Gärtner diejenigen, die beachten, wie die Pflanzen in ihrer natürlichen Umgebung wachsen und diese Bedingungen dann auf den eigenen Garten übertragen, und so, wo immer möglich, mit der Natur arbeiten. Je größer Ihr Verständnis darüber ist, wo die Pflanzen am besten wachsen und je besser Sie ihre Bedürfnisse kennen, desto einfacher ist es, sie zu pflanzen. Der Abschnitt auf Seite 152 erklärt diese Anforderungen noch detaillierter.

IHREN GARTEN PLANEN

Wenn Sie einen Garten planen, müssen Sie wissen, welche Beschaffenheit Ihr Boden hat – ob er basisch oder alkalisch ist, schwerer Tonboden oder leichter Sand – und ob das Klima heiß oder kühl, nass oder trocken ist. Immense Fortschritte wurden in der Pflanzenzucht gemacht und jüngste Entwicklungen erlauben Gärtnern eine größere Freiheit bei der Auswahl als früher, da nun vor allem darauf geachtet wird, dass Pflanzen nicht nur hübsch aussehen, sondern auch robust sind. Trotzdem spielt die Natur bei weitem immer noch die wichtigste Rolle, und eine Pflanze, die normalerweise in einer feuchten und nassen Umgebung wächst, wird sich in heißer, praller Sonne nicht wohl fühlen. Ihr gesamter Organismus hat sich über tausende von Jahren entwickelt, um sich an diese bestimmten Bedingungen anzupassen, aus denen sie stammt und normalerweise wird sie nur unter ähnlichen Bedingungen gedeihen.

Zum Glück gibt es einige Pflanzen, die eine ziemlich große Bandbreite an klimatischen Unterschieden überstehen, sich besonders gut anpassen und erstaunlicherweise auch unter solchen Bedingungen sehr gut gedeihen, die sich von ihrer ursprünglichen Umgebung sehr unterscheiden. Ein achtsamer Gärtner wird versuchen, diese Bedürfnisse zu berücksichtigen und Pflanzen auswählen, die weitgehend geeignet sind.

Ob Sie einen gesamten Garten planen oder einfach nur ein Beet anlegen, Sie werden wahrscheinlich mehrere verschiedene Sorten pflanzen wollen, um Ihrem Garten Höhe und Vielfalt zu verleihen. Denken Sie daran, dass Blattpflanzen für die Gesamtstruktur und Form Ihres Gartens genauso wichtig sind wie Blumen und dass Sie Pflanzen mit interessanten Formen oder attraktivem Laub aussuchen, die das Grundgerüst für die vergänglicheren Elemente, wie die mehr- und einjährigen Pflanzen bilden.

Blumen, seien sie auch noch so reizvoll, sind für ein gelungenes Gartendesign nicht immer das wichtigste Element. Es ist auch die Art und Weise, wie der Garten angelegt und konstruiert ist: die Organisation seiner „harten Flächen", einschließlich Terrassen und Wege; mögliche Hecken und Sichtschutz, das Schaffen von vertikalen Elementen in Form von Kletterpflanzen, Mauerpflanzen und Hecken wie in Kapitel 7 beschrieben. Die Natur bringt solche Varianten oft ganz von allein hervor; wenn sie in Ihrem Garten jedoch nicht existieren, werden Sie Ihr eigenes, variantenreiches aber praktikables Mikro-Klima erschaffen müssen, wodurch sich die Anbaumöglichkeiten und vor allem Ihr eigenes Vergnügen erhöhen.

Nicht alle Gärtner haben einen natürlichen, feuchten Bereich für Pflanzen, die Nässe und Feuchtigkeit lieben, aber ein sumpfiger Fleck oder sogar ein Teich ist einfach anzulegen und ermöglicht Ihnen, auch solche Pflanzen anzubauen.

Ein anderes wichtiges Element bei der Planung eines Gartens ist das Thema Attraktivität im Winter. Versuchen Sie, eine gute Auswahl an immergrünen Sträuchern oder Bäumen zu treffen, die dem Garten auch in den Wintermonaten Struktur verleihen. Ohne diese Immergrüne kann der Garten sehr trostlos und langweilig aussehen, wenn die meisten mehrjährigen Stauden ihr Laub verloren haben und nur noch nackte Stängel und Äste zurückbleiben. In einem neu angelegten Garten kann die Planung der Bodenbedeckung ein wichtiges Element sein, um zu vermeiden, dass der Boden von Unkraut überwuchert wird. Sie haben die Wahl zwischen Pflanzen, die sich natürlich ausbreiten und den Boden bedecken oder den Sträuchern und

Stauden, die durch ihre schattenwerfende Laubfläche das Unkraut wirkungsvoll unterdrücken. In Kapitel 8 werden Pflanzen vorgestellt, die als Bodendecker geeignet sind.

PFLEGE

Egal, welche Pflanzen Sie auswählen – Sie müssen dafür sorgen, dass sie die richtige Pflege erhalten. Das bedeutet, dass Sie sie nicht einfach nur da pflanzen, wo sie wahrscheinlich gedeihen werden, sondern Sie müssen sich auch um deren besondere Anforderungen kümmern, in Form von Bewässerung, Düngung und Schnitt.

Die meisten Pflanzen wirken sehr viel besser, wenn sie in größeren Gruppen gepflanzt werden, anstelle von einzeln verstreuten Pflanzen, denn dann ist auch die natürliche Vermehrung die einfachste und billigste Art, Ihren Pflanzenbestand zu mehren. Eine gute Idee beim ersten Pflanzenkauf ist, solche auszusuchen, die sich leicht vermehren und schnell anwachsen, so dass Sie die Vermehrung Ihres Pflanzenbestands und die Bepflanzung der nackten Stellen in Ihrem Garten relativ schnell erreichen.

Wenn auch die meisten Pflanzen mehr oder weniger frei von Schädlingen und Krankheitserregern sind, werden einige wenige doch anfällig sein für Krankheiten und Befall durch bestimmte Insekten. Taglilien zum Beispiel sind bekanntermaßen eine leichte Beute für Schnecken, wahrend die jungen Triebe, Blätter und Knospen vieler Pflanzen im Sommer sehr leicht von Blattläusen befallen werden. Sie können viel tun, um diese Probleme unter Kontrolle zu halten, wenn Sie bei der Auswahl der Pflanzen vorgewarnt sind. Taglilien können beispielsweise mit einer Lage Kies umrandet werden, die Schnecken fern hält oder Sie können Schneckenkorn streuen, falls Sie keine Abneigung gegen chemische Produkte haben. Die spezifischen Probleme der einzelnen Pflanzen sind in jeder Pflanzenbeschreibung enthalten.

Wie die meisten Lebewesen, reagieren auch Pflanzen am besten auf systematische, regelmäßige und achtsame Pflege und in den seltensten Fällen auf das „alles oder nichts" – Gartenbauprinzip. Versuchen Sie, Ihre Pflanzen nicht für eine lange Zeit zu vernachlässigen, um dann alles in einer Mammut-Aktion wieder gut zu machen, egal, ob es sich dabei um die Bewässerung, Düngung, das Schneiden oder was auch immer handelt. Es ist weitaus besser, ein wachsames Auge auf Ihre Pflanzen zu haben, um so Probleme gleich beim Auftreten zu erkennen, und – wenn Sie diesen Ausdruck entschuldigen - sie im Keim zu ersticken, bevor sie sich zu ernsten Problemen ausweiten. Selbst das schwierige Problem des Schneidens ist besser zu lösen, wenn man es nach der Blüte Schritt für Schritt angeht, statt in einer Gewaltaktion im Spätherbst oder im Frühjahr.

WIE SIE DIESEN ABSCHNITT NUTZEN

Dieser Abschnitt ist in zehn Kapitel unterteilt, die sich jeweils an den allgemeinen Bedingungen und Grundbedürfnissen des modernen Gartenbaus orientieren. Die Idee dabei ist, dass Sie die richtigen Pflanzen für Ihren Zweck auswählen können, wenn Sie diese Bedingungen kennen.

Die Pflanzen, die wir in diesem Abschnitt ausgewählt haben, erfüllen alle die folgenden Kriterien: sie sind einfach zu ziehen und haben mehr als eine gute Eigenschaft. Innerhalb der jeweiligen Kategorien über Nutzung und Bedingungen finden Sie einen Querschnitt der folgenden Arten: Bäume, Sträucher, Stauden und Kletterpflanzen – die Pflanzen, die normalerweise das Kernstück in einem Garten bilden sowie Frühlingsblumen, Knollengewächse und Rosen, die jeder liebt – allen ist ein eigener Abschnitt gewidmet. Einjährige Pflanzen, die aus Samen gezogen werden und daher kein dauerhaftes Element im Garten sind, werden hier nur am Rande behandelt.

Am Ende eines jeweiligen Kapitels gibt es eine Liste mit Querverweisen zu anderen Pflanzen, die ebenfalls angebaut werden können. Die meisten Pflanzen tolerieren unterschiedliche Bodenarten und die Tabelle auf Seite 153 zeigt Ihnen Pflanzen für Ihre Auswahl, wenn Sie mehr als eine Gegebenheit berücksichtigen müssen.

WAS PFLANZEN BRAUCHEN

Für ein gutes Ergebnis beim Gartenbau ist die Kenntnis der Bedürfnisse einer Pflanze in Bezug auf Licht, Wasser, Temperatur, Bodenbeschaffenheit und Nährstoffe ausschlaggebend. Darüber hinaus ist es auch wichtig, dass Sie klären, welche dieser Anforderungen Ihr Garten von Natur aus bieten kann und wie Sie die Gegebenheiten in Ihrem Garten anpassen können, falls die Bedingungen nicht zu den Pflanzen passen, die Sie gerne anbauen wollen. In einem dunklen Bereich könnten Sie zum Beispiel für mehr Licht sorgen, wenn Sie die bestehende Bepflanzung ausdünnen oder das Wachstum von Pflanzen, die trockenere Bedingungen bevorzugen fördern, indem Sie im Boden eine Drainage verlegen. Als Alternative könnten Sie aber auch die natürliche Feuchtigkeit Ihres Gartens nutzen und sich an der Auswahl an feuchtigkeitsliebenden Pflanzen erfreuen, die in Kapitel 4 vorgestellt werden.

Salbei, Lilien, Flieder und Gänseblümchen, hervorgehoben durch das Weiß der Geranium clarkei „Kashmir White", kreieren einen ruhigen Bereich in einer gemischten Rabatte

Die Pflanzen, die Sie anbauen wollen, stammen vielleicht aus vielen verschiedenen Orten auf der Welt, wo andere Wachstumsbedingungen herrschen. In ihrer natürlichen Umgebung gedeihen einige vielleicht in dichtem Schatten auf Waldboden, andere sind für lange Zeit intensivem Sonnenlicht ausgesetzt. Diese große Vielfalt der natürlichen Lebensräume erklärt, warum die vielen verschiedenen Zierpflanzen, die wir anbauen so unterschiedliche Bedingungen brauchen. Die Fähigkeit, sich ungewohnten Bedingungen anzupassen, ist der Hauptgrund dafür, dass viele der weitverbreiteten Pflanzen so beliebt sind. Natürlich sind einige Pflanzen anpassungsfähiger als andere; ein klassisches Beispiel ist die Forsythie, die im Frühjahr überall zu blühen scheint und die *Buddleija davidii*, die so erfolgreich bei der Besiedelung von Gebieten war, dass sie von manchen Leuten schon als Unkraut betrachtet wird.

LICHT

Licht ist für alle Pflanzen lebensnotwendig, da es die Energie liefert, die die Pflanze braucht, um bei Tageslicht Nährstoffe zu produzieren. Auch andere Vorgänge innerhalb der Pflanze werden durch das Licht beeinflusst; so bestimmt die Sonnenscheindauer innerhalb des 24-Stunden-Zyklus, wann im Jahr Blüten produziert werden. Die Reaktion auf die Länge des Tages nennt man Photoperiodismus und erklärt, warum Pflanzen zu bestimmten Zeiten im Jahr,, unabhängig von den vorherrschenden Wetterbedingungen blühen. Die Dauer des Tageslichts scheint für die Pflanze der wichtigste Indikator zu sein, um die entsprechende Jahreszeit zu erkennen. Eine Tatsache, die Gärtner gern beeinflussen würden, was jedoch nur mit großem finanziellen Aufwand in einer komplett kontrollierten Umgebung realisierbar wäre, wie bei der Produktion von Topfpflanzen (vgl. den Weihnachtsstern im Winter).

Die Tageslichtmenge ist auch der Hauptanreiz für den Abwurf von Laub bei Bäumen und Sträuchern im Herbst, wobei der Auslöser die kürzer werdenden Tage im Herbst sind. Die verschiedenen Farbänderungen beim Laub entstehen durch den chemischen Prozess, wenn die Nährstoffe den Blättern entzogen und in den Stamm zurück geleitet werden. (Siehe Abschnitt 9 über Pflanzen mit Herbst und Winterlaub). Als Gärtner können Sie (bis zu einem gewissen Grad) die Lichtintensität für Ihre Pflanzen beeinflussen, indem Sie beispielsweise für Schatten sorgen, um die Lichteinstrahlung zu mindern.

Alternativ können Sie, um die Lichteinstrahlung in einer dunklen Ecke zu erhöhen, Spiegel oder eine Licht reflektierende Oberfläche mit weißem Kies und heller Pflasterung verwenden. Es gibt jedoch eine Pflanzenauswahl in Kapitel 5, die einen schattigen Standort liebt; in Kapitel 6 finden Sie Pflanzen für einen sonnigen Standort.

Im Allgemeinen bestehen Pflanzen aus Wurzeln, Stielen, Blättern, Blüten und meistens auch Früchten, von denen viele Samen enthalten. Keines dieser Teile funktioniert für sich allein. Es gibt einen engen Zusammenhang zwischen den einzelnen Teilen der Pflanze und der Wachstumsgeschwindigkeit. Einige Pflanzen sondern auch einen Duft ab, ein Grund, warum sie bei Gärtnern besonders beliebt sind. In Kapitel 10 finden Sie eine Auswahl dieser Pflanzen.

DER BODEN

Wenn es auch nicht einfach zu beschreiben ist, was „Boden" tatsächlich ist, so wissen wir doch, dass Pflanzen besser gedeihen, wenn sie in die richtige Art Boden gepflanzt werden. Ein Grundverständnis kann Ihnen dabei helfen, die richtigen Bodenverhältnisse für Ihre Pflanzen auszuwählen. Vom Boden erwartet der Gärtner bestimmte Eigenschaften: die Fähigkeit, Feuchtigkeit und Luft zu bewahren, damit den Wurzeln kein Sauerstoff entzogen wird, ein ausgewogenes Verhältnis an Nährstoffen, und ein angemessenes Kalk-Säure-Verhältnis.

Eine zusätzliche Herausforderung beim Pflanzenanbau ist die Tatsache, dass viele Gartenböden Gastgeber von einigen ungebetenen Gästen, wie Unkraut, Steinen (manchmal sogar Bauschutt), Schädlingen und Krankheitserregern sind. Schwere Lehmböden lassen sich darüber hinaus schwer bearbeiten. Es ist wichtig, Pflanzen zu wählen, die auf diesem Boden wachsen. In Kapitel 3 werden einige Pflanzen für Lehmböden empfohlen.

Der Säure- und Basengrad wird in pH auf einer Skala von 0 bis 14 gemessen, wobei 0 den höchsten Säureanteil und 14 den höchsten Basenanteil markiert. Der pH-Wert beeinflusst die Löslichkeit von Mineralien und somit deren Vorhandensein für Pflanzen. Saure Bedingungen fördern einen Mangel an Phosphor und manchmal einen Überschuss an Mangan und Aluminium, während alkalische Bedingungen zu einem Mangel an Mangan, Bor und Phosphor führen können. Der pH-Wert des Bodens kann auch für die Anzahl und Arten von nützlichen Organismen und das Vorkommen von Schädlingen und Krankheiten verantwortlich sein.

So haben Würmer zum Beispiel einen niedrigen pH-Wert nicht gern, wohingegen Schnakenlarven und Drahtwürmer häufiger in sauren Bedingungen zu finden sind. Aber welches ist der optimale pH-Wert? Auch hier gilt wieder: Der pH-Wert für ein gutes Pflanzenwachstum variiert je nach den Vorlieben der einzelnen Pflanzen. Einige Pflanzen sind empfindlicher als andere und haben sehr spezifische Anforderungen: Pflanzen, die kalkhaltige Böden lieben sind bekannt als kalzifuge Pflanzen. Pflanzen für saure Böden sind in Kapitel 1, Pflanzen für kalkhaltige Böden in Kapitel 2 zu finden.

Viele Gärtner möchten so viele Pflanzen wie möglich anbauen und versuchen, den pH-Wert des Bodens zu manipulieren. Es ist möglich, wenn auch schwierig, kostspielig und der Erfolg normalerweise nur von kurzfristiger Dauer, den pH-Wert des Bodens zu senken. Relativ einfach ist es, den pH-Wert des Bodens zu steigern. Wenn es richtig gemacht wird, kann dies zu einer langfristigen Verbesserung führen. Wenn Sie sich wirklich nicht davon abbringen lassen wollen, Pflanzen anzubauen, die keinen Kalkboden vertragen und Ihr Boden einen pH-Wert von 6,0 oder mehr hat, dann ist es die weitaus bessere Option, sie in Gefäßen zu ziehen. Auf diese Weise haben Sie die volle Kontrolle über den pH-Wert des Bodens.

Die Frage stellt sich nun, welche Pflanzen Sie in Ihrem Garten anbauen können. Die Antwort finden Sie in den entsprechenden Kapiteln, die sich mit den jeweiligen Anforderungen befassen.

DIE BESTEN PFLANZEN FÜR EINE VIELFALT AN BEDINGUNGEN

Die folgende Zusammenstellung enthält Pflanzen, die in diesem Kapitel vorgestellt werden. Es handelt sich um Bäume, Sträucher, Kletterpflanzen und Stauden mit einer Reihe nützlicher Eigenschaften – somit gute Allrounder.

	Saurer Boden	Kalkboden	Lehmboden	Feuchtigkeit	Schatten	Trocken/Sonnig	Kletterpflanze/Hecke	Bodendeckend	Interessant im Winter	Duft	Wachstum	Blütezeit	Klassifizierung	Immergrüne
Acanthus spinosus		♦	♦					♦			F	2	HP	
Acer palmatum	♦				♦				♦		S	3	T	
Actinidia kolomikta		♦					♦				M	2-3	C	
Agapanthus		♦				♦		♦			M	2-3	HP	
Amelanchier			♦						♦		S	1-3	S	
Arbutus	♦				♦	♦					M	134	T	
Aucuba		♦	♦		♦						M	2-3	S	♦
Berberis						♦	♦	♦			M	2-3	S	•
Bergenia		♦						♦			S	1	HP	♦
Buxus sempervirens					♦	♦			♦	♦	S	1-4	S	♦
Calluna		♦				♦		♦	♦		S	2-4	S	♦
Camellia	♦				♦		♦				S	12	S	♦
Campsis		♦				♦	♦		♦		F	2-3	C	
Cercidiphyllum	♦					♦			♦	♦	M	3	T	
Cercis		♦	♦			♦	♦		♦		M	123	S	
Crataegus		♦	♦	♦		♦			♦		F	2-3	T	
Eccremocarpus		♦				♦	♦				F	2-3	C	♦
Epimedium	♦			♦	♦			♦	♦		M	2-3	HP	♦
Escallonia		♦	♦	♦		♦	♦				F	2-3	S	♦
Festuca	♦		♦			♦		♦			M	1-4	HP	♦
[illegible]			♦		♦	♦		♦			S	2-3	S	
Filipendula			♦	♦	♦						M	2-3	HP	
Garrya			♦			♦	♦				M	1	S	♦
Gaultheria	♦					♦		♦			S	234	S	♦
Gleditsia		♦	♦			♦			♦		M	2-3	T	
Hamamelis	♦								♦	♦	M	1&3	S	
Hosta			♦	♦	♦			♦		♦	F	2-3	HP	

	Saurer Boden	Kalkboden	Lehmboden	Feuchtigkeit	Schatten	Trocken/Sonnig	Kletterpflanze/Hecke	Bodendeckend	Interessant im Winter	Duft	Wachstum	Blütezeit	Klassifizierung	Immergrüne
Ilex			♦			♦					S	2-4	T	♦
Imperata		♦		♦	♦			♦	♦		M	3-4	HP	
Iris pseudacorus			♦	♦	♦						M	1-2	HP	
Kalmia latifolia	♦				♦						M	1-2	S	♦
Laburnum		♦	♦			♦			♦		M	2-3	T	
Lathyrus		♦	♦				♦			♦	F	2-3	CHP	
Lavandula		♦				♦		♦	♦	♦	M	2	S	♦
Lilium	♦				♦					♦	F	1-2	HP	
Mahonia			♦		♦	♦	♦	♦	♦	♦	M	3-4	S	♦
Osmunda			♦	♦	♦				♦		M	3	HP	
Parrotia	♦					♦			♦		S	1&3	T	
Parthenocissus			♦	♦		♦	♦		♦		F	2-3	C	
Pieris	♦				♦						M	1-2	S	♦
Prunus		♦							♦		M	1&3	T	
Pyracantha		♦	♦		♦	♦	♦				M	2-3	S	♦
Rhus hirta			♦		♦	♦			♦		M	3	S	
Rosa rugosa		♦	♦			♦	♦		♦		F	2&3	S	
Rosmarinus		♦				♦					M	2	S	♦
Salvia officinalis		♦	♦			♦		♦			M	2-3	S	
Senecio 'Sunshine'		♦	♦		♦	♦		♦			M	2-3	S	♦
Stachys		♦	♦			♦		♦			M	2	HP	
Stewartia	♦			♦	♦				♦		M	2	S	
Taxus		♦			♦						M	3-4	T	♦
Viburnum		♦	♦		♦		♦	♦	♦	♦	M	341	S	•
Vitis		♦	♦			♦	♦		♦		F	3-4	C	
Wisteria		♦	♦			♦	♦		♦		F	2-3	C	
Zenobia	♦				♦				♦		S	2-3	S	

SCHLÜSSEL

Wachstum
S – Langsam
M – Mittel
F – Schnell

Blütezeit
1 – Frühling
2 – Sommer
3 – Herbst
4 – Winter

Klassifizierung
T – Baum
S – Strauch
HP – Staude
C – Kletterpflanze
CHP – Kletternde winterharte, mehrjährige Pflanze

Immergrüne
• Einige Sorten sind immergrün.

Pflanzen *für* saure Böden

Für Gärten, Beete und Container mit einem sauren Boden finden Sie eine großartige Pflanzenauswahl, die solche Bedingungen bevorzugen, wobei die Kamelie und der Rhododendron wahrscheinlich die bekanntesten sind. Saure Böden findet man häufig in Gegenden mit hohem Niederschlag, aber auch unter Koniferen, die ihre Nadeln fallen lassen.

OBEN: *Kalmia latifolia, ein prachtvoller Rhododendron-ähnlicher Strauch, der nur in saurem Boden gut gedeiht.*

GEGENÜBERLIEGENDE SEITE: *Ein gemischtes Heidebeet. Heidekraut ist ideal für einen sauren Boden und braucht wenig Pflege.*

OBEN: *Eine prächtige Mischung von Magnolien und Rhododendren – die beste Wahl für sauren Boden – bietet im späten Frühjahr ein verlockendes Schauspiel. Einige Magnolienarten bieten auch in alkalischen Böden ein zufriedenstellendes Ergebnis.*

Pflanzen, die einen sauren Boden bevorzugen, bezeichnet man oft fälschlich als Heidepflanzen, weil viele Säure liebenden Pflanzen zur Familie der *Heidekrautgewächse* gehören, einschließlich der Heide (*erica*), des Erdbeerbaums, des Berglorbeers, der Lavendelheide und natürlich des Rhododendrons. Viele andere attraktive Pflanzen, wie die Kamelie, die Eucryphia, die Hamamelis und einige Magnolienarten lieben ebenfalls saure Bedingungen, gehören jedoch nicht zur Familie der *Heidekrautgewächse*. Die richtige Bezeichnung für Pflanzen, die einen sauren Boden bevorzugen, ist „kalzifuge Pflanzen". Einige wundervolle Gartenpflanzen gedeihen nur in saurem Boden. Wenn Ihr Garten also diese Bedingungen bieten kann, können Sie sich darauf freuen, einige wirkliche Schätze anbauen zu können. Oft denkt man bei Pflanzen, die einen sauren Boden lieben, an Frühlingsblumen, wie die Kamelie und die Hamamelis. Es gibt aber auch sehr viele, die für ihr herrliches Herbstlaub berühmt sind, zum Beispiel Fothergilla und Stewartia. Wenn Sie dazu noch einige Erika pflanzen, dann haben Sie praktisch das ganze Jahr über einen blühenden Garten.

Sie können den pH-Wert Ihres Boden und den Säuregehalt mit einem Bodentest, den es für den Heimgebrauch gibt, testen. Es dauert nur wenige Minuten, um festzustellen, ob Ihr Boden geeignet ist. Als grobe Richtlinie gilt, dass Ihr Boden für Säure liebende Pflanzen ungeeignet ist, wenn er einen pH-Wert von 6,5 und mehr hat. Selbstverständlich ist es auch in solchen Fällen möglich, diese Pflanzen in Gefäßen zu ziehen, wo Sie eine Kontrolle über die Bodenbedingungen haben.

In der Natur findet man saure Böden vor allem in einer Heidelandschaft oder in Nadelwäldern. Beachten Sie, dass die Art des Bodens nicht immer vom pH-Wert abhängen muss. Saure Böden können auch durchlässig und sandig sein, oder schwer und klebrig, oder sogar organisch mit einem hohen Torfgehalt. Lehmböden können sowohl alkalisch als auch sauer sein, je nach Beschaffenheit. Torfhaltige Böden sind fast immer sauer. Einige Böden, vor allem wenn sie ursprünglich alkalisch waren, können langsam immer saurer werden, wenn Kalk aus den oberen Bodenschichten herausgewaschen wird. Dies ist bedingt durch das Regenwasser, das leicht sauer ist, und den Kalk im Boden löst und heraus wäscht (auslaugt).

Böden in Gegenden mit hohem Niederschlag sind eher sauer als alkalisch und viele Gärten, die berühmt sind für ihre Rhododendren sind im Westen des Landes zu finden.

Pflanzen, die unter natürlichen Bedingungen in sauren Böden wachsen (im Text markiert mit pH), werden normalerweise sehr zu kämpfen haben, wenn Sie in anderen Böden angepflanzt werden. Der Grund dafür ist, dass bei niedrigeren pH-Werten die Pflanzennährstoffe in anderer Form zur Verfügung stehen und die diversen Pflanzen diese Nährstoffe unterschiedlich aufnehmen können. Die meisten Säure liebenden Pflanzen können nicht genug Eisen aus dem Boden aufnehmen, wenn der pH-Wert zu hoch ist. Dies zeigt sich durch eine Gelbfärbung (Chlorose) der Blätter und endet in vielen Fällen mit dem Absterben der Pflanze, wenn nicht zusätzlich Eisen zugefügt wird.

LINKS: *Heidekraut ist ideal für einen sauren Boden und bietet ein herrliches Farbschauspiel, wenn man sie in einem großen Beet mischt. Das beste Ergebnis erzielt man, wenn man, wie hier, mehrere verschiedene Sorten in einem Bereich des Gartens kombiniert.*

Abies koreana

Koreanische Tanne
Höhe: 3 m, winterhart
Blütezeit: keine

Diese Konifere, die auch als Koreanische Tanne bekannt ist, ist ein kleiner, langsam wachsender Baum mit konischer Form und breiter Basis, wobei die Basis genauso breit ist, wie die Gesamthöhe. Jedes Blatt, bzw. jede „Nadel" hat ein schönes, dunkles Grün mit einer silbrig-weißen Unterseite. Sie bringt eindrucksvolle violettfarbene Zapfen von 5-7,5 cm hervor, selbst bei jungen Pflanzen. Die Vermehrung erfolgt durch Samen, die in Töpfen gezogen und im Februar nach draußen gesetzt werden. Anfällig für den Befall der Tannenstammlaus, die die jungen Triebe zerstört.

Acer rubrum

Rotahorn
Höhe: 15 m, winterhart
Blütezeit: Frühling

Der Rotahorn ist ein großer Laubbaum mit einer runden Krone. Die dunkelgrünen Blätter färben sich im Herbst leuchtend Rot. Winzige, jedoch unbedeutende rote Blüten erscheinen im Frühjahr an den Ästen. Wie bei allen Ahornarten findet man die schönsten Herbstfarben, wenn der Baum in saurem Boden wächst, es ist aber problemlos möglich, ihn auch in jedem anderen guten Boden anzubauen.

Andromeda polifolia „Compacta"

Höhe: 15-23 cm, winterhart – pH
Blütezeit: Spätsommer/Frühherbst

Dieser reizende immergrüne Zwergstrauch hat schlanke Stängel, die mit schmalen, bläulich-grünen Blättern mit einer weißen Unterseite bedeckt sind. Die zarten lila Blüten befinden sich traubenförmig am Ende der Triebe. Er gehört zur Familie der Heidegewächse und wächst wild in Torfsümpfen im nördlichen Europa. Er blüht nicht in kalkhaltigen Böden. Stecklingsvermehrung im Spätsommer. Die Pflanze kann von Rüsselkäferraupen befallen werden, die die Wurzeln fressen, wodurch die Pflanze welken oder sogar eingehen kann, wenn sie stark befallen ist.

Arbutus x andrachnoides

Höhe: 15 m, winterhart
Blütezeit: Spätherbst / Frühes Frühjahr

Eine Hybride zwischen A.andrachos und A.unedo, dem Killarney Erdbeerbaum. Dieser attraktive, langsam wachsende, breitblättrige, immergrüne Baum hat eine offene, weit gespreizte Krone mit einer auffallenden orange roten Rinde, die sich vom Stamm und älteren Ästen pellt und schuppt, wenn die neue Rinde darunter erscheint. Die weißen, kelchförmigen Blüten an langen, aufrechten Ähren erscheinen im Spätherbst/frühen Frühjahr, wenn die orange-roten Früchte des letzten Jahres reif sind. In strengen Wintern können Blätter und Triebe Schaden nehmen. Stecklingsvermehrung im Spätsommer.

Arctostaphylos uva-ursi

Bärentraube
Höhe: 10 cm, winterhart – pH
Blütezeit: Sommer

Dies ist ein niedriger immergrüner Strauch, der sich schnell ausbreitet. Schmale, ovale, leuchtend grüne Blätter, ideal als Bodendecker. Die kleinen Heidekraut ähnlichen Blüten sind weiß-rosa, im Herbst und Winter folgt ein herrliches Schauspiel mit kleinen scharlachroten Beeren. Er liebt saure Böden und einen vor Wind geschützten Standort. Eine besonders interessante Sorte ist A.u. „Point Reyes", der matt lila Blüten und grau-grüne Blätter hat. Stecklingsvermehrung im August.

Aristolochia durior

Gewöhnliche Osterluzei/ Fichtenspargel
Höhe: 9 m, nicht ganz winterhart
Blütezeit: Sommer

Ein kräftiger Kletterer, seine ungewöhnlichen, röhrenförmigen Blüten sind gelblich-grün mit einem bräunlich-roten Zentrum. Sie sind 3-5 cm lang, wobei der Boden halb nach oben gebogen ist, was an eine Pfeife erinnert (daher der ebenfalls übliche Name „Dutchman's pipe"). Die großen, matt-grünen Blätter an dünnen, hölzernen, sich windenden Stängeln sind herzförmig und bis zu 30 cm lang. Er bietet eine gute Mauerabdeckung, wenn er gestützt wird. Vermehrung durch Kopfstecklinge aus leicht verholzten Triebspitzen im Juli. Zurückschneiden im März, indem man die Triebe ausdünnt.

Begonia x carrierei

Begonie
Höhe: 23 cm, ziemlich winterhart
Blütezeit: Sommer / Herbst

Diese Pflanze mit ihren farbenprächtigen Blättern und attraktiven Blüten ist sehr beliebt für Gefäße und Sommerbeete. Es gibt sie entweder mit grünen oder bronzefarbenen Blättern und sie produzieren von Juni bis zum ersten Frost Unmengen an roten, rosa oder weißen Blüten. Es gibt einige mehrfarbige Sorten, einschließlich „New Generation", die Farbschattierungen in lachs, rosé, rosa, scharlachrot und weiß hat. Vermehrung durch Samen im Frühjahr oder durch Kopfstecklinge aus leicht verholzten Triebspitzen im Sommer.

Berberidopsis corallina

Korallenpflanze
Höhe: 4,5 m, nur bedingt winterhart
Blütezeit: Spätsommer

Eine wunderschöne, immergrüne Kletterpflanze mit hölzernen, sich windenden Stängeln. Die herzförmigen, dunkelgrünen Blätter haben eine dicke, ledrige Oberfläche und eine Reihe von dornenähnlichen Zähnen entlang des Blattrands. Der gebräuchliche Name „Korallenpflanze" kommt von den kleinen, runden, dunkelroten Blüten an dünnen, roten Stängeln, die in Büscheln nach unten hängen. Diese Pflanze gedeiht am besten an einem schattigen, etwas geschützten Standort mit feuchtem Boden. Vermehrung durch Samen, die im Frühjahr im Haus gesät werden oder durch Stecklingsvermehrung im Spätsommer.

Calluna vulgaris „J H Hamilton"

Heidekraut / Schottische Erika
Höhe: 60 cm, winterhart – pH
Blütezeit: Hochsommer / Spätherbst

Ein niedrig wachsender, immergrüner, buschiger Strauch mit kleinen, haarigen Blättern an dünnen, hölzernen Stängeln. Die Farbe der Blätter kann von Mittelgrün oder Grau bis Gelb, Orange oder einem leuchtend rötlichen Braun variieren und viele Sorten, wie zum Beispiel C. v. „Sunrise", entfalten ihre beeindruckendsten Farben während des Winters. Die kleinen glockenförmigen Blüten sind weiß bis dunkel und malvenfarbig und wachsen in Ähren an den Spitzen der Triebe und Äste. Vermehrung durch Stecklinge im Herbst nach der Blüte.

Camellia japonica „R L Wheeler"

Kamelie
Höhe: 4 m, bedingt winterhart – pH
Blütezeit: Frühling

C. japonica, die Japanische Kamelie, kann bis zu 10 m hoch werden, auch wenn dies einige Jahre dauern kann. Cj „R L Wheeler" ist eine der bekanntesten Sorten mit einem robusten, aufrechten Wuchs und großen, dunkelgrünen Blättern. Die Blüten sind rosé-pink, halbgefüllt, und mit auffälligen Kreisen von goldenen Staubbeuteln. Kamelien können erfolgreich in Kübeln gezogen werden, wenn es in einem kleinen Garten nur begrenzt Platz gibt und brauchen bei sehr kalter Witterung Schutz. Rückschnitt im Frühjahr nach der Blüte, wenn sie zu groß werden.

Camellia x williamsii „Donation"

Kamelie
Höhe: 3 m, bedingt winterhart – pH
Blütezeit: Später Winter / Spätes Frühjahr

Dieser Strauch oder kleine Baum ist attraktiv, einfach zu ziehen und wird wegen seiner eindrucksvollen Blüten und glänzenden Blätter sehr geschätzt. Blüten gibt es in einer großen Vielfalt und Farbschattierungen in Weiß, Rosa oder Rot und in den ersten Frühlingsmonaten manchmal sogar in einer Kombination von zwei oder mehr Farben. Die Blüten sind je nach Sorte einfach, gefüllt oder halbgefüllt. Kamelien gedeihen gut an einem geschützten Standort. Vermehrung durch Stecklinge im Frühherbst.

Cassiope „Muirhead"

Höhe: 30 cm, winterhart – pH
Blütezeit: Frühjahr

Dieser immergrüne Zwergstrauch hat einen niedrigen, kompakten Wuchs und breitet sich schnell aus. Jeder Trieb ist von dicht überlappenden, schuppenartigen, dunkelgrünen Blättern umhüllt. Die kleinen glockenförmigen Blüten, deren Farben von weiß bis weiß-rotstichig variieren, hängen einzeln oder zu zweit an den Stängeln und Ästen. Er braucht zum Anwachsen und Gedeihen einen feuchten, geschützten, leicht schattigen Standort und verträgt keinen kalkhaltigen Boden. Die Sorte „Edinburgh" ist wahrscheinlich am leichtesten zu ziehen. Vermehrung durch Ableger oder Stecklinge im Spätsommer oder Frühherbst.

Cercidipyllum japonicum

Katsurabaum
Höhe: 8 m, winterhart
Blütezeit: Frühjahr

Dieser Baum wird wegen der Farbe und Schönheit und der ungewöhnlichen runden oder herzartigen Form seiner Blätter angebaut, die ungeöffnet rot sind und sich zu mittelgrün verändern, wenn sie sich innerhalb von wenigen Tagen öffnen. Das Hauptschauspiel bietet er aber im Herbst, wenn die Blätter sich gelb und später leicht rosa färben. Darüber hinaus verbreitet die Pflanze während dieses Farbwechsels einen „Kuchengeruch". Die jungen Triebe können von einem späten Frosteinbruch zerstört werden. Vermehrung durch Samen in Herbst und Winter.

Clethra arborea

Baumförmige Scheineller (Lily-of-the-valley tree of Madeira)
Höhe: 8 m, bedingt winterhart
Blütezeit: Hochsommer bis Spätsommer

Der stattliche Baum hat einen dichten, buschigen Wuchs und seine ovalen, immergrünen Blätter sind gezähnt. Die langen Blütenstände mit weißen, glockenförmigen Blüten duften stark und sehen ähnlich aus wie die Blüten der Lily-of-the-valley. Am besten gedeihen Clethras in einem torfhaltigen Boden an einem halb-schattigen Standort. Vermehrung durch Kopfstecklinge im Sommer oder durch frisch geernteten Samen, der im Herbst ausgesät wird.

Cornus canadensis

Teppich-Hartriegel (Creeping dogwood)
Höhe: 15 cm, winterhart – pH
Blütezeit: Sommer

Genau genommen ist diese niedrig kriechende Pflanze kein Strauch, da die Triebe jedes Jahr im Winter absterben und im Frühjahr durch neue ersetzt werden. Die mittelgrünen Blätter sitzen in Gruppen an den Spitzen der dünnen, grünen Stängel. Eine ideale Bodendecker-Pflanze, die einen Teppich aus kleinen, sternförmigen, weißen Blüten bildet, gefolgt im Herbst durch dichte Büschel mit hellroten Früchten. Vermehrung durch Teilung im Winter. Spätfrost im Frühjahr kann die Blätter zerstören.

Cornus kousa var. chinensis

Japanischer Blütenhartriegel
Höhe: 3 m, winterhart
Blütezeit: Sommer

Dies ist eine dankbare, buschige Pflanze, dessen mattgrüne, ovale Blätter einen ausgeprägten, wellenförmigen Rand haben und gegenständig entlang der Äste gebildet werden. Die Vielzahl an blütenähnlichen Hochblättern an den verzweigten Ästen bieten im Frühsommer ein herrliches Schauspiel, gefolgt von himbeerartigen Früchten, die im Herbst und Winter reifen. Die attraktive Sorte C.k. „Satomi" hat dunkellila Hochblätter und Blätter, die sich im Frühherbst rötlichbraun färben. Vermehrung durch frischen Samen im Herbst.

Cornus nuttallii

Pazifischer Blütenhartriegel
Höhe: 8 m, winterhart
Blütezeit: Spätes Frühjahr / Frühsommer

Diese große Pflanze hat auffällige cremeweiße Hochblätter, die die kleinen, gelblich-grünen Blüten umgeben. Die Hochblätter verfärben sich mit dem Alter zu einem leuchtenden Rosa. Die leicht ovalen Blätter haben während des Sommers ein mattes Grün und verfärben sich im Herbst zu einem tiefen Bronze und Purpur. Die Sorte C.n. „Gold Spot" hat fleckige gelbe Blätter. Sie bevorzugt einen geschützten Standort in reichem, lockeren Boden. Vermehrung durch frischen Samen, der im Herbst ins Frühbeet gesät wird, die Keimung kann jedoch bis zu achtzehn Monate dauern.

Corydalis cheilanthifolia

Farnblättriger Lerchensporn
Höhe: 25 cm, winterhart
Blütezeit: Spätfrühjahr / Frühsommer

Diese immergrüne Staude ist eine dekorative Pflanze mit farnähnlichem oliv-grünem Laub, das hauptsächlich in einer niedrig wachsenden Rosette gebildet wird. Die aufrechten, dichten Trauben mit hellgelben Blüten erheben sich über die Blätter. Sie ist fast während des gesamten Jahres ein attraktiver Hingucker in Beeten und sät sich nach dem Anwachsen jedes Jahr selbst neu aus. Sie bevorzugt einen leichten, gut durchlässigen Boden und verträgt leichten Schatten. Vermehrung durch Samen, der im Herbst gesät wird oder durch Teilung der dicken, fleischigen Wurzeln im Winter, wenn die Pflanze im Winterschlaf ist.

Corylopsis pauciflora

Höhe: 1,8 m, winterhart – pH
Blütezeit: Frühjahr

Dieser wunderschöne, blühende Strauch bildet hängende Stränge mit stark duftenden primel-gelben Blüten, die im Frühjahr vor den Blättern erscheinen. Die breiten, ovalen Blätter mit stachligen Rändern haben anfangs einen rötlichen Bronzeton und verfärben sich nach der Reife in ein leuchtendes Grün. Er liebt einen sonnigen, geschützten Standort; die zarten Blüten können jedoch von späten Frühjahrsfrösten zerstört werden. Vermehrung durch Kopfstecklinge aus leicht verholzten Triebspitzen im Sommer oder durch Samen, der im Herbst ins Frühbeet gepflanzt wird, um langsam während des Winters zu wurzeln.

Cryptomeria japonica

Sicheltanne
Höhe: 18 m, winterhart
Blütezeit: Frühjahr

Ein großer, schnell wachsender Baum mit einer breiten, konischen Wuchsform und einer orangeroten Rinde, die bei älteren Bäumen in Längsstreifen abfasert. Die dünnen, nadelförmigen Blätter sind mittelgrün bis dunkelgrün und in Spiralen dicht um die Triebe angeordnet. Die Sorte C.j. „Elegans" hat ein dekoratives Laub, das sich von Grün im Herbst und Winter in einen rötlichen Bronzeton verfärbt. Zur Vermehrung setzen Sie hohe Triebe im Frühherbst in ein Frühbeet, die langsam während des Winters wurzeln.

Cypripedium reginae

Mokassin-Frauenschuh
Höhe: 60 cm, winterhart
Blütezeit: Frühjahr/Sommer

Diese laubabwerfende, winterharte Staude wird normalerweise Frauenschuhorchidee genannt. Sie hat matt grüne, tief gerillte, lange riemenartige Blätter, die an Taglilienblätter erinnern. Die Blüten sind überwiegend weiß mit einem rosa-weißen Sack, der den Blütenschuh bildet. Sie werden von grünen Stängeln oder Ähren getragen, wobei bis zu vier Blüten an einem Stängel ausgebildet werden können. Sie ist sehr reizvoll während der Blüte, braucht jedoch einige Zeit, bis sie voll angewachsen ist. Vermehrung durch Teilung im Frühjahr.

Daboecia cantabrica

Irische Heide – St Daboe's heath
Höhe: 60 cm, winterhart
Blütezeit: Sommer/Herbst

Dies ist einer der reizvollsten Zwergsträucher mit robusten, dünnen Stängeln. Die kleinen, lanzenförmigen Blätter sind dunkelgrün an der Oberseite und silbrig-grau an der Unterseite. Die kleinen kelchförmigen rosaroten Blüten werden in langen, strangähnlichen Büscheln gebildet. Die Sorte D.c. „Snowdrift" hat weiße Blüten. Junge Pflanzen können durch Spätfrost im Frühjahr zerstört werden. Die Pflanze reagiert gut auf einen kräftigen Schnitt. Stecklingsvermehrung im Spätsommer oder durch einjährige alte Ableger im Frühjahr.

Darlingtonia californica

Kobralilie
Höhe: 1 m, winterhart
Blütezeit: Frühjahr / Sommer

Die Kobralilie hat fleischige Rhizome unter der Erde und eine dichte Rosette von gelblich-grünen, weiß gepunkteten Blättern, die an der Spitze eine helmartige Haube oder einen solchen Mund bilden, die Insekten anlockt. Die einzelnen Blüten, mit gelblich hellgrünen Kelchblättern und purpurnen Kronenblätter ragen an langen, blattlosen Stängeln über die Kronenblätter hinaus. Die kleinen Früchte enthalten viele Samen. Diese Pflanze bevorzugt eine feuchte, geschützte Umgebung, wie einen Sumpfgarten. Vermehrung durch Samen oder Teilung im Frühjahr.

Desfontainia spinosa

Höhe: 1,5 m, bedingt winterhart – pH
Blütezeit: Sommer / Herbst

Ein prachtvoller, langsam wachsender immergrüner Strauch mit einer dichten, aufrechten Wuchsform. Kleine, palmenähnliche Blätter in einem leuchtenden Dunkelgrün. Die einzeln stehende Blüte ist an ihrer Basis verwachsen und hat fünf scharlachrote Kronblätter, einen gelben Mund und eine wachsartige Oberfläche. Diese Pflanze braucht einen leicht schattigen Standort und liebt einen feuchten, sauren Boden. Sie gedeiht besonders gut in den milden westlichen Gegenden des Landes. Die Sorte D.s. „Harold Comber" bildet längere Blüten in einem tieferen Rotton. Stecklingsvermehrung im Sommer in einem beheizten Frühbeet.

Embothrium coccineum

Chilenischer Feuerbusch
Höhe: 6 m, bedingt winterhart – pH
Blütezeit: Frühsommer

Dieser meist immergrüne Baum hat eine schmale, aufrechte Wuchsform und steife, spitze Äste. Die glänzenden, tiefgrünen Blätter sind leicht ellipsenförmig und haben ein ledriges Aussehen. Blütenstände mit prächtigen orange-roten stachligen Blüten werden in großer Fülle entlang der Äste gebildet. Eine härtere Sorte, die E.c. Lanceolatum, hat etwas größere Blüten, ist aber eher laubabwerfend. Vermehrung durch Samen im Frühjahr oder durch Triebe im Winter, die in ein Frühbeet gesetzt werden.

Enkianthus campanulatus

Höhe: 2,4 m, winterhart – pH
Blütezeit: Frühsommer

Dies ist ein laubabwerfender Strauch mit dichten, aufrechten Ästen und weichen, roten Zweigen. Die leicht gezähnten Blätter sind matt grün, weitgehend elliptisch und werden in Büscheln an den Spitzen der Äste gebildet. Im Herbst färben sie sich gelb, und dann in ein leuchtendes Rot, bevor sie abfallen. Die glockenförmigen kleinen Blüten werden in hängenden Blütenständen gebildet. Sie sind gelb mit feiner roter Zeichnung. Sie blühen oft bis zu drei Wochen. Dieser Strauch liebt Sonne oder Halbschatten und einen feuchten Boden. Stecklingsvermehrung im Spätsommer oder Frühherbst.

Epimedium grandiflorum

Elfenblume
Höhe: 30 cm, winterhart
Blütezeit: Frühling / Sommer

Diese reizvolle, niedrig wachsende Staude ist ein ausgezeichneter Bodendecker, besonders in feuchtem, gut durchlässigem Boden und Halbschatten. Die herzförmigen Blätter sind leuchtend grün und bei der jungen Pflanze rötlich gefärbt; sie verfärben sich bei der älteren Pflanze in ein dunkleres Grün. Im Herbst bieten die Blätter ein lebendiges Farbschauspiel in Gelb, Orange, Rot und Bronze. Die kleinen, kelchförmigen Blüten sitzen in Blütenständen direkt über den Blättern; die Farben variieren je nach Sorte. Vermehrung durch Teilung im Frühjahr.

Erica carnea „Springwood White“

Heidekraut / Schneeheide
Höhe: 30-45 cm, winterhart
Blütezeit: ganzjährig

Heidekrautgewächse sind beliebte immergrüne Pflanzen, da eine ganzjährige Blüte möglich ist, wenn man verschiedene Sorten pflanzt. Die meisten Heidearten lieben volle Sonne und sauren Boden. Die Sorte E. carnea und ihre Züchtungen gedeihen auch in leicht kalkhaltigem Boden und im Schatten. Die „Springwood White“ ist die kraftvollste weiße Sorte und hat große Blüten vom späten Winter bis zum Frühjahr. Heidekraut wirkt am besten, wenn es in großen Mengen gepflanzt wird. Die verblühten Blüten sollten direkt nach der Blüte abgeschnitten werden.

Erica x darleyensis „Darley Dale“

Heide
Höhe: 30-45 cm, winterhart
Blütezeit: ganzjährig

Viele Heidearten haben sehr reizvolle Blätter und Blüten. Die Sorte E.cinerea „Golden Drop“ hat goldene Blätter mit kupferroten Trieben und die E. carnea „Aurea“ gold-gelbe Blätter und pinkfarbene Blüten.
E. x d „Kramer's Red“ hat rubinrote Blüten und E x s. „Silberschmelze“ ist silbrig-weiß. Stecklingsvermehrung im September.

Eucryphia x nymansensis „Nymansay“

Scheinulme
Höhe: 6 m, bedingt winterhart
Blütezeit: Spätsommer / Frühherbst

Die mittel- bis dunkelgrünen Blätter haben eine ledrige Oberfläche und einen zerknitterten Rand; sie werden einzeln oder in Gruppen an einem kurzen Blattstiel gebildet. Die bekannteste Sorte ist E. x nymansensis, eine Hybride zwischen E. cordifolia und E glutinosa, die Züchtung „Nymansay“ bildet einen kleinen Baum mit aufrechter Wuchsform, der schnell wächst und reine, weiße Blüten produziert. E. lucida „Pink Cloud“ hat matt rosafarbende Blüten mit einem dünnen, weißen Rand. Stecklingsvermehrung im September.

Fothergilla major

Höhe: 1,8 m, winterhart – pH
Blütezeit: Frühjahr

Ein langsam wachsender Strauch mit wucherndem Aussehen. Die hauptsächlich ovalen Blätter glänzen dunkelgrün an der Oberfläche und haben einen bläulich-weißen Hauch an der Unterseite. Im Herbst vor dem Winterfrost färben sie sich Gelb und leuchtend Orange. Die stark duftenden Blüten sehen aus wie kleine, weiße Flaschenbürsten und erscheinen vor den Blättern. Bevorzugt sandigen, kalkfreien Boden und einen geschützten Standort. Vermehrung durch Ableger von jungen Trieben im Herbst. Anfällig für Schäden und Absterben der Äste durch einen Pilz, den „Coral spot fungus" oder „Nectria cinnabarina".

Gaultheria mucronata

Höhe: 1 m, winterhart – pH
Blütezeit: Spätes Frühjahr / Frühsommer

Früher waren die Gaultheria bekannt unter dem Namen Pernettya. Sie gehören zur Gattung der immergrünen Sträucher. G. mucronata hat kleine, glänzende, dunkelgrüne Blätter mit einer ovalen, spitz zulaufenden Form. Die Blüten sind normalerweise weiß und werden abgelöst durch Dolden mit kleinen, runden Früchten, die von weiß und pinkfarben bis purpurrot und rot variieren. Züchtungen: G. m. „Bell's Seedling", die leuchtende kirschrote Früchte hat und G. m. „Liacina" mit matt violetten Früchten. Es werden sowohl männliche als auch weibliche Pflanzen benötigt, damit Beeren entstehen. Stecklingsvermehrung im September.

Gaultheria shallon

Shallon-Scheinbeere
Höhe: 1,2 m, winterhart – pH
Blütezeit: Spätfrühjahr / Frühsommer

Diese kräftige Pflanze bildet breite, ovale Blätter; sie sind dick, ledrig und stehen an schlanken, aufrechten, rötlich-grünen Trieben. Die kleinen, blassrosa-weißen Blüten, die an der Basis der Blätter gebildet werden, formen einen großen, traubenartigen Blütenstand und werden im Herbst von dunkelvioletten Früchten gefolgt. Diese Pflanze breitet sich sehr schnell aus und braucht viel Platz, eignet sich aber hervorragend für eine Pflanzung im Schatten und ist ein ausgezeichneter Bodendecker. Vermehrung durch Teilung der Pflanze im Winter.

Gentiana sino-ornata

Chinesischer Schmuck-Enzian
Höhe: 15 cm, winterhart – pH
Blütezeit: Herbst

Diese immergrüne, mehrjährige Pflanze ist wahrscheinlich der beste im Herbst blühende Enzian. Im Frühjahr bildet er einzelne, dünne, hängende Stängel, die sich auf dem Boden ausbreiten. Während des Sommers werden diese Stängel immer länger und produzieren im Herbst eine herrliche blaue Blüte, die an der Außenseite hübsch gestreift ist. G. sino-ornata braucht einen feuchten, sauren Boden. Zum Vermehren werden die Wurzeln zusammen mit einem kleinen Stück des Stängels von der Mutterpflanze abgeschnitten und eingetopft oder im Frühjahr neu ausgepflanzt.

Halesia monticola

Schneeglöckchenbaum
Höhe: 8 m, winterhart
Blütezeit: Frühjahr

Ein winterharter Laubbaum mit einer breiten Wuchsform. Diese Pflanze wird hauptsächlich wegen ihrer auffälligen Blütenstände mit weißen, glockenförmigen Blüten angebaut, die im Frühjahr vor den Blättern erscheinen. Im Herbst werden kleine, grüne, geflügelte, birnenförmige Früchte gebildet. Die hauptsächlich ovalen Blätter sind mittelgrün. Der Baum bevorzugt einen feuchten, sauren bis neutralen Boden und die Vermehrung erfolgt durch Stecklinge im Sommer oder durch Samen, die im Herbst ins Frühbeet gepflanzt werden.

Hamamelis x intermedia

Zaubernuss
Höhe: 3 m, winterhart
Blütezeit: Winter / Frühjahr

Dieser sehr markante sommergrüne Strauch bringt seine duftenden Blüten im Winter hervor. Er hat kleine, streifenartige Blütenblätter, hauptsächlich in Farbschattierungen von Gelb, obwohl einige Züchtungen auch dunklere Blüten haben. H. x i. „Ruby Glow" hat kupfer-rote Blüten und H. x i. „Diane" tiefrote. Er bevorzugt Sonne oder Halbschatten und gut durchlässigen sauren bis neutralen Boden. Die großen, mittelgrünen Blätter sind meistens oval und zeigen im Herbst ein herrliches Farbschauspiel. Stecklingsvermehrung im Spätsommer oder Veredelung im Winter.

Holboellia coriacea

Höhe: 6 m, bedingt winterhart
Blütezeit: Spätfrühjahr

Eine immergrüne Kletterpflanze, die sich selbst stützt, indem sie hölzerne Zwillingsstängel mit glänzenden, dreigeteilten, kurzstieligen, grünen Blättern bildet. Die Blüten der männlichen und weiblichen Pflanze werden an der gleichen Pflanze gebildet; die männlichen Blüten sind violett und die weiblichen grünlich-weiß mit violetten Schattierungen. Im Herbst erscheinen schwarz-violette, wurstförmige Früchte mit schwarzen Samenkörnern. Sie gedeiht in jedem gut durchlässigen Boden in der Sonne oder im Halbschatten. Stecklingsvermehrung im Spätsommer.

Hydrangea macrophylla „Générale Vicomtesse de Vibray"

Höhe: 1,5 m, bedingt winterhart
Blütezeit: Sommer / Herbst

Die Mopp-köpfigen (Hortensien) und spitzkappigen Hydrangeas haben breite, flache Blüten, die von einer oder mehreren Reihen von rosa, weißen oder blauen Blütenkelchen eingerahmt sind. Sie wachsen in fast allen Böden, die Farbe variiert jedoch von Rosa bis Blau, je nach dem Säuregehalt des Bodens. Sie lieben einen feuchten Boden. Entfernen Sie die abgestorbenen Blütenköpfe im Frühjahr nach dem Frost und kappen Sie ein Drittel der Triebe bei ausgewachsenen Pflanzen bis auf Bodenebene. Vermehrung durch Kopfstecklinge im August.

Indigofera heterantha

Indigofera
Höhe: 1,5 m, bedingt winterhart
Blütezeit: Frühsommer / Herbst

Dies ist ein Mitglied aus der Familie der Hülsenfrüchtler. Sie bildet während des ganzen Sommers ährige Blütentrauben mit violett-rosa Blüten an verzweigten Stängeln. Sie bevorzugt einen gut durchlässigen, lehmigen Boden und einen sonnigen Standort. Sie kann vor einer Mauer als Kletterpflanze oder freistehend in der Erde gepflanzt werden, wobei sie dann aber im Frühjahr zurückgeschnitten werden sollte. Sie regeneriert sich auch bei Frostschäden wieder. Vermehrung durch junge Triebe im Juli, die in ein Frühbeet gesetzt werden oder durch Aussaat im Mai.

Kalmia latifolia

Lorbeerrosen
Höhe: 3 m, winterhart – pH
Blütezeit: Sommer

Ein prachtvoller, Rhododendron - artiger immergrüner Strauch mit einer dichten, buschigen Wuchsform. Die wechselständigen Blätter sind glänzend dunkelgrün und haben eine raue, ledrige Oberfläche. Sie werden an dünnen, elastischen, grünen Stängeln gebildet. Die ungewöhnlichen gekräuselten Knospen öffnen sich im Sommer zu großen Blütenständen mit leuchtenden rosa, becherförmigen Blüten. Die Züchtungen K. l var. alba und K.l. „Silver Dollar" haben weiße Blüten mit einem Hauch Rosa. Sie bevorzugt einen sonnigen Standort und feuchten, sauren Boden. Stecklingsvermehrung im Spätsommer.

Kirengeshoma palmata

Höhe: 2 m, winterhart – pH
Blütezeit: Spätsommer / Herbst

Eine aufrechte, winterharte Staude mit üppigen, leuchtend grünen, palmenähnlichen Blättern. Die cremig-gelben Federball-förmigen Blüten werden im Spätsommer in Blütenständen über den großen, rundlichen Blättern an hohen, aufrechten, lila-kastanienbraunen Stängeln gebildet. Die Pflanze gedeiht am besten in etwas Lichtschatten mit Windschutz, wobei jedoch ein feuchter, aber gut durchlässiger, vorzugsweise kalkfreier Boden wichtig ist. Sie sollte im Frühjahr gepflanzt werden; die Vermehrung erfolgt durch Teilung des Wurzelstocks im Frühjahr.

Koelreuteria paniculata

Blasenesche
Höhe: 9 m, bedingt winterhart
Blütezeit: Spätsommer

Ein sommergrüner Baum mit großen, mittelgrünen Blättern, die sich in unzählige Fiederblättchen teilen und im Herbst gelb färben. Große rispige Blütenstände mit gelben Blüten im Spätsommer, gefolgt von aufgeblasenen, dreieckigen, rötlich-braunen Samenkapseln. Braucht einen sonnigen Standort und gut durchlässigen, fruchtbaren Boden. Er wird am besten durch Samen vermehrt, die im Herbst im reifen Zustand in sandigen Boden eines Frühbeets gesät werden.

Leucothoe fontanesiana

Höhe: 1,5 m, winterhart – pH
Blütezeit: Frühjahr

Ein eleganter, immergrüner Strauch, der ideal ist als Bodendecker. Die anmutigen, gewölbten Triebe tragen ledrige, streifenartige Blätter, die im Frühjahr und Sommer glänzend dunkelgrün sind und sich im Herbst und Winter in ein „Rote-Beete" – Rot oder Bronze verfärben. Die kleinen, weißen Blüten sind kelchförmig und hängen in kleinen Blütenständen entlang der gesamten Länge des Stängels. L.f. „Rainbow"hat cremefarbig, gelb und rosa gesprenkelte Blätter. Er liebt einen feuchten, sauren Boden und Schatten oder Halbschatten. Stecklingsvermehrung im Spätsommer.

Liquidambar styraciflua „Worplesdon"

Amerikanischer Amberbaum
Höhe: 8 m, winterhart
Blütezeit: Frühjahr

Ein großer Baum mit ahornartigen, glänzenden, dunkelgrünen Blättern, die sich im Herbst Orange und Gelb färben. Bildet zunächst eine schlanke Pyramide, bei der die unteren Äste nach oben zeigen, entwickelt sich mit dem Alter jedoch kegelförmig. Der Stamm ist tief gerillt und gefurcht und ist zunächst rotbraun, später dunkelgrau. Es können kleine, grüne Blüten im Frühjahr gebildet werden. Vermehrung durch Veredelung im Frühjahr.

Lupinus luteus

Gelbe Lupine
Höhe: 75 cm, winterhart
Blütezeit: Sommer

Diese eindrucksvolle, einjährige Pflanze hat mittelgrüne, behaarte Stängel. Die mittelgrünen, ovalen Blätter sind zur Basis hin schmaler und schwach bedeckt mit einem Flaum weicher Haare. Die leuchtend gelben Blüten, die in einem Kreis oder Wirbel am Ende des Stängels angeordnet sind, werden gefolgt von kleinen, schwarzen, haarigen Schoten, von denen jede rund fünf leicht abgeflachte schwarze Samen enthält. Vermehrung durch Samen an Ort und Stelle im Frühjahr – weichen Sie die Samen vor dem Aussaen 24 Stunden in Wasser ein.

Magnolia x soulangeana „Lennei"

Tulpenmagnolie
Höhe: 6 m, winterhart
Blütezeit: Frühes Frühjahr

Entgegen vieler anderslautender Meinungen gibt es eine Reihe von Magnolien, die einen kalkhaltigen Boden vertragen. M. delavayi, M. kobus und M. wilsonii sind drei davon. Trotzdem gedeihen die meisten am besten in neutralem bis saurem Boden und lieben einen Schutz gegen Ostwind, der ansonsten die Blüten im Frühjahr zerstören könnte.
Die Sorte x soulangeana Hybriden wie „Lenneii" gehören zu den härtesten und haben Farbschattierungen von rosa bis rosa-violett und weiß.

Magnolia stellata

Sternmagnolie
Höhe: 3 m, winterhart
Blütezeit: Frühjahr

Die Sternmagnolie ist ein wohlgeformter Busch, der im Frühjahr viele duftende, sternförmige weiße Blüten in großer Fülle hervorbringt, bevor er grün wird. Die Blätter sind schmal und tiefgrün. Magnolien kommen aus Nordamerika, dem Himalaya und Japan und sind nach Pierre Magnol benannt. Unter den schönsten sind M. campbellii, M. acuminata (der Gurkenbaum), M. denudata (der Lilienbaum) und M. grandiflora (Seite 148). Sie können durch Stecklingsvermehrung im Sommer oder durch Samen, der im Herbst ausgesät wird, vermehrt werden.

Meconopsis betonicifolia

Blauer Mohn ≤
Höhe: 1,2 m, winterhart
Blütezeit: Sommer

Die mittelgrünen Blätter sind länglich und mit weichen Borsten bedeckt. Die lebhaften, himmelblauen Blüten in haarigen, schotenähnlichen Knospen mit einem Kern von gold-gelben Staubbeuteln werden auf hohen, schlanken Stängeln getragen. Diese Pflanze braucht einen tiefen, reichen, vorzugsweise sauren Boden und einen kühlen, geschützten, schattigen Standort. Vermehren Sie diese mehrjährige Pflanze durch Samen, den Sie im August in ein Frühbeet säen und das Sie während des Winters an einen geschützten Ort stellen. Lassen Sie diese Pflanze nicht im ersten Jahr blühen und teilen Sie sie alle vier Jahre.

Menziesia ciliicalyx „Spring Morning“

Höhe: 1-1,5 m, winterhart – pH
Blütezeit: Frühsommer

Dieser äußerst reizvolle, blühende Strauch ist in Japan beheimatet und ein wirkliches Schmuckstück, wenn er zusammen mit Rhododendron gezogen wird. Die Blätter sind matt bis mittelgrün und haben einen stacheligen Rand. M. c. „Spring Morning“ hat blass cremefarbene, kelchförmige Blüten, während M. c. var. Purpurea violette Blüten hat. Sie blühen zwischen Mai und Juni. Er liebt Halbschatten und feuchte, saure Böden. Stecklingsvermehrung im Hoch- oder Spätsommer.

Ourisia macrophylla

Höhe: 25 cm, winterhart
Blütezeit: Hochsommer

Eine niedrig wachsende Pflanze mit einem kriechenden Rhizom unter der Erde und mittelgrünen, gerundeten Blättern mit einem gekerbten Rand, die dichte Matten bilden. Sie bringt aufrechte, schlanke Stängel hervor, die weiße (manchmal mit rosa durchzogen) röhrenförmige, bis zu 2,5 cm lange Blüten an einer Ähre über den Blättern tragen. Diese Pflanze braucht Halbschatten und einen gut durchlässigen Boden. Vermehrung durch Teilung im Frühjahr oder durch Samen, der im Spätfrühjahr ausgesät wird.

Oxydendrum arboreum

Sauerbaum
Höhe: 9 m, winterhart – pH
Blütezeit: Sommer

Dieser sommergrüne, langsam wachsende Baum wird hauptsächlich wegen seines auffallenden gelben und purpurroten Herbstlaubs gezogen. Im Frühjahr und Sommer hat es eine elliptische Form und ein glänzendes, dunkles Grün. Die weißen Blüten werden im Sommer in langen, rispenförmigen Blütenständen an den Spitzen der Triebe gebildet. Im Winter ist die Rinde reizvoll rostrot und färbt sich mit dem Alter grau. Stecklingsvermehrung im Sommer oder durch Aussaat von frischen Samen im Herbst.

Picea pungens „Koster“

Stech-Fichte
Höhe: 15 m, winterhart
Blütezeit: Frühjahr

Diese Sorte bildet einen mittelgroßen Baum mit einer konischen Form. Neue Triebe sind organgeblau, während die derben, reifen „Nadeln“ graugrün sind. Die hängenden, hellbraunen Zapfen sind bläulich-grün, wenn sie jung sind. Die bekannteste Züchtung, P.p. „Koster“, bildet einen kleinen Baum mit silbrig-blauen Blättern. Die meisten Sorten können durch Samen, die im Frühjahr nach draußen gesät werden, vermehrt werden; die genannten Sorten werden durch Veredelung im Frühjahr gewonnen. Anfällig für Schädlinge wie die Gallaus, die den Saft aussaugt und die jungen Triebe zerstört.

Pieris japonica „Firecrest“

Höhe: 3 m, winterhart – pH
Blütezeit: Frühjahr

Kompakter Strauch mit schmalen Blättern und weißen oder rosafarbenen glockenförmigen Blüten, die der Lily-of-the-Valley ähneln. Die meisten von ihnen werden wegen ihres farbenprächtigen Laubs im Frühjahr gezogen, das von Limettengrün bis Purpur oder Bronze reicht. Lieben einen schattigen Standort und feuchten, sauren Boden. Die Zuchtform Pieris „Forest Flame“ hat junge Blätter, die zunächst rot sind, sich dann zu rosa und cremefarben und schließlich grün ändern. Stecklingsvermehrung im August.

Pseudolarix amabilis

Goldlärche
Höhe: 15 m, winterhart – pH
Blütezeit: Unbedeutend

Dies ist ein wunderschöner, laubabwerfender Baum mit einer offenen Krone, der sehr langsam wächst, teilweise weil die neuen Triebe oft von Spätfrösten zerstört werden, entwickelt sich aber trotzdem zu einer stattlichen Höhe. Die langen, lärchenartigen Nadeln sind hellgrün und färben sich im Herbst klar Gold-Gelb, Orange und schließlich rötlich Braun. Er trägt aufrechte Zapfen mit abgespreizten Schuppen, die die Samen tragen. Diese Pflanze reagiert besonders empfindlich auf kalkhaltige Böden. Vermehrung durch geschützte Samenaussaat im Frühling.

Pseudotsuga menziesii

Douglasie
Höhe: 25 m, winterhart
Blütezeit: unbedeutend

Dieser große, kraftvolle Baum entwickelt im Alter eine tief gerillte, borkige Rinde und eine flache, breit ausladende Krone. Die breiten „Nadel"-blätter sind aromatisch und in zwei horizontalen Reihen entlang der Ästchen angeordnet. Sie sind an der Oberseite tief dunkelgrün und haben zwei silbrige Linien an der Unterseite. Die grau-blättrige Sorte P.m var. Glauca verträgt trockenere Böden. Vermehrung durch geschützte Samenaussaat im Frühling.

Rhododendron „Kirin"

Azalee
Höhe: 1,5 m, winterhart – pH
Blütezeit: Frühjahr

Botanisch gesehen, werden alle Azaleen als Rhododendren bezeichnet, die meisten Hobbygärtner verstehen unter dem Namen Azalee jedoch die Sorten, die ihre Blätter im Winter verlieren. Um es noch komplizierter zu machen, sind einige der Azaleen immergrün, wozu auch die Sorte „Kirin" gehört. Alle Rhododendren und Azaleen bevorzugen einen feuchten, neutralen bis sauren Boden mit etwas Schatten. Vermehrung durch Kopfstecklinge aus dem diesjährigen Holz im Juli oder durch Veredelung.

Rhododendron davidsonianum

Rhododendron
Höhe: 1,5-3 m, winterhart – pH
Blütezeit: Spätfrühjahr

Rhododendren in voller Blüte sind eines der beeindruckendsten Schauspiele im Frühling und es ist empfehlenswert, einige der bekanntesten Gärten, wie Kew, Savill Garden, Exbury und Bodnant zu besuchen, um die beeindruckende Blüte zu bewundern. R.davidsonianum ist eine relativ langsam wachsende Sorte mit Blütenständen von mattrosa bis mattmauvefarbenen, trichterförmigen Blüten. Da alle Rhododendren Flachwurzler sind, ist es empfehlenswert, im Mai mit halbvermoderten Blättern zu mulchen, um den Boden im Sommer feucht zu halten.

Rhodohypoxis baurii

Höhe: 10 cm, nicht ganz winterhart
Blütezeit: Frühjahr / Sommer

Diese niedrig wachsende Staude hat eine buschige Wuchsform und eine Krone mit aufrechten, lanzenförmigen, haarigen Blättern. Die kleinen, ziemlich flachen, sechsblättrigen Blüten, die von Weiß bis Mattrosa oder Rot variieren, werden an schlanken, aufrechten Stängeln getragen. Jede Blüte hat sechs Blütenblätter, die sich im Zentrum treffen, sodass die Pflanze kein Auge hat. Die idealen Bedingungen für diese Pflanze sind volle Sonne und ein feuchter, sandiger, torfiger Boden. Vermehrung durch Samen, der im Frühjahr ausgesät wird. Einige Sorten, vor allem Züchtungen wie R.b. „Douglas" müssen durch Teilung im frühen Frühjahr vermehrt werden.

Staphylea colchica

Pimpernüsse
Höhe: 3,5 m, winterhart
Blütezeit: Spätfrühjahr

Ein großer, laubabwerfender Strauch aus dem Kaukasus, der hübsche Blütenstände mit weißen Blüten im Mai hat. Diese werden gefolgt von aufgeblasenen bis zu 5 cm langen Samenschoten. Er hat leuchtende, grüne Blätter mit je drei bis fünf ovalen Blättchen und braucht Sonne oder Halbschatten und einen feuchten, nährstoffreichen Boden. S. holocarpa „Rosea" hat rosa Blüten. Die Sorten können durch Samen vermehrt werden, die im Herbst gesät werden, bestimmte Arten durch Stecklingsvermehrung aus dem alten Holz im Juli. Schneiden Sie die jungen Pflanzen, um einen buschigen Wuchs anzuregen.

Stewartia sinensis

Höhe: 6 m, winterhart
Blütezeit: Sommer

Dieser kleine, sommergrüne Baum hat auffällige braune Äste und eine ungewöhnliche, sich schälende, dekorative Rinde; er gehört zur Familie der Kamelien. Die breiten, lanzenförmigen, mittelgrünen Blätter haben eine ledrige Oberfläche und liefern im Herbst ein Farbschauspiel in Rot und Gelb. Die reinweißen, kelchförmigen Blüten haben vorstehende, gelbe Staubbeutel im Zentrum. Diese Pflanzen gedeihen am besten an einem sonnigen Ort, wobei die Wurzeln im Schatten liegen sollten, und reagieren sehr sensibel auf Beeinträchtigungen der Wurzeln. Stecklingsvermehrung im Sommer oder durch Samen, die im Herbst in ein Frühbeet gepflanzt werden.

Styrax officinalis

Storaxbäume
Höhe: 4 m, winterhart – pH
Blütezeit: Frühsommer

Dieser attraktive, sommergrüne Strauch hat eine lose, offene Wuchsform und lanzenförmige Blätter, die an der Oberseite dunkelgrün und an der Unterseite silberweiß sind. Die kurzen, hängenden Blütenstände mit großen, weißen, duftenden, glockenförmigen Blüten werden im Frühsommer an den Spitzen der Triebe gebildet. Diese Pflanze bevorzugt einen geschützten Standort in der Sonne oder im Halbschatten und einen feuchten, gut durchlässigen Boden. Stecklingsvermehrung im Sommer oder durch Samen, die im Herbst in ein Frühbeet gepflanzt werden.

Taxodium distichum

Echte Sumpfzypresse
Höhe: 25 m, winterhart
Blütezeit: Winter

Ein beeindruckender, schöner, langsam wachsender, sommergrüner Baum mit einer fibrigen, rötlichbraunen, sich schälenden Borke. Die Äste sind leuchtend orange-braun mit grau-grünen, jungen Trieben. Die leuchtend gelb-grünen Blätter sind klein und schmal und färben sich im Herbst rostbraun. Der Baum eignet sich sehr gut für eine Pflanzung in der Nähe von Wasser, so dass die wunderschönen Herbstfarben von der Oberfläche reflektiert werden können. Vermehrung durch Samen im Frühjahr oder durch Stecklinge im Herbst.

Trillium grandiflorum

Großblütige Waldlilie
Höhe: 45 cm, winterhart
Blütezeit: Frühjahr / Sommer

Diese Gruppen bildende, einjährige Pflanze entwickelt sich zu einer kuppelförmigen Pflanze mit großen, ovalen, tief geaderten, dunkelgrünen Blättern. Die rein weißen, kelchförmigen Blüten, die sich mit der Zeit rosa färben, werden vom Frühling bis Sommer einzeln an kurzen, gebogenen Stängeln gebildet. Es gibt auch Arten mit rosa Blüten und gefüllten, weißen Blüten. Sie liebt Schatten und feuchten Boden. Vermehrung durch Teilung des Rhizoms nach dem Absterben der Blätter.

Tropaeolum speciosum

Kapuzinerkresse
Höhe: 4,5 cm, winterhart
Blütezeit: Sommer / Herbst

Diese sommergrüne, kletternde Staude hat langstielige, leuchtend rote, trompetenförmige Blüten, die von fünf gerundeten, welligen Blütenblättern gebildet werden, die sich flach öffnen und einzeln an gedrehten Stängeln gebildet werden. Die Stängel mit ihren gekerbten und runden, mittelgrünen Blättern bilden eine reizende Pflanze, selbst vor der Blüte. Diese Pflanze braucht lange zum Anwachsen, das Warten ist aber der Mühe wert. Sie liebt es, wenn ihre Wurzeln im Schatten liegen. Zurückschneiden im Frühjahr, indem man die abgestorbenen Äste herausschneidet. Vermehrung durch Teilung im März.

Tsuga heterophylla

Westamerikanische Hemlocktanne
Höhe: 20 -30 m, winterhart
Blütezeit: keine

Ein großer, schnell wachsender Baum mit hängenden Ästen und Trieben. Die jungen Triebe sind weiß und haarig und tragen Blätter, die an der Oberseite dunkelgrün und silbern an der Unterseite sind. Die dunkelbraune Borke ist schuppig und tief gerillt. Diese Bäume gedeihen am besten in geschützten Gegenden mit viel Niederschlag und einem teilweise schattigen Standort. Vermehrung durch Samen im Frühjahr oder für die genannten Züchtungen durch Kopfstecklinge im Herbst. Es gibt auch kleinere Arten. Sie reagieren empfindlich auf Luftverschmutzung.

Uvularia grandiflora

Goldglöckchen
Höhe: 45 cm, winterhart – pH
Blütezeit: Frühjahr

Diese Gruppen bildende Staude hat schmale, zugespitzte Blätter, die im Frühjahr erscheinen und sich nur teilweise öffnen, um Blutenstände mit reizvollen, glockenförmigen, gelben Blüten zu enthüllen. Diese werden von olivgrünen, fleischigen Stängeln getragen. Nach der Blüte entfalten sich die Blätter vollständig. Eine langsamer wachsende Sorte, U. perfoliata, hat gelbe Blüten mit gedrehten Blütenblättern. Halbschatten ist essentiell für diese Pflanze und sie bevorzugt einen feuchten, torfhaltigen Boden. Vermehrung durch Teilung im frühen Frühjahr vor der Blüte.

Vaccinium corymbosum

Amerikanische Heidelbeere
Höhe 1,5 m, winterhart pH
Blütezeit: Frühling

Dieser kleine, laubabwerfende Strauch bildet ein dichtes Dickicht von aufrechten, stark verzweigten Trieben, mit leuchtend grünen, lanzenförmigen Blättern, die sich im Herbst bronzefarben und scharlachrot färben. Die Blüten sind kelchförmig und variieren in der Farbe von weiß bis weißlich-rosa. Sie werden im Herbst gefolgt von süßen, essbaren schwarzen Beeren. V.c. „Pioneer“ wird wegen seines lebhaften, roten Herbstlaubs angebaut. Vermehrung durch Stecklinge im Spätsommer.

Viburnum plicatum „Mariesii“

Höhe: 1,8 m, winterhart
Blütezeit: Frühjahr / Sommer

Dies ist ein aufsehenerregender, großer, sich weit ausbreitender Strauch mit einer Tendenz, seine Äste in gestapelten Lagen zu entwickeln, was einen etagenartigen Eindruck vermittelt. Die ovalen Blätter, die tief gefurcht und im Sommer von einem leuchtenden Grün sind, färben sich im Herbst gelb und rötlich-violett. Die weißen Blüten werden in großen, flachen Gesamtblütenständen gebildet, was dem Strauch den Eindruck vermittelt, dass gerade frischer Schnee darauf gefallen ist. Stecklingsvermehrung im Spätsommer oder durch Ableger von jungen Trieben im Frühherbst.

Zenobia pulverulenta

Zenobia
Höhe: 1,8 m, winterhart – pH
Blütezeit: Sommer

Dies ist ein wunderschöner, kleiner, sommergrüner oder fast immergrüner Strauch mit einer offenen Wuchsform und dünnen, schlanken Stängeln, die mit bläulich-weißen Blüten bedeckt sind. Die streifenförmigen Blätter sind glänzend blau-grün mit einer bläulich-weißen Unterseite bei der jungen Pflanze. Große, weiße Blüten, ähnlich wie bei der Lily-of-the-Valley hängen im Sommer in Blütenständen von den Blattansätzen. Die Blüten sondern einen schwachen Duft nach Anis ab. Vermehrung durch Stecklinge im Spätsommer.

Weitere Pflanzen für saure Böden

Es ist wichtig, dass man zwischen Pflanzen unterscheidet, die keinen kalkhaltigen Boden vertragen können und anderen, die relativ tolerant gegenüber einem leicht sauren Boden sind. Diejenigen, die einen sauren Boden benötigen, sind bei den Pflanzenbeschreibungen mit pH bezeichnet.

Wenn Ihr Boden jedoch nicht zu sauer und Ihr Klima nicht zu nass ist, dann gibt es kaum Einschränkungen. Ihre Rosen sind vielleicht nicht ganz so schön und Ihr Steinobst wirft vielleicht nicht den Ertrag ab, wie bei jemand, der einige hundert Kilometer auf einem der besten Lehmböden lebt - das Ergebnis wird für einen Hobbygärtner aber immer noch befriedigend sein. Es empfiehlt sich, mediterrane Pflanzen wie Cistus und Lavendel zu vermeiden. Saure Böden können durch Kalkzufuhr neutralisiert und der Ertrag durch Zugabe von Dünger oder Kompost erhöht werden. Die folgenden Pflanzen, sind nur eine kleine Auswahl derer, die auch in sauren Böden gedeihen. Rosen und Frühlingsblüher werden aus Platzgründen nicht extra aufgeführt.

BÄUME

Acers (mehrere Sorten)
Alnus incana
Amelanchier canadensis
Carpinus betulus
Chamaecyparis lawsoniana (u. d. meist. Koniferen)
Crataegus (mehrere Sorten)
Fagus (mehrere Sorten)
Hamamelis mollis
Larix decidua
Liriodendron tulipifera
Magnolia grandiflora
Sorbus (mehrere Sorten)

STRÄUCHER

Aucuba japonica
Berberis (mehrere Sorten)
Ceanothus (mehrere Sorten)
Choisya ternata
Cornus (mehrere Sorten)
Cotinus coggygria
Euonymus fortunei cvs
Forsythia suspensa
Lavatera „Barnsley“
Ligustrum ovalifolium
Mahonia (mehrere Sorten)
Osmanthus (mehrere Sorten)
Rhododendron – einschl. *Azaleen* (mehrere Sorten)
Sambucus (mehrere Sorten)
Sarcococca (mehrere Sorten)
Syringa (mehrere Sorten)
Vaccinium glaucoalbum
Viburnum (mehrere Sorten)

MEHRJÄHRIGE PFLANZEN, BODENDECKER UND KLETTERPFLANZEN

Aconitum „Bressingham Spire“
Alchemilla mollis
Aquilegia alpina
Aronia arbutifolia
Artemesia absinthium
Aruncus dioicus
Astrantia major
Bergenia cordifolia
Buddleja (mehrere Sorten)
Campanula (mehrere Sorten)
Centhranthus ruber
Ceratostigma willmottianum
Echinops bannaticus
Filipendula palmata
Galium odoratum
Geranium (mehrere Sorten)
Gunnera manicata
Iris germanica
Jasminum officinale
Lamium maculatum
Lapageria rosea
Ligularia (mehrere Sorten)
Myosotis sylvestris
Phlomis fruticosa
Polygonatum × hybridum
Primula (mehrere Sorten)
Santolina chamaecyparissus
Tradescantia (mehrere Sorten)
Veronica prostrata
Vinca minor „Argenteovariegata“
Viola (mehrere Sorten)

PFLANZEN *für* KALKHALTIGE BÖDEN

Kalkhaltige Böden sind in Gärten oftmals auch dort anzutreffen, wo der Aushub von Bauten im Erdreich zu finden ist, also beispielsweise entlang von Mauern, wo Klematis gedeihen. Obwohl Gartenbesitzer, die einen solchen Boden haben, sich darüber freuen können, dass es von dieser Kalkböden liebenden Pflanze mehr Exemplare gibt als Pflanzen, die säurehaltige Böden lieben brauchen Kalkböden unbedingt Mulch und zusätzlichen Kompost, um den Pflanzenwuchs zu unterstützen und die Wasseraufnahmefähigkeit des Bodens zu steigern.

OBEN: *Saponaria ocymoides mit dem schönen deutschen Namen „kriechendes Seifenkraut" ist eine ideale Polsterpflanze für einen trockenen Boden.*

GEGENÜBER: *Eine lockere Bepflanzung aus Schafgarbe, Veilchen, Geranien und Iris geben einen prächtigen Anblick. Die meisten mehrjährigen Sommerpflanzen kommen mit einem kalkhaltigen Boden gut zurecht, so dass jeder Gartenliebhaber hier auf eine große Auswahl trifft.*

OBEN: *Linum narbonense ist eine bezaubernde, ganzjährige Pflanze, deren Blütenfarbe sich im Sommer von einem hellen bis zu einem dunklen Blau erstreckt. Sie liebt leichte, lockere Erde.*

Verständlicherweise glauben Gartenliebhaber, die Rhododendren und die vielen anderen Pflanzen, die einen ähnlichen Boden verlangen, anpflanzen, sie hätten die größere Auswahl. Aber wenn man die große Vielzahl der Pflanzen sieht, die einen kalkhaltigen Boden lieben, erkennt man sehr schnell, dass sie mindestens genauso viel Freude und Schönheit für den Garten bringen können wie Pflanzen, die eher einen sauren Boden lieben.

Pflanzen, die einen alkalischen Boden mit einem Ph-Wert von 7,0 oder mehr bevorzugen, werden Calciole-Pflanzen genannt. Es ist deshalb ratsam, seinen Bodenwert vorher genau zu untersuchen. Wenn man sich die große Zahl von Pflanzen vergegenwärtigt, die auf alkalischen Böden wachsen, wird man erkennen, dass es eine große Vielzahl von reizvollen Bäumen und Buschgewächsen wie Klematis, Geißblattgewächse, Ebereschen oder Schneeball-Sträucher gibt, die genau diese Bedingungen lieben. Die Liste der Pflanzen umfasst dabei auch viele ganzjährige Stauden und viele Schmetterlingsblütler wie cytisus und Ginster, Gleditschie (gelditsia) und Rubinien.

In einigen Ecken, in denen der Boden in Gärten nur durch eine dünne Schicht Mutterboden über schwerem kalkhaltigem Erdreich besteht, gibt es verschiedene Schwierigkeiten, mit denen ein Gartenliebhaber lernen muss umzugehen. So macht es ein derart schwerer Boden zuerst natürlich immer schwer, die Pflanze überall zu positionieren, wenn man nicht gleich mit der Spitzhacke oder noch schwererem Gerät loslegen will. Schließlich versucht man gerade eine Pflanze mehr oder minder in felsigen Untergrund einzugraben und eben nicht in lockeres Erdreich. Dementsprechend schwer haben es auch die Pflanzen, richtig zu wurzeln. Das kann zu einem schlechten Stand im Boden führen – besonders bei Bäumen, obwohl einige Bäume, zum Beispiel die Buche (Fagus sylvatica), die durchaus auf kalkhaltigen Böden wachsen können, von Natur aus ein breites, verzweigtes Wurzelgeflecht entwickeln, um die Nachteile eines solchen schweren Bodens auszugleichen.

In Trockenzeiten kann das wenige lockere Erdreich an der Oberfläche auch nur geringe Wasserreserven speichern und die harten Erdschichten darunter trocknen sehr schnell aus. Pflanzen, die hier Wurzel fassen, entwickeln jedoch ein derartiges Wurzelgeflecht, das in diese härteren, scheinbar undurchdringlichen Erdschichten durchaus vorstößt, so dass sie – falls es regnet – durchaus das Maximum an Nass aufsaugen, das sie zu fassen kriegen. Am besten ist es deshalb, wenn man sofort nach einem Regenfall durch die Gabe von organischem Dünger den Boden verbessert.

Viele Gartenliebhaber haben sicherlich eine Ecke in ihrem Garten, wo der Boden kalkhaltiger ist als an anderen Stellen. Das gilt besonders im Umfeld von Hauswänden oder Anbauten, wo das Erdreich noch Überreste von Bauschutt und ähnlichem enthält. Das gilt in besonderem Maße natürlich für innerstädtische Gärten, wo solche etwaigen Mörtelreste kalkhaltige Böden sehr schnell alkalisch werden lassen können. In einem solchen Fall sollte man Pflanzen, die es dort nicht besonders gut haben, umpflanzen. In diesem Fall sollten Pflanzen angepflanzt werden, die besonders kalkhaltige Böden lieben, wobei es gerade im Fall der Klematis ganz wichtig ist, dass man ihre Wurzeln vor direkter Sonneneinstrahlung schützt. Viele Garten- und Pflanzenliebhaber schrecken vor dem Verpflanzen zurück, ganz besonders im Sommer. Aber selbst wenn dies nicht unbedingt zu empfehlen ist, kann man rund um den Wurzelballen immer noch genügend „alte" Erde lassen, die man dann vorsichtig in das neu ausgehobene Pflanzloch mit einarbeitet. Im Regelfall ist dies vollkommen ausreichend.

OBEN: *Ein wild wachsender „Waldweg" in der Frühjahrszeit in einem Garten mit kalkhaltigem Boden. Auf der linken Seite ist die Nieswurz zu sehen, die am besten im Teilschatten gedeiht.*

LINKS: *Die prächtige rugosa rose, R. „Roseraie de L'Hay" blüht in kalkhaltigem Boden. Manchmal lässt sie sich auch als niedrige Hecke ziehen.*

Acanthus spinosus

Stacheliger Bärenklau
Höhe: 1 m, winterhart
Blühzeit: Sommer

Diese ganzjährige Staude wird oft als "Architektenpflanze" beschrieben. Sie hat lange, bogenförmige Blätter, die dunkelgrün sind und an ihrem gezackten Rand spitze Dornen haben. Die hochgewachsenen, ährengleichen weißen und violettfarbenen Blütenstände, die sich mit den dichten Hochblättern abwechseln, blühen den gesamten Sommer. Und selbst im Winter sehen die Blütenstände attraktiv aus, wenn sie mit Eiskristallen überzogen sind. Im Frühjahr sollten die Wurzeln beschnitten oder im Winter die Staude geteilt werden.

Acer negundo „Flamingo"

Weißbunter Eschenahorn
Höhe: 15 m, winterhart
Blühzeit: Frühling

Der weißbunte Eschenahorn ist ein meist mehrstämmiger, schnell wachsender Baum (Großstrauch), dessen Blätter im Sommer in sattem Grün erstrahlen und sich im Winter gelb verfärben. Im Frühling unregelmäßig weiß geränderte Blätter mit rosafarbenem Blattaustrieb mit unscheinbaren Blütenständen vor dem Blattwuchs. A.n.v. hat rosafarbene Blätter, A.n. „Variegatum" hat hellgrüne Blätter mit cremeweißen Flecken und lila Blattaustrieben im Frühjahr. Verbreitung durch Aussaat im Frühling oder Verknospung im Sommer.

Achillea filipendulina „Gold Plate"

Goldgarbe
Höhe: 1 m, winterhart
Blühzeit: Sommer/Herbst

Die Goldgarbe ist eine ganzjährige ausdauernde krautige Staudenpflanze mit aufrechtem Wuchs und breiten, unterteilten, flaumigen dunkelgrünen Blättern. Die gelbgoldene Blüte reckt sich nach oben und fächert sich in einen scheindoldigen Blütenstand auseinander, der sich in viele körbchenförmige Teilblütenstände von 12 bis 15 cm Größe aufteilt. Man kann sie durch Teilung im März vermehren, indem man sie in vier bis fünf kleinere Pflanzen aufteilt und sie wieder neu auspflanzt oder durch Nachzucht im Zuchtbeet.

Actinidia kolomikta

Zier-Kiwi
Höhe: 4 m, winterhart
Blühzeit: Sommer

Zier-Kiwi oder scharfzähniger Strahlengriffel. Diese Kletterpflanze hat herzförmige dunkelgrüne Blätter mit weißrosa Blattspitzen. Actinidia bevorzugen generell eher schattige Standorte, aber A. kolomikta wachsen auch gut an geschützten Stellen und bevorzugen einen neutralen, gut wasserdurchlässigen Boden. Sie haben kleine weiße Blüten im Juni. Die Blätter können leicht ein Opfer von ersten Nachtfrösten im Frühjahr werden. Im Februar empfehlen sich die Entfernung von übermäßigem Wuchs und das Zurückschneiden von Trieben.

Aesculus pavia

Echte Pavie
Höhe: 3 m, winterhart
Blühzeit: Sommer

Die Echte Pavie ist ein Strauch oder Baum mit großen, hellgrünen, palmenähnlichen Blättern mit 5 handförmig angeordneten Fiederblättchen. Die Löwenmaulähnlichen Blüten sind hellrot mit gelbem Kelch. Die fünf Kelchzipfel sind rundlich, drüsig behaart, ungleich groß und können bis zu 15 cm lang werden. Es gibt 2 Züchtungen: A.p. „Atrosanguinea" mit tiefroten Blüten und A.p. „Humilis", die gedrungener im Wuchs ist. A. hippocastanum ist die gewöhnliche Rosskastanie. Die Vermehrung ist durch Aussaat im Frühling, Verknospung im Sommer oder (für Kultivierungszwecke) durch Pfropfung im Frühjahr.

Amelanchier canadensis

Felsenbirne
Höhe: 6 m, winterhart
Blühzeit: Frühling

Gehört als Zierstrauch zu den Kernobstgewächsen in der Familie der Rosengewächse. Sie ist ein kleiner Baum oder Strauch mit dichtem gestieltem Laubbewuchs und bläulich schwarzen Früchten. Die ovalen, mittel- bis dunkelgrünen Blätter mit gezahntem Blattrand sind am Anfang filzig behaart und wandeln sich in gelb, orangefarbene und rote Blätter im Spätherbst. Sternenförmige Blüten stehen noch bevor sich die Blätter herausgebildet haben in traubigen Blütenständen und wandeln sich in violette Fruchtstände im Herbst. Mehltau kann junge Triebe und Früchte befallen.

Anchusa azurea

Italienische Ochsenzunge
Höhe: 1 m, winterhart
Blühzeit: Sommer

Die italienische Ochsenzunge ist eine ausdauernde, winterharte Staude, meistens kurzlebig, mit hellgrünen länglichen, fein behaarten Blättern. Die kleinen enzianblauen Blütenrispen wachsen hoch über dem Blattwerk. Unter den beliebtesten Züchtungen sind die „Loddon Royalists" mit ihren tiefblauen Blütenständen und die himmelblaue „Opal". Die Pflanze gedeiht am besten an sonnigen Standorten oder im Halbschatten, braucht aber viel Wasser. Vermehrung durch Stecklinge (5 cm) im Februar.

Aquilegia alpina

Alpen-Akelei
Höhe: 70 cm, winterhart
Blühzeit: Frühling/Sommer

Die Alpen-Akelei ist eine mehrjährige, winterharte krautige Pflanze, die Wuchshöhen von 20 bis 70 cm erreicht. Die lang gestielten und doppelt dreiteiligen Laubblätter sind in einer Rosette angeordnet und blühen vom Frühjahr den ganzen Sommer hindurch. A. alpina hat leuchtend hellblaue bis blaulila Blüten wohingegen A. vulgaris Blüten hat, die von Weiß über Pink bis Violett reichen. Sie bevorzugen sonnige Standorte oder Halbschatten und wachsen auf nahezu jedem Boden, vorausgesetzt sie bekommen genug Wasser. Vermehrung durch Aussaat im Frühjahr oder Herbst, aber Züchtungen lassen sich selten durch Aussaat vermehren, Kreuzungen kommen häufig vor.

Astrantia major

Große Sterndolde
Höhe: 60 cm, winterhart
Blühzeit: Sommer

Eine der am meisten unterschätzten ganzjährigen winterharten Stauden, die einfach anzupflanzen und zu züchten sind und nahezu auf jedem Boden wachsen, solange keine Staunässe herrscht. Bevorzugen Halbschatten. Die Blüten sind sehr klein und stehen zahlreich in einer dichten, köpfchenartigen, Dolde. Jede Dolde wird von vielen derben Hüllblättern umgeben, die grünlich-weiß bis rötlich gefärbt sind. Man sollte die Pflanze im Herbst bis zum Erdreich herunter schneiden und sie alle 3 bis 4 Jahre teilen. Vermehrung durch Wurzelteilung im März oder Oktober.

Aucuba japonica

Japanische Goldorange
Höhe: 2-4 m, winterhart
Blühzeit: Frühling

Die Japanische Aukube (auch Japanische Goldorange genannt) ist überall leicht anzupflanzen und verträgt sowohl Schatten als auch schwierige Standorte. Die schmalen, ovalen Blätter haben zahlreiche Zähne und Ausbuchtungen an der Spitze. Sie glänzen satt grün und sind lederartig. Von den verschiedenen Züchtungen hat die A. j. „Crotonifolia" grüne und gelb gesprenkelte Blätter, die A.j. „Picturata" hat eine goldgelbe Mitte in jedem Blatt. Sie sind am populärsten. Um Früchte zu bekommen muss man sowohl männliche als auch weibliche Pflanzen anpflanzen. Stecklingsvermehrung im September und Oktober.

Berberis darwinii

Darwins Berberitze
Höhe: 3 m, winterhart
Blühzeit: Frühling

Eine der genügsamsten winterharten Pflanzenarten aus der Familie der Berberitzengewächse. Die dunklen, glänzenden Blätter haben drei kleine dornige Punkte, die sie wie kleine Stechpalmen aussehen lassen. Im Sommer verschwinden die Blätter nahezu vollständig unter den üppigen gelblich roten Blütenständen, die von kleinen blau-schwarzen Früchten gefolgt werden. Die Berberitze bevorzugt einen sonnigen Standort und braucht ausreichend Bewässerung. Vermehrung durch Teilung der Pflanze im Spätsommer oder Einpflanzung von Stecklingen im Herbst.

Brunnera macrophylla

Silbriges Gartenvergissmeinicht
Höhe: 45 cm, winterhart
Blühzeit: Frühling

Das silbrige Gartenvergissmeinnicht ist eine niedrig wachsende Pflanze, die mindestens Halbschatten braucht. Im späten Frühjahr weist sie wunderbare leuchtend blaue, rispenartige Blütenstände mit einem gelblich orangefarbenen Auge in der Mitte auf. Die Blätter sind grob strukturiert, herzförmig, leicht behaart und matt grün. Die Züchtung B.m. „Dawson`s Winter" hat ebenholz-weißfarbene Blattränder. Sie braucht Schatten, damit sie nicht ihre Farbe verliert. Vermehrung durch Pflanzenteilung im Frühjahr oder, für bestimmte Züchtungen, die Aussaat im Herbst.

Hydrangea aspera Villosa Group

Samthortensie
Höhe: 3 m, winterhart
Blühzeit: Sommer/Herbst

Zusammen mit der Eichblatt-Hortensie die auffälligste Hydrangea. Die dunkelgrünen Blätter sind beiderseits behaart und mit einer Länge von bis zu 35 cm extrem groß und machen diesen Strauch auch als Blattpflanze attraktiv. Die Blüten sind 15 bis 35 cm große Schirmrispen in rosalila bis hellviolett. Gegen Ende der Blüte wird sie immer blauer. Die reinweißen Randblüten geben einen schönen Kontrast zur übrigen Blüte. Die Triebe sind rötlichbraun, ebenfalls kurz behaart. Bevorzugen Halbschatten und eine feuchte Erde. Stecklingsvermehrung im Sommer.

Iris germanica

Schwertlilie
Höhe: 75 cm, winterhart
Blühzeit: Frühling/Sommer

Die Schwertlilien sind raue, immergrüne Pflanzen mit dunkelgrünen Blättern, die bis zu 60 cm lang werden können. Die Blüte ähnelt der einer Schlüsselblume und hat seidene, dunkelrote Blütenblätter mit einem gelben Blütenstand in der Mitte. Sie werden ab dem Frühjahr von kurzen Halmen gehalten. Unter den vielen Lilienarten sind I. „Black Swan" mit seiner dunkelblauen Blüte und die I. „Wabash" mit seiner violett-blauen Blüte ganz besonders attraktiv. Die Bart-Lilien, zu denen auch die I. germanica gehört, wachsen eigentlich überall in gut gedüngten Böden. Vermehrung geschieht durch die Teilung von Pflanzen unmittelbar nach der Blüte.

Juniperus virginiana „Sulphur Spray"

Virginischer Wacholder
Höhe: 7 m, winterhart
Blühzeit: Frühling

Der Virginische Wacholder ist eine winterharte Konifere und es gibt ihn in vielen Züchtungen. Der langsam wachsende Bodendecker ist dabei für alle betont pflegeleichten Gärten geeignet. Im Gegensatz dazu ist der J. scopulorum „Skyrocket" mit seinen silbrigblau-grünen Blättern die wahrscheinlich schmalste, aufrecht wachsende Koniferenart. Das Holz des Virginischen Wacholders wurde dazu genutzt, Bleigriffel herzustellen. Vermehrung geschieht durch Pflanzenteilung mittels einer Hacke im September.

Kerria japonica „Pleniflora"

Ranunkelstrauch
Höhe: 3 m, winterhart
Blühzeit: Frühling

Der Ranunkelstrauch ist ein winterharter, blattabwerfender Strauch mit gelb glänzenden Blättern und Zweigen mit gelben, spitzen, pompom-ähnlichen Blüten, die die Zweige im Frühling tragen. Sie werden als Strauch oftmals gegen Wandmauern gesetzt. Kerria ist einer der am leichtesten anzupflanzenden Sträucher und kann alle Bodenarten aushalten, aber liebt die Sonne und natürlich viel Dünger und Kompost. Ältere Büsche formen regelrechte Klumpen und lassen sich am besten im Spätherbst teilen.

Kolkwitzia amabilis

Kolkwozie
Höhe: 3 m, winterhart
Blühzeit: Frühling/Sommer

Die mittelgroße Kolkwozie wird auch gern Perlmuttstrauch genannt, ein Name, den sie zu Recht trägt. Die kleinen, glockenähnlichen Blüten die auch rosafarben sein können, haben in ihrem Blütenmund einen Hauch von Gelb. Die Blüten hängen in dicken Blütenkissen an dünnen Ästen. Die leicht ins Oliv gehenden Blätter sind dabei am Anfang rötlich. Die dünnen Austriebe sind am Anfang zumeist aufrecht und senken sich, sobald sie älter und dicker werden. Der Strauch will viel Sonne und einen gut wasserdurchlässigen Boden haben. Vermehrung durch junge Stecklinge Mitte des Sommers.

Lavatera „Barnsley"

Strauchmalve
Höhe: 1,8 cm, winterhart
Blühzeit: Sommer/Herbst

Die Strauchmalve ist eine weithin beliebte Gartenpflanze, die in milden Wintern sogar ihre Blätter behalten kann. Im Sommer trägt sie eine Vielzahl von rosa- und weißfarbenen Blüten mit einem roten Kreis in der Mitte. Die Blätter sind grau-grün. L. „Rosea" ist glänzend rosa. Malven brauchen einen guten wasserdurchlässigen Boden, der sehr sauer ist. Sie mögen auch einen sonnigen Standort. Man soll die gesamte Pflanze im Frühjahr auf eine Höhe von rund 30 cm zurückschneiden. Vermehrung durch junge Stecklinge im Sommer oder Hartholz-Stecklinge im Winter.

Lonicera x brownii „Dropmore Scarlet“

Geißblatt/Heckenkirsche
Höhe: 3 m, winterhart
Blühzeit: Sommer

Das Geißblatt oder die Heckenkirsche ist eine attraktive Kletterpflanze mit röhrenartigen Blütenständen. Die sich in einem großen Blütenmund öffnen. Sie stehen allein oder aber gebündelt. Die Farbpalette reicht von Weiß bis matt Gelb und einem Goldton, über Rosa bis hin zu Rot. Die blassen, matt grünen Blätter variieren in der Größe von Oval bis Rund. L. periclymenum-Züchtungen sind sehr populär. Vermehrung durch junge Stecklinge im Herbst.

Lupinus Russell Hybrids

Gartenlupine
Höhe: 1,2 m, winterhart
Blühzeit: Sommer

Lupinen sind einfach auszupflanzen und gedeihen auf fast jedem Boden. Sie bevorzugen sonnige Standorte. Sie weisen vielerlei Farbvarianten auf, die von Gelb bis Violett über Blau bis Rot reichen. Sie werden am besten im Frühjahr ausgesät, um dann im Herbst an den jeweiligen Standort umgepflanzt zu werden. Sie können im Frühjahr ganz einfach durch Stecklinge vermehrt werden. Die Pflanzen sind nicht sehr langlebig und es braucht alle drei bis vier Jahre neue Pflanzen, um sie zu ersetzen. Sie sind sehr anfällig für Blattläuse.

Morus nigra

Schwarzer Maulbeerbaum
Höhe: 7,5 m, winterhart
Blühzeit: Frühling

Der Schwarze Maulbeerbaum ist ein bemerkenswerter Baum mit großen, grau-grünen Blättern mit einem gezackten Blattrand und einer grobkörnigen Textur. Die Blätter weisen eine prachtvolle Herbstfärbung auf. Die Blütenkätzchen sind hingegen weniger eindrucksvoll und werden oftmals erst gar nicht bemerkt. Ihnen folgen aber im Herbst rote, Brombeer-ähnliche Früchte, die nahezu schwarz sind, wenn sie reif werden. Sie schmecken sehr süß und gut. Vermehrung durch Hartholz-Stecklinge im frühen Winter.

Nigella damascena

Jungfer im Garten
Höhe: 60 cm, winterhart
Blühzeit: Sommer

Die Jungfer im Grünen ist eine einjährige Pflanze mit attraktiven blauen Blüten, die an sehr fein konturierten Blattstängeln sitzen, die zum besonderen Charme dieser Pflanze beitragen. N. d. „Miss Jekyll“ hat dunkelblaue Blüten und N. d. „Persian Jewels“ hat weiße, rosafarbene oder blaue Blüten. Den Blüten folgen sehr dekorative Samenstände, die man in vielen Blumengestecken wiederfindet. Will man das nicht, ist es ratsam, sie abzuschneiden, denn das fördert das Blühen der übrigen Blüten. Die Pflanze liebt die Sonne und guten, fruchtbaren, wasserdurchlässigen Boden. Aussaat im Frühjahr für ein Blühen im Sommer.

Osmanthus delavayi

Duftblüten
Höhe: 2,5 m, winterhart
Blühzeit: Frühling

Die Duftblüten wachsen als immergrüne Sträucher oder Bäume. Die gegenständigen Laubblätter sind ungeteilt, gestielt und dunkelgrün. Der Blattrand ist glatt oder gesägt. Hat dichte, röhrenartige, kleine Blütenstände. Wächst an sonnigen Standorten oder im Halbschatten und bevorzugt einen guten, wasserdurchlässigen Boden. Braucht im Idealfall einen geschützten Platz gegen kalte Winde. Die Spezies O. heterophyllus gibt auch eine gute Heckenpflanze ab, man muss sie aber regelmäßig schneiden. Zur Vermehrung braucht man junge Stecklinge im Sommer oder ältere Zweige im Herbst.

Ostrya carpinifolia

Europäische Hopfenbuche
Höhe: 15 m, winterhart
Blühzeit: Frühling

Die Europäische Hopfenbuche ist ein attraktiver Baum. Er hat eine gräulich-braune Rinde an seinem Stamm und rötlich-braune Austriebe, die die glänzenden, dunkelgrünen, ovalen Blätter tragen, die sich im Sommer goldgelb verfärben. Die Blüten sind lange gelbe Blütenkätzchen, die in großer Pracht von den Zweigen herabhängen. Grüne, Hopfen-ähnliche Früchte gibt es im Herbst, die sich später braun verfärben. Sie haben einen nuss-ähnlichen Samen. Für kleinere Gärten ist die kleinere O. virginiana mehr geeignet. Vermehrung geschieht durch Aussaat im Spätherbst oder im Frühjahr.

Paeonia delavayi

Strauchpäonie
Höhe: 1,8 m, winterhart
Blühzeit: Sommer

Die Strauchpäonie ist ein laubabwerfender Strauch mit nach oben wachsenden Zweigen. Die großen, ovalen Blätter sind fein strukturiert mit einem rötlich-grünen Stängel. Die kleinen roten Früchte haben einen goldenen Stempel im Innern. Ihnen folgen im Herbst grüne Früchte mit schwarzem Samen. Geschützte, nicht spätfrostgefährdete Lage, z.B. nahe einer Mauer. Vermehrung geschieht durch Aussaat im Sommer oder durch junge Stecklinge im Sommer.

Philadelphus coronarius „Variegatus"

Bauernjasmin
Höhe: 1,8 m, winterhart
Blühzeit: Sommer

Wie es der Name schon sagt, ist der Bauernjasmin ein Zierstrauch der Bauerngärten. Er hat einen dichten aufrechten Wuchs und grüne, ovale Blätter. Die kleinen, cremig-weißen Blüten sind für ihren betörenden Duft bekannt. Eine Reihe von Züchtungen haben auch farbige Blätter: P. c. „Aureus" hat goldgelbe Blätter, die sich im weiteren Alter der Pflanze in einen limonen-grünen Farbton verwandeln. P.c. „Variegatus" hat grüne Blätter mit einem weißen Rand. Vermehrung durch junge Stecklinge im Sommer oder Hartholz-Stecklinge im Herbst oder Winter.

Phillyrea latifolia

Breitblättrige Steinlinde
Höhe: 3 m, winterhart
Blühzeit: Frühling/Sommer

Die breitblättrige Steinlinde ist ein immergrüner Busch mit kleinen, aber wohlriechenden Blüten. Die kleinen, streifenförmigen elliptischen Blätter glänzen dunkelgrün und sind ledern. Die kleine Duftblüte tritt in Büscheln an den Enden der jungen Zweige auf. Ihnen folgen oftmals, der schwarzen Johannisbeere nicht unähnliche Früchte im Herbst. Viele Zweige tendieren dahin, einen Busch zu formen. Die Steinlinde liebt einen sonnigen Standort mit gutem, wasserdurchlässigem Boden. Vermehrung durch einen jungen Steckling im Frühsommer.

Phlomis fruticosa

Strauchbandkraut
Höhe: 1 m, winterhart
Blühzeit: Sommer

Das Strauchbrandkraut ist ein attraktiver Sommerblüher, der mit der Zeit einen schönen Busch mit kleinen, dünnen Ästen und Zweigen formt. Die ungewöhnlich geformten gelben Blüten treten in großen Blütenbällen auf. Breite, ovale, gräulich-grün strukturierte Blätter haben eine filzige Oberfläche, die sich im Herbst ins Gelbliche verfärbt, das wiederum am Ende des Jahres des ersten Pflanzjahres verschwindet. Zurückschneiden im späten Frühjahr nach den letzten Frostnächten. Vermehrung durch Stecklinge im Spätsommer.

Populus alba „Raket"

Silberpappel
Höhe: 25 m, winterhart
Blühzeit: Frühling

Die Silberpappel ist ein laubabwerfender Baum mit breitem Wuchs und dunkler grau-grünlicher Rinde und jungen Austrieben, die mit einem weißlichen Filz überzogen sind. Die Hauptattraktion ist das Blattwerk. Dunkelgrüne Blätter haben eine silbrig glänzende Unterseite, die sich im Herbst goldgelb verfärbt. Die Züchtung P. a. „Richardii" ist sehr viel langsamer wachsend und hat kleine goldene Blätter, die auf der Unterseite weiß sind. Man findet sie sehr häufig an Küsten. Vermehrung durch Hartholz-Stecklinge im Herbst. Anfällig für Pilzbefall.

Potentilla fruticosa „Hopley's Orange"

Fingerstrauch
Höhe: 1,2 m, winterhart
Blühzeit: Frühling/Sommer

Der Fingerstrauch ist ein kompakter Strauch mit vielen spindeldürren Zweigen und Ästen und orangebrauner Rinde, die in zunehmendem Alter graubraun und fleckig wird. Tief eingeschnittene grüne Blätter wachsen in großen Büscheln auf den jüngeren Austrieben. Die Blüten sind klein, buttergelb und treten in mehr als drei Blütenständen zusammen auf. Es gibt unzählige Züchtungen, darunter die Bodendecker-Potentilla P.f. „Red Ace" und P. f. „Abbotswood" .Vermehrung durch junge Stecklinge im Herbst.

Prunus sargentii

Bergkirsche
Höhe: 8 m, winterhart
Blühzeit: Frühling/Sommer

Die Bergkirsche hat eine Unmenge von einzelnen, muschelförmigen kleinen Blüten, die büschelweise heranwachsen. Sie werden begleitet durch ein heranwachsendes rot-bronzen glänzendes Blattwerk. Noch dramatischer ist der Wechsel der Farben des Blattwerks im Frühherbst, wenn sich die Blätter gelb, dann rot und anschließend kaminrot verfärben. Die meisten Zierkirschen vermehren sich durch Knospung oder aber werden in großen Aufzuchtgärtnereien hochgezogen, um als Baum verkauft zu werden.

Robinia hispida

Scheinakazie
Höhe: 1,8 m, winterhart
Blühzeit: Frühling/Sommer

Die Robinie oder Scheinakazie ist ein sehr attraktiver laubabwerfender Strauch. Er hat einen breiten, lockeren Wuchs mit leicht bogenförmig geformten Zweigen, die sehr schnell brechen. Die dunkelgrünen Blätter, die aus bis zu 13 kleineren Blättchen bestehen verfärben sich im Herbst gelblich. Die große, erbsenähnliche Blüte ist rot, bzw. tiefrosa und hängt in großen Büscheln an den Zweigen. Die Scheinakazie eignet sich hervorragend als Pflanze vor einer Mauerwand oder einem Zaun. Der Strauch braucht keinen besonderen Boden, verträgt allerdings keine Staunässe und braucht viel Sonnenlicht. Vermehrung durch Aussaat im Frühling.

Romneya coulteri

Kalifornischer Baummohn
Höhe: 1,8 m, winterhart
Blühzeit: Sommer

Der Kalifornische Baummohn fällt in jedem Fall auf und ist ein Blickfang für den Sommergarten. Er braucht allerdings eine geschützte Ecke. Er hat große, duftende weiße Blüten mit einem auffälligen gelben Stempelkissen, das im späten Sommer geradezu leuchtet. Die Blätter sind stark unterteilt und graugrünlich in der Farbgebung. Die Pflanze braucht einen guten, wasserdurchlässigen Boden, der durch Kompost oder Dünger angereichert wird. Vermehrung durch Stecklinge im Frühjahr oder durch Aussaat im Herbst.

Rosmarinus officinalis

Rosmarin
Höhe: 1,8 m, winterhart
Blühzeit: Frühling/Sommer

Der Rosmarin ist ein sehr populärer, duftender Strauch mit einem offenen, nach oben strebenden Wuchs mit kleinen, immergrünen Blättern, die von hell- bis dunkelgrün changieren. Die röhrenartige Blüte, die in der Farbgebung von Weiß bis Blau, Pink und Violett reicht, sitzt leicht büschelförmig an kleinen Blütenstängeln. Die Pflanzen mögen keinen harten Rückschnitt, man sollte deshalb nur die größten Austriebe vorsichtig zurück schneiden. Am besten wachsen sie in gutem, wasserdurchlässigen Boden und in der vollen Sonne. Vermehrung durch junge Stecklinge im August oder September.

Sambucus racemosa

Roter Holunder
Höhe: 3m, winterhart
Blühzeit: Frühling

Der rote Holunder (auch Trauben- oder Bergholunder) ist ein großer, laubabwerfender Strauch mit ausladendem Wuchs. Wird besonders gerne wegen seines üppigen Blattwerks und seiner farbenfrohen Früchte angepflanzt. Die Blätter sind hellgrün und in fünf ovale, kleinere Blättchen unterteilt, die eine Hand formen. Sie verfärben sich im Herbst blass-gelb. Im Frühjahr produziert der Holunder flache, weiße Blüten, denen große Büschel mit roten Beeren im Herbst folgen. Die Züchtung S. r. „Plumosa Aurea" hat goldene, fein gezackte Blätter. Holunder wachsen eigentlich überall. Stecklingsvermehrung im Winter.

Scabiosa „Butterfly Blue"

Scabiosa
Höhe: 60 cm, winterhart
Blühzeit: Sommer/Herbst

Die Scabiosa ist ein buschförmiger Strauch mit Blättern, die sehr kleinteilig sind. Die großen Blüten, die in der Farbgebung von Weiß bis Blau und Violett reichen wachsen auf langen, schlanken blattlosen Stängeln. S. caucasica „Clive Greaves" ist eine üppig violett blühende Scabiosa, „Miss Willmott" ist die am besten durchgezüchteste Sorte. Zwei neue Sorten, die besonders kompakt sind, sind die „Butterfly Blue" und die „Pink Mist". Die Scabiosa liebt einen sonnigen Standort und guten, wasserdurchlässigen Boden. Vermehrung durch junge Stecklinge im Frühling und Sommer oder durch Pflanzenteilung im Frühling.

Spiraea betulifolia

Birkenblättrige Spiere
Höhe: 1 m, winterhart
Blühzeit: Frühling

Ein laubabwerfender Strauch, der besonders wegen seiner Blattfarben und Vielzahl kleiner Blüten, die im Frühling und Sommer erblühen angepflanzt wird. S. „Arguta",auch als „Bridal wreath" bezeichnet, hat gebogene Äste und Zweige voller kleiner weißer Blüten. Sie blühen ab Mai. S. japonica „Goldflame" hat einen eher aufrechten Wuchs mit Zweigen, an denen orangerote Blätter im Frühjahr mit dunkelroten Blüten im Sommer wachsen. Können in jeden Boden gepflanzt werden und brauchen Halbschatten. Vermehrung durch junge Stecklinge im Sommer.

Stachyurus chinensis

Chinesischer Perlschweif
Höhe: 4 m, winterhart
Blühzeit: Winter

Der chinesische Perlschweif ist ein im Winter blühender Strauch, der auf fast allen Böden wächst und eigentlich sehr viel häufiger angepflanzt werden sollte. Als junge Pflanze wächst der Strauch mit starkem Wuchs nach oben und dehnt sich in zunehmendem Alter durch ein Netzwerk von Zweigen nach allen Seiten aus. Die dunkelgrünen, rot gefärbten Blätter sind tief eingeschnitten, oval und laufen am Ende spitz zu. Die kleinen, gelblichen Blüten, die in einer langen, Blütenkätzchen-ähnlichen Struktur wachsen, sind auf den nackten Zweigen im Winter und Frühjahr eine wahre Pracht. Vermehrung durch junge Stecklinge im Sommer.

Symphoricarpos x doorenbosii „Mother of Pearl"

Knallerbsenstrauch
Höhe: 1,5 m, winterhart
Blühzeit: Sommer

Der Knallerbsenstrauch ist weitverbreitet. S. albus hat kleine, pinke Blüten im Sommer, gefolgt von weißen Beeren, die am Strauch den ganzen Winter über zu sehen sind, da sie von den meisten Vögeln ignoriert werden. S. x d. „Mother of Pearl" hat violette Beeren und S. orbiculatus hat weiße Blüten und rote Beeren. Sie können auf allen Böden angepflanzt werden und mögen sowohl Schatten als auch viel Sonne. Sie können auch als Heckenpflanze genutzt werden. Vermehrung durch junge Stecklinge im Sommer.

Syringa x henryi

Höhe: 1,5 – 4 m, winterhart
Blühzeit: Sommer

Ein attraktiver, laubabwerfender Busch, lilafarben mit grünen Blättern, die an kleinen, eher zierlichen Ästen wachsen. Die kleinen Blüten wachsen in ährenförmigen Blütenständen an den Spitzen der Austriebe. Sie duften, sind röhrenförmig und reichen bei den Farben von einem dunklen Violett über Mauve bis zu Weiß. Es gibt etliche verschiedene Züchtungen und man sollte darauf aufpassen, nicht eine zu wählen, die zu wuchtig wächst. Sie wachsen besonders in fruchtbaren und leichten Böden gut und brauchen viel Sonne. Vermehrung durch junge Stecklinge während des gesamten Sommers.

Teucrium fruticans

Gamander
Höhe: 1,8 m, winterhart
Blühzeit: Sommer

Teucrium oder Gamander ist ein immergrüner Strauch, der baumartig wächst und eher wild wachsende Äste und Zweige hat. Sie tragen blau-graue, silbrige Blätter, die aromatisch duften und auf der Unterseite weiß sind. Im Sommer wachsen blaue Blüten entlang jeden Zweigs. Gamander liebt die Sonne und einen fruchtbaren, gut wasserdurchlässigen Boden und ist eine schöne Ergänzung für eine unterschiedlich bepflanzte Grenzbepflanzung. Er braucht keinen Herbstschnitt, bis auf das Herausschneiden der gröbsten Austriebe und totem Holz im Frühjahr. Vermehrung durch junge Stecklinge im Sommer.

Thuja occidentalis „Sunkist"

Lebensbaum
Höhe: 18 m, winterhart
Blühzeit: Frühjahr

Der Thuja-Lebensbaum ist ein kraftvoller, langlebiger Baum mit konischem Wuchs. Die Rinde, die von hellrot bis ins bräunliche changiert, pellt sich und reißt ab, je älter der Baum wird. Die kleinen Blättchen, die sich aus vielen noch kleineren Blättern zusammen setzen riechen streng nach Ananas. Die Zapfen sind klein und bräunlich. T. plicata „Zebrina" hat einen gelblichen Rand an den Blättern, die so eng beieinander stehen, dass der Baum gold zu glänzen scheint. Vermehrung durch junge Stecklinge im Frühling oder Herbst.

Verbascum chaixii

Weiße Königskerze
Höhe: 1 m, winterhart
Blühzeit: Sommer

Die weiße Königskerze ist eine immergrüne Staude mit großen, der Brennnessel nicht unähnlichen Blättern, die grau-grünlich und mit feinen, grauen Filzhärchen versehen sind. Die schlanken Spieren mit gelben Blüten, die in der Mitte purpurrot sind erblühen im Juli und August. Die weiße Züchtung V. c. „Album" ist vielleicht noch außergewöhnlicher. Vermehrung durch Aussaat im Frühjahr oder späten Sommer oder durch Stecklinge im Winter. Blattläuse sind oftmals ein Problem. Die Pflanze ist aber auch gegen andere Schädlinge sehr anfällig.

Viburnum tinus

Schneeball
Höhe: 1,5 m, winterhart
Blühzeit: Winter

Der lorbeerblättrige Schneeball ist ein immergrüner Strauch mit aufrechtem Wuchs, der sich als junge Pflanze nach oben weit öffnet, sich aber, je älter er wird, baumartig nach oben verjüngt. Die breiten, ovalen, dunkelgrünen Blätter sind auf der Unterseite blasser und wachsen paarweise entlang der dunkel grünlich-braunen Äste und Zweige, an deren Ende jeweils büschelweise kleine, duftende Blütenstände sitzen. Die vielleicht beste Züchtung ist die V. t. „Eve Price", die dunkel-violette Knospen hat, die sich in weiß-violette Blüten öffnen. Die Pflanze kommt mit jedem Boden zurecht und kann auch Schatten vertragen. Vermehrung durch junge Stecklinge im Frühsommer.

Weigela florida „Floiis Purpureis"

Weigelie
Höhe: 1 m, winterhart
Blühzeit: Frühling/Sommer

Die Weigelie ist ein laubabwerfender buschiger Strauch mit trichterförmigen Blüten, die außen rosa glänzen und im Innern einen helleren violetten Ton haben, der auch Weiß sein kann. Die Blätter sind dunkelgrün. Weigelien wachsen auf nahezu jedem Boden und brauchen eigentlich Sonne, können aber auch ein wenig Schatten durchaus vertragen. Ein Rückschnitt bis zu einem Drittel der Pflanze ist durchaus ratsam. Vermehrung durch junge Stecklinge im Sommer.

Weitere Pflanzen für kalkhaltige Böden

Viele Pflanzen vertragen einen kalkhaltigen Boden. Die Liste ist sehr groß und wir können deshalb nur eine kleine Auswahl geeigneter Pflanzen hier auflisten. Man sollte allerdings beachten, dass die meisten Blumenzwiebeln (siehe S. 282-289) ebenfalls auf kalkhaltigen Böden gut anschlagen. Das Gärtnern auf kalkhaltigen Böden ist in erster Linie davon abhängig, wie viel Humus über dem kalksteinhaltigen Untergrund vorhanden ist. Kalksteinböden tendieren dazu, sehr trocken zu sein. Man kann kalkhaltige Böden sehr gut durch Stalldung, Mulch, Gartenkompost und Torf aufbessern. Die Fruchtbarkeit der Böden lässt sich zudem sehr gut durch Beigaben von Kunstdünger steigern.

Bäume

Abies koreana
Acer (mehrere Sorten)
Betula (mehrere Sorten)
Carpinus betulus
Catalpa bignonioides
Cercidiphyllum japonicum
Chimonanthus praecox
Corylus (mehrere Sorten)
Crataegus (mehrere Sorten)
Davidia involucrata
Fagus (mehrere Sorten)
Ficus carica
Fraxinus angustifolia
Koelreuteria paniculata
Larix decidua
Liquidambar styraciflua „Worplesdon"
Malus (mehrere Sorten)
Pyrus (mehrere Sorten)
Sorbus (mehrere Sorten)

Sträucher

Aronia arbutifolia
Artemisia absinthium
Berberis (mehrere Sorten)
Buddleja (mehrere Sorten)
Chaenomeles japonica
Choisya ternata
Cornus (mehrere Sorten)
Cotinus coggygria
Escallonia (mehrere Sorten)
Euonymus fortunei cvs.
Jasminum officinale
Lavandula (mehrere Sorten)
Ligustrum ovalifolium
Mahonia (mehrere Sorten)
Myrtus communis
Osmanthus (mehrere Sorten)
Philadelphus (mehrere Sorten)
Ribes laurifolium
R. „Königin von Dänemark"
R. „Madame Legras de Saint Germain"
Salvia officinalis
Sarcococca hookeriana
Senecio (*Brachyglottis*) „Sunshine"
Stepanandra tanakae
Syringa (mehrere Sorten)
Viburnum (mehrere Sorten)

Stauden und Bodendecker

Alchemilla mollis
Amenone × hybrida
Aruncus dioicus
Aster novi-belgii
Astilbe (mehrere Sorten)
Bergenia (mehrere Sorten)
Campanula carpatica
Catananche caerulea
Ceratostigma willmottianum
Crambe cordifolia
Dianthus (mehrere Sorten)
Dicentra (mehrere Sorten)
Digitalis (mehrere Sorten)
Echinops bannaticus
Geranium (mehrere Sorten)
Helianthemum (mehrere Sorten)
Iris (mehrere Sorten)
Lamium maculatum
Leucanthemum × superbum
Nepeta × faassenii
Penstemon (mehrere Sorten)
Perovskia atriplicifolia
Phlox paniculata
Polygonatum × hybridum
Primula auricula „Adrian"
Pulmonaria saccharata
Santolina chamaecyparissus
Veronica prostrata
Vinca (mehrere Sorten)

PFLANZEN *für* LEHMBÖDEN

Lehmböden sind in jedem Garten ein Problem, weil es regelmäßig zu Staunässe im Winter kommt und die Böden im Sommer knochentrocken werden. Die Pflanzen leiden also zum einen unter zu viel Wasser und zum anderen unter zu wenig Wasser. Hier ist eine Auswahl von Pflanzen, die attraktiv und dabei auch widerstandsfähig genug sind, mit diesen alles andere als einfachen Bedingungen fertig zu werden.

OBEN: *Houttuynia „Cameleon" ist ein robuster Bodendecker mit wunderbaren Blättern, der einen feuchten Boden und sehr viel Sonne mag. Er wächst gerne neben Gewässern aller Art.*

GEGENÜBER: *Fingerhüte geben einen prächtigen Anblick ab mit gelben hemerocallis und Frauenmänteln im Vordergrund.*

OBEN: *Große, Gruppen bildende Hostas wie die Hosta crispula mit ihren welligen Kanten und cremefarben gesprenkelten Blättern gedeihen sehr gut auf lehmhaltigem Boden. Ebenso die Triebe der Persicaria bistorta mit ihren pinken Blüten im Sommer.*

Lehm ist eine von den Bodenarten, die in kleinen Mengen durchaus nützlich sein kann. Aber Lehm kann vor allem dann zu einem Ärgernis werden, wenn man zuviel davon hat. Er gehört als wichtiger Bestandteil zu jedem Boden, weil er die Nährstoffe speichert, die Pflanzen für einen gesunden Wuchs brauchen. Auch speichert Lehm die Feuchtigkeit und bewahrt so viele Pflanzen vor allzu großer Trockenheit in regenarmen Sommermonaten. Dummerweise ist trotz aller dieser Vorzüge ein schwerer Lehmboden für Anpflanzungen nur sehr bedingt geeignet. Darüber hinaus kann er im Frühjahr immer noch sehr viel Kälte gespeichert haben, die besonders anfällige Pflanzen zum Absterben bringt.

All diese Schwierigkeiten rühren aus der Zusammensetzung des Lehmbodens her. Die Partikel, die einen Lehmboden ausmachen sind die kleinen Bestandteile, die man in mineralischen Böden ausmachen kann. Die Folge ist, dass sich das Wasser in diesen kleinen Partikeln hält und sie zu einer klebrigen Masse zusammenbindet. Rein physisch gesehen ist das Gärtnern mit einem solchen Boden allein eine Frage der Zeit: Wenn man ihn in einem zu nassen Zustand bearbeitet, wird man die schmierige Konsistenz zwar tief genug ausheben können, aber gleichzeitig auch ein wasserundurchlässiges Bett für jede Pflanzenwurzel ausheben, je tiefer man gräbt. In einem zu trockenen Zustand glaubt man, man habe es mit einem steinigen, ja bisweilen sogar felsigen Untergrund zu tun. Wenn man beide Erfahrungen erst einmal gemacht hat, wird man schnell dahin kommen, den richtigen Zeitpunkt abzupassen, wann man den Boden bearbeiten kann, und wann nicht.

Lehmböden haben die Angewohnheit, klebrig und schmierig zu werden, wenn sie nass sind, oder aber auch zusammen zu backen, wenn sie ausgetrocknet sind. Gerade im trockenen Zustand können so tiefe Spalten entstehen, die wiederum den Austrocknungsprozess des Bodens weiter beschleunigen, weil eine größere Oberfläche vorhanden ist, aus der die verbliebene Feuchtigkeit austrocknen kann. In diesem Zustand würde man vermuten, dass die Pflanzen welken und absterben, aber obwohl der Boden den Eindruck macht, er sei steinhart, wird immer noch genug Feuchtigkeit gespeichert, um die Pflanzen eine Zeitlang weiter damit versorgen zu können.

Die Speicherfähigkeit von Feuchtigkeit ist also ein großer Vorteil im Sommer und ein großer Nachteil im Winter. Denn je mehr Feuchtigkeit über einen langen Zeitraum im Boden bleibt, umso mehr müssen die Pflanzen diese Nässe an ihren Wurzeln aushalten können. Viele Rosen gedeihen unter diesen Umständen, ebenso die Aronia oder die dornigen Büsche der Zierquitte, Cotoneaster, Weißdornbüsche oder der Feuerdorn.

UNTEN: *Persicaria bistorta ist vorne zu sehen, dahinter folgen Iris, geranium phaeum, und philadelphus. Diese Pflanzen gedeihen alle in schwerer Erde. Rosen eignen sich sehr gut, wenn Sie vorhaben, auf Lehmboden zu pflanzen.*

Wenn der Boden durch Dünger und Stalldung aufgebessert werden kann, um ihn lockerer zu machen, wird er auch nährstoffhaltiger werden und kann damit zu einer Heimstatt für Pflanzen werden, die dort zunächst nicht wachsen würden. Man sollte also auch Kunstdünger ausbringen und organische Nährstoffe, die durch das Verrotten die Bodenqualität verbessern.

Natürlich kann ein Lehmboden auch sauer oder alkalisch sein. Das wiederum wird auch die Reihe der Pflanzen, die auf ihm gedeihen einschränken. Wie immer ist in solchen Fällen eine Boden-Nährstoffbestimmung sehr hilfreich, wenn nicht die umliegende Bepflanzung Rückschlüsse auf die Vegetationskraft des Bodens zulässt. Obwohl Lehmböden zumeist sehr stabil sind, was die Beschaffenheit angeht, ist es umso schwerer, sie in ihrem Nährstoffgehalt zu beeinflussen. Weitaus mehr Einfluss auf die Frage, was man auf ihm anpflanzen kann oder nicht hat so am Ende in jedem Fall der pH-Gehalt.

Es gibt viele Blumenzwiebeln, Stauden und auch andere Pflanzen wie den Geißbart, das Pfennigkraut, die Gauklerblume oder die Dreimasterblume, die den feuchten, nassen Boden lieben, den ein Lehmboden nun einmal darstellt. Wie immer, wenn ein Zustand gegenüber anderen Zuständen dominiert, kann man durch die richtige Auswahl der Pflanzen eine wunderbare Blütenpracht erreichen, die sich in nichts von Gärten mit anderen Böden unterscheidet. Man muss nur die richtigen, widerstandsfähigen Pflanzensorten dafür auswählen.

Abelia x grandiflora

Abelie
Höhe: 1,5 m, winterhart
Blühzeit: Sommer-Herbst

Abelien haben als Hybrid-Sträucher große, glänzende, ovale Blätter an dünnen Zweigen, die dem Strauch einen lockeren, ausladenden Wuchs verleihen. Die röhrenförmigen Blüten, die am Zweigende in Büscheln stehen haben einen leichten Duft und sind violett. Die Farbe verfärbt sich ins Weißliche, je älter der Strauch ist. Ein Rückschnitt ist nicht erforderlich. Die Pflanze liebt einen wasserdurchlässigen Boden und einen geschützten Standort sowie einigen Schutz im Winter. Die Pflanze kann durch 10 cm lange Stecklinge im August leicht vermehrt werden.

Acer platanoides

Spitzahorn
Höhe: 30 m, winterhart
Blühzeit: Frühling

Der Spitzahorn ist ein kraftvoll wachsender Baum mit typischen fingerförmigen Blättern. Strahlendgrün im Sommer verfärben sie sich im Winter goldgelb. Im Frühjahr bringt er eine Fülle von goldgelben Blüten hervor, die an den Zweigen und Ästen vor dem Blattwuchs erblühen. Zwei gute Züchtungen sind der A. p. „Crimson King“ und der A. p. „Drummondii“, der hellgrüne Blätter mit einem cremig-weißen Rand hat. Vermehrung durch Aussaat im Frühling oder durch Züchtungen und Verknospung im Sommer.

Alcea rosea Chater's Double Group

Stockrose
Höhe: 2,5 m, winterhart
Blühzeit: Sommer

Die Stockrosen sind winterharte, zweijährige Pflanzen, können allerdings auch in einzelnen Fällen nur mehr einjährig sein. Sie sind ein weitverbreiteter Anblick in Bauerngärten und ihre langstieligen Blütenstände sind eine Augenpracht in jedem Garten. Sie können aufgezogen werden durch Aussaat in einem speziellen Aussaat-Beet im Mai, um dann im Oktober an Ort und Stelle eingepflanzt zu werden. Stockrosen lieben einen guten, wasserdurchlässigen Boden und ein sonniges Plätzchen. Rost kann zum Problem werden.

Alnus incana

Grau- oder Weißerle
Höhe: 18 m, winterhart
Blühzeit: Frühling

Die Grau- oder Weißerle ist ein laubabwerfender Baum mit rötlich-braunen Austrieben und einem weiten, konischen Wuchs. Die ovalen Blätter sind dunkelgrün auf der Oberfläche und unten grau und tief geadert mit einem leicht gezähnten Rand. Im späten Winter und im Frühjahr sind gelbe Blütenkätzchen an den Zweigspitzen sichtbar. Erlen wachsen auf nahezu jedem Boden und dieser Baum eignet sich besonders für schlechte Böden und kalte Ecken. Es gibt auch eine Züchtung mit gold-gelben Blättern A.i. „Aurea“. Vermehrung durch Aussaat im Frühling oder durch Pfropfung.

Amaranthus caudatus

Fuchsschwanz
Höhe: 1-1,2 m, winterhart
Blühzeit: Sommer/Herbst

Der Fuchsschwanz hat ein breites, ovales, hellgrünes Blattwerk und rote, herabhängende Blütenstände bis zu einer Länge von 45 cm. Die Samenstände verfärben sich dabei oft dunkelrot im Herbst. A.c. „Viridis“ hat attraktive blasse Quasten. A. tricolour var. salicifolius wird gezüchtet wegen seiner herabhängenden Blätter, die in Orange in allen Abstufungen über rötlich-violett bis zu bronzen schimmern und glänzen. Diese genügsame Pflanze gedeiht überall, an einem sonnigen Standort bis hin zu halbschattigen Standorten. Vermehrung durch Aussaat im März.

Anemone x hybrida „Königin Charlotte“

Herbstannemone
Höhe: 1 m, winterhart
Blühzeit: Sommer/Herbst

Die Herbstannemone ist eine kraftvoll wachsende Pflanze, die in fast jedem Boden gut gedeiht und auch mit Standorten im Halbschatten zufrieden ist. Die hell- bis dunkelgrünen Blätter sind tief eingeschnitten und dreiblättrig. Die Blüten changieren in ihrer Farbigkeit von dunkel-violett bis hin zu Weiß und haben einen goldgelben Stempel in der Mitte. Unter den Züchtungen sind u.a. A. x h. „Honorine Jobert“ mit einer weißen Blüte und die A. hupehensis var. Japonica „Bressingham Glow“ mit roten Blütenblättern.

Aralia elata

Aralie
Höhe: 8 m, winterhart
Blühzeit: Sommer

Die japanische Aralie ist ein sommergrüner, mehrstämmiger Großstrauch. Er hat wenige, dicke Äste mit grauer Rinde und stachelbewehrten Zweigen. Große Blütenähren mit kleinen weißen Blüten sind am Ende eines jeden Zweiges sichtbar ab August. Eine sehr attraktive Züchtung ist die A.e. „Aureovariegata" mit unregelmäßigen gold-gelben Blatträndern. Vermehrung durch Wurzelteilung im Februar. Es bilden sich beerenartige Steinfrüchte von tiefblauer bis schwarzer Färbung, die im Winter auch von Vögeln gefressen werden.

Aronia arbutifolia

Eberesche
Höhe: 2,5 m, winterhart
Blühzeit: Frühling

Die Apfelbeere oder Eberesche ist ein farbenfroher, laubabwerfender Strauch, der anfangs einen aufrechten Wuchs hat und sich mit zunehmendem Alter verbreitert. Nahezu ovale, dunkelgrüne Blätter mit grau-grüner Unterseite. Wandeln sich im Herbst zu Orange, Rot und Dunkelrot. Im Frühjahr produziert der Strauch kleine weiße Blüten in büschelartigen Blütenständen, die von kleinen roten Beeren jahreszeitlich abgelöst werden. Bevorzugt viel Sonne, kommt aber auch mit Halbschatten zurecht und braucht einen guten, wasserdurchlässigen Boden. Vermehrung im Sommer durch junge Stecklinge oder im Frühling durch Aussaat.

Aruncus dioicus

Wald-Geißbart
Höhe: 1,5 m, winterhart
Blühzeit: Sommer

Der Wald-Geißbart ist ein buschartiger Strauch mit großen, hellgrünen Blättern, die tief geadert sind und in verschiedene streifenförmige Blättchen auslaufen. Sie werden von einem kraftvollen Stängel gehalten. Im Sommer erblühen große, federartige cremig-weiße Blütenstände an dünnen rötlich-grünen Halmen. Im Herbst bekommen die weiblichen Pflanzen haselnussgroße Fruchtstände, aber es sind die männlichen Pflanzen, die die besten Blüten hervorbringen. Der Geißbart gedeiht in feuchten Böden und liebt die volle Sonne. Vermehrung durch Pflanzenteilung im Winter.

Astilbe x arendsii

Prachtspiere
Höhe: 1 m, winterhart
Blühzeit: Sommer

Die Prachtspiere ist eine winterharte Pflanze und hat ein tief grünes, farn-ähnliches Blattwerk auf dünnen rötlich-grünen Stängeln. Einige der Züchtungen haben ein bronzen-grünes Blattwerk im Frühling. Im Sommer kommen große Blütenähren. Eine Vielzahl von Züchtungen sind heutzutage erhältlich: A. „Bressingham beauty" hat rosarote Blütenähren und A. „Feuer" dunkelrote Blütenstände. Sie mögen feuchte Böden und zumindest Halbschatten. Vermehrung durch Pflanzenteilung im Winter.

Berberis x stenophylla

Berberitze
Höhe: 2,5 m, winterhart
Blühzeit: Frühling

Die Berberitze ist ein immergrüner Strauch mit sich sanft nach unten biegenden Zweigen und Ästen mit kleinen, orange-gelben Blüten, die von kleinen blauen Früchten jahreszeitlich gefolgt werden. Die glänzenden Blätter stehen eng beieinander und haben spitze Dornen. Berberitzen können so als undurchdringliche Heckenpflanzen genutzt werden, aber auch als einzeln stehender Strauch. Die Züchtung B. x s. „Crawley Gem" hat einen niedrigeren Wuchs und orangefarbene Blüten, die als Knospen rot sind. Berberitzen gedeihen an sonnigen als auch an schattigen Standorten. Vermehrung durch junge Stecklinge im Sommer.

Campsis radicans

Trompetenblume
Höhe: 9 m, winterhart
Blühzeit: Sommer-Herbst

Die Trompetenblume ist eine schnell wachsende Pflanze und ideal für sonnige Mauerwände, Zäune, Pergolen und Gartenlauben. Vier bis zwölf trompetenartige Blüten sind in einem Blütenstand vorhanden. Es gibt ebenfalls rote und gelbe Züchtungen. Die Blätter sind hellgrün und spierenförmig geformt. Sie bekommen eine satte gelbe Herbstfärbung. Schnelles Wachstum, liebt die Sonne und fruchtbare, gut wasserdurchlässige Böden und zusätzliche Wässerung in trockenen Sommermonaten. Vermehrung durch Wurzelteilung im Frühjahr.

Cardamine pratensis „Flore Pleno“

Wiesenschaumkraut
Höhe: 45 cm, winterhart
Blühzeit: Frühling

Das Wiesenschaumkraut ist eine niedrige Bodendeckerpflanze. Es hat hellgrüne Blätter, die sich wiederum in kleinere Blättchen aufteilen und rosettenförmig angeordnet sind. C. p. „Flore Pleno“ ist eine Pflanze, die sich sehr schnell ausbreitet, mit doppelten lilafarbenen Blüten im späten Frühjahr. Diese Pflanze produziert keinen Samen, aber man kann sie sehr leicht vermehren: Blätter, die in Berührung mit einem feuchten Boden kommen, bilden sehr schnell kleine Wurzeln und neue Pflanzen, die man sehr leicht teilen kann.

Celastrus orbiculatus

Baumwürger
Höhe: 7 m, winterhart
Blühzeit: Sommer

Der Baumwürger ist ein kraftvoller Kletterer mit ovalen, grünen Blättern an kurzen Zweigen und kleinen grünlichen Blüten, die die weibliche Pflanze im Sommer trägt. Die Blätter verfärben sich im Herbst gelblich. Der Zwillingssamen ist hellgrün und kann im Frühsommer ins cremig-braune changieren, je älter die Pflanze wird. Es folgen orangefarbene Kapseln, die den Samen enthalten, wenn es in der Nachbarschaft eine männliche Pflanze als Bestäuber gibt. Der Baumwürger zieht den Schatten vor und wächst auf jedem Boden. Vermehrung durch Aussaat im Herbst.

Chaenomeles japonica

Japanische Zierquitte
Höhe: 1,2 m, winterhart
Blühzeit: Frühling

Die japanische Zierquitte ist ein farbenprächtiger, langsam wachsender Strauch. Die Einzelblüten, die orangerot mit einer goldenen Mitte sind, werden im Überfluss auf dem älteren Holz im Frühjahr produziert. Ihnen folgen die gelblichen Quittenfrüchte. Die elliptischen Blätter sind grün und verfärben sich im Herbst gelblich. Sie wird oftmals an Mauern angepflanzt und braucht einen guten, wasserdurchlässigen Boden. Nach der Blüte zurückschneiden. Vermehrung durch junge Stecklinge im Sommer. Anfällig für Pilzkrankheiten.

Crambe cordifolia

Herzblättriger Meerkohl
Höhe: 1,8 m, winterhart
Blühzeit: Sommer

Als prächtige Dekorationspflanzen und ideale Blumen für Riesenbouquets dient dieser Herzblättrige Meerkohl, dessen nach Honig duftende weiße Blüten in einer imponierenden großen Traube stehen. Mit seinen großen, rundlich-herzförmigen Blättern und den sehr großen verzweigten Blütentrauben ist diese Kohlpflanze vor einem dunklen Hintergrund ein wahrhaft schöner und beeindruckender Solitär. Der Austrieb gefällt durch seine leicht violette Tönung; später vergrünen die Blätter. Der Boden sollte warm, durchlässig, kalkhaltig und humos sein. Gegen Winternässe schützen.

Darmera peltata

Schildblatt
Höhe: 1,2 m, winterhart
Blühzeit: Frühling

Das Schildblatt ist eine Staude mit einem scheibenähnlichen Blatt, das eine interessante bronze-pinkfarbene Färbung im Herbst annimmt. Die pinkfarbene Blüte, die eine weiße Unterseite am Blütenblatt aufweist, wächst in großen Büscheln auf dunkelgrünen-braunen Halmen, die wiederum mit feinen weißen Härchen überzogen sind. Die Blüten und die Halme wachsen bevor die Blätter kommen. Die Pflanze braucht einen feuchten Boden und gibt auch eine ausgezeichnete Wasserpflanze neben einem Pool ab. Wächst in Sonne und Schatten. Vermehrung durch Teilung des Wurzelstocks im Frühjahr oder durch Aussaat im Herbst.

Digitalis grandiflora

Fingerhut
Höhe: 1 m, winterhart
Blühzeit: Sommer

Mehrjährige, krautige Pflanze. Der blütentragende Spross entwickelt sich aus einer grundständigen Blattrosette im Mai. Im Juni und Juli trägt die Pflanze zwanzig oder mehr gelbe Blüten in einem nach einer Seite gerichteten traubigen Blütenstand. Die Blüten sind behaart, werden 3 bis 4 cm lang und weisen innen eine braune, netzförmige Zeichnung auf. Es bilden sich zweifächrige, vielsamige Kapselfrüchte. Sie bevorzugen feuchten Boden und Halbschatten und müssen alle drei, vier Jahre ersetzt werden. Vermehrung durch Aussaat im Frühling oder frühen Sommer.

Dodecatheon pulchellum

Götterblume
Höhe: 45 cm, winterhart
Blühzeit: Sommer

Die Götterblume ist eine winterharte Staude mit hellgrünen, elliptisch geformten Blättern, die rosettenartig am Boden der Pflanze angeordnet sind. Im Sommer blüht die Pflanze mit nickenden Doldenblütenständen an starken, dünnen Halmen. Jede Blüte besteht aus rosaroten Blütenblättern, die vom gelblichen Staubbeutel zurückgeschwungen sind. Sie ziehen einen schattigen Standort vor und brauchen einen feuchten Boden. Vermehrung durch Aussaat im Herbst oder durch Pflanzenteilung im Winter.

Filipendula palmata „Alba"

Sibirien-Spierstaude
Höhe: 1 m, winterhart
Blühzeit: Sommer

Die Sibirien-Spierstaude ist eine attraktive mehrjährige Pflanze mit grünem, tief eingeschnittenem Blattwerk. Das Ganze verleiht der Pflanze ein farnartiges Aussehen. Es gibt eine doppel-blütige Züchtung F. vulgaris „Multiplex", die große Ähren mit cremig-weißen Blüten im Sommer hervorbringt, die lange blühen. Die Pflanze gedeiht am besten in einem kalten und feuchten Boden und möchte dort nicht allzu sehr gestört werden. F. rubra hat violette Blüten und gedeiht selbst auf morastigen Böden. Vermehrung durch Pflanzenteilung im Winter.

Ginkgo biloba

Gingko
Höhe: 21 m, winterhart
Blühzeit: Frühling

Der Gingko ist ein sehr interessanter und schmückender Baum. Er hat ganz besonders geformte Blätter mit abgerundeten Ecken. Sie verfärben sich im Herbst gelb-golden, bevor sie abfallen. Der Baum trägt auch Früchte im Herbst, aber dazu braucht es sowohl männliche als auch weibliche Pflanzen zur gegenseitigen Befruchtung. Der Gingko braucht einen guten, wasserdurchlässigen Boden und gibt sich auch mit ein wenig Schatten zufrieden. Es gibt sehr, sehr alte Gingko-Bäume, die oftmals auch neben Tempeln angepflanzt wurden.

Hemerocallis „Burning Daylight"

Taglilie
Höhe: 1 m, winterhart
Blühzeit: Sommer

Die Taglilien sind wunderbare, farbenfrohe Pflanzen, mit zumeist hellgrünem Blattwerk, das streifenförmig und oben spitz zuläuft. Die großen Blüten blühen dabei nur einen Tag lang, aber werden in einer solchen Vielzahl von der Pflanze produziert, so dass dies gar nicht auffällt. Die populäre Kwanso-Züchtung beinhaltet die orangefarbene, doppelblütige H. fulva „Flore Peno" und die Unterart H. f. „Kwanso Variegata". Sie lieben die volle Sonne und einen feuchten Boden. Vermehrung durch Pflanzenteilung im Frühjahr.

Hosta „Spinners"

Hosta
Höhe: 60 cm, winterhart
Blühzeit: Sommer/Herbst

Die Hosta sind eine winterharte Staudenart, die wegen ihres interessanten Blattwerks angepflanzt werden. Die Blattformen reichen von langen und schmalen bis hin zu ovalen und spitz zulaufenden Blättern. Die Blattfarbe variiert dabei von Blau zu allen Arten von silbrigen oder goldglänzenden Blättern. Die Blüten stehen in Ährenständen oberhalb der Blätter. H. sieboldiana var. elegans hat breite speer-ähnliche, glänzende blaugrüne Blätter mit deutlich sichtbarem Aderwerk und lila-blauen Blüten. Vermehrung durch Pflanzenteilung im Frühjahr und unmittelbarer Neuanpflanzung. Die Blätter sind sehr anfällig für Nacktschnecken.

Houttuynia cordata „Chameleon"

Chamäleonpflanze
Höhe: 45 cm, winterhart
Blühzeit: Frühling

Die Chamäleonpflanze ist eine sich kraftvoll ausbreitende Staude mit dunkelblau-grünen, duftenden und herzförmigen Blättern, die an rötlich-grünen Pflanzenstängeln wachsen. Die Pflanze vermehrt sich sehr schnell unterhalb der Erde. Die weißen Blüten sitzen auf kleinen aufrechten Blütenstängeln oberhalb der Blätter. Es gibt eine doppelblütige Züchtung H. c. „Flore Pleno". H. c. „Chamäleon" hat gelblich gemusterte Blätter auf rotem und dunkelgrünem Untergrund. Vermehrung durch Pflanzenteilung im Spätherbst oder Frühjahr.

Humulus lupulus „Aureus"

Echter Hopfen
Höhe: 8 m, winterhart
Blühzeit: Sommer

Der Echte Hopfen ist eine höchst attraktive Kletterpflanze mit dünnen, borstigen Halmen. Die Blätter sind entlang des Randes gezackt und fein geädert. Die Blüten sind eher unbedeutend, aber die Früchte sind im Herbst höchst dekorativ. H. l. „Aureus" hat gold-gelbe Blätter, Halme und Früchte. Es gibt auch eine Züchtung mit cremig-weißen und grünen Blättern. Vermehrung durch junge Stecklinge im Juni oder Juli. Die Wildform des Echten Hopfens wächst bevorzugt an stickstoffreichen Standorten mit höherer Bodenfeuchte.

Iris pseudacorus

Sumpf-Schwertlilie
Höhe: 1 m, winterhart
Blühzeit: Frühling/Sommer

Die Sumpf-Schwertlilie ist eine populäre, winterharte Staude mit einer wunderschönen buttergelben Blüte und breiten, streifenförmigen, blau-grünen Blättern, die farn-artig angeordnet sind. Eine wirklich verblüffende Pflanze ist die I.p. „Variegata" mit ihrem goldgelben streifenförmigen Blattwerk. Sie wächst unter unterschiedlichsten Bedingungen, aber sie gedeiht am besten im Halbschatten, in schwerem Boden und selbst noch bei Staunässe oder in Wassertiefen von bis zu 45 cm. Vermehrung durch Pflanzenteilung unmittelbar nach der Blüte.

Lathyrus grandiflorus

Edelwicke
Höhe: 3 m, winterhart
Blühzeit: Sommer/Herbst

Die dunkelrote Edelwicke stammt ursprünglich aus Italien und ist eine hoch aufwachsende Kletterpflanze. Alle Sorten sind alte Züchtungen mit besonders intensiv duftenden Blüten. Man kann sie an vielerlei Rankhilfen hochklettern lassen: Zäune, Pergolen, Rankgitter, selbst Bambusstäbe. Duftwicken benötigen nährstoffreiche, tiefgründige und feuchte Böden, am besten Gartenböden, die im Herbst des Vorjahrs mit Kompost oder Mist gedüngt wurden. Hitze vermeiden: Besonders gut wachsen sie in Mittelgebirgslagen.

Leucanthemum x superbum

Wiesen-Margerite
Höhe: 1 m, winterhart
Blühzeit: Sommer

Die Wiesen-Margerite ist eine sehr beliebte mehrjährige Pflanze. Die Blätter sind ungeteilt bis fiederartig gestaltet; die Grundblätter sowie die unteren Stängelblätter sind gestielt und die oberen Stängelblätter sitzend. Die Köpfchen tragen weiße Zungen- und gelbe Röhrenblüten. Es gibt heute unzählige Züchtungen, z. Bsp. die L. x s. „Snowcap", die kleiner im Wuchs ist und die L. x s. „Wirral Supreme" mit großen gefüllten Blüten. Vermehrung durch Teilung der Pflanze im Winter oder durch großen Rückschnitt im Frühjahr.

Mimulus x burnetii

Gauklerblume
Höhe: 30 cm, winterhart
Blühzeit: Sommer

Die gelbe Gauklerblume ist eine Staude, die auf kalten, feuchten Böden gut wächst, aber deren Blüten gerne der Sonne ausgesetzt sind. Die Pflanze gedeiht gut in der Nähe eines kleinen Feuchtbiotops oder von Wassergärten und am Rand von Gewässern. Die elliptisch geformten Blätter wachsen an eckigen Stielen. Die bis 5 cm großen gelben Blüten setzen sich aus einer Ober- und Unterlippe zusammen, ähnlich wie bei einem Löwenmäulchen. Vermehrung durch Teilung im Winter oder durch die Abnahme von Grundsprossen. Die Saat fällt nicht sortenrein aus.

Myosotis scorpioides

Sumpf-Vergissmeinnicht
Höhe: 25 cm, winterhart
Blühzeit: Frühling/Sommer

Das Sumpf-Vergissmeinnicht ist eine immergrüne Pflanze, die den feuchten Boden liebt und den gesamten Sommer hindurch blüht. Ihr Stängel ist abgerundet bis schwach kantig und meist anliegend behaart - ebenso die Laubblätter. Die Verzweigungen des Stängels sind meist spitzwinklig. Sie wird auch oft als Randbepflanzung bei Wasserbecken genutzt. Eine Züchtung mit größeren Blüten ist die M. s. „Mermaid". Die Pflanze gedeiht nur drei bis vier Jahre lang und muss dann ersetzt werden. Vermehrung durch junge Stecklinge im Frühjahr.

Persicaria bistorta - „Superba"

Wiesen-Knöterich
Höhe: 1,2 m, winterhart
Blühzeit: Sommer

Mehrjährige, krautige Pflanze, die Wuchshöhen von 20 bis 100 cm mit aufrechten, unverzweigten Stängeln erreicht. Die Blattspreite der Grundblätter ist oval bis länglich und wird bis 15 cm lang. Die Oberseite der Laubblätter ist dunkelgrün, die Unterseite bläulichgrün. Die rosafarbenen Blüten sind 4 bis 5 mm lang und stehen in zylindrischen Scheinähren, die etwa 2 bis 7 cm lang werden. Standorte sind feuchte Humusböden, die reich an Stickstoff- und Mineralverbindungen sind. Vermehrung durch Pflanzenteilung im Frühjahr oder durch Aussaat im Herbst.

Phlox paniculata „Fujiyama"

Phlox
Höhe: 1 m, winterhart
Blühzeit: Sommer

Er darf in keinem Staudengarten fehlen. Der Phlox hat normalerweise eine pinkfarbene, fünfblättrige Blüte. Die bekanntesten Züchtungen sind der „Amethyst" – violett, „Norah Leigh" – hell-lila, und „Franz Schubert" – pink. Sommerphlox wächst auf jedem guten Gartenboden, der nicht zu kalkhaltig ist. Der Boden sollte humusreich sein, tiefgründig und nährstoffreich. Leicht saure Böden sind auch gut. Sonne und Halbschatten sind gewünscht und in Trockenperioden sollte zusätzlich gewässert werden. Nach der Blüte sollte er bis zum Boden abgeschnitten und im Frühling durch Pflanzenteilung oder durch junge Stecklinge im Sommer vermehrt werden.

Phormium tenax

Neuseeländischer Flachs
Höhe: 1,2 m, winterhart
Blühzeit: Sommer

Der Neuseeländische Flachs ist eine mehrjährige Pflanze mit scharfen, lederartigen Blättern, die schwertähnlich geformt und von einem satten Grün sind. Einmal angewachsen kommen dunkel orangefarbene Blüten an langen Ähren zum Vorschein. Sie werden gefolgt von gekrümmten Samenkapseln. Unter den Züchtungen gibt es solche mit verschiedenartigem Blattwerk wie die P. „Dazzler", die Blätter mit gelben, pinkfarbenen, orange-roten oder auch bronzenen Farbtönen hat. Vermehrung durch Aussaat im Frühling oder durch Pflanzenteilung.

Populus x candicans „Aurora"

Gileadbaum
Höhe: 25 m, winterhart
Blühzeit: Frühling

Dies ist ein Baum mit breiter Krone und breiten, herzförmigen Blättern. Sondert im Frühling einen balsamähnlichen Duftstoff ab. Der attraktive P. „Aurora" hat ein sehr abwechslungsreiches Blattwerk aus dunkelgrünen Blättern, die wahlweise cremig-weiß, pinkfarben oder hellgrün gesprenkelt sind. Er muss jedes Frühjahr sehr konsequent zurückgeschnitten werden, um Form und Farbe zu behalten. Poplars ziehen die pralle Sonne vor und verlangen nach einem eher nassen Boden. Sie wachsen sehr energisch und sollten deshalb nicht in der Nähe von Hauswänden angepflanzt werden. Vermehrung durch Holz-Stecklinge im Herbst.

Pterocarya fraxinifolia

Kaukasische Flügelnuss
Höhe: 25 m, winterhart
Blühzeit: Sommer

Die Kaukasische Flügelnuss liebt einen feuchten Boden und hat einen relativ kurzen Stamm und tief strukturierte Rinde. Die grün glänzenden Blätter sind an den Rändern sehr fein gezahnt und verfärben sich im Herbst gelblich. Die Blüten bestehen aus langen, grünen Blütenkätzchen, die bis zu 45 cm lang werden können. Im Herbst folgen die grünbräunlichen gekrümmten Früchte. Die Flügelnuss mag die Sonne und einen gut durchwässerten Boden. Vermehrung durch junge Stecklinge im Sommer oder durch Aussaat im Frühling oder aber auch durch Wurzelteilung.

Pyracantha „Orange Glow"

Feuerdorn
Höhe: 3 m, winterhart
Blühzeit: Sommer

Der Feuerdorn ist ein sehr vielseitiger, mehrjähriger grüner Strauch mit einem attraktiven Blattwerk, ebensolchen Früchten und Blüten. Man kann ihn sehr gut als Grenzstrauch anpflanzen, aber auch als Einzelstück gebrauchen. Den vielen Büscheln mit kleinen weißen oder pinkefarbene Blüten folgen im Herbst ebenso viele gelbe, orangefarbene oder rote Früchte, je nach Züchtung. Die ovalen, glänzenden, dunkelgrünen Blätter haben einen fein gezackten Rand und wachsen an braunen Stängeln, die scharfe Dornen haben. Vermehrung durch junge Stecklinge im Sommer.

Pyrus calleryana

Chinesische Wildbirne
Höhe: 15 m, winterhart
Blühzeit: Frühling

Die chinesische Wildbirne ist ein mittelgroßer Baum mit einem breiten, konischen Wuchs und leicht nach oben gebogenen, dornigen Ästen. Die glänzenden, grünen Blätter sind breit und oval. Die kleinen weißen Blüten sitzen in üppigen Büscheln und blühen im Frühling. Im Herbst folgen ihnen kleine braune Früchte. Die Züchtung P. c. „Chanticleer" hat einen aufrechten konischen Wuchs und ist ganz besonders im Herbst äußerst attraktiv, wenn sich die Blätter rötlich verfärben. Vermehrung durch Knospung im Sommer oder durch Pfropfung im Winter.

Quercus palustris

Sumpf-Eiche
Höhe: 15 m, winterhart
Blühzeit: Frühling/Sommer

Die Sumpf-Eiche ist ein schnell wachsender, dichter Baum, der vor allem nach oben schnell wächst und sanft geschwungene Äste hat. Je älter der Baum wird, umso mehr wird die Rinde rot-grünlich. Die Blätter sind glänzend grün auf der Oberseite und unten blasser im Farbton, tief geadert und verfärben sich im Herbst in ein kräftiges Rot. Die kleinen Blüten kommen im späten Frühjahr, gefolgt von grünlich-braunen Eicheln im Herbst. Vermehrung durch Aussaat im Frühjahr.

Rheum palmatum

Rhabarber
Höhe: 1,8 m, winterhart
Blühzeit: Sommer

Die meisten Rhabarber-Pflanzen haben glänzend grüne und vor allem große Blätter, die an der Spitze von dicken, fleischigen Stängeln wachsen. Die kleinen Blüten sitzen dabei oberhalb der Blätter auf hohen Ähren; R. alexandrae kann über 1 Meter lange Ährenblüten haben. Rhabarber zieht feuchten Boden vor und wächst teilweise beschattet. In Gebieten mit kalten Wintern sterben die Blätter nach der Blütezeit im Spätsommer oder Herbst ab. Die Pflanze braucht einen feuchten Boden. Vermehrung durch Pflanzenteilung im Winter.

Rodgersia pinnata „Superba"

Garten-Schaublatt
Höhe: 1 m, winterhart
Blühzeit: Sommer

Mehrjährige Staude, die oft wegen ihrer schönen Blätter angepflanzt wird. Das tief geaderte Blatt besteht aus bis zu neun verschiedenen Unter-Blättern, die von einem dünnen Stängel zusammengehalten werden. Im Sommer hat das Schaublatt pinkfarbene, sternenförmige Blüten, die an senkrecht stehenden, verzweigten Blütenstängeln wachsen. Die bronzefarbene R. p. „Superba" ist vor allem wegen ihrer Herbstfärbung beliebt. Braucht ein wenig Schatten und geschützten Standort, hält es aber auch gut in der Sonne aus, so lange der Boden nicht austrocknet. Vermehrung durch Teilung des Wurzelstocks im Frühling.

Salix babylonica var. pekinensis „Tortuosa"

Babylonische Trauerweide
Höhe: 15 m, winterhart
Blühzeit: Frühling

Die babylonische Trauerweide ist ein großer Strauch oder auch kleiner Baum mit ungewöhnlichen, korkenzieher-ähnlichen Zweigen und einer Rinde, die im Winter grün ist. Sie ist im Wuchs eher gedrungen, breitet sich im Alter aber immer weiter aus. Die hellgrünen Blätter stehen sehr dicht, sind streifenförmig geformt und wachsen zuweilen genauso geschraubt und ineinander verdreht wie die Zweige. Vermehrung durch Stecklinge im November und Dezember.

Salix caprea

Sal-Weide
Höhe: 9 m, winterhart
Blühzeit: Frühling

Die Sal-Weide ist ein sehr populärer Strauch oder kleiner Baum, der am ehesten im Frühjahr auffällt, wenn die männlichen Pflanzen große, gelb behaarte Blütenkätzchen produzieren. Die flauschigen Samen werden im Sommer abgeworfen. Die elliptisch geformten Blätter sind grün auf der Oberseite und grau-grün und leicht behaart auf der Unterseite. Wird der Strauch älter wird auch die grau-braune Rinde immer rissiger. Vermehrung durch Stecklinge im Winter. Eine Pilzkrankheit (Anthracnose) kann leicht Schäden hervorrufen.

Sorbaria aitchisonii

Fiederspiere
Höhe: 3 m, winterhart
Blühzeit: Sommer

Die Fiederspiere ist ein winterharter, laubabwerfender Strauch mit breiter Silhouette. Er hat rot-braune Austriebe mit langen, gebogenen Zweigen. Die farnartigen, grünen Blätter sind gleichmäßig an den Blatthalmen angeordnet. Im Herbst verfärben sich die Blätter gold-gelb und orange. Kleine, cremigweiße Blüten werden in großer Zahl im Spätsommer produziert. Der Strauch liebt die Sonne und einen feuchten Boden. Er kann sich sehr schnell ausbreiten. Vermehrung durch junge Stecklinge im Sommer.

Tradescantia x andersoniana „Purple Dome“

Dreimasterblume
Höhe: 60 cm, winterhart
Blühzeit: Sommer/Herbst

Die Dreimasterblume ist eine sehr populäre mehrjährige Staude für die Grenzbepflanzung, weil sie nicht sehr viel Pflege braucht und den ganzen Sommer über blüht. Sehr attraktiv ist auch das Zusammenspiel mit den streifenförmigen, schmalen grünen Blättern, die sich am Ende verjüngen. Die Blüte besteht aus drei Blütenblättern und wächst in kleinen Dolden. Unter den Züchtungen ist die „Blue Stone“ blaublütig, und die „Isis“ rot. Vermehrung durch Teilung im März oder April.

Viburnum opulus

Gefüllter Schneeball
Höhe: 4,5 m, winterhart
Blühzeit: Sommer

Der gefüllte Schneeball ist ein großer, laubabwerfender Strauch mit starkem Wuchs. Die dunkelgrünen gegenständig gestielten Laubblätter sind drei- bis fünflappig. Sie verfärben sich im Herbst gelblich und orange. Den großen weißen Blüten folgen im Herbst rötliche Beeren. Eine auffallende Züchtung ist die V. o. „Xanthocarpum“, die alle Besonderheiten des normalen Schneeballs aufweist, aber deren Beeren gold-gelb sind und die V. o. „Aureum“, deren Blätter gelb-gold sind.

Weitere Pflanzen für Lehmböden

Das Gärtnern auf sehr schweren Lehmböden kann sehr kompliziert sein. Durch entsprechende Kultivierung kann auch ein Lehmboden in gute Gartenerde verwandelt werden, auf dem die meisten Pflanzen gedeihen. Wenn allerdings die darunter befindliche Erde das Wasser hält ist die Liste derjenigen Pflanzen, die dort anschlagen, begrenzt. Um einen schweren Lehmboden aufzubessern, sollte man ihn erst einmal entwässern, anschließend umgraben und den Boden in groben Klumpen einen Winter lang liegen lassen. Versuchen Sie nicht, den Boden in nassem Zustand zu verbessern.

Dann sollte man feinen Kies, Asche und Mulch einarbeiten. Ebenso sollte man sehr robuste Pflanzen auswählen, die eher genügsam sind. Rosen vertragen Lehmboden relativ gut und eine Auswahl mit Rosen ist in diesem Kapitel aufgenommen worden.

BÄUME

Acer (mehrere Sorten)
Amelanchier canadensis
Arbutus × andrachnoides
Betula ermanii
Catalpa bignonioides
Cercidiphyllum japonicum
Chimonanthus praecox
Corylus avellana „Contorta“
Crataegus (mehrere Sorten)
Ficus carica
Fraxinus angustifolia
Liquidambar styraciflua
Malus (mehrere Sorten)
Pyrus (mehrere Sorten)
Sambucus racemosa
Taxodium distichum

STRÄUCHER

Artemesia absinthium
Berberis (mehrere Sorten)
Chaenomeles (mehrere Sorten)
Choisya ternata
Cornus (mehrere Sorten)
Cotinus coggygria
Exochorda × macrantha „The Bride“
Forsythia suspensa
Lavandula (mehrere Sorten)
Lavatera „Barnsley“
Ligustrum ovalifolium
Mahonia (mehrere Sorten)
Philadelphus (mehrere Sorten)
Rosen
Salvia officinalis
Santolina chamaecyparissus
Sarcococca hookeriana
Stepanandra tanakae
Syringa (mehrere Sorten)
Viburnum (mehrere Sorten)

STAUDEN UND BODENDECKER

Alchemilla mollis
Amenone × hybrida
Aquilegia alpina
Aster novi belgii
Astrantia major
Aucuba japonica
Bergenia (mehrere Sorten)
Buddleja (mehrere Sorten)
Campanula carpatica
Centhranthus ruber
Dianthus (mehrere Sorten)
Dicentra (mehrere Sorten)
Digitalis (mehrere Sorten)
Echinops bannaticus
Erysimum cheiri
Geranium (mehrere Sorten)
Gunnera manicata
Hemerocallis (mehrere Sorten)
Inula magnifica
Iris laevigata
Lamium maculatum
Ligularia (mehrere Sorten)
Nepeta × faassenii
Penstemon (mehrere Sorten)
Polygonatum × hybridum
Primula florindae
Pulmonaria saccharata
Scabiosa (mehrere Sorten)
Tradescantia (mehrere Sorten)
Trollius europaeus
Veronica prostrata
Vinca minor

Rosa „Abraham Darby“

Typ: Englische Rose
Höhe: 1,5 m, winterhart
Blühzeit: Sommer/Herbst

Die Rosensorte Abraham Darby (auch „Country Darby“ oder „Auscot“) ist eine Englische Rose, die David Austin 1985 einführte. Sie ist ein Abkömmling von „Yellow Cushion“ x „Aloha“. Ihre bis zu 11 cm großen, dicht gefüllten, kräftig duftenden Blüten wachsen in Büscheln. Sie sind rosa- bis aprikosenfarben mit gelb getönter Blütenblatt-Innenseite und hellen im Verblühen auf. „Abraham Darby“ ist eine Strauchrose für Gruppen oder Solitärpflanzung mit einem kräftigen Wuchs.

Rosen

Rosen gehören zu den beliebtesten und am weitesten verbreiteten Gartenblumen. Sie sind widerstandsfähig genug, um es auch mit Lehmböden aufzunehmen, viele duften verlockend, manche wachsen sogar im Schatten und sogar als Kletterpflanzen in nach Norden weisenden Standorten. Es gibt eine riesige Auswahl an Rosen, aber man kann es sich einfacher machen, wenn man weiß, was die Rose tun soll. Rambler- und Kletterrosen erklären sich selbst. Kletterrosen sollte man an Mauern oder Zäunen anpflanzen, Rambler-Rosen sollten mit einer anderen Pflanze, z. B. mit einem Baum zusammenwachsen. Rambler sind kräftige Pflanzen. Deshalb sollte man ihnen ausreichend Platz zum Wachsen zubilligen.
Wenn Sie ein Rosenbeet anlegen wollen, sollte man eine Strauchrose auswählen und wenn Sie einen besonderen Blickfang in Ihrem Garten haben wollen, wählen Sie eine der vielen alten Rosensorten aus, die so wundervoll duften und blühen. Viele Rosen kann man einzelnstehend, aber auch als Bodendeckerpflanze nutzen.

Rosa „Albéric Barbier“

Typ: Rambler
Höhe: 8 m, winterhart
Blühzeit: Sommer

Sie ist eine der populärsten Rambler-Rosen mit starkem Wuchs und dickem Blattwerk, das nahezu immergrün ist. Es ist die ideale Rose, die an einer unansehnlichen Hauswand hoch wachsen kann. Ihre Blüte ist gelb, aufgeblüht cremeweiß und schön gefüllt mit glänzendem Laub. Duftet nach Apfel. Es gibt eine schöne, zweite Blüte. Andere Rosen dieser Züchtung sind „Albertine“ (pink) und die wundervoll duftende „Crimson Shower“ (rot) und die „May Queen“ (blass-lila).

Rosa banksiae „Lutea“

Typ: Kletterrose
Höhe: 9 m, winterhart
Blühzeit: Sommer

Banks-Rosen sind wüchsige, sehr langlebige Kletter-Rosen, die bis zu 7 m hoch wachsen und sehr früh blühen. Sie wachsen auch an heißen, trockenen Standorten, gerne mit Süd-, Südwestlage. Sie kann auch im Beet angepflanzt werden. Sie hat eine weiße Blüte, die Züchtung „Lutea“ ist aber weiter verbreitet und hat eine gelbe, gefüllte Blüte. Die Rose hat keine Dornen und man sollte totes Holz nach dem Blühen entfernen. Sie ist winterhart.

Rosa „Cottage Rose“

Typ: Englische Rose
Höhe: 1 m, winterhart
Blühzeit: Sommer

Eine Rose mit Charakter, mittelgroß, blüht in einem warmen Pink-Ton und kriegt den ganzen Sommer über Blüten. Man sollte den englischen Rosen eine ordentliche Portion Mulch im Frühjahr gönnen und eine zweite Schaufel Mulch nach der ersten Blüte. Auch darf sie im ersten Jahr nicht zurück geschnitten werden, dafür aber zur Hälfte oder Zweidrittel im zweiten Jahr. David Austen empfiehlt, sie in 2er- oder 3er-Gruppen anzupflanzen, um sie so langsam in einen großen Busch zusammenkommen zu lassen.

Rosa „English Miss“

Typ: Englische Rose
Höhe: 75 cm, winterhart
Blühzeit: Sommer

Üppig blühende Rose, die den ganzen Sommer immer wieder neu blüht. Die Blüten sind vielleicht nicht so groß und perfekt geformt, wie die von Hybrid-Rosen, aber sie sind äußerst anmutig. Die populärsten Züchtungen sind „Evelyn Frison“ und „Glad Tsidings“ (pink), „Apricot Nectar“ und „Summer Dream“ (apricot-gelb), „Korresia“ und „Mountbatton“ (gelb) „Iceberg“ und „Margaret Merrill“ (weiß) sowie „Masquerade“ in Gelb, Lila und Rot.

Rosa filipes „Kiftsgate“

Typ: Rambler
Höhe: 9-15 m, winterhart
Blühzeit: Sommer

Eine der bekanntesten Rambler-Rosen, die an einem geeigneten Klettergerüst oder Baum mit ihren kräftigen, langen Trieben bis zu 25 m hoch wächst und in großen, herabhängenden Büscheln mit bis zu 100 duftenden, cremeweißen Blüten üppig blüht. Vorsicht: Nur schwer in ihrem Wuchs zu kontrollieren. Man sollte sie um mindestens ein Drittel zurückschneiden. Im Herbst färbt sich das Laub rostrot und es erscheinen büschelweise erbsengroße, ovale Hagebutten. Sie verträgt Halbschatten und ohne Klettergerüst kann sie auch große Flächen als Bodendecker überwuchern.

Rosa „Fragrant Cloud“

Typ: Englische Teerose
Höhe: 1,5 m, winterhart
Blühzeit: Sommer/Herbst

Sie ist eine der am kräftigsten duftenden englischen Teerosen mit tiefroten Blüten. Hybridrosen sind dauerhafte Blüher und blühen den gesamten Sommer hindurch. Sie vertragen jede Menge Sonne, kommen allerdings auch mit ein wenig Schatten zurecht und brauchen, wie alle Rosen, jede Menge Stalldung. Rückschnitt im Winter. „Pascali“ und „Polar Star“ vertragen sich gut mit weißen Rosen, während „Peace“ in einem hellen Gelb sich hervorragend mit einer lila Rose verträgt.

Rosa „Iceberg“

Typ: Floribunda
Höhe: 1,5 m, winterhart
Blühzeit: Sommer/Herbst

Die Rose „Schneewittchen“, im Englischen als „Iceberg“ bekannt, ist nur mittelmäßig resistent gegen lästige Pilzkrankheiten, wird aber wegen ihrer schönen Blüten dennoch sehr häufig kultiviert. Sie hat nur wenig Stacheln und blüht bis in den Winter hinein. Man kann sie im Beet anpflanzen, es gibt aber auch eine Kletterrose gleicher Züchtung. Man sollte sie bis auf die Hälfte des Jahreswuchses zurück schneiden.

Rosa „Königin von Dänemark“

Typ: Alba
Höhe: 1,5 m, winterhart
Blühzeit: Sommer

Eine der schönsten alten Rosen überhaupt. Es gibt sie nur in Weiß oder Pink und sie gehört zu den widerstandsfähigsten Rosen überhaupt und kann sogar im Schatten wachsen. Die tief rosafarbenen, nach außen aufhellenden Blütenblätter sind von herausragendem, fruchtig-lieblichem Duft. Der kräftige Strauch wird etwa 1,5 m hoch und breit und blüht von Juni bis Juli. Andere Zuchtformen dieses Typs sind R. x alba „Alba maxima“ (weiß oder pink) und die „Maiden's Blush“ (pink).

Rosa „L. D. Braithwaite“

Typ: Englische Rose
Höhe: 1 m, winterhart
Blühzeit: Sommer

Die Rosensorte L.D. Braithwaite, syn. „Auscrim“ ist eine Englische Rose, die David Austin 1988 einführte. Als Abkömmling von „Mary Rose“ x „The Squire“ hat sie viele positive Eigenschaften von dieser geerbt. Bildet einen breit wachsenden, relativ niedrigen Strauch mit etwa 1 m Höhe. Große, leuchtend karmesinrote, leicht schalenförmige, gefüllte Blüten mit dem kräftigen Duft alter Rosen. Man sollte sie nicht in nasse Erde einpflanzen und auch nicht dort, wo während der vergangenen zwei Jahre andere Rosen gestanden haben.

Rosa „Madame Legras de Saint Germain“

Typ: Alba
Höhe: 1,8 m, winterhart
Blühzeit: Sommer

Eine der besten Züchtungen der „Alba“-Rosen. Die Blüten schaffen einen Pompom-Effekt. Zwei andere Rosenarten alter Rosen, die alle als Strauchrosen angepflanzt werden, sind die tiefroten „Gallica“-Rosen und die „Damaszener-Rosen, die wahrscheinlich durch die Kreuzfahrer aus dem nahen Osten eingeführt wurden. Sie blühen alle nur ein einziges Mal im Jahr. Die Alba blüht weiß und bekommt im Herbst oft lila Punkte. Duftet. Stark altes Holz mindestens auf die Hälfte zurück schneiden und schwache Austriebe entfernen.

Rosa „Maigold“

Typ: Kletterrose
Höhe: 4 m, winterhart
Blühzeit: Sommer

Sie ist vielleicht eine der schönsten gelben Kletterrosen mit doppelter Blüte und einem auffälligen Staubblatt. Sie verträgt zudem auch schlechtere Böden und kann als Kletterrose auch an einer Nordwand stehen. Es gibt etliche Züchtungen, die auch mehrmals im Jahr blühen und die kleiner im Wuchs sind, so dass sie auch in kleineren Gärten angepflanzt werden können. Unter ihnen sind „Compassion“ (pink), „Schoolgirl“ (orange), „White Cockade“ und „Golden Shower“.

Rosa „Nevada“

Typ: Strauch
Höhe: 2 m, winterhart
Blühzeit: Sommer

Die „Nevada“ kann als Strauch bis zu 2 Meter hoch werden. Ihre schönen gelben Staubgefäße werden eingeschlossen von cremeweißen Blütenblättern, die einem schon aus der Ferne entgegen leuchten. Sie blüht im Juni einmal, mit schwacher Nachblüte, und gibt einen leichten Duft ab. Sie ist eine spektakuläre Rose und kann gut alleine stehen. Andere bekannte Buschrosen sind „Ballerina“ (pink), „Frühlingsgold“ (hell gelb), „Scarlet Fire“ (rot) und „Zigeunerknabe“ (dunkelrot). Diese Sorte ist frosthart und verfügt über eine gute Resistenz gegen Mehltau und Sternrußtau.

Rosa nitida

Typ: Strauch
Höhe: 1 m, winterhart
Blühzeit: Sommer

Sie ist eine kompakte Strauchrose, die Wuchshöhen von bis zu 80 Zentimetern erreicht. Ihre stacheligen Äste sind rötlich-braun. Ihre glänzenden, gefiederten Laubblätter sind dunkelgrün und verfärben sich im Herbst leuchtend rot und gelb. Die Fiederblätter sind schmal mit gesägtem Blattrand. Sie blüht einmal Ende Juni, mit kleinen, zwittrigen, leuchtend rosa Blüten, die einen Durchmesser von etwa 4 bis 5 cm aufweisen. Es werden kleine (0,8 bis 1 cm), rundliche, zinnoberrote, borstige Hagebutten gebildet. Sie ist ein guter Bodendecker.

Rosa „Pascali“

Typ: Hybrid-Teerose
Höhe: 1 m, winterhart
Blühzeit: Sommer

„Pascali“ ist eine wunderschöne weiße Rose, die sich gut als Schnittblume eignet. Man sollte sie im Winter auf nicht mehr als 30 cm Bodenhöhe zurückschneiden. Es macht auch nichts, wenn man den Rückschnitt auf der gesamten Breite des Busches vollzieht. Diese drastische Methode wird zumindest von der „Rose Society“ empfohlen. Andere, populäre Teerosen-Hybriden sind zum Beispiel die „Elizabeth Harkness“ (pink), „Ophelia“ (pink) und „Blue Moon“ (silbriglila).

Rosa „Paul's Himalayan Musk“

Typ: Rambler
Höhe: 9 m, winterhart
Blühzeit: Sommer

Ein Rambler mit enormer Wuchskraft, der vielleicht das Sinnbild des englischen Sommers darstellt. Die kleinen lilarosa Blüten sitzen in großen Sträußen mit bis zu 50 Einzelblüten. Starker Moschusduft umhüllt die Bäume, in die sie auch unter ungünstigen Bedingungen wächst. Wie alle Rambler-Rosen hat man es nicht leicht, sie unter Kontrolle zu behalten. Deshalb ist ein regelmäßiger Rückschnitt zwingend. Auch sollte man gelegentlich tief ins alte Holz schneiden.

Rosa primula

Typ: Strauch
Höhe: 2,5 m, winterhart
Blühzeit: Frühling

Die Blüten der Rosa primula erscheinen im Mai, sind klein und von hellgelber Farbe. Das Laub der Rose duftet auffällig nach Weihrauch, ist klein und myrtenartig. Ihre Hagebutten sind kugelig und braunrot. Sie hat einen breiten, aufrechten Wuchs und kommt auch mit schwierigen Böden gut zurecht. In harten Wintern verliert sie gelegentlich ihre Blätter, aber erholt sich im Frühjahr wieder. Man sollte sie im Frühjahr zurück schneiden. Anfällig für Rosenrost und Blattlausbefall.

Rosa „Roseraie de l'Hay"

Typ: Rugosa
Höhe: 1,8 m, winterhart
Blühzeit: Sommer

Sie hat locker gefüllte, offene, große Blüten in Karmin bis Purpurrot mit cremefarbenen Staubgefäßen an kleinen Büscheln. Duft nach Gewürznelken und Honig. Eine der besten Rugosa-Hybriden für Hecken. Trägt bis in den Spätherbst fast durchgehend Blüten und bekommt eine schöne gelb-kupfrige Herbstfärbung. Kann auch gut als Grenzbepflanzung genutzt werden und verliert einige Blüten, wenn sie zu stark zurück geschnitten wird. „Roseraie de l`Hay" (weinrot), „Sarah van Fleet" (pink), und „Mrs Anthony Waterer" (tiefrot) sind die bekanntesten Züchtungen.

Rosa rugosa

Typ: Rugosa
Höhe: 1,8 m, winterhart
Blühzeit: Sommer/Herbst

Die Kartoffelrose hat kurze, starke Stacheln und ein typisches, runzliges, kartoffelartiges Laub. Ihre Hagebutten sind sehr groß. Die Rosa rugosa ist winterhart, salzverträglich und anspruchslos. Sie wächst auch auf sandigen, armen Böden, auch in windigen Lagen. Ihre Blüten erscheinen von Juni bis September und haben einen leichten Duft. Sie ist gegen Krankheiten wie Rosen-Rost und Sternrußtau weitgehend unempfindlich. R.r. „Alba" hat weiße Blüten und R.r. „rubra" blüht rot. Als Heckenrose wunderbar geeignet.

Rosa „Tour de Malakoff"

Typ: Centifolia
Höhe: 1,8 m, winterhart
Blühzeit: Sommer

Centifolia-Rosen bilden offene Büsche und haben viele Dornen. Oftmals tragen sie so viele Blüten, dass ihre Stängel überschwer zu Boden hängen. Unter den bekanntesten sind die „Tour de Malakoff" (rot, wird oftmals auch als Kletterrose angepflanzt), x centifolia „Cristata" (pink), „Fantin-Latour" (pink) und „Robert le Diable", eine Mischung aus vielen Farben von dunkelrot bis kirschrot.

Rosa „Whisky Mac"

Typ: Hybrid-Teerose
Höhe: 1,2 m, winterhart
Blühzeit: Sommer

Eine der auffälligsten Hybrid-Teerosen mit gelben Blüten, die sich zuerst in einem Orangeton öffnen und sich dann hellgelb verfärben. Die Blüten sind stark duftend und stehen aufrecht. Hybride Teerosen und Floribunda-Rosen stehen am besten in einem Beet, in dem es nur eine Sorte Rosen gibt, so dass ein Rosengarten in verschiedenen Farben gestaltet werden kann, die von dunkelrot bis hellgelb, orange, weiß und pink reichen können. Ideen bekommt man, wenn man sich einmal in bestehenden Rosengärten umsieht oder bei Rosenzüchtern um Rat fragt.

Rosa „Winchester Cathedral"

Typ: Englische Rose
Höhe: 1,2 m, winterhart
Blühzeit: Sommer

Diese Rose trägt weiße, dicht gefüllte Blüten in Becherform. Sie ist hitzeverträglich, wächst strauchförmig, kompakt und buschig. Geeignet ist dieses Prachtstück für Einzel- und Gruppenpflanzungen, für Rosen- und Blumenbeete, auch in Kombination mit Stauden. Zuerst sollte man sich aber beim Pflanzen von Rosen immer die Bedingungen des jeweiligen Gartens vor Augen führen. Pflanzengruppen kommen dabei manchmal besser zur Geltung als Einzelpflanzen.

Rosa „Zéphirine Drouhin"

Typ: Kletterrose
Höhe: 4 m, winterhart
Blühzeit: Sommer/Herbst

Die „Zephirine Drouhin" ist eine wunderbare Züchtung in einem hellen Karminrot. Die locker gefüllten und mittelgroßen schalenförmigen Blüten sind äußerst regenfest und duften hervorragend. Die Rose wächst buschig, stark und langtriebig. Sie eignet sich besonders als Kletterrose in Höhenlagen und auch für Einzelpflanzungen. Sie ist sehr frosthart, benötigt aber einen luftigen Platz, sonst besteht Mehltaugefahr. Bourbon-Rosen sind eine Kreuzung aus chinesischen und Portland-Rosen. Zum ersten Mal wurden sie 1840 gezüchtet, die „Zephirine Drouhin" erstmals 1868.

Pflanzen *für* feuchte Böden

Viele Gärten haben mindestens einen Bereich, in dem es feuchter zugeht oder sogar zu Staunässe kommt oder es vielleicht einen kleinen Teich oder Weiher gibt und es nahe liegt, dort Pflanzen wachsen zu lassen, die einen feuchteren Boden lieben. Sumpfpflanzen bevorzugen beispielsweise natürlich solche Standorte, andere Wasserpflanzen wollen mit ihren Wurzeln geradezu im Wasser stehen oder dort unter Wasser angepflanzt werden.

Oben: *Die Ranunkel „Flow Pleno" und die Butterblume wachsen beide gerne am Rand von Gewässern.*

Gegenüber: *Ein Teich im Schatten mit verschiedenen Iris-Sorten, Lilien und Farn, Klematispflanzen und Hosta ist eine kleine Wohlfühloase.*

Oben: *Einige Irispflanzen wachsen gerne im Wasser, andere bevorzugen einen feuchten Boden. Iris ist eine ideale Teichpflanze, das gilt für ihre schönen Blätter genauso wie für die wunderbaren Blüten. In dieser Teichanlage wachsen zudem Farne und auch Efeu bis herab ans Wasser – ein wunderschöner Anblick.*

Pflanzen, die es lieber feucht mögen, haben ganz bestimmte Eigenschaften. Man kann sie leicht anpflanzen, wenn Sie in Ihrem Garten eine permanente, feuchte Ecke, einen kleinen Bachlauf oder Teich haben. Für viele stellen sie aber auch erst den Ansporn dar, sich einen Gartenteich oder ein kleines Feuchtgebiet anzulegen, um die Auswahl an Pflanzen im Garten zu steigern. Diese Pflanzen fallen in verschiedene Kategorien: jene, die in feuchten Böden und solche, die am Wasser und unter Wasser wachsen. Die Pflanzen, die wir hier in diesem Kapitel aufführen fallen in alle drei Kategorien. Im Eintrag wird jedes Mal erwähnt, wo genau sie stehen sollen.

Wenn Sie schon ein kleines Feuchtbiotop haben ist es nur mehr eine Frage der richtigen Auswahl der Pflanzen. Oftmals sind diese Stellen aber auch noch schattig. Deshalb werden auch alle Versuche, dort sonnenhungrige Stauden anzupflanzen, zum Scheitern verurteilt sein. Man sollte seinen Garten also erst einmal genau studieren und sich überlegen, was wo am besten wächst. Nur sehr wenige Blumenzwiebeln mögen zum Beispiel einen feuchten Boden (bis auf diejenigen, die wir hier aufführen). In allen anderen Fällen besteht die große Gefahr, dass die Zwiebeln einfach verrotten. Auch Pflanzen, die einen trockenen Standort lieben, beispielsweise aus der Mittelmeerregion, sind an solchen Standorten natürlich fehl am Platz. Das Blattwerk ist ein guter Anzeiger für den Standort einer Pflanze. Pflanzen mit großen, grünen Blättern haben diese oftmals dadurch, dass sie an feuchten und schattigen Standorten wachsen.

Ein Feuchtbiotop ist also eine Gelegenheit, um wunderbare Blattpflanzen, wie Gunneras oder das Schaublatt (Rodgersia), Rhabarber-Pflanzen oder das Greis- oder Kreuzkraut anzupflanzen. Wenn Sie aber erst einen Teich anlegen, können Sie auch Pflanzen dazunehmen, die am Beckenrand oder auch im Wasser wachsen, wie zum

LINKS: *Dieser kleine Bachlauf hat an beiden Ufern eine Reihe von Pflanzen, die besonders gerne in feuchtem Boden wachsen, darunter sind auch etliche verschiedene Primelsorten, Iris-Pflanzen, Hostas und kleine Butterblumen. Das Ganze ist ein wunderschönes, natürliches und ausgewogenes Biotop.*

UNTEN: *In einem Teich und einem Steingarten machen sich besonders Iris-Pflanzen, aber auch Primel-Pflanzen und Lilien besonders gut und verleihen dem Ganzen selbst auf kleinstem Raum die Aura einer kleinen Oase.*

Beispiel Irispflanzen oder Bambus, oder – wenn das Wasser tief genug ist – auch die exotischen Wasserlilien.

Natürlich können Sie sich auch ein künstliches Feuchtbiotop anlegen, indem Sie ein Stück Erdreich ausheben und das Loch mit einer Teichfolie auslegen, in die sie ein paar Löcher zur Entwässerung hinein machen und anschließend das Erdreich wieder darüber verteilen. Das soll dann zu einer künstlich erzeugten Staunässe führen und die Feuchtigkeit im Boden für jene Pflanzen zurückhalten, die gerne „nasse Füße" haben. Man sollte nur darauf achten, diese Feuchtbiotope in Zeiten größerer Trockenheit ausreichend zu befeuchten.

Gartenteiche müssen gar nicht groß sein. Selbst ein 1x1 Meter großer Teich bietet schon einen ausreichenden Standort für Wasserpflanzen. Er reicht auch schon aus, um Tiere anzuziehen und Vögel zum Trinken einzuladen. Man sollte unterschiedliche Ebenen in einem Teich haben, so dass Pflanzen eingepflanzt werden können, die in unterschiedlichen Tiefen wurzeln, wie Wasserlilien oder der Wasser-Rotdorn.

Acorus calamus „Variegatus"

Kalmus
Höhe: 75 cm, winterhart
Blühsaison: Unbedeutend

Der Kalmus ist eine ausdauernde, krautige Pflanze, die eine Wuchshöhe von 60 bis 100 cm (seltener bis 120 cm) erreicht. Er braucht Wassertiefen von 25 cm. Er wird gerne wegen seiner schwertähnlich geformten Blätter angepflanzt, die einen Creme-Rand haben. Die jungen Blätter haben eine lila Färbung im Frühling. Er duftet ein wenig süßlich, deswegen auch der Name. Die Pflanze breitet sich schnell aus und muss deshalb regelmäßig geteilt werden. Vermehrung durch Teilung des Rhizoms.

Acorus gramineus „Variegatus"

Garten-Kalmus
Höhe: 25 cm, winterhart
Blühsaison: Unbedeutend

Der grasartige Garten-Kalmus ist eine sehr viel kleinere Pflanze als der A. calamus. Als mehrjährige Staude wächst sie am liebsten am Rand von Gewässern oder mit den Wurzeln im flachen Wasser. Die feinen, grasähnlichen Blätter wachsen steil nach oben. Diese Züchtung hier hat ein cremiges Blattwerk und hat eher unauffällige kleine grüne Blüten im Sommer. Um die Pflanze unter Kontrolle zu behalten, empfiehlt sich alle drei bis vier Jahre eine Teilung der Pflanze im Frühling oder Sommer.

Aponogeton distachyos

Wasserähre
Höhe: 5 cm, winterhart
Blühsaison: Frühling/Herbst

Die zweijährige Wasserähre ist eine Tiefwasserpflanze und kommt aus Südafrika. Sie hat große, ovale Blätter, die wie bei einer Wasserlilie auf der Wasseroberfläche zu schwimmen scheinen. Sie sind dunkelgrün, manchmal auch gesprenkelt. Die Blüten sind weiß. Nach einer Frühjahrsblüte legt die Wasserähre eine Sommerpause ein, um dann im Herbst noch einmal die nach Vanille riechenden Blüten hervorzubringen. Die Pflanze braucht viel Sonne, kommt aber auch mit Halbschatten aus. Vermehrung durch Teilung der Knolle.

Asplenium scolopendrium

Hirschzunge
Höhe: 60 cm, winterhart
Blühsaison: Unbedeutend

Die ausdauernde (mehrjährige) Hirschzunge zeichnet sich durch ungeteilte, ganzrandige, länglich-zungenförmige, am Grund über dem Blattstiel herzförmige, vorne verschmälerte und zugespitzte, glänzend grüne Blattspreiten aus, die 15 bis 45 (selten über 60) Zentimeter groß werden und aufrecht oder bogig überhängend aus einem Wurzelstock in Büscheln trichterförmig wachsen. Diese Blätter sind wintergrün. Braucht feuchten Boden und Halbschatten und sät sich selbst aus. Vermehrung durch Teilung der Pflanze. Sehr robuste Pflanze, allerdings anfällig für Rost.

Astilboides tabularis

Tafelblatt
Höhe: 1 m, winterhart
Blühsaison: Sommer

Das Tafelblatt, auch Schildblatt, entwickelt große rundliche Blätter, die vorrangig als Zierde dienen. Sie kann sowohl im Blumenbeet als auch als Beetstaude gute Dienste tun. Im Sommer erscheinen dann fedrige cremeweiße Blütenrispen. Ideal für Bach- und Teichränder, braucht Sonne oder Halbschatten und braucht in strengen Wintern ein wenig Schutz.

Butomus umbellatus

Schwanenblume
Höhe: 1 m, winterhart
Blühsaison: Sommer

Die Schwanenblume wächst als ausdauernde krautige Pflanze und erreicht Wuchshöhen von 50 bis 150 Zentimeter. Die Form der Blätter ist abhängig vom Wasserstand: Steht die Pflanze in größerer Wassertiefe, entwickelt sie bandförmige Tauchblätter, die im Wasser schwimmen. Die Überwasserblätter, die sich bei niedrigem Wasserstand entwickeln, sind grasartig. Auf einem langen, runden Schaft steht endständig ein doldiger Blütenstand. Bevorzugt Sonne und große Teiche und wächst in 5 cm tiefem Wasser. Vermehrung und Rückschnitt durch Pflanzenteilung.

Calla palustris

Drachenwurz
Höhe: 25 cm, winterhart
Blühsaison: Frühling

Der Drachenwurz ist eine laubabwerfende Staude. Er hat glänzende, herzförmige große Blätter. Der Blütenstand besteht aus einem etwa 2 Zentimeter langen, gelben Kolben mit vielen Blüten, der von einem einzelnen weißen Hochblatt umgeben ist. Braucht volle Sonne und feuchten Boden oder einige Zentimeter Wasser unter sich. Liebt guten Boden mit viel Mulch oder Kompost.

Caltha palustris

Sumpfdotterblume
Höhe: 60 cm, winterhart
Blühsaison: Frühling

Die Sumpfdotterblume braucht eine Wassertiefe von ca. 15 cm. Sie hat sehr schöne grüne Blätter mit großen gelben Blütenständen. Es gibt auch eine Züchtung mit weißen Blütenblättern und einem gelben Stempel. Sie liebt einen Standort am Rand, in leicht säuerlichem Boden mit viel Humus, Sonne und Halbschatten. Teilen und Neuanpflanzen nach der Blüte.

Cornus alba „Sibirica"

Sibirische Hartriegel
Höhe: 3 m, winterhart
Blühsaison: Sommer

Der sibirische Hartriegel ist ein sommergrüner, mittelhoher Strauch, der Wuchshöhen von einem bis vier Metern erreicht. Anfangs wächst er breit aufrecht, im Alter sind die Zweige bis zum Boden überhängend bis bogig niederliegend. Er braucht einen feuchten Boden, Sonne oder Halbschatten.
C. a. „Sibirica" hat kleine cremig weiße Blüten im Sommer und weiße Beeren im Herbst. Man sollte ihn rigoros zurückschneiden, um neues Wachstum zu befördern.

Cyperus involucratus

Zyperngras
Höhe: 60 cm, empfindlich
Blühsaison: Sommer

Die Zyperngräser sind einjährige oder ausdauernde Arten und lieben einen feuchten Boden. Sie wachsen mit dünnen, riedartigen Halmen und einem strahlenförmig ausgebreiteter Schopf aus schmalen, lanzettartigen Hochblättern. Kann auch im Hausinnern überwintern. Cyperus alternifolius „Variegatus" ist als junge Pflanze an den Halmen und den Hochblättern weiß gestreift. Ältere Exemplare der Cypergras-Art verlieren die Färbung und werden vollständig grün.

Filipendula palmata

Sibirien-Spierstaude
Höhe: 1, winterhart
Blühsaison: Sommer

Die Sibirien-Spierstaude oder auch „Mädesüß" eignet sich wunderbar für ein Feuchtbiotop. Sie gedeiht am besten in feuchter, nasser Erde und in der Sonne. Die Blätter sind geteilt, fein geädert, dunkelgrün und auf der Unterseite behaart. Der Blütenstand ist eine spierenähnlich zusammengesetzte Traube. Die Blüten sind fünf-, selten bis siebenzählig, zwittrig oder selten eingeschlechtig. Man sollte sie im Herbst stark beschneiden, teilen und wieder neu auspflanzen. Hart und widerstandskräftig.

Gunnera manicata

Mammutblatt
Höhe: 3 m, winterhart
Blühsaison: Frühling

Das Mammutblatt wird auch Riesen-Rhabarber genannt. Diese Pflanzenart ist jedoch nicht mit dem Rhabarber verwandt. Die Pflanze kommt aus Brasilien und kann bis zu 1,2 Meter hoch werden. Sie braucht einen feuchten Boden, in den viel Humus eingearbeitet worden ist. Dann bietet sie einen imposanten Anblick. Sie stirbt im Herbst ab und der Rest der Pflanze sollte vor dem Winter geschützt und eingepackt werden. Die Blütezeit ist von Juli bis August.

Hemerocallis dumortieri

Taglilien
Höhe: 60 cm, winterhart
Blühsaison: Sommer

Die Taglilien produzieren eine große Zahl von sehr stark duftenden, gelben, typischen Lilien-Blüten, die nur ein, zwei Tage lang blühen. Die vielen Blüten lösen sich allerdings in der Blüte ab. Die Pflanze verbreitet sich sehr schnell, wenn die Pflanzbedingungen optimal sind. Sie bevorzugt Sonne und einen feuchten Boden. H. lilioasphodelus blüht in einem kräftigeren Gelb. Vermehrung durch Pflanzeneteilung im Herbst. Anfällig für Schneckenfraß.

Hottonia palustris

Wasserfeder
Höhe: irrelevant, winterhart
Blühsaison: Sommer

Die Wasserfeder oder Wasserprimel ist eine Wasserpflanze und braucht größere Wassertiefen in einem sonnigen Teich. Zur Blütezeit zwischen Mai und Juli ragen 30 bis 50 Zentimeter lange Blütenstände, die aus den Blattachseln entspringen, über die Wasseroberfläche. Diese tragen etagenartig je drei bis sechs gestielte, weiße bis blassrosa Blüten. Man sollte die Pflanze gelegentlich teilen, um ihre Verbreitung unter Kontrolle zu behalten.

Hydrocharis morsus-ranae

Froschbiss
Höhe: 5 cm, winterhart
Blühsaison: Sommer

Der Froschbiss ist eine wunderbare Wasserpflanze und hat Blätter, die der Wasserlilie nicht unähnlich sind. Er hat kleine weiße Blüten mit einem gelben Stempel, die ganz leicht über die Wasseroberfläche herausschauen. Der Froschbiss braucht die volle Sonne. Vermehrung durch Teilung der Pflanze direkt nach der Blüte und sofortigem Einpflanzen.

Inula magnifica

Alant
Höhe: 1,8 m, winterhart
Blühsaison: Sommer

Der Alant ist ein sehr schöner gelber Korbblüher, dessen Größe je nach Art stark variiert. Sie reicht vom kleinen Zwergalant mit nur 20 cm Höhe bis zum Inula magnifica mit 2 Meter Höhe. Blütezeit variiert je nach Art von Juli bis in den Herbst hinein und zieht viele Insekten und Schmetterlinge an. Viele Arten sind voll winterhart. Braucht Sonne. Pflanzzeit ist Herbst oder Frühjahr, Vermehrung durch Teilung der Pflanze im Herbst oder Frühjahr.

Iris ensata

Japanische Sumpf-Schwertlilie
Höhe: 30 cm, winterhart
Blühsaison: Frühling

Die japanische Sumpf-Schwertlilie ist eine mehrjährige krautige Pflanze, die Wuchshöhen bis zu 100 cm erreicht. Die Pflanzen haben schlanke, dünne und grüne Blätter mit einer erhöhten Mittelrippe. Aus dem Stängel wird oft ein Seitenzweig mit 3 bis 4 Blüten gebildet. Sie braucht viel Sonne und kommt auch mit niedrigeren Wasserständen zurecht. Sie kommt aus Tibet und China. Es gibt verschiedene Züchtungen in Weiß, Violett, Pink, Blau und Rot. Man sollte sie im Herbst teilen und auch zurückstutzen.

Iris laevigata

Garten-Sumpfschwertlilie
Höhe: 60 cm, winterhart
Blühsaison: Sommer

Die Garten-Sumpfschwertlilie oder auch japanische Sumpfschwertlilie braucht mindestens 15 cm tiefes Wasser. Sie hat hellgrüne Blätter, die meist eine, selten bis 3 Blüten und einen Durchmesser von 8 bis 10 Zentimetern haben. Sie sind weiß oder blauviolett, die zuweilen auch ein zweites Mal im Herbst blühen. „Atropurpurea" hat dunkelrote Blüten und „Regal" rote Blüten. Sie braucht Sonne oder mindestens Halbschatten und vermehrt sich durch Teilung im Herbst.

Ligularia dentata „Desdemona"

Purpur-Greiskraut
Höhe: 1,2 m winterhart
Blühsaison: Sommer

Das Purpur-Greiskraut ist eine große Staude. Sie ist eine reich blühende, buschige Pflanze mit dekorativem, großem, rundem Blatt. Blattfarbe dunkel rotbraun. Höhe ca. 80 cm. Orange-gelbe Blüten im Juli-September. Gedeiht auf leicht feuchten Böden. Sonne-Halbschatten. Für Rabatten oder Teichränder. Sie braucht allerdings eine humusreiche Erde und einen sonnigen, bis halbschattigen Platz. Man sollte sie im Frühling teilen. Anfällig für Schnecken.

Ligularia stenocephala

Kerzen-Goldkolben
Höhe: 1,8 m, winterhart
Blühsaison: Sommer

Kerzen-Goldkolben oder auch Ligularien genannt, sind die Höhepunkte im Hochsommergarten. Sie kommen fast alle aus Japan und China. Sie sind sehr große, kräftige Pflanzen, Magneten für Schmetterlinge, die bei Trockenheit allerdings schlapp werden. Am besten pflanzt man sie in Gruppen von fünf bis sieben Pflanzen an. Der Goldkolben braucht einen humusreichen Boden.

Lobelia cardinalis

Kardinals-Lobelie
Höhe: 1 m, winterhart
Blühsaison: Sommer

Krautige Pflanze mit einer Wuchshöhe von bis zu einem Meter. Fleischige und kahle Stängel. Sie können von olivgrüner bis weinroter Farbe sein. Die Laubblätter stehen wechselständig am Stängel und sind lang gestielt. Unter Wasser wachsende Blätter haben eine längliche bis schmal verkehrt eiförmige Form. Der bis zu 20 Zentimeter lange, vielblütige, traubenförmige Blütenstand hat leuchtend rote Einzelblüten. Die Blüten bestehen aus jeweils fünf Kelchblättern und sind etwa einen Zentimeter lang. Vermehrung durch Teilung der Pflanze im Frühjahr.

Lysimachia clethroides

Schnee-Felberich
Höhe: 1 m, winterhart
Blühsaison: Sommer

Der Schnee-Felberich kommt aus China und Japan und gilt als die schönste weiße Lysimachia-Art. Mit ihren bis zu 30 cm langen, schwanenhalsartig gebogenen schneeweiße Blütenähren präsentiert sie sich am schönsten vor dunklem Gehölzhintergrund, aber auch im Hintergrund von Rabatten lässt sie sich hervorragend einsetzen. In strengen Wintern etwas Reisigschutz geben, meist aber gut winterhart. Er fühlt sich in feuchten Böden, in der Sonne und im Halbschatten wohl. Teilen der Pflanze und Neuanpflanzung im Herbst.

Lysimachia nummularia

Pfennigkraut
Höhe: 5 cm, winterhart
Blühsaison: Sommer

Diese mehrjährige Pflanze hat gerundete weiche Blätter und hellgelbe Blüten, die sich in den Blattachseln bilden. Die Sorte „Aurea" hat gelblich-grüne Blätter. Er bevorzugt Halbschatten und feuchten Boden und eignet sich hervorragend als Randpflanze für einen Gartenteich. Vermehrung durch Teilung im Frühjahr.

Lysimachia punctata

Gilbweiderich
Höhe: 1 m, winterhart
Blühsaison: Sommer

Dies ist eine krautige, sich schnell ausbreitende, mehrjährige Pflanze. Im Sommer bildet sie große, gelb-goldene Blüten. L. punctata mischt sich sehr gut mit Ligularia in zwanglosen Sumpfgärten. Sie bevorzugt feuchten Boden im Halbschatten; zur Not verträgt sie auch etwas Sonne. Vemehrung durch Teilung im Frühjahr oder Aussaat ins Freiland.

Lysichiton americanus

Amerikanischer Riesenaronstab
Höhe: 1,2 m, winterhart
Blühsaison: Frühling

Der Amerikanische Riesenaronstab ist eine auffällige Gartenstaude mit bis zu 1,5 m langen Blättern und einer kräftig gelben Spatha, die ursprünglich aus dem westlichen Nordamerika (Alaska bis Kalifornien) stammt. Er breitet sich an den richtigen Standorten schnell aus. Eine kleinere Züchtung, L. camtschatcensis, hat weiße Spatha. Gedeiht am besten in feuchten Plätzen und seichtem Wasser mit viel Humus. Braucht Sonne oder Halbschatten. Vermehrung durch Teilung im Frühjahr.

Mertensia pulmonarioides

Blauglöckchen
Höhe: 60 cm, winterhart
Blühsaison: Frühling

Das Blauglöckchen ist ein besonders hübscher Bodendecker für feuchten Boden im Halbschatten, dessen Blüten sich fast wie beim ähnlichen, aber niedrigeren Lungenkraut mit dem Alter von Rosa nach Blau umfärben. Man kann sie auch für die Schattenseiten in einem Steingarten anpflanzen. Sie wollen gerne in Ruhe gelassen werden, aber wenn die Pflanze zu groß wird, sollte man sie im Frühjahr teilen und im Herbst oder Frühling neu auspflanzen.

Miscanthus sinensis

Chinaschilf
Höhe: 1,5 m, winterhart
Blühsaison: irrelevant

Chinaschilf, auch irrtümlicherweise unter dem Namen Elefantengras bekannt, ist eine ausdauernde Pflanzenart aus der Familie der Süßgräser. Sie stammt aus Ostasien (China, Japan, Korea) und hat schilfartige Blätter. Es gibt eine ganze Reihe von Züchtungen, z. B. „Zebrinus", mit einem gelben Streifen auf den Blättern, wohingegen „Gracillimus" besonders schmale Blätter hat. Im Herbst dichte, haarige Ähren. Gehört in ein Feuchtbiotop in die Sonne. Man sollte es bis zum Boden im Herbst zurück schneiden. Teilen und neu anpflanzen im Frühjahr.

Nuphar lutea

Gelbe Teichrose
Höhe: 5 cm, winterhart
Blühsaison: Sommer

Die gelbe Teichrose ist eine Pflanzenart aus der Familie der Seerosengewächse. Sie ist eine kraftvolle Pflanze und braucht nicht ganz so viel Sonne wie die Teichlilie und wächst auch in sich bewegenden Gewässern. Die flachen Blätter liegen auf der Wasseroberfläche. Die Blüten ragen an kräftigen, etwa 50 cm langen, glatten Blütenstielen knapp über die Wasserfläche hinaus. Die sattgelben, zwittrigen, radiärsymmetrischen Blüten erreichen Durchmesser von 4 bis 12 cm und erinnern in ihrer Form und Farbe an übergroße, kugelförmige Dotterblumen. Man sollte sie im Frühjahr teilen, um die Ausbreitung zu kontrollieren.

Nymphaea alba

Weiße Seerose
Höhe: 5 cm, winterhart
Blühsaison: Sommer

Die Weiße Seerose ist eine Pflanzenart aus der Familie der Seerosengewächse. Sie gilt als typische Vertreterin der Schwimmblattpflanzen. Die dunkelgrünen Blätter sind lang gestielt und die 10 bis 25 cm großen, schildförmigen Blattspreiten haben auf der Oberseite einen Wachsüberzug, der sie vor Benetzung schützt. Sie sind ledrig derb, um vor aufprallenden Regentropfen und Wellengang besser geschützt zu sein. Man sollte sie regelmäßig teilen, um ihre Verbreitung zu kontrollieren.

Nymphaea x helvola

Zwergseerose
Höhe: 5 cm, winterhart
Blühsaison: Sommer

Die Zwergseerose ist die kleinste aller Seerosenarten. Sie wächst in rund 30 cm tiefem Wasser und trägt kleine, sternförmige gelbe Blüten im Sommer. Sie sollte in einem Sack eingepflanzt werden und bevorzugt stille Gewässer. Die Blüten sind hellgelb, sehr klein und leicht duftend. Die Schwimmblätter sind sehr ansprechend gefleckt und zierend. Man sollte sie jedes Jahr teilen, um sie zu vermehren, bzw. ihre Ausbreitung unter Kontrolle zu behalten.

Nymphaea „James Brydon“

Wasserlilie
Höhe: 5 cm, winterhart
Blühsaison: Sommer

Die Blüten dieser Teichrose sind kirschrot. Die Pflanze braucht eine mittlere Teichgröße mit Wassertiefen von 100 cm und viel Sonne; hervorragende Blühwilligkeit und zuverlässiges Wachstum auch an nicht optimalen Standorten machen diese Sorte zu einer Empfehlung. Blüten auffallend kirsch-rot, mit ihren nach innen gekrümmten Spitzen kugelig gefüllt wirkend, erinnern an Pfingstrosen. Blüten als Schnittblumen geeignet, bis 15 cm Durchmesser. Blätter erst rot- grün gefleckt, später rötlich-grün, bis 20 cm Durchmesser. Man sollte sie regelmäßig teilen.

Nymphoides peltata

Seekanne
Höhe: 5 cm, winterhart
Blühsaison: Sommer

Die Seekanne ist eine mehrjährige, krautige Wasserpflanze. Sie hat einen langen, peitschenförmigen Stängel, an dessen oberen Ende sich Laubblätter befinden. Diese schwimmen auf der Wasseroberfläche. Sie sind kahl und fast kreisrund. Die Oberfläche der Blätter glänzt stark. Die Pflanze braucht viel Sonne und einen geschützten Standort sowie ein ruhendes Gewasser. Vermehrung durch Teilung im Frühjahr oder Sommer.

Osmunda regalis

Königsfarn
Höhe: 1,5 m, winterhart
Blühsaison: Sommer

Der Königsfarn ist ein stattlicher, mehrjähriger Farn, der bis 200 Zentimeter hoch werden kann. Aus dem Rhizom entwickeln sich jährlich mehrere aufrechte Wedelblätter, die lang gestielt sind. Die hellgrünen Blattteile sind doppelt gefiedert und wachsen ausgebreitet. Es gibt etliche interessante Züchtungen, so die O. x Cristata Gruppe und die O. r. purpurascens, dessen Blüten bronzefarben sind. Die Pflanze liebt einen sehr feuchten Boden in der nähe von Teichen. Vermehrung durch Teilung im Frühjahr.

Polystichum setiferum

Schildfarn
Höhe: 1 m, winterhart
Blühsaison: Irrelevant

Der Schildfarn kommt eigentlich aus den Tropen und ist heute überall auf der Welt anzutreffen. Die Farnwedel sind gleich gestaltet. Sie sind von der Form her linear-lanzettlich bis breit lanzettlich und ein- bis dreifach gefiedert. Bei vielen Arten ist die Blattspreite etwas dicklich bis dick-ledrig. Es gibt unendlich viele Züchtungen, wie die „Divisilobum Laxum“ mit riesigen Farnwedeln. Man pflanzt sie am besten im Halbschatten auf humusreichem Boden an. Sie braucht viel Feuchtigkeit. Vermehrung durch Teilung im Frühjahr.

Pontederia cordata

Hechtkraut
Höhe: 60 cm, winterhart
Blühsaison: Sommer

Das Hechtkraut besteht aus einer Rosette mit großen, schwimmenden, lanzettlichen, breiten, dicken und schwammigen Blättern, die eine Höhe von 50-60 cm erreichen. Im Sommer entsteht eine Fruchtähre auf einem langen und steifen Stiel mit blau-violetten Blüten, deren zentrale Blütenblätter einen gelben Fleck aufweisen; die Blüte dauert lange und kann bis in den Herbst hineinreichen. Es braucht viel Sonne. Man sollte die Blüten nach dem Blühen entfernen, um eine weitere Blühe zu ermöglichen. Die Pflanze sollte im Frühjahr geteilt werden.

Populus x canadensis „Serotina“

Kanadische Pappel
Höhe: 11 m, winterhart
Blühsaison: Frühling

Dies ist ein schnell wachsender Pappelbaum mit ovalen Blättern, die rötlich sind, wenn sie jung sind und sich später grünlich verfärben. Es gibt auch eine goldgelbe Züchtung, die sich im Herbst ins Gelbliche verfärbt. Die Blütenstände sind gestielte, hängende Kätzchen. Man sollte sie weit genug von Gebäuden anpflanzen, da sie bei starkem Wind schon einmal brechen. Die Pappel ist anfällig für Pilzbefall.

Primula florindae

Himalaya Primel
Höhe: 1,8 m, winterhart
Blühsaison: Frühling

Die trichterförmigen, hängenden, duftenden Blüten an einem sehr hohen Stiel machen die sommerblühende Tibet-Primel zu einer Besonderheit in jedem Teichgarten. Sie bevorzugt luftfeuchte, kühle Standorte und humus- und nährstoffreiche, kalkarme Böden, braucht viel Sonne oder aber Halbschatten. Man sollte sie rechtzeitig teilen. Sie verträgt auch gerne verrottete Gartenabfälle als Düngung.

Primula pulverulenta

Mehlstaubprimel
Höhe: 1 m, winterhart
Blühsaison: Sommer

Die Mehlstaubprimel ist eine große, kandelaberartige Primelpflanze mit einem attraktiven Blütenstand. Die Blätter sind typischerweise oval und in einem hellen grün, während die Blüte tiefrot ist.
P. p. „Bartley"-Hybriden sind pink mit einem roten Auge, P. pulverulenta gedeiht am besten in der Sonne oder im Halbschatten und bevorzugt einen reichen, humushaltigen Boden. Vermehrung durch Teilung oder Bildung von Ablegern.

Ranunculus acris „Flore Pleno"

Hahnenfuß
Höhe: 45 cm, winterhart
Blühsaison: Sommer

Der gefüllte scharfe Hahnenfuß hat eine kräftig gelb und stark gefüllte Blüte wie die verwandten Ranunkeln. Mit zahlreichen gefüllten Blüten bringt sie einen Charme in den Garten, der den großblumigen Ranunculus- Arten fehlt. Eignet sich hervorragend zum Kombinieren mit anderen Frühsommer- Stauden z.B. Akelein und Glockenblumen. Gedeiht am besten in feuchten, gut durchlüfteten Böden und zieht Sonne oder Halbschatten vor. Einmal angepflanzt muss man sich nicht weiter groß um ihn kümmern. Man kann die Pflanzen im Herbst oder Frühjahr teilen.

Ranunculus aquatilis

Wasserhahnenfuß
Höhe: 60 cm, winterhart
Blühsaison: Frühling/Sommer

Der gewöhnliche Wasserhahnenfuß kann bis in zu 30 cm tiefem Wasser angepflanzt werden und wächst sogar noch in langsam fließenden Gewässern. Er hat Myriaden von kleinen Blüten im Frühjahr, die die Wasseroberfläche erleuchten lassen. Er hat zwei verschiedene Blattarten, jene, die an langen Stängeln auf der Wasseroberfläche liegen und diejenigen unter Wasser, die weich und rund sind. Der Wasserhahnenfuß braucht Sonne und muss jedes Jahr geteilt und zurückgeschnitten werden.

Rheum palmatum

Rhabarber
Höhe: 1,8 m, winterhart
Blühsaison: Sommer

Der Rhabarber ist eine exzellente Staude für einen Teichgarten. Er ist eine große, stattliche Pflanze, die Einzelblüten sind klein, von weißlich-grüner Farbe und bilden eine oder mehrere zentrale, aufrechte Blütenstände, welche die Blattrosette deutlich überragen. Man sollte den Rhabarber in humusreicher Erde im Halbschatten anpflanzen und jedes Jahr ausgiebig mulchen. Auf keinen Fall sollte er im Wachstum trocken werden. Generell widersteht er allen Krankheiten, kann allerdings anfällig für Blattläuse sein.

Sagittaria sagittifolia

Pfeilkraut
Höhe: 1 m, winterhart
Blühsaison: Sommer

Das Pfeilkraut ist eine Sumpf- und Wasserpflanze, deren Blätter wie Pfeilspitzen geformt sind. Sie sind hellgrün. Die Pflanze hat im Sommer eine Unmenge von kleinen Blüten. S.s. „Flore Pleno" hat eine doppelt gefüllte Blüte. Im März oder Oktober gepflanzt, braucht sie einen guten Boden mit viel verrottetem Dünger. Man sollte die Wurzel samt Erde in einen alten Sack und mit einem Stein beschwert unter Wasser platzieren. Sie liebt viel Sonne. Im Sommer ausdünnen.

Stratiotes aloides

Krebsschere
Höhe: 15 cm, winterhart
Blühsaison: Sommer

Die Krebsschere ist eine sehr dekorative Pflanze, deren Rosetten einen Durchmesser bis zu 80cm erreichen können. Da sie sich unter geeigneten Bedingungen auch sehr stark vermehren kann, ist sie also nur für nicht zu kleine Gartenteiche geeignet. Sie hat streifenförmige, fleischige, olivgrüne Blätter mit kleinen, weißen Blüten im Sommer. Man sollte die Pflanze unbedingt im Frühjahr teilen, sonst dominiert sie einen Teich zu stark.

Trapa natans

Wassernuss
Höhe: 2,5 cm, winterhart
Blühsaison: Sommer

Die Wassernuss ist eine krautige Pflanze, die in stehenden Gewässern vorkommt und in 30 bis 60 cm Tiefe im Boden verankert ist. Ihre Blattstiele haben Schwimmkörper, so dass die fächerförmigen Laubblätter rosettenartig an der Wasseroberfläche schwimmen. Die Blätter tauchen jedoch erst im Juni auf, im Herbst verfärben sie sich rot und sterben dann ab. Die Wassernuss blüht von Juli bis August. Ihre unscheinbaren Blüten sind weiß. Es entwickelt sich eine dunkelbraune, hartschalige Frucht, die an zwei, oft auch an vier Enden mit spitzen Dornen bewehrt ist, mit dem sie sich im Seegrund verankern kann. Sie ist nicht winterhart und muss deshalb geschützt werden.

Typha latifolia

Rohrkolben
Höhe: 1,8 m, winterhart
Blühsaison: Sommer

Der Rohrkolben wird besonders wegen seiner langen, streifenförmigen, hellgrünen Blätter und seinem dekorativen, zylinderförmigen Samenstand im Hochsommer angepflanzt. Die kleinen, beigefarbenen Blüten sind nicht sehr eindrucksvoll, aber die Samenstände sind höchst dekorativ und verbreiten sich an See- und Teichrändern sehr schnell. Um den Wuchs der Pflanze zu kontrollieren, sollte man sie vielleicht in einem Eimer einpflanzen. Sie verträgt sowohl Sonne als auch Schatten und kann im Frühjahr durch Teilung vermehrt werden.

Weitere Pflanzen für feuchte Böden

Wasserpflanzen:
Hier sind weitere Beispiele für die vielen Wasserpflanzen aufgeführt, die gerne mit ihren Wurzeln im Wasser stehen möchten. Es gibt unendlich viele Wasserlilien. Wenn man einen Gartenteich anlegen will, ist es deshalb ratsam, zu einem Fachbetrieb für die Aufzucht von Wasserpflanzen zu gehen. Wichtig ist auf jeden Fall, dass Wasserlilien in stillem, tiefem Wasser gedeihen und viel Sonne brauchen.

Andere geeignete Wasserpflanzen, die man auch erwähnen sollte, sind:

Alisma plantago-aquatica (Wasser-Wegerich)
Azolla filiculoides (Farn)
Lagarosiphon major
Myosotis scorpioides (Vergissmeinnicht)
Myriophyllum aquaticum (Papageienfeder)
M. verticillatum (Tausendblatt)
Orontium aquaticum (Golden club)
Potamogeton crispus (gekraustes Laichkraut)

Pflanzen für feuchte Böden:
Jede Pflanze braucht Wasser, aber manche Pflanzen können selbst in konstanter Feuchtigkeit überleben. Dazu eignen sich besonders kleine Feuchtbiotope. Pflanzen, die einen sumpfigen, morastigen Boden brauchen sind mit „S" markiert.

Bäume

Abies (mehrere Sorten)
Acer negundo
Alnus (mehrere Sorten)
Amelanchier canadensis
Betula nigra
Crataegus (mehrere Sorten)
Embothrium coccineum
Fraxinus angustifolia
Liquidambar styraciflua
Liriodendron tulipifera
Parrotia persica
Populus (mehrere Sorten) (S)
Prunus padus
Pterocarya fraxinifolia (S)
Salix (mehrere Sorten) (S)
Sambucus (mehrere Sorten) (S)
Taxodium distichum (S)
Tsuga heterophylla

Sträucher

Aucuba japonica
Camellia (mehrere Sorten)
Clethra arborea
Cornus (mehrere Sorten)
Desfontainia spinosa,
Elaeagnus × ebbingei
Fatsia japonica
Hydrangea (mehrere Sorten)
Osmanthus (mehrere Sorten)
Sarcococca hookeriana
Skimmia japonica
Symphoricarpus × doorenbosii
Viburnum davidii
Zenobia pulverulenta

Stauden und Bodendecker

Ajuga reptans
Alchemilla mollis
Anemone × hybrida cvs
Aruncus dioicus
Astilbe (mehrere Sorten)
Bergenia (mehrere Sorten)
Campanula persicifolia
Cardamine pratensis
Convallaria majalis
Darmera peltata (S)
Dodecatheon pulchellum
Enkianthus campanulatus
Filipendula palmata
Helleborus orientalis
Hosta (mehrere Sorten)
Houttuynia cordata (S)
Iris pseudacorus (S)
Kirengeshoma palmata
Mentha (mehrere Sorten)
Menziesia ciliicalyx
Persicaria bistorta
Polypodium vulgare (S)
Rheum palmatum
Rodgersia pinnata (S)
Trillium grandiflorum

Pflanzen *für* den Schatten

Pflanzen für den Schatten sind in jedem Garten wichtig, denn in jedem Garten gibt es Stellen, die die Sonne nicht erreicht. In diesem Kapitel können Sie Pflanzen entdecken, die eine leicht feuchte bis trockene Erde und jede Menge Schatten brauchen – vom Halbschatten bis nur mehr Teilschatten.

OBEN: *Alchemilla mollis ist eine außergewöhnliche Pflanze für jeden Garten. Sie wurde besonders durch Gertrude Jekyll sehr berühmt.*

GEGENÜBER: *Eine Schattenecke ist hier mit einer Stechpalme bepflanzt worden, zusammen mit gelb blühenden Stauden wie coreopsis und genista.*

OBEN: *Ein kleines Waldgrundstück ist prominent bepflanzt mit Acer palmatum var. Dissectum „Ornatum".*

Es gibt nur wenige Gärten, die keine schattigen Plätze haben, aber bevor Sie dort Pflanzen anpflanzen, sollten Sie sich genau darüber informieren, wie diese Schattenplätze aussehen: Haben Sie eine feuchte Erde oder sind sie trocken, weil viele Pflanzen eben nicht in feuchtem Schatten wachsen, sondern Trockenheit brauchen und vice versa. Nur wenige Pflanzen werden mit totalem Schatten fertig – Efeu zum Beispiel – weil alle Pflanzen eigentlich Licht zum Wachsen brauchen.
Alles in allem sind Schatten liebende Pflanzen ein wenig anders als Sonnenlicht liebende Pflanzen. Sie haben ein eher großes Laubwerk, weil die Natur alles daran legt, die Pflanze mit so viel Chlorophyll wie möglich zu versorgen, um die Photosynthese zu ermöglichen und die Pflanze mit Nahrungsstoffen zu versorgen. Im Gegensatz dazu stehen Pflanzen mit blasseren bis weißen Blüten. Es ist möglich, einen wunderschönen und attraktiven Schattengarten, der sowohl auf Blattpflanzen als auch auf blühende Pflanzen setzt anzulegen.

Diese eingeschränkten Blütenfarben waren für viktorianische und edwardianische Gärten, die vorgaben, die farbenprächtigsten und größten Blüher, die es gab zu sein, oftmals von Nachteil. Denn Gärten, die viel Schatten aufweisen, können diese Blütenpracht eigentlich nicht aufbieten- mit Ausnahmen von Begonien und „Fleißigen Ließchen", die es auch im Schatten mögen.

Nichtsdestoweniger werden schattige Gärten der Platz für interessante Pflanzen mit noch interessanterem Blattwerk sein, wie die „Fatsia japonica" mit ihren großen, glänzenden, immergrünen handähnlichen Blättern. Eine andere Pflanze, die sich sehr gut im Schatten macht, ist die grün-blättrige „Aucuba japonica". Rhododendren und Azaleen bevorzugen den Halbschatten (sie brauchen darüber hinaus auch sauren Boden, deswegen bitte auch diese Abschnitte lesen). Man muss sich auch vergegenwärtigen, dass es eine Vielzahl von Efeugewächsen gibt, die auch im tiefsten Schatten wachsen können.

Rechts: Aucuba japonica mit den gelb gesprenkelten, immergrünen Blättern auf der rechten Seite wächst auch im tiefsten Schatten, genauso wie der Efeu, der die Mauer und die Stufen bedeckt. Kamelien zur Linken brauchen zumindest Halbschatten.

LINKS: *Eine Schattenecke, die noch ein wenig von den Sonnenstrahlen erreicht wird kann Heimstatt für liglarias und aucuba sowie für nasturtium sein. So kommen durch verschiedene Blattwerke höchst attraktive Bepflanzungen zustande.*

Normalerweise können solche Schattenplätze unter Bäumen oder unterhalb einer Mauerwand ausgemacht werden. Das hängt mit dem Blätterwuchs von Bäumen und dem Schutz, den Mauern bieten zusammen. Besonders dort gibt es trockene und schattige Böden, für die entsprechende Pflanzen ausgewählt werden müssen, die dieses Milieu mögen. Efeu, zum Beispiel, kann extremen Schatten ab, genauso wie einige Hostas, Fingerhüte, Christrosen und Frauenmantel. In vielen Böden können Sie im Schatten Pflanzen wie den Gelben Mohn und verschiede Farn-Pflanzen, wie den Straußenfarn und den gewöhnlichen Farn anpflanzen. Idealerweise, wenn Sie versuchen, verschiedene Blattpflanzen für den Schatten miteinander zu kombinieren, empfiehlt es sich, einen Blattteppich aus Grün zu gestalten.

Im Idealfall versuchen Sie, Schatten liebende Pflanzen verschiedener Farben und verschieden farbigem Laubwerk miteinander zu kombinieren. Hoch wachsende Iris-Pflanzen können mit sanften, federartigen Farnblättern kombiniert werden, z. B. mit dem dickblättrigen Nieswurz. Wenn Sie eine große Bandbreite von Formen, Farben und Blattwerk haben, haben Sie eine große Bandbreite an Farben während der Blühsaison bis in den Winter, wenn man gleichzeitig einige Immergrüne wählt.

Viele Pflanzen, die in anderen Kapiteln genannt werden, blühen ebenfalls im Schatten, und ein dementsprechender Index mit anderen Pflanzen wird am Ende dieses Kapitels aufgeführt.

Aconitum „Bressingham Spire"

Eisenhut
Höhe: 1-1,5 m, winterhart
Blühsaison: Sommer

Der Eisenhut ist, von seiner Blüte bis zu den letzten Teilen der Pflanze, äußerst giftig. Züchtungen des Fingerhuts schließen ein: „Blue Scelptre" und „Bressingham Spire", die große Ähren mit bis zu 1 m haben und im Sommer tiefblau blühen. Der Eisenhut braucht eine feuchte Erde, man sollte ihn zurück schneiden, um die Blüte zu beschleunigen. Alle Triebe im Herbst stutzen. Teilung der Wurzel im Herbst.

Adiantum pedatum

Frauenhaarfarn
Höhe: 30 cm, winterhart
Blühsaison: keine

Der Pfauenrad- oder Frauenhaarfarn kommt aus Nordamerika und Japan und wächst als winterharte Staude selbst in England, obwohl sie nach den ersten scharfen Nachtfrösten abstirbt. Der Umriss der Blattspreite ist halbkreis- bis kreisförmig, ihre Mittelrippe gabelt sich in zwei gleichartige Äste. Die Fiederchen haben eine Länge von bis zu 2 Zentimetern, es sind mehr als 2 sporentragende Lappen vorhanden. Es gibt verschiedene Unterarten: A.p. var. Subpumilum, der nur mehr 12 cm hoch wird und ideal für einen Steingarten ist und A. p. Asiatic, dessen Blätter sich grünlich im Herbst verfärben. Vermehrung durch Aussaat der Samen im Frühjahr. Anfällig für Schädlinge.

Ajuga reptans

Kriechender Günsel
Höhe: 12 cm, winterhart
Blühsaison: Frühling

Der kriechende Günsel ist eine kleine, widerstandsfähige Staude, die am liebsten den Schatten mag, allerdings auch Sonnenlicht verträgt. Sie kann als guter Bodendecker für feuchte Böden dienen. Die aus Rosettenblättern entspringenden vierkantigen Stängel sind meist aufrecht, unten rot-violett überlaufend und im oberen Bereich ringsum flaumig. Unter den Unterarten sind „Atropurpurea" und „Braunherz" die beliebtesten. Eine andere Züchtung, die „Burgundy Glow" hat hellblaue Blüten und cremig-weiße Blätter. Vermehrung durch Pflanzenteilung im Winter.

Alchemilla mollis

Frauenmantel
Höhe: 45 cm, winterhart
Blühsaison: Sommer

Der Frauenmantel hat rund 13 cm große Blätter, die seidig-weich behaart sind. Sie sind es, weswegen der Frauenmantel in erster Linie angepflanzt wird. Die limonen-grünen Blüten sitzen auf großen Rispen über dem Blattwerk und blühen Mitte des Sommers. Die Pflanze sät sich leicht selbst aus, braucht aber sehr feuchte Böden. Um die Pflanze zu vermehren sollte man den Samen im Frühjahr auf dem Boden abdecken oder die Pflanze im Herbst/Winter teilen und sofort wieder auspflanzen.

Begonia rex hybrids

Blattbegonie
Höhe: 45-60 cm, empfindlich
Blühsaison: Irrelevant

Die Blattbegonien bereiten uns vor allem wegen ihrer wunderschön geformten Blätter Freude, die zumeist herzförmig sind und in verschiedenen Farben erstrahlen, und jeden Raum damit schmücken. Sie sind sehr genügsam und bedürfen keiner aufwändigen Pflege. Die „Merry Christmas" hat rote Blätter und einen hellgrünen Blattrand, während die „Princess of Hanover" wappenförmige grüne Blätter mit silbrigen und dunkelroten Streifen hat. Sie eignen sich vor allem für Hängekörbe und brauchen eine Mindesttemperatur von 13-15 Grad, feuchte Luft, Halbschatten und einen feuchten, leicht sauren Boden.

Brunnera macrophylla

Kaukasus-Vergissmeinnicht
Höhe: 45 cm, winterhart
Blühsaison: Frühling

Das Kaukasus-Vergissmeinnicht ist eine der beliebtesten Schattenstauden. Die großen herzförmigen Blätter bilden dichte Büsche und vermögen selbst an problematischen Stellen zu wachsen, z. B. unter Gehölzen, wo sonst kaum etwas zufriedenstellend gedeiht. Im Frühling erscheinen zahlreich die blauen, unserem Vergissmeinnicht ähnlichen Blüten. Kann auch sonnig stehen, sofern der Boden genügend Feuchtigkeit halten kann, am besten ist lehmiger Boden. Die Züchtung „Hadspen Cream" hat grüne und cremefarbene Blätter, die am besten im Schatten zur Geltung kommen. Verehrung durch Teilung der Pflanze im Herbst.

Carex elata „Aurea“

Steif-Segge
Höhe: 1 m, winterhart
Blühsaison: Sommer

Die Steif-Segge ist ein Schmuckgras. Es nimmt das ganze Jahr über eine gelbgrüne Färbung an und reflektiert am richtigen Standort die Sonnenstrahlen auf bezaubernde Art und Weise. Die erwachsenen Pflanzen erreichen eine Höhe bis 40 cm. Die Entwicklung ist aufrecht, sie wachsen sowohl in die Höhe als auch in die Breite, so dass ein rundlicher Strauch entsteht. Man sollte die Pflanze im Frühling teilen. C. buchananii aus Neuseeland hat rötliche Blätter und C. pendula liebt feuchte Böden und Halbschatten.

Choisya ternata

Orangenblume
Höhe: 1,8 m, winterhart
Blühsaison: Sommer

Die weißen Blüten der Orangenblumen duften wie Zitrusblüten und gleichen diesen in Aussehen und Aufbau. Schließlich zählen beide zur gleichen Familie. Sie erheben sich in dichten Dolden im Frühling büschelweise über das Laub und bedecken es fast vollständig. Das Laub der dicht-, aber kleinwüchsigen Immergrüne ist dreiteilig, im Austrieb frischgrün, später glänzend dunkelgrün und ebenfalls aromatisch, wenn man es bricht oder in der Handfläche reibt. Die Pflanze wächst sehr schnell zu einem attraktiven Busch heran. Man kann sie im Spätsommer sehr einfach durch junge Stecklinge vermehren.

Crataegus laevigata „Punicea“

Rotdorn
Höhe: 6 m, winterhart
Blühsaison: Frühling

Die Pflanze kommt als dichter tief wurzelnder Strauch oder bis zu 10 m hoher Baum vor. Die Blütezeit der zwittrigen Pflanze ist im Mai und Juni. Die etwas unangenehm riechenden Blüten sind gefüllt karminrot und werden auch mit schlechteren Umweltbedingungen, beispielsweise in Städten, fertig. Ein exzellenter Busch oder Baum für einen kleinen Garten mit attraktiver Herbstfärbung wie C. crus-galli, C. x lavalleei und C. persimilis „Prunifolia“. Auch als Heckenpflanze gut geeignet.

Dicentra spectabilis „Alba“

Tränendes Herz
Höhe: 75 cm, winterhart
Blühsaison: Frühling

Wie das rosafarbene Tränende Herz so hat auch die Sorte „Alba“ herzförmige Blüten. Die weißen Herzblüten bilden einen tollen Kontrast zu dem kräftig grünen Laub, dass das Tränende Herz auch außerhalb der Blütezeit reizvoll erscheinen lässt. Dicentra bevorzugt einen halbschattigen, nährstoffreichen Standort, kann aber bei genügend Feuchtigkeit auch einen sonnigen Standort erhalten. D. spectabilis hat lila-rötliche Blüten. D. Formosa ist eine im Wuchs sehr viel kleinere Züchtung. Gute Bodendeckereigenschaften. Lieben feuchten Boden und Halbschatten und mögen es nicht, versetzt zu werden.

Dicksonia antarctica

Australischer Baumfarn
Höhe: 3 m, winterhart
Blühsaison: keine

Diese baumähnlichen Farne aus Australien gedeihen am besten im Halbschatten und feuchtem, humusreichen Boden. Zumeist werden sie im Container ausgepflanzt, so dass man sie leicht wieder ausgraben und an geschützten Stellen überwintern kann, weil sie eine Mindesttemperatur von 5 Grad brauchen. Sein Stammwachstum beträgt pro Jahr ca. 2,5 cm bis 5 cm und kann einen stattlichen Stamm mit einem Durchmesser von 40 cm und einer Höhe von 6 m erreichen. Seine Wedel erreichen eine Länge bis zu 4 m. Die Krone kann aus bis zu 60 Wedeln bestehen.

Digitalis purpurea

Roter Fingerhut
Höhe: 1 m, winterhart
Blühsaison: Sommer

Der Rote Fingerhut ist eine zweijährige, hoch giftige Halbrosettenpflanze. Im ersten Jahr bildet sie eine Grundblattrosette, aus der im Folgejahr ein bis zu 150 cm hoher Spross treibt, der oben mit purpurrotvioletten oder selten weißen, bis 6 cm langen, fingerhutähnlich geformten Blüten besetzt ist. Es gibt viele verschieden Züchtungen und Farben, darunter cremefarbene und lilafarbene. Man sollte die verblühten Blüten schnell entfernen, um ein zweites Blühen zu stimulieren. Vermehrung durch Aussaat im Frühsommer.

Dryopteris filix –mas

Wurmfarn
Höhe: 1 m, winterhart
Blühsaison: keine

Der echte Wurmfarn ist ein bis in den Winter grün bleibender Farn. Seine Blätter sind in einer trichterförmigen Rosette angeordnet. Sie erreichen eine Länge von 30 bis 160 Zentimetern. Der kurze Blattstiel ist locker mit gelbbraunen Spreuschuppen besetzt. Das Blatt ist zweifach gefiedert und läuft spitz zu. Der Farn sät sich selbst sehr leicht aus, ist aber immer hochwillkommen und liebt den Schatten ganz besonders. Am besten sieht er aus, wenn er zusammen mit mehreren Farnen unterhalb einer Mauer oder unter einem Baum angepflanzt wird.

Elaeagnus x ebbingei „Gilt Edge"

Ölweide
Höhe: 3 m, winterhart
Blühsaison: Herbst

Die wintergrüne Ölweide entwickelt sich zumeist zu einem Kleinstrauch mit einer Breite bis zu 1,5 m. Die Zweige wachsen bogenförmig. Diese Art findet ihren Ursprung in Asien. Die kleinen Blüten bilden röhrenförmige Blütenglocken in cremeweiß, die sich im Laub verborgen halten. Die Blütezeit ist von September bis November. Sehr dichtes Blattwerk. Die Form ist breit-elliptisch und während des Austriebs mit einem silbrigen Schimmer versehen, später entwickelt sich die Farbe von matt-gelb bis glänzend grün. Die gelbe Färbung zeichnet sich am Rand des Blattes ab. Nach dem Einpflanzen auf ein Drittel zurück schneiden, um das Wachstum zu fördern.

Epimedium grandiflorum

Elfenblume
Höhe: 23-30 cm, winterhart
Blühsaison: Frühling

Die Elfenblumen kommen ursprünglich aus Japan und werden besonders wegen ihres Blattwerks angepflanzt, das sie den ganzen Winter hindurch behalten und damit als guter Bodendecker wirken. Die Blätter verfärben sich in einem Goldton, rötlich und bronzefarben im Herbst. Die Blüten sind weiß, lila und gelb und haben nur mehr eine kurze Blütezeit im Frühling. Eine Züchtung mit dem Namen „Rose Queen" hat hell leuchtende lila Blüten. Sie gedeiht am besten auf einem Sandboden mit jeder Menge Mulch. Vermehrung durch Teilung und Neuanpflanzung im Herbst.

Euphorbia amygdaloides Var. Robbiae

Wolfsmilch
Höhe: 45 cm, winterhart
Blühsaison: Sommer

Die Wolfsmilch ist eine Züchtung, von der es mehr als 2.000 verschiedene Arten gibt. Sie ist wintergrün und eignet sich hervorragend als flächendeckende Staude in oder an Gehölzen und verträgt auch zeitweise Trockenheit. Die leuchtenden Blütenstände heben sich aufgrund ihrer großen Zahl schön von dem sattgrünen, breitblättrigen Laub ab. Man sollte sie im Herbst teilen oder durch das Ausbringen von Stecklingen im Sommer vermehren. Frostanfällig. Man sollte darauf achten, sie nicht allzu intensiv zu berühren, da sie bei empfindlicher Haut für Ausschläge sorgen kann.

Fatsia japonica

Aralie
Höhe: 4,5 m, winterhart
Blühsaison: Herbst

Diese Aralie, die ursprünglich aus Japan kommt, wird besonders gerne wegen ihres Blattwerks angepflanzt, das glänzend und immergrün und tief eingeschnitten wie eine Hand und ein wenig lederartig ist. In der Jugend wächst die Pflanze noch dicht und buschig. Schon bald aber bildet sich ein kleiner Stamm. Ältere Pflanzen können grünlich-weiße, unscheinbare Blüten bekommen. Gelegentlich wachsen dann im Herbst sogar schwarze Beeren nach. Sehr widerstandsfähig.

Fuchsia „Golden Dawn"

Fuchsie
Höhe: 1,5 m, winterhart
Blühsaison: Sommer/Herbst

Es gibt mindestens 2.000 verschiedene Arten von Fuchsien – winterfeste und weniger winterfeste Sorten und nahezu in jeder Farbgebung und Form, vorwiegend aber in Weiß, Pink, Rot und Lila. Die Blüten sind glockenartig und hängen dekorativ von den Zweigen herab. Fuchsien brauchen geschützte Standorte und leicht feuchte bis gut wasserdurchlässige Böden. Blüten können durch die ersten Nachtfröste beschädigt werden. Man schneidet dann die Pflanze in jedem Frühjahr bis auf den Grund zurück. Auch sollte man sie generell zurückschneiden, um den Pflanzenwuchs zu wahren.

Gentiana asclepiadea

Schwalbenwurz-Enzian
Höhe: 60 cm, winterhart
Blühsaison: Sommer

Der Schwalbenwurz-Enzian hat rein äußerlich nur wenig mit dem schweizerischen Enzian gemein. Diese Staude hat ebenfalls blaue, trompetenförmige kleine Blüten, doch ist er eine große Buschstaude mit langen, sich sanft wiegenden Zweigen, an denen von Mitte des Sommers bis in den Herbst hinein kleine Blüten blühen. Eine gute Pflanze bekommt an einem guten Standort in jedem Jahr bis zu 12 Triebe. Sie braucht einen feuchten Boden oder Halbschatten und kann durch Aussaat oder Teilung vermehrt werden. Ist sehr widerstandskräftig.

Geranium phaeum

Storchschnabel
Höhe: 45 cm, winterhart
Blühsaison: Frühling

Der braune Storchschnabel hat kräftige grüne Laubblätter. Sie sind fiederspaltig gelappt. Er blüht von Mai bis Juni mit 14 bis 18 mm großen, dunkel purpurschwarzen Blüten, die in Ausnahmefällen manchmal auch rosa oder weiß sind. Die Frucht hat die typische storchschnabelartige Gestalt. Der Storchschnabel vermehrt sich selbst. G. palmatum blüht in einem kräftigen Lila und hat größere Blätter. Er liebt den Schatten und ist eine äußerst genügsame Gartenpflanze, kommt mit vielen Böden gut zurecht und blüht sehr ausdauernd. Vermehrung durch Pflanzenteilung im Herbst oder Frühjahr.

Hedera canariensis „Gloire de Marengo"

Efeu
Höhe: 6 m, winterhart
Blühsaison: Irrelevant

Die Efeu-Arten sind immergrüne Kletterpflanzen oder Bodendecker. Die wechselständigen und gestielten Laubblätter weisen unterschiedlich geformte Blattspreiten auf. Die Blütenstände sind aus doldigen Teilblütenständen zusammengesetzt. „Gloire de Marengo" hat silbrig gestreifte Blätter. H. algeriensis „Ravensholst" hat große, hellgrüne Blätter. Um Efeu zu vermehren genügt es, junge Stecklinge in den Boden zu setzen. Trotz guter Widerstandsfähigkeit können sie gelegentlich von der roten Spinnmilbe befallen werden.

Helleborus orientalis

Orientalische Nieswurz
Höhe: 45 cm, winterhart
Blühsaison: Frühling

Die Orientalische Nieswurz oder Frühlings-Christrose ist eine Art der Familie der Hahnenfußgewächse und kommt aus dem Mittelmeerraum. Die Blätter sind groß, dunkelgrün und ganzjährig. Die kleinen, hellen Blüten, deren Färbung von weiß, grünlich, rosa bis hellviolett reicht, weisen gelegentlich dunkle Flecken auf und sind die eigentliche Attraktion dieser Pflanze. Sie bevorzugt einen feuchten Boden und Halbschatten. Vermehrung durch Aussaat des Samens im Frühjahr nach dem Blühen oder durch Teilung der Pflanze. Anfällig für Blattläuse im Sommer.

Hepatica nobilis

Leberblume
Höhe: 10 cm, winterhart
Blühsaison: Frühling

Das Leberblümchen eignet sich in idealer Weise für eine schattige Ecke, beispielsweise in einem Steingarten. Die Blätter, die hellgrün sind, haben drei Lappen und die annemonengleiche Blüte mit ihren vielen Blütenblättern blüht im Sommer in verschiedenen Farbtönen von Weiß bis Pink, über Dunkelrot bis zu Mauve. Es gibt auch gefüllte Blütenstände. Sie hat gerne Halbschatten und einen feuchten Boden. Die Pflanzen möchten nicht gerne umgepflanzt werden und sind im Allgemeinen sehr widerstandskräftig.

Hosta fortunei

Goldrandfunkie
Höhe: 60 cm, winterhart
Blühsaison: Sommer

Die grüne Goldrandfunkie gedeiht am besten in einem feuchten Boden und im Halbschatten H. fortunei ist eine robuste, wachstumsintensive Hosta, die strauchartig wächst und kleine, blasse violette Blüten hat, die in einer Spiere über dem Blattwerk wachsen. H. f. var. Aureomarginata hat gelb gerandete Blätter und ist überall erhältlich. Und H. f. var albopicta hat blass-grüne Blätter mit einer gelben Mitte. Vermehrung durch Teilung im Frühjahr. Alle Hostas sind anfällig für den Befall von Nacktschnecken. Deshalb werden sie auch oftmals in einem Container eingepflanzt.

Hosta sieboldiana var. elegans

Blaublatt-Funkie
Höhe: 1 winterhart
Blühsaison: Sommer

Altbewährte, sehr große Blaublatt-Funkie mit breit herzförmigen, stark blaugrau bereiften, runzeligen Blättern und üppigem Wuchs. Bildet imposante Horste. Langsam wachsend. Die Blattfarbe kann abhängig vom Standort etwas variieren. Sehr attraktive Blüten, die in einer hohen Spiere im Spätsommer erblühen. Für Pflanzungen im Schatten von Gehölzen oder Mauern. Die Züchtung H. s. var elegans hat wächserne Blätter und lilafarbene Blüten. Vermehrung durch Pflanzenteilung im Frühjahr. Vor Nacktschnecken schützen.

Hydrangea anomala subsp. petiolaris

Kletterhortensie
Höhe: 10 m, winterhart
Blühsaison: Sommer

Die Kletterhortensie stammt aus den Küstenregionen Ostasiens, vor allem Korea, Taiwan und Japan. Sie erfreut sich zunehmender Beliebtheit, vor allem, weil sie auch im Schatten wächst. Sie klettert dabei mit Hilfe ihrer Luftwurzeln. Man kann sie gut an Nordwänden anpflanzen. Sie hat gezahnte grüne Blätter und sehr schöne, flachköpfige weiße Blüten im Sommer. Wie alle Hortensien braucht sie Nässe und Stalldung. Man sollte sie im Frühjahr ein wenig „stutzen“ und zurückschneiden. Vermehrung durch Stecklinge nach dem Blühen.

Hypericum x inodorum „Elstead“

Höhe: 1,2 m, fast winterhart
Blühsaison: Sommer

Diese Pflanze kommt eigentlich von den Kanaren. Sie ist ein immergrüner Busch mit den typischen gold-gelben Blüten, die am Ende der Zweige fast den gesamten Sommer hindurch blühen. Ihnen folgen darauf dicke Trauben von roten Beeren, die leicht oval geformt sind. Die Pflanze kann auch gut als Bodendecker genommen werden. Zur Vermehrung nehme man Stecklinge von nicht blühenden Trieben. Ist zuweilen für Rost anfällig.

Impatiens New Guinea Hybrids

Springkraut
Höhe: 30 cm, empfindlich
Blühsaison: Sommer

Die Springkräuter bilden mit etwa 900 Arten die weitaus artenreichere der beiden Gattungen der Balsaminengewächse. Alle Arten der Gattung sind im frischen Zustand schwach giftig. Sie sind eine der wenigen Pflanzenarten, die auch im Schatten mit ihren wunderschönen markanten Blüten in pink, rot und weiß attraktiv blühen. Man sollte sie sehr regelmäßig, besonders im Sommer, gießen. Vermehrung durch Stecklinge oder durch Samenaussaat im Frühjahr, wenn es warm ist.

Mahonia aquifolium „Atropurpurea“

Mahonie
Höhe: 1,2 m, winterhart
Blühsaison: Frühling

Die Mahonie ist ein immergrüner Strauch mit sehr auffällig glänzenden, dunkelgrünen Blättern, wobei jedes Blatt aus fünf bis dreizehn kleinen lanzettförmigen Blättern besteht. Reich duftende, gelbe Blüten stehen in dichten Dolden, die im Herbst von blauen Beeren gefolgt werden. Die Blätter verfärben sich im Herbst wunderbar, im Winter verwandeln sie sich weinrot. Man sollte Mahonien im Frühjahr oder Herbst, in gemulchtem Boden, im Halbschatten anpflanzen. Im Frühjahr leicht an den Spitzen zurück schneiden. Anfällig für Rost-Krankheiten.

Matteuccia struthiopteris

Straußfarn
Höhe: 1 m, winterhart
Blühsaison: Irrelevant

Der Straußfarn ist ein großer Trichterfarn von hohem ästhetischen Reiz und fast tropischer Üppigkeit und dabei ausgesprochen attraktiv. Die im Austrieb noch schmalen Trichter öffnen sich später zu einer perfekten Form. Sehr schmückend sind die im Zentrum erscheinenden braunen Sporenwedel im Winter. Doch Vorsicht: Nichts für kleine Gärten! Die Ausläufer treibende heimische Art eignet sich besonders für großflächige Gehölzunterpflanzungen auf ausreichend feuchten Standorten. Für kleine Gärten ist der Straußfarn zu starkwüchsig. Der Standort sollte nährstoffreich und frisch bis feucht sein.

Meconopsis cambrica

Waldscheinmohn
Höhe: 30 cm, winterhart
Blühsaison: Sommer

Der Waldscheinmohn ist eine buschige, reich blühende Staude mit hübschen orangefarbenen schwebenden Schalenblüten, er bringt Farbe und sonnigen Glanz in Gehölzpartien. Besonders schön wirkt Waldscheinmohn als Partner von Hosta und Farnen oder in naturhaften Gestaltungen. Kühle Standorte werden bevorzugt. Durch etwas Selbstaussaat können sich an zusagenden sonnigen bis halbschattigen Stellen Bestände bilden: Wald-Scheinmohn wandert durch den Garten, wird aber nicht lästig. Der Boden sollte durchlässig und gleichmäßig feucht sein.

Paeonia lactiflora hybrids

Edelpfingstrose
Höhe: 60 cm, winterhart
Blühsaison: Sommer

Die Edelpfingstrose gibt es als einfache, oder aber als gefüllt blühende Züchtung. Manche duften auch sehr schön. Obwohl die gefüllt blühenden Pflanzen natürlich mehr hermachen, sind auch die einfach blühenden Pfingstrosen sehr ansehnlich, besonders die weiß blühenden Züchtungen wie P. l. „White Wings" und P. l. „Whitleyi Major". Sie vertragen keine Morgensonne und nur einen sehr humusreichen Boden.

Paeonia mlokosewitschii

Kaukasus-Pfingstrose
Höhe: 60 cm, winterhart
Blühsaison: Frühling

Die Kaukasus-Pfingstrose besticht durch ihre besonderen Blüten, die oft schon im April über attraktivem, bläulich-grünem Laub stehen. Bereits der rote Austrieb, der sich ab Anfang März entwickelt, ist auffallend. Die Blütenfarbe variiert von rosa über apricot bis gelb, selten auch rot. Immer jedoch gelbe Staubfäden, die mitunter rötliche Verfärbungen zeigen. Sie lieben feuchten Boden und Halbschatten. Sollte im Frühherbst oder Frühjahr gepflanzt werden, den Samen nicht zu tief in die Erde stecken. Anfällig für Pflanzenkrankheiten. Braucht viel Wasser.

Phyllostachys viridiglaucescens

Hoher Bambus
Höhe: 6-8 m, fast winterhart
Blühsaison: keine

Der Hohe Bambus kommt von Ostasien und dem Himalaya und ist ideal, um einen buschartigen Abschluss zu setzen. Er liebt feuchte Erde, die dem Licht ausgesetzt ist und braucht einen geschützten Standort. Er blüht alle 30 bis 40 Jahre und stirbt dann ab. Es ist also wichtig, einigen Samen aufzubewahren, wenn dies möglich ist. Vermehrung geschieht in der Regel durch eine Teilung der Pflanze und sollte im Mai vorgenommen werden, wenn die neuen Triebe kommen. Auch sollte man alte Triebe bis zum Boden im Frühjahr abschneiden, damit der Bambus wieder ausläuft.

Polygonatum x hybridum

Weißwurz
Höhe: 1,2 m, winterhart
Blühsaison: Frühling

Die Weißwurz, einzelne Arten werden auch Salomonssiegel oder Gelenkwurze genannt, gehört zur Familie der Spargelgewächse. Sie umfasst etwa 60 Arten, die in den gemäßigten Zonen der Nordhalbkugel wachsen. Wachsen eigentlich überall, im Schatten, aber auch in der Sonne. Bilden eine imposante Pflanze mit saftigen grünen Blättern und röhrenförmigen weißen Blüten, die entlang des Blütenstängels im Frühling hängen. Man sollte die Pflanze im Herbst stark zurück schneiden. Sie sind sehr widerstandsfähig, aber an den Blättern anfällig für Schädlinge.

Schizophragma integrifolium

Hortensienwein
Höhe: 6 m, winterhart
Blühsaison: Sommer/Herbst

Ein Hortensiengewächs. Die Kletterpflanze krallt sich mit ihren Luftwurzeln gerne an Wänden und Bäumen fest, weswegen man sie auch nicht anbinden muss. Sie hat große, flache weiße Blütenstände, die den ganzen Sommer bis hinein in den Herbst blühen und leuchtende grüne Blätter, die auf der Unterseite silbrig glänzen. Die Pflanze kann auch an einer Nordwand angepflanzt werden, braucht aber ein wenig Sonne. Sie bevorzugt einen feuchten, gut wasserdurchlässigen Boden. Vermehrung durch junge Stecklinge im Juli.

Skimmia japonica

Skimme
Höhe: 1,2 m, winterhart
Blühsaison: Sommer

Die Skimme ist ein Rautengewächs und ein wunderschöner buschiger Strauch, der sich ganz besonders für kleinere Stadtgärten eignet. Er besitzt nicht nur immergrüne, glänzende Blätter, sondern hat auch wunderbar duftende weiß-cremige Blütenstände, denen hellrote Beeren folgen. Er macht sich gut im Halbschatten. Die Züchtung S. j. „Rubella" hat rot gerandete Blätter und rote Blüten, die sich im Frühling zu weißen Blüten öffnen. Vermehrung durch junge Stecklinge im Spätsommer.

Smilacina racemosa

Salomonensiegel
Höhe: 1 m, winterhart
Blühsaison: Sommer

Elegante frühjahrsblühende nordamerikanische Waldstaude, die an Salomonssiegel erinnert, jedoch mit aufrechtem Wuchs und endständigen weißen Blütentrauben. Für schattige bis sonnige Plätze auf lockeren, frischen, humusreichen Lehmböden. Horstiger, breitbuschiger Wuchs mit bogig überhängenden Trieben. Blätter mit zartem Maiglöckchenduft. Man sollte die Pflanze im Herbst zurückschneiden. Vermehrung durch Wurzelteilung, nachdem sich die Pflanze ein paar Jahre lang fest gewurzelt hat.

Stewartia pseudocamellia

Scheinkamelie
Höhe: 5 m, winterhart
Blühsaison: Spätsommer

Die Scheinkamelie ist ein kleiner Baum, der gerne im Halbschatten auf saurem oder alkalischem Boden stehen möchte. Er hat große, einzeln stehende weiße Blüten im Sommer und die hellgrünen Blätter verfärben sich im Herbst Gold-Gelb bis Rot. Im Winter „pellt" sich die Rinde des Baums. S. p. Koreana Group ist ein ähnlicher Baum, dessen Blüten sich flacher öffnen. S. sinensis hat tellerförmige Blütenstände. Der Baum wächst nicht an einer Ostseite. Vermehrung durch junge Stecklinge im Spätsommer.

Symphytum x uplandicum „Variegatum"

Beinwell
Höhe: 25 cm, winterhart
Blühsaison: Frühling

Beinwell, auch Beinwurz oder Wallwurz genannt,ist eine wuchskräftige Staude, die am liebsten Halbschatten und feuchte Böden hat. Sie fühlt sich in einem ein wenig verwilderten Garten am wohlsten, nicht zuletzt deshalb, weil sie sich auch gerne selbst aussät. Die Blätter, die lanzettartig sind, sind brüchig und hart, cremig oder grün gesprenkelt. Die Blüten sind blau oder pinkfarben. S. grandiflorum hat kleine cremigweiße Blüten und kann gut als Bodendecker dienen. S. „Hidcote Blue" ist ähnlich, aber mit einer blassblauen Blüte. Vermehrung durch Teilung im Herbst.

Tellima grandiflora

Falsche Alraunwurzel
Höhe: 60 cm, winterharte
Blühsaison: Sommer

Die Tellima stammt aus den Gegenden in Kalifornien bis Alaska. Sie ist eine winterharte Staude von buschig-aufrechtem Wuchs mit rundlich-herzförmigen, dem Ahorn ähnlichen Blättern, die im Winter eine schöne rötliche Färbung annehmen. Sie ist als Bodendecker auf humusreichem, frischen Boden bei halbschattigem Standort geeignet, z. B. als Unterpflanzung im warmen Schatten von Gehölz, lichten Baumbeständen oder von Mauern. Die duftenden Blüten sitzen in lockeren Trauben am aufrechten Stängel. Sie sind grünlich und später rosa gefärbt.

Thalictrum aquilegiifolium var. album

Wiesenraute
Höhe: 1-1,2 m, winterhart
Blühsaison: Sommer

Die Wiesenraute ist eine elegante, dicht wachsende Staude mit attraktivem Blattwerk. Die Laubblätter am Stängel sind zwei- bis dreifach gefiedert und enthalten einen gelben Farbstoff, der zum Färben von Wolle genutzt wurde. Die Blätter ähneln denen der Akelei verblüffend. Die blauen (violetten) Blüten sind in einem kompakten, rispigen Blütenstand. Die Staubblätter sind zahlreich und büschelig in einer Kugel angeordnet. Die Pflanze braucht einen feuchten Boden und Halbschatten, obwohl sie auch mit Sonne fertig wird. Vermehrung durch Pflanzenteilung im Frühling.

Trollius europaeus

Trollblume
Höhe: 60 cm, winterhart
Blühsaison: Frühsommer

Die Trollblume hat eine wunderschöne gelbe Blüte. Die Blätter sind tief eingeschnitten und haben einen gezahnten Rand. Sie kann gut als Randbepflanzung an einem Teich stehen. Gute Hybriden sind auch die blassgelbe T. x cultorum „Canaray Bird“ oder die orangefarbene T. x „Orange princess“. Man sollte die Pflanzen nach der Blüte zurück schneiden, um so eine zweite Blüte zu stimulieren.

Veratrum nigrum

Schwarzer Germer
Höhe: 1,2 m, winterhart
Blühsaison: Spätsommer

Der Schwarze Germer ist eine sehr langsam wüchsige, horstbildende Staude. Die großen, ovalen bis lanzettlichen, wechselständigen Blätter sind längs gefaltet. Im Sommer erscheinen imposante, über einen Meter hohe, schwärzlich wirkende Blütenrispen mit zahlreichen sternförmigen Einzelblütchen. Für ein gutes Wachstum ist tiefgründiger, nährstoffreicher Lehmboden wichtig. Besonders im Austrieb vor Schneckenfraß schützen! Germer eignet sich ganz besonders für nicht zu trockene Naturgartenpartien im Gehölzbereich oder auf Feuchtwiesen.

Viola riviniana Purpurea Group

Veilchen
Höhe: 12 cm, winterhart
Blühsaison: Frühling

Das Veilchen fühlt sich im Schatten am wohlsten. Es hat eine wunderbare rot-bronzene Blattfärbung und die typischen kleinen, mauvefarbenen Blüten im Frühling. Es gedeiht am besten auf fruchtbaren Böden, die nicht austrocknen. Gepflanzt im Herbst oder Frühjahr sollte man die verblühten Blüten abschneiden, um eine längere Blütezeit zu forcieren. Man kann sie auch aussaen. Sie sind in der Regel sehr widerstandsfähig, können aber auch Opfer viraler Krankheiten werden.

Mehr Pflanzen für schattige Standorte

Alle Gärten haben ihr Schattenplätzchen und wir haben die Pflanzen, die am besten im Schatten wachsen in drei Gruppen unterteilt. Diese Liste ist nur eine Auswahl und es gibt etliche weitere Pflanze, die mit solchen Problem-Standorten fertig werden.

Pflanzen für trockene Schatten-Standorte

Bäume

Acer campestre
A. platanoides & cvs
Alnus (mehrere Sorten)
Betula (mehrere Sorten)
Gleditsia triacanthos
Ilex aquifolium
Robinia pseudoacacia & cvs
Sorbus aucuparia

Büsche

Aucuba japonica
Bashania syn. *Arundinaria* (mehrere Sorten)
Berberis (mehrere Sorten)
Buxus sempervirens
Cotoneaster horizontalis
Euonymus fortunei cvs
Hippophae rhamnoides
Lonicera pileata
Osmanthus (mehrere Sorten)
Prunus laurocerasusi

Stauden und Bodendecker

Bergenia (mehrere Sorten)
Iris foetidissima
Lamium maculatum
Pachysandra terminalis
Pulmonaria saccharata

Pflanzen für schattige Standorte

Bäume

Acers (mehrere Sorten)
Alnus incana
Betula nigra
B. pendula
Crateagus (mehrere Sorten)
Embothrium coccineum
Salix (mehrere Sorten)
Sorbus aucuparia

Büsche

Aucuba japonica
Camellia (mehrere Sorten)
Clethra arborea
Cornus (mehrere Sorten)
Desfontainia spinosa
Gaultheria (mehrere Sorten)
Kalmia latifolia
Leucothoe fontanesiana
Rhododendron (mehrere Sorten)
Symphoricarpus × doorenbosii

Stauden, Bodendecker, Kletterpflanzen

Astilbe (mehrere Sorten)
Begonia rex Hybrids
Campanula lactiflora
Dicentra (mehrere Sorten)
Dodecatheon pulchellum
Epimedium grandiflorum
Galium odoratum
Houttuynia cordata
Iris pseudacorus
Mentha suavolens
Oxalis acetosella
Polypodium vulgare
Tradescantia (mehrere Sorten)
Trillium grandiflorum
Tropaeolum speciosum

Kletterpflanzen und Pflanzen für die Nordseite

Berberidopsis corallina
Clematis (großblütige Arten)
Cotoneaster horizontalis
Forsythia suspensa
Garrya elliptica
Hydrangea petiolaris
Jasminum nudiflorum (Winterjasmin)
Kerria japonica
Parthenocissus (mehrere Sorten)
Pyracantha (mehrere Sorten)
Rosa „Königin von Dänemark“
R. „Madame Legras de Saint German“
R. „Maigold“
Schizophragma hydrangeoides

PFLANZEN *für* SONNIGE STANDORTE

Für sonnige Standorte in Ihrem Garten sind Pflanzen aus den heißeren Regionen unserer Welt sicherlich eine gute Wahl, weil sie dann bei uns besonders gut gedeihen. Viele haben dabei tief geteilte, wächserne und geriffelte Blätter. Graublättrige Pflanzen wie der Lavendel und das Greiskraut sind dafür typische Vertreter.

OBEN: *Convolvulus cneorum ist ein graublättriger Strauch, der in warmen, trockenen Ecken wunderbar wächst und eine weiße Blütenpracht entwickelt.*

GEGENÜBER: *Ein Garten im Sommer mit den kurz vor der Blüte befindlichen Rosen. Sie geben neben vielen Gartenstauden jedem Blumenbeet eine ganz besondere Note.*

Oben: *Eine Gartenecke, die von der Sonne beschienen wird macht es möglich, in jedem Garten einen kleinen Bauerngarten anzulegen, in dem besonders farbenprächtige Stauden sich wie zuhause fühlen.*

Alle, die schon einmal durch die Mittelmeerländer oder Kalifornien und Australien gereist sind, haben sicher schon gesehen, dass eine sonnige Ecke in Ihrem Garten alles andere als ein Problem darstellt. Wenn Sie die richtige Pflanzenauswahl treffen, können Sie eine wunderbare Auswahl an unterschiedlichen Farben und Pflanzenwuchs treffen. Beginnen wir nur mit einigen der interessantesten Pflanzen aus dem Mittelmeerraum: Lavendel, Rosmarin, Salbei oder das Heiligenkraut sind genauso wie Zistrosen oder Strohblumen dabei wohl die populärsten Vertreter dieser Pflanzen. Sie alle lieben die volle Sonne und einen trockenen Boden.

Die Pflanzen, die sich auf solche Bedingungen einlassen, kommen mit wenig Regen und hohen Temperaturen gut zurecht. Und genau das macht sie so attraktiv. Das Silberblatt mit seinem wunderschönen Blattwerk ist deshalb so attraktiv, weil es kleine Härchen auf der Blattunterseite entwickelt hat, die die Wasserverdunstung verhindern sollen und dabei das Sonnelicht reflektieren. Andere Pflanzen, wie „Senecio Sunshine" haben dicke Blätter entwickelt, um in ihnen das Wasser zu sammeln, während die Unterseite gefaltet ist. Ginster, wie der „Genista aetnensis" verringert die Verdunstung durch solche dicken Blätter oder dementsprechend dünne Stängel.

Der Boden, in dem diese Pflanzen in der Wildnis wurzeln, ist oftmals wenig nährstoffhaltig. Das kann durchaus auch reiner Sandboden oder Kies und Geröll sein, der sehr schnell austrocknet- zumal im Sommer oftmals überhaupt kein Regen fällt. Es gibt auch wenig organische Nährstoffe in solchen Böden, oftmals sind es auch nur wenige Zentimeter Boden über felsigem Gestein, mit dem die Pflanzen auskommen müssen. Dann müssen sich die Wurzeln auch in diesen steinigen Untergrund hineinarbeiten.

In jedem Garten können solche Standorte vorkommen. Sie können allerdings auch künstlich angelegt werden, zum Beispiel dort, wo nur eine dünne Erdkrume über steinigem Untergrund ist, oder wo der Untergrund generell aus Sand oder Geröll besteht. Das kann durchaus in vielen neu angelegten Gärten passieren, wenn bei den Bauarbeiten der Mutterboden abgetragen und durch Bauschutt aufgefüllt wurde. Vielleicht haben Sie auch einen südlichen Standort entlang einer Hauswand, mit einem Gartenweg beispielsweise, oder aber Ihr Garten hat generell eine Südausrichtung mit starkem Sonneneinfall und einem trockenem Boden.

Der Hauptnachteil solcher Böden und Standorte ist in erster Linie die fehlende Feuchtigkeit. Auch die Verbesserung solcher Böden ist nicht leicht, denn jeder organische Dünger, den Sie einbringen möchten, verbrennt sehr schnell und trocknet aus. Auch Flüssigdünger wird sehr schnell durch die schnell abfließende Feuchtigkeit ausgewaschen.

Positiv ist hingegen, dass solche Böden sich sehr schnell im Frühling erwärmen und wenn Sie dann die richtigen Pflanzen angepflanzt haben, werden sie sehr schnell ihre eigenen Fähigkeiten entwickeln, sich zu helfen.

RECHTS: *Die wunderbaren weißen Blüten von Anthemis punctata ssp. cupaniana mit ihren gelben Augen sind besonders dafür geeignet, am Rand von Schotter- oder Kieselsteinwegen zu wachsen.*

UNTEN: *Ein Schotterbeet kann die Heimstatt für alpine Pflanzen werden, die ganz besonders viel Sonne wollen und einen trockenen Standort brauchen. Hier sind die gelben Blüten von helianthemum und die pinkfarbenen Blüten von saponaria inmitten eines Lavendels zu erkennen.*

Corylus avellana „Contorta"

Gemeine Hasel
Höhe: 2,5 m, winterhart
Blühsaison: Frühling

Die Gemeine Hasel ist ein sommergrüner Strauch, der gerne wegen seiner gedrehten Äste und Zweige angepflanzt wird. Seine breiten, ovalen, hellgrünen Blätter haben einen gezackten Rand und verfärben sich gold-gelb im Herbst. Die weiblichen Blüten sind sehr klein, aber die männlichen Blütenkätzchen sind im Februar sehr attraktiv. Die Haselnuss liebt einen guten, wasserduchlässigen Boden und gedeiht selbst in geröllartigem Untergrund sehr gut. Vermehrung durch einjährige Stecklinge, die Wurzelbildung kann bis zu einem Jahr dauern.

Crataegus laciniata

Orientalischer Weißdorn
Höhe: 7 m, winterhart
Blühsaison: Frühling

Der orientalische Weißdorn ist ein wunderbarer schmückender Baum mit leicht dornigen überhängenden Zweigen, die als junge Triebe leicht behaart sind. Die tief eingeschnittenen Blätter sind dunkelgrün auf der Ober- und graugrün auf der Unterseite. Die großen Früchte sind pink-gelblich, verfärben sich später in einen roten Ton und sind am Baum den ganzen Winter hindurch zu sehen. Der Baum ist für einige Pflanzenkrankheiten anfällig, so dass junge Triebe absterben können.

Cytisus battandieri

Ananasbaum,
Höhe: 4 m, winterhart
Blühsaison: Frühling

Der Ananasbaum ist ein geradezu spektakulärer Busch, der am besten im Schutz einer nach Westen ausgerichteten Hauswand oder Mauer angepflanzt werden sollte. Der Ananasbaum trägt große Trauben der nach Ananas duftenden Blüten, die den ganzen Sommer hindurch blühen. Wie alle Sträucher braucht er viel Sonne und einen guten, wasserdurchlässigen Boden. Er kann aber auch in sandigen Böden eingepflanzt werden, in die man zuvor Mulch ausgebracht hat. Vermehrung durch junge Stecklinge im späten Sommer.

Cytisus x kewensis

Ginster
Höhe: 60 cm, winterhart
Blühsaison: Frühling

Der Ginster ist ein langsam wachsender Strauch, der zum ersten Mal 1891 in Kew Gardens angepflanzt wurde und seitdem mehr als populär ist. Im Frühjahr entwickelt er ganze Kaskaden von kleinen, gelben erbsengroßen Blüten, die mit kleinen Härchen geschützt sind und entlang der leicht gebogenen Zweige wachsen. Die Pflanze sollte nach dem Blühen leicht zurückgeschnitten werden. Einen harten Rückschnitt verträgt sie nicht und ebenso wenig einen Standortwechsel. Vermehrung durch junge Stecklinge im Spätsommer.

Davidia involucrata

Taschentuchbaum
Höhe: 15 m, winterhart
Blühsaison: Frühling

Der Taschentuchbaum oder auch Taubenbaum genannt, heißt so, weil die großen weißen Hochblätter, die wie Taschentücher bzw. von weitem gesehen auch wie ein Schwarm weißer Tauben in den Ästen hängend aussehen. Dagegen sind die Blüten eher unauffällig. Die großen hellgrünen, herzförmigen Blätter haben eine dicht behaarte Unterseite und verfärben sich im Herbst gold-gelb mit einer leicht roten Randfärbung. Der Baum braucht einen hellen Standort und guten, wasserdurchlässigen Boden. Vermehrung durch junge Stecklinge im Frühsommer.

Diascia fetcaniensis

Elfensporn
Höhe: 30 cm, nahezu winterhart
Blühsaison: Sommer

Der Elfensporn ist eine einjährige Pflanze, langsam wachsend mit dunkelgrünen, glänzenden, breiten und ovalen Blättern mit einem gezackten Rand. Die röhrenförmigen, lila-farbigen oder auch apricotfarbenen Blüten öffnen sich muschelförmig. Eine populäre Züchtung ist D. „Ruby Field" mit lila Blüten. Der Elfensporn braucht eine sonnige Ecke und einen reichen, gut wasserdurchlässigen Boden, der nicht austrocknet. Vermehrung durch junge Stecklinge im Spätsommer.

Dorotheanthus bellidiformis

Mittagsblume
Höhe: 10 cm, empfindlich
Blühsaison: Sommer/Herbst

Die Mittagsblumen lieben die Sonne und einen leichten, trockenen, steinigen, mageren Boden. Die Blumen sollten geschützt, gern an Mauern und Wänden, stehen. Ihre dickfleischigen Blätter sind für heiße Lagen gerüstet. Alle werden meistens wie Einjährige behandelt, durch Stecklinge ist dieselbe Sorte für das nächste Jahr gesichert. Die Blüten öffnen sich zur Mittagszeit. Die Blüte hält länger an, wenn die Kapseln sofort nach dem Abblühen ausgekniffen werden. Es gibt sie in verschiedenen Farbtönen – von Weiß über Pink bis Orange. Vermehrung durch Aussaat im März.

Echinops bannaticus „Taplow Blue“

Bannater Kugeldistel
Höhe: 1,2 m, winterhart
Blühsaison: Sommer

Die Bannater Kugeldistel erreicht Wuchshöhen von 50 bis 120 Zentimetern. Die Blätter sind fiederspaltig, ihre Abschnitte weisen auf beiden Seiten 1 bis 2 Lappen auf. Die Blütenköpfe haben einen Durchmesser von 2,5 bis 4 (selten bis 6) Zentimeter. Die Krone ist graublau. Die Blütezeit reicht von Juli bis September. Die Distel braucht viel Sonne und gedeiht auf nahezu jedem Gartenboden. Sie eignet sich gut als Grenzbepflanzung, vor der sich andere, farbenprächtigere kleinwüchsige Pflanzen sehr schön abheben. Vermehrung durch Wurzelteilung bei mildem Wetter im Winter.

Eryngium bourgatii

Wetterdistel
Höhe: 75 cm, winterhart
Blühsaison: Sommer/Herbst

Eine Wetterdistel mit attraktiv gefärbten Blättern: blau-grau mit weißen Punkten und Flecken. Zahlreiche stahl-blaue Blütenköpfe. Für einen vollsonnigen Standort mit einem trockenem und steinigen Boden. Eryngium bourgatii erreicht etwa 60cm Höhe. Die dünnen, gelegentlich gezahnten Blätter changieren in der Farbgebung von grün bis silbrig-blau. Vermehrung durch Pflanzenteilung im Frühjahr.

Escallonia „Slieve Donard“

Escallonia
Höhe: 4,5 m, nahezu winterhart
Blühsaison: Frühling/Sommer

Die Escallonia ist ein schöner immergrüner Strauch, der sowohl als Heckenpflanze angepflanzt werden kann, aber auch vor einer Hauswand sehr schön aussieht. Es gibt sie in verschiedenen Farbgebungen von Weiß bis Lila oder Rot. Die kleinen, glockenähnlichen Blüten stehen dicht an kleineren Stängeln über den glänzenden, ovalen Blättern, die auf der Oberseite dunkelgrün sind und unten einen helleren Farbton haben beieinander. Sie lieben einen sonnigen Standort und einen guten, wasserdurchlässigen Boden. Vermehrung durch junge Stecklinge im Sommer.

Eucalyptus gunnii

Eukalyptus
Höhe: 10,5 m, nahezu winterhart
Blühsaison: Herbst/Winter

Sehr imposante Bäume. Oft sind die Jugendblätter rund bis eiförmig und wirken mitunter um den Trieb herumgeschlungen. Im Alter sind die Blätter lanzettförmig und erreichen artenabhängig eine Länge bis zu 30 cm. Sie sind ledrig und dunkel- bis blaugrün. Der Stamm ist hell, wobei sich die Borke oft in großen, streifigen Stücken löst. Die Blüten entspringen scheinbar einer Kapsel, bei der zur Blütezeit der Deckel abgeworfen wird und aus der die Staubgefäße entspringen. Ihre Farbe reicht artentypisch von weiß über die verschiedensten Rottöne bis hin zu Lila.

Galtonia candicans

Sommer-Hyazinthe
Höhe: 1,2 m, nahezu winterhart
Blühsaison: Sommer/Herbst

Die Sommer-Hyazinthen sind Knollenpflanzen. Die Entwicklung ist aufrecht, sie wachsen sowohl in die Höhe als auch in die Breite, auf diese Weise entsteht ein rundlicher Strauch. Diese Pflanze nimmt im Sommer eine weiße Färbung an; sie erreicht bis 1,2 m Höhe. Sie verliert ihre Blätter im Winter. Die Blüten sind einzelständig und glockenförmig Die Pflanze braucht einen geschützten Standort. Sie säen sich sehr schnell selbst aus. Vermehrung durch Aussaat im Frühjahr.

Genista aetnensis

Ätna-Ginster
Höhe: 8 m, winterhart
Blühsaison: Sommer

Der Ätna-Ginster ist ein großer, eleganter Strauch mit vielen leicht fallenden hellgrünen Zweigen. Die harten, spärlichen Blätter sind hellgrün und streifenförmig mit feinen, weißen bis silbrigen Härchen. Die gold-gelben, duftenden erbsengroßen Blüten wachsen im Sommer auf den Zweigspitzen in Hülle und Fülle. Der Ginster braucht viel Sonne und kommt mit nahezu jedem Boden gut zurecht, wenn es zu keiner Staunässe kommt. Vermehrung durch Aussaat im Frühling.

Gleditsia triacanthos „Sunburst"

Amerikanische Gleditschie
Höhe: 9 m, nahezu winterhart
Blühsaison: Sommer

Die Amerikanische Gleditschie ist ein wunderschöner kleiner Baum, der in jedem Garten ein gern gesehener Schattenspender ist, solange der Standort nicht vollkommen ungeschützt ist. Die kleinen Blätter, die in großer Zahl – bis zu 32 – entlang einem harten Blattstiel gruppiert sind, glänzen grün im Sommer. Die populärste Züchtung ist der G. t. „Sunburst" mit seinen gold-gelben Blättern. Es gibt auch eine rotblättrige Züchtung, die G. t. „Rubylace". Vermehrung durch Aussaat im Frühjahr.

Gypsophila repens „Rosa Schönheit"

Schleierkraut
Höhe: 1 m, winterhart
Blühsaison: Sommer

Das rosafarbene Teppichkraut ist wahrscheinlich die bekannteste Steingartenpflanze. Das Schleierkraut, oder Kriechende Gipskraut ist eine sehr wertvolle und dauerhafte Steingartenpflanze, die im Sommer mit ihren zahlreichen weißen oder rosa Blütchen erfreut. In den Alpen ist es ein Bewohner vegetationsarmer, bewegter Schutthalden. Und genauso genügsam verhält es sich auch im Garten: Es verträgt Trockenheit, kommt mit allen nicht wasserstauenden Böden zurecht und benötigt keine Pflege.

x Halimiocistus wintonensis

Höhe: 60 cm, nahezu winterhart
Blühsaison: Sommer

Dieser kleine immergrüne, langsam wachsende Busch hat harte, leicht behaarte, grau-grüne Blätter, die auf ebenso grau-grünen kleinen Blattstielen wachsen. Die kleinen, trichterförmigen Blüten sind weiß mit einem roten Flecken am unteren Ende eines jeden Blütenblatts. Die Blüten öffnen sich früh am Morgen und blühen nur einen Tag. Bei dem großen Blütenteppich fällt dies allerdings kaum auf. Er braucht einen sonnigen Standort und einen fruchtbaren, gut wasserdurchlässigen Boden; in kälteren Regionen muss er allerdings auch einen gewissen Schutz haben. Vermehrung durch junge Stecklinge im Sommer.

Helianthemum „Amy Baring"

Sonnenröschen
Höhe: 7,5-10 cm, winterhart
Blühsaison: Sommer/Herbst

Das Sonnenröschen hat ein großes Farbspektrum. Es gibt einfach oder gefüllt blühende Sorten in den Farben Gelb, Orange, Rot, Rosa und Weiß. Sie sind allesamt Sonnenkinder, lieben durchlässige, trockene und nicht zu nährstoffreiche Böden und eignen sich in ganz besonderem Maße für Steingärten und Mauerkronen. Sonnenröschen sollten im Sommer nach der Blüte zurück geschnitten werden, um ihre Vitalität und Robustheit zu fördern. In rauen und exponierten Lagen ist bei starken Kahlfrösten eine leichte Abdeckung zu empfehlen.

Helichrysum italicum

Italienische Strohblume
Höhe: 35 cm, fast winterhart
Blühsaison: Sommer

Die Italienische Strohblume ist ein Halbstrauch, der jung grauweiß-filzig ist. Er wird 20 bis 60 Zentimeter hoch. Die Blätter haben einen umgerollten Rand. Sie sind an der Oberseite leicht behaart. Die Blätter riechen besonders im Anschluss an Regen nach Curry. Die Blütenköpfchen stehen in dichten Doldentrauben. Die Köpfchenhülle ist goldgelb und schmal glockig. Die Blume liebt viel Sonne und wasserdurchlässigen Boden. Schneidet man ihn nicht zurück, treibt er heftig. Vermehrung durch junge Stecklinge im Sommer.

Hibiscus syriacus „Oiseau Bleu“

Garten-Hibiskus
Höhe: 3 m, nahezu winterhart
Blühsaison: Sommer

Der Garten-Hibiskus ist ein großer, aufrecht wachsender Strauch mit tief eingeschnittenen dunkelgrünen Blättern. H. s. „Oiseau Blue“ trägt große lilafarbene Blüten mit einer roten Mitte vom Spätsommer an bis zur Mitte des Herbst. Hibiskus-Pflanzen stammen aus der Familie der Malven und sind sowohl winterhart als auch nur bedingt frosttauglich.
Sie lieben die volle Sonne und einen guten, wasserdurchlässigen Boden. H. s. ist weiß mit einer roten Mitte, H. s. „Woodbridge“ hat einen tieflila Farbton mit einer dunkelroten Mitte in der Blüte.

Hibiscus syriacus „Red Heart“

Gartenhibiskus
Höhe: 4,5 m, winterhart
Blühsaison: Frühling/Sommer

Eine andere, sehr beliebte Hibiskuszüchtung mit großen, weißen Blüten mit einem roten „Auge“. Hibiskus sollte man im März oder November anpflanzen; sie eignen sich hervorragend als rückwärtige Pflanzen in einem Staudengarten. Man braucht sie nur wenig zu schneiden, wenn der Strauch zu dicht wird. Vermehrung durch junge Stecklinge im Sommer. Er wächst selbst auf Sandböden.

Hypericum „Hidcote“

Johanniskraut
Höhe: 1,2 m, winterhart
Blühsaison: Sommer/Herbst

Das Johanniskraut ist ein laubabwerfender Strauch, mit einem dichten, buschigen Wuchs und dünnen, grau-grünen Stängeln, die sich ins bräunliche verfärben, je älter sie werden. Die kleinen streifenförmigen Blätter sind dunkelgrün auf der Oberseite und mit einer blau-grünlich schimmernden Unterseite versehen. Die goldgelben, trichterförmigen Blüten werden in großer Zahl produziert und blühen vom Sommer bis in den Herbst hinein. H. „Hidcote Variegated“ hat einen weißen Rand auf den Blättern. Vermehrung durch junge Stecklinge im Sommer oder Herbst.

Ilex aquifolium „Silver Queen“

Stechpalme
Höhe: 4,5 m, winterhart
Blühsaison: Frühling/Sommer

Die Stechpalme ist ein immergrüner Strauch, den man immer mit Weihnachten assoziiert. Alle Züchtungen haben kleine, weiße, sternförmige Blüten. Die weibliche Pflanze produziert rote, orangefarbene, gelbe aber selbst auch weiße Beeren im Winter. Die Blätter variieren in der Farbgebung, haben aber alle scharfe Dornen an den Rändern. Eine populäre Züchtung ist I. x altaclerensis „Golden King“ mit einem gold-gelben Rand. Alle Sorten brauchen einen gut wasserdurchlässigen Boden. Vermehrung durch junge Stecklinge im Sommer.

Kniphofia „Royal Standard“

Fackellilien
Höhe: 1 m, nahezu winterhart
Blühsaison: Sommer

Die Fackellilien werden auch Raketenblumen genannt. Das bezieht sich natürlich in erster Linie auf die markanten Blütenstände, die aus einem rosettenförmigen, grasähnlichen Blattwerk herausragen. Sie brauchen sehr viel Sonne und einen fruchtbaren, gut wasserdurchlässigen Boden und können auf keinen Fall irgendeine Form von Staunässe vertragen. Die kronenartigen Blüten brauche in harten Wintern Schutz. K. „Little Maid“ trägt blasse cremefarbene Blüten und K. „Samuel's Sensation“ große tief orangefarbene Blüten. Vermehrung durch Teilung im Frühjahr.

Laburnum x watereri „Vossii“

Goldregen
Höhe: 9 m, winterhart
Blühsaison: Frühling

Goldregen oder Bohnenbaum blüht überreich in fast tropischer Schönheit. Er ist in allen Teilen tödlich giftig und gefährlich, vor allem durch die bohnenähnlichen Früchte. Im Sommer blüht der Goldregen in großer Zahl in langen, hängenden Blütenständen mit vielen kleinen erbsengroßen Blüten. Die graugrünen Blätter, die eine glänzende Oberfläche und eine stumpfe Unterseite haben bestehen aus drei kleinen Blättern. Der Goldregen gedeiht überall auf vielen Böden, außer in Staunässe.

Lavandula angustifolia

Lavendel
Höhe: 1 m, winterhart
Blühsaison: Sommer

Der Lavendel ist eine immergrüne Pflanze mit langen, aromatisch duftenden, silber-grauen Blättern, die mit feinen Härchen überzogen sind, um so sehr effektiv dem Feuchtigkeitsverlust vorzubeugen. Die kleinen, röhrenförmigen Blüten wachsen in dichten Dolden auf harten, eckigen Stängeln. Die am häufigsten verbreitete Züchtung ist L. a. „Hidcote" mit stark duftenden, tiefblauen Blüten und einem insgesamt buschigen Wuchs. L. a. „Alba" ist weiß und L. a. „Rosea" pinkfarben. Vermehrung durch junge Stecklinge im Sommer.

Liriope muscari

Traubenlilie
Höhe: 45 cm, winterhart
Blühsaison: Sommer

Die Traubenlilie ist eine polsterbildende Pflanze mit tief grünen, glänzenden, gras-ähnlichen Blättern. Ein Netzwerk von Rhizomen unter der Erde bewirkt eine Pflanzenbildung, die die Pflanze zu einem idealen Bodendecker macht. Die dichten Blütenstände tragen violett-blaue, glockenähnliche Blüten. L. m. „Variegata" hat einen kräftigen gelben Streifen am Blattrand. Vermehrung durch Pflanzenteilung im Frühjahr.

Lithodora diffusa „Heavenly Blue"

Steinsame
Höhe: 10 cm, winterhart
Blühsaison: Sommer/Herbst

Immergrünes Zwerggehölz, das aufgrund ihres krautigen, sehr flachen, polsterförmigen Erscheinungsbildes meist unter Stauden geführt wird. Besonders attraktiv sind neben ihren immergrünen Blättern die wunderschönen Blüten in Blau oder Weiß, die im Frühsommer (Mai/Juni) erscheinen. Erstaunlich robust und winterhart. In sehr rauen Regionen empfiehlt sich jedoch ein Winterschutz. Im Frühling stark zurück schneiden, um einen Wildwuchs zu vermeiden. Stecklingsvermehrung im Sommer.

Lychnis chalcedonica

Brennende Liebe
Höhe: 1 m, winterhart
Blühsaison: Sommer

Die Brennende Liebe wird auch Scharlachlichtnelke oder, wegen der auffälligen Blütenform, Malteserkreuz oder Jerusalemer Kreuz genannt. Sie blüht von Juni bis August in feuerroten, schirmartigen Dolden. Das Laubblatt ist mittelgrün. Sie ist leicht anzupflanzen und gedeiht am besten in voller Sonne. Die Züchtung L. c. „Alba" ist weiß. Eine andere Sorte ist zum Beispiel L. flos-cuculi, die sich in ganz Europa wild ausgesät hat. Ihre violetten Blüten sind sehr attraktiv. Man vermehrt sie am leichtesten und schnellsten durch Teilung der Wurzeln im März.

Macleaya microcarpa

Roter Federmohn
Höhe: 1,8 m, winterhart
Blühsaison: Sommer

Sehr dunkel gefärbte Blütenfahnen und deutlich zurückhaltender Wuchs. Dieser sehr attraktive Mohn ist auch für kleinere Plätze im Garten geeignet und sehr gut mit anderen Stauden kombinierbar. Dekorative, hohe Blattschmuckstaude mit rundlich-herzförmigen, gelappten, blaugrünen Blättern. Die fedrigen Blütenrispen bestehen aus winzigen roten Einzelblüten und kontrastieren sehr gut zu den weißlichen Stängeln und dem bläulichen Laub. Braucht keinen besonderen Boden, darf aber nicht im Trockenen stehen. Teilung der Pflanze und Neuanpflanzung im Herbst.

Nepeta x faassenii

Katzenminze
Höhe: 45 cm, winterhart
Blühsaison: Frühling/Herbst

Die Katzenminze ist ein langsam wachsender Busch und wird gerne als Bodendecker gebraucht. Nepeta x faassenii ist von niedrigem, gleichmäßigem Wuchs und lavendelblauer Farbe. Sie benötigt einen relativ trockenen Standort. Die Züchtung N. „Six Hills Giant", die normalerweise angepflanzt wird, hat langstielige Blütenstände, die bis zu einem Meter hoch werden können. Die Pflanze braucht einen lockeren Boden und einen sonnigen Standort. Vermehrung durch Teilung der Pflanze im Winter.

Oenothera missouriensis

Kriechende Nachtkerze
Höhe: 20 cm, winterhart
Blühsaison: Sommer

Die kriechende Nachtkerze ist eine außerordentliche Staude für jeden Garten und braucht einen sonnigen Standort. Die spitz zulaufenden, hellgrünen Blätter wachsen an rötlich-grünen Stängeln. Die großen, glockenförmigen Blüten öffnen sich am Abend während des gesamten Junis bis hin zum August. Die Pflanze braucht einen guten, wasserdurchlässigen Boden, Sonne oder Halbschatten. Man sollte die Pflanze im Herbst bis zum Boden herunter schneiden. Vermehrung durch Aussaat im Frühjahr oder durch Pflanzenteilung im späten Winter.

Osteospermum „Buttermilk“

Kapkörbchen
Höhe: 60 cm, fast winterhart
Blühsaison: Sommer

Das Kapkörbchen ist eine immergrüne mehrjährige Pflanze, die im Winter ein wenig Schutz braucht und kontinuierlich von Mitte des Sommers bis zum Herbst hin blüht. Die am weitesten verbreiteten Züchtungen sind die „Buttermilk“, „Cannington Roy“ mit lilafarbenen Blüten und „Silver Sparkler“, „Tresco Purple“ mit tiefroten Blüten sowie „Whirligig“ mit blau-weißen Blütenköpfen. Sie alle wollen viel Sonne und einen guten, wasserdurchlässigen Boden haben. Vermehrung erfolgt durch junge Stecklinge im Sommer.

Papaver orientale „Mrs Perry“

Türkischer Mohn
Höhe: 1 m, winterhart
Blühsaison: Sommer

Der „Türkische Mohn“ hat große, trichterförmige Blüten in einer großen Zahl unterschiedlicher Farben, die bereits im frühen Sommer blühen. Der „Türkenmohn“ hat orangefarbene Blüten und gute Züchtungen sind „Black and White“ und „Mrs Perry“. Mohn liebt die Sonne und einen guten Boden, obwohl er auch an halbschattigen Standorten gedeihen kann. Man sollte den Pflanzort mit Bedacht wählen. Vermehrung durch Wurzelteilung an milden Tagen im Winter. Mohn sät sich aber auch selbständig aus.

Parrotia persica

Persischer Eisenbaum
Höhe: 4 m, winterhart
Blühsaison: Winter/Frühjahr

Der persische Eisenbaum ist ein breit wachsender Großstrauch und erreicht im Alter eine Höhe von bis zu 8 Metern. Im Frühjahr erscheinen die vielen, kleinen, Blüten mit ihren langen, roten Staubgefäßen. Über den Sommer wirkt der breit wachsende, aufrechte Wuchs sehr locker und leicht. Im Herbst verfärben sich die sonst dunkelgrünen Blätter zu einem glühend roten Feuerwerk. Vermehrung durch junge Stecklinge im Sommer oder durch Aussaat im Herbst.

Penstemon „Apple Blossom“

Bartfaden
Höhe: 45 cm, nahezu winterhart
Blühsaison: Sommer

Der Bartfaden ist eine exotisch wirkende Prachtstaude, dessen röhrenförmige Blüten an den Fingerhut erinnern und die es in Rot, Weiß, Gelb, Rosa und Violett gibt. Die Blütezeit der meisten Arten geht von Juli bis September. Die meist langstielige Staude, die Höhe variiert je nach Art von 10 cm bis über 1 Meter, ist eine schöne Schnittblume. Bedingt winterhart, benötigt etwas Winterschutz. Einige Sorten sind dennoch erstaunlich frosthart. Unter den bekanntesten Züchtungen sind „Alice Hindley“ und „Andenken an Friedrich Hahn“ syn. „Garnet“. Brauchen viel Sonne und einen wasserdurchlässigen Boden.

Perovskia atriplicifolia

Blauraute
Höhe: 1,2 m, winterhart
Blühsaison: Sommer/Herbst

Die aromatisch duftende Blauraute mit ihrem filigranen graugrünen Laub und den auffallenden, lockeren, mittelblauen Blütenrispen ist eine eindrucksvolle Pflanze. Perowskien sind dekorative wertvolle Pflanzen für warme, trockene Plätze mit aromatischem Laub und auffallend weißfilzigen Zweigen. Die blauen kleinen Blüten erscheinen quirlförmig an langen Blütenähren. Perowskien sind sehr bodentolerant, bevorzugen aber eher kalkreiche Böden. Winternässe wird nicht gut vertragen, deshalb ist ein gut durchlässiger, gerne auch sandiger oder kiesiger Boden vorteilhaft. Den Halbstrauch im Frühjahr ganz zurückschneiden.

Ruta graveolens „Jackman's Blue"

Weinraute
Höhe: 1,2 m, winterhart
Blühsaison: Sommer

Die Weinraute ist ein buschiger Strauch mit blaugrauen Blättern, die oval und farn-ähnlich tief eingeschnitten sind. Die kleinen senffarbenen Blüten an der Spitze eines jeden Triebs sind sehr dekorativ. R. g. „Jachman's Blue" hat einen kompakteren Wuchs und leuchtende, blau-graue Blätter. R. g. „Variegata" hat cremig-weiße und grüne Blätter. Die Vermehrung geschieht durch junge Stecklinge im späten Sommer. Die Pflanze kann zu Hautreizungen führen.

Salvia officinalis „Purpurascens Group"

Salbei
Höhe: 1,2 m, winterhart
Blühsaison: Sommer

Der Salbei hat dunkelgrüne Blätter mit einer grob texturierten Oberfläche, die in Paaren auf einem aufrecht stehenden, eckigen Stängel sitzen, die manches Mal einen rötlichen Schimmer aufweisen können. Die violetten, selten rosa oder weißen Blüten haben die typische Form der Lippenblütengewächse. Die Oberlippe ist fast gerade und vergleichsweise wenig gewölbt. Die Blütenkrone ist 2 bis 3 cm lang. Sie wird umschlossen von einem etwa 1 cm langen, meist rotbraunen Kelch. Vermehrung durch Stecklinge im Mai oder August.

Senecio „Sunshine"

Greiskraut
Höhe: 1 m, winterhart
Blühsaison: Sommer

Das Greiskraut ist ein mehrjähriger, immergrüner Halbsträucher. Er wird bis zu über 250 cm hoch. Die wechselständigen Laubblätter sind gestielt oder sitzend. Die Blattspreite kann ganz unterschiedlich geformt sein von fadenförmig über lanzettlich bis eiförmig und von gelappt bis gefiedert. Der Blattrand kann glatt, gezähnt oder gesägt sein. Die Blüten sind üppig und zahlreich und stehen in doldigen Blütenständen. Man sollte das Greiskraut nach dem Blühen zurückschneiden, um einen gleichmäßigen Wuchs zu gewährleisten. Vermehrung durch junge Stecklinge im Sommer.

Sophora tetraptera

Sophora
Höhe: 10 m, fast winterhart
Blühsaison: Frühling

Der Sophora tetraptera ist von kleiner Größe und erreicht bis 10 m Höhe; im Frühling nimmt er eine gelbe Färbung an. Diese Pflanzen sind nicht immergrün, daher verlieren sie ihre Blätter für einige Monate im Jahr. Der Sophora entwickelt sich in Form eines rundlichen Strauches und wird nach einigen Jahren zum Baum. Im Frühling blüht er gelb mit röhrenförmigen kleinen Blüten am Ende der Triebe. Im Herbst folgen Früchte mit eingeschlossenem Samen. Die Züchtung S. microphylla „Early Gold" hat mattgelbe Blüten und ein farnähnliches Blattwerk. Vermehrung durch junge Stecklinge im Frühsommer.

Spartium junceum

Pfriemenginster
Höhe: 3 m, winterhart
Blühsaison: Sommer

Der Pfriemenginster oder auch spanische Ginster hat große, gelbe, jasminartig duftende Schmetterlingsblüten. Sie erscheinen im Frühsommer und sind erbsengroß. Auffallend sind bei diesem Strauch die bis zu 50cm langen nadelartigen Blätter. Kann stark zurück geschnitten werden, jedoch nicht ins alte Holz. Ist winterhart. Der Ginster kann auch auf schlechtem Boden gut wachsen und sollte im Frühjahr noch einmal gestutzt werden. Vermehrung durch Aussaat im Frühling.

Stachys byzantina

Wollziest
Höhe: 40 cm, winterhart
Blühsaison: Sommer

Der Wollziest ist ein langsam wachsender, immergrüner sehr nützlicher Bodendecker und braucht einen lockeren Boden und viel Sonne. Seine pelzigen Blätter sind mit kleinen, silbrigen Härchen überzogen und gebender gesamten Pflanze eine silbrig-graue oder aber bläuliche Anmutung, je nach Lichteinfall. Im Juni steigen kräftige behaarte Stängel auf, die schon die Ansätze der Blüten erkennen lassen. Diese entwickeln sich zu wolligen, rosigen Lippenblütchen, die bis zu 40 cm hoch werden können. Die Züchtung S. b. „Silver Carpet" ist ein exzellenter Bodendecker. Vermehrung durch Pflanzenteilung im Sommer.

Tamarix ramosissima

Sommertamariske
Höhe: 4,5 m, winterhart
Blühsaison: Sommer

Die Sommertamariske ist eine ausgezeichnete Pflanze für exponierte, sonnige Standorte. Sie kann sogar raue, salzhaltige Luft aushalten. Die großen, sich sanft biegenden, rötlich-braunen Zweige tragen ein koniferenähnliches Blattwerk. Die Blüten in einem pinken Farbton wachsen an langen, dünnen Rispen während des gesamten Sommers. Es gibt Züchtungen mit einer dunkleren Blütenfarbe, wie T. r. „Rosea" und die blass-rote T. r. „Rubra". Vermehrung durch junge Stecklinge im Sommer oder Hartholz im Winter.

Yucca filamentosa

Palmlilie
Höhe: 60-90 cm, fast winterhart
Blühsaison: Sommer

Die Palmlilie ist eine winterharte, stammlose Garten-Yucca , die im Hochsommer und Spätsommer (meist Juni, Juli) an bis zu 2 Meter langen Blütenstielen aufsehenerregende Rispen mit weißen Blüten hervorbringt. Y. f. „Bright Edge" hat einen goldenen schmalen Blattrand und Y. f. „variegata" hat cremig-weiße Blätter. Vermehrung durch Teilung der Pflanze im Frühjahr. Trockener, nährstoffarmer Standort in voller Sonne, abstützen gegen Umkippen, im Winter vor Nässe schützen.

Zauschneria californica

Kalifornische Fuchsie
Höhe: 45 cm, fast winterhart
Blühsaison: Sommer/Herbst

Die kalifornische Fuchsie ist ein sehr robuster Blüheexot für den warmen, sonnigen Standort. Die Blüte erscheint im Spätsommer mit zahllosen roten kleinen Blüten. Je älter die Pflanze wird, umso mehr sind die Büsche übersät von Blüten und bieten einen ornamentalen Blickfang. Die Endgröße liegt bei 50 cm, so dass ein idealer Standort im Steingarten richtig wäre. Die Sorte Z. californica 'Arizona' besitzt eine mehr dunkelrote Blüte. Vermehrung durch Teilung der Pflanze im Sommer.

Mehr Pflanzen für einen trockenen, sonnigen Standort

Es gibt eine große Anzahl von Pflanzen, die an heißen, sonnigen Standorten gut gedeihen. Das gilt besonders für Pflanzen aus dem Mittelmeerraum. Wenn Ihr Garten eine südwestliche Ausrichtung hat und Sie trockene Beete haben ist das größte Problem der Feuchtigkeitsverlust in besonders dürren Sommermonaten. Es ist deshalb ratsam, sehr viel Gartenkompost und Mulch in den Boden einzuarbeiten. Auch kann man den Boden mit Rindenmulch durchlüften. All dies soll die Aufnahmefähigkeit des Bodens für Feuchtigkeit steigern. Der Mulch unterdrückt gleichzeitig das Wachstum von Unkräutern.

Bäume

Carpinus betulus
Juniperus communis
Populus alba

Sträucher

Abelia × grandiflora
Berberis (mehrere Sorten)
Buxus sempervirens
Carpentaria californica
Caryopteris × clandonensis
Ceanothus (mehrere Sorten)
Ceratostigma willmottiana
Cistus × cyprius
Coronilla valentina ssp. *glauca*
Cotoneaster horizontalis
Euonymus fortunei cvs
Fremontodendron „California Glory"
Hebe pinguifolia „Pagei"
Hippophae rhamnoides
Indigofera heterantha
Myrtus communis
Olearia × haastii
Philadelphus (mehrere Sorten)
Phlomis fruticosa
Phygelius capensis (Cape figwort)
Potentilla fruticosa
Rhus typhina
Rosmarinus officinalis
Sambucus (mehrere Sorten)
Santolina chamaecyparissus
Spirea (mehrere Sorten)
Symphoricarpus × doorenbosii
Teucrium fruticans

Stauden und Bodendecker sowie Kletterpflanzen

Acanthus spinosus
Achillea filipendulina
Anchusa azurea
Artemesia absinthium
Campsis radicans
Carex elata
Catananche centaurea
Centhranthus ruber
Centaurea cyanus (Cornflower)
Clematis tangutica
Crambe cordifolia
Crocosmia „Lucifer"
Dianthus (mehrere Sorten)
Eccremocarpus scaber
Euphorbia (mehrere Sorten)
Geranium (mehrere Sorten)
Gypsophila (mehrere Sorten)
Ipomea hederacea
Iris germanica
Kniphofia „Sunningdale Yellow"
Lamium maculatum
Lonicera japonica „Halliana"
Lysimachia punctata
Nepeta „Six Hills Giant"
Nerine (mehrere Sorten)
Parthenocissus tricuspidata
Phlox paniculata
Phormium tenax
Osteospermum (mehrere Sorten)
Romneya coulteri
Saponaria ocymoides
Sisyrinchium striatum
Stipa gigantea (Golden Oats)
Thymus herba-barona
Verbascum nigrum
Veronica prostrata
Viola (mehrere Sorten)
Vitis coignetiae

KLETTERPFLANZEN, MAUERPFLANZEN *und* HECKEN

Um das Optimale aus Ihrem Garten herauszuholen sollte man nicht die Möglichkeiten von Mauern übersehen, die genutzt werden können, um als Heimstätte für eine große Zahl von bunten Kletterpflanzen und Mauersträuchern zu dienen sowie für Pflanzen mit einem attraktiven Blattwerk. Kletterpflanzen und Heckenpflanzen mit einem dichten Blattwerk bieten auch vielfachen Schutz für weitere Pflanzen im Garten.

OBEN: *Carpenteria californica ist mit ihren glänzend grünen Blättern und ihren attraktiven Blüten eine ideale Pflanze für einen Standort an einer südlich oder südwestlich angeordneten Mauer.*

GEGENÜBER: *Dieser kleine ummauerte Garten hat eine wunderbare Mischung aus Stauden, darunter Lavendel, Stockrosen sowie Klematis und Rosen, die eine Freude für jeden Gartenliebhaber sind.*

OBEN: *Klematis eignen sich als Kletterpflanzen hervorragend dafür, über einen Baumstumpf angepflanzt zu werden, oder aber durch andere Pflanzen hindurchzuwachsen.*

Die Pflanzen, die für Hecken oder an Mauern entlang genutzt werden können, dekorieren die Grenzen eines Gartens. Und wenn sie innerhalb eines Gartens auf diese Weise genutzt werden, bieten sie auch Möglichkeiten, dass Sie sich zurückziehen und einen gewissen privaten Raum genießen können. Man muss allerdings die richtigen Pflanzen für diesen Zweck auswählen. Wenn Sie zum Beispiel eine Grenzhecke bepflanzen wollen, dann wollen Sie automatisch Pflanzen, die eine undurchdringbare Barriere darstellen. Einige der immergrünen, dornenreichen Pflanzen sind dafür ideal. Harte und widerstandsfähige Berberitzen oder die Rugosa-Rosen und Buchen, Eiben und Rot- oder Weißdorn sind dafür eine gute Wahl. Idealerweise sollten Pflanzen für Hecken sehr einfach in der Pflege sein, nicht zu schnell wachsen, so dass sie nicht pausenlos geschnitten werden müssen und auch widerstandsfähig gegenüber Krankheiten und Schädlingsbefall sein.
In einem anderen Fall wollen Sie vielleicht eine schnelle Bedeckung eines unansehnlichen Zaunes oder einer Mauer oder eines sonstigen wenig schönen Anblicks haben. Dann brauchen Sie natürlich eine schnell wachsende Pflanze, die um mehrere Zentimeter in einer Saison wächst und einen immerwährenden grünen Schutz darstellt. In kleinen Gärten ist es gut, Kletterpflanzen und auch Sträucher zu integrieren, weil sie so ihre Vorteile sehr schön darstellen können und vielleicht sogar noch weiteren Platz für kleinere Stauden und einjährige Pflanzen frei lassen. Man kann eine große Farbenpracht durch eine relativ kleine Zahl von Kletterpflanzen erreichen, die sich an einer Wand empor ranken. Pflanzen wie die Klematis oder Rosen sind dafür bestens geeignet. Man sollte auch berücksichtigen, dass ihre Blütezeit relativ kurz ist und dass man Pflanzen mit verschiedenen Blühzeiten auswählen sollte, um so etwas von ihrem Anblick zu haben. Eine Reihe von attraktiven Pflanzen wie der Zierwein oder ein attraktiver Efeu wie die hedera canariensis sind dafür ganz besonders gut geeignet. Man sollte auch immer auf das Blattwerk von Kletterpflanzen achten; deshalb sollte man sich erst einmal sehr genau mit der Örtlichkeit befassen und den Boden studieren, weil viele Kletterpflanzen verschiedenartige Böden und spezielle Standorte brauchen. Man kann auch bestimmte Heckenpflanzen für einen Formschnitt benutzen, d.h. nichts anderes, als einen kleinblättrigen Strauch oder eine Staude in eine bestimmte Struktur zu schneiden. Zum Bei-

spiel in die einfachste, eine Kugel oder eine Pyramide usw. So wird aus diesen Pflanzen eine Gartenskulptur, und wenn man sie in Paaren anordnet, beispielsweise am Eingang zu einem Garten oder rechts und links von einer Tür, sind sie im Garten ein markantes Zeichen. Buchs, Eibe und Liguster sind dafür bestens geeignet.

Hecken können auch dazu genutzt werden, auf niedriger Höhe einen Garten einzuteilen, um so eine Beetstruktur im Garten zu schaffen, wo man z. B. Rugosa-Rosen anpflanzt, oder – noch geometrischer – kleinblättrige, immergrüne Pflanzen wie den Buchs, die Eibe oder aber auch den Liguster. Wenn man sich für den Liguster entscheidet, sollte man berücksichtigen, dass er regelmäßig gedüngt und begossen und überdies regelmäßig geschnitten werden muss.

Man sollte auch darauf achten, dass die Pflanzen für eine Hecke eng genug aneinander gepflanzt werden, um so eine solide, undurchdringbare Barriere herzustellen. Wenn man rechtzeitig die jungen Triebe aus einer Pflanze herausschneidet, verstärkt dies das übrige Wachstum der Pflanzen, und obwohl die Hecke dann vielleicht ein wenig länger braucht, wird sie am Ende dicht und undurchdringbar sein. Normalerweise sind 30 cm Abstand ausreichend.

Die Pflanzen, die hier aufgeführt sind, sind eine kleine Auswahl von blühenden Pflanzen und Blattpflanzen für die unterschiedlichsten Standorte und Gelegenheiten: für sonnige oder schattige Standorte, feuchte und trockene oder saure und alkalische Böden. Es gibt darüber hinaus noch viele, viele andere Pflanzen und die Liste am Ende dieses Kapitels mit Verweisen auf andere Pflanzen mag da hilfreich sein.

UNTEN: *Dieser ummauerte Garten enthält Klematis und Rosen, um sowohl die unterschiedlichen Blüten miteinander zu vereinen als auch die Düfte miteinander zu komponieren. Im Vordergrund eine klassische Gartenbank.*

Abutilon megapotamicum

Schönmalve
Höhe: 3 m, fast winterhart
Blühsaison: Frühling/Herbst

Ihre Blüten machen diese halb kletternden, halb strauchförmigen Schönmalven zu Schmuckstücken. Die hellgelben Blütenkronen und braunen Stempel lugen aus einem ballonartigen, feuerroten Blütenkelch hervor. Man sollte sie durch ein Drahtgeflecht stützen. Am besten gedeiht sie in humusreichen, gut wasserdurchlässigen Böden. Braucht in der Wachstumsphase sehr viel Wasser und Sonne, mindestens aber Halbschatten. Schneiden Sie die jungen Triebe zurück, um den Strauch buschiger wachsen zu lassen. Stecklingsvermehrung. Anfällig für einige Schädlinge.

Acca sellowiana

Brasilianische Guave
Höhe: 3 m, fast winterhart
Blühsaison: Sommer

Die brasilianische Guave ist nicht sehr weit verbreitet, aber sie ist ein wertvoller, immergrüner Strauch mit dunkelgrünen Blättern, die auf der Unterseite gefaltet sind. Die dunkelroten Blüten haben silberne Ecken und werden – wenn männliche und weibliche Pflanzen zusammen angepflanzt werden - von rötlichgrünen essbaren Früchten gefolgt. Die Pflanze braucht volles Sonnenlicht und einen gut durchwässerten Boden. Vermehrung durch junge Stecklinge im Sommer.

Actinidia deliciosa

Chinesischer Strahlengriffel
Höhe: 9 m, fast winterhart
Blühsaison: Sommer

Der chinesische Strahlengriffel ist eine Kiwi-Frucht und wächst in wärmeren Klimazonen besonders wegen seiner Früchte, aber man pflanzt die Kiwi in unseren Breiten auch wegen ihres attraktiven Blattwerks und ihrer Blüten an. Ihnen folgen Früchte, wenn sowohl männliche als auch weibliche Pflanzen angepflanzt werden. Die Pflanze braucht Halbschatten und einen feuchten Boden und auch einigen Schutz im Winter. Vermehrung durch junge Stecklinge im Sommer.

Akebia quinata

Fingerblättrige Akebie
Höhe: 9 m, fast winterhart
Blühsaison: Frühling/Herbst

Die fingerblättrige Akebie, auch Schokoladenwein genannt, ist eine Kletterpflanze und sollte am besten mit Ausrichtung nach Osten angepflanzt werden, oder an eine nördliche Hauswand auf gut wasserdurchlässigem Boden, aber mit einigem Sonnenlichteinfall. Die wirtsförmigen Früchte folgen den Blüten, wenn man männliche und weibliche Pflanzen zusammen anpflanzt. Sie ist blattabwerfend, behält das Laub aber an geschützten Standorten in milden Wintern. Vermehrung durch Aussaat im Herbst oder Frühjahr oder durch Stecklinge nach dem Blühen im Herbst.

Bignonia capreolata

Trompetenblume
Höhe: 9 m, fast winterhart
Blühsaison: Sommer

Sie ist ein immergrüner Kletterstrauch. Jedes Blatt besteht aus zwei langen Blättchen und einer Ranke. Im Sommer gibt es rötlich-orangefarbene, doldenförmig stehende und trompetengleiche Blüten. Die Früchte tauchen im Herbst auf und sind langen Erbsenschoten nicht unähnlich – bis 15 cm lang. Am besten pflanzt man sie gegen eine Südwand mit sehr viel Feuchtigkeit. Im Frühjahr zurück schneiden. Vermehrung durch Stecklinge im Frühjahr.

Buxus sempervirens

Buchsbaum
Höhe: 4 m, winterhart
Blühsaison: Unbedeutend

Der Buchsbaum ist einer der populärsten und am weitesten verbreiteten Strauchpflanzen für kleinere Hecken, weil er sehr dicht wächst mit seinen kleinen, immergrünen Blättern. Er wächst auch sehr langsam. Man kann ihn auch trimmen, d.h. dass man ihn mindestens zwei Mal im Jahr schneiden muss. Er braucht einen sonnigen Standort, toleriert aber auch Halbschatten und kann Nässe, aber keine Staunässe, vertragen. Vermehrung durch Stecklinge im Frühling, Sommer oder Herbst.

Carpenteria californica

Buschannemone
Höhe: 3 m, fast winterhart
Blühsaison: Sommer

Die Buschannemone ist ein immergrüner Strauch und am besten geeignet für Süd- oder Westlagen. Sie hat ein attraktives, grün-glänzendes Blattwerk und die weißen Blüten sind duftend. Die Pflanze braucht einen sonnigen Standort und einen feuchten, gut wasserdurchlässigen Boden, der durch Kompost oder Laubmulch aufgebessert worden ist. Ein Rückschnitt ist normalerweise nicht notwendig, es sei denn, man wollte den Pflanzenwuchs in Form trimmen. Vermehrung durch junge Stecklinge im Sommer.

Carpinus betulus

Hainbuche
Höhe: 25 m, winterhart
Blühsaison: Frühling

Die Hainbuche, auch Weißbuche oder Hagebuche genannt, ist ein großer, ausgreifender Baum, der allerdings auch gut als Heckenpflanze geeignet ist. Er produziert Blütenkätzchen im späten Frühling. Obwohl er laubabwerfend ist produziert er ein dichtes Astwerk und behält seine Blätter den ganzen Winter hindurch. Für eine Hecke pflanzt man junge Pflanzen im Abstand von 30 cm an, die beim ersten Wachstum viel Nässe und Dünger brauchen. Man sollte im Frühsommer mit dem Schnitt beginnen.

Ceanothus „Autumnal Blue“

Säckelblume
Höhe: 2,5 m, winterhart
Blühsaison: Sommer/Herbst

Die Säckelblume ist ein immergrüner Strauch mit gutem Wachstum. Sie hat kleine, glänzend dunkelgrüne Blätter und produziert kleine blaue Blüten in großer Zahl, die vom Sommer bis in den Herbst hinein blühen. Man sollte sie an einem geschützten Standort gegen eine Wand einpflanzen. Sie braucht Sonne und einen guten, wasserdurchlässigen Boden. Rückschnitt im März. Vermehrung durch junge Stecklinge im Sommer. Die Pflanze ist anfällig für Schädlingsbefall.

Ceanothus „Gloire de Versailles“

Kalifornische Lilie
Höhe: 1,8 m, winterhart
Blühsaison: Sommer/Herbst

Diese Pflanze ist ein wenig kleiner als „Autumnal Blue“ und eignet sich für eine kleinere Gartenhecke, wenn man sie rechtzeitig im Frühjahr stark zurück schneidet. Die Blüten sind ebenfalls blass-blau, die Blätter sind größer und mattgrüner als alle anderen Arten. Am besten gedeiht sie an einem sonnigen Standort in guter Gartenerde. Sie braucht Schutz im Winter. Vermehrung durch Stecklinge im Sommer.

Chaenomeles speciosa

Japanische Zierquitte
Höhe: 1,8 m, winterhart
Blühsaison: Winter/Frühjahr

Die japanische Zierquitte ist ein laubabwerfender Strauch mit spitzen Dornen. Er hat dunkelgrüne, glänzende Blätter und kleine Dolden mit schalenförmigen roten Blüten. Ihnen folgen gelbe Quittenfrüchte. Es gibt eine Vielzahl unterschiedlicher Züchtungen mit Blüten, die in der Farbgebung von Weiß über Pink bis nach Rot reichen. Es gibt auch gefüllte Blüten. C. s. „Moerloosei“ hat blasse, lila-weiße Blüten, und C. s. „Crimson and Gold“ hat tiefrote Blüten mit hellgelben Samenständen. Im Sommer einpflanzen, am besten vor einer Wand oder einem Zaun. Vermehrung durch Stecklinge im Sommer.

Clematis „Comtesse de Bouchaud“

Klematis
Höhe: 3 m, fast winterhart
Blühsaison: Sommer

Die Klematis oder auch Waldrebe genannt, unterteilt sich in drei Gruppen: diejenigen Pflanzen, die früh blühen – alpina, macropetala und montana - , die alle nach dem Blühen zurück geschnitten werden sollten sowie die groß blütigen Züchtungen, die im Frühjahr zurück geschnitten werden sollten und die spät blühenden Züchtungen. C. „Comtesse de Bouchaud“ gehört zu dieser dritten Gruppe. Sie trägt große, lilafarbene Blüten mit gelben Staubgefäßen im Spätsommer. Alle Klematispflanzen brauchen an ihren Wurzeln Schatten und ziehen einen guten, wasserdurchlässigen Boden vor.

Griselinia littoralis „Variegata"

Griselnia
Höhe: 8 m, nahezu winterhart
Blühsaison: Unbedeutend

Die Griselnia ist ein immergrüner Strauch, der aus Neuseeland zu uns gekommen ist. Er gibt eine gute Heckenpflanze ab. Er hat ledrige, glänzende, weiß melierte Blätter. Die Züchtung G. littoralis ist die widerstandsfähigere Züchtung mit gelblich-grünen Blättern. Man sollte ihn an einen sonnigen oder halbschattigen Standort auf gutem, wasserdurchlässigem Boden pflanzen. Er braucht allerdings Schutz vor Frost. Austriebe zurück schneiden, damit der Wuchs buschiger wird. Vermehrung durch junge Stecklinge im Herbst.

Hedera colchica „Sulphur Heart"

Efeu
Höhe: unbegrenzt, winterhart
Blühsaison: unbedeutend

Eine anspruchslose Kletterpflanze, die auch als Bodendecker geeignet ist. Dieser Efeu ist sehr gut winterhart und kann z. B. auch an Gebäudenordseiten gepflanzt werden. Efeu klettert an Hauswänden und Bäumen mit Haftwurzeln ganz von selbst. Auffällig sind die gelblich-grünen Blätter Die Pflanze kann sehr einfach durch Stecklinge vermehrt werden. Insgesamt sehr pflegeleicht und anspruchslos.

Hedera helix „Königer's Auslese"

Efeu
Höhe: 1,2 m, winterhart
Blühsaison: unbedeutend

Dies ist eine besonders schöne Form des Efeus mit einem dreigeteilten Blatt, das fingergleich geformt ist. Eine andere Züchtung ist H. helix „Pedata", die kleine Vogelbeeren und ein ähnliches Blattwerk hat, bei dem das mittlere Blatt einem langen Finger ähnlich hervorsteht. Sie ist auch kräftiger im Wuchs und kann Höhen von 3 m erreichen. Efeu ist anspruchslos, was die Bodenqualität angeht. Sie sind auch gegenüber Krankheiten und Schädlingen relativ resistent.

Hippophae rhamnoides

Sanddorn
Höhe: 2,5 m, winterhart
Blühsaison: Unbedeutend

Der Sanddorn wächst strauchartig. Er wird bis zu 6 m hoch und ist mit zahlreichen Dornen versehen. Die Dornen sind steif, mit langer, scharfer Spitze. Die Blätter sind lineal-lanzettenförmig mit einer silbriggrau glänzenden Unterseite. Blüht meist zwischen Ende März und Mai. Die Blüten der männlichen Sanddornpflanzen sind nur halb so groß wie die der weiblichen. Sie sind klein und kugelig. Die gelblichen Blüten der weiblichen Pflanze sind durch die traubenartige Anordnung deutlich zu erkennen; die ovalen Sanddorn-Beeren lassen die Sanddornsträucher orangegold „leuchten".

Ipomoea hederacea

Efeu-Prunkwinde
Höhe: 4 m, empfindlich
Blühsaison: Sommer

Die Efeu-Prunkwinde hat ein dreigeteiltes, hellgrünes Blatt und kleine, kelchartige Blüten, die es in vielen Farben, von Pink über Blau bis Rot, gibt. Sie braucht einen sonnigen Standort und einen guten, wasserdurchlässigen Boden, der durch Blattmulch aufgelockert wird. Man kann sie gut einen Strauch hochwinden lassen. Vermehrung durch Aussaat im Frühling oder durch Stecklinge im Sommer. Anfällig für Schädlingsbefall.

Jasminum officinale

Jasmin
Höhe: 12 m, winterhart
Blühsaison: Sommer/Herbst

Der Jasmin ist vielleicht eine der attraktivsten Kletterpflanzen. Er hat sehr schöne, geteilte Blätter und eine üppige, weiß-lila Blütenpracht, die ausdauernd blüht. Die Züchtung „Aureum" hat gelb melierte Blätter und J. o. f. affine hat große Blüten. Der Jasmin braucht viel Sonne und einen guten, wasserdurchlässigen Boden. Er ist sehr wuchsstark und muss immer wieder zurückgeschnitten werden. Vermehrung durch junge Stecklinge im Sommer, anfällig für Blattlausbefall.

Lapageria rosea

Chilenische Glockenblume
Höhe: 4,5 m, nahezu winterhart
Blühsaison: Sommer/Herbst

Die Chilenischen Glockenblumen sind die Nationalblumen Chiles - angesichts ihrer großen Blütenglocken nicht verwunderlich. Sie erreichen gut 8 cm Länge. Die rosaroten Blütenblätter sind mit einem feinen Schimmer überzogen, der sie samtig wirken lässt. Die immergrünen Kletterpflanzen sind nicht ganz einfach in der Pflege, da sie konstante Wassergaben auf niedrigem Niveau benötigen und keine Hitze vertragen, sehr wohl aber viel Licht benötigen.

Lathyrus latifolius

Staudenwicke
Höhe: 1,8 m, winterhart
Blühsaison: Sommer/Herbst

Die Staudenwicke ist sehr kräftig im Wuchs und kann durch eine Rankhilfe gut als Kletterpflanze genutzt werden. Sie hat dunkelgrüne Blätter, an denen Blüten in den Farben Rot und Pink wachsen. Es gibt auch eine Züchtung mit weißen Blüten, „White Pearl". Man sollte sie in guter Gartenerde anpflanzen und kräftig düngen, weil die Pflanze sehr danach verlangt. Junge Triebe zurück schneiden, um einen buschigen Wuchs zu befördern. Starker Rückschnitt im Spätherbst. Vermehrung durch Aussaat im Frühling.

Ligustrum ovalifolium

Wintergrüner Liguster
Höhe: 4 m, winterhart
Blühsaison: Sommer

Der „Wintergrüne Liguster" stammt aus Japan – er wächst dort im feuchten maritimen Klima. Ungeschnitten wird diese Liguster-Art bis 5m hoch – eigentlich ist L. ovalifolium ein recht schönes Einzelgehölz. Ist auch im Winter grün – in dieser Jahreszeit variiert die Blattfarbe zwischen den verschiedensten Gelb- und Grüntönungen und Bronzefarben. Braucht Sonne oder Halbschatten.

Lonicera nitida

Böschungsmyrte
Höhe: 1,5 m, winterhart
Blühsaison: Unbedeutend

Die Böschungsmyrthe ist ein wunderschönes kleines Gehölz, das sich sehr gut für Flächenbegrünungen und für kleine Hecken eignet. Ungeschnitten wird die Myrthe etwa 1,20m hoch und breit – sie wächst in Sonne und Halbschatten/Schatten gut und verträgt Trockenheit – auch sehr kalkreiche und saure Böden werden toleriert. Es gibt auch eine Züchtung mit goldgelben Blättern. Bei einer Hecke sollten die Pflanzen im Abstand von 30 cm angepflanzt werden. Im ersten Jahr harter Rückschnitt erforderlich.

Lonicera periclymenum „Belgica"

Belgica-Myrthe
Höhe: 4 m, winterhart
Blühsaison: Sommer

Die „Belgica"- Myrthe hat orangefarbene, weißlichgelbe Blüten und ist in jedem Garten ein wahrer Hingucker. Andere gute Züchtungen sind „Graham Thomas", gelblich-weiß blühend, und „Serotina", tiefrot blühend. Die Pflanze liebt einen gut wasserdurchlässigen Boden und braucht Sonne bis Halbschatten. Man sollte sie im Frühjahr hart zurück schneiden, damit sie nicht zu weitläufig wird.

Lonicera x tellmanniana

Honig-Myrthe
Höhe: 4,5 m, nahezu winterhart
Blühsaison: Sommer

Eine wunderschöne, laubabwerfende Kletterpflanze, die üppig orangefarben-gelblich blüht – vom Frühjahr den gesamten Sommer hindurch. Man kann sie sehr gut über einen alten Baum oder über einen unansehnlichen Zaun anpflanzen. Sie klettert aber auch sehr gerne an einer Wand hoch. Vermehrung durch junge Stecklinge im Sommer.

Solanum jasminoides „Album“

Jasminblütiger Nachtschatten
Höhe: 3 m, fast winterhart
Blühsaison: Sommer/Herbst

Der jasminblütige Nachtschatten ist ein immergrüner Kletterstrauch aus Südamerika. Seine Ranken werden bis zu 5 m hoch. Er hat verholzende, kriechende oder kletternde Ranken, die zur besseren Entwicklung Kletterhilfen benötigen. Die Blätter sind oval oder lanzettlich, glänzend dunkelgrün. Von April bis September entstehen viele Blütentrauben in weiß-hellblau oder weiß-rosa. Die Sorte „Album“ hat rein weiße Blüten. Zum Ende des Winters um ein Drittel kürzen, so dass mehr Blüten entstehen und die Pflanze ein kompakteres Aussehen bekommt.

Taxus baccata

Europäische Eibe
Höhe: 5 m, winterhart
Blühsaison: Unbedeutend

Vielleicht eine der besten Heckenpflanzen, gehört aber zu den langsam wachsenden Sorten. Die dunkelgrünen, nadelähnlichen Blätter ergeben eine dichte, undurchdringliche Hecke. Kommt auch mit schwierigen Umweltbedingungen klar. Die Blüten sind kaum erkennbar und werden von kleinen trichterförmigen roten Früchten gefolgt. Alle Teile der Pflanze sind hochgiftig. Sie wächst auf guten, wasserdurchlässigen Böden sowohl in der Sonne als auch im Schatten. Für eine Heckenbepflanzung sollte man die einzelnen Pflanzen im Abstand von 60 cm anpflanzen und jedes Frühjahr mulchen. Auch sollte man Triebe ausdünnen, um einen buschigeren Wuchs zu fördern.

Thuja plicata „Atrovirens“

Lebensbaum
Höhe: 6 m, winterhart
Blühsaison: Unbedeutend

Der Lebensbaum ist als immergrünes Heckengehölz sehr beliebt. Das Pflanzenmaterial ist preiswert, die Hecken wachsen gut an und lassen sich leicht schneiden. In den ersten Jahren können zugige Standorte und Wintersonne Ausfälle verursachen, deshalb ist die Pflanzung im Frühjahr der Herbstpflanzung vorzuziehen. Er ist ein Flachwurzler, liebt kalkhaltige Böden und ist damit für die Gartengestaltung bestens zu gebrauchen. Der Lebensbaum ist an Gartenböden sehr anpassungsfähig, doch sollte er nicht zu trocken stehen.

Thunbergia alata

Schwarzäugige Susanne
Höhe: 3 m, fast winterhart
Blühsaison: Sommer/Herbst

Die Schwarzäugige Susanne ist eine ausdauernde, einjährig kultivierte Schlingpflanze, die sich durch ihren Blütenreichtum auszeichnet. Die in Südostafrika beheimatete Pflanze gehört zur Familie der Akanthusgewächse. Die lang gestielten Blüten erscheinen aus den Blattachseln von Mai bis Oktober. Die langsam wachsende Pflanze wird bis zu 3 m hoch und bevorzugt einen warmen, sonnigen Standort und einen nährstoffreichen, fruchtbaren Boden. Sie mag keinerlei Staunässe.

Trachelospermum jasminoides

Sternjasmin
Höhe: 3 m, winterhart
Blühsaison: Sommer

Der Sternjasmin ist ein handlicher immergrüner Kletterer mit dunklen, ovalen grünen Blättern, die ein wenig lederartig sind. Den feinen, weißen, fünfblättrigen sternengleichen Blüten folgt im Herbst ein Samenstand, der bis zu 15 cm lang werden kann. Der Strauch sollte gegen eine Wand angepflanzt werden. Er braucht einen sauren Boden. Verblühte Blüten herausschneiden. Generell sehr widerstandskräftig auch gegenüber Schädlingen. Vermehrung durch Auspflanzung im Herbst.

Tropaeolum speciosum

Schottische Flammenblume
Höhe: 3 m, winterhart
Blühsaison: Sommer/Herbst

Diese Kletterpflanze aus Chile hat apfelgrüne, tief eingeschnittene wächserne Blätter und eine auffällige rote Blüte, die aufrecht auf einem kleinen Blütenstängel steht. Sie blüht im Spätsommer und bis in den Herbst hinein. Dann folgen den Blüten rote Samenkapseln, die ungefähr erbsengroß sind. Die Pflanze braucht mindestens Halbschatten und eignet sich auch für Standorte mit Nordausrichtung. Einmal angepflanzt breitet sie sich sehr schnell aus und überwuchert alles.

Vitis coignetiae

Scharlachwein
Höhe: 21 m, winterhart
Blühsaison: Frühling

Der Scharlachwein ist ein kräftig wachsender Kletterer mit auffallend großen, stumpfgrünen Blättern. Seine Früchte erscheinen ab Juli als schwarze, ungenießbare Beeren. Diese Kletterpflanze benötigt ein Spalier in sonniger bis halbschattiger Lage mit sandig-lehmigem Gartenboden. Die kräftig leuchtende Herbstfärbung entschädigt für den Verzicht auf essbare Beeren. Man sollte ihn kräftig zurück schneiden. Er ist anfällig für Schädlingsbefall.

Vitis vinifera „Purpurea“

Wein
Höhe: 6 m, winterhart
Blühsaison: Sommer

Die Weinrebe ist die Schmuckform der Weinpflanzen. Sie ist auch als „Teinturier“-Rebe bekannt. Sie wird besonders wegen ihres dunklen Blattwerks angepflanzt, das sich im Herbst rot verfärbt. Die Blätter sind groß eingeschnitten und ausgefranst. Im Sommer gibt es kleine grünliche Blüten, denen die blauschwarzen Früchte folgen. Wächst in der Sonne, aber auch im Halbschatten. Junge Triebe sollte man herausschneiden. Die Weinrebe ist ein mit Sprossranken kletternder Strauch und kann 10 bis 20 m hoch werden.

Wisteria floribunda

Japanischer Blauregen
Höhe: 7 m, winterhart
Blühsaison: Sommer

Ein kraftvoller Kletterer, der sich an allem hoch rankt, was er zu fassen kriegt. Besonders attraktiv sind seine hellgrünen Blätter, die sich aus mehreren Blättchen zusammensetzen sowie die stark duftenden blauen Blütenstände, die in langen Ranken von den Zweigen herabhängen. Es gibt auch eine weiße („Alba“) und eine lila-blaue Züchtung („Macrobotrys“). Braucht viel Sonne und einen feuchten Boden; kann im Idealfall gegen eine Süd- oder Westwand gepflanzt werden. Sollte zu Anfang Rankhilfen bekommen, bis sie sich selbst zu helfen weiß.

Weitere Kletterpflanzen, Mauersträucher und Heckenpflanzen

Wir haben die weiteren Pflanzen in drei Gruppen aufgeteilt und die Kletterpflanzen und Mauersträucher in jene unterteilt, die für nördlich und östlich ausgerichtete Standorte in Frage kommen und solche, die nach Süden oder Westen hin ausgerichtet werden sollten. Der Buchstabe hinter dem Pflanzennamen soll dabei die Himmelsrichtung andeuten.

Kletterpflanzen für Nord- und Ostausrichtung

Aristolochia durior (N)
Berberidopsis corallina
Celastrus scandens
Clematis armandii
  C. texensis
Hedera helix „Buttercup“
Holboellia coriacea (N or W)
Hydrangea petiolaris
Kerria japonica
Rosa „Gloire de Dijon“
  R. Golden Showers
  R. „Guinée“
  R. „Madame Alfred Carrière“
  R. „Madame Grégoire Staechelin“
  R. „Maigold“
  R. „New Dawn“
  R. „Zéphirine Drouhin“
Schizophragma integrifolium (N or W)
(Kletterpflanzen und Pflanzen für die Nordseite)

Mauersträucher für Nord- und Ostausrichtung

Cotoneaster horizontalis
Escallonia (mehrere Sorten)(N)
Elaeagnus × ebbingei „Gilt Edge“
Euonymus fortunei cvs
Forsythia suspensa
Pyracantha (mehrere Sorten)

Kletterpflanzen für Süd- und Westausrichtung

Abeliophyllum distichum
Actinidia kolomikta
Ampelopsis glandulosa
Campsis radicans
  C. × tagliabuana „Mme Galen“
Clematis (mehrere Sorten)
Cytisus battandieri
Dregea sinensis
Eccremocarpus scaber
Hedera canariensis „Gloire de Marengo“
  H. colchica „Dentata“
Humulus lupulus „Aureus“
Hydrangea petiolaris
Lathyrus odoratus
Lonicera (mehrere Sorten)
Rosa „Albéric Barbier“
  R. banksiae „Lutea“
  R. „Mermaid“
  R. „Paul's Himalayan Musk“
Wisteria sinensis

Mauersträucher für Süd- und Westausrichtung

Berberis darwinii
Ceanothus (mehrere Sorten)
Chaenomeles japonica
Chimonanthus preacox
Magnolia grandiflora
Osmanthus × burkwoodii
Prunus incisa
Tamarix ramosissima

Heckenpflanzen

Berberis (mehrere Sorten)
Chamaecyparis lawsoniana
Crataegus (mehrere Sorten)
Cupressocyparis × leylandii
Escallonia (mehrere Sorten)
Ilex aquifolium
Juniperus communis
Lavandula (mehrere Sorten)
Laurus nobilis
Osmanthus × burkwoodii
Pittosporum tenuifolium
Potentilla fruticosa
Pseudotsuga menziesii
Pyracantha (mehrere Sorten)
Rosa „Roseraie de l'Haÿ“
  R. rugosa
Rosmarinus officinalis
Symphoricarpus (mehrere Sorten)
Syringa (mehrere Sorten)
Thuja occidentalis „Sunkist“

Bodendeckerpflanzen

In großen Gärten oder überall dort, wo die Zeit für das Gärtnern nicht ausreicht, sind Bodendeckerpflanzen eine wertvolle Ergänzung, weil sie den Wuchs von Unkraut unterdrücken, während sie gleichzeitig einen attraktiven Farbenteppich schaffen. Diese Auswahl hier beinhaltet Bodeneckerpflanzen und polsterbildende Pflanzen, die sich selbst vermehren.

OBEN: *Myosotis alpestris, das Vergissmeinnicht, gibt mit seinen kleinen blauen Blüten einen wundervollen Bodendecker ab.*

GEGENÜBER: *Die silbrig gesprenkelten Blätter des Pulmonaria lungifolia mit seinen blau-violetten Blüten gehört zu den schönsten Anblicken in einem Frühlingsgarten.*

OBEN: Bodendeckerpflanzen eignen sich sehr gut dafür, den Randstreifen eines Gartenweges zu begrenzen und einen natürlichen Abschluss zu bilden. Es gibt eine große Vielfalt an geeigneten Pflanzen für diesen Zweck, um so eine informelle, natürliche Begrenzung entstehen zu lassen.

Für viele Gärtner, besonders für jene mit einem großen Garten, aber auch für all jene, die nicht ausreichend Zeit haben, sich um alle ihre Pflanzen und Beete zu kümmern, sind bodenbedeckende Pflanzen sehr wichtig. Sie gibt es in verschiedenen Formen. Die einen, die sich über große Flächen hinweg verbreiten und das Unkraut in seinem Wuchs unterdrücken und jene, die durch ihren Wuchs so viel Schatten schaffen, dass es schwierig für Unkraut wird, unter ihnen zu wachsen. Die Verminderung des Lichts ist eine der effektivsten Mittel, um Herr über das Unkraut zu werden. Und wenn man dies nicht mit Pflanzen machen will kann man dies auch durch große Plastikbahnen machen, auf denen man Rindenmulch ausbringt. Dies machen Gärtner sehr häufig in öffentlichen Parkanlagen. In der Zwischenzeit können Bodendeckerpflanzen wurzeln und sich verbreiten.

Wie bei allen Pflanzen bestimmt das Umfeld darüber, wie erfolgreich sie sich in einer gegebenen Situation entwickeln. Wenn Ihr Garten eine schattige Ecke mit sehr wenig Feuchtigkeit hat, werden Sie zu Bodendeckerpflanzen greifen müssen, die mit diesen Bedingungen auskommen, zum Beispiel Efeu. Wenn auf der anderen Seite Ihr Garten offen und sonnig ist, dann werden Sie Bodendeckerpflanzen nehmen, die mit Hitze und Trockenheit auskommen können. Das ist schwieriger, denn Bodeckerpflanzen sind von ihrer Natur her Pflanzen, die im Schatten von Bäumen mit einem Blätterbaldachin wachsen. So ist es für trockene Stellen einfacher, zu Stauden mit einem polsterartigen Wuchs zu greifen, wie Geranien, die sich sehr schnell verbreiten und im Nu ein großes Bodenareal bedecken.

Wenn Sie Pflanzen nehmen, die sich schnell vermehren, können Sie schnell eine große Auswahl für diesen Zweck bekommen, ohne dass Sie dafür sehr viel Geld bezahlen müssen. Pflanzen, die sich polsterartig ausbreiten, können somit auch sehr gut als Bodendecker genutzt werden. Aber man sollte darauf achten, dass diese Pflanzen sich eben nicht nur auf die in ihrem Wuchs begrenzen, die Sie für sie vorgesehen haben. Man muss sie deshalb immer wieder in ihrer Ausbreitung eindämmen, damit sie sich nicht wildwuchsartig vermehren.

Das kann durch ein Zurückschneiden im Herbst erfolgen. Pflanzen, die sich durch ihr eigenes Wurzelwerk weiterverbreiten, sind jedoch sehr viel schwieriger zu kontrollieren. Die Minze ist dafür ein Beispiel. Am leichtesten ist es, wenn man sie in einen kontrollierbaren Untergrund setzt, in Schalen etwa, die man in einem Beet vergräbt, um so einem Wildwuchs vorzubeugen. Sie sollten auch Bodendeckerpflanzen nehmen, die für die Situation, für die sie sie haben wollen, auch passen. Man sollte den Wuchs ein und derselben Pflanze über eine größere Fläche vermeiden, es sei denn, sie sollte ein Stück Waldboden abdecken. Um eine Auswahl von Farben und Texturen zu erreichen, kann man verschiedene polsterbildende Pflanzen nehmen, die sich nur allmählich verbreiten und dadurch einen attraktiven Teppich an verschiedenfarbigen Blüten und Blattwerk erreichen. Obwohl immergrüne Pflanzen den Boden das ganze Jahr hindurch bedecken. wachsen sie natürlich in erster Linie in den Wachstumszeiten, so dass selbst laubabwerfende Pflanzen einen guten Bodenecker abgeben können.

UNTEN: *Eine dichte Bauerngarten-Bepflanzung mit mehrjährigen Stauden, von denen sich viele auch selbst aussäen verleiht einem Garten eine naturbelassene Seitenbegrenzung, die dem Gartenliebhaber immer neue Anblicke gewähren wird.*

Acaena microphylla

Stachelnüsschen
Höhe: 5 cm, winterhart
Blühsaison: Unbedeutend

Stachelnüsschen sind mattenförmig wachsende Bodendecker aus Neuseeland und Südamerika. Sie werden wegen ihres schönen Laubs und den bodendeckenden Eigenschaften kultiviert. Die gefiederten Blätter ähneln unserem heimischen Wiesenknopf. „Kupferteppich" ist eine sehr verbreitete Sorte mit kupferbraunem Laub. Ein robuster, wüchsiger Bodendecker. Vermehrung durch Aussaat im Frühling oder durch Teilung der Pflanze im Herbst.

Adiantum venustum

Höhe: 15 cm, winterhart
Blühsaison: Unbedeutend

Der Venushaarfarn ist ein bodendeckender, hellgrüner Farn. Sehr robust, wintergrün, wird ca. 30 cm hoch. Kann mit der Zeit große Flächen bedecken, wächst aber langsam. Die Blätter sind pinkfarben, wenn sie zuerst im Frühjahr heranwachsen, verwandeln sich dann in ein blassgrün und verfärben sich nach dem ersten Frost bräunlich. Braucht Sonne oder Halbschatten. Anfällig für Schädlingsbefall.

Aegopodium podagraria „Variegatum"

Giersch
Höhe: 10 cm, winterhart
Blühsaison: Unbedeutend

Giersch ist eine ausdauernde Pflanze mit einem langen, ziemlich schlanken Wurzelstock. Sie kann bis 1 m hoch werden. Die langen dünnen, unterirdisch wuchernden, halmdicken Rhizome können sich schnell verbreiten. Die Stängel sind aufrecht, nach oben ästig verzweigt, hohl und kantig gefurcht. Seine Blätter sind 3-zählig, sattgrün und am Rand unregelmäßig gezähnt. Die weißen Blüten bilden Dolden. Giersch ist oft anzutreffen, da er sich gut durch seine Wurzelausläufer vermehrt. Man kann die Pflanze im Herbst teilen.

Anaphalis triplinervis

Perlpfötchen
Höhe: 30 cm, winterhart
Blühsaison: Sommer

Das Perlpfötchen hat eine Wuchshöhe von 25-30 cm und kann daher auch im Steingarten zum Einsatz kommen. Die Sorte „Sommerschnee" wächst besonders kompakt und bildet keine Ausläufer. Das weißfilzige Laub ist ganzjährig eine wirkliche Zierde. Die hübschen weißen Blüten sind haltbar wie Strohblumen und können als Schnitt- und Trockenblumen Verwendung finden. Man sollte sie im Herbst in einen guten, wasserdurchlässigen Boden, in die Sonne oder trockenen Schatten anpflanzen.

Aurinia saxatile var. citrina

Steinkraut
Höhe: 30 cm, winterhart
Blühsaison: Frühling/Sommer

Das Steinkraut darf in keinem sonnigen Garten fehlen! Es ist eine der beliebtesten Steingartenpflanzen. Besonders wirkungsvoll als Böschungsbepflanzung. Es ist einer der wenigen, bei uns absolut winterharten mediterranen Kleinsträucher und fühlt sich an heißen und trockenen Stellen am wohlsten. Man kann diese Pflanze sogar unter den Dachvorsprung in den Kies setzen. Das Steinkraut bildet dicht schließende kleine Büsche und unterdrückt Unkraut darunter zuverlässig. Es ist eine besonders pflegeleichte Pflanze.

Bergenia cordifolia

Riesensteinbrech
Höhe: 30 cm, winterhart
Blühsaison: Frühling

Bergenie/Riesensteinbrech/Elefantenohr ist eine ideale immergrüne Staude für den Halbschatten bis Schatten, gedeiht aber auch in der Sonne; hier sind die Blätter etwas kleiner. Von April bis Mai bildet sie Blütentrauben in Rot, Rosa und Weiß, die Höhe variiert von 20 bis 60 cm. Bergenien sind winterhart, sehr anpassungsfähig und kommen mit vielen Standortbedingungen zurecht. Ein sehr guter höherer Bodendecker für diverse (nicht extrem trockene) Standorte. Eignet sich besonders für den Steingarten, als Bodendecker unter Gehölzen, als Vorpflanzung in Blumenrabatten, an Teichen und Bachufern.

Campanula carpatica

Karpaten-Glockenblume
Höhe: 23 cm, winterhart
Blühsaison: Sommer

Die Karpaten-Glockenblume kann als beliebteste und robusteste Sorte unter den niedrigen Garten-Glockenblumen gelten. Sie ist sehr dankbar und breitet sich rasch aus, ohne dabei aber lästig zu werden. Die etwa 3 cm breiten, hellblauen Blüten entfalten sich den ganzen Sommer über, bis in den Frühherbst hinein. Die Pflanze stellt an den Standort keine großen Ansprüche, wächst sowohl in voller Sonne, wie auch im Halbschatten, der Boden sollte allerdings nicht zu nass sein. Aussaat im Herbst. Anfällig für Schädlinge, vor allem Nacktschnecken.

Cotoneaster horizontalis

Fächermispel
Höhe: 60 cm, winterhart
Blühsaison: Sommer

Die Fächermispel verziert ihr glänzend grünes Laub, das im Herbst mit einer orangeroten Farbe auftritt, im Juni mit weißrosa Blüten. Die später erscheinenden runden Früchte haben durch ihre leuchtend rote Tönung eine sehr dekorative Wirkung. Diese Mispel verfügt über einen breiten, fächerförmig verzweigten Wuchs und eignet sich als Bodendecker genauso gut wie für Heide- und Steingärten. Pflanzt man sie an eine Hauswand, zieht sie sich daran hoch und bedeckt so den unteren Teil, ein echter Hingucker!

Epilobium glabellum

Spitz-Primel
Höhe: 23 cm, winterhart
Blühsaison: Sommer/Herbst

Die glatte Spitz-Primel ist eine kleine Pflanze und bildet nette, kleine Polster mit ihren hellgrünen, ovalen Blättern und den weißen Blüten, die den ganzen Sommer hindurch blühen aus. Am besten schlägt sie an sonnigen Standorten an, mindestens braucht sie aber Halbschatten und einen guten, feuchten Untergrund. E. fleischeri ist eine ein wenig größere Züchtung und kann bis zu 30 cm groß werden mit großen, sehr eng beieinander stehenden grauen Blättern und pinken Blüten. Aussaat im Frühling oder durch junge Stecklinge im Frühjahr.

Epimedium x youngianum „Niveum“

Elfenblume
Höhe: 20 cm, winterhart
Blühsaison: Frühling

Die Elfenblumen zeigen im Frühjahr ihre recht eigenartig geformten Blüten. Diesen verdanken sie wohl auch ihren Namen. Die rosa, lila, weiß, gelb oder zweifarbigen Rispen wirken auf uns oft filigran und sehr zerbrechlich. Während des Sommers bilden Epimedien eine dichte Bodendecke, die Unkräuter fern hält. Die herzförmigen Blätter sind ebenso vielfältig wie die Blütenfarbe und reichen von hellgrün bis bronzefarben, zum Teil auch rot überlaufend. Wenn sich im Spätwinter die neuen Blätter entrollen zeigt sich die Elfenblume noch einmal von ihrer schönsten Seite.

Erigeron karvinskianus

Spanisches Gänseblümchen
Höhe: 23 cm, winterhart
Blühsaison: Sommer

Das spanische Gänseblümchen ist ein wunderbarer Dauerblüher mit einer Unzahl von weißen Gänse-Blümchen, die im Abblühen erröten. In warmen Lagen ist das Spanische Gänseblümchen ausdauernd, sonst kurzlebig. Es versamt sich jedoch reichlich und gedeiht auch auf harten, trockenen Böden, darf in den Sommermonaten allerdings nicht austrocknen. Es kann schnell 60 cm und mehr ausgreifen. Vermehrung durch Teilung der Pflanze im Herbst oder durch Aussaat im Frühling.

Euphorbia characias ssp. wulfenii

Palisaden-Wolfsmilch
Höhe: 1,2 m, nahezu winterhart
Blühsaison: Sommer

Die Palisaden-Wolfsmilch ist immergrün und so ganzjährig ein Blickfang im Garten. Die dekorative Pflanze mit ihren hohen röhrenförmigen Blütenständen in einem leuchtenden Gelb ist recht pflegeleicht.
Sie gedeiht in jedem guten, sehr durchlässigen Boden. Ein leicht lehmiger Boden ist günstig. Ein sonniger und windgeschützter Standort ist am besten geeignet, um sie gut gedeihen zu lassen. Ein halbschattiger Platz ist notfalls ausreichend. Günstig ist ein Standort an einer Hauswand mit Dachüberstand oder vor immergrünen Bäumen, weil diese Plätze im Winter trockener sind.

Galium odoratum

Waldmeister
Höhe: 15 cm, winterhart
Blühsaison: Frühling

Der Waldmeister hat einen aufrechten vierkantigen Stängel und wird selten höher als 30cm. Er ist eine mehrjährige Pflanze mit angenehmem, leicht bitteren Geschmack. Er tritt häufig in größeren Gruppen auf. Die Blütezeit ist von April bis Juni, wobei sich trichterförmige weiße, duftende Blüten bilden. Auch die Blätter duften und wurden früher getrocknet zwischen die Wäsche gelegt. Gedeiht am besten im Halbschatten und ist ein perfekter Bodendecker. Braucht einen gut durchlüfteten Boden. Vermehrung der Pflanze durch Teilung im Herbst oder Frühjahr.

Geranium x oxonianum „Winscombe"

Storchschnabel
Höhe: 45 cm, winterhart
Blühsaison: Sommer/Herbst

Der deutsche Name „Storchschnabel" erscheint beim Blick auf die blühenden Pflanzen rätselhaft, wird aber später im Jahr deutlich: Nach der Blüte bilden sich eigenwillig gestaltete, längliche Fruchtstände, die an den Schnabel eines Storches erinnern und zu dem ungewöhnlichen deutschen Namen geführt haben. Er gibt einen guten Bodecker ab. Es gibt verschiedene Hybridpflanzen für verschiedene Farbgebungen. G. x o. „Winscombe" hat violette Blüten. Man sollte die alten Blütenstände entfernen, um neues Wachstum zu forcieren. Vermehrung durch Teilung der Pflanze im Herbst.

Glechoma hederacea „Variegata"

Gundelrebe
Höhe: 15 cm, winterhart
Blühsaison: Unbedeutend

Die Gundelrebe ist eine bodendeckende Pflanze, die besonders schnell wächst und sich ausbreitet. Sehr hübsch sind ihre kleinen, gerundeten Blätter mit eingeschnittenen Ecken, die weiß und elfenbeinfarben sind. Die Pflanze braucht Sonne oder Halbschatten, sie kann deshalb auch unter Bäumen angepflanzt werden, mag aber keinen dauerhaften Schatten und braucht einen guten, wasserdurchlässigen Boden. Sie kann sehr schnell wuchern, man sollte also versuchen, sie unter Kontrolle zu behalten. Vermehrung durch Pflanzenteilung im Herbst.

Hebe pinguifolia „Pagei"

Hebe
Höhe: 23 cm, winterhart
Blühsaison: Sommer

Die Hebe ist eine kleine polsterbildende Staude, die schnell 90 cm im Durchmesser werden kann. Sie hat kleine, grau-grüne, wächserne Blätter und Spieren mit weißen, sternförmigen Blüten, die vom Frühjahr bis in den Sommer hinein blühen. Sie braucht am liebsten die volle Sonne und kommt mit nahezu allen Böden gut zurecht. Sollte die Pflanze im Winter einige Frostschäden davontragen, sollte man sie bis auf den Boden zurück schneiden. Die Pflanze ist in der Regel sehr widerstandsfähig gegenüber Krankheiten und Schädlingen.

Hedera colchica „Dentata"

Kaukasus-Efeu
Höhe: 6 m, winterhart
Blühsaison: Unbedeutend

Der Kaukasus-Efeu ist eine anspruchslose Kletterpflanze, die auch als Bodendecker geeignet ist. Dieser Efeu ist winterhart und kann z. B. auch an Gebäudenordseiten gepflanzt werden. Es gibt unzählige Arten und Sorten, allein von Hedera helix (der gemeine Efeu) gibt es über 400 Exemplare. Dementsprechend variabel sind Aussehen der Blätter (grün, gelb, buntlaubig) und Wüchsigkeit. Die Blüten sind eher unscheinbar (erscheinen erst im Alter und duften leicht). Anfällig für einige maßgeblichen Insekten sowie die rote Spinnmilbe und die Blattfleckenkrankheit.

x Heucherella tiarelloides

Kissen-Purpurglöckchen
Höhe: 45 cm, winterhart
Blühsaison: Sommer

Das Kissen-Purpurglöckchen ist ein guter Bodendecker und hat darüber hinaus auch noch den Vorteil, mit seinen an attraktiven Spieren befindlichen Blüten in Rosa, die glockenförmig sind, gut auszusehen. Die dichten Blätter formen sich zu einem Polster. Die Pflanze zieht den Halbschatten vor und braucht einen guten, nährstoffreichen Boden. Sie gedeiht nicht in heißen, trockenen Ecken. X H. alba „Bridget Bloom" ist ein wenig größer und hat leuchtend lilafarbene Spieren, die viele Wochen lang blühen.

Hypericum calycinum

Johanniskraut
Höhe: 45 cm, winterhart
Blühsaison: Sommer

Robuster Bodendecker. Besonders oft in öffentlichen Grünanlagen gepflanzter Halbstrauch. 5-6 Pflanzen pro Quadratmeter reichen, um größere Flächen wirkungsvoll zu begrünen. Von Juli bis September erscheinen große goldgelbe Blüten, die lange, pinselartige Staubblätter tragen. Ideal zur Bepflanzung schwer zu pflegender Hänge. Diese Art wächst in voller Sonne, Halbschatten und selbst im tiefen Schatten. In schneearmen, kalten Wintern frieren die Blätter oft zurück, treiben aber im Frühjahr rasch wieder üppig aus. Dann ist ein Rückschnitt erforderlich.

Juniperus communis „Prostrata“

Wacholderbaum,
Höhe: 20 cm, winterhart
Blühsaison: Unbedeutend

Eine bodendeckende Form des Wacholderbaums ist diese Konifere; eine Pflanze, die sich am Boden bis zu einer Höhe von 1,5 Metern ausbreitet. Sie hat die typischen, nadelartigen Blätter und auch die Wacholderbeeren sind an dieser Pflanze wiederzufinden. Er gedeiht am besten im Halbschatten und auf jedem Boden, obwohl ihm natürlich ein lockerer Boden besser gefällt. Er ist anfällig für Rost und Schädlingsbefall.

Lamium maculatum

Gefleckte Taubnessel
Höhe: 30 cm, winterhart
Blühsaison: Sommer

Die Gefleckte Taubnessel wird als hübsche Schnittblume und pflegeleichter, dauernd blühender Bodendecker, der sich durch Ausläufer leicht ausbreitet, mit Zuchtsorten häufig in Gärten und Parks kultiviert. Sie blüht auch am halbschattigen Gehölzrand. Es gibt sie auch in einer weiß blühenden Züchtung, L. m. album, und in einer Züchtung mit goldgelbem Blattwerk, „Aurum“, die nicht ganz so wuchsstark ist. Sie alle lieben den Schatten und einen feuchten Boden. Man sollte die verblühten Blüten entfernen, um die bodenbedeckenden Blätter in ihrem Wuchs zu kräftigen.

Leptospermum rupestre

Myrte
Höhe: 15 cm, winterhart
Blühsaison: Sommer

Leptospermum ist ein immergrünes neuseeländisches oder australisches Myrtengewächs, aus dem die ersten Siedler Tee-Ersatz herstellten. Im englischen Sprachraum wird es daher Tea-Tree genannt. Leptospermum rupestre bildet kleine, zierliche Büsche bis 2 m Höhe. Die bis 1 cm großen weißen Blüten erscheinen im Frühsommer und sind winterhart. Sie kann schnell eine Fläche von rund 1,5 Meter Durchmesser bedecken. Die Pflanze braucht einen guten, wasserdurchlässigen Boden, der auch durch Sand ein wenig verbessert werden kann. Vermehrung durch junge Stecklinge im Spätsommer.

Lonicera pileata

Böschungsmyrte
Höhe: 80 cm, winterhart
Blühsaison: Frühling

Die Böschungsmyrte stammt aus China und wird bei uns viel für die Begrünung von Böschungen verwendet. Sie wächst in der Sonne und im Halbschatten gut – Schatten wird auch noch vertragen. Höhe ohne Schnitt etwa 80 cm bis 1m – Breite 1m bis 1,50 m. Die kleinen gelb-grünen Blüten werden gefolgt von violett-blauen Früchten. Man kann sie durch hölzerne Stecklinge im Herbst vermehren. Sie lässt sich scharf zurückschneiden und schlägt immer wieder kräftig aus.

Myosotis sylvestris

Alpen-Vergissmeinnicht
Höhe: 30 cm, winterhart
Blühsaison: Frühling/Sommer

Das Alpen-Vergißmeinnicht ist eine zweijährige Pflanze, die sich sehr schnell selbst aussät. Sie verträgt Halbschatten sehr gut und braucht Bodenfeuchte. Wenn sie einen solchen Standort hat, wird sie sehr schnell zu einem attraktiven Bodendecker. Um sie zu vermehren, kann man den Samen im Frühjahr ausbringen und Pflanzen an die Stelle umpflanzen, wo man sie haben will. Sie ist sehr widerstandsfähig.

Soleirolia soleirolii

Bubiköpfchen
Höhe: 5 cm, fast winterhart
Blühsaison: Unbedeutend

Das Bubiköpfchen ist eine sehr anspruchslose kleine Waldpflanze. Sie benötigt kaum Ruhezeit und ihre Heimat befindet sich im sonnigen Korsika. Bubiköpfchen bewachsen draußen, wenn sie genug Platz haben, weite Flächen. Ältere Bubiköpfchen wachsen sehr dicht. Manchmal so dicht, dass die unteren Blättchen verdorren und braun werden, da sie überhaupt kein Licht mehr abbekommen. Die Pflanze verbreitet sich sehr schnell und muss deshalb in ihrem Wuchs genau kontrolliert und manchmal auch rücksichtslos ausgerissen werden.

Tiarella cordifolia

Schaumblüte
Höhe: 20 cm, winterhart
Blühsaison: Sommer

Die Schaumblüte heißt so, weil sie unendlich viele kleine Blüten produziert, die an kleinen, hochstehenden Stängeln weiß blühen. Sie gedeiht auch im Schatten, vorausgesetzt die Erde ist feucht. Dabei verbreitet sie sich sehr schnell. Die immergrünen Blätter sind herzförmig, leuchtend grün mit dunkelgrünen Blattadern, die sich im Winter rötlich verfärben. Die Pflanze ist einfach auszubringen und kann zu jeder Jahreszeit geteilt werden.

Tolmiea mienziesii „Taff's Gold"

Henne mit Küken
Höhe: 45 cm, winterhart
Blühsaison: Frühling

Die „Henne mit Küken" hat einen eigenartigen Namen und kommt aus Nordamerika. Sie hat ihren deutschen Namen von der Art, wie sie sich vermehrt. Auf dem Blattgrund bilden sich Brutknospen, aus denen dann neue Pflänzchen entstehen. In ihrer Heimat wächst Tolmiea als Bodendecker und auch bei uns kann man sie in schattigen Gartenbereichen oder in Wintergärten als solchen verwenden. Sie ist winterhart und braucht einen guten, wasserdurchlässigen Boden. Sie kann auch gut unter Bäumen stehen. Sie lässt sich leicht durch Teilung der Pflanze vermehren.

Trifolium repens „Purpurascens Quadrifolium"

Weißklee
Höhe: 12 cm, winterhart
Blühsaison: Sommer

Der Weißklee ist eine attraktive Bodendeckerpflanze mit markanten Blättern, die einem Kleeblatt ähneln. Er blüht in unzähligen kleinen, weißen Blüten im Sommer. T r. „Purpurascens" bevorzugt nährstoffreiche, leicht kalkhaltige, lehmige, feuchte Böden und wächst auch in Sandböden. Als Leguminosen versorgen die Pflanzen außerdem den Boden mit wertvollem Stickstoff. Er hat ein starkes Wachstum und eignet sich deshalb auch hervorragend, größere Flächen zu begrünen.

Vaccinium glaucoalbum

Blaubeere
Höhe: 1,2 m, winterhart
Blühsaison: Sommer

Die Blaubeere stammt eigentlich aus dem Himalaya. Sie ist ein immergrüner Busch, der eine Wuchshöhe von 1,5 m erreichen kann. Sie hat dunkelgrüne Blätter, die zu Beginn blasser sind und auf der Unterseite weißlich. Die Blüten kommen im Sommer und werden durch die blauen, essbaren Früchte abgelöst. Die Blaubeere sollte an einem sonnigen oder halbschattigen Standort angepflanzt werden. Man kann sie durch Stecklinge im Sommer vermehren.

Veronica prostrata

Ehrenpreis
Höhe: 30 cm, winterhart
Blühsaison: Sommer

Der niederlegende Ehrenpreis ist eine Polsterstaude mit kleinen grünen Blättern, über denen im Sommer eine Vielzahl an kleinen, trichterförmigen leuchtend blauen Blüten heran wachsen. Zwei Züchtungen haben dabei höhere Blütenstände: „Spode Blue" und „Trehane". Am besten gedeihen sie an einem sonnigen Standort und einem guten, wasserdurchlässigen Boden. Andere Ehrenpreis-Züchtungen sind V. pectinata und V. reptans. Man kann die Pflanzen im Frühling durch Teilung vermehren. Sie sind gegenüber Krankheiten sehr widerstandsfähig.

Viburnum davidii

Schneeball
Höhe: 1,2 m, winterhart
Blühsaison: Sommer

Eine wahre Bereicherung für den Gartenliebhaber. Mit etwa 50 bis 80 cm Höhe und mindestens der doppelten Breite bildet er dichte Kissen. Das derbe, ledrige Laub ist glänzend dunkelgrün und in seiner Erscheinung stark durch die tiefliegenden Hauptadern geprägt. Die Blüten zeigen sich im Juni in weißen- bis weißrosafarbenen Trugdolden. Doch erst die stahlblauen, fast unwirklich erscheinenden Früchte im Herbst ziehen den Blick auf sich. Zumeist halten sich die Beeren über Winter. Optimal für dunklere, geschützte Ecken.

Vinca minor „Argenteovariegata"

Immergrün
Höhe: 10 cm, winterhart
Blühsaison: Frühling/Herbst

Ob an Hängen, unter Bäumen oder zur Bepflanzung von Wällen - das Immergrün macht sich überall gut. Seine Blüten zeigen ihre blaue Schönheit im Mai, die Nachblüte verwöhnt das Auge den gesamten Sommer über. Der dichte Wuchs macht es Unkräutern so gut wie unmöglich, durchzukommen. Das Immergrün ist sehr robust und fühlt sich in allen Lagen und einem humosen, lockeren Gartenboden wohl. Es ist allerdings empfindlich gegen verdichtete Böden.

Waldsteinia ternata

Teppich-Golderdbeere
Höhe: 10 cm, winterhart
Blühsaison: Sommer

Die Teppich-Golderdbeere ist eine niedrige, 10 cm hohe Staude. Sie bildet rasch dichte Teppiche. Sie hat nicht nur recht zierende, zahlreiche, goldgelbe, schalenförmige Blüten von April bis Mai, die denen von Erdbeer-Arten ähnlich sehen, auch die wintergrünen, glänzenden, dunkelgrünen, handförmig geteilten Blätter sind sehr attraktiv. Die Teppich-Golderdbeere ist gut geeignet als Bodendecker für licht- bis halbschattige Standorte, zur Unter- und Vorpflanzung von Gehölzgruppen, aber nicht für kleinere Staudenbeete. Man kann sie im Frühjahr teilen.

Noch mehr Bodendecker

Gute Bodendecker gehören in jeden Garten, damit das Unkraut in seinem Wuchs unterdrückt wird. Je größer der Garten ist, umso wichtiger werden Bodendecker. Man sollte jedoch immer die richtigen Bodendecker auswählen, um an sonnigen, schattigen, feuchten oder trockenen Standorten einen optimalen Wuchs zu haben. Schnell wachsende Bodendecker eignen sich deshalb auch besonders gut im Zusammenspiel mit langsam wachsenden Sträuchern.

Es gibt darüber hinaus auch etliche Rosensorten, die eigens dafür gezüchtet wurden, um als Bodendecker zu dienen. Generell gesprochen unterteilen sie sich in zwei Sorten: die Kriechrosen wie die Rosa „Max Graf" und R. Partridge sowie die kleinwüchsigen Strauchrosen, die nicht höher als einen Meter werden und die im Wuchs dafür mehr in die Breite gehen. R. Bonica und R. Fiona sind zwei von ihnen.

Wenn Sie einen Garten neu anlegen oder aber einen großen Garten besitzen, wo sie auf den Unkrautbefall achten müssen lohnt es sich auch häufig genug einen Häcksler zu mieten oder zu kaufen, mit dem man sehr schnell und einfach Mulch herstellen kann. Er hilft nicht nur bei der Ausbringung, Unkraut abzuwehren, sondern verbessert darüber hinaus auch noch den Boden. Mulchen mit Gartenkompost kann so zwei Ziele sehr effektiv erreichen.

Immergrüne Pflanzen sind mit einem E und laubabwerfende mit S-E gekennzeichnet.

Sträucher

Arctostaphylos uva-ursi (E)
Calluna vulgaris (E)
Cassiope „Muirhead" (E)
Cornus canadensis
Daboecia cantabrica (E)
Erica carnea „Springwood White" (E)
E. × darleyensis „Darley Dale" (E)
Euonymus fortunei cvs (E)
Gaultheria shallon (E)
Gypsophila repens „Rosa Schönheit" (S-E)
Hebe pinguifolia „Pagei"
Hypericum „Hidcote" (S-E)
Hypericum × inodorum „Elstead" (S-E)
Juniperus virginiana „Sulphur Spray" (E)
Leucothoe fontanesiana (E)
Lithodora diffusa „Heavenly Blue" (E)
Rosmarinus officinalis „Jackman's Prostrate" (E)
Rubus tricolor (E)
Senecio (syn. *Brachyglottis*) „Sunshine" (E)
Stephanandra tanakae
Zauschneria californica

Stauden

Acantholimon glumaceum (E)
Ajuga reptans (E)
Alchemilla mollis
Aubrieta (mehrere Sorten)
Brunnera macrophylla
Cardamine pratensis „Flore Pleno"
Convallaria majalis (mehrere Sorten)
Corydalis cheilanthifolia
C. lutea
Darmera peltata
Dryas octopetala
Epimedium grandiflorum
Geranium (mehrere Sorten) (S-E)
Hosta fortunei
Iberis sempervirens
Lysimachia nummularia
Mertensia pulmonarioides
Mimulus × burnetii
Nepeta × faassenii
Ourisia macrophylla (E)
Persicaria affinis (E)
Stachys byzantina (E)
Symphytum grandiflorum
Tellima grandiflora (S-E)
Thalictrum aquilegiifolium
Veronica prostrata

Herbst- *und* Winterlaub

Selbst wenn die Hauptblütezeit im Sommer vorbei ist, verlieren Gärten nichts an Attraktivität. Viele Büsche und Bäume explodieren dann geradezu in einer aufsehenerregenden Herbstfärbung ihrer Blätter und machen so den Herbst zu einer der schönsten Jahreszeiten. Besonders Bäume und Büsche aus Nordamerika und China tun sich dabei hervor. Ganz besonders der Ahorn.

OBEN: *Die auffällige Rinde von Acer griseum rollt sich in großen Stücken vom Baum ab und legt die darunter liegende orange-braune Rinde frei.*

GEGENÜBER: *Der rötliche Acer rubrum im Herbst-Sonnenlicht. Wenn Sie genug Platz in Ihrem Garten haben, sollten Sie unbedingt Pflanzen mit einem schönen Herbstlaub anpflanzen. Sie werden den Anblick genießen.*

Herbst ist die Jahreszeit, wo viele laubabwerfende Pflanzen und auch einige immergrüne Pflanzen Ihre ganze Aufmerksamkeit auf sich ziehen. Ihre aufsehenerregenden Verfärbungen sind wirklich erstaunlich und viele Gärtner pflanzen sie genau deswegen an. Unter den populärsten Pflanzen für einen kleinen Garten ist der japanische Zierahorn, der sich in aufsehenerregender Weise verfärbt. Genauso übrigens, wie auch einige Kletterpflanzen, Kriechpflanzen und Weinsorten.

Die deutlich sichtbare Verfärbung des Blattwerks ist Teil eines natürlichen Prozesses der einsetzt, lange bevor die Blätter abfallen und geht auf die kürzere Sonneneinstrahlung im Herbst zurück und nicht etwa sosehr auf die sinkenden Temperaturen oder möglichen Frost. Dabei kann die Verfärbung von Region zu Region und von Jahr zu Jahr anders ausfallen. Das hängt mit den jeweils vorherrschenden Wetterbedingungen zusammen. Ideal für eine Herbstfärbung sind kühle, trockene Herbsttage mit sehr wenig Wind und ohne Frost, weil sich dadurch die Verfärbung länger hinzieht und die Blätter damit auch länger am Baum hängen.

OBEN: *Herbstliche Laubfärbungen gibt es bei vielen Stauden, Sträuchern und vor allem auch Bäumen. Eigentlich gilt dies für alle laubabwerfenden Gehölzer. Das tief dunkelrote Laub von Cotinus coggygria Purpureus hat ein wunderbares Herbstlaub.*

Die Chemie eines sich im Herbst verfärbenden Blatts hängt davon ab, wie unterschiedlich sich der Alterungsprozess in Teilen der Blätter gestaltet. Natürliche Pigmente innerhalb des Blattes mit Karotin (rot/orange) herrschen dann vor, wenn das Chlorophyll (grün) bereits zurückgegangen ist. Bei manchen Pflanzen kommt dann Gerbsäure hinzu, die für die wunderschöne Gelbfärbung sorgt, wie sie Birken, Ginkgos oder der Tulpenbaum haben. Die Rotfärbung bei Ahornbäumen beispielsweise rührt von Anthocyanin her, das durch die Photosynthese als Zucker in den Blättern zurückbleibt

Wenn man sich überlegt, wo man Bäume wegen ihrer Herbstverfärbung hinpflanzen will, sollte man eine Stelle aussuchen, die gut bewässert und nicht zu trocken ist. Das gilt ganz besonders für die trockenen Sommermonate, weil sonst der Baum sehr schnell seine Blätter verlieren kann. Wenn er frei und in der vollen Sonne steht wird dies zu einer herrlichen Herbstfärbung sicherlich beitragen.

In diesem Kapitel sind einige der besten Pflanzen, die sich im Herbst verfärben, aufgeführt. Vieles hängt dabei von der Situation in Ihrem Garten und der Qualität Ihres Bodens ab. Aber für den Kenner ist Fothergilla major (S. 163) sicherlich einer der schönsten Herbstbäume. Das gleiche gilt für Parottia persica (S. 237) und viele andere Ahorngewächse, während der Wilde Wein zum Beispiel nur sehr kurzzeitig eine weiße Mauerwand in herrlichste Herbstfarben taucht. Jeder Gärtner hat sicherlich seine eigenen Favoriten, deshalb gibt es auch eine nahezu komplette Liste mit Herbstpflanzen am Ende dieses Kapitels und ein, zwei Verweise auf andere Pflanzen, für die hier nicht ausreichend Platz ist. Alle Pflanzen sind in gut sortierten Baumschulen zu kaufen.

Oben: *Stauden nehmen eine wunderbare Herbstfärbung an, bevor sie absterben. Zu diesem Zeitpunkt kann die Pflanze auch zurückgeschnitten werden. Viele Gartenliebhaber wählen dafür aber auch das Frühjahr, nicht zuletzt, um sich noch am Herbstlaub erfreuen zu können.*

Links: *Die farbenfrohen Blätter von Humulus lupulus „Aureus" in Kombination mit immergrünen Pflanzen werden zu einem attraktiven Blickfang.*

Acer cappadocicum

Kalabrischer Spitzahorn
Höhe: 9 m, winterhart
Blühsaison: Frühling

Der kalabrische Spitzahorn hat fünf- bis siebenlappige Blätter, die ca. 8 bis 14 cm breit sind. Im Frühling und Sommer sind die Blätter grün glänzend und verfärben sich im Herbst goldgelb. Es gibt einige sehr schöne Züchtungen. A. c. Rubrum mit rotgeränderten Blättern und A. c. „Aureum", mit gelb eingefassten Blätter im Frühling, die sich im Sommer grün verfärben und im Herbst wieder gelb werden. Vermehrung durch Stecklinge im Frühsommer.

Acer griseum

Zimtahorn
Höhe: 6 m, winterhart
Blühsaison: Frühling

Der Zimtahorn ist eine Attraktion im winterlichen Garten. Dann nämlich versperren die Blätter nicht mehr den Blick auf die zimt- bis rotbraunfarbene Rinde, die sich in papierartigen Stücken vom Stamm abrollt. Allerdings beginnt er damit erst am vierjährigen Holz. Die Blätter sind den Sommer über frischgrün und färben sich im Herbst leuchtend Gelb bis Rotorange. Ausgewachsen kann dieser Ahorn etwa 5-8 m erreichen. Er zeigt sich dann meist mehrstämmig, mit lockerer breitbuschiger Krone. Sein Jahrestrieb beträgt 10- 15 cm. Standort: Sonnig bis halbschattig auf frischen bis feuchten, sandig - lehmigen Böden.

Acer palmatum var. dissectum

Fächerahorn
Höhe: 4,5 m, winterhart
Blühsaison: Frühling

Der Fächerahorn ist ein langsam wachsender Strauch oder auch kleiner Baum mit attraktiven, palmenähnlichen Blättern, die tief geteilt sind und in der Farbgebung von mattgrün bis hin zu einem tiefen Rot reichen können. Die meisten Arten verfärben sich sehr intensiv im Herbst, andere haben eine aufsehenerregende Rinde. Die kleinen Blättchen sind sehr anfällig für Windschäden. Man kann sie durch Stecklinge im Juni vermehren.

Ampelopsis glandulosa var. brevipedunculata „Elegans"

Scheinrebe
Höhe: 6 m, winterhart
Blühsaison: Frühling

Die Scheinrebe ist ein wachstumsstarker Kletterer und besonders beliebt wegen seiner Herbstverfärbung. Man kann sie sehr gut an Hauswänden, Pergolen oder Zäunen entlang kriechen lassen. Die breiten, ovalen, grob texturierten und tief eingeschnittenen Blätter sind grün glänzend mit auffällig roten Adern im Sommer, die sich im Herbst in ein Goldgelb-Orange verfärben. Die Pflanze hilft sich selbst mit ihren Greifwurzeln und hat unscheinbare Blüten, denen ebenso kleine Früchte folgen.

Azolla filiculoides

Algenfarn
Höhe: 2,5 cm, winterhart
Blühsaison: Sommer

Der Algenfarn ist eine laubabwerfende Wasserpflanze und wird besonders gerne wegen seiner Blätter genommen. Sie reichen in der Färbung von Pink über Bronze-Rot im vollen Sonnenlicht und von einem blassen Grün bis Blau-Grün bei schattigen Standorten. Besonders im Herbst verfärben sie sich so, dass man meint, der Gartenteich würde feuerrot brennen. Der Farn eignet sich hervorragend zur Algenkontrolle, da er ihnen durch seine großen Blätter das Licht entzieht. Er ist allerdings sehr wuchsstark und man muss ihn unter Kontrolle behalten. Man kann Teile der Pflanze mit einem Käscher aus dem Wasser entfernen.

Bassia scoparia f. trichophylla

Sommerzypresse
Höhe: 1 m, winterhart
Blühsaison: Sommer

Die Sommerzypresse ist eine kuriose Blattschmuckpflanze, die unter den Einjährigen ziemlich einmalig ist. Dieses Meldengewächs bildet mittels extrem dichter und feiner Verzweigung dunkelgrüne, 60-100 cm hohe, kegelförmige Büsche. Sie erinnern tatsächlich an kleine Zypressen. Verwendung als interessantes Gestaltungselement in Staudenrabatten und zur Gestaltung kleiner Hecken. Schneckenresistent. Nicht zu nass halten. Die Art ist wenig frostempfindlich.

Berberis dictyophylla

Berberitze
Höhe: 1,8 m, winterhart
Blühsaison: Frühling

Die Berberitze ist ein laubabwerfender, aufrecht wachsender Strauch. Bei einer jungen Pflanze sind die neuen Triebe überzogen mit einem wächsernen, gräulichen Glanz, das der Pflanze einen interessanten Effekt verleiht. Sie sieht wie weißgewaschen aus. Im Frühjahr wachsen an ihr in kleinen Blütenständen gelbe Blüten heran, denen im Herbst dann kleine rote Beeren folgen. Die elliptischen Blätter sind auf der Oberseite matt Grün und darunter Blau-Grau. Sie verfärben sich im Herbst rötlich. Vermehrung durch junge Stecklinge im Sommer.

Betula ermanii

Goldbirke
Höhe: 8 m, winterhart
Blühsaison: Frühling

Die Goldbirke ist besonders reizvoll durch ihre wunderschöne, sich abpellende Rinde, die Goldorange ist. Ein wuchsstarker Baum, der sehr frühzeitig im Jahr mit dem Austrieb anfängt. Dabei produziert er ovale, hellgrüne Blätter, die herzförmig und von tiefen Adern durchzogen sind. Sie sind leicht frostanfällig, wenn der Baum zu exponiert steht. Die Blätter verfärben sich im Herbst wunderschön. Gute Züchtungen sind B. e. „Blush“ syn. B. costata und B. e. „Grayswood Hill“.

Celastrus orbiculatus

Baumwürger
Höhe: 9 m, winterhart
Blühsaison: Sommer

Der Baumwürger ist eine starke Schlingpflanze mit kräftiger Stammbildung. Celastrus orbiculatus kommt aus China und hat starkwüchsige, breitovale, gezähnte oder gesägte Blätter mit deutlicher Spitze. Celastrus scandens stammt aus Nordamerika und hat länglichovale, zugespitzte Blätter. Belaubung von Mai bis Oktober, gelbe, starke und wunderschöne Herbstfärbung. Vollsonniger bis halbschattiger Standort, bedingt auch schattig, dann aber mit weniger Blüten und Früchten. Möglichst nährstoffreicher Boden. Vermehrung durch junge Stecklinge im Sommer.

Ceratostigma willmottianum

Chinesischer Bleiwurz
Höhe: 1 m, winterhart
Blühsaison: Sommer

Der chinesische Bleiwurz ist ein laubabwerfender Strauch mit reichlich hellblauen Blüten im Spätsommer bis zu den ersten Frösten. Mit einer Größe von 150 cm bleibt er moderat und eignet sich für kleinere Gärten oder zur farblichen Aufwertung immergrüner Exoten. Im Herbst verfärben sich die Blätter tiefrot. Er liebt die Sonne und gedeiht am besten in guter, wasserdurchlässiger Erde. Im Frühjahr sollte man totes Holz entfernen. Vermehrung durch junge Stecklinge im Spätsommer.

Cercis canadensis „Forest Pansy“

Hänge-Judasbaum
Höhe: 3 m, winterhart
Blühsaison: Frühling

Der Hänge-Judasbaum ist ein wirklich herausragend blühender langsam wachsender Strauch mit hängenden Trieben. Die Blüten erscheinen in rosa-violetten kleinen Trauben oder Büscheln und sitzen meist zu 4 bis 8 zusammen. Sie erscheinen vor dem Laubaustrieb und haben dadurch eine sehr schöne Fernwirkung. Der Standort sollte sonnig und warm sein. Die Pflanze bevorzugt einen eher trockenen, durchlässigen und kalkhaltigen Boden. Der Judasbaum Lavender Twist ist nicht immer ganz winterhart, d.h. ein Winterschutz ist bei strengem Frost empfehlenswert.

Chiastophyllum oppositifolium

Goldtröpfchen
Höhe: 20 cm, winterhart
Blühsaison: Frühling

Das Goldtröpfchen ist eine flache Staude mit fleischigen Blättern (daher Walddickblatt) und auffälligen kleinen gelben Blütenständen, die bogenförmig herab hängen. Die Blütezeit ist von Juni bis Juli. Da die Staude sehr gut mit Trockenheit zurechtkommt und im Schatten wächst, macht sie das zu einem idealen Bodendecker. Das Goldtröpfchen ist anspruchslos und voll winterhart. Die anfangs hellgrünen, breiten und sukkulenten Blätter haben einen gezackten Rand und verfärben sich dort im Herbst bronzefarben.

Coronilla valentine ssp. glauca

Blaugrüne Strauchkronwicke
Höhe: 1 m, nahezu winterhart
Blühsaison: Frühling/Sommer

Die Blaugrüne Strauchkronwicke ist ein hübscher mediterraner Strauch mit blaugrünen Fiederblättern und goldgelben Blütentrauben. Gut geeignet für den Wintergarten, aber mit seiner Frosthärte bis -15 Grad sollten Freilandversuche an geschützten Standorten durchaus erfolgreich sein, im Weinbauklima in Deutschland wohl ohne Probleme möglich. Liebt es trocken und vollsonnig. Es gibt auch Züchtungen mit weißen Blüten C. v. ssp. G. „Variegata". Vermehrung durch junge Stecklinge im Sommer.

Cotinus coggygria

Perückenstrauch
Höhe: 2,5 m, winterhart
Blühsaison: Sommer

Der Perückenstrauch ist ein bis zu 300 cm hoher, laubabwerfender Strauch mit eiförmigen, grünen, bei manchen Zuchtformen auch roten Blättern. Die Blüten sind unscheinbar; auffallend sind die wolligen Fruchtstände („Perücken"). Die elliptische bis verkehrt eiförmigen Blattspreiten weisen eine Länge von 3-8 cm und eine Breite von 2,5 bis 6 cm auf. Der Blattrand ist glatt. Es sind sechs bis elf Paare von Seitennerven vorhanden. Die Blätter färben sich je nach Sorte im Herbst gelborange bis scharlachrot. Vermehrung durch junge Stecklinge im Sommer.

Crataegus crus-galli

Weißdorn
Höhe: 4,5 m, winterhart
Blühsaison: Sommer

Der Weißdorn wächst als Strauch und erreicht manchmal sogar Baumhöhe (bis 12 m). Er trägt, wie schon der Name sagt, Dornen und weiße Blüten (die mitunter rot angelaufen sind) in einer aufrechten Doldenrispe. Die dunkelroten Früchte reifen im August. Die Borke ist Grau bis Graugrün Es gibt auch eine Züchtung ohne Dornen, C. c-g. var. Pyracanthifolia. Er gedeiht in sonnigen bis halbschattigen Lagen auf sauer bis kalkhaltigen, leichten bis schweren Böden.

Decaisnea fargesii

Blaugurke
Höhe: 6 m, fast winterhart
Blühsaison: Frühling/Sommer

Die Blaugurke ist ein Großstrauch und erreicht eine Höhe von ca. 3-5 Metern. Blüht von Mai bis Juni mit gelben Glockenblüten, die dekorative Blütendolden von einem halben Meter Länge bilden. Die Schoten reifen aus diesen Blüten heraus und können abgeerntet und verwertet werden, wenn sie tiefblau sind. Viele Gärtner lassen die Blaugurken jedoch lieber hängen, denn durch ihre Farbe und Form sind sie schlichtweg ein „Hingucker". Die Blätter können eine Länge von 0,5-1m erreichen und nehmen im Herbst eine gelbe Farbe an.

Disanthus cercidifolius

Höhe: 3 m, winterhart
Blühsaison: Herbst

Die in Japans Bergen beheimatete Doppelblüte besitzt rundliche bis herzförmige Laubblätter, die sich im Herbst prächtig orange bis karminrot verfärben. Ab Oktober zeigt sich die kleine, sternförmige, rote Blüte. Die Blüte ist in der Gestalt ähnlich wie von Zaubernüssen - die beiden Gehölze gehören auch derselben Familie an. Die kapselartige Frucht reift im nachfolgenden Jahr heran. Die sommergrünen Sträucher erreichen eine Höhe von 2 bis 3 m und bevorzugen einen frischen humosen Boden mit ausgeglichenem Wasserhaushalt. Der Standort sollte sonnig bis halbschattig sein. Die Frosthärte ist gut.

Dregea sinensis

Watakakasschlinge
Höhe: 3 m, nahezu winterhart
Blühsaison: Sommer

Die Watakakasschlinge ist eine wuchsstarke Kletterpflanze, die bis zu 3 m hoch werden kann. Die hellgrünen, herzförmigen Blätter, die graugrün auf der Unterseite sind, verfärben sich am Rand im Herbst gelb. Die kleinen trompetenähnlichen Blüten treten in dichten Blütenständen auf und öffnen sich sternenförmig mit cremig-weißen Blütenblättern mit roten Punkten. Die Pflanze braucht einen geschützten Standort, um überleben zu können. Vermehrung durch junge Stecklinge im Sommer.

Euonymus fortunei „Emerald n Gold“

Spindelstrauch
Höhe: 1 m, winterhart
Blühsaison: Sommer

Der Spindelstrauch hat eine unregelmäßige Form und wird annähernd 60-100 cm groß. Diese Sorte entwickelt sich langsam, deshalb für kleinere Gärten optimal geeignet. Gelblich-weiße Blüte. Die Blütezeit fällt meist auf den Monat Mai. Braucht neutralen oder davon leicht abweichenden chemischen Boden. In der langen und trockenen Sommerhitze sollte man ihn öfter gießen. Bevorzugt Sonne oder Halbschatten. Immergrün. E. eurpaeus „Red Cascade“ färbt die Blätter im Herbst feuerrot.

Festuca glauca

Blauschwengel
Höhe: 25 cm, winterhart
Blühsaison: Sommer

Der Blauschwengel ist eine beliebte, dauerhafte Stein- und Heidegartenpflanze mit straff aufrechten, stahlblauen Horsten, die zu jeder Jahreszeit eine Zierde sind. Sie behält die Blätter auch im Winter, selbst an exponierten, dem Wind ausgesetzten Stellen. Sie liebt einen sonnigen Standort und braucht einen guten, wasserdurchlässigen Boden. Man kann die Pflanze im Herbst teilen und dadurch vermehren.

Ficus carica

Feigenbaum
Höhe: 1,5 m, winterhart
Blühsaison: Sommer

Der Feigenbaum ist ein kleiner Baum oder groß wachsender Strauch mit hellgrünen Zweigen (wenn jung) und grau-grünen Zweigen (im Alter). Die großen, palmenwedelartigen Blätter sind mattgrün und verfärben sich im Herbst zu einem prächtigen Gelb-Orange. Der Feigenbaum ist eine vielseitige Pflanze und kann an einem Zaun oder als freistehender Busch eingepflanzt werden. Am besten aber eignet sich eine Hauswand, an der er auch vor starken Frösten geschützt stehen kann. Die Züchtung F. c. „Brown Turkey“ hat braun-grüne Früchte im Spätsommer.

Fraxinus angustifolia „Raywood”

Esche
Höhe: 45 m, winterhart
Blühsaison: Frühling

Die Esche ist ein mittelgroßer Baum mit einem bis weit in die Krone reichenden Stamm; die locker verzweigten, spitzwinklig ansteigenden Hauptäste und die regelmäßig angeordneten, schräg aufrecht wachsenden Zweige bilden zunächst eine geschlossene, schmal eiförmige Krone, die erst im Alter breiter und lockerer wird. Optimal sind mäßig trockene bis frische, schwach saure bis alkalische, mäßig nährstoffreiche, sandig-lehmige bis lehmige Böden. Die Blätter sind üblicherweise blau-grün, die sich im Herbst pflaumenrot verfärben.

Hakonechloa macra „Alboaurea“

Japan-Goldbandgras
Höhe: 75 cm, winterhart
Blühsaison: Herbst

Das Japan-Goldbandgras hat goldgelb leuchtende Blattschöpfe mit bogig überhängenden Blütenrispen. In der fernöstlichen Gartengestaltung unverzichtbar in Kombination mit größeren Steinen. Sehr apartes, bogig überhängendes Gras mit goldener Blattfärbung. Die weich überhängenden Blattschöpfe sind auffällig. An zusagenden Stellen kann es ansehnliche Horste bilden. Liebt locker-humosen, frischen, nährstoffreichen Gartenboden und halbschattige Lagen. Bei frischem Boden ist auch ein sonniger Standort möglich. Schöne fahlgelbe Herbstfärbung! Bei strengen Kahlfrösten ist etwas Winterschutz mit Fichtenreisig ratsam.

Hamamelis mollis

Japan-Waldgras
Höhe: 2 m, winterhart
Blühsaison: Winter/Frühjahr

Die Zaubernuss ist ein sommergrünes Gehölz, dessen Blüten sich mitten im Winter öffnen. Das Gehölz und auch seine Blüten sind vollkommen frosthart. Eine weitere Besonderheit ist, dass die fadenartigen Blüten einen guten Duft absondern. Die Blütenfarbe reicht dabei von Gelb, Orange, Rot bis mehrfarbig. Die leuchtende Herbstfärbung (Gelb/Orange) ist ein weiterer optischer Höhepunkt. Die Zaubernuss wächst relativ langsam und erreicht je nach Art/Sorte eine Höhe von 2 bis 4 Metern. Dabei wird ein überhängender Wuchs erreicht. Man sollte entsprechend genügend Platz einplanen.

Helleborus argutifolius

Korsischer Nieswurz
Höhe: 75 cm, winterhart
Blühsaison: Winter/Frühjahr

Der korsische Nieswurz ist eine winterharte, mehrjährige Pflanze, die mit ihren harten, ledrigen Blättern, die hellgrün und mit einem gezackten Rand versehen sind, eine schöne Mulde bildet. Im Herbst verfärben sich die älteren Blätter entlang der Ränder bronzengelb. Die großen Blütenköpfe bestehen aus gelben, trichterförmigen Blüten. Das Gewicht der Blüten führt häufig dazu, dass die Blütenstängel knicken. Man sollte solche Stängel deshalb nach der Blüte entfernen. Vermehrung durch Aussaat im Sommer.

Imperata cylindrica

Japanisches Blutgras
Höhe: 75 cm, winterhart
Blühsaison: Herbst

Das Japanische Blutgras trägt zu Recht diesen Namen. Bereits ab dem Sommer macht die auffallend, leuchtend rote Blattfärbung dieses Ziergras einzigartig und bringt eine interessante Abwechslung in den Garten, die bis weit in den Winter hinein anhält. Das Japanische Blutgras wird, je nach Standort und Bodenbeschaffenheit, 30-40 cm hoch. Die aufrechten Stängel (Triebe) sind mit dichten, im Sommer zunehmend leuchtend rot werdenden Blättern besetzt. Die rote Farbe wird gegen den Herbst hin immer intensiver und hält bis zum Winter an. In milden Wintern oder an sehr geschützten Standorten bleiben die Blätter bis in den Winter oder gar bis zum Frühling schön rot.

Lagerstroemia indica

Kreppmyrte
Höhe: 1,5 m, nahezu winterhart
Blühsaison: Sommer/Herbst

Die Kreppmyrte öffnet ihre aufrechten Blütenrispen im Spätsommer und Herbst in einem kräftigen Rosarot bis Rot. Wächst sogar in steinig-lehmigen Böden. Frieren die Triebspitzen im Winter zurück, ist das völlig unproblematisch, da die Zweige jährlich im März/April kräftig zurückgeschnitten werden sollten. Blüten bilden sich am Ende der einjährigen, d. h. im gleichen Jahr herangewachsenen Triebe. Das Blattwerk hat große, speerähnlich geformte Blätter. Sie sind hellgrün mit markanten Adern. Vermehrung durch junge Triebe im Sommer.

Larix decidua

Lärche
Höhe: 18 m, winterhart
Blühsaison: Frühling

Die Lärche ist ein wuchsstarker, laubabwerfender Baum. Die so genannten Nadeln sind 15 bis 30 mm lang, 0,5-0,8 mm breit, schmal, weich, abgeflacht und vorne stumpf oder nur wenig zugespitzt. Sie sind beim Austrieb hellgrün und dunkeln später. Im Herbst färben sie sich goldgelb und fallen ab. Die Blattbasen bleiben stehen, was dem kahlen Zweig ein raues Aussehen verleiht. Die Lärche wächst in nahezu jedem Boden. Durch ihren starken Wuchs ist sie aber eigentlich nur etwas für einen großen Garten.

Lindera obtusiloba

Gewürzstrauch
Höhe: 6 m, winterhart
Blühsaison: Frühjahr

Ein großer, laubabwerfender Strauch, der aus Japan stammt und der vor allem wegen seiner breiten, ovalen dunkelgrün glänzenden drei geteilten, aromatisch duftenden Blätter angepflanzt wird, die sich im Herbst buttergelb verfärben. Die kleinen, sternenförmigen gelben Blüten werden im Frühling blühen, bevor die Blätter erscheinen. Der Strauch mag den Halbschatten und feuchte, saure Erde. Vermehrung durch Aussaat im Frühling, obwohl ein Festwachsen der Wurzeln bis zu 18 Monate dauern kann.

Liriodendron tulipifera

Tulpenbaum
Höhe: 30 m, winterhart
Blühsaison: Sommer

Für einen Tulpenbaum braucht man etwas mehr Platz im Garten, aber den stellt man angesichts der attraktiven Belaubung und schönen Blüten, die an Tulpen erinnern, gerne bereit. Sommergrüner Baum. Im Herbst färbt sich das Laub leuchtend gelb und unterstreicht seinen Zierwert. Besonders wohl fühlen sie sich auf einer großen Rasenfläche. Der Boden sollte locker und durchlässig, aber stets gut feucht und humusreich sein.

Malus tschonoskii

Zierapfel
Höhe: 12 m, winterhart
Blühsaison: Frühling

Der Zierapfel ist ein schnellwüchsiger Baum mit bis weit in die Krone reichendem Stamm; die steil aufrecht strebenden Hauptäste und die bogig ansteigenden Zweige bilden eine schmal-kegelförmige Krone, die im Alter breitkegelig wird. Die junge Rinde ist stark weiß-filzig, später verkahlend und dunkelgrau; die Winterknospen sind rot. Das länglich-eiförmige Laub ist an den Langtrieben manchmal etwas gelappt; 7 bis 12 cm lang; im Austrieb weißfilzig, später auf der Oberseite kahl und dunkelgrün, auf der Unterseite behaart. Die Herbstfärbung ist Orange bis Purpurrot.

Miscanthus sinensis „Strictus“

Chinaschilf
Höhe: 1,2 m, winterhart
Blühsaison: Sommer

Das Chinaschilf ist eine wuchsstarke, polsterbildende Ziergraspflanze und hat starke, glänzende Blätter mit einem goldfarbenen Streifen. Sie verfärben sich gelblich-bronzenfarben im Herbst. Die Blütenköpfe bilden sich nur in einem extrem heißen Sommer und sind sehr gut zum Trocknen geeignet, um sie anschließend in Blumengestecken zu benutzen. Die übliche Vermehrung geschieht durch Teilung der Pflanze im März, wenn man das Polster in 4-5 Einzelteile spaltet. Die Pflanze ist anfällig für Überdüngung.

Nyssa sylvatica

Wald-Tupelobaum
Höhe: 8 m, winterhart
Blühsaison: Sommer

Der Wald-Tupelobaum ist ein langsam wachsender, blattabwerfender Baum aus Nordamerika mit einem breiten konischen Wuchs und horizontalen Ästen, die sich an ihren Enden nach oben richten. Die ovalen Blätter sind dunkel und glänzend im Sommer und verfärben sich in ein tiefes Rot, Orange und Gelb im Herbst. Die Blätter bekommt der Baum nicht vor Mai, wenn die Gefahr von Frostschäden nicht mehr gegeben ist. Er eignet sich nicht für Lehmböden oder trockene Böden. Vermehrung durch Aussaat im Herbst.

Ophiopogon planiscapus „Nigrescens“

Schlangenbart
Höhe: 25 cm, winterhart
Blühsaison: Sommer

Beliebte, aber nicht so leicht erhältliche Kontraststaude aus Japan. Pflanzen mit schwarzem Blatt sind äußerst rar. Mit weiß oder gelb blühenden mittelhohen Stauden kombinieren. Das ergibt einen sehr ungewöhnlichen Effekt. Bildet Ausläufer, ist aber eher schwachwüchsig. Die Pflanze liebt einen sonnigen Standort und braucht einen guten, wasserdurchlässigen Boden. Vermehrung durch Aussaat im Herbst oder Teilung der Pflanze im Frühling.

Paliurus spina-christi

Echter Christusdorn
Höhe: 4 m, fast winterhart
Blühsaison: Sommer

Der Echte Christusdorn entwickelt sich zu einem 1 bis 3 m hohen Strauch mit dornigen Trieben und eiförmigen, 2 bis 4 cm großen Blättern. Die Blüte ist gelblichgrün und erscheint im Juni/Juli. Aus ihr entsteht im Herbst eine flache, holzige Frucht, die eine Größe von 2 bis 3 cm besitzt. Er braucht bei strengeren Frösten Winterschutz. Vermehrung durch junge Stecklinge im Sommer oder Aussaat im Herbst. Der Wuchs der Pflanze ist langsam. Braucht einen sonnigen Standort und einen leichten, gut wasserdurchlässigen Boden.

Persicaria affinis

Schneckenknöterich
Höhe: 25 cm, winterhart
Blühsaison: Sommer/Herbst

Den Schneckenknöterich gibt es in verschiedenen Sorten. Wenn man Verblühtes regelmäßig entfernt, dann zeigt er seine Blüten vom Frühsommer bis in den Herbst. Sehr anpassungsfähig und eignet sich für sonnige bis halbschattige Standorte. Der Schneckenknöterich kommt sowohl mit einem gleichmäßig feuchten und humosen als auch mit einem eher trockenen, mineralischen Boden gut zurecht. Er ist immergrün und benötigt keinen Winterschutz. Im Herbst verfärben sich seine Blätter Dunkelrot oder Orange. Die Vermehrung kann durch Samen, Stecklinge oder Teilung erfolgen.

Prunus incisa

Geschlitzte Kirsche
Höhe: 4,5 m, winterhart
Blühsaison: Frühling

Die Geschlitzte Kirsche ist ein ansprechender Kleinstrauch mit gelbgrünen bis mittelgrünen Blättern, die im Herbst eine leuchtend orangerote Farbe annehmen. Die feinen Triebe sind zickzackförmig gebogen und gedreht. Ihre zahlreichen Blüten erscheinen von März bis April in rosaroten Knospen, die sich geöffnet heller in rosaweiß präsentieren. Diese Pflanze wächst dicht verzweigt und breitaufrecht auf eine Höhe von 1 m und eine Breite von 1,5 m. Sie eignet sich u. a. für Steingärten, kleinere Flächen und Pflanzgefäße. Die Kirsche trägt dunkelblaue Früchte.

Ptelea trifoliata

Hopfenstrauch
Höhe: 7 m, winterhart
Blühsaison: Sommer

Charakteristisch für den Hopfenstrauch sind die dreilappigen, frischgrünen Blätter, die wie die Triebe aromatisch riechen. Der Strauch besitzt recht unscheinbare Doldentrauben im Juni und kreisrunde, geflügelte Früchte im Herbst. Sehr selten gepflanzter sommergrüner Strauch, der recht anspruchslos in Hinblick auf Boden und Standort ist. Er ist raschwüchsig und wird bis zu 5 m hoch. Mit dunkelgrünen, aromatisch duftenden Blättern, die sich im Herbst buttergelb verfärben. Vermehrung durch junge Stecklinge im Sommer.

Rhus typhina

Essigbaum
Höhe: 4,5 m, winterhart
Blühsaison: Sommer

Der Essigbaum ist ein anspruchsloser kleiner Baum, der im Oktober mit seiner Laubfärbung unübersehbar ist. Doch nicht jede Variation des Essigbaums färbt sich im Herbst so prächtig von Grün bis in ein starkes Gelb-Orange und Rot. Der Baum stammt aus dem östlichen Nordamerika und ist ein kleiner, meist mehrstämmiger Strauch oder Baum. Die fiederartig geformten Blätter sind dabei sehr attraktiv. Der Baum ist winterhart und man kann ihn sehr leicht durch Stecklinge im späten Winter vermehren.

Rubus phoenicolasius

Japanische Weinbeere
Höhe: 3 m, winterhart
Blühsaison: Sommer

Ein 1 -3 m hoher Strauch, in der Wuchsform an die Brombeere erinnernd. Sie gedeiht sowohl an sonnigen wie auch schattigen Standorten. Sowohl die Blüten wie auch die etwa 1 cm Durchmesser aufweisenden Früchte sind außerordentlich dekorativ. Die schmackhaften Früchte können frisch genossen oder zu Marmeladen verarbeitet werden. Die hellgrünen Blätter, die sich in drei Unterblätter aufteilen verfärben sich im Herbst Gelb. Man sollte im Herbst altes Holz herausschneiden, um neues Wachstum anzuregen.

Rubus tricolor

Chinesische Brombeere
Höhe: 60 cm, winterhart
Blühsaison: Sommer

Die chinesische Brombeere ist ein niederliegender, wintergrüner Strauch mit andeutungsweise dreifarbigem Laub. Er bekommt Blüten, die zu 3 bis 4 in endständigen weißen Trauben zusammenstehen. Die daraus entstehende hellrote, etwas borstige Brombeere ist essbar. Der schnell wachsende Bodendecker für größere Flächen, benötigt bei strengen Kahlfrösten Winterschutz, wächst auf nahezu allen Böden, braucht viel Sonne oder aber Halbschatten; generell sehr widerstandsfähig auch gegen Krankheitserreger, aber rostanfällig.

Sorbus „Joseph Rock"

Eberesche
Höhe: 8 m, winterhart
Blühsaison: Sommer

Die Eberesche ist ein laubabwerfender aufrecht wachsender Baum. Im Frühjahr begeistert sie mit üppigen Blüten, im Herbst leuchten ihre Blätter und Früchte in prächtigen Farben. Den großen Auftritt haben Ebereschen im Herbst. Dann schmücken sie sich und ihre Verwandten mit dicken Bündeln leuchtender Beeren – in Rot, Orange, Weiß, Rosa und Gelb. Viele Arten der Gattung Sorbus entwickeln zudem eine temperamentvolle Herbstfärbung. Die auch Vogelbeere genannte Pflanze dient dabei vielen Vögeln als wertvolle Nahrungsquelle. Vermehrung durch Aussaat im Frühling.

Stephanandra tanakae

Hohe Kranzspiere
Höhe: 2 m, winterhart
Blühsaison: Sommer

Die Hohe Kranzspiere ist ein Strauch, der bis zu 2 m hoch und breit werden kann. Seine Blätter sind breit eiförmig bis fast dreieckig und 5 bis 10 cm lang, das Herbstlaub ist Orange bis Rot; die weißen Blüten erscheinen in 10 cm langen Rispen im Juni bis Juli. Dieses Deck- und Gruppengehölz für größere Gärten und Anlagen sollte möglichst in sonniger bis leicht schattiger Lage gepflanzt werden. Die Pflanze liebt einen sonnigen Standort und eine gut, wasserdurchlässige Erde. Man kann die Pflanze durch Hartholzstecklinge im Winter vermehren.

Tiarella wherryi

Schaublüte
Höhe: 30 cm, winterhart
Blühsaison: Frühling/Sommer

Die Schaublüte ist eine horstbildende Staude, die mit ihren tollen weiß-rosafarbenen Blütentrauben einen Blickfang in Ihrem schattigen Garten bildet. Sie bevorzugt einen halbschattigen Standort und einen leicht feuchten, lockeren Gartenboden. Sie wächst eher langsam. Sie eignet sich deshalb auch gut für Standorte unter Bäumen. Dabei stellt sie keinen großen Anspruch an die Bodenqualität, darf allerdings nicht austrocknen. Vermehrung der Pflanze durch Teilung im Frühherbst oder Sommer.

Toona sinensis „Flamingo“

Chinesischer Gemüsebaum
Höhe: 20 m, winterhart
Blühsaison: Frühling/Sommer

Ein ca. 20 Meter hoher Baum mit essbaren Blättern. Der Baum ist winterhart und auch in Europa kultiviert. Bevorzugt einen sonnigen Standort mit feuchter Erde und guter Drainage. Der Stamm ist rissig und grau. Die innere Rinde ist fleischrot, laminiert und riecht nach einer Mischung aus Knoblauch und Pfeffer. Die Blätter sind paarig gefiedert und ohne Nebenblätter. Die Blütenstände sind bis zu 1 Meter lange Rispen mit winzigen weißen Blüten. Sie verströmen einen starken, sauren Geruch, den man viele Meter weit wahrnehmen kann.

Weitere Pflanzen für den Herbst und Winter

Viele laubabwerfenden Sträucher oder Bäume gewinnen besonders durch ihre Herbstfärbung an Attraktivität. Für viele Gartenliebhaber ist deshalb auch der Herbst die interessanteste Jahreszeit. Die Pflanzen, die in diesem Kapitel aufgeführt sind und die unten weitere Erwähnung finden sind dabei nur eine kleine Auswahl von Pflanzen, die uns erfreuen, wenn das Jahr zu Ende geht. Einige Bäume produzieren dabei ihre besten Blattfarben, wenn man sie in einen leicht sauren Boden pflanzt, andere brauchen einen direkten sonnigen Standort. Diese Detailangaben sind in den Pflanzenbeschreibungen gemacht worden. Pflanzen, die sich im Herbst verfärben, sollte es in jedem Garten geben. Sie werden dabei schnell zu einem markanten Blickfang.

Bäume

Acer negundo „Flamingo“
A. platanoides
(Die meisten Arten des Ahorn bestechen im Herbst durch brillante Farbgebung)
Aesculus pavia
Amelanchier canadensis
Arbutus × andrachnoides
Cercidiphyllum japonicum
Crataegus (mehrere Sorten)
Cryptomeria japonica
Ginkgo biloba
Hamamelis × intermedia
Koelreuteria paniculata
Liquidambar styraciflua „Worplesdon“
Malus hupehensis
Ostrya carpinifolia
Oxydendrum arboreum
Parrotia persica
Populus alba
P. × canadensis „Serotina“
Prunus (mehrere Sorten)
P. sargentii
Pseudolarix amabalis
Pterocarya fraxinifolia
Pyrus calleryana
Robinia pseudoacacia
Sorbus (mehrere Sorten)
Stewartia sinensis
Taxodium distichum

Sträucher

Berberis (mehrere Sorten)
Calluna vulgaris
Cornus kousa var. *chinensis*
C. nuttallii
Daboecia cantabrica
Enkianthus campanulatus
Erica carnea „Springwood White“
E. × darleyensis „Darley Dale“
Euonymus fortunei cvs
Fothergilla major
Pyracantha „Mohave“
Pyracantha „Watereri“
Rhododendron (azaleas – Laubabwerfende Varianten)
Spireae japonica „Goldflame“
Symphoricarpos × doorenbosii
Vaccinium corymbosum
Viburnum opulus
V. plicatum „Lanarth“
V. tinus

Stauden und Kletterpflanzen

Epimedium grandiflorum
Holboella coriacea
Humulus lupulus „Aureus“
Miscanthus sinensis
Parthenocissus henryana
P. tricuspidata
Vitis coignetiae
V. vinifera „Purpurea“

Duftende Pflanzen

Kein Garten kommt ohne eine gewisse Zahl von duftenden Pflanzen aus. Idealerweise sollten es so viele Pflanzen sein, dass zu jeder Jahreszeit eine Pflanze in Ihrem Garten duftet. In diesem Kapitel sind sowohl aromatische Pflanzen mit einem attraktiven Blattwerk als auch duftende Stauden und Sträucher aufgeführt.

Oben: *Verbana Novalis ist eine einjährige, große Duftplanze.*

Gegenüber: *Eine pinkfarbene Azalee korrespondiert mit dem Blau von Vergissmeinnicht. Beide bringen eine Duftecke in Ihren Garten. Viele solche Ecken entstehen mehr durch Zufall als durch bewusste Planung.*

Oben: *Alte, traditionelle Rosenzüchtungen gehören zu den bekanntesten Duftblumen in jedem Garten, aber die meisten dieser Züchtungen blühen nur einmal im Jahr. Pflanzt man Rosen mit anderen Blumen und Pflanzen zusammen, wird man länger etwas von einer Duftecke haben.*

Zum Glück für Gartenliebhaber duften Pflanzen oftmals. Es gibt aber einige Pflanzen, die ganz besonders dafür geeignet sind und man sollte auf sie in keinem Garten verzichten, vielleicht im Idealfall sogar ein, zwei Pflanzen haben, die zu verschiedenen Jahreszeiten duften und blühen. Die Wahrnehmung des Dufts ist dabei natürlich sehr individuell und reicht von einem süßlichen bis zu einem weniger wohlriechenden Geruch, wie bei Hyazinthen oder zu würzigem Aroma wie beim Salbei.

Es muss dabei nicht immer die Blüte sein, die riecht oder duftet. Bei manchen Pflanzen, wie der Rosa primula, dem russischen Salbei oder der Minze ist es das Blattwerk, das den Geruch verströmt. Normalerweise riecht das Blatt dabei am intensivsten, wenn es in der Hand zerrieben wird. Deshalb macht es auch sehr viel Sinn, aromatische Pflanzen in der Nähe eines Weges anzupflanzen, wenn sie klein genug sind. Man kann sie auch zwischen Steinplatten anpflanzen, so dass man ihre Blätter mit den Schuhen zerdrücken kann, wenn man an ihnen vorbei geht. Ein Schneeball-Busch oder eine Minze können mit ihrem Duft in der Nähe eines Fensters ein gesamtes Haus mit ihrem Duft erfüllen. Gleiches gelingt natürlich auch Kletterpflanzen wie dem Jasmin, der Glyzinie oder dem immergrünen Trachelospermum jasminoides.

Die meisten Kräuter sind natürlich aromatisch: Für Lavendel, Salbei, das Heiligenkraut, die Katzenminze oder den Beifuß gilt dies im Besonderen. Die Blüten von vielen Duftpflanzen sind ebenso sehr bekannt. Jeder denkt natürlich zuerst an Rosen, wenn er an Duftpflanzen denkt, aber einige riechen alles andere als gut. Es gibt viele, die duften, also sollte man alle nicht-riechenden nicht weiter auswählen, wenn einem der Rosenduft wichtig ist. Die alten, traditionellen Rosen, z. Bsp. die Albas, sind diejenigen Rosen, die mit am kräftigsten duften und sind wieder sehr modern geworden, obwohl sie nur einmal im Jahr blühen. Neue Rosenzüchtungen, wie die „Englische Rose“ von David Austin, haben dabei alle Eigenschaften der alten Rosen, was ihren Wuchs und ihren Duft angeht, mit den Eigenschaften von modernen Rosen kombiniert. Es gibt mehrere hundert Rosensorten und das Kapitel Rosen (S. 198-201) beinhaltet einige der gefragtesten.

Wenn der Garten groß genug ist, empfiehlt es sich auch, einige der Duftblumen anzupflanzen, die man nachher trocknen kann. So kann man sich den Duft und das Aroma lange erhalten. Blumen, die sich gut trocknen lassen, sind zumeist Gewürzpflanzen und einige Stauden, besonders helichrysum.

Wenn Sie ein großes Sommerbeet planen, wo es Ihnen vor allem um große Farbenpracht geht, sollten Sie keinesfalls auf einige duftende Stauden verzichten. Sie werden Ihre Freude zusätzlich steigen lassen. Alternativ können Sie auch einige der duftenden Sträucher hinten ins Beet setzen, wenn Duftstauden nicht in Ihr Pflanzkonzept passen. Jeder Garten sollte aber unbedingt einen „philadelphus" haben, wegen seines wunderbaren Dufts.

Einige Pflanzen blühen dabei im Winter und obwohl Sie im Winter vom Duft nicht allzu viel haben werden, kann man ihre Blüten abpflücken und für einen Blumenstrauß im Haus verwenden. Die „hammamelis" ist eine solche Pflanze, ebenso der Seidelbast. Elaegnus x ebbingei ist eine andere, im Winter blühende und duftende Pflanze. Der Duft ist überraschend intensiv, so dass es einige Zeit dauert, bis man merkt, woher er kommt.

UNTEN: *Eine wunderbare Duftecke in einem Bauerngarten mit Salvia und Rosen, die miteinander kombiniert wurden, zusammen mit Lavendel im Hintergrund.*

Allium caeruleum

Beifuß
Höhe: 60 cm, winterhart
Blühsaison: Sommer

Einzelne Arten werden Beifuß, Wermut, Stabwurz oder Edelraute genannt. Zu dieser großen Gattung zählen etwa 250 bis 500 Arten. Sie erreichen je nach Art Wuchshöhen von 3 bis 350 cm. Sind meistens kahl und mehr oder weniger aromatisch. Die wechselständigen, gestielten oder ungestielten Laubblätter sind einfach bis mehrfach fiederteilig. Traubige oder rispige Blütenstände. Die Farbenvielfalt reicht von Weiß über Pink bis zu Blau. Zwiebeln im Herbst setzen und die Pflanze durch Aussaat im Frühling vermehren.

Blumenzwiebeln und Knollengewächse

Blumenzwiebeln und Knollengewächse sind die dankbarsten Pflanzen in einem Garten. Wenn man sie einmal gepflanzt hat, werden sie oftmals vergessen, bis sie auf einmal nächstes Jahr aus dem Boden hervorkommen. In diesem Kapitel werden diese Pflanzen dargestellt, die einfach in großer Zahl in jeden Garten gehören. Sie werden an ihnen über viele Jahre hinweg sehr viel Freude haben. Die meisten Zwiebelgewächse stellen keine großen Ansprüche an den Boden. Aber wenn sich die Stelle einmal als Staunässe darstellt, sollten sie Blumenzwiebeln einfach ausgraben und für das folgende Jahr an anderer Stelle neu pflanzen. Man sollte sie nicht wild durcheinander pflanzen, da Zwiebelgewächse zu unterschiedlichen Zeitpunkten blühen. Alle Blumen lieben ein wenig Dünger, wenn sie geblüht haben und sich neue Stärke aufbauen müssen. Und schließlich sollte man sie ausreichend tief eingraben – mindestens drei Mal so tief, wie die Zwiebel groß ist. Sollten sie im Rasen wachsen, sollte man mit dem nächsten Schnitt so lange warten, bis alle Blätter verwelkt sind.

Allium giganteum

Allium
Höhe: 1,2 m, winterhart
Blühsaison: Sommer

Der Zierlauch Allium giganteum ist die höchste und späteste aller Sorten. Er blüht im Juli. Seine dichten und leuchtenden Blütenkugeln werden von 150 cm hohen, standfesten Stängeln getragen. Sie sind violettfarben. Andere gute Züchtungen sind: A. rosenbachianum, pinkfarben, und A. multibulbosum, der eine außergewöhnliche flache Blüte trägt, A. flavum, gelb- blühend und A. ostrowskyanum, tief violett, der sich auch gut für den Steingarten eignet.

Alstromeria aurea

Chilenische Lilie
Höhe: 80 cm, winterhart
Blühsaison: Sommer

Die chilenische Lilie ist eine im Sommer blühende Staude mit einem üppig blühenden gelben Blütenwerk. A. aurea hat orangefarbene Blüten mit roten Blütenrändern und einem dichten, dunkelgrün glänzendem Blattwerk. Die populärste Sorte ist jedoch A. ligtu-Hybrid, die in vielen unterschiedlichen Farbtönen blüht – von Pink, über Orange, cremig Weiß mit einem oftmals andersfarbigen Blütenrand. Die Pflanzen lieben die Sonne und einen guten, wasserdurchlässigen Boden. Pflanztiefe: 25 cm und Mulchen im Herbst.

Amaryllis belladonna

Amaryllis
Höhe: 80 cm, fast winterhart
Blühsaison: Herbst

Sie ist die echte Amaryllis, die einzige ihrer Gattung. Von dem im Volksmund als Amaryllis bezeichneten Ritterstern unterscheidet sie sich vor allem durch ihren Wachstumsrhythmus: Ihre Blütezeit ist im Herbst. Als Zimmerpflanze ist sie nicht ganz einfach zu halten. Die Blüten der ähnlichen Belladonnalilie, mit der die Amaryllis belladonna oft verwechselt wird, sind kleiner, duften aber dafür intensiver als die vom Ritterstern; die Blütenstängel sind fest, die von Hippeastrum hohl. Die Belladonnalilie schätzt einen sonnigen Platz mit viel frischer Luft.

Anemone ranunculoides

Buschwindröschen
Höhe: 20 cm, winterhart
Blühsaison: Sommer

Das Gelbe Buschwindröschen wird 15 bis 20cm hoch, ist flach wachsend, polsterbildend, blüht gelb von April bis Mai. Ähnlich wie das Buschwindröschen wächst das Goldwindröschen. Auffallend sind hier besonders die buttergelben Blüten. Mehrere Pflanzen nebeneinander ergeben innerhalb weniger Jahre große Pflanzenhorste, die im Frühjahr an schattigen Stellen den Boden dicht bedecken. Pflanzzeit für die Knollen ist der Herbst, 2,5 cm tief. Die Pflanze ist anfällig für Schädlinge und Krankheiten.

Arum italicum

Italienischer Aronstab
Höhe: 50 cm, winterhart
Blühsaison: Frühling

Der italienische Aronstab stammt aus Europa. Er ist mit rein grünen oder gemusterten Blättern zu erhalten und kann bis zu 50 cm hoch werden. Die Blüten erscheinen von April bis Juni. Es handelt sich um eine im Herbst wachsende, wintergrüne Art, die, je nach Standort, ihre Blätter während des Sommers einzieht. Eignet sich am besten für sonnige bis halbschattige Standorte. Der Boden sollte humushaltig sein. Ist er eher mager, dann empfiehlt es sich, beim Pflanzen etwas Blumen- oder Komposterde einzuarbeiten. Knollen mit 10-15 cm Erde bedecken.

Arum italicum „Marmoratum"

Höhe: 30 cm, winterhart
Blühsaison: Frühling

Die Pflanze blüht im Herbst, wenn ihre glänzenden, grünen, cremigen und grauen speerförmigen Blätter sich an den Pflanzenstängeln entfalten. Die Blütenspaten, die in April und Mai erscheinen, sind blass gelb, grün und nach oben hin spitz zulaufend. Im Frühherbst bleibt nicht viel mehr von der Pflanze als ein gelblich-grüner Stamm, auf dem im oberen Drittel giftige rote Beeren wachsen. Vermehrung durch Teilung im Herbst.

Camassia leichtlinii

Blaue Prärielilie
Höhe: 90 cm, winterhart
Blühsaison: Sommer

Schmückt sich im Mai mit kräftig blauen, sternförmigen Blüten in lockeren Trauben auf hohen Stielen. Dabei kann eine Blütentraube bei eingewachsenen Beständen bis zu 100 Einzelblüten tragen. Sind ausgesprochen robust und langlebig. Bevorzugt einen Platz in der Sonne oder im Halbschatten. Der Boden sollte besonders im Frühjahr ausreichend feucht bis frisch sein. Brauchen lehmige, humose Böden und vermehren sich hauptsächlich durch Samen. Die Sämlinge wachsen in 3 bis 4 Jahren zu blühfähigen Pflanzen heran. Zur Verwilderung geeignet.

Carmassia quamash

Prärielilie
Höhe: 80 cm, winterhart
Blühsaison: Sommer

Die essbare Prärielilie ist eine ausdauernde krautige Pflanze, die eine Wuchshöhe von 20 bis 80 cm erreicht. Es werden traubige Blütenstände gebildet. Es sind sechs gleichgestaltige Blütenhüllblätter vorhanden, deren Farben zwischen hellen und sehr dunklen Blautönen variieren. Es gibt aber auch weiße und violette Züchtungen. Die Knolle kann hervorragend in feuchtem Boden vergraben werden, möglicherweise auch nahe am Wasser. Man sollte die Pflanze rechtzeitig teilen, sonst wird sie zu dominant.

Canna indica „Indian Shot"

Höhe: 100 cm, empfindlich
Blühsaison: Sommer

Canna indica ist eine bemerkenswerte Pflanze aus Südamerika und wurde speziell für den europäischen Markt kultiviert. Spanische und portugiesische Seefahrer brachten diese attraktive Blattpflanze mit den prachtvollen Blütentrauben aus Südamerika mit. Gehört zur Familie der Blumenrohrgewächse. Heute begegnen uns in den europäischen Gärten nur noch die Canna indica - Hybriden. Die zahlreichen Sorten unterscheiden sich nur in Wuchshöhe und Blütenfarbe. Das Spektrum umfasst Gelb, Rot, Scharlach, Apricot, Lachs sowie zweifarbige Blüten. Bekannt ist die gelb-rote Zwerghybride „Lucifer".

Cardiocrinum giganteum

Riesenlilie
Höhe: 1,8 m, winterhart
Blühsaison: Sommer

Die Riesenlilie ist eine prächtige Pflanze mit großen Blüten, die denen der Lilie ähnelt. Im Unterschied zur Lilie sind die über den ganzen Stängel verteilten großen Blätter jedoch herzförmig. Erst grünliche, dann weiße Blütentrompeten mit purpurfarbenem Schlund verbreiten im Juli-August einen starken Duft. Der trockene Blütenstängel mit den faustgroßen Fruchtkapseln beeindruckt auch noch im Winter. Die Pflanze liebt einen sonnigen Standort und sehr nahrhaften, humosen Boden. Schutz vor Schnecken erforderlich. Die Zwiebel nicht zu tief setzen, bedingt winterhart.

Chionodoxa luciliae Gigantea Group

Schneeglanz
Höhe: 15 cm, winterhart
Blühsaison: Frühling

Der Schneeglanz eignet sich hervorragend für den Steingarten oder unter Bäumen. Er breitet sich sehr schnell aus. Die Zwiebeln haben zwei Blätter und die kleinen, sternförmigen Blüten blühen blau und haben sechs Blütenblätter, die an einem blattlosen Stängel sitzen. Mitte. C. sardensis ist eine dunkelblau blühende Pflanze Die Zwiebel im August in ca. 7,5 cm Tiefe und genauso weit auseinander einpflanzen.

Clivia miniata

Riemenblatt
Höhe: 40 cm, frostempfindlich
Blühsaison: Frühling/Sommer

Das Riemenblatt trägt rote, glockenförmige Blüten in einer Dolde mit auffällig hervortretenden Staubblättern. Die Pflanze wird 50 - 80 cm hoch. Ihre Heimat ist Südafrika. Sowohl Blüten als auch Blattwerk sind äußerst attraktiv. Die Blätter bilden eine große Rosette. Sie sind lang, streifenförmig und glänzen dunkelgrün. Eigentlich wird die Pflanze als Zimmerpflanze genutzt. Deshalb braucht sie auch im Winter Schutz. Man sollte sie im Container einpflanzen, dann einwickeln und draußen überwintern lassen. Vermehrung durch Aussaat und Teilung der Pflanze.

Colchycum speciosum „Album"

Höhe: 20 cm winterhart
Blühsaison: Frühling/Sommer

Eine sehr angenehme Pflanze, die zumeist im Herbst blüht. Sie wird auch manchmal Herbstkrokus genannt. C. s. „Album" ist selten anzutreffen. Sie blüht weiß. Ihre aufrecht stehenden Blätter entwickelt sie erst im Winter. C. luteum ist eine Frühjahrspflanze und blüht gelb. C. autumnale hat violette, pinke oder auch weiße Blüten im September. Sie lieben einen sonnigen Standort und einen guten, wasserdurchlässigen Boden. Vermehrung durch Aussaat im Frühjahr oder Teilung im Herbst.

Crinum x powellii

Gartenamaryllis
Höhe: 100 cm, fast winterhart
Blühsaison: Sommer

Die winterharte Gartenamaryllis bildet bis zu 15 cm dicke, stammartig verlängerte Zwiebeln und schwertförmige, nach unten gebogene Blätter. Ältere Hakenlilien bilden Nebenzwiebeln aus. Vom frühen Sommer bis zum Herbst wachsen an den langen Blütenschäften Dolden mit 6 bis 8 prächtigen Blüten. Crinum X powellii, eine Hybride, bildet kugelförmige Zwiebeln mit einem Durchmesser von etwa 10 cm. Die bis zu 20 schwertförmigen Blätter dieser Lilie erreichen eine Länge von etwa 120 cm. Die Blüten sind rosarot gefärbt und grünlich schattiert. Sie lieben eine sonnige bis halbschattige Ecke.

Crocosmia „Lucifer"

Montbretien
Höhe: 75 cm, winterhart
Blühsaison: Sommer

Montbretien kommen ursprünglich aus Südafrika, wo das Klima milder und trockener ist als in unseren Breitengraden. Das erklärt auch die knappe Winterhärte. Das Auffälligste sind die bogig überhängenden, ausladenden Blütenstände. Sie bestehen aus trichterförmigen Einzelblüten, welche in einer zweireihigen Ährenform angeordnet sind. Die Farbenskala bewegt sich von Gelb über Orangegelb, Orange bis zu feurig Orangerot. Die lange Blütezeit kann sich von Juli bis Oktober erstrecken. Die Blätter sind schwertförmig und schmal, ähnlich einer Gladiole. Der Standort sollte warm, sonnig und eher geschützt sein.

Crocus chrysanthus „E. A. Bowles"

Krokus
Höhe: 7,5 cm, winterhart
Blühsaison: Frühling

Krokusse sind eine der populärsten Blumen im Frühling, die bereits ab dem Februar blühen. Und unter den Krokussen ist der „E A Bowles" mit seinen goldgelben Blütenblättern wahrscheinlich einer der schönsten. Es gibt eine riesige Zahl unterschiedlicher Züchtungen in allen möglichen Farbschattierungen. Man sollte die Krokusse an einer sonnigen, offenen Stelle einpflanzen. Die Pflanztiefe beträgt dabei nicht mehr als fünf Zentimeter. Man kann Krokusse durch Aussaat oder aber auch Teilung der Pflanzen im Herbst vermehren.

Crocus laevigatus

Krokus
Höhe: 7,5 cm, winterhart
Blühsaison: Herbst/Sommer

Dieser Krokus schließt die Lücke zwischen Herbst- und Frühlingsblühern! Er blüht je nach Wetterlage ab Ende November oder erst im Januar, sobald die Temperaturen über dem Gefrierpunkt liegen. Seine prachtvollen Blüten sind außen purpurviolett gefiedert. Es gibt viele verschiedene Sorten von Krokussen aus allen verschiedenen Teilen Europas und Asiens. Krokusse lieben dabei keinen kalten Wind. Sie sollten also einen geschützten Standort haben. Auch machen sie sich gut in einem Steingarten. Sie sind allerdings anfällig für Schädlingsbefall und Mäusefraß.

Crocus vernus ssp. albiflorus „Pickwick"

Krokus
Höhe: 7,5 cm, winterhart
Blühsaison: Frühjahr

Neben dem Schneeglöckchen einer der bekanntesten Blumen im Frühling, Blütezeit Februar / März. Dieser Frühblüher sollte in keinem Frühlingsgarten fehlen. Weniger bekannt ist, dass es Arten gibt, die im Herbst blühen. Sie werden als Herbstkrokusse angeboten. Aus einer Zwiebel entwickeln sich mehrere Blüten. Die meisten Krokusse sind voll winterhart. Man sollte neue Krokusse im August oder September anpflanzen – am besten in kleinen Gruppen, dann kommen sie am besten zur Geltung. Die Pflanzen mögen während des Wachstums nicht gestört werden.

Cyclamen coum

Alpenveilchen
Höhe: 7,5 cm, winterhart
Blühsaison: Winter/Frühjahr

Das Frühlings-Alpenveilchen ist neben der Türkei auch noch im Iran, Russland, Georgien und weiteren Staaten zu finden. Seinen deutschen Namen trägt es aufgrund seiner Blütezeit, die im Winter/Frühjahr liegt. Die Blütenknospen zeigen sich oft schon im November. Es existieren drei Unterarten (ssp. coum, ssp. elegans, ssp. caucasicum) sowie Zuchtformen mit weißen Blüten oder silbrig glänzenden Blättern. Cyclamen coum eignet sich für helle bis schattige Standorte und kann das ganze Jahr im Garten kultiviert werden.

Cyclamen hederifolium

Herbst-Alpenveilchen
Höhe: 15 cm, winterhart
Blühsaison: Herbst

Cyclamen hederifolium ist im deutschen Sprachraum als Herbst-Alpenveilchen oder Efeublättriges Alpenveilchen bekannt. Ursprünglich beheimatet ist es (u. a.) in: Albanien, Bulgarien, Italien, Frankreich, der Türkei und der Schweiz. Seine Blütezeit liegt im Herbst. Es existieren weiß, rosa und pink blühende Formen, einige davon haben metallisch/silbrig glänzende Blätter. Sie ist winterhart und eignet sich für helle bis schattige Standorte. Die Zwiebel wandert ca. zehn Zentimeter tief unter die Erde, die locker sein und Humus enthalten sollte.

Dahlia „Bluesette"

Dahlien
Höhe: 100 cm, fast winterhart
Blühsaison: Sommer

Dahlien sind sehr beliebte Pflanzen und sie bringen in jedes Beet viel Farbe. „Bluesette" hat große dunkelgrün glänzende Blätter und eine ebenso beeindruckende pinke Blüte mit einer goldenen Mitte. Andere Blütenformen der Dahlien sind dekorative Ball- oder Pompom-Blütenköpfe. Es gibt zehn verschiedene von ihnen. Dahlien brauchen sehr viel Sonne und einen guten, wasserdurchlässigen Boden. Alle Dahlien müssen im Winter ausgegraben werden. Sie sind nicht winterfest und man muss sie geschützt, beispielsweise in einem Kellerraum, überwintern lassen.

Dierama pendulum

Höhe: 150 cm, winterhart
Blühsaison: Sommer

Dierama pendulum ist eine mehrjährige Pflanze (1,50 m groß) mit pinkfarbenen Blüten. Die Gattung Dierama Name leitet sich aus dem antiken griechischen Wort für Trichter ab, bezogen auf die Form der Blüte. Die Blüten der Dierama pendulum sind attraktiv für Honigbienen. Die Blätter sind lang und gras-ähnlich und sterben im Winter teilweise ab. Am liebsten stehen die Pflanzen in der Nähe von Teichen und bevorzugen einen feuchten Standort.
D. pulcherrhimum hat lila Blüten, man kann sie leicht durch Aussaat im Herbst vermehren.

Eranthis hyemalis

Winterling
Höhe: 10 cm, winterhart
Blühsaison: Frühjahr

Frostharte Knollenpflanze (vgl. Schneeglöckchen). Die Staude hat ca. 1 cm große Knollen und bildet an einzelnen Stängeln drei, oft fein zerteilte, gefiederte oder gelappte Blättchen, die unterhalb der goldgelben Blüte einen Kragen bilden. Sie ist ungefüllt und hat in der Regel 6 Blütenhüllblätter um die Staubgefäße. An guten Plätzen bildet der Winterling Gruppen und verbreitet sich über große Flächen. Liebt lehmigen, feuchten, humosen und fruchtbaren Boden in voller Sonne oder im Halbschatten unter laubabwerfenden Gehölzen.

Erythronium dens-canis

Hundzahn
Höhe: 15 cm, winterhart
Blühsaison: Frühjahr

Den Hundzahn, auch Hundszahnlilie genannt, könnte man auf den ersten Blick für ein winterhartes Alpenveilchen halten, doch schon die Blätter lassen erkennen, dass sie nicht einmal verwandt sind. Der Name „Hundszahn" bezieht sich nicht auf die Blüten, sondern auf die Form der Zwiebeln, die bei Erythromium Arten aussehen wie der Zahn eines Hundes. Die Blüten sind dunkel-violett. Eine der besten Züchtungen ist E. d-s. „Purple King", pink blühend; E. d-s. „Rose Queen" ist rosafarben; E. d-s. californicum „White Beauty" ist weiß und E. d-cs. „Pagoda" blüht gelb. Sie lieben einen feuchten Boden und Schatten und vermehren sich.

Freesia

Freesien
Höhe: 60 cm, winterhart
Blühsaison: Sommer

Die lieblich duftenden Freesien, die auch als Schnittblumen populär sind, können einfach im Garten angepflanzt werden. Pflanzzeit ist der Frühling, um sie anschließend noch im Sommer zum Blühen zu bekommen. Nachdem die Blätter abgestorben sind, sollten sie zum Überwintern mit der Knolle aus dem Erdreich genommen werden, um sie im nächsten Jahr wieder anzupflanzen. Die Blume braucht viel Licht, einen leichten Boden und eine geschützte Ecke. Gelegentlich macht ihr auch ein Schädlingsbefall Probleme.

Fritillaria meleagris

Schachbrettblume
Höhe: 30 cm, winterhart
Blühsaison: Frühling

Die Schachbrettblume ist besonders, denn so leicht macht ihr das Karomuster keine andere Pflanze streitig. In der Natur ist sie stark bedroht und sollte nicht gepflückt werden. Im Garten sollte man sie aufgrund der geringen Fernwirkung so pflanzen, dass man sie von der Nähe betrachten kann. Die weiße Form alba ist etwas auffälliger und man sollte sie deswegen dazwischen „streuen". Liebt feuchten Boden und kann auch gut auf einer Wiese angepflanzt werden. Zwiebeln sollten im Herbst rund 10 cm tief in den Boden eingegraben werden. Im Sommer sollte man sie zum Überwintern nach der Blüte ausgraben.

Galanthus elwesii

Schneeglöckchen
Höhe: 20 cm, winterhart
Blühsaison: Frühjahr

Das Schneeglöckchen wird schon seit 500 Jahren in unseren Gärten kultiviert. Ein Grund mag die einfache Vermehrung sein, denn nach dem Verblühen der Blumen und Absterben des Laubes können die Blumenzwiebeln leicht aufgenommen und versetzt werden. Sie säen sich aber auch leicht selber aus. Und so wächst in den folgenden Jahren oft an ganz unvermuteten Stellen im Garten neuer Nachwuchs heran. Schneeglöckchen können auch in den Rasen gesetzt werden oder sie blühen in bodendeckenden Pflanzungen. Bevorzugt wird humoser Boden unter Eichen und Buchen – Kalk liebend.

Galanthus nivalis

Großblütiges Schneeglöckchen
Höhe: 20 cm, winterhart
Blühsaison: Frühjahr

Galanthus nivalis ist umgangssprachlich als großblütiges Schneeglöckchen bekannt. Sein natürliches Verbreitungsgebiet erstreckt sich von Südosteuropa bis in die Türkei. Es sind verschiedene Sorten zu erhalten, die zum Teil schon im Januar blühen, manche bereits im Dezember. Galanthus elwesii kann über 20 Zentimeter hoch werden und lässt sich vom einheimischen Schneeglöckchen (g. nivalis) durch seine breiteren Blätter unterscheiden. Es kann auch in unseren Breiten das ganze Jahr im Garten kultiviert werden und eignet sich für sonnige bis halbschattige Standorte.

Galtonia viridiflora

Sommerhyazinthe
Höhe: 100 cm, fast winterhart
Blühsaison: Frühling

Bedingt winterharte Zwiebelpflanze mit duftenden, hellgrünlichen Trichterblüten, die zahlreich und nickend an kurzer Röhre in schmalen Trauben von Juli bis September erscheinen. Die graugrünen, breiten Blätter verjüngen sich an der Spitze. Sonniger, geschützter Standort und fruchtbarer, vor allem feuchter, durchlässiger Boden werden bevorzugt. Da die Pflanze einen ungestörten Standort mag, bietet sich die Kultur in (großen) Kübeln an. Die Zwiebelspitze sollte beim Pflanzen gerade aus dem Boden herausschauen.

Hippeastrum „Apple Blossom“

Ritterstern
Höhe: 45 cm, empfindlich
Blühsaison: Winter/Frühjahr

Bemerkenswert sind die sehr großen Blüten, von denen sich mehrere an einem Blütenstiel befinden können. Die Blütenfarbe reicht von Weiß, Rot, Rosa bis Gelb (eher selten). Sie sind oft mehrfarbig und verschiedenartig gemustert. Blütezeit variiert je nach Art und Standort von Winter bis Frühjahr. Braucht durchlässige lehmhaltige Pflanzerde - am besten mit einer Drainageschicht aus Kies oder Blähton, um Staunässe zu vermeiden. Zwiebel nur bis zur Hälfte einpflanzen. Sonniger Standort, gern auch vollsonnig; in der Ruhephase dunkel stellen.

Hyacinthoides non-scriptus

Waldhyazinthe
Höhe: 25 cm, winterhart
Blühsaison: Frühling

Die Waldhyazinthe oder Atlantisches Hasenglöckchen ist bekannter als Bluebells, die in fantastischen Massenbeständen im Frühling die Böden ganzer britischer Wälder blau färben. Man kann sie mit dem Samen sehr einfach aussäen, es braucht allerdings einige Jahre, bis sie in dichten Büscheln zusammenstehen und blühen. Sie sind in der Regel sehr widerstandsfähig allerdings zuweilen anfällig für Rost.

Hyacinthus orientalis

Hyazinthe
Höhe: 25 cm, winterhart
Blühsaison: Frühling

Die Hyazinthe stammt ursprünglich aus Kleinasien. Bemerkenswert sind die dichten Blütenstände, die aus vielen röhrenförmigen Einzelblüten bestehen und die einen intensiven Duft verströmen. Es gibt sie in Cremegelb, Weiß, Blau, Rosa, Rot und mehrfarbig. Die Hyazinthe ist sehr robust und absolut winterhart. Alle Zuchtformen stammen von Hyacinthus orientalis ab. Eignet sich besonders für Blumenbeete und -rabatten, für den formalen Garten genauso wie für den Bauerngarten und den ländlichen Gartentyp. Sie braucht einen durchlässigen, humosen Boden, im halbschattigen bis sonnigen Bereich.

Leucojum vernum

Märzenbecher
Höhe: 15 cm, winterhart
Blühsaison: Frühling

Ein zu Unrecht etwas unbekanntes Dasein führt der Märzenbecher (auch: Frühlingsknotenblume). Er hat eine gewisse Ähnlichkeit mit Schneeglöckchen und wird daher häufig mit ihnen verwechselt. Jedoch sind seine Blüten etwas größer und die sechs einzelnen Blütenblätter haben vorwitzige, gelbgrüne Spitzen. Die Blüten sind ebenfalls weiß und glockenförmig. Die ca. 10-30cm hohen Pflänzchen beglücken uns schon zeitig im Jahr mit einem angenehmen Wohlgeruch. Bevorzugen eher feuchte nährstoffreiche Böden. Gut ist ein Platz am Teich oder einem Bachlauf, bevorzugt im Halbschatten.

Lilium „Casa Blanca“

Orientalische Lilie
Höhe: 100 cm, winterhart
Blühsaison: Sommer/Herbst

Die Orientalische Lilie „Casa Blanca“ ist eine eindrucksvolle Gartenschönheit, die je nach Pflanzzeitpunkt im Juli oder August blüht. Sie bietet viele gestalterische Möglichkeiten und ist außerdem eine ausgezeichnete Schnittblume. Ihre Blüten sind mit einem Durchmesser von bis zu 25 cm sehr groß. Die dunklen Staubgefäße bilden einen schönen Kontrast zu dem strahlenden Weiß der elegant zurück gebogenen Blütenblätter. Das zarte Grün in der Blütenmitte wirkt fast wie ein kleiner Stern. Ihre Blüten verströmen, wie viele der Orientalischen Lilien, einen angenehmen Duft.

Lilium regale

Königslilie
Höhe: 1,5 m, winterhart
Blühsaison: Sommer

Ist es ihr köstlicher Duft oder die weiße, trichterförmige Blüte, die ihr zu dem Namen Königslilie verhalf? Dabei ist sie eine der anspruchslosesten unter den Lilien! Die weiße Sorte mit den stark duftenden Blüten ist gartenwillig und robust. Die Königslilie braucht durchlässigen, humosen, nährstoffreichen Boden und einen sonnigen Standort. Ihr Duft erinnert sehr an Vanille. Er streift weit durch den Garten und wird an Intensität von dem anderer Pflanzen kaum überboten. Man sollte sie im Herbst drei Mal so tief vergraben, wie die Zwiebel groß ist.

Muscari armeniacum

Traubenhyazinthe
Höhe: 15 cm, winterhart
Blühsaison: Frühling

Die Traubenhyazinthen sind Zwiebelgewächse und sie lieben Licht und Wärme; sie blühen im Halbschatten aber ebenfalls sehr gut. Die Pflanzen dürfen nicht zu feucht stehen. Die Zwiebelgewächse eignen sich für Stein- und Wildstaudengärten und sie gehören in jede Frühlingsblumenrabatte. Die Zwiebeln werden nur 5cm tief gelegt. Man sollte sie so früh wie möglich in die Erde eingraben. Einmal in der Erde kann man sie sich dort für mehrere Jahre ungestört Jahr für Jahr wieder entwickeln lassen.

Narcissus „Golden Ducat“

Narzissen
Höhe: 40 cm, winterhart
Blühsaison: Frühling

Die Narzissen springen jedem Gartenliebhaber besonders wegen ihrer großen gelben Blüte sofort ins Auge, wenn sie vom nahen Sommer künden. Ihre Sortenvielfalt ist einfach nur verwirrend. Allein der Genus wird in zwölf verschiedene Unterabteilungen eingeteilt. „Golden Ducat“ hat eine gelbe, doppelt gefüllte Blüte. Alle Narzissen sollten im Frühjahr gepflanzt werden. Die Zwiebeln sollten mindestens 15 cm Boden über sich haben, damit sie sich gut entwickeln können.

Narcissus „Ice Follies“

Narzisse
Höhe: 40 cm, winterhart
Blühsaison: Frühling

Ein cremeweißer Kranz und eine große, flache, gelblichweiße Krone mit grünlicher Mitte zeichnen die Narzisse „Ice Follies“ aus. Die Krone ist am Saum gerüscht. Die sehr wüchsige und zuverlässige Garten-Narzisse blüht recht früh und reich. Sie ist zum Schnitt bestens geeignet. Zur Pflanzung in einer bunten Narzissenwiese aufgrund ihrer Eigenschaften sehr zu empfehlen! Viele Narzissen eignen sich zum Verwildern. Nährstoffreicher, humoser, im Frühjahr feuchter Boden bietet ideale Voraussetzungen. Sollten an einem ausreichend sonnigen Standort gepflanzt werden. Vermehren sich mit der Zeit über Tochterzwiebeln.

Narcissus „Kilworth“

Narzisse
Höhe: 40 cm, winterhart
Blühsaison: Frühling

Diese Narzisse hat ebenfalls große, blassblütige Blütenblätter mit einer orangefarbenen Mitte und einem grünen Auge. Alle Narzissen sind duftend, doch am meisten duften diejenigen Sorten, die eine kleinere Blüte haben. Es ist wichtig, dass man Narzissen nicht eher herunter schneidet, bis auch die Blätter nach der Blüte abgestorben sind, weil dies sonst die Zwiebel schwächt. Wenn man sie nicht tief genug pflanzt oder zu früh abschneidet, werden sie im nächsten Jahr „blind“ sein.

Nerine bowdenii

Guernseylilie
Höhe: 40 cm, fast winterhart
Blühsaison: Herbst

Die Guernseylilie hat ihren Namen davon, dass sie auf der gleichnamigen britischen Kanalinsel schon lange gezüchtet wird. Ist auf Guernsey aber auch in anderen Gebieten der Erde verwildert und eingebürgert. Bei uns verwildert sie zwar nur selten, aber immerhin bildet sie mit den Jahren dichte Bestände, die am reichsten blühen, wenn man sie ungestört lässt, denn Nerinen lieben es eng! Sie machen sich auch als Gewächshauspflanze sehr gut und wurden darum in jüngster Zeit besonders als Schnittblume immer beliebter. Sie hält sich bei niedrigem Wasserstand oft zehn Tage lang in der Vase.

Nerine sarniensis var. curvifolia f. fothergillii

Nerine
Höhe: 60 cm, fast winterhart
Blühsaison: Herbst

Züchtungen dieser Nerine können bis zu zehn Blütenköpfe in den verschiedensten Farbgebungen haben, die von Orange über Pink bis Weiß reichen. Sie sind nicht ganz so winterhart wie N. bowdenii und brauchen deshalb im Winter mehr Schutz. Einmal eingepflanzt brauchen die Nerinen aber ansonsten keine weitere Pflege. Sie brauchen eine gewisse Zeit, um sich in Kolonien anzusiedeln, aber ergeben im Herbst einen wunderbaren Anblick, wenn der übrige Garten relativ „nackt" aussieht.

Scilla siberica

Hyazinthe
Höhe: 10 cm, winterhart
Blühsaison: Frühling

Dieser reizende Frühjahrsblüher wird häufig mit dem Schneeglanz (Chionodoxa) verwechselt, ist aber ein sibirischer Blaustern. Sein riemenförmiges Laub und seine blauen, sternenförmigen Blüten ähneln diesem sehr. Blütezeit ist März bis April. Sehr robust, anspruchslos und absolut winterhart. Sagt ihnen ein Standort zu verwildern sie leicht. Eignet sich besonders für Steingärten, Blumenbeete und -Rabatten, unter laubabwerfenden Bäumen oder Sträuchern. Braucht humose, durchlässige, nährstoffreiche, vorzugsweise kalkhaltige Erde im halbschattigen bis sonnigen Bereich.

Triteleia hyacintha

Hyazinthe
Höhe: 35 cm, winterhart
Blühsaison: Frühling

Eine Blumenzwiebel, die im späten Frühjahr und Frühsommer blüht und große weiße, lilien-artige Blumenköpfe trägt, die im Sommer mit kleinen blauen oder violetten Punkten versehen sind. Die Pflanze hat lange, aufrechte Blütenhalme, die hellgrün sind. Sie brauchen viel Licht und einen guten, wasserdurchlässigen Boden und blühen nicht auf einem schweren Lehmboden, wenn dieser nicht vorher eigens vorbereitet worden ist. Sie sterben am Ende des Sommers ab. Aussaat im Herbst oder durch Ableger.

Tulipa „Golden Age"

Tulpe
Höhe: 45cm, winterhart
Blühsaison: Frühling

Botanisch gesprochen werden Tulpen in 14 Divisionen unterteilt, die wiederum in Frühblüher, Mitte-der-Saison-Blüher, und Spätblüher eingeteilt werden können. Sie machen die ersten elf Divisionen aus. Die Sorten Kaufmanniana, Fosteriana und Greigii und ihre Hybriden bilden die restlichen Einteilungen. Die Mitte-der-Saison-Blüher, die von April bis Mai blühen, sind am wetterbeständigsten und können deshalb auch an exponierter Stelle stehen. „Douglas Bader" ist eine wunderschöne blass pinke Sorte und „Prominence" eine dunkelrote.

Tulipa „Pink Impression"

Tulpe
Höhe: 45 cm, winterhart
Blühsaison: Frühling

Tulpen sind sehr ausdauernde Pflanzen und man kann sie deshalb in nahezu jeder Erde einpflanzen, solange die Böden einigermaßen wasserdurchlässig sind. Man pflanzt sie am besten in kleinen Gruppen an. Ein Fehler ist es, dabei verschiedene Tulpensorten zusammen zu fassen, denn sie blühen zu unterschiedlichen Zeitpunkten. „Pink Impression" ist eine Darwin-Hybride, die Ende April blüht. Sie gehört zu den größten Tulpen. Man kann Tulpen sehr einfach vermehren, indem man die Zwiebel im Sommer teilt. In feuchten Böden kann man die Zwiebeln zum Überwintern einlagern.

Zantedeschia aethiopica

Calla
Höhe: 75 cm, fast winterhart
Blühsaison: Sommer

Die Calla stammt ursprünglich aus dem südlichen Afrika. Sie ist in vielen Blütenfarben zu erhalten und blüht im Winter/Frühjahr. Gedeiht am besten an einem hellen, sonnigen Standort. Ein halbschattiges Plätzchen wird zwar auch vertragen, dort wächst sie aber langsamer. Nach der Blüte beginnt die Ruhezeit, dann verliert Zantedeschia aethiopica entweder alle oder einen Teil ihrer Blätter. Liebt feuchten Boden, vielleicht neben einem Teich, und sollte in einer Tiefe von 15 cm eingegraben werden. Auch braucht die Pflanze einen vor Wind geschützten Standort. Die Zwiebel sollte im Winter eingelagert werden.

Artemisia absinthium

Wermut
Höhe: 120 cm, winterhart
Blühsaison: Sommer

Der echte Wermut ist ein bis zu 1,20 m hoher Halbstrauch mit stark verzweigten Ästen und ist in den trockeneren Gebieten von Europa und Asien heimisch. Die dreifach fiederteiligen Laubblätter sind an beiden Seiten seidig behaart. Die kleinen, gelben Blüten stehen in einer reichästigen, vielblütigen Rispe. Medizinisch verwendet werden die zur Blütezeit gesammelten Blüten und oberen Sprossteile und Laubblätter. Charakteristisch sind der aromatische Geruch und der sehr bittere Geschmack. Vermehrung durch junge Stecklinge im Spätsommer.

Buddleja „Pink Delight"

Sommerflieder
Höhe: 3 m, winterhart
Blühsaison: Frühling

Der Sommerflieder ist ein beliebter Zierstrauch in unseren Gärten geworden. Er blüht in Vorgärten oder neben Terrassen im Sommer und ist ein echter Schmetterlingsmagnet. Blüte von Juli bis Oktober. Gewünschter Standort: Sonnig mit einem sich schnell erwärmenden, nährstoffreichen Boden. Mit dem Alter nimmt die Frostbeständigkeit zu. Die beste Pflanzzeit für den Schmetterlingsstrauch ist daher das Frühjahr - wenn im Herbst oder Spätsommer gepflanzt wird, ist Winterschutz nötig. Ein hartes Zurückschneiden ist von Vorteil. Stecklingsvermehrung im Frühjahr.

Chamaecyparis lawsoniana

Schein-Zypresse
Höhe: 15-25 m, winterhart
Blühsaison: Unbedeutend

Beliebte Heckenpflanze, doch auch als Solitär mit über 250 Variationen in der Welt der Botanik vertreten. Bei allen Sorten ist der Wuchs recht schmal und säulenförmig. Wuchshöhen und -zeiten sind sehr unterschiedlich. Schuppiges Laub. Bildung von Früchten und Zapfen. Der Standort für die Lawsonzypresse sollte von sonnig bis halbschattig, für die Jungpflanze nicht zu heiß und nicht zu trocken gewählt werden. Der Boden sollte frisch bis feucht, sauer bis schwach alkalisch, gut durchlässig und nährstoffreich sein.

Chimonanthus praecox

Chinesische Winterblüte
Höhe: 2,5 m, winterhart
Blühsaison: Winter

Ist es nicht zu kalt, öffnen sich die Blüten schon vor Weihnachten und blühen bis Februar/März! Der Frost beginnt den Blüten erst unter -10 °C zu schaden. Doch nicht nur der wunderbare Duft spricht für diesen Winterblüher, auch die kräftig gelben, später hellgelben Blüten leuchten den Winter aus. Die kleinen Blütenblätter im Innern sind interessant purpurn gefleckt und gestreift und kontrastieren stark zum Gelb. Gebildet werden die Blüten nur am zweijährigen Holz. Die Zweige eignen sich auch sehr gut für die Vase. Die Winterblüte liebt warme Plätze in sonniger bis leicht schattiger Lage.

Clematis armandii

Klematis
Höhe: 3-5 m, winterhart
Blühsaison: Frühling

Gehört zur Gruppe der frühblühenden Clematis. Treibt ihre Blüten im Spätwinter und Frühjahr und blüht am alten Holz. Die Blüten sind meist weiß oder auch zart pink. In der Regel reich blühend, kleinblumig und duftend, meist nach Vanille. Auch gibt es immergrüne Sorten in dieser Gruppe, zumindest wenn die Pflanze geschützt steht. Geeignet für Hauswände, Terrassen und Kübelbepflanzungen. Idealer Standort ist ein Wintergarten. Beim Pflanzen auf einen sonnigen bis halbschattigen Platz achten. Der Fuß muss beschattet sein. Ideal ist eine geschützte Süd- oder Westseite. Boden gut durchlässig, Staunässe vermeiden.

Convallaria majalis „Albostriata"

Maiglöckchen
Höhe: 25 cm, winterhart
Blühsaison: Frühling

Das Maiglöckchen ist sehr stark duftend und wo immer es in großen Kolonien auftritt, füllt sie die Luft mit ihrem Duft. Als winterharte, mehrjährige Pflanze verbreitet es sich sehr schnell selbst – auch im Schatten. Das Maiglöckchen gedeiht eigentlich in jedem Boden gut, liebt aber vor allem feuchte Böden mit altem, absterbendem Laub. Die Blätter sind breit, oval und wachsen paarweise, und die Spieren mit kleinen weißen, glockenförmigen Blumen stehen zwischen ihnen. „Albostriata" hat weiß gestreifte Blätter. Man kann die Kolonien vom Herbst bis zum Frühling zwecks Vermehrung teilen.

Convallaria majalis var. rosea

Maiglöckchen
Höhe: 25 cm, winterhart
Blühsaison: Frühling

Die rosafarbene Variante des Maiglöckchens ist eine wunderbare Pflanze, um mit ihrem Duft auch schattige Ecken zu betören. Es verbreitet sich selbst sehr schnell, wenn alle Bedingungen für die Pflanze passen. Das Maiglöckchen braucht Halbschatten und einen feuchten Boden. Es gibt verschiedene Züchtungen und Sorten, darunter auch eine pinke Version: C. m. var. Rosea und eine doppelt weißblütige Züchtung „Flore Pleno". Teilung der Pflanze vom Herbst bis zum Frühling möglich.

Daphne ordora

Seidelbast
Höhe: 1,5 m, winterhart
Blühsaison: Winter/Frühling

Der Seidelbast ist ein Strauch, der bestens geeignet ist, einem Wintergarten eine Duftnote zu verleihen. Mit seinen dunkel violetten und weißen Blüten, die in Büscheln entlang der immergrünen, ovalen Blätter zusammenstehen ist er ein früher Frühlingsbote. Aureomarginata ist eine winterharte Züchtung mit cremig-weißen Blätterrändern. Einfache Stecklingsvermehrung im Herbst, der Busch kann aber auch im Herbst ausgesät werden. Braucht eine fruchtbare, gut wasserdurchlässige Erde und verträgt es nicht, verpflanzt zu werden. Anfällig für Schädlingsbefall, der auch seine Blüte betreffen kann. Bei Blattlausbefall sollte man die jungen Triebe herausschneiden.

Dianthus „Pink Mrs. Sinkins"

Nelke
Höhe: 25 cm, winterhart
Blühsaison: Sommer

„Pink Mrs Sinkins" und „Mrs Sinkin" sind zwei der stärker duftenden Nelken. Wachsen niedrig und haben sehr viele Blüten. Stängel und Blattwerk sind silbrig. Gedeihen am besten in der Sonne und in saurem Boden. Stecklingsvermehrung. Selbstaussaat. Im Handel werden viele Farben angeboten, auch Mischungen, neuerdings einjährige Hybridsorten wie Heimatland (Dunkelrot mit Weiß), Holborn (Weiß mit rotem Zentrum), Pink Duty (Lachs), Scharlachkönigin (Rot), Summer Sunday.

Hyssopus officinalis

Ysop
Höhe: 45 cm, winterhart
Blühsaison: Sommer

Der schöne Ysop ist meist in doppelter Hinsicht eine Zierde, denn er ist bei schönem Wetter stark umschwärmt von Hummeln und Schmetterlingen, besonders von Weißlingen, z.B. dem Kohlweißling. Ysop ist ein besonders pflegeleichter Rosenbegleiter, den man als ebenso geeigneten Ersatz verwenden kann, wenn der manchmal etwas heikle Lavendel im eigenen Garten nicht so recht gedeihen will. Auch als Einfassungshecke eignet er sich sehr gut, vor allem auch, weil er in nicht allzu harten Wintern immergrün ist (halbimmergrün). Man kann ihn im Frühling und Sommer durch junge Stecklinge leicht vermehren.

Iris graminea

Gras-Schwertlilie
Höhe: 20 cm, winterhart
Blühsaison: Sommer

Die Gras-Schwertlilie ist in Wuchs und Form bescheiden und unscheinbar. Wie der Name schon andeutet, sind ihre Blätter grasartig. Sie entspringen aus einem dichten Horst, der aus relativ dünnen und kurzen Rhizomen besteht. Der blütentragende Stängel, in der Regel nur ein- oder zweiblütig, ist flachgedrückt und zweikantig. Die relativ kleinen Irisblüten sind im Laub versteckt, duften aber sehr stark. Ihre äußeren Blütenblätter sind nur ca. 3 cm lang, ihre Ränder meist etwas aufgerollt. Sie braucht mageres Grasland mit kalkreichem und stickstoffsalzarmem, steinigem oder sandigem Boden, der locker, warm, eher trocken sein sollte.

Iris unguicularis

Iris
Höhe: 25 cm, winterhart
Blühsaison: Herbst/Winter

Die Winter-Iris wird nur sehr selten als Pflanze im Handel angeboten. Angeblich ist sie nur in den mildesten Klimaten Deutschlands winterhart. Zumindest für diese Herkunft gilt dies nicht, denn sie überlebt seit Jahren (allerdings bei gutem Schneeschutz) selbst die härtesten Winter. Die Pflanzen frieren nach den ersten Frösten meist komplett zurück, treiben aber jedes Frühjahr wieder von Neuem aus. Die Blütenfarbe ist ein sehr helles Lavendelblau. Eine Besonderheit für den mediterranen Garten, auch geeignet für Kalthaus und Wintergarten.

Lathyrus odoratus

Duftwicke
Höhe: 1,2 m, winterhart
Blühsaison: Sommer

Die einjährige Pflanze der Familie der Schmetterlingsblüher hat geflügelte, bis zu 3 m hohe Triebe und ovale, paarig angeordnete Blätter, die in einer Ranke auslaufen. Die als Blütenstiele verwendeten Seitentriebe können bis zu 30 cm lang werden und bis 6 betörend duftende Einzelblüten tragen. Die Blüten erscheinen in den Farben Weiß, Rosa, Lachsfarben, Rot, Blau und Violett von Juni bis September. Bevorzugt einen sonnig bis halbschattigen Standort und einen nährstoffreichen, tiefgründigen, kalkhaltigen Boden.

Laurus nobilis

Lorbeer
Höhe: 4 m, winterhart
Blühsaison: Unauffällig

Laurus leitet sich von dem lateinischen Wort für „Lob" = laus ab. Das bezieht sich auf die Lorbeerkränze für Siegesfeiern. Der Lorbeerbaum ist ein zweihäusiger, bis zu 10m hoch werdender immergrüner Baum oder Strauch. Dunkelgrüne, ledrige Blätter mit kurzen Stielen. Zwischen April und Mai bilden sich weiße oder gelbe, duftende, sternförmige Blüten. Daraus bilden sich kirschgroße eiförmige Früchte. Diese sind zuerst grün und verfärben sich bei Erreichen der Reife schwarzviolett. Verträgt problemlos Fröste von -10 °C im Winter. Fröste im Frühjahr können die neuen Triebe dennoch zerstören. Die jungen, doch voll entwickelten Blätter werden im Sommer geerntet.

Lavandula angustifolia „Hidcote"

Lavendel
Höhe: 60 cm, winterhart
Blühsaison: Sommer

Aus dem Echten Lavendel, der neben anderen Lavendelsorten in der Provence feldmäßig angebaut wird, destilliert man noch heute ein hochwertiges und teures ätherisches Öl. Lavendel kann, besonders wenn er durch Aussaat vermehrt wird, in Höhe, Wuchs und Blütenfarbe variieren. „Hidcote" ist eine alte, sehr bewährte farbschöne Sorte mit wunderbar tiefvioletten Blüten, graugrünen Blättern und kompaktem, gedrungenem Wuchs. Langsamwüchsig. Durch die intensive Färbung sind die kurzen Blütenähren sehr gut zum Trocknen geeignet.

Lavandula x intermedia

Lavendel
Höhe: 60-90 cm, winterhart
Blühsaison: Sommer

Die Sorten von Lavandula x intermedia sind aus einer Kreuzung von Lavandula angustifolia mit Lavandula latifolia hervorgegangen. Sie sind in allen Pflanzenteilen deutlich größer als Lavandula angustifolia und seine Sorten. In der Provence wird daraus das typische Lavandin-Öl gewonnen. Das Lavandin-Öl ist weniger wertvoll und deshalb viel günstiger als das Öl des echten Lavendels. Trotzdem sind es wunderbare, aromatische Pflanzen. Bei allen Lavandula x intermedia-Sorten ist ein guter Winterschutz nicht nur ratsam, sondern in kühlen Gegenden unerlässlich.

Lonicera japonica

Heckenkirsche
Höhe: 10 m, winterhart
Blühsaison: Sommer

Rund 200 immergrüne oder sommergrüne Arten. Passt sich gut in Zonen mit kälterem Klima an, auch wenn das milde Klima für diese Pflanzen ideal ist. Die Heckenkirsche ist besonders geeignet zum Bewachsen von Mauern, Lauben und Einzäunungen, manchmal auch als Hecke. Bevorzugt sonnige und halbschattige Lagen; wenn möglich so pflanzen, dass die Basis der Pflanze immer im Schatten liegt, während das Laub und der obere Teil der Pflanze in der Sonne liegen. Humusreicher, durchweg feuchter, gut drainierter Boden.

Magnolia grandiflora

Magnolie
Höhe: 4 m, winterhart
Blühsaison: Sommer

Ihre bis zu 25 cm großen, weißen, seidig schimmernden Sommerblüten sind mit ihrem intensiven Duft ein Genuss für die Nase. Der Flor setzt bei steckholz- oder stecklingsvermehrten Exemplaren bereits ab dem 3. bis 4. Lebensjahr ein. Es folgen zapfenartige Fruchtstände mit auffälligen, roten Samen. Ihre festen Blätter glänzen oberseits dunkelgrün, unterseits sind sie mit einem bräunlich-roten Filz überzogen. Hohe Frosthärte erlaubt ein Auspflanzen überall an teilsonnigen, windgeschützten Plätzen mit stets feuchtem, lehmigem, kalkarmen Boden.

Mahonia x media „Charity"

Höhe: 3 m, winterhart
Blühsaison: Herbst/Frühjahr

Dieser immergrüne Busch ist besonders gut für den Winter geeignet. Das trifft vor allem für seine gelben, stark duftenden Blüten zu. Es gibt verschiedene Sorten und Züchtungen, die allein nur wegen ihres Duftes angepflanzt werden. „Charity" ist eine davon. Gedeihen am besten im Schatten oder Halbschatten und bevorzugen fruchtbaren Boden. Vermehrung durch Aussaat des Samens, wenn er reif ist oder durch junge Stecklinge im Sommer. Sehr winterfest. M. bealei blüht von Februar bis Mai, M. x media je nach Kultivar von November bis Februar/März oder gar April, beide in gelben, duftenden, aufgerichteten Trauben.

Malus hupehensis

Zierapfelbaum
Höhe: 10 m, winterhart
Blühsaison: Sommer

Zierapfel-Bäume werden zwischen einem und bis über zwölf Meter hoch. Also Vorsicht beim Kauf der Bäume für den Garten. Man sollte immer auf die Wuchshöhe achten, wenn man nur begrenzt Platz im Garten zur Verfügung hat. Die Standortansprüche sind ähnlich wie diejenigen der Obstäpfel-Bäume. Neben den ostasiatischen Arten wie Tee-Apfelbäume gibt es noch M. „John Downie". Man sollte neue Bäume im Herbst oder Frühjahr anpflanzen. Der Baum kann Halbschatten vertragen. Er ist – wie alle Obstbäume – anfällig für Schädlingsbefall.

Metha suavolens „Variegata"

Minze
Höhe: 60 cm, winterhart
Blühsaison: Sommer

Die Rundblättrige Minze ist eine ausdauernde, krautige Pflanze, die Wuchshöhen von 30 bis 80 Zentimetern erreicht. Bildet unterirdische Ausläufer aus. Der Stängel ist weichhaarig-zottig. Die Blätter sind rundlich-eiförmig und relativ klein. Sie sind auffallend kerbig gesägt und am Grund abgerundet bis herzförmig; die Oberseite ist stark runzelig. Bei der Varietät Mentha suaveolens var. suaveolens ist die Unterseite filzig. Kommt auf nassen und zeitweilig überfluteten Weiden (Flutmulden), an Gräben und an nassen Wegrändern vor. Bevorzugt nährstoffreiche Böden.

Myrtus communis

Brautmyrte
Höhe: 3 m, empfindlich
Blühsaison: Sommer

Die Brautmyrte oder Echte Myrte hat ihren Namen aus einer früheren Tradition, sie für Brautsträuße zu verwenden; vor allem gibt es diesen Brauch im Mittelmeerraum, wo er ein Symbol für Liebe und Frieden ist. Ihre schönen glänzenden immergrünen Blätter duften aromatisch. Bei uns in Deutschland ist die Brautmyrte nicht winterhart bzw. frosthart, sie verträgt allenfalls -10 bis -15 Grad, sofern ihre Triebe vollständig ausgereift sind. Volle Sonne, möglichst heißer, regengeschützter und windgeschützter, aber luftiger Platz. Das kann zum Beispiel vor einer Mauer sein. Vermehrung durch junge Stecklinge im Sommer.

Nicotiana x sanderae

Waldtabak
Höhe: 90 cm, fast winterhart
Blühsaison: Sommer

Der Waldtabak hat seine Blüten durchgehend 24 Stunden geöffnet. Der Duft allerdings ist bei ihm auf die Dämmerungs- und Nachtstunden beschränkt. Er reicht weit und lockt große Nachtschwärmer an. Die Duftqualität entspricht fast der von Nicotiana alata. Tabake sind also Pflanzen für lange und warme Sommerabende. Dann sind sie auch Restlichtverstärker, d.h. ihre weißen Blüten treten bei Dämmerung und Mondenschein in aller Pracht hervor. Er sollte in der Sonne stehen und einen guten, wasserdurchlässigen Boden haben. Er ist generell sehr widerstandsfähig.

Nicotiana sylvestris

Waldtabak
Höhe: 100 cm, fast winterhart
Blühsaison: Sommer

Wird oftmals als einjährige Pflanze gezogen, die ganz besonders über ihre kleinen, weißen Blüten an den Blütenstängeln in den Abendstunden einen aromatischen Duft ausstößt. Die Blütenstände stehen straßförmig am Ende eines jeden Stängels ab. Man kann den Waldtabak sehr leicht im Frühjahr aussäen. Wie alle Tabakpflanzen braucht auch er viel Sonne und einen guten, wasserdurchlässigen Boden. Der Waldtabak ist generell Krankheiten gegenüber sehr widerstandsfähig, obwohl manchmal anfällig für Nacktschnecken.

Origanum vulgare

Oregano
Höhe: 25 cm, winterhart
Blühsaison: Sommer

Oregano ist eine ausdauernde, stark aromatisch duftende Gewürzpflanze mit hübschen, kleinen rosa Blüten, die Schmetterlinge anzieht. Völlig anspruchslos, unempfindlich gegen Trockenheit. Wächst am besten in der vollen Sonne und verwildert gerne durch Selbstaussaat, z.B. in löcherigem Rasen. Die violetten bis dunkel-lila Blüten stehen in dichten Dolden am Ende der Blühsaison im Sommer. Aussaat durch Samen im späten Frühjahr. Man kann auch die Blätter des Oregano, der auch unter dem deutschen Namen Dost bekannt ist, als Gewürz anstelle von Majoran nehmen.

Osmanthus x burkwoodii

Burkwood
Höhe: 1,8 m, winterhart
Blühsaison: Frühling

Kleinblättriger und -wüchsiger als seine Verwandten, aber ebenso duftgewaltig. Als Kreuzung aus Osmanthus decorus und Osmanthus delavayi hervorgegangen, sind die Blüten weiß und verströmen ihr intensives, süßes Parfüm bevorzugt im Frühling. Nachblüten sind im Sommer und vor allem im Herbst häufig. Der Wuchs ist von Natur aus dicht und kompakt, Endhöhen über 2 m sind selten. Die Winterhärte der immergrünen Sträucher erlaubt ein dauerhaftes Auspflanzen im Garten an sonnigen oder halbschattigen Plätzen in humusreicher, durchlässiger Erde, oder die Kultur in Pflanzgefäßen, die nur während strenger Dauerfrost-Phasen geschützt gestellt werden sollten.

Pelargonium crispum

Duftperlagonie
Höhe: 60 cm, empfindlich
Blühsaison: Sommer/Herbst

Die Duftperlagonie ist eine aus Südafrika stammende Art, deren Blätter einen milden, zitronenähnlichen Duft verströmen. Aufgrund ihrer Größe, pelargonium crispum wird nur bis knapp 30 Zentimeter hoch, eignet sich diese Sorte auch für die ganzjährige Kultur auf der Fensterbank, wenn man ihr vom Frühjahr bis in den Herbst ein sonniges Plätzchen anbieten kann. Man sollte sie schnellstens nach dem letzten Frost auspflanzen und anschließend kräftig düngen. Vermehrung durch junge Stecklinge im Spätsommer. Anfällig für verschiedene Erkrankungen.

Pelargonium tomentosum

Pfefferminzgeranie
Höhe: 30-80 cm, frostempfindlich
Blühsaison: Sommer

Die Pfefferminzgeranie hat herrlich weiche Samtblätter. Die Blüten sind klein und recht unscheinbar. Pfefferminzgeranien bewurzeln gut und lassen sich daher leicht durch Kopfstecklinge vermehren. Blüht weiß und verströmt einen erfrischenden Pfefferminzduft - sehr intensiv! Es sind „Streichelpflanzen“: Wenn Sie mit der Hand darüber streicheln, wird der Duft freigesetzt und parfümiert die Umgebung. Vertragen volle Sonne und sind mit wenig Wasser zufrieden. Duftgeranien können sehr alt werden - vorausgesetzt, sie bekommen keinen Frost.

Philadelphus „Beauclerk“

Falscher Jasmin
Höhe: 2 m, winterhart
Blühsaison: Sommer

Der falsche Jasmin ist ein Zierstrauch der Bauerngärten, der wegen des Blütenduftes Verwendung findet. Philadelphus coronarius wächst auf jedem Gartenboden in Sonne und Schatten. Die Hybriden sollten jedoch nicht im vollen Schatten stehen. Bei den Sträuchern sollte regelmäßig das Altholz von der Basis her entfernt werden. Eine regelmäßige Verjüngung in Form eines allgemeinen Rückschnittes wird nicht empfohlen (ist aber möglich) - auch nicht die Einkürzung der einzelnen Triebe - also den Strauch immer nur auslichten. Die Blüten erscheinen bei Philadelphus coronarius von Mai bis Juni.

Philadelphus coronarius

Pfeifenstrauch
Höhe: 3 m, winterhart
Blühsaison: Sommer

Durch den straff aufrechten Wuchs des Europäischen Pfeifenstrauchs eignet dieser Strauch sich auch als freistehender Solitär für den kleineren Garten. Eine Vielzahl stark duftender weißer Blüten erscheint Mitte Juni, wenn viele andere Sträucher ihre Blüte schon beendet haben. Im Wuchs ist der Strauch mit schlanken Trieben versehen, im Alter etwas überhängend. Seine Blüten sind weiß und duftend. Standort: Sonnig bis Halbschatten. Die Pflanze ist bodentolerant und frosthart. Vermehrung durch Sommerstecklinge, Steckhölzer, Teilung der Pflanze. Alte Triebe bodennah abschneiden.

Primula auricula „Adrian“

Aurikel
Höhe: 15 cm, winterhart
Blühsaison: Frühling

Die herrlich gelben Blütendolden zwischen silbern gepuderten Blättern erscheinen in der zweiten Aprilhälfte und blühen bis in den Mai hinein. Bunte Palette schöner Farben, die von gelb bis dunkelsamtrot reicht. Lieben einen guten, nährstoffreichen, kalkhaltigen Boden, der nie ganz austrocknen darf. Für die Auspflanzung sind absonnige bis halbschattige Stellen im Steingarten besonders geeignet. Ältere Exemplare der Primeln lassen sich nach der Blütezeit im Sommer leicht teilen.

Rhododendron luteum

Rhododendron
Höhe: 3 cm, winterhart
Blühsaison: Frühling

Rhododendren und Azaleen gehören zu den schönsten Frühlingssträuchern, deren Blüten oft auch duftend sind. Der Name „Rhododendron“ leitet sich vom griechischen „rhodo“ (= Rose) und „dendron“ (= Baum) ab. Ausschlaggebend für gutes Wachstum ist der richtige Standort, denn sie brauchen lichten Schatten oder Halbschatten sowie sauren Boden. „Luteum“ ist stark duftend und hat große, gelbe Blüten. Sie gehört zu den Hybrid-Rhododendren-Arten. Sie gehören einfach in jeden großen Garten und können sehr ausladend werden. Genug Raum einplanen.

Rosmarinus officinalis „Jackman's Prostrate“

Rosmarin
Höhe: 2 m, winterhart
Blühsaison: Sommer

Rosmarin liebt einen sonnigen, nicht zu feuchten Standort. Am besten gedeiht er auf kalkhaltigen, nahrhaften und lehmigen Sandböden. Die Aussaat erfolgt ab Mitte März im Gewächshaus, Frühbeetkasten oder auf einer nach Süden gelegenen Fensterbank bei einer Temperatur von + 20 °C bis + 22 °C, Aussaattiefe 1 cm. Rosmarin keimt sehr ungleichmäßig. Nicht winterhart. Soll sie überwintern, pflanzt man die Staude in einen Topf und stellt sie an ein Südfenster. Achtung: Im Winter nicht zu stark gießen.

Santolina chamaecyparissus

Silberblättriges Heiligenkraut
Höhe: 60 cm, winterhart
Blühsaison: Sommer

Das Silberblättrige Heiligenkraut pflanzt man am besten in trockene, durchlässige Böden an vollsonniger Stelle (steppenartige oder mediterrane Pflanzungen, große Steingärten, Dachgärten, aber auch mit Lavendel zu Rosen!). Ihr fein zerteiltes, je nach Art frischgrünes oder graufilziges Blatt ist sehr aromatisch und soll Insekten abwehren. Die gelben Körbchenblüten erscheinen im Juli und August. Der Duft mag nicht jedem zusagen, schwingt doch Zypresse, Kamille und Apotheke mit. Gut als Beeteinfassung zu verwenden. Das Heiligenkraut sollte im Frühjahr zurückgeschnitten werden.

Sarcococca hookeriana

Fleischbeere
Höhe: 200 cm, winterhart
Blühsaison: Winter

Die duftende Fleischbeere wird bis zu 200 cm hoch und ist ein immergrüner Strauch mit grünem Stamm und hellgrünen, lanzettlichen Blättern. Die schlanken, weißen bis hellrosafarbenen Blüten erscheinen zwischen Februar und März. Aus ihnen bilden sich etwa 0,5 cm große, dunkelrote bis schwarze Beeren. Aufgrund ihres frühen Blühtermins sowie der stark nach Honig duftenden Blüten erhält die Duftende Fleischbeere zunehmend Einzug in die mitteleuropäischen Gärten. Sie ist frosthart und gedeiht auch im Schatten, fühlt sich in der Sonne aber deutlich wohler.

Syringa x chinensis

Königsflieder
Höhe: 2,5 m, winterhart
Blühsaison: Frühling

Der Königsflieder macht wenige Wurzelausläufer, wächst langsam und bildet mit den Jahren 4 m hohe und ebenso breite runde Büsche. Königsflieder sind sehr anspruchslos und eignen sich sogar als Windschutzhecke. Trockenheit im Sommer wird vertragen, Staunässe jedoch nicht. Die stark duftenden Blüten erscheinen etwas später als bei S. vulgaris, was in spätfrostgefährdeten Lagen vorteilhaft ist. Die kleinen, einfachen Einzelblüten bilden lockere überhängende 15 - 30 cm lange Rispen in großer Fülle.

Syringa vulgaris „Congo“

Flieder
Höhe: 5 m, winterhart
Blühsaison: Frühling

Liebt eine vollsonnige Lage in humusreicher, durchlässiger, lehmiger Erde, die auch gerne etwas kalkhaltig sein darf. Verträgt Halbschatten, obwohl in diesem Fall mit schwächerer Blüte gerechnet werden muss. Keine Staunässe. Die Blüte setzt bereits im Mai ein und hält sich bis Mitte-Ende Juni. Blüht in blau, weiß, rödich pink, und neue Sorten haben auch gelbe Blüten. Die Wildform duftet sehr stark, und dient somit als Unterlage für neue Züchtungen. Nach der Blüte Verblühtes sofort abschneiden.

Tagetes patula

Studentenblume
Höhe: 25 cm, fast winterhart
Blühsaison: Sommer

Studentenblumen gehören zu den dankbarsten Sommerblumen. Diese orange Tagetes passt besonders gut zur Rabattenbepflanzung, auf Beete, in Kästen und Tröge. Pflege: Bei der Kultur auf der Fensterbank die Pflanzen nach ca. 3 Wochen in Torftöpfe pikieren und bei 16 – 18°C an einem hellen Standort weiterkultivieren. Bei Aussaat im Frühbeet die Pflanzen nach ca. 4 – 5 Wochen auf 10 cm pikieren oder vereinzeln. Mitte Mai an einem sonnigen Standort im Abstand von ca. 30 x 30 cm pflanzen. Die Anzucht unbedingt vor Schnecken schützen. Im Mai ins Freiland pflanzen. Standort: sonnig bis halbschattig, mittelschwerer, nährstoffreicher Boden.

Verbena x hybrida

Verbenen
Höhe: 25 cm, empfindlich
Blühsaison: Sommer/Herbst

Verbenen, nach ihrem griechischen Pflanzennamen auch Eisenkräuter genannt, sind namensgebend für die ganze Familie der Eisenkrautgewächse und wegen ihrer überreichen Blüte und sehr langen Blütezeit beliebte Sommerblumen. Ihre Blüten sind leuchtend Rosa, Pink, Violett, Blau oder Weiß, meist klein und stieltellerförmig. Bei den gärtnerisch bedeutenden Sorten stehen sie hauptsächlich in vielblütigen, Dolden-ähnlichen Blütenständen zusammen. Auch ihre oft rauhaarigen Blätter sind durch gelappte oder fiederspaltige Form sehr hübsch. Nicht frosthart.

Viburnum x burkwoodii

Duftschneeball
Höhe: 2,5 m, winterhart
Blühsaison: Frühling

Der wintergrüne Duftschneeball ist eine Sorte aus Nordamerika. Der halbimmergrüne, rundliche, kompakt wachsende Strauch wird nur ca. 150 cm hoch. Aus rosafarbenen Knospen erblühen im April und Mai rahmweiße, stark duftende Blüten in runden, doldenartigen Blütenständen. Die gelbe, orange oder weinrote Herbstfärbung tritt nicht gleichmäßig auf. In Einzelstellung kann der fast kugelrund wachsende Strauch gut in gemischte Rabatten integriert werden. Bevorzugt wird ein sonniger bis halbschattiger, geschützter Standort auf mäßig trockenen bis frischen, nährstoffreichen, durchlässigen, schwach sauren Böden.

Viburnum carlesii

Koreanischer Schneeball
Höhe: 1,2 m, winterhart
Blühsaison: Frühling

Der Koreanische Schneeball verfügt über einen breitbuschigen bis kugeligen Wuchs. Im April/Mai trägt er weiße Blüten, die im Aufblühen noch rosa gefärbt sind. Sie duften sehr süßlich. Seine Belaubung besteht aus stumpfgraugrünen Blättern, die im Herbst eine orange bis rotbraune Farbe annehmen. Diese Sorte ist frosthart und wächst auf eine Höhe von 1 -1,5 m. Im Herbst färben sich die festen, dunkelgrünen Blätter leuchtend rot. Aufgrund der geringen Wuchshöhe eignet sich dieses Gehölz für eine Pflanzung in der Nähe von Terrassen.

Viburnum farreri

Schneeball
Höhe: 2,5 m, winterhart
Blühsaison: Winter

Die Gattung Viburnum, der Schneeball, wird wegen seiner schneeballartigen weißen Blütenrispen so bezeichnet. Die winterharten Sträucher sind sommer- oder immergrün. Bereits Ende November beginnt die Blüte, oft schon zur Zeit des Laubfalls. Der Hauptflor liegt allerdings im Frühjahr. In der Knospe sind die Blüten tiefrosa, geöffnet wechseln sie dann zu weißrosa. An Standorten in der Nähe von Fenstern oder an Wegen, die auch im Winter benutzt werden, kann man sich an ihren Blüten und vor allem an dem Duft erfreuen. Die Ansprüche an den Boden sind gering. Sonniger bis leicht schattiger Standort.

Viola odorata

Duft-Veilchen
Höhe: 15 cm, winterhart
Blühsaison: Frühling

Duft-Veilchen sind im Garten völlig unproblematisch, solange der Standort nicht zu heiß ist. Bevorzugt werden kühle, luftfeuchte Plätze im lichten Schatten von Gehölzen und lehmiger, nährstoffreicher Boden. Auch volle Sonne ist möglich, wenn der Boden ausreichend feucht ist. Duftveilchen vertragen Wurzeldruck. Verwenden lässt sich Viola odorata wunderbar als duftende Unterpflanzung von Rosen oder als Beeteinfassung. Wer die Sorten echt behalten will, muss die Aussaat verhindern. Ein Entfernen der Samenkapseln nach der Blüte ist in diesem Fall unbedingt nötig.

Wisteria sinensis

Glyzinie
Höhe: 30 m, winterhart
Blühsaison: Frühling

Glyzinien sind nicht-immergrüne, winterharte, schnell wachsende Kletterpflanzen aus dem Reich der Schmetterlingsblütler für den Garten, die blau-lila blüht. Die Blütezeit des Blauregens liegt im Mai-/Juni. Danach setzt er in langen Schoten Samen an, die mit einem hörbaren Knall zu Boden fallen können. Wisteria blüht am vorjährigen Holz. Deswegen sollte man direkt nach der Blüte den Blauregen kräftig schneiden, dann aber bis zur nächsten Blüte im Folgejahr möglichst nicht mehr. Für große Blüten-Fülle braucht der Blauregen einen sonnigen Standort. Kräftige Rankgerüste und Schutz von Baulichkeiten empfohlen. Im Halbschatten/Schatten blüht er weniger.

Wisteria sinensis „Alba“

Weißer Blauregen
Höhe: 30 m, winterhart
Blühsaison: Frühling

Der weiße Blauregen hat einen sehr schnell wachsenden, links windenden Wuchs. Die weißen Blüten der Wisterie erscheinen vor dem Blattaustrieb im Mai bis Juni in lockeren, ca. 30 cm langen Trauben. Die daraus entstehenden behaarten Hülsenfrüchte sind giftig. Nach der Blüte erscheinen die gefiederten, hellgrünen Blätter der Wisterie. Der Standort sollte sonnig bis halbschattig auf sandig-lehmigem Boden sein. Sehr winterhart, nicht für die Kübelbepflanzung geeignet. Am Ende des Winters hart zurückschneiden. Blauregen blüht selten innerhalb der ersten fünf Jahre.

Weitere Duftpflanzen

Viele Gartenpflanzen verströmen einen betörenden Geruch und in vielerlei Hinsicht ist es einfacher, eine Liste aufzustellen, mit den Pflanzen, die nicht duften. Die einzigen Pflanzen, die man vielleicht vermeiden sollte, sind Liguster, die einen eher abschreckenden Duftstoff verströmen und jene Pflanzen, die man gemeinhin als Foetedi[illegible] (=stinkend) bezeichnet. Viele Rosen haben einen wunderschönen Wohlgeruch, genauso wie viele Blumenzwiebeln und viele andere Pflanzen, die zu Anfang dieses Kapitels beschrieben wurden. Wir haben deshalb keine Rosen und Blumenzwiebeln in der folgenden Liste aufgenommen, weil es einfach keinen Platz gibt, um all die Pflanzen zu erwähnen, die im Handel und in der Zucht erhältlich sind. Wir haben uns deshalb auf Pflanzen konzentriert, deren Blätter riechen und deren Blüten wohlriechend sind.

Bäume und Sträucher

Abelia × grandiflora
Carpentaria californica
Caryopteris × clandonensis
Cercidiphyllum japonicum
Choisya ternata
Clethra arborea
Coronilla valentina ssp. *glauca*
Corylopsis pauciflora
Crataegus (mehrere Sorten)
Cytisus battandieri
Deutzia scabra „Plena“
Eucalyptus gunnii
Fothergilla major
Genista aetnensis
Hamamelis × intermedia
Laburnum × watereri „Vossii“
Lavandula angustifolia
Lonicera nitida
Osmanthus delavayi
Philadelphus coronarius „Variegatus“
Phillyrea latifolia
Phlomis fruticosa
Populus balsamifera
P. × candicans „Aurora“
Prunus (mehrere Sorten)
Rhododendron – azaleas (in variety)
Robinia pseudoacacia
Ruta graveolens „Jackman's Blue“
Salvia officinalis Purpurascens Group
Skimmia japonica
Spartium junceum
Styrax officinalis
Syringa × henryi

Stauden und Kletterpflanzen

Centaurea moschata
Crambe cordifolia
Dianthus „Doris“
Erysimum cheiri
Galium odoratum
Jasminum officinale
Lathyrus grandiflorus
L. latifolius
Lonicera × brownii „Dropmore Scarlet“
L. periclymenum „Belgica“
L. × tellmanniana
Petasites japonicus
Romneya coulteri
Saxifraga cuneifolia
Trachelospermum jasminoides
Wisteria floribunda

Gartenarbeit *im* Jahreswandel

EINLEITUNG

Der Erfolg kommt nicht von allein, auch nicht für den erfahrenen Gärtner. Für den Anfänger liegt der Schlüssel zum Erfolg größtenteils in aussagekräftigen Ratschlägen für all die wesentlichen Fragen, die hinter einem gut gepflegten Garten stecken, den wir alle so sehr bewundern.

Wenn Sie sich nun nicht sicher sind, was Sie jetzt genau tun sollen, dann wird es Ihnen dieses Buch beschreiben und zeigen. Die Aufgabenverteilung orientiert sich an den Jahreszeiten anstatt an bestimmten Wochen, da die Gartenarbeit sehr wetterabhängig ist und exakte Terminierung irreführend und möglicherweise riskant für die Pflanzen sein kann.

Erfolgreiches Gärtnern lässt sich nicht allein an einem genauen Kalender festmachen. Frost kann bereits im frühen Herbst einsetzen oder unerwartet im Frühsommer auftreten. Der Boden kann gefroren sein, wenn Sie Pflanzen setzen wollen oder aber zu trocken, wenn Sie ihre Sommersaat säen möchten. Verwenden Sie die vorgeschlagenen Zeiteinteilungen als Richtlinie, aber seien Sie darauf vorbereitet, Aufgaben gegebenenfalls vorzuziehen oder nachzustellen, um Ihrem eigenen Bereich und der jeweiligen Jahreszeit gerecht zu werden.

Die dringendsten Aufgaben fallen oftmals im Frühjahr und Herbst an und wenn frostempfindlichen Pflanzen ausgesetzt oder nach drinnen geholt werden. Wenn Sie über den richtigen Zeitpunkt unschlüssig sind ist es immer hilfreich darauf zu achten, wann Ihre städtische Gartenabteilung diese Aufgaben ausführt.

Im Winter kann die Zeiteinteilung jedoch etwas vernachlässigt werden und in vielen Fällen ist es unerheblich, wenn Sie eine Aufgabe um einen Monat vor- oder nachziehen. Dies ist sehr günstig, da es Ihnen erlaubt, eine Aufgabe bei schlechtem Wetter zu verschieben oder während einer Gutwetterperiode Zeit wieder gut zu machen.

LINKS: *Azaleen sind beliebte Sträucher. Doch sie benötigen sauren Boden. Sie können einen einfachen Bastelsatz verwenden, um den Säuregehalt zu bestimmen.*

RECHTS: *Solidago – Hybriden sind ausgezeichnete Grenzbepflanzungen für den Spätsommer.*

LINKS: *Unterarten der Anemone x hybrida und der A. hupehensis kommen voll zur Geltung, wenn die meisten Grenzpflanzen schon abgeblüht sind.*

LINKS: *Die herrliche, immergrüne, mehrjährige Liriope Muscari.*

RECHTS: *Sorbus aucuparia behält manchmal seine Beeren über den Winter, wenn Vögel sie nicht essen.*

Frühjahr

Dies ist eine Zeit, in der man Gärtner nicht bremsen kann. Wenn die Tage länger werden, die Luft nicht mehr kühl ist und pralle Knospen und Vogelgezwitscher die Sinne anregen, können sie es kaum erwarten, mit dem Pflanzen zu beginnen. Das frühe Frühjahr ist aber auch eine Zeit, in der Vorsicht geboten ist, da der Winter mit dem Frühlingsanfang meist noch nicht ganz vorbei ist. Einer der häufigsten Gründe für Enttäuschungen bei Garteneinsteigern ist die Tatsache, dass sie zu früh gesät haben – insbesondere ins Freiland. Oft überholen Pflanzen, die einige Wochen später ausgesät wurden, diejenigen, die früher gepflanzt wurden im Wachstum, da sie keine Beeinträchtigungen in ihrer Entwicklung erfahren mussten.

GEGENÜBERLIEGENDE SEITE: *Selbst kleine Frühlingsblumen entfalten eine große Wirkung, wie diese Gruppe von Narzissen, Lungenkraut und Anemone blanda.*

OBEN: *Tulpen gehören zu den schönsten Frühlingsblumen, ganz besonders hübsch sehen sie aus, wenn sie zusammen mit Vergissmeinnicht gepflanzt werden.*

FRÜHLINGSANFANG

In kalten Gegenden kann es in den ersten Frühlingsmonaten noch eisig und kalt sein, in gemäßigtem Klima können Sie jedoch schon mit vielen Arbeiten im Freien beginnen. Wenn Sie im Freien säen und pflanzen, bedenken Sie jedoch, dass die Boden- und Lufttemperatur wichtig sind. Nur wenige Samen gehen auf, wenn die Bodentemperatur unter 7 °C liegt – es empfiehlt sich daher, die Bodentemperatur vor dem Aussäen mit einem Bodenthermometer zu messen.

GARTENARBEITEN IN KÜRZE

Der Nutzgarten

- ☐ Kompost und Dünger hinzufügen, falls notwendig
- ☐ Zwiebeln und Schalotten pflanzen
- ☐ Den Boden mit Frühbeetabdeckungen aufwärmen
- ☐ Säen Sie frühe Nutzpflanzen im Frühbeet oder unter Frühbeetabdeckungen
- ☐ Beginnen Sie mit der Aussaat von Gemüse ins Freiland, wenn Sie in einem milden Klima leben – viele Sorten können schon im frühen Frühjahr gesät werden – achten Sie auf die Packungsaufschriften, welche geeignet sind
- ☐ Verwenden Sie eine Gartenbaufolie oder einen Folientunnel für frühe Sorten, wenn Sie kein passendes Frühbeet haben
- ☐ Pflanzen Sie Saatkartoffeln
- ☐ Düngen Sie Obststräucher, wenn sie es brauchen
- ☐ Decken Sie Erdbeeren mit einer Folie ab, wenn Sie eine frühe Sorte haben
- ☐ Pflanzen Sie neue Erdbeeren

UNTEN: *Pflanzen Sie Erdbeeren – achten Sie aber darauf, dass sie kräftig sind und keine Krankheiten haben.*

Der Blumengarten

- ☐ Beenden Sie das Pflanzen von wurzelnackten Bäumen und Sträuchern
- ☐ Pflanzen Sie Containerpflanzen
- ☐ Pflanzen Sie Stauden
- ☐ Säen Sie winterharte, mehrjährige Pflanzen
- ☐ Düngen und mulchen Sie Beete und Rabatten
- ☐ Pflanzen Sie Gladiolen und Sommerblumen
- ☐ Mähen Sie den Rasen zuerst auf hoher Stufe

UNTEN: *Säen Sie neuen Rasen bei mildem, feuchten Wetter an.*

- ☐ Säen Sie neuen Rasen an oder verlegen Sie Fertigrasen
- ☐ Kaufen Sie Samen und Blumenzwiebeln, falls Sie es bis jetzt noch nicht gemacht haben
- ☐ Säen Sie Erbsen
- ☐ Frühjahrsschnitt von Sträuchern, wenn nötig
- ☐ Räumen Sie den Steingarten auf und ergänzen Sie eventuell neue Steine

Das Treib- und Gewächshaus

- ☐ Nehmen Sie Chrysanthemenableger
- ☐ Setzen Sie Begonien- und Gloxinienknollen
- ☐ Topfen Sie Geranien und Fuchsien um, die schon gewurzelt haben
- ☐ Topfen Sie Chrysanthemen um, die schon gewurzelt haben
- ☐ Nehmen Dahlienableger
- ☐ Säen Sie Samen von Beet- und Topfpflanzen

UNTEN: *Sie können die Ableger umtopfen, sobald sie gut angewachsen sind.*

- ☐ Verziehen Sie Setzlinge, die sie früher gesät haben oder topfen Sie sie um
- ☐ Erhöhen Sie die Belüftung der Frühbeete an warmen Tagen
- ☐ Überprüfen Sie die Pflanzen auf Schädlinge und Krankheiten, die sich oft sehr schnell vermehren, sobald es warm wird

DIESE PFLANZEN SIND JETZT AM SCHÖNSTEN

Bergenia (nicht holzige Immergrün)
Camellia (Strauch)
Chionodoxa (Blumenzwiebel)
Crocus (Blumenzwiebel)
Eranthis hyemalis (Blumenzwiebel)
Garrya elliptica (Strauch)
Helleborus orientalis (Staude)
Hyacinthus (Blumenzwiebel)
Iris reticulata (Blumenzwiebel)
Magnolia stellata (Strauch)
Mahonia (Strauch)
Muscari armeniacum (Blumenzwiebel)
Primula × polyantha (Staude)
Prunus cerasifera (Baum)
Tulipa kaufmanniana (Blumenzwiebel)

OBEN: *Eine Sorte der Tulipa kaufmanniana.*
LINKS: *Iris reticulata.*
UNTEN: *Sternhyazinthen und Krokusse.*

ZWIEBELN SETZEN

Die größten Zwiebeln zieht man normalerweise aus Samen. Wenn Sie ihnen aber nicht die erforderliche Aufmerksamkeit widmen können, wird das Ergebnis enttäuschend ausfallen. Setzzwiebeln sind hingegen ein fast narrensicherer Weg, um Zwiebeln zu pflanzen und sie werden mit einer guten Ernte für einen sehr geringen Aufwand belohnt.

1 Ziehen Sie mit dem Ende einer Harke oder eines Rechens eine schmale Furche und verwenden Sie eine Gartenschnur für eine gerade Linie. Setzen Sie die Zwiebeln mit einem Abstand von ungefähr 15 cm.

2 Ziehen Sie den Boden über der Linie wieder gerade, so dass die Spitzen der Zwiebeln noch zu sehen sind. Wenn Vögel ein Problem sind – sie können die Zwiebeln an den alten Trieben herausziehen – schützen Sie sie mit einem Netz oder stecken Sie die Zwiebeln einfach nach dem Wurzeln wieder zurück in die Erde.

SCHALOTTEN SETZEN

Schalotten eignen sich für Mixed Pickles, können aber auch wie normale Zwiebeln verwendet werden. Sie werden fast immer aus Setzzwiebeln gezogen, die Sie entweder kaufen können oder noch von der letztjährigen Ernte übrig haben.

1 Schalotten werden wie normale Setzzwiebeln gepflanzt – mit einem Abstand von 15 cm - müssen aber eventuell etwas tiefer gesetzt werden, da sie etwas größer sind. Drücken Sie die Zwiebeln so in die Furche, dass die Spitzen gerade noch zu sehen sind. Ziehen Sie die Erde anschließend mit einer Harke oder einem Rechen wieder über die Furche.

2 Schalotten kann man schon sehr früh ernten und Sie können sie normalerweise schon im Spätwinter ins Freiland setzen, es sei denn, Sie leben in einer kalten Region. Wenn Sie es verpasst haben, im Winter zu pflanzen, aber trotzdem eine schnelle Ernte wollen, können Sie sie einzeln in Töpfen vorziehen.

3 Stellen Sie die Töpfe in ein Frühbeet oder Gewächshaus, bis die Triebe 3-5 cm hoch sind. Dann pflanzen Sie die Schalottensprösslinge mit einem Abstand von 15 cm ins Freie.

Frühgemüse ins Freiland pflanzen

Eine frühe Aussaat kann ein Glücksspiel sein. Wenn es zu kalt ist, kann das Saatgut verfaulen, bevor es keimen kann, andere Gemüsesorten neigen dazu zu schießen, wenn sie nach dem Keimen sehr kalten Wetterbedingungen ausgesetzt sind. Konzentrieren Sie sich daher auf die winterharten Sorten wie breite Bohnen und frühe Erbsen. Sie können auch mit einigen anderen Gemüsesorten einen Versuch starten, müssen aber damit rechnen, dass Sie eventuell nachsäen müssen, wenn sie nicht gut gedeihen.

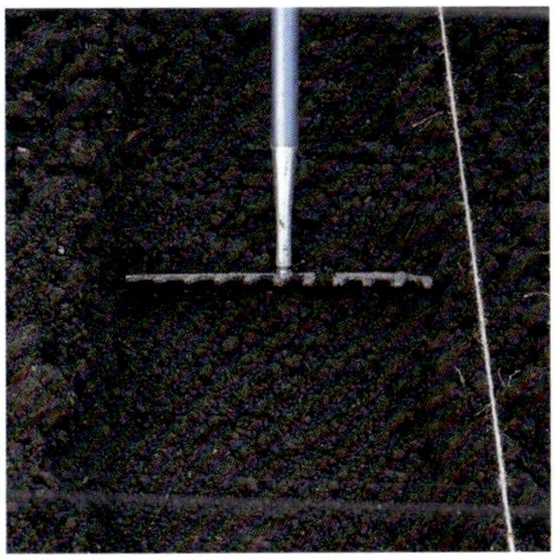

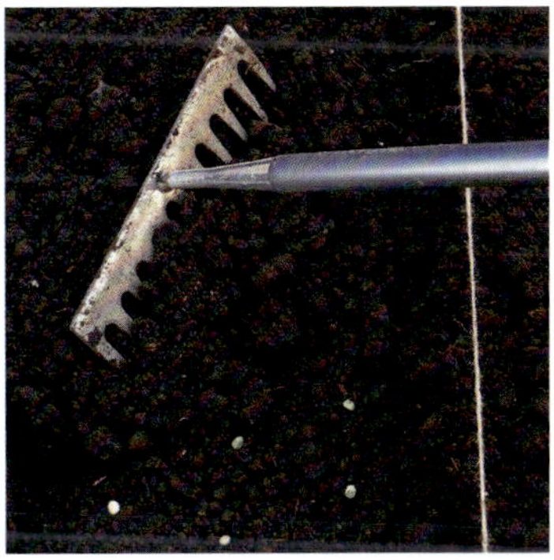

1 Erbsen werden am besten in mehreren Reihen gepflanzt, damit sie sich gegenseitig stützen können. Dabei sollte man alle zwei bis drei Reihen einen Zwischenraum als Gang lassen. Auch breite Bohnen werden oft in mehreren Reihen gepflanzt. Machen Sie dafür mit einem platten Bohrer ein Loch von 5-8 cm Tiefe.

2 Setzen Sie die Samen per Hand ein. Erbsen werden häufig in drei gestaffelten Reihen gesät, mit einem Abstand von 4 cm; sie können den Abstand aber auch verdoppeln und werden immer noch eine gute Ernte haben. Breite Bohnen werden in zwei Reihen mit einem Samenabstand von 23 cm gepflanzt.

3 Bedecken Sie die Reihen anschließend wieder mit Erde. Wenn der Boden trocken ist, sollten sie ihn gut wässern, bis der Samen aufgegangen ist. Wenn Sie mit Samen fressenden Tieren, wie Mäusen ein Problem haben, können Netze oder Fallen Abhilfe schaffen.

Ein früher Start

Erbsen und Bohnen keimen problemlos in einem warmen Boden, sind jedoch im Frühjahr, wenn die Bodentemperatur noch nicht konstant ist, nicht ganz so zuverlässig. Auf der sicheren Seite sind Sie, wenn Sie das Saatgut zuerst in einem Frühbeet oder Gewächshaus ansäen und erst nach dem Anwachsen ins Freie pflanzen.

1 Eine alte Regenrinne ist ideal für das Anwachsen des Saatguts. Verschließen Sie die Enden und füllen Sie sie mit Erde.

2 Säen Sie den Samen im Abstand von ca. 5-8 cm, decken Sie die Rinne ab und halten Sie sie warm und feucht.

3 Wenn die Pflanzen zum Aussetzen bereit sind, ziehen Sie mit einer Hacke eine schmale Furche und lassen Sie die Erbsen aus der Dachrinne direkt in die Furche gleiten.

DAS GEMÜSEBEET DÜNGEN

Das Gemüsebeet braucht regelmäßig Dünger, damit der Ertrag nicht ungenügend ausfällt. Anders als in Blumenbeeten und Rabatten, geschieht in einem Ziergarten wenig natürliche Verrottung. Das Gemüse wird geerntet und es gibt keine Blätter, die natürlich zu Boden fallen und verrotten. Umfangreiches, organisches Düngen bewirkt, dass die Bodenstruktur verbessert wird und die Bodennährstoffe erhalten bleiben. Wenn Sie dies jedoch nicht intensiv durchführen und ausreichende Mengen an Mist und Gartenkompost hinzufügen, werden Sie nicht umhin kommen, auch einige chemische Düngemittel einzusetzen, wenn Sie eine reiche Ernte haben wollen.

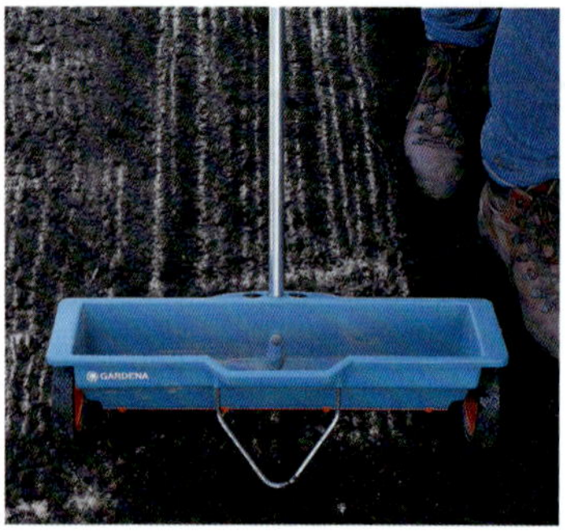

1 Der einfachste Weg, um Dünger auf Ihr Gemüsebeet aufzubringen, ist ein Streugerät, bei dem Sie die richtige Menge an Dünger einstellen können. Testen Sie beim ersten Mal zuerst die Fördermenge.

2 Wenn Sie per Hand düngen, messen Sie zunächst die Menge an Dünger ab, die Sie für einen Quadratmeter benötigen, damit Sie die Gesamtmenge abschätzen können. Sie können den Dünger auch in einen kleineren Behälter schütten, sodass Sie sehen, wie voll er ist.

INDIVIDUELLE WACHSTUMSVERSTÄRKER

Es kann sein, dass einige Pflanzen während der Wachstumsphase eine zusätzliche Starthilfe in Form eines Spezialdüngers oder eines schnell wirkenden Universaldüngers brauchen. Frühe Kohlsorten profitieren oft von einer leichten Beigabe von Stickstoffdünger zur Anregung des Blattwuchses, sobald das Wetter besser wird. Fruchtsorten wie Tomaten reagieren gut auf Kalidünger.

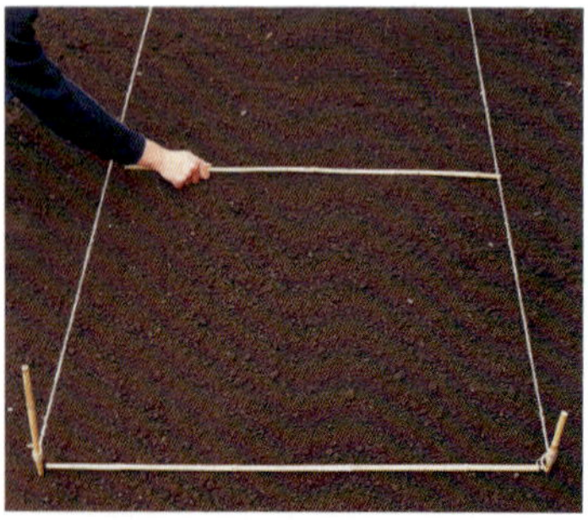

3 Markieren Sie mit Schnüren Bereiche von jeweils einem Meter Breite und teilen Sie sie dann mit einigen Stöcken in Quadratmeter. Wenn ein Quadrat gedüngt wurde, nehmen Sie den hinteren Stock, legen Sie ihn nach vorne und markieren so den nächsten Bereich.

4 Entnehmen Sie die abgemessene Menge an Dünger (siehe Mengenangaben auf der Packung) und verteilen Sie ihn gleichmäßig. Halten Sie die Hand etwa 15-23 cm über dem Boden.

5 Harken Sie den Dünger immer in den Boden ein. Dadurch wird er besser verteilt und dringt schneller ein.

GARTENBAUVLIES

Das Gartenbauvlies ist ein Material, das frühere Generationen nicht kannten. Aber die Tatsache, dass es inzwischen fast überall verwendet wird, zeigt, wie nützlich es ist. Das Vlies wärmt den Boden ähnlich wie eine Folie und schützt auch vor ein oder zwei Grad Frost. Darüber hinaus schützt es vor Tieren wie Kaninchen und Schädlingen wie Schmetterlingen. Sie können es für die Anzucht oder als Schutz für keimende Pflanzen verwenden.

1 Säen Sie den Samen und bedecken Sie ihn anschließend mit dem Vlies. Beschweren Sie es zunächst mit Ziegeln oder Steinen, bevor Sie die Kanten sichern.

2 Sie können die Kanten mit Erde abdecken. Machen Sie eine Furche, um die Kanten abzustecken oder schütten Sie über diese einfach etwas Erde. Das Vlies lässt Wasser durch und wird sich auch etwas dehnen, sobald die Pflanzen beginnen zu wachsen.

3 Es gibt verschiedene Klammern zu kaufen, die das Vlies in seiner Position halten. Sie haben gegenüber der Erde-Methode den Vorteil, dass man das Vlies zum Unkraut jäten oder andere Arbeiten einfacher abheben und ersetzen kann.

FOLIEN

Es gibt noch weitere nützliche Schutzmaterialien. Feine, lang haltbare Netze (siehe oben), die wenig Frostschutz bieten, dafür aber die meisten Schädlinge fern halten oder perforierte Kunststofffolien (siehe oben), die den Regen durch lassen und mit den wachsenden Pflanzen nachgeben.

Von Zeit zu Zeit werden Sie die Folien entfernen müssen, um das Unkraut zu jäten oder die Pflanzen auszudünnen. Sie werden feststellen, dass das Unkraut mit diesem Schutz genauso gut gedeiht wie das Gemüse.

STRÄUCHER PFLANZEN

Das Frühjahr ist die ideale Zeit, um Sträucher zu pflanzen. Sträucher, die in Containern gezogen wurden, können Sie hingegen zu jeder Jahreszeit pflanzen, vorausgesetzt, der Boden ist nicht gefroren. Trotzdem ist das Frühjahr ideal, weil der Boden für die neuen Wurzeln feucht und warm genug ist und sich die Pflanze optimal entwickeln kann.

1 Befreien Sie den Bereich immer von Unkraut und graben Sie alle tief wurzelnden Stauden aus, da es schwierig ist sie zu entfernen, wenn sie im Wurzelsystem des Strauches wachsen. Graben Sie viel Gartenkompost oder verrotteten Mist unter.

2 Heben Sie ein großes Loch aus, ungefähr doppelt so breit wie der Topf oder Wurzelballen. Um die Tiefe zu überprüfen, lassen Sie die Pflanze an ihrem Ort und messen Sie mit einem Stock, den Sie über das Loch legen, ob der Strauch in seiner ursprünglichen Tiefe sitzt.

3 Trockene Wurzeln wässern Sie vor dem Pflanzen für etwa eine Stunde. Wenn die Wurzeln fest in der Innenseite des Topfes verwachsen sind, ziehen Sie einige der feineren heraus, um das Wachstum im Boden anzuregen.

4 Setzen Sie den Wurzelballen in das Loch und achten Sie darauf, dass der Wurzelballen eben auf dem Boden aufsitzt. Füllen Sie die Erde wieder auf und befestigen Sie sie gut, damit sich keine Lufttaschen bilden.

5 Um Ihren Sträuchern zu einem guten Start zu verhelfen, verteilen Sie einen Universaldünger in der empfohlenen Menge um die Pflanze. Düngen Sie nicht direkt am Stamm. Anschließend gut wässern.

6 Bei ballierten Sträuchern oder solchen mit eingepackten Wurzeln sind die Wurzelballen in Sackleinen oder Plastik eingewickelt. Überprüfen Sie die Pflanztiefe wie oben beschrieben.

7 Wenn die Pflanze in der richtigen Position sitzt, ziehen Sie die Verpackung ab. Vermeiden Sie, den Wurzelballen zu verletzten.

8 Füllen Sie die Erde wieder auf und befestigen Sie sie gut, damit sich keine Lufttaschen bilden. Düngen und wässern Sie, wie bei den Containerpflanzen beschrieben.

9 Der Boden sollte nach dem Pflanzen gemulcht werden. Dadurch wird die Feuchtigkeit im Boden gehalten. Mulchsorten wie Rindenschnitzel sehen zudem attraktiv aus.

STAUDEN PFLANZEN

Stauden in Containern können zu jeder Jahreszeit gepflanzt werden, aber die meisten Gärtner bevorzugen es, Stauden im Frühjahr zu pflanzen, damit sie im Sommer ihre volle Pracht entfalten können. Wenn Sie Pflanzen per Post bestellen, kann es sein, dass sie als kleine Pflanzen mit eingepackten Wurzeln ankommen. Diese sollten gepflanzt werden, bevor sich neue Triebe entwickeln, da sie sonst sehr klein bleiben.

1 Wenn Sie eine Rabatte bepflanzen wollen, legen Sie die Pflanzen zunächst provisorisch aus, damit Sie sich das Ergebnis vorstellen können (vergessen Sie nicht, Platz für das Pflanzenwachstum einzukalkulieren). So ist es einfacher, sie herumzuschieben und umzusetzen.

2 Wässern Sie die Pflanzen für etwa eine Stunde und klopfen Sie sie erst kurz vor dem Pflanzen aus dem Topf.

STAUDEN MIT UMWICKELTEN WURZELBALLEN

Wenn Ihre Stauden einen umwickelten Wurzelballen haben, lagern Sie sie bis zum Pflanzen an einem kühlen, schattigen Platz. Achten Sie darauf, dass der Wurzelballen immer feucht ist. Entfernen Sie die Verpackung erst unmittelbar vor dem Pflanzen. Spreizen Sie die Wurzeln im Pflanzloch so breit wie möglich, bevor Sie die Erde aufschütten. Pflanzen mit umwickeltem Wurzelballen sind - bis sie angewachsen sind - empfindlicher als Containerpflanzen. Behandeln Sie sie also besonders vorsichtig und halten Sie sie gut feucht.

3 Achten Sie darauf, dass der Boden vor dem Pflanzen frei von Unkraut ist und arbeiten Sie methodisch – vom hinteren Ende der Rabatte aus oder von der Seite. Die meisten Pflanzen können mit einer Gartenkelle gepflanzt werden – für größere brauchen Sie eventuell einen Spaten.

4 Achten Sie darauf, bevor Sie die Erde wieder auffüllen, dass die Pflanze in ihrer Originaltiefe sitzt und befestigten Sie den Boden gut, um mögliche Lufttaschen zu vermeiden, die dazu führen könnten, dass die Wurzeln austrocknen.

5 Falls es nicht feucht ist oder Regen vorhergesagt wird, wässern sie die Pflanze sorgfältig.

DER FRÜHJAHRSSCHNITT FÜR STRÄUCHER

Schneiden Sie nur die Sträucher, von denen Sie wissen, dass sie in diesem Jahr geschnitten werden müssen, andernfalls können Sie die Triebe mit den diesjährigen Blüten abschneiden. Nachstehend finden Sie Tipps für einige bekannte Sträucher, die im Frühjahr geschnitten werden müssen. Wenn Sie bei bestimmten Sorten unsicher sind, dann schauen Sie in einem Fachbuch nach, das Anleitungen für den Schnitt gibt.

1 Schneiden Sie Sträucher, die Sie wegen ihrer farbigen Winteräste gepflanzt haben, kurz bevor das neue Wachstum einsetzt. Dazu gehören die Sorten von *Cornus alba* und *Cornus stolonifera* sowie *Salix alsba* „Chermesina" (oder „Britzensis"). Schneiden Sie nur Pflanzen, die schon mehrere Jahre alt sind.

2 Schneiden Sie alle alten, verholzten Äste oberhalb einer nach außen zeigenden Knospe bis ca. 5 cm über dem Boden.

3 Auch wenn der Schnitt drastisch wirkt, werden sich doch bald neue Triebe bilden und im nächsten Winter einen prächtigen Anblick bieten. Wenn Sie Pflanzen düngen und mulchen, können Sie jedes Jahr schneiden, ansonsten jedes zweite Frühjahr.

4 Einige bekannte, graublättrige Sträucher, wie *Santolina chamaecyparissus* und *Helichrysum angustifolium* brauchen einen regelmäßigen Schnitt, um kompakt und ansehnlich zu bleiben.

5 Wenn Sie die Pflanze von Anfang an regelmäßig schneiden, dann schneiden Sie sie bis fast auf den Boden zurück, bis zu dem Punkt, wo Sie die neuen Triebe sehen. Bei einigen Pflanzen kann das bis zu 10 cm über dem Boden sein, bei älteren, verholzten Pflanzen werden Sie einen höheren Stamm an verholzten Trieben stehen lassen müssen.

6 Nach dem Schnitt sieht die Pflanze nackt und karg aus, wird aber innerhalb eines Monats wieder ihre ganze Fülle erreichen.

7 Die *Buddleia davidii* bildet ihre Blüten am Ende der hohen, schlanken Äste, wenn man sie nicht schneidet. Schneiden Sie in jedem Frühjahr die Triebe bis auf etwa zwei Knospen des letztjährigen Wuchses zurück, fast bis zum alten Stamm.

8 Auch hier mutet der Rückschnitt drastisch an, jedoch wird das Aussehen der Pflanze später im Jahr dadurch sehr verbessert.

WEISS-STÄMMIGE BROMBEERSTRÄUCHER

Einige wenige Sträucher, die zu der Familie der Brombeeren gehören, werden wegen ihrer weißen Winteräste angepflanzt. Die Triebe wachsen aus dem Boden wie Rhabarberstängel, und am besten werden diese jedes Jahr zurückgeschnitten. Schneiden Sie alle Äste bis auf den Boden zurück. Es werden bald neue Triebe gebildet und die Pflanze wird im nächsten Winter wieder genauso attraktiv wie vorher aussehen.

ROSEN SCHNEIDEN

Versuche haben gezeigt, dass man bei Kreuzungen von Teerosen (großblütige) und Floribundarosen (Blütendolden) sehr gute Resultate erzielen kann, wenn man sie einfach mit einer Rosenschere oder sogar auch einer Heckenschere auf gleiche Höhe zurückschneidet, ohne sich um die genaue Schnittanleitung zu kümmern, die wir hier zeigen. Die konventionelle Methode wird jedoch von den meisten Rosenliebhabern immer noch bevorzugt. Machen Sie sich keine Sorgen, wenn Sie ein oder zwei falsche Schnitte machen – die Rosen werden wahrscheinlich trotzdem reich blühen.

1 Ein moderater Schnitt ist bei älteren Teehybriden die beste Methode. Schneiden Sie die Äste bis zu einer nach außen zeigenden Knospe um etwa die Hälfte zurück, um das Innere des Busches offen zu halten.

2 Sie können Floribundas auf die gleiche Weise schneiden. Wenn Sie jedoch einige Triebe sehr stark zurückschneiden und andere nur leicht, kann sich die Blüte über einen längeren Zeitraum erstrecken. Schneiden Sie die ältesten Triebe bis nah an die Basis zurück und die letztjährigen lediglich um ein Drittel.

3 Bei allen Rosenarten ist es jedoch notwendig, dass Sie alle toten oder kranken Triebe bis zum gesunden Holz zurückschneiden.

BEGONIEN- UND GLOXINIENKNOLLEN ZIEHEN

Begonienknollen können als Topfpflanze oder im Garten gezogen werden, aber egal, wo sie wachsen sollen, jetzt ist die Zeit, in der man sie im Gewächshaus ziehen sollte. Auf diese Weise haben Sie gut entwickelte Pflanzen, die Sie ins Freie pflanzen können und die sehr viel früher blühen als wenn Sie die Knollen direkt in die Erde setzen. Gloxinien, die nur für den Anbau im Haus oder im Gewächshaus geeignet sind, sollten ebenfalls jetzt gezogen werden.

1 Wenn Sie Ihre Begonien als Topfpflanzen ziehen, setzen Sie sie in kleine Töpfe, um im frühen Stadium Platz zu sparen. Füllen Sie die Töpfe locker mit einer Torfmischung oder einem Torfersatz, der zur Anzucht von Samen oder Stecklingen geeignet ist.

2 Wenn die Knollen schon kleine Triebe haben, ist es offensichtlich, welche Seite oben ist, andernfalls suchen Sie die Seite mit einer leichten Vertiefung und setzen Sie diese nach oben. Drücken Sie die Knolle in die Erde. Stellen Sie sie an einen warmen, hellen Platz, idealerweise in einem Gewächshaus.

3 Wenn die Begonien fürs Freie vorgesehen sind, vielleicht in Kübeln oder Gondeln, pflanzen Sie sie in Schalen an, um Platz zu sparen.

4 Gloxinien werden auf die gleiche Art gezogen, da sie aber als Topfpflanzen gepflanzt werden, wollen Sie sie vielleicht direkt in ihre endgültigen Töpfe von ca. 13-15 cm Durchmesser setzen. Die „haarige" Seite (die Überbleibsel der alten Wurzeln) ist die Seite, die in die Erde gedrückt wird.

LINKS: *„Pin-up" ist eine außergewöhnliche einfache Knollenbegonie, die aus Samen gezogen werden kann und bereits im ersten Jahr blüht. Sie kann als getrocknete Knolle überwintert werden.*

STECKLINGE EIN- UND UMTOPFEN

Ziehen Sie Stecklinge wie Pelargonien und Fuchsien, um sicherzustellen, dass ihr Wachstum nicht gebremst wird. Bei wärmeren Temperaturen werden Sie kräftig treiben.

1 Topfen Sie die Stecklinge ein, sobald sie starke Wurzeln gebildet haben. Nehmen Sie einen Topf von 8-10 cm Durchmesser und eine Topferde, die für die Anzucht von Pflanzen geeignet ist. Wässern Sie die Pflanze sorgfältig und stellen Sie sie für einige Tage an einen Ort, der vor direktem Sonnenlicht geschützt ist, während sie sich von der Beeinträchtigung der Wurzeln erholt.

2 Stecklinge, die bereits Wurzeln gebildet haben und schon vor einem Monat oder länger gesetzt wurden, müssen vielleicht in einen größeren Topf umgetopft werden. Überprüfen Sie, ob die Wurzeln die Erde komplett durchwurzelt haben, bevor Sie sie umtopfen. Wenn die Erde mit vielen weißen Wurzeln durchzogen ist, setzen Sie die Pflanze in einen größeren Topf.

3 Verwenden Sie einen Topf, der einige Größen größer ist und verwenden Sie rund um die Wurzelballen die gleiche Pflanzmischung. Drücken Sie die Erde gut an, um Luftblasen zu entfernen und wässern Sie die Pflanze gründlich.

FUCHSIEN ZU EINEM BUSCHIGEN WUCHS ANREGEN

Buschförmige Fuchsien reagieren gut auf einen frühen „Schnitt". Fangen Sie damit an, sobald die Fuchsien drei Blattpaare haben.

1 Knipsen Sie die Spitze Ihrer Fuchsienstecklinge ab, sobald sich drei Blattpaare gebildet haben, wenn Sie eine buschige Form haben wollen.

2 Nach ein paar Wochen bilden sich neue Triebe. Für einen wirklich buschigen Wuchs sollten Sie auch diese Spitzen der Seitentriebe abknipsen. Wiederholen Sie dies im Frühjahr einige Male, um die Pflanze zu einem vollen Wuchs anzuregen.

PLATZ SPAREN IM GEWÄCHSHAUS

Zu dieser Jahreszeit ist der Platz im Gewächshaus oft ein Problem. Wenn Sie eher Stecklinge fürs Freie ziehen, pflanzen Sie die jungen Pflanzen in kleine Töpfe anstatt in große Schalen. Damit das Pflanzenwachstum nicht beeinträchtigt wird, müssen Sie die Pflanzen regelmäßig düngen, um Mangelerscheinungen zu vermeiden. Sobald es warm genug ist, setzen Sie sie in ein frostsicheres Frühbeet und achten Sie darauf, dass zwischen den Pflanzen genug Platz ist, damit sich die Blätter nicht überwachsen.

SÄMLINGE PIKIEREN

Pikieren Sie die Sämlinge, sobald sie groß genug sind. Wenn Sie sie zu lange in ihren ursprünglichen Schalen oder Töpfen belassen, werden sie schnell ineinander verwachsen und sind schwierig zu teilen, ohne dabei Schaden an den Pflanzen anzurichten. Einige Pflanzen setzt man am besten in einzelne Töpfe (siehe gegenüber liegende Seite), aber dies erfordert viel Platz und Gartenerde, so dass die meisten Beetpflanzen in Schalen gesetzt werden. Anstelle einer Schale können Sie auch ein modulares oder Zellensystem verwenden, bei dem jede Pflanze ihre eigene Tasche mit Erde hat. Der Vorteil dieser Methode ist, dass es weniger Störungen der Wurzeln gibt, wenn die Pflanzen später in den Garten gepflanzt werden.

1 Wählen Sie einen Typ, der für die Größe der Pflanzen geeignet ist. Kleine Sämlinge wie Ageratum oder faserwurzlige Begonien brauchen keine so großen Zellen wie beispielsweise Begonien. Füllen Sie die einzelnen Zellen mit lockerer Anzuchterde.

2 Streichen Sie die Erde mit einem geraden Holzstück glatt, aber pressen Sie sie nicht zusammen. Die Erde setzt sich noch, wenn die Sämlinge eingesetzt und gewässert sind.

3 Lösen Sie die Sämlinge aus der Schale oder dem Topf und ziehen Sie einen nach dem anderen an ihren Samenblättern heraus. Dies sind die ersten Blätter, die sich öffnen. Sie sind normalerweise kleiner und haben eine andere Form als die eigentlichen Blätter.

4 Verwenden Sie ein spezielles Werkzeug oder improvisieren Sie mit einem Bleistift oder einem Pflanzetikett, um ein Loch zu machen, das groß genug ist, um die Wurzeln mit so wenig Abknicken oder Verletzung wie möglich aufzunehmen.

5 Befestigen Sie die Erde um die Wurzeln vorsichtig und achten Sie darauf, nicht zu fest zu drücken. Wässern Sie die Pflänzchen sorgfältig und stellen Sie sie für einige Tage an einen Ort ohne direktes Sonnenlicht.

OBEN: *Die weißen Alyssum und die golden leuchtenden Rudbeckien sind einige der farbenfrohen einjährigen Pflanzen, die jetzt vereinzelt werden müssen.*

In Töpfe pikieren

Einige Pflanzen, zum Beispiel Beet-Pelargonien und Topfpflanzen fürs Haus und das Gewächshaus werden am besten in einzelne Töpfe gesetzt anstatt in Schalen oder sogar Pflanzmodule.

1 Befüllen Sie kleine Töpfe mit Pflanzerde und befestigen Sie sie leicht, indem Sie sie mit dem Boden eines anderen Topfes andrücken.

2 Lösen Sie die Erde mit einem kleinen Pikierstab oder einem anderen Werkzeug. Fassen Sie die Sämlinge an den Blättern, nicht an den Stängeln.

3 Machen Sie in der Mitte des Topfes ein kleines Loch, das groß genug ist, die Wurzeln ohne Beschädigung aufzunehmen.

4 Während Sie den Sämling immer noch an den Blättern festhalten, drücken Sie die Erde mit einem kleinen Pikierstab oder einem Finger rund um die Wurzeln vorsichtig fest. Drücken Sie nicht zu fest, da sich die Erde durch das Wässern noch setzt.

5 Wässern Sie die Pflanze vorsichtig, so dass sich die Erde um die Wurzeln legt, ohne die Pflanze auszuschwemmen. Stellen Sie die Pflanze für einige Tage an einen warmen, feuchten Ort ohne direkte Sonneneinstrahlung.

6 Es ist mühsam, für jeden Topf ein Etikett zu schreiben und wahrscheinlich wollen Sie sich das ersparen. Andererseits ist es möglich, dass es später Verwirrung gibt, wenn Sie viele Töpfe mit den unterschiedlichsten Sorten haben. Gruppieren Sie einzelne Sorten in Schalen und beschriften Sie diese mit nur einem Etikett.

Winzige Sämlinge pikieren

Sämlinge werden fast immer einzeln pikiert, es gibt jedoch einige wenige Spezialfälle, bei denen man mehr als einen Sämling nimmt. Lobelien-Sämlinge sind winzig und die einzelnen Pflanzen nicht sehr kräftig, so dass viele Gärtner eine kleine Gruppe von Sämlingen wie in der Abbildung gezeigt zusammen setzen. Pikieren Sie jeweils etwa fünf oder sechs Pflanzen, obwohl die Menge nicht ausschlaggebend ist. Wenn man sehr kleine Pflanzen in Gruppen pikiert, ist dies wesentlich schneller und einfacher, es ist jedoch nur für bestimmte Pflanzen zu empfehlen.
Wenn diese Sämlinge groß genug sind, um sie ins Freie zu pflanzen, sehen sie aus wie eine einzige, kräftige Pflanze.

MITTE DES FRÜHJAHRS

Für viele Gärtner ist die Frühjahrsmitte die aufregendste und die arbeitsreichste Zeit im Jahr. Zu dieser Zeit sieht der Garten wieder farbenprächtig aus, Sämlinge und Stecklinge wachsen schnell und man kann mit dem Säen und Pflanzen im Freien beginnen. Oft muss man jetzt Prioritäten setzen, da es vielfach nicht möglich ist, all die jetzt notwendigen Arbeiten auf einmal zu schaffen. Wenn Sie nicht sicher sind, welche Arbeiten noch warten können, orientieren Sie sich an den „Gartenarbeiten in Kürze" für die Mitte des Frühjahrs: Mit Hilfe dieser Tipps können Sie entscheiden, welche Arbeiten noch warten können. Pflanzen, die im Spätfrühjahr gesät oder gepflanzt werden, holen diejenigen, die einen Monat früher ausgesät wurden, oft im Wachstum ein, wenn das Wetter für diese Jahreszeit unüblich kalt ist.

GARTENARBEITEN IN KÜRZE

Der Nutzgarten

- ☐ Kompost und Dünger hinzufügen, falls notwendig
- ☐ Zwiebeln pflanzen
- ☐ Spargel pflanzen
- ☐ Säen Sie weiterhin im Frühbeet oder unter Frühbeetabdeckungen
- ☐ Beginnen Sie mit der Aussaat von Gemüse ins Freiland – viele Sorten können ab Mitte des Frühjahrs gesät werden – orientieren Sie sich an den Packungsaufschriften, welche geeignet sind
- ☐ Verwenden Sie eine Gartenbaufolie oder einen Folientunnel für frühe Sorten, wenn Sie kein passendes Frühbeet haben
- ☐ Pflanzen Sie Kartoffeln
- ☐ Pflanzen Sie Gemüsesetzlinge, zum Beispiel Kohl
- ☐ Düngen Sie Obststräucher, wenn sie es brauchen
- ☐ Decken Sie Erdbeeren mit einer Folie ab, wenn Sie eine frühe Sorte haben
- ☐ Pflanzen Sie neue Erdbeeren

UNTERN: *Pflanzen Sie Kohl und Blumenkohl bei feuchtem, mildem Wetter.*

Der Blumengarten

- ☐ Bepflanzen Sie den Teich
- ☐ Teilen Sie zu große Teichpflanzen
- ☐ Pflanzen Sie Containersträucher
- ☐ Pflanzen Sie Stauden
- ☐ Stützen Sie Stauden mit einem Pfahl
- ☐ Säen Sie winterharte, mehrjährige Pflanzen
- ☐ Düngen und mulchen Sie Beete und Rabatten

UNTEN: *Wasserpflanzen werden am besten gepflanzt, bevor das Wachstum fortgeschritten ist.*

- ☐ Pflanzen Sie eine Hecke
- ☐ Pflanzen Sie Gladiolen und Sommerblumen
- ☐ Mähen Sie von jetzt an den Rasen regelmäßig
- ☐ Säen Sie neuen Rasen an oder verlegen Sie einen Fertigrasen
- ☐ Kaufen Sie Samen und Blumenzwiebeln, falls Sie es bis jetzt noch nicht gemacht haben
- ☐ Pflanzen Sie Erbsen, die Sie in Töpfen gezogen haben, ins Freie
- ☐ Säen Sie Erbsen direkt in den Boden
- ☐ Pflanzen Sie Ranunkelknollen

Das Treib- und Gewächshaus

- ☐ Säen Sie Gemüse wie Freilandtomaten und Stangenbohnen, um sie später ins Freiland zu setzen sowie Gurken für das Gewächshaus
- ☐ Lassen Sie Begonien- und Gloxinien treiben
- ☐ Topfen Sie Geranien und Fuchsien um, die schon gewurzelt haben
- ☐ Topfen Sie Chrysanthemen um, die schon gewurzelt haben
- ☐ Nehmen Sie Dahlienableger
- ☐ Säen Sie Samen von Beetpflanzen und Topfpflanzen
- ☐ Pikieren Sie Setzlinge, die sie früher gesät haben oder topfen Sie sie um
- ☐ Nehmen Sie Blattableger von Saintpaulias und Streptocarpus.

UNTEN: *Jetzt können Blattableger von vielen Stauden, einschließlich Fuchsien, genommen werden.*

DIESE PFLANZEN SIND JETZT AM SCHÖNSTEN

Amelanchier (Strauch/Baum)
Bergenia (nicht-holzige Immergrün)
Cytisus, various (Strauch)
Dicentra (Staude)
Doronicum (Staude)
Forsythia (Staude)
Helleborus orientalis (Staude)
Hyacinthus (Staude)
Magnolia × soulangiana (Baum)
Magnolia stellata (Strauch)
Mahonia, various (Strauch)
Muscari armeniacum (Blumenzwiebel)
Narcissus (Blumenzwiebel)
Primula × polyantha (Staude)
Prunus „Kwanzan"(Baum)
Pulsatilla vulgaris (Steingartenpflanze)
Rhododendron, verschiedene Sorten (Strauch)
Ribes sanguineum (Strauch)
Saxifraga, verschiedene Sorten (Steingartenpflanze)
Tulipa, various (Blumenzwiebel)

LINKS: *Rhododendren gibt es in vielen Größen und Farben. Die meisten werden sehr groß, es gibt aber auch einige Arten, die kompakt genug für einen kleinen Garten sind.*

UNTEN: *Aubrietas und Saxifragas machen immer ein farbenfrohes Bild, hier umgeben von grünen Bergenien und Wacholder.*

DIE WICHTIGSTEN GEMÜSESORTEN INS FREILAND SÄEN

Die Aussaat von Gemüsesorten beginnt jetzt: Rote Beete, Krautstiel, Sommerkohl, Salat, Zwiebeln, Schwarzwurzeln und Steckrüben. Auch Kopfsalat, Erbsen, Radieschen, Spinat, Karotten und Blumenkohl können jetzt weiterhin gesät werden. Robuste Bohnen können in milden Regionen gesät werden.

1 Zerkleinern Sie die Erde zu einer feinen, krümeligen Struktur und ebnen Sie den Boden mit einer Harke.

2 Bei einem schweren Boden kann es schwierig sein, mit der Harke eine feine Struktur zu erreichen, besonders wenn er sehr trocken ist. Wenn man die größten Brocken zuerst zerkleinert, geht es etwas einfacher.

3 Sobald die Erde relativ fein ist, harken Sie den Bereich eben und entfernen Sie gleichzeitig alle großen Steine.

4 Die meisten Gemüsesorten, die in Reihen gesät werden, zum Beispiel Rote Beete und Karotten, sät man am besten in Furchen. Verwenden Sie immer eine Gartenschnur, damit die Furchen – und somit auch die Reihen – gerade werden.

5 Ziehen Sie mit der Kante einer Hacke oder Harke eine schmale Furche. Richten Sie sich bei der Tiefe der Furche nach den Angaben auf der Packung.

6 Füllen Sie die Furche bei trockenem Wetter einige Minuten vor dem Säen mit Wasser. Es ist besser, dies vor dem Säen zu machen, damit die Samen vom Wasser nicht weggewaschen werden oder klumpen.

7 Verteilen Sie die Samen gleichmäßig und dünn entlang der Furche. Wenn Sie dies jetzt sorgfältig machen, ersparen Sie sich später Zeit, wenn Sie die Sämlinge ausdünnen müssen, weil sie zu dicht wachsen.

8 Entfernen Sie die Gartenschnur und schieben Sie die Erde mit den Füßen wieder über die Furche, während Sie an der Reihe entlang laufen. Diese Technik ist am einfachsten.

9 Sie können die Erde auch mit einer Harke zurück in die Furche rechen, harken Sie dann aber in Richtung der Reihe und nicht quer darüber, da Sie sonst die Samen verteilen und eine ungleiche Reihe bekommen würden.

FLÜSSIG-AUSSAAT

Die Flüssig-Aussaat ist eine Technik, die manche Gärtner gern anwenden, um empfindlicheren Samen zu einem guten Start zu verhelfen. Pastinaken, Frühkarotten, Zwiebeln und Petersilie gehören zu den Gemüsesorten, die manchmal auf diese Weise gesät werden.

1 Säen Sie die Samen dick auf ein feuchtes Küchenpapier und lassen Sie sie an einem warmen Ort keimen. Achten Sie darauf, dass sie feucht bleiben und überwachen Sie täglich den Keimvorgang.

2 Sobald die Wurzeln sich zeigen und bevor sich die Blätter öffnen, waschen Sie die Sämlinge in ein Sieb und mischen Sie sie mit einem vorbereiteten Tapetenkleister (kein Pilzbekämpfungsmittel) oder einem speziellen Saatgel.

3 Heben Sie wie üblich eine Furche in der üblichen Tiefe aus.

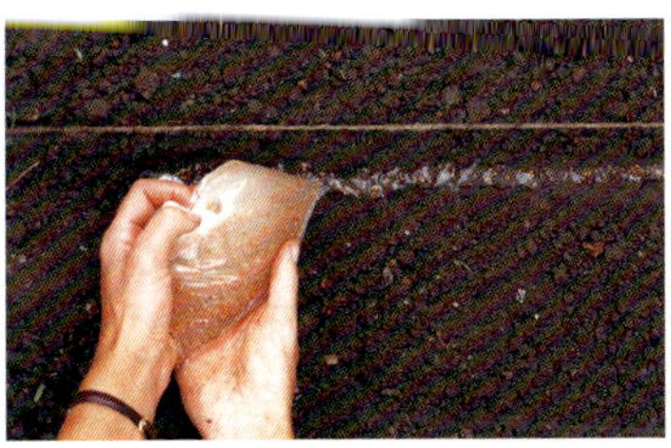

4 Füllen Sie eine Plastiktüte mit der Masse und schneiden Sie eine Ecke ab (ähnlich wie eine Eistüte). Machen Sie das Loch nicht zu groß. Verdrehen Sie das Ende der Tüte, damit die Paste nicht heraus quillt und drücken Sie dann die Samen mit der Paste in die Furche.

VORBEREITETE SAATSTREIFEN VERWENDEN

Manchmal werden Streifen mit vorgesäten Sämlingen, die in einem biologisch abbaubaren Material eingebettet sind, angeboten. Dies ist ein kostspieliger Weg, um Samen zu kaufen, erspart aber viel Zeit und Energie, die man normalerweise beim Pikieren und Versetzen aufwendet.

Heben Sie eine Furche nach Anleitung aus und setzen Sie den Streifen hochkant hinein. Bedecken Sie die Furche wieder mit Erde und halten Sie den Boden gut feucht. Weil die Samen von der Masse, in der sie eingebettet sind und die manchmal zusätzlich Nährstoffe enthält, die bei den Sämlingen einen Wachstumsschub bewirken, geschützt sind, könnte das für Sie vielleicht ein einfacherer Weg sein, um eine Reihe von Sämlingen mit schönen, exakten Abständen zu bekommen.

UNTEN: *Karotten profitieren von einer gleichmäßigen Saat. Die Zwiebeln sollen die Karottenfliege vertreiben!*

KARTOFFELN SETZEN

In den meisten Gegenden ist es relativ sicher, Kartoffeln zu setzen, da es mehrere Wochen dauert, bevor die frostempfindlichen Triebe aus dem Boden schauen, die darüber hinaus auch mit Erde geschützt werden können. In kalten Gegenden ist es jedoch besser, wenn Sie Ihre Kartoffeln vorkeimen (siehe unten) und das Pflanzen um einige Wochen verschieben. Die Verwendung von Frühbeetabdeckungen, Gartenfolien oder Vlies ist in Gegenden, in denen es noch Frost geben kann, eine weise Entscheidung.

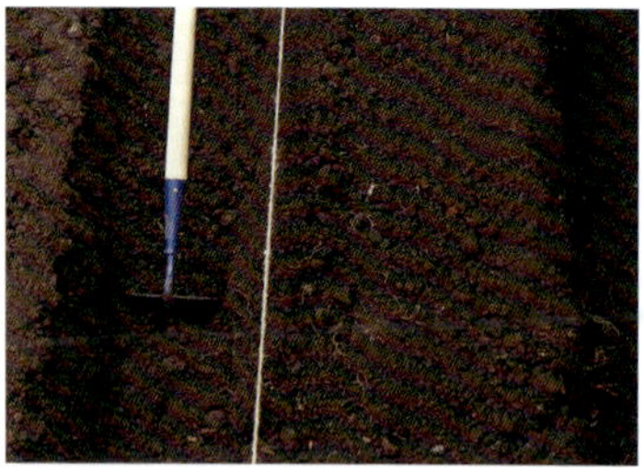

1 Nehmen Sie den Kopf einer Hacke, eines Spatens oder einer Harke und ziehen Sie weite, am Boden flache oder V-förmige Furchen mit einer Tiefe von ca. 10-13 cm. Halten Sie zwischen den Reihen einen Abstand von 43 cm bei frühen Sorten, 68 cm bei den mittelfrühen, und 75 cm bei der Haupternte.

2 Setzen Sie die Knollen mit einem Abstand von etwa 30-45 cm in die Reihen. Achten Sie darauf, dass die Triebe oder „Augen" (die Knospen, die sich zu Trieben entwickeln) nach oben zeigen. Bei größeren Knollen belassen Sie nur drei Keime pro Pflanze und reiben Sie die anderen ab.

KARTOFFELKNOLLEN VORKEIMEN

Vorkeimen bedeutet einfach, die Kartoffelknollen vor dem Pflanzen zum Treiben anzuregen. Die langen Triebe, die erscheinen, wenn Kartoffeln für längere Zeit im Dunkeln gelagert waren, sind nicht brauchbar – die Triebe müssen kurz und kräftig sein. Setzen Sie die Knollen an einem hellen Standort in eine Schale – vielleicht in der Nähe eines Fensters, wo keine Frostgefahr besteht. Das Vorkeimen ist nützlich, wenn Sie wollen, dass die Knollen schnell treiben, da sie normalerweise bereits ein oder zwei Wochen früher aus dem Boden kommen als nicht vorgekeimte Knollen.

3 Bedecken Sie die Knollen, indem Sie die ausgehobene Erde zurück in die Furche ziehen.

4 Wenn Sie sich die Mühe sparen wollen, die Erde über Ihren Kartoffeln anzuhäufen, dann pflanzen Sie unter einer schwarzen Plastikfolie. Vergraben Sie die Ecken in Erdschlitze und bedecken Sie sie mit Erde, um die Folie zu verankern.

5 Machen Sie dort, wo die Knollen gepflanzt werden sollen, einen kreuzförmigen Schlitz in die Folie.

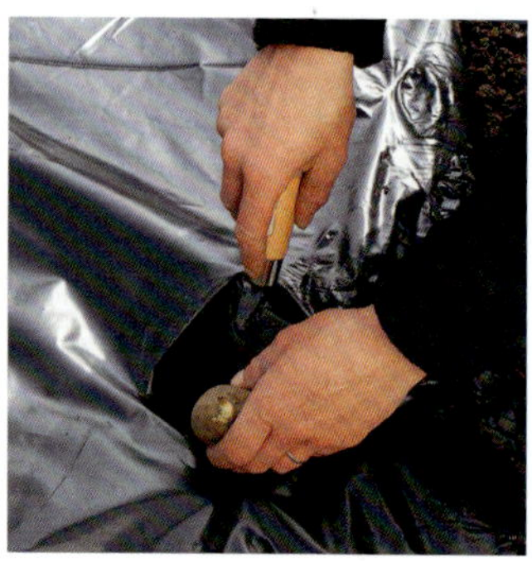

6 Pflanzen Sie durch den Schlitz, indem Sie eine Kelle benutzen. Achten Sie darauf, dass die Knolle mit 3-5 cm Erde bedeckt ist. Die Triebe werden den Weg durch die Folie ins Freie finden.

Kohl und Blumenkohl pflanzen

Kohl und Blumenkohl wird normalerweise nicht direkt in die Erde gepflanzt, sondern in Saatbeeten vorgezogen, beziehungsweise im Spätwinter und Frühjahr in Töpfe oder Pflanzmodule im Gewächshaus gesät und dann ins Freie verpflanzt. Wenn Sie vergessen haben, Ihre eigenen Pflanzen zu säen, können Sie auch junge Pflanzen kaufen.

1 Wenn Sie Ihre eigenen Sämlinge ins Gemüsebeet pflanzen wollen – die Sie vielleicht im Frühbeet gezogen haben – dann wässern Sie sie bei trockenem Wetter sorgfältig etwa eine Stunde, bevor Sie sie herausnehmen.

2 Lösen Sie die Erde mit einer Gabel oder Kelle. Am besten ist es, wenn Sie jede Pflanze einzeln mit einer Kelle anheben können – wenn Sie jedoch nicht ausgedünnt worden sind, könnte das schwierig sein.

3 Pflanzen Sie mit einer Kelle und befestigen Sie den Boden gut. Eine gute Methode, die Erde rund um die Wurzeln zu verdichten ist, indem Sie die Schneide der Kelle ungefähr 5 cm von der Pflanze entfernt in den Boden stecken und fest gegen die Wurzeln drücken.

4 Sie können den Boden auch mit dem Griff der Kelle befestigen, wenn Sie Ihre Hände nicht benutzen wollen, obwohl dies keine gute Idee ist, wenn der Boden feucht ist, da der Griff anschließend verdreckt ist. Wässern Sie die Pflanzen nach dem Umsetzen immer gründlich.

5 Kohl und Blumenkohlsetzlinge werden oft in Modulen gezogen, damit die Pflanzen beim Umsetzen keinen Pflanzschock erleiden. Viele Module sind so geformt, dass Sie die Pflanzen durch einfaches Zusammendrücken und leichtes Ziehen an der Pflanze herausziehen können.

Schutz für frühe Erdbeeren

Erdbeeren brauchen keinen Frostschutz, aber Abdeckungen sorgen dafür, dass sie früher reif sind, halten sie sauber und schützen sie vor Vögeln und anderen Tieren. Bedecken Sie die Pflanzen so früh wie möglich, denken Sie aber daran, bestäubenden Insekten Zugang zu ermöglichen, wenn die Pflanzen blühen. Die meisten Abdeckungen haben ein Belüftungssystem, das an warmen Tagen genutzt werden kann. Bei Polyäthylen-Tunnelfolien heben Sie das Material an einer Seite an, damit die Pflanzen befruchtet werden können.

OBEN: *Setzen Sie Kohl so weit auseinander, wie auf der Packung empfohlen, da die Größe variiert.*

WASSERLILIEN PFLANZEN

Jetzt ist eine gute Zeit, um Ihren Teich zu bepflanzen, egal ob Sie einen neuen anlegen wollen oder einfach nur einige neue Pflanzen in einem bestehenden ergänzen wollen.

Wasserlilien sind wahrscheinlich um ein Vielfaches teurer als die Pflanzen, die Sie am Rand des Teiches pflanzen, es lohnt sich also, besonders achtsam mit ihnen umzugehen.

1 Für Pflanzen, die am Teichrand wachsen, verwendet man normalerweise Pflanzkörbe, für Tiefwasserpflanzen wie Lilien ist jedoch eine Waschschüssel ideal. Nehmen Sie eine schwere Erde, die nicht zu nährstoffreich ist (bekommt man beim Fachhandel für Wasserpflanzen).

2 Reichern Sie den Boden niemals mit normalem Dünger an, da dieser die Vermehrung von Algen fördert, wodurch das Wasser grün wird. Verwenden Sie einen langsam wirkenden Spezialdünger, vorzugsweise speziell für Wasserpflanzen.

SAUERSTOFF ANREICHERNDE PFLANZEN VERWENDEN

Viele Sauerstoff anreichernde Pflanzen, wie zum Beispiel Elodea, bleiben unter der Wasseroberfläche und treten kaum in Erscheinung. Sie werden verwendet, weil sie Sauerstoff ins Wasser abgeben und so für die Gesundheit von Fischen und Wassertieren sorgen. Einige von ihnen werden als Ableger angeboten, die als Bündel zusammengebunden und eventuell beschwert sind, damit sie sinken. Setzen Sie sie einfach in einen Behälter mit Erde und sie werden bald wurzeln. Dekorative Sorten, beispielsweise Myriophyllum, die fedrig über der Wasseroberfläche wachsen, werden am besten wie Randpflanzen in Körben gepflanzt.

3 Nehmen Sie die Wasserlilie aus ihrem Behälter und pflanzen Sie sie in der Originaltiefe in die Schüssel.

4 Bedecken Sie den Boden mit einer Lage Kies, damit die Fische den Boden nicht so leicht aufwühlen können. Der Kies bewirkt auch, dass die Erde in der Schüssel bleibt, wenn sie ins Wasser gesetzt wird.

5 Füllen Sie die Schüssel mit Wasser und lassen Sie sie für eine Weile stehen. Dadurch ist die Gefahr nicht so groß, dass das Wasser schmutzig wird, wenn Sie die Schüssel in den Teich setzen.

6 Setzen Sie die Schüssel anfangs an einen seichten Platz im Teich, vor allem wenn sich gerade neue Blätter entwickeln. Eine oder zwei Wochen später können Sie sie in tieferes Wasser stellen.

RANDPFLANZEN SETZEN

Bei den meisten Pflanzen, auf die diese Beschreibung zutrifft, gibt es nichts „am Rand Befindliches", was das Aussehen betrifft – der Begriff bezeichnet lediglich, dass sie in seichterem Wasser an den Rändern des Teiches gepflanzt werden. Die meisten Teiche sind mit einem Absatz versehen, auf dem Sie Randpflanzen ziehen können – am bequemsten in Körben, die zu diesem Zweck angeboten werden, oder Sie können die Pflanzen in Ziegelsteine oder Felsspalten setzen.

1 Füllen Sie einen speziellen Korb für Randpflanzen mit Gartenerde, die nicht zu nährstoffreich ist oder kaufen Sie einen Kompost für Wasserpflanzen. Es wird eine Leinenauskleidung angeboten, die verhindert, dass die Erde durch die offenen Seiten des Korbes fällt.

2 Nehmen Sie die Pflanze aus ihrem Behälter und pflanzen Sie sie in der Originaltiefe in den Korb, wobei Sie mit einer Kelle je nach Bedarf Erde hinzufügen oder abtragen. Befestigen Sie die Erde gut.

FISCHE EINSETZEN

Setzen Sie Fische niemals direkt in den Teich. Akklimatisieren Sie sie zuerst, indem Sie den Plastiksack, in dem Sie die Fische transportiert haben, für etwa eine Stunde an der Wasseroberfläche schwimmen lassen. Dadurch passt sich die Wassertemperatur langsam an, und die Fische können anschließend aus dem Beutel heraus gelassen werden.

OBEN: *Wählen Sie nur Sorten von Wasserlilien, die für die Größe Ihres Teichs geeignet sind. Einige passen in einen kleinen Teich, andere brauchen sehr viel Platz.*

3 Bedecken Sie die Erde mit Kies, damit die Erde an Ort und Stelle bleibt, wenn Sie den Korb in den Teich setzen, und um zu verhindern, dass Fische die Erde umwühlen.

4 Bei trockener Erde wässern Sie diese zuerst und setzen Sie den Korb dann vorsichtig auf den Absatz des Teiches, so dass der Behälter mit 3-5 cm Wasser bedeckt ist.

WICKEN SÄEN ODER PFLANZEN

Wicken, die im Herbst gesät wurden und in einem Frühbeet überwintert haben oder die in einem Gewächshaus Mitte des Winters oder im Spätwinter gesät wurden, haben kräftige Pflanzen gebildet, die jetzt ins Freie gesetzt werden können.

Es ist jedoch auch noch nicht zu spät, um jetzt noch zu säen – drinnen oder im Freien, um im Sommer blühende Pflanzen zu haben. Damit Sie sich lange an der Blüte der Wicken erfreuen können, empfiehlt es sich sogar, zu unterschiedlichen Zeiten zu säen.

1 Setzen Sie die Stützen, bevor Sie pflanzen. Für die besten Blüten an langen, geraden Ästen ist die Spalieranordnung ideal, die jedoch sehr arbeitsintensiv ist. Setzen Sie T-förmige Pfosten an jedes Ende einer Doppelreihe. Spannen Sie zwischen diese Pfosten Drähte und fixieren Sie 2,1 m lange Stangen mit einem Abstand von 23 cm mit einer leichten Neigung nach innen.

2 Für einen hübschen Anblick mit einer Riesenmenge an Blüten eignet sich ein Wigwam aus Stangen. Setzen Sie die Stangen mit einer Neigung nach innen und binden Sie sie am oberen Ende zusammen oder verwenden Sie einen speziellen Stangenhalter.

3 Ein Draht- oder Plastiknetz, das an Stangen befestigt ist und einen runden Turm bildet, ist eine weitere wirkungsvolle Methode, um hohe Wicken in einer Rabatte zu stützen.

4 Heben Sie am Fuß der Stangen im Abstand von etwa 23 cm jeweils ein Loch aus, das groß genug ist, um den Wurzelballen problemlos aufzunehmen.

5 Wickenpflanzen werden manchmal in Töpfen mit ganzen Büscheln an Sämlingen angeboten. Teilen Sie die Pflanzen immer und setzen Sie sie einzeln. Breiten Sie die Wurzeln aus, bedecken Sie sie mit Erde und wässern Sie gründlich.

6 Stützen Sie die Pflanzen schon im frühen Stadium. Sie können durch das Netz gewunden oder an den Stangen mit Bindfaden sowie Metallclips befestigt werden.

7 Wenn Sie direkt in die Erde säen, säen Sie zwei oder drei Samen in jedes Loch und dünnen Sie die Pflanzen später aus (lassen Sie eine stehen), wenn sie gekeimt haben.

RABATTENSTAUDEN HOCHBINDEN

Manche Stauden reagieren empfindlich auf Wind und oft wird eine Pflanze, die sich gerade entwickelt, durch Witterungseinflüsse abgeknickt oder abgebrochen. Wenn man eine Pflanze bereits früh hochbindet, wird sie normalerweise über die Stütze hinaus- und darüber hinweg wachsen, die dann fast nicht mehr sichtbar ist.

1 Eine schützende Stütze wie diese ist sehr effektiv und stützt Stauden, die nicht sehr groß werden, aber eine Fülle an relativ instabilen oder schwachen Blütenstängeln hat.

2 Schützende, miteinander verbundene Stützen sind geeignet, wenn Sie eine große Gruppe an Pflanzen von unterschiedlicher Höhe zu stützen haben. Sie können miteinander verbunden werden, so dass sie für die einzelnen Pflanzen passend sind.

3 Dünne Stiele, die man zwischen und um die Pflanze herum in den Boden steckt, können sehr hilfreich sein. Sie sehen am Anfang vielleicht etwas unansehnlich aus, wenn die Pflanze aber etwas gewachsen ist, werden Sie sie wahrscheinlich gar nicht mehr wahrnehmen.

4 Kurze Stöcke kann man verwenden, um Pflanzen wie Nelken zu stützen. Wenn Sie einen stabilen Stock verwenden, wickeln Sie eine Schnur um den Stock und die Pflanze. Dünnere, gespaltene Stöcke können Sie nehmen, um einzelne Blütenstängel oder Gruppen von Blütenstängeln aufrecht zu halten.

OBEN: *Hohe Gartenstöcke sind gut geeignet, um Pflanzen mit sehr hohen Blütenähren zu stützen, die anfällig für Windschäden sind, zum Beispiel Rittersporn. Stecken Sie bereits früh einzelne Stöcke in den Boden und befestigen Sie die Pflanze locker daran, während sie wächst.*

KOPFSTECKLINGE NEHMEN

Kopfstecklinge, die von den diesjährigen Trieben genommen werden, wurzeln schnell und einfach und Sie können auf diese Weise Ihre Pflanzen einfach vermehren. Die unten stehende Liste enthält eine Empfehlung von einigen der beliebtesten Gartenpflanzen, die man auf diese Weise vermehren kann.

1 Die genaue Länge des Kopfstecklings hängt von der Pflanze ab und manche Gärtner bevorzugen Varianten der Grundtechnik, aber üblicherweise wird der Stamm unterhalb des dritten oder vierten Blattes, bzw. Blattpaares abgeschnitten.

2 Schneiden oder zupfen Sie das unterste Blattpaar ab (wenn die Pflanze wechselständige Nebenblätter hat, wie bei Pelargonien, entfernen Sie auch diese). Schneiden Sie das Ende des Stängels mit einem scharfen Messer unterhalb des Blattansatzes ab.

PFLANZEN, DIE MAN AUS KOPFSTECKLINGEN ZIEHEN KANN

Dies sind nur einige der beliebtesten Pflanzen, die man jetzt mit Kopfstecklingen vermehren kann – es gibt aber noch viele andere. Es lohnt sich immer, etwas zu experimentieren, wenn Sie eine Pflanze haben, die Sie vermehren wollen, aber nicht sicher sind, ob eine Stecklingsvermehrung möglich ist. Die Chancen, dass einige davon Wurzeln bilden, sind gut.

Caryopteris
Clematis
Forsythia
Fuchsia
Helichrysum
Kolkwitzia
Lavandula
Pelargonium
Salvia (buschige Variante)

3 Tauchen Sie das Ende des Stecklings in einen Wurzelbeschleuniger, obwohl viele Kopfstecklinge auch ohne diese Hilfe leicht anwachsen. Die meisten Wurzelpulver enthalten zusätzlich ein Pilzbekämpfungsmittel, das verhindert, dass die Pflanze fault.

4 Machen Sie mit einem Pikierstab oder Bleistift ein Loch, setzen Sie den Steckling ein und befestigen Sie die Erde vorsichtig darum herum. Drücken Sie den Steckling nicht in die Erde hinein, dadurch könnte er beschädigt werden. Wenn Sie mehrere Stecklinge haben, können Sie sie am Rand des Topfes entlang setzen, achten Sie aber darauf, dass sich die Blätter nicht berühren.

5 Wässern Sie die Pflanzen und setzen Sie sie in einen Propagator. Wenn Sie keinen Propagator haben, decken Sie die Stecklinge mit einer Plastiktüte ab, die Sie mit einem Gummi oder Plastikband festbinden können. Eine hohe Feuchtigkeit ist für Kopfstecklinge entscheidend. Die Blätter sollten nicht mit der Tüte in Berührung kommen.

EINE BLUMENAMPEL BEPFLANZEN

Die besten Blumenampeln sind die, die mit relativ kleinen Pflanzen bepflanzt sind, die dann an einem hellen, frostfreien Ort gezogen werden, bis es sicher genug ist, sie nach draußen zu stellen – vielleicht im späten Frühjahr oder Frühsommer. Ein Gewächshaus ist ideal, aber möglicherweise haben Sie auch eine geschlossene oder geschützte Veranda. Wenn Sie die Ampel einige Wochen unter geschützten Bedingungen halten, kann die Pflanze sich vom Umtopfen erholen, bevor sie sich den Winden und härteren Boden- und Luftverhältnissen im Freiland stellen muss.

1 Stellen Sie den Korb auf einen großen Topf oder Eimer, damit er beim Pflanzen stabil ist. Wenn Sie eine traditionelle Ampel haben wollen mit einer Fülle von Pflanzen, die von den Seiten und aus der Mitte herausranken, wählen Sie einen Korb aus Draht.

2 Sie können Wasser absorbierende Kristalle zur Blumenerde hinzufügen, die als Zwischenspeicher fungieren, falls Sie einmal vergessen haben, Ihre Pflanzen zu gießen. Sie sind jedoch kein Ersatz für regelmäßiges, tägliches Wässern bei heißem und trockenem Wetter.

3 Sie können Schutzfolien verwenden und dann Schlitze zum Pflanzen machen. Wenn Sie aber einen traditionellen Korb bepflanzen wollen, wird der Schutzrand bis zur ersten Pflanzenreihe mit Moos gemacht. Befüllen Sie den Korb bis zu dieser Höhe mit Topferde und setzen Sie dann die Pflanzen ein.

4 Fügen Sie noch mehr Moos und Erde bis unter den Rand hinzu. Verwenden Sie eine attraktive Pflanze für die Mitte. Vielleicht müssen Sie etwas Erde rund um den Wurzelballen entfernen, wenn die Pflanze vorher in einem großen Topf stand.

5 Setzen Sie zum Schluss Pflanzen rund um den Rand. Wenn Sie den Wurzelballen in einem leichten Winkel setzen, erleichtert das den Pflanzen, über den Rand zu ranken.

6 Wässern Sie die Pflanze gründlich und stellen Sie sie an einen warmen, geschützten Ort, bis alle Pflanzen gut angewachsen sind. Wenn Sie im Gewächshaus keine Möglichkeit haben, den Korb aufzuhängen, setzen Sie ihn auf das Gestell, das Sie zum Pflanzen benutzt haben.

EMPFINDLICHE GEMÜSESORTEN SÄEN

Die Mitte des Frühjahrs ist eine gute Zeit, um in den meisten Gegenden frostempfindliche Gemüsesorten zu säen. Wenn man sie zu früh sät, sind sie vielleicht zu früh für die Aussaat bereit und beginnen zu kränkeln, wenn sie zu lange in kleinen Behältern bleiben müssen. Gemüsesorten, die jetzt gesät werden, sind in einigen Wochen in der Wärme und einer weiteren Woche Akklimatisierung in einem Frühbeet zum Auspflanzen ins Freiland bereit. In einem normalen, warmen Klima können alle hier aufgeführten Gemüsesorten ins Freiland gesät werden, sobald die Frostgefahr vorüber ist. Nur wenn Sie eine frühe Ernte haben wollen, ist es empfehlenswert, drinnen zu pflanzen.

1 Säen Sie Stangenbohnen ungefähr sechs bis acht Wochen vor dem wahrscheinlich letzten Frost. Füllen Sie einen Topf von 15-20 cm Durchmesser bis ca. 3 cm unterhalb des Randes mit Saaterde. Setzen Sie drei Samen in den Topf und bedecken Sie sie mit etwa 5 cm Erde. Anschließend wässern Sie die Erde.

2 Stellen Sie die Töpfe an einen warmen Ort und sorgen Sie für genügend Licht, sobald die Samen zu keimen beginnen. Wenn alle Samen keimen, ziehen Sie die überzähligen heraus, sodass nur ein oder zwei Sämlinge pro Topf verbleiben.

3 Auch Freiland- und Gewächshausgurken können jetzt gesät werden. Nehmen Sie kleine Töpfe und füllen Sie sie bis ca. 3 cm unterhalb des Randes mit Saaterde. Setzen Sie zwei oder drei Samen in jeden Topf, indem Sie sie auf ihre schmale Seite legen. Anschließend bedecken Sie sie mit Erde und wässern sie gut.

4 Stellen Sie die Töpfe an einen feuchten und warmen Ort, bis die Samen keimen. Wenn mehr als ein Samen keimt, dünnen Sie die Sämlinge frühzeitig aus und belassen Sie nur eine Pflanze pro Topf.

5 Kürbisse und Zucchini können ebenfalls in Töpfen angezogen werden. Gehen Sie auf die gleiche Weise vor wie bei Gurken, aber da die Samen größer sind, nehmen Sie einen größeren Topf und pflanzen Sie etwa 3 cm tief.

6 Zuckermais wird am besten in Töpfen angezogen und später ins Freiland gesetzt, mit Ausnahme von sehr milden Gegenden. Sie können normale Töpfe verwenden, viele Gärtner bevorzugen jedoch Torftöpfe. Die Wurzeln wachsen durch sie hindurch, sobald Sie nach draußen gepflanzt werden. Torftöpfe kann man leichter handhaben, wenn man Sie in Saatschalen stellt, die mit einem Stück Küchenrolle ausgelegt sind.

BLATTABLEGER NEHMEN

Einige Zimmerpflanzen, wie Saintpaulias und Streprocarpus, wurzeln problemlos von Blattablegern. Wir zeigen Ihnen hier zwei Methoden.

Obwohl Sie zu jeder Jahreszeit Ableger nehmen können, ist das Frühjahr doch die beste Zeit, da die jungen Pflanzen schnell wachsen werden.

1 Die Art von Ablegern die von Saintpaulias genommen werden ist als Blattstielableger bekannt und eine Stiellänge groß. Wählen Sie junge aber voll ausgewachsene, gesunde Blätter und schneiden Sie sie direkt an der Basis ab.

2 Schneiden Sie die Stiele etwa 3 cm unterhalb des Blattrandes ab und stecken Sie sie so in die Erde, dass die Blattspreite Kontakt mit der Erde hat. Setzen Sie einzelne Ableger in kleine Töpfe oder mehrere zusammen in größere.

4 Streptocarpus kann aus Blattabschnitten vermehrt werden. Wählen Sie ein gesundes, reifes Blatt, das noch nicht sehr alt ist und schneiden Sie es mit einem scharfen Messer in Streifen von etwa 5-8 cm Breite.

3 Halten Sie die Ableger feucht, aber nicht nass und die Luft warm. Wenn Sie keinen Propagator haben, bedecken Sie den Topf mit einer Plastiktüte, achten Sie aber darauf, dass sie nicht die Blätter berührt. Drehen Sie die Tüte regelmäßig, um zu verhindern, dass sich Kondenswasser bildet. Topfen Sie die jungen Pflanzen um, sobald sie kräftig wachsen.

5 Stecken Sie die Abschnitte in die Anzuchterde, so dass ungefähr ein Drittel vergraben ist. Achten Sie darauf, dass die Seite, die ursprünglich in der Nähe des Blattstiels war, jetzt die Basis bildet. Stellen Sie die Ableger an einen warmen Ort mit gutem Tageslicht aber ohne direkte Sonneneinstrahlung.

SPÄTES FRÜHJAHR

Das späte Frühjahr kann trügerisch sein. Oft scheint es so als hätte der Sommer bereits Einzug gehalten und doch kann es in kalten Gegenden noch schwere Spätfröste geben. Beachten Sie die lokalen klimatischen Bedingungen, bevor Sie empfindliche Pflanzen ins Freiland setzen. Selbst mit viel Erfahrung kann es ein Glücksspiel sein, da eine untypische Jahreszeit für einige Überraschungen sorgen kann. Zu beurteilen, wann die Frostgefahr vorüber ist, ist vor allem eine Abschätzung des Risikos. Sie können sich danach richten, wann die Sommerblumen in öffentlichen Parks gepflanzt werden. Diese Gärtner haben langjährige Erfahrung mit den örtlichen Gegebenheiten, so dass sie ein guter Ratgeber sind.

GARTENARBEITEN IN KÜRZE

Der Nutzgarten

- ☐ Pflanzen Sie einen Kräutertopf
- ☐ Kompost und Dünger hinzufügen, falls notwendig
- ☐ Säen Sie in milden Gegenden Zuckermais ins Freie, wenn die Frostgefahr vorüber ist
- ☐ Säen Sie Gemüse ohne Schutzabdeckung – viele Sorten können jetzt gesät werden – orientieren Sie sich an den Packungsaufschriften, welche geeignet sind

UNTEN: *Pflanzen Sie einen Kräutertopf für einen nützlichen woe auch hübschen Anblick im Sommer.*

- ☐ Pflanzen Sie Kartoffeln
- ☐ Versuchen Sie es mit einer Mischung von Minze in einem Pflanztrog
- ☐ Pflanzen Sie Gemüsesetzlinge, wie Kohl und Blumenkohl
- ☐ Säen Sie Samen von Kohl, Blumenkohl und Bohnen ins Frühbeet, von wo aus sie später umgesetzt werden können
- ☐ Verteilen Sie Stroh um die Erdbeeren oder schützen Sie sie mit Erdbeerfolien
- ☐ Säen oder pflanzen Sie Stangenbohnen ins Freiland

Der Blumengarten

- ☐ Den Teich bepflanzen und auffüllen
- ☐ Forsythien und *Ribes sanguineum* schneiden
- ☐ In Containern gezogene Pflanzen ins Freie setzen
- ☐ Stauden pflanzen
- ☐ Stauden hochbinden
- ☐ Blumenampeln oder Wandschalen bepflanzen
- ☐ Winterharte mehrjährige Pflanzen säen
- ☐ Gladiolen und Sommerblumen säen
- ☐ Den Rasen von jetzt ab regelmäßig mähen
- ☐ Wicken, die in Töpfen angezogen wurden, ins Freiland pflanzen
- ☐ Wicken direkt ins Freibeet säen
- ☐ Ranunkelknollen pflanzen

UNTEN: *Schneiden Sie Forsythien gleich nach der Blüte.*

Das Treib- und Gewächshaus

- ☐ Empfindliche Gemüsesorten wie Freilandtomaten und Stangenbohnen säen, die später ins Freiland gepflanzt werden sowie Gurken fürs Gewächshaus
- ☐ Tomaten und Gurken fürs Gewächshaus säen
- ☐ Topfpflanzen und Setzlinge regelmäßig düngen
- ☐ Wenn nötig, junge Dahlien- und Chrysanthemenpflanzen umtopfen
- ☐ Spät gesäte Beetpflanzen pikieren oder umtopfen
- ☐ Blattableger von Saintpaulias und Streptocarpus nehmen

UNTEN: *Pflanzen Sie Gewächshaustomaten, wenn es warm genug ist.*

DIESE PFLANZEN SIND JETZT AM SCHÖNSTEN

Aubrieta (Steingattenpflanze)
Azalea (Strauch)
Bergenia (nicht-hölzerne Immergrüne)
Calendula, (Herbstsaat, winterhart)
Cheiranthus (Mauerpflanze)
Choisya ternata (Strauch)
Clematis montana (strauchartige Kletterpflanze)
Crataegus (Baum)
Cytisus, verschiedene Arten (Strauch)
Dicentra (Staude)
Fritillaria (Blumenzwiebel)
Genista (Strauch)
Laburnum (Baum)
Malus (Baum)
Paeonia (Staude und Strauch)
Phlox subulata (Steingartenpflanze)
Pulsatilla vulgaris (Steingartenpflanze)
Rhododendron, verschiedene Arten (Strauch)
Saxifraga, verschiedene Arten (Steingartenpflanze)
Syringa (Flieder)
Tulipa, verschiedene Arten (Blumenzwiebel)
Wisteria (strauchartige Kletterpflanze)

LINKS: *Alliums unter einem Goldregenbogen.*

UNTEN: *Fritalaria meleagris.*

EINEN KRÄUTERTOPF BEPFLANZEN

Ein Kräutertopf sieht attraktiv aus, man sollte ihn aber für die Kräuter nur als vorübergehendes Zuhause betrachten und jährlich neu bepflanzen. Wenn Sie strauchartige Staudenkräuter zu groß werden lassen, kann es äußerst schwierig werden, sie zu entfernen, wenn Sie sie umpflanzen wollen. Seien Sie besonders vorsichtig, wenn Sie eine große strauchartige Kräuterstaude in einen Topf mit einem eng zulaufenden Rand pflanzen. Wenn die Pflanze erst einmal viele Wurzeln produziert hat, kann das Entfernen ein frustrierender Kraftakt werden.

1 Einen Kräutertopf bepflanzt man am besten stufenweise. Beginnen Sie, indem Sie ihn bis zur Höhe der ersten Pflanzlöcher mit guter Blumenerde befüllen.

2 Nehmen Sie kleine Pflanzen, klopfen Sie sie aus ihren Töpfen und schieben Sie die Wurzelballen durch die Pflanzöffnungen in den Topf. Es kann nötig sein, einige Wurzelballen zu zerteilen, damit sie durch die Öffnungen passen.

3 Fügen Sie weitere Erde hinzu und wiederholen Sie den Vorgang mit der nächsten Reihe. Vorausgesetzt, der Topf ist nicht sehr groß, sollten Sie nicht zu viele Pflanzen an die Oberfläche setzen. Eine einzelne, gut gewachsene Pflanze sieht oft viel besser aus.

4 Große Tontöpfe können genauso gut aussehen wie Kräutertöpfe mit Pflanzlöchern, wenn sie ansprechend bepflanzt sind. Wenn Sie ein altes, halbes Fass haben, können Sie auch dieses verwenden. Setzen Sie eine markante Kräuterstaude in die Mitte, zum Beispiel Lorbeer (*Laurus nobilis*).

5 Mit der Zeit wird die Kräuterstaude den gesamten Platz einnehmen und Sie werden ein attraktives Prachtexemplar haben. In der Zwischenzeit sollten Sie aber einige kleinere Kräuter um den Rand herum pflanzen. Vermeiden Sie Minze, die später schwierig zu entfernen ist.

MINZE ZIEHEN

Minze ist berüchtigt dafür, dass sie schwer unter Kontrolle zu halten ist, sobald sie sich erst einmal häuslich niedergelassen hat. Sie bildet unter der Oberfläche weit verzweigte und durchdringende Wurzeln, die sich zwischen anderen Pflanzen oder sogar auf der anderen Seite des Weges verbreiten. Am besten werden sie in irgendeiner Form in einem Gefäß gefasst.

1 Eine Pflanztasche ist das ideale Zuhause für Minze. Sie werden einige Jahre gut darin wachsen und können dann einfach für einen Neustart verpflanzt werden. Wenn Minze in einem großen Topf wächst, müssen Sie eventuell einen Teil des Wurzelballens entfernen, sie wird sich aber schnell davon erholen.

2 Anstatt die Pflanztasche mit nur einer Minzsorte zu bepflanzen, können Sie auch eine Mischung von vier bis fünf unterschiedlichen Sorten wählen. Dies sieht gut aus und bietet zudem eine große Auswahl an Geschmacksrichtungen für die Küche.

3 Wenn Sie Ihre Minze in einer Rabatte pflanzen wollen (was Sie von der lästigen Pflicht des ständigen Bewässerns befreit), dann pflanzen Sie sie in einen alten Eimer oder großen Topf. Achten Sie darauf, dass im Boden Drainagelöcher sind, füllen Sie die Behälter mit Erde oder einer Pflanzmischung.

4 Damit es gut aussieht, sollte der Rand des Behälters unterhalb des Bodens sein. Bedecken Sie dann die Stelle mit Erde, damit nichts vom Behälter zu sehen ist. Heben Sie den Topf jährlich oder alle zwei Jahre heraus, um ihn zu teilen und neu anzupflanzen, um einen kraftvollen Wuchs zu behalten.

ANDERE KRÄUTER, DIE MAN IN SCHRANKEN HALTEN MUSS

Obwohl Minze am berüchtigtsten für ein unkontrolliertes Wuchern ist, gibt es auch noch andere, die die Kontrolle über die Rabatte übernehmen können. Gänsefingerkraut (*Tamacetum vulgare*) und Waldmeister (*Asperula odorata*, Var. *Galium odoratum*) sollten Sie vielleicht auch eher in einem vergrabenen Eimer oder großen Topf pflanzen.

ZUCKERMAIS SÄEN

In warmen Gegenden, wo er problemlos direkt ins Freiland gesät werden kann, liefert Zuckermais eine zuverlässige Ernte. In kälteren Regionen mit einer kurzen Vegetationsperiode ist es jedoch besser, die Pflanzen unter Glas anzuziehen, damit sie vor dem Herbstfrost genug Zeit zum Reifen haben. In Regionen, wo die Bedingungen weniger günstig sind, sollten Sie eine Sorte speziell für kaltes Klima wählen.

1 Säen Sie nur, wenn kein Frostrisiko mehr besteht und die Bodentemperatur 10 °C erreicht hat. In kalten Regionen können Sie den Boden ein oder zwei Wochen lang durch ein Gartenvlies oder eine Frühbeetabdeckung aufwärmen.

2 Säen Sie die Samen mit einem Abstand von 8 cm etwa 3 cm tief und dünnen Sie die Pflanzen später aus, um den endgültig empfohlenen Abstand zu erhalten. Säen Sie eher in Gruppen als in Reihen.

3 Bedecken Sie die Saat mit einem Folienschutz oder Gartenvlies. Diese kann bis nach dem Keimen verbleiben, wenn die Pflanzen so groß geworden sind, dass sie die Abdeckung berühren.

4 In Regionen, wo eine Aussaat ins Freie nicht zuverlässig genug ist, sollten Sie die Pflanzen in Modulen oder Torftöpfen anziehen. Pflanzen Sie sie erst ins Freiland, wenn keine Frostgefahr mehr besteht und nachdem die Pflanzen sorgfältig abgehärtet wurden.

FREILANDTOMATEN PFLANZEN

Warten Sie, bis keine Frostgefahr mehr besteht, bevor Sie Ihre Tomaten ins Freiland pflanzen – etwa zur gleichen Zeit, wenn Sie Ihre empfindlichen Sommerblumen pflanzen. Wählen Sie Sorten, die fürs Freiland geeignet sind.

1 Setzen Sie die Pflanzen in dem Abstand, der für diese spezielle Sorte empfohlen wird – einige wachsen hoch und breit, andere bleiben klein und kompakt. Achten Sie immer darauf, dass sie gut abgehärtet sind.

2 In kalten Regionen sollten Sie die Pflanzen für einige Wochen mit einer Frühbeetabdeckung oder einem Gartenvlies abdecken.

3 Sobald das Vlies oder die Abdeckung entfernt wurde, sollten die Pflanzen sofort hochgebunden werden. Einige kleine Sorten müssen nicht gestützt werden.

TOMATEN IN PFLANZTASCHEN ZIEHEN

Tomaten entwickeln sich in einer Pflanztasche sehr gut. Dies ist eine äußerst praktische Methode, um sie auf der Terrasse oder im Gewächshaus oder auch im Gemüsebeet zu ziehen. Das Hochbinden ist das Hauptproblem, wenn Sie Tomaten in einer Pflanztasche auf hartem Untergrund pflanzen. Es gibt viele geeignete Varianten an Holzstützen, die für Gemüsesorten wie Tomaten in Pflanztaschen geeignet sind und viele halten mehrere Jahre. Wenn die Pflanztasche auf der Erde steht, können Sie den Stock einfach durch die Tasche stecken, wie in dieser Abbildung gezeigt.

STANGENBOHNEN PFLANZEN

In milden Regionen können Stangenbohnen und kletternde Gartenbohnen im Spätfrühjahr gepflanzt werden. In kalten Gegenden warten Sie lieber bis zum Frühsommer oder verlegen die Anzucht nach drinnen. Pflanzen Sie nicht ins Freiland, solange noch Frostgefahr besteht.

1 Säen Sie an jeder Stange zwei Samen in einer Tiefe von 5 cm. Dünnen Sie die Pflanzen zu einer Pflanze aus, falls beide keimen. Warten Sie mit dem Säen, bis die Bodentemperatur mindestens 12 °C beträgt.

2 Wenn Sie die Pflanzen in Töpfen anziehen, setzen Sie sie erst ins Freiland, wenn keine Frostgefahr mehr besteht. Nehmen Sie eine Kelle und pflanzen Sie sie direkt an die Außenseite der Stange. Binden Sie sie an der Stange fest, sobald sie groß genug sind.

STANGENBOHNEN STÜTZEN

Stangen und Netze eignen sich gleichermaßen als Stütze für Stangenbohnen. Wenn Sie sich für ein Netz entscheiden, wählen Sie ein grobmaschiges Netz, das als Erbsen- und Bohnennetz angeboten wird und spannen Sie es satt zwischen gut gesicherten Pfosten. Bei Stangen sind die gebräuchlichsten Methoden das Wigwam (siehe rechts) und gekreuzte Stangen (ganz rechts). Es gibt bei Stützen auch spezielle Markenartikel zu kaufen, die zwar sehr praktisch, aber auch kostspielig sind.

HALBSCHALE ODER WANDTOPF BEPFLANZEN

Viele Leute lieben die traditionellen Blumenampeln, aber sie können Anlass für Enttäuschungen sein, wenn man sie nicht liebevoll pflegt. Auch wenn man beim Anpflanzen des Korbes darauf achtet, dass er von allen Seiten attraktiv aussieht, wird sich doch die Seite, die der Wand zugewandt ist, schlechter entwickeln als die Seite, die der Sonne zugewandt ist, es sei denn, Sie drehen den Korb alle ein bis zwei Tage, um ein gleichmäßiges Wachstum zu ermöglichen. Eine Halbschale oder ein Wandtopf, der an der Mauer befestigt ist, kann genauso wirkungsvoll sein und obwohl er nur bepflanzt ist, um von einer Seite aus betrachtet zu werden, kann er genauso hübsch und ansehnlich aussehen wie eine Blumenampel. Einige Wandtöpfe sind auch für sich allein schon ein Schmuckstück.

1 Wenn die Halbschale klein ist, ist es eventuell besser, sie herunter zu nehmen und am Boden zu bepflanzen. Sie sollten jedoch zuvor die Löcher bohren, die Haken und Schrauben befestigen und testen, ob die Schale hält.

2 Fügen Sie eine Lage Drainagematerial, wie Tonscherben oder Kies hinzu und befüllen Sie sie dann teilweise mit einer Gartenerde.

3 Wenn Sie eine Halbschale aus Draht verwenden, legen Sie sie mit Moos aus und füllen Sie sie bis zur ersten Pflanzenlage mit Erde auf.

4 Bepflanzen Sie die Seiten und füllen Sie danach zusätzliches Moos und Erde auf.

5 Setzen Sie markante und ins Auge fallende Pflanzen an die Oberfläche.

6 Bei einem sehr dekorativen Wandtopf wählen Sie eher zurückhaltende Pflanzen aus, um nicht von dem Topf abzulenken.

BLUMENKÖRBE INS FREIE STELLEN

Halbschalen und Wandtöpfe sind schwierig in einem Gewächshaus oder in einem anderen, geschützten Standort aufzubewahren, so dass es besser ist, mit dem Bepflanzen zu warten, bis die Frostgefahr vorüber ist. Wenn Sie sie jedoch eine oder zwei Wochen in einem Frühbeet oder Gewächshaus akklimatisieren lassen können, wird das Ergebnis sehr erfreulich ausfallen.

RECHTS: *Eine alte originale Krippe wurde für dieses verschwenderische Bild verwendet. Gut bepflanzte, große Wandtöpfe können genauso effektvoll sein.*

BEETPFLANZEN ABHÄRTEN

Die Abhärtung ist für alle Pflanzen, die im Innenraum oder Gewächshaus gezogen wurden, ein entscheidender Schritt. Wenn man dies richtig macht, bleiben die Pflanzen kräftig und gesund, wenn Sie jedoch empfindliche Pflanzen direkt in eine heiße, trockene Umgebung verpflanzen oder kalten, beißenden Winden im Freiland aussetzen, nachdem sie ein geschütztes Leben auf dem Fensterbrett oder im Gewächshaus gewohnt waren, sind Verluste vorprogrammiert. Pflanzen, die Sie beim Fachhandel oder in einem Gartencenter kaufen, sollten abgehärtet sein, wenn Sie dies tun.

1 Setzen Sie die Pflanzen für eine oder zwei Wochen in ein Frühbeet, bevor Sie sie ins Freiland pflanzen. Schließen Sie den Deckel am Abend und an kalten Tagen, ansonsten lassen Sie die Abdeckung offen. Bei Frostgefahr decken Sie den Rahmen mit einem Vlies ab oder nehmen Sie die Pflanzen wieder nach drinnen oder ins Gewächshaus.

2 Wenn Sie kein Frühbeet haben, können Sie stattdessen Frühbeetabdeckungen verwenden. Lüften Sie sie wann immer möglich, damit sich die Pflanzen akklimatisieren können, während sie gleichzeitig vor den ärgsten Winden und der Kälte geschützt sind.

3 Wenn Sie weder ein Frühbeet noch Frühbeetabdeckungen haben, stellen Sie die Schalen oder Töpfe draußen an einen geschützten Standort und decken Sie sie mit einem Gartenvlies oder einer Plastikfolie ab. Bei Frostgefahr nehmen Sie sie wieder nach drinnen.

GEWÄCHSHAUSHAUSTOMATEN PFLANZEN

Gewächshaustomaten wurden üblicherweise nur für das Gewächshaus gezogen und der Boden musste regelmäßig ausgewechselt werden. Dies war eher risikoreich und die Ringkultur wurde zum Favorit. In letzter Zeit sind Pflanztaschen sehr beliebt. Andere Methoden werden kommerziell genutzt. Hier stellen wir Ihnen drei praktische und einfache Methoden für Hobbygärtner vor. Alle drei Systeme haben Vor- und Nachteile, wobei die Pflege, die Sie Ihren Pflanzen während des Wachstums gönnen, genauso wichtig sein kann wie die Methode. Wählen Sie die, die für Sie am einfachsten ist oder die Ihnen am meisten zusagt.

1 Graben Sie immer so viel verrotteten Mist oder Kompost unter wie möglich und geben Sie einen Universaldünger dazu, bevor Sie die Tomaten pflanzen. Auch wenn Tomaten eigentlich schon früher gepflanzt werden können, halten viele Gärtner diese Zeit für am besten geeignet, da jetzt die Beetpflanzen ins Freiland gesetzt sind und genug Platz im Gewächshaus ist.

2 Die meisten Gewächshaussorten werden hoch und brauchen eine Stütze. Wenn Sie nur einige Pflanzen haben, sind hohe Stangen eine geeignete Methode, bei mehreren Pflanzen bietet sich die Schnurmethode an (siehe gegenüberliegende Seite).

3 Bei der Ringkultur wachsen die Wasser absorbierenden Wurzeln in einen Feuchtbereich und die nährenden Wurzeln in Spezialbehälter ohne Boden, die mit einer Topferde befüllt sind. Heben Sie im Gewächshausbeet einen Graben von 15–23 cm Tiefe aus und legen Sie ihn mit einer wasserundurchlässigen Plastikfolie aus (dies minimiert die Kontaminierung durch Bodenkrankheiten).

4 Befüllen Sie den Graben mit feinem Kies, Schotter oder Tonscherben, setzen Sie dann die speziellen bodenlosen Töpfe auf diesen Untergrund und füllen Sie sie mit guter Topferde.

5 Setzen Sie die Pflanze in den Ring und stecken Sie einen Stock hinein oder sorgen Sie für eine andere passende Stütze. Wässern Sie zunächst nur den Ring. Sobald die Pflanze angewachsen ist und einige Wurzeln in den Untergrund eingedrungen sind, wässern Sie nur den Untergrund und düngen Sie durch den Topf.

6 Pflanztaschen sind nicht so umständlich wie die Ringkultur, aber auch bei dieser Methode müssen Sie die Pflanzen regelmäßig düngen. Wenn Sie kein automatisches Bewässerungssystem verwenden, kann es schwieriger sein, das Bewässern zu kontrollieren. Stecken Sie einen Stock durch die Tasche oder verwenden Sie eine Schnur als Stütze.

OBEN: *Sie können eine gute Ernte wie diese erwarten, wenn Sie ihre Gewächshaustomaten jetzt pflanzen. Um optimale Ergebnisse zu erzielen, prüfen Sie, ob Ihre Sorte für die Gewächshauszucht empfohlen wird.*

TOMATEN MIT SCHNÜREN STÜTZEN

Eine Schnur ist eine einfache und günstige Lösung, um Tomaten zu stützen. Befestigen Sie einen Draht in einer praktischen Höhe oberhalb des Beetes von einem Ende des Gewächshauses zum anderen und einen zweiten direkt über dem Boden. Der untere Draht wird am besten an einem stabilen Stock an jedem Ende der Reihe befestigt. Ziehen Sie auf der Höhe der Pflanzen Schnüre zwischen dem unteren und oberen Draht. Sie müssen die Pflanzen nicht festbinden, schlingen Sie lediglich eine Schleife um das obere Ende des Triebes, so dass sie eine Spirale bildet.

GURKEN PFLANZEN UND AN EINEM SPALIER ZIEHEN

Wie bei Tomaten gibt es auch bei Gurken verschiedene Anbaumethoden. Probieren Sie, Gurken in Pflanztaschen auf der Gewächshausablage zu ziehen. Stecken Sie Stöcke zwischen Pflanztasche und Dachrinne und befestigen Sie wie in dieser Abbildung horizontale Drähte entlang des Daches. Sie können dann die Triebe entlang des Daches ziehen und die Gurken können nach unten hängen. In eine normale Pflanztasche passen etwa zwei Gurken. Setzen Sie die Pflanzen nicht zu dicht. Diese Methode ist einfach und praktisch anzuwenden, wenn Sie aber nicht ständig darauf achten wollen, dass die Taschen immer gleichmäßig feucht sind, können Sie die Gurken auch direkt in den Boden pflanzen und die horizontalen Drähte an der Gewächshauswand spannen.

SOMMER

Der Frühsommer ist eine Zeit intensiver Gartenarbeit. Alles wächst rasch, in vielen Gegenden können empfindliche Pflanzen schon ins Freiland gesetzt werden, und das Unkraut wächst schneller als Sie schauen können. Im Hoch- und Spätsommer können Sie die Früchte Ihrer Arbeit genießen. Natürlich gibt es auch jetzt immer Arbeiten, die zu erledigen sind, aber auch die Zeit zum Entspannen sollte jetzt nicht zu kurz kommen. In einem heißen Sommer kann die Wasserknappheit zu einem Problem werden, Sie sollten jedoch trotzdem immer gründlich wässern, da eine oberflächliche, schnelle Bewässerung ein flaches Wurzeln begünstigt und die Pflanzen anfälliger macht.

GEGENÜBERLIEGENDE SEITE: *Rosen gehören zu einem Sommerbild dazu, sie wirken jedoch noch mehr, wenn man sie phantasievoll arrangiert.*

OBEN: *Mit Topfpflanzen kann man auch die ungünstigsten Standorte im Garten mit sommerlichen Farben verschönern.*

FRÜHSOMMER

Im Frühsommer können Sie sich etwas zurücklehnen und das Ergebnis Ihrer Anstrengungen während der letzten Monate genießen. Aber trotzdem gibt es noch Arbeiten zu erledigen, und Schädlinge und Krankheitserreger sind so geschäftig wie immer. Durch Wachsamkeit und schnelles Handeln kann man jetzt oft ein unkontrolliertes Verbreiten verhindern und drastischere Maßnahmen zu einem späteren Zeitpunkt ersparen.

Obwohl zu dieser Jahreszeit alles in voller Blüte steht, sollten Sie daran denken, dass in wenigen Wochen Ihr Garten vielleicht nicht mehr so attraktiv aussieht. Der Frühsommer ist eine Übergangssaison und oft gibt es eine Zeitspanne zwischen den verblühenden Frühlingsblumen und der Zeit, in der die Sommerblumen ihre reiche Farbenpracht entwickeln.

GARTENARBEITEN IN KÜRZE

Der Nutzgarten

- ☐ Säen Sie Zuckermais ins Freie, in milden Gegenden, wenn keine Frostgefahr mehr besteht
- ☐ Säen Sie Gemüse – die meisten Sorten können jetzt gesät werden, informieren Sie sich anhand der Packungsaufschriften. Säen Sie Rote Beete, Karotten, Salat und Rüben nach
- ☐ Pflanzen Sie Kartoffeln
- ☐ Pflanzen Sie Gemüsesetzlinge wie Kohl, Blumenkohl, Sellerie, Mais, Tomaten und Kürbis
- ☐ Säen Sie Gemüsesorten wie Kohl, Blumenkohl und Schößlinge in ein Anzuchtbeet, wo sie bis zum Verpflanzen wachsen können
- ☐ Säen oder pflanzen Sie Stangenbohnen ins Freiland
- ☐ Säen Sie Buschbohnen
- ☐ Achten Sie auf Blattläuse bei breiten Bohnen und Kohlfliegen bei Kohl, Karotten und Zwiebeln. Vorbeugen ist besser als Kurieren.

UNTEN: *Dünnen Sie Gemüse aus, wenn es noch jung ist.*

Der Blumengarten

- ☐ Entfernen Sie regelmäßig verblühte Blüten bei Beetpflanzen
- ☐ Binden Sie Stauden hoch
- ☐ Beenden Sie das Bepflanzen von Behältern und Körben
- ☐ Säen Sie mehrjährige, winterharte Stauden
- ☐ Pflanzen Sie Dahlien
- ☐ Beenden Sie das Pflanzen von Gladiolen und Sommerblumen

UNTEN: *Schneiden Sie die verblühten Blüten von Flieder ab.*

- ☐ Schneiden Sie Flieder, Philadelphus, Spirea und Ginster
- ☐ Säen Sie zweijährige Pflanzen wie Vergissmeinnicht und Goldlack
- ☐ Mähen Sie den Rasen, jedoch nicht, wenn es sehr trocken ist
- ☐ Beenden Sie das Abhärten und Pflanzen von empfindlichen Beetpflanzen
- ☐ Geizen Sie die Triebe von früh blühenden Chrysanthemen aus
- ☐ Achten Sie auf Anzeichen von Läusen und Milben bei Rosen und spritzen Sie sofort, wenn Sie welche entdecken
- ☐ Geben Sie Rosendünger, sobald die Hauptblüte vorüber ist

Das Treib- und Gewächshaus

- ☐ Düngen Sie Topfpflanzen regelmäßig
- ☐ Nehmen Sie Blattableger von Saintpaulias und Streptocarpus
- ☐ Beginnen Sie mit dem Düngen von Tomaten, sobald sich die ersten Fruchtrispen entwickeln
- ☐ Versuchen Sie es mit biologischer Schädlingsbekämpfung bei Schädlingen im Gewächshaus
- ☐ Topfen Sie Setzlinge von Topfpflanzen um, sobald es nötig wird

OBEN: *Überprüfen Sie die Topfpflanzen regelmäßig, um sicher zu sein, dass sie genug Wasser bekommen.*

UNTEN: *Biologische Schädlingsbekämpfung kann sehr wirkungsvoll sein, wenn man es richtig macht.*

DIESE PFLANZEN SIND JETZT AM SCHÖNSTEN

Alchemilla mollis (Staude)
Allium (Blumenzwiebel)
Buddleia globosa (Strauch)
Calendula
(Winterharte mehrjährige Staude)
Cistus (Strauch)
Dianthus (Nelken)
Digitalis (Zweijährige Pflanze)
Geranium (Staude)
Godetia (Winterharte mehrjährige Staude)
Iris germanica Hybride (Beetiris)
Laburnum (Baum)
Lupinus (Staude)
Paeonia (Staude)
Papaver orientale (Staude)
Philadelphus (Strauch)
Rosa (die meisten Rosensorten)
Weigela (Strauch)

LINKS: *Der Frühsommer ist voller Versprechen.*

UNTEN: *Philadelphus x lemoinei.*

GANZ UNTEN: *Dianthus „Caesar's Bloody Pink".*

KARTOFFELN SCHÜTZEN UND ANHÄUFELN

Kartoffeln werden angehäufelt, um die Knollen nahe der Oberfläche vor Licht zu schützen. Wenn Sie ungeschützt sind, wird die Schale grün und sie sind völlig ungenießbar.

1 Kartoffeln erholen sich normalerweise von leichten Frostschäden. Trotzdem sollten Sie bei Frostgefahr versuchen, die Pflanzen – wenn die Triebe bereits zu sehen sind – mit Zeitungspapier oder einem Gartenvlies abzudecken. Verankern Sie die Abdeckung gut und entfernen Sie sie am nächsten Morgen wieder oder nachdem die Frostgefahr vorüber ist.

2 Häufeln Sie die Kartoffeln an, sobald die Triebe etwa 15 cm hoch sind. Ziehen Sie die Erde mit einer Harke auf beiden Seiten nach oben.

3 Häufeln Sie mit dem Wachstum stufenweise immer mehr Erde an, bis die Anhäufung etwa 15 cm hoch ist.

SETZLINGE AUSDÜNNEN

Das Ausdünnen ist eine mühsame, aber notwendige Aufgabe. Der endgültige Abstand zwischen den Pflanzen bestimmt sowohl die Größe der einzelnen Gemüsesorten als auch den Gesamtertrag. Der genaue Abstand hängt oft davon ab, ob Sie eher an einem hohen Gesamtertrag oder an einzelnen, wohl geformten Früchten interessiert sind.

1 Richten Sie sich nach den Empfehlungen auf der Packung, wenn Sie die Pflanzen säen. Dort sollte auch angegeben sein, wie groß der Abstand zwischen den einzelnen Pflanzen nach dem Ausdünnen sein sollte.

2 Dünnen Sie in Etappen aus, indem Sie die überzähligen Pflanzen mit Daumen und Zeigefinger herausziehen. Nach dem ersten Ausdünnen sollte der Abstand halb so eng sein, wie nach dem endgültigen Ausdünnen, da es eventuell noch Verluste geben könnte.

3 Bevor die Pflanzen sich gegenseitig stören, dünnen Sie sie nochmals auf ihren endgültigen Abstand aus.

MINIATUR-BLUMENKOHL SÄEN

Miniatur-Blumenkohl ist eine Sommersorte, die im Frühjahr oder Frühsommer gesät wird, jedoch mit einem viel engeren Abstand als normale Sorten. Säen Sie alle 15 cm einige Samen direkt an Ort und Stelle und dünnen Sie sie anschließend bis auf eine Pflanze aus, falls mehr als ein Samen keimt. Die Köpfe sind wesentlich kleiner, der Gesamtertrag kann aber trotzdem sehr gut sein.

MEHRFACHES SÄEN

Einige Gärtner pflanzen bestimmte Gemüsesorten - Karotten, Rote Beete, Zwiebeln und Lauch - in kleinen Gruppen. Dazu werden vier bis sechs Samen pro Zelle in eine modulare Pflanzschale gesät (siehe oben) und anschließend ins Freie gepflanzt, ohne sie zu verziehen. Die Früchte sind normalerweise kleiner und nicht so wohlgeformt als die, die in Reihen gesät und normal ausgedünnt wurden, aber der Gesamtertrag kann trotzdem gut sein, wenn man die Abstandsempfehlungen für diese Art der Kultivierung beachtet (siehe oben).

SETZLINGE UMPFLANZEN

Versuchen Sie nicht, die überzähligen, ausgedünnten Setzlinge von Wurzelgemüse wie Karotten oder Rüben zu verpflanzen – bei anderen Gemüsearten, wie Salat und Kohl beispielsweise, fällt das Ergebnis der Verpflanzung jedoch zufriedenstellend aus. Das Erfolgsgeheimnis besteht darin, die Reihe etwa eine Stunde vor dem Ausdünnen oder Versetzen ausreichend zu wässern (überprüfen Sie, dass die Feuchtigkeit bis zu den Wurzeln vorgedrungen ist), und die überzähligen Setzlinge mit so viel Erde um den Wurzeln wie möglich herauszuziehen. Gießen Sie immer gründlich, solange sich die Pflanzen erholen und schützen Sie sie einige Tage lang vor direktem Sonnenlicht.

LINKS: *Bei einem engen Pflanzabstand kann der Gesamtertrag manchmal höher sein, auch wenn die einzelnen Exemplare kleiner sind.*

SOMMERTRÖGE UND BALKONKÄSTEN

Mit Ausnahme der kältesten Regionen können frostempfindliche Beetpflanzen jetzt ins Freie gepflanzt werden - richten Sie sich aber auf jeden Fall nach den lokalen Bedingungen. Kübel und Tröge mit Sommerblumen sind eine gute Möglichkeit, auch in Bereichen des Gartens, die sonst nicht so farbenprächtig sind, bunte Farbakzente zu setzen. Auch mit Balkonkästen können Sie jetzt das Äußere Ihres Hauses verschönern.

1 Balkonkästen und Tröge können auf die gleiche Weise bepflanzt werden – lediglich sollten Sie bei Balkonkästen mehr Hängepflanzen vorsehen. Achten Sie darauf, dass Drainagelöcher vorhanden sind und fügen Sie eine Drainageschicht aus Tonscherben oder Kies hinzu.

2 Füllen Sie den Kasten oder Trog zur Hälfte mit guter Topferde – für Tröge kann eine lehmhaltige Erde verwendet werden, aber wenn der Balkonkasten an Winkelträgern befestigt werden muss, sollten Sie eine leichte Mischung auf Torfbasis wählen.

3 Die meisten Menschen bevorzugen eine gemischte Bepflanzung, mit einigen Hängepflanzen und sowohl blühenden als auch Blattpflanzen.

PFLANZUNG EINER EINZIGEN SORTE

Die meisten Menschen pflanzen gemischte Gruppen, manchmal aber kann eine Bepflanzung mit nur einer Sorte besonders eindrucksvoll aussehen. Impatiens und Begonien sind beliebte Pflanzen, die dafür geeignet sind, Sie können aber auch mit anderen Sorten experimentieren. Da Pflanzen von einer Sorte die gleiche Höhe haben, ist es wichtig, einen Behälter zu wählen, dessen Proportionen zu den Pflanzen passen. Kompakte Begonien sehen z.B. in einem tiefen Trog verloren aus, in einen Balkonkasten passen sie jedoch perfekt.

4 Wenn der Standort stimmt, setzen Sie die Pflanzen ein und befestigen Sie die Erde gut um die Wurzelballen. Pflanzen Sie enger als in Beeten und Rabatten – vermeiden Sie Pflanzen, die ihre Nachbarpflanze überwuchern.

5 Wässern Sie nach dem Pflanzen sorgfältig und achten Sie darauf, dass die Erde nie austrocknet. Bei warmem Wetter bedeutet dies, dass Sie täglich gießen müssen, manchmal sogar zweimal.

KÜBEL UND TERRASSENTÖPFE BEPFLANZEN

Obwohl alle Pflanzen, die für Balkonkästen geeignet sind, auch in Kübeln und großen Terrassentöpfen verwendet werden können, bietet die größere Pflanztiefe doch mehr Möglichkeiten für höhere und markantere Pflanzen und die runde Form verlangt normalerweise nach einer ins Auge fallenden Pflanze im Mittelpunkt. Hängepflanzen machen einen einfachen Kübel attraktiver, wenn Sie aber einen verzierten oder dekorativen Topf haben, ist es besser, Hängepflanzen nur beschränkt einzusetzen, um nicht vom Topf abzulenken.

1 Bepflanzte Töpfe können sehr schwer zu bewegen sein, so dass es sich empfiehlt, sie dort zu bepflanzen, wo sie später stehen sollen. Bedecken Sie die Drainagelöcher mit einer Lage Tonscherben, Kies oder Rindenschnitzel.

2 Eine Topferde-Mischung auf Lehmbasis ist für die meisten Pflanzen ideal, wenn der Topf jedoch an einem Standort steht, an dem das Gewicht ein Problem ist, wie auf dem Balkon, dann nehmen Sie ein Mischung auf Torfbasis.

3 Wählen Sie eine hohe oder markante Pflanze für die Mitte, z.B. *Coryline australis* oder eine Fuchsie oder eine mit großen Blüten, wie die Osteospermum, die hier verwendet wurde.

4 Darum herum pflanzen Sie einige buschigere, aber niedriger wachsende Pflanzen. Wählen Sie leuchtende Farben, wenn die Pflanze in der Mitte eine Blattpflanze ist, während Sie bei einer blühenden Pflanze im Mittelpunkt den Schwerpunkt auf Blattpflanzen legen sollten.

5 Bedecken Sie die Oberfläche mit einem dekorativen Mulchmaterial, zum Beispiel Rindenschnitzel oder Kakaoschalen, wenn viel von der Oberfläche zu sehen ist (dies lohnt sich auf jeden Fall, um die Feuchtigkeit im Boden zu halten). Wässern Sie sorgfältig.

OBEN: *Selbst ein einfacher Mohn kann großen Eindruck machen, wenn der Behälter selbst attraktiv ist.*

MEHRJÄHRIGE, WINTERHARTE PFLANZEN SÄEN

Zweijährige Pflanzen wie Goldlack und Vergissmeinnicht sind sehr einfach aus Samen zu ziehen, und weil sie ins Freiland gesät werden können, brauchen sie wenig Pflege. Rabattenpflanzen wie Lupinen und Akelei kann man ebenfalls aus Samen ziehen, die jetzt gesät werden können, und einige blühen bereits im nächsten Sommer. Andere werden ein oder zwei Jahre brauchen, bis sie das erste Mal blühen.

1 Bereiten Sie den Boden sorgfältig vor und entfernen Sie soviel Unkraut wie möglich. Wenn die jungen Setzlinge mit Unkraut konkurrieren müssen, ist das oft das größte Hindernis. Zerkleinern Sie die Erde zu einer feinen, krümeligen Struktur, sobald sie unkrautfrei ist.

2 Ziehen Sie mit der Kante einer Harke oder eines Rechens eine Furche in der empfohlenen Tiefe (dies hängt von der Samensorte ab – orientieren Sie sich an der Packungsaufschrift). Die Furchen können nah beieinander liegen, da die Setzlinge umgepflanzt werden, sobald sie groß genug sind.

3 Wenn der Boden sehr trocken ist, lassen Sie vor dem Pflanzen Wasser in die Furche laufen. Säen Sie den Samen dünn und so gleichmäßig wie möglich. Dies erleichtert das Ausdünnen und spätere Verpflanzen.

OBEN: *Goldlack ist eine der bekanntesten zweijährigen Pflanzen und wirklich problemlos aus Samen zu ziehen, der jetzt gesät werden sollte.*

4 Bedecken Sie die Samen, indem Sie die Erde mit den Füßen zurückschieben oder ziehen Sie sie vorsichtig mit der Rückseite einer Harke zurück. Denken Sie daran, ein Etikett anzubringen.

5 Dünnen Sie die Setzlinge aus, sobald sie groß genug sind, damit sie nicht zu dicht wachsen.

STRÄUCHER SCHNEIDEN

Viele Sträucher treiben, ohne dass sie regelmäßig geschnitten werden, einige jedoch, die im Frühjahr oder Frühsommer blühen, profitieren von einem Schnitt direkt nach der Blüte. Dazu gehören *Cytisus* (Ginster), *Syringas* (Flieder), der Pfeifenstrauch und der im Frühjahr blühende Spierstrauch.

1 Der Pfeifenstrauch (siehe Bild) und der im Frühjahr blühende Spierstrauch, zum Beispiel *Spiraea X arguta* und *S. thunbergii* werden zu dicht und überladen, wenn sie nicht geschnitten werden. Durch einen jährlichen Schnitt bleiben sie kompakt und blühen gut. Die beste Zeit für den Schnitt ist sofort nach der Blüte.

2 Kürzen Sie die Triebe um ein Drittel, indem Sie die ältesten herausschneiden. Schneiden Sie die alten Äste bis zu einer Stelle zurück, an der weiter unten ein neuer Trieb gebildet wird, oder bis auf Bodenebene, falls der Trieb sehr alt und der Strauch sehr dicht ist.

EINEN ALTEN FLIEDER SANIEREN

Sehr alte Sorten des *Syringa vulgaris* werden oft hoch und langstielig und die Blüten werden sehr weit oben gebildet. Sie können eine vernachlässigte Pflanze verjüngen, indem Sie sie bis auf eine Höhe von 30-90 cm heruntersägen. Das hört sich drastisch an, und die Pflanze wird die nächsten ein oder zwei Jahre nicht blühen, sie wird aber wieder aus dem alten Holz treiben und eine attraktive, kompakte Pflanze bilden.

3 Ginster und Färberginster neigen im Alter dazu, an der Basis zu verholzen. Die Blüten werden dann zu hoch am Ast gebildet, was nicht mehr gut aussieht. Schneiden Sie sie, sobald die Blüten verblüht sind und bevor sich die Samenschoten bilden.

4 Schneiden Sie den Trieb um die Hälfte des neuen, grünen Triebes zurück. Schneiden Sie nicht das dunkle, alte Holz, auch dann nicht, wenn sich die neuen Triebe nur zögernd entwickeln. Sie werden eine alte, vernachlässigte Pflanze nicht aus der Basis zum Wachstum anregen können – beginnen Sie daher, schon die junge Pflanze regelmäßig zu schneiden.

5 Flieder profitiert davon, wenn die welken Blüten regelmäßig ausgepflückt werden. Sobald die Blüte vorüber ist, schneiden Sie die verblühte Blüte bis zum ersten Blattpaar unterhalb der Blüte zurück (nicht weiter, da sie sonst Knospen verletzen, aus denen neue Blütentriebe gebildet werden).

DÜNGEN UND BEWÄSSERN IM GEWÄCHSHAUS

Das Bewässern ist im Gewächshaus eine Arbeit, die das ganze Jahr über gemacht werden muss, die Sommermonate sind jedoch besonders anspruchsvoll. Erwägen Sie die Anschaffung eines automatischen oder halbautomatischen Bewässerungssystems, um sich die Arbeit etwas zu erleichtern. Die meisten Topfpflanzen sprechen sofort auf eine regelmäßige Düngung während der Wachstumsphase an – es ist allerdings nicht einfach, eine Unterversorgung zu erkennen, wenn die Pflanzen eine gewisse Zeit lang unterversorgt waren.

1 Pflanzen sollten gegossen werden, bevor sie offensichtliche Mangelerscheinungen, wie welke Blätter zeigen. Bei buschigen Pflanzen ist es nicht möglich, durch das Aussehen der Pflanzerde zu beurteilen, ob die Pflanze zu trocken ist, und oftmals ist es am besten, dies durch ein Befühlen der Erde zu testen, auch wenn dies eher zeitaufwändig und nur bedingt zuverlässig ist.

2 Für Laien ist ein Feuchtigkeitsanzeiger für die jeweiligen Töpfe sehr hilfreich, wenn Sie nur einige wenige Töpfe haben. Bei einem ganzen Gewächshaus voller Pflanzen ist dies jedoch keine praktische Methode.

3 Kapillarmatten sind eine ideale Möglichkeit, um die meisten Topfpflanzen im Sommer zu bewässern. Sie können ein eigenes System wählen, das an die Wasserversorgung angeschlossen ist, oder mit einem System improvisieren, wie das hier gezeigte. Dieses verwendet eine Dachrinne für die Wasserzufuhr. Sie können sie per Hand nachfüllen, entweder mit speziellen Wasserkanistern oder aus einer Zisterne.

4 Wenn Sie per Hand gießen, nehmen Sie eine Gießkanne ohne Brauseaufsatz, es sei denn, Sie gießen Setzlinge. Auf diese Weise können Sie das Wasser einfacher zu den Wurzeln dirigieren und wässern nicht die gesamten Blätter. Setzen Sie einen Finger auf die Ausgusstülle, um die Menge zu kontrollieren, oder stecken Sie einen Lappen in die Öffnung.

5 Für ein großes Gewächshaus ist ein automatisches oder halbautomatisches Decken-Berieselungssystem nützlich, entweder für Pflanzen auf Pflanztischen oder in den Beeten. Das Wasser wird nicht so sorgfältig dorthin dirigiert, wo es gebraucht wird, so dass es für Topfpflanzen nicht so gut geeignet ist. Der Sprühnebel sorgt aber für ein feuchtes Klima.

6 Verwenden Sie einen Flüssigdünger beim Gießen, wenn Sie daran denken, dies regelmäßig zu tun. Es gibt wasserlösliche Pulver und flüssige Dünger, die auf die erforderliche Konzentration verdünnt werden können.

7 Düngestäbchen und –tabletten, die man in die Topferde stecken kann, sind eine praktische Möglichkeit, Dünger zu verabreichen, wenn Sie die Pflanzen nicht regelmäßig mit dem Gießen düngen wollen. Die meisten geben ihre Nährstoffe während eines Zeitraums von mehreren Monaten ab.

BIOLOGISCHE SCHÄDLINGS-BEKÄMPFUNG

Das Gewächshaus oder der Wintergarten sind ideal, um biologische Schädlingsbekämpfungsmethoden anzuwenden – die Räuber gedeihen in der geschützten Umgebung und vermehren sich normalerweise rapide.

1 Es gibt verschiedene Methoden der biologischen Schädlingsbekämpfung für Gewächshäuser. *Encarsia formosa* ist eine winzige Wespe, die die Larven der Mottenschildlaus parasitiert und schließlich vernichtet. Es gibt noch weitere räuberische Wespen und Milben, die die rote Spinne, Schildläuse und Fransenflügler bekämpfen.

2 Wenn Engerlinge des Rüsselkäfers Ihre Pflanzen zerstören, indem sie die Wurzeln fressen, dann versuchen Sie doch in Zukunft, sie mit parasitären Aaltierchen unter Kontrolle zu halten. Die Aaltierchen werden einfach zusammen mit dem Gießwasser über der Topferde verteilt.

ALTERNATIVE DÜNGEMITTEL

Verwenden Sie einen Universaldünger, wenn Sie nicht für jede Pflanze einen anderen Dünger einsetzen wollen: das ist auf jeden Fall besser als gar nicht zu düngen. Bei manchen Düngesorten wird jedoch zwischen Dünger für Blattpflanzen und blühenden Pflanzen unterschieden – diese Dünger sind für die Mehrzahl aller Pflanzen in jeder Kategorie geeignet. Aber selbst wenn Sie blühende Pflanzen und Blattpflanzen mit einem einzigen Dünger düngen, entsteht dadurch kein Schaden. Einige Gartenfanatiker verwenden Spezialdünger für bestimmte Pflanzen, wie zum Beispiel Saintpaulias oder Kakteen, aber auch diese Pflanzen sprechen gut auf normale Dünger für andere Topfpflanzen an. Spezielle Düngemittel für nährstoffintensive Pflanzen wie Tomaten und Chrysanthemen sollten Sie jedoch bei anderen Pflanzen mit Vorsicht verwenden – sie können zu stark sein.

MIT BIOLOGISCHEN SCHÄDLINGSBEKÄMPFUNGS-MITTELN ARBEITEN

Biologische Schädlingsbekämpfungsmittel funktionieren am besten wenn es warm ist, einige sind sogar ungeeignet für das Freiland. Setzen Sie Pestizide mit Sorgfalt ein, da sie Ihre Räuber genauso vernichten können wie nützliche Insekten und Sie möglicherweise das Gleichgewicht zwischen beiden stören. Bei einer biologischen Schädlingsbekämpfung werden Sie immer einige Schädlinge haben – sie sind notwendig für die Räuber, um sich weiter vermehren zu können – jedoch nur in geringer Population.

ABMOOSEN VON KRAKELIGEN PFLANZEN

Einige winterharte Pflanzen, wie Magnolien und Rhododendren können im Freiland abgemoost werden, allerdings wird diese Technik hauptsächlich bei Zimmer- und Gewächshauspflanzen angewendet, die hoch gewachsen und an der Basis kahl geworden sind. Anstelle einer unattraktiven, krakeligen Pflanze können Sie nochmals mit einer normal großen Pflanze von vorne beginnen, die von oben bis unten gut aussieht. *Ficus elastica* wird üblicherweise auf diese Weise behandelt, es ist aber auch bei anderen Pflanzen, zum Beispiel beim Drachenbaum einen Versuch wert. Man kann Pflanzen zwar fast zu jeder Jahreszeit abmoosen, der Frühsommer ist jedoch die ideale Zeit, da sie bei dem zunehmenden Licht und der Wärme kraftvoll wachsen.

1 Suchen Sie eine Stelle oberhalb des kahlen Bereichs aus, direkt unterhalb der Blätter. Wenn Sie die Technik an einer mehrstämmigen Pflanze anwenden, um den Stock zu erweitern, entfernen Sie einige Blätter an der Stelle, die Sie abmoosen wollen.

2 Machen Sie vorsichtig einen nach oben gerichteten Schnitt von ca. 3 cm Länge, unterhalb einer alten Blattverzweigung. Schneiden Sie nicht mehr als bis zur Hälfte durch den Stamm, da der Trieb sonst abbrechen könnte.

3 Formen Sie aus einer Plastikfolie eine Hülse. Es muss keine Röhrenform sein – Sie können die Folie auch um den Stamm wickeln und anschließend zukleben. Befestigen Sie den Boden der Hülse kurz unterhalb des Schnittes mit einem Kabelbinder oder mit Klebeband.

4 Reiben Sie etwas Wurzelbeschleuniger (Puder oder Gel) in die Wunde und legen Sie Torfmoos darauf, um sie offen zu halten.

5 Packen Sie anschließend eine große Menge an feuchtem Torfmoos rund um den Stamm, um die Wunde abzuschließen, decken Sie sie mit der Plastikfolie ab und sichern Sie auch das obere Ende mit einem Kabelbinder oder Klebeband. Achten Sie darauf, dass das Moos feucht bleibt und überprüfen Sie nach etwa einem Monat, ob sich Wurzeln gebildet haben. Wenn sich genügend Wurzeln gebildet haben, trennen Sie den Ableger von der Mutterpflanze und pflanzen Sie ihn ein.

ZU DICHT BEWURZELTE TOPFPFLANZEN TRENNEN

Sobald die Wurzeln einer Pflanze den Topf ausfüllen und es nicht praktisch ist, sie in einen größeren Topf umzutopfen, können Sie sie durch Teilen wieder regenerieren und haben darüber hinaus noch einige zusätzliche Pflanzen. Nicht alle Pflanzen sprechen jedoch auf ein Teilen an. Pflanzen mit Faserwurzeln, wie Calatheas und die meisten Farne kann man sehr gut teilen.

Einige blühende Pflanzen blühen besser, wenn sie umgetopft werden. Überprüfen Sie in einem Fachbuch, ob eine bestimmte Pflanze auf das Teilen anspricht. Zimmer- und Gewächshauspflanzen können während des ganzen Jahres geteilt werden, im späten Frühjahr und im Frühsommer ist jedoch die beste Jahreszeit dafür.

1 Wässern Sie die Pflanze mindestens eine Stunde, bevor Sie sie teilen wollen. Wenn die Pflanze nicht leicht aus dem Topf kommt, drehen Sie den Topf um, halten Sie die Pflanze fest und klopfen Sie den Topfrand auf eine harte Unterlage.

2 Um das Teilen zu erleichtern, sollten Sie die alten Tonscherben entfernen, die dafür verwendet wurden, die Drainagelöcher in einem Tontopf abzudecken und etwas Pflanzerde entfernen, um die Wurzeln freizulegen.

3 Die meisten Pflanzen können mit der Hand geteilt werden, wenn der Wurzelballen auf diese Weise jedoch nicht aufgebrochen werden kann, nehmen Sie eine Gabel.

4 Teilen Sie den Wurzelballen in kleine Teile. Wenn Sie viele Pflanzen haben wollen, teilen Sie ihn in kleine Stücke, wenn Sie nur eine oder zwei brauchen und eher wieder mit einer größeren Pflanze starten wollen, dann reichen zwei oder drei Teile. Sie werden vielleicht einige der längeren Wurzeln abschneiden müssen, damit die Pflanze in den neuen Topf passt.

5 Pflanzen Sie die Abschnitte so schnell wie möglich wieder ein und lassen Sie die Topferde langsam um die Wurzeln rieseln. Verwenden Sie möglichst die gleiche Erde wie im Originaltopf und befestigen Sie sie gut rund um die Wurzeln. Wässern Sie die Pflanze und setzen Sie sie einige Tage keinem direkten Sonnenlicht aus.

HOCHSOMMER

Der Hochsommer ist vor allem eine Zeit, in der Sie Ihren Garten genießen sollten, anstatt eine Menge körperlicher Arbeit darin zu verrichten. Das meiste ist bereits gesät oder gepflanzt, und der Schwerpunkt liegt jetzt auf dem Unkrautjäten und Bewässern. Ein regelmäßiges Entfernen von verblühten Blüten lässt Ihren Garten immer ordentlich aussehen und nützt darüber hinaus auch den Pflanzen.

GARTENARBEITEN IN KÜRZE

Der Nutzgarten

- ☐ Hacken Sie regelmäßig, um das Unkraut niedrig zu halten
- ☐ Säen Sie zusätzliches Gemüse – einschließlich Spinat, Petersilie und (in kalten Gegenden) Kohl. Säen Sie Rote Beete, Karotten, Salat und Rüben nach
- ☐ Verziehen Sie weiterhin früher gesäte Gemüsesorten, bevor sie zu groß werden und sich gegenseitig behindern
- ☐ Pflanzen Sie späte Sorten von Blumenkohl, Winterkohl und Lauch
- ☐ Säen Sie zusätzliche Buschbohnen
- ☐ Verabreichen Sie Pflanzen, die einen Wachstumsschub benötigen, einen schnell wirkenden Dünger. Wenn Sie Pulver oder Granulat verwenden, sollten Sie jedoch darauf achten, dass Sie ausreichend wässern.
- ☐ Knipsen Sie die Triebe von Stangenbohnen ab, wenn sie die Höhe ihrer Stützstangen erreicht haben.
- ☐ Ernten Sie Schalotten, wenn sie ausgewachsen sind und lassen Sie sie einige Tage an der Oberfläche liegen, bis sie getrocknet sind.
- ☐ Ernten Sie Kräuter regelmäßig. Lassen Sie die Blätter nicht zu alt werden.
- ☐ Dünnen Sie Apfelbäume aus
- ☐ Verpassen Sie Spalieräpfeln einen Sommerschnitt
- ☐ Säubern Sie sommerblühende Erdbeeren, die keine Früchte mehr tragen. Schneiden Sie alte Blätter und unerwünschte Triebe ab, entfernen Sie das Stroh und beseitigen Sie das Unkraut
- ☐ Achten Sie weiterhin auf Anzeichen von Schädlingen und Krankheiten. Raupen können eine ganze Kohlernte vernichten, wenn sie nicht entdeckt werden.
- ☐ Gießen Sie empfindliche Pflanzen, bevor sie Anzeichen von Trockenheit zeigen

Der Blumengarten

- ☐ Entfernen Sie regelmäßig verblühte Blüten bei Beetpflanzen
- ☐ Hacken Sie Beete und Rabatten regelmäßig, um das Unkraut niedrig zu halten
- ☐ Teilen und pflanzen Sie Irisarten um
- ☐ Nehmen Sie Stecklinge
- ☐ Schneiden Sie Buchen-, Stechpalmen-, Hagebutten und Eibenhecken am Ende der Saison
- ☐ Vermehren Sie Stauden und Nelken durch Ableger
- ☐ Pflanzen Sie Herbstzeitlose, damit sie im Herbst blühen
- ☐ Setzen Sie Setzlinge von zweijährigen und mehrjährigen Pflanzen in ein Frühbeet
- ☐ Bestellen Sie Kataloge und Pflanzen für die Aussaat im Herbst
- ☐ Entknospen Sie früh blühende Chrysanthemen
- ☐ Achten Sie auf Anzeichen von Läusen und Milben bei Rosen und spritzen Sie sofort, wenn Sie welche entdecken

UNTEN: *Entknospen Sie Chrysanthemen, wenn sie später größere Blüten haben wollen.*

Das Treib- und Gewächshaus

- ☐ Düngen Sie Topfpflanzen regelmäßig
- ☐ Nehmen Sie Ableger
- ☐ Düngen Sie Tomaten und Chrysanthemen regelmäßig
- ☐ Entfernen Sie regelmäßig Geiztriebe und gelbe Blätter bei Tomaten
- ☐ Achten Sie auf Anzeichen von Schädlingen und Krankheiten. Spritzen Sie sofort oder versuchen Sie es mit biologischer Schädlingsbekämpfung
- ☐ Topfen Sie Setzlinge von Topfpflanzen um, sobald es nötig wird

UNTEN: *Vergessen Sie nicht, zu düngen. Mit solchen Sticks, die den Dünger langsam abgeben, wird das zu einer nicht so häufigen Arbeit.*

UNTEN: *Entfernen Sie regelmäßig Geiztriebe bei Spaliertomaten (bei Buschtomaten lassen Sie sie stehen).*

DIESE PFLANZEN SIND JETZT AM SCHÖNSTEN

Alchemilla mollis (Staude)
Althaea (Staude)
Astilbe (Staude)
Cistus (Staude)
Clematis (Buschige Kletterpflanze)
Dianthus (Nelken)
Digitalis (Zweijährige Pflanze)
Geranium (Staude)
Winterharte mehrjährige Stauden (viele)
Helianthemum (Strauch)
Hydrangea (Strauch)
Hypericum (Strauch)
Kniphofia (Staude)
Lavandula (Strauch)
Lilium (Blumenzwiebel)
Potentilla (Strauch)
Rosa (die meisten Rosensorten)
Sommerblumen
Verbascum (Staude)

OBEN: *Lilien wie die „Connecticut King“ sind umwerfend schöne Beetpflanzen.*

UNTEN: *Im Hochsommer ist der Garten am schönsten.*

UNKRAUT IM ZAUM HALTEN

Es ist nie möglich, Unkraut komplett zu entfernen, aber Sie können es im Zaum halten. Sogar schwer zu entfernende Unkrautarten können bekämpft werden. Wenn Sie nicht locker lassen, und die Triebe bereits entfernen bevor sie blühen und noch mehr Samen verbreiten, werden Sie die Unkrautmenge mit der Zeit immer mehr verringern.

Wenn der Unkrautbestand erst einmal reduziert ist, kann der Garten durch Mulchen und sofortiges Entfernen von Unkraut nahezu unkrautfrei werden. Stellen Sie sich darauf ein, dass der Kampf bei einem vernachlässigten Garten eher über mehrere Jahreszeiten gewonnen werden kann, anstelle innerhalb weniger Wochen.

1 Tiefwurzelnde Unkrautarten mit langen, eindringenden Wurzeln werden am besten mit einer Grabgabel ausgegraben. Lockern Sie die Wurzeln mit der Gabel und halten Sie die Pflanze nahe an der Wurzel, während Sie die gesamte Pflanze herausziehen. Wenn Sie nicht die gesamte Wurzel entfernen können, werden daraus neue Pflanzen wachsen.

2 Hacken ist eine der besten Arten, Unkraut im Zaum zu halten, es muss jedoch regelmäßig gemacht werden. Schneiden Sie das Unkraut direkt in Bodenhöhe ab, vorzugsweise wenn der Boden trocken ist. Hacken Sie Beete, Rabatten und Gemüsebeete regelmäßig.

3 Chemische Unkrautvernichter sind hilfreich, wenn Sie einen Bereich schnell und einfach von Unkraut befreien müssen. Einige – die normalerweise nur die Pflanzen (und nicht die Wurzeln) vernichten, also besser geeignet sind für einjährige als für die problematischen, mehrjährigen Unkrautarten – befreien den Bereich von Unkraut, so dass sie ihn nach einem Tag bepflanzen können.

4 Einige Unkrautvernichter vernichten die gesamte Pflanze, einschließlich der Wurzeln. Es können große Bereiche besprüht werden, Sie können auch aber nur etwas Unkrautvernichter auf die Blätter geben, um das Unkraut zu vernichten, ohne die Nachbarpflanzen zu schädigen.

5 Mulchfolien sind für die Unkrautbekämpfung sehr wirkungsvoll. Im Gemüse- und Obstgarten sind die verschiedenen Arten von Plastikfolien eine kostengünstige Methode.

6 Wo das Aussehen eine Rolle spielt, verwenden Sie ein organisches Material, wie Rindenmulch, Gartenkompost oder Kakaoschalen. Wenn der Boden vorher von Unkraut befreit wurde, wird eine Mulchschicht von mindestens 5 cm die meisten Unkrautarten unterdrücken.

SOMMERSCHNITT BEI SPALIERÄPFELN

Geformte und getrimmte Äpfel werden normalerweise zwei Mal im Jahr geschnitten – einmal im Sommer und dann noch einmal im Winter. Mit dem Sommerschnitt werden das Wachstum und die Form kontrolliert, mit dem Winterschnitt werden überladene Fruchttriebe an alten Pflanzen ausgedünnt. Im späten Frühjahr wird der neue Trieb am Ende des Haupttriebs bis zum Ansatz zurückgeschnitten, während der Sommerschnitt hauptsächlich darauf abzielt, die Form zu bewahren.

SPALIER

1 Kürzen Sie neue, belaubte Triebe, die direkt aus den Hauptast wachsen, bis auf drei Blätter. Dies sollte nur gemacht werden, sobald die Triebe dunkelgrüne Blätter haben und sich die Rinde braun färbt und an der Basis holzig wird. In kalten Gegenden kann es Frühherbst werden, bevor die Triebe reif genug sind.

2 Wenn die Triebe aus einem Stumpf wachsen, der von einem früheren Schnitt übrig geblieben ist, und nicht direkt aus dem Hauptast, dann schneiden Sie ihn bis auf nur ein Blatt zurück.

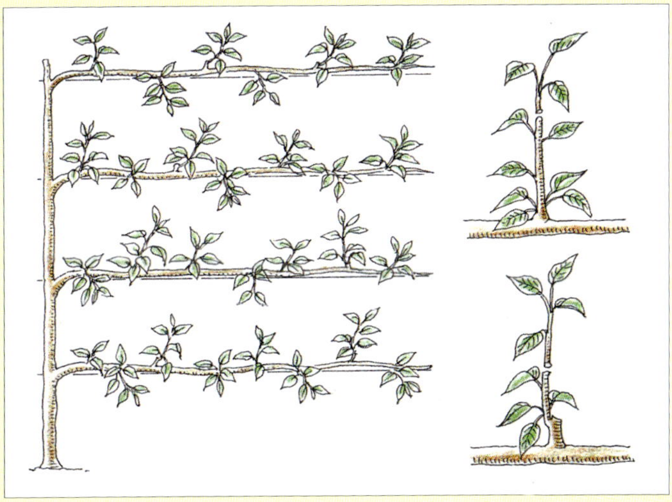

SCHNURSPALIERBAUM

1 Ein Schnurspalierbaum wird genau wie ein Spalier geschnitten, obwohl die Grundform der Pflanze natürlich unterschiedlich ist. Schneiden Sie einfach Triebe, die direkt aus dem Hauptast wachsen, bis auf drei Blätter zurück.

2 Schneiden Sie Triebe, die aus dem Stumpf wachsen, der von einem früheren Schnitt übrig geblieben ist, bis auf ein Blatt zurück.

STECKLINGSVERMEHRUNG

Eine Vielzahl von Sträuchern, sowohl winterharte als auch empfindliche können durch Stecklinge vermehrt werden. Wenn Sie sie im Hoch- oder Spätsommer nehmen, werden sie schnell wurzeln - bei winterharten Pflanzen brauchen Sie noch nicht einmal einen Wachstumsbeschleuniger.

1 Wählen Sie Triebe, die mit Ausnahme der weichen Spitze schon vollständig entwickelt sind. Das untere Ende sollte schon verhärtet sein, während die Spitze meist noch weich ist. Die Stecklinge sollten idealerweise 5 – 10 cm lang sein.

2 Streifen Sie die unteren Blätter ab, so dass ein reiner Stängel bleibt, den man in den Boden stecken kann.

3 Es empfiehlt sich, einen Wachstumsbeschleuniger zu verwenden. Stecken Sie die Spitze kurz in das Pulver, die Flüssigkeit oder das Gel. Wenn Sie Pulver verwenden, sollten Sie die Enden jedoch zuvor in Wasser tauchen, damit das Pulver haftet.

4 Stecklinge von winterharten Pflanzen wurzeln zu dieser Jahreszeit auch im Freiland, in einem Frühbeet oder Gewächshaus entwickeln sie sich jedoch besser.

5 Drücken Sie die Erde rund um die Stecklinge fest, damit sich keine Lufttaschen bilden, die dazu führen könnten, dass die neuen Wurzeln austrocknen.

6 Denken Sie daran, ein Etikett anzubringen. Dies ist besonders dann empfehlenswert, wenn Sie mehrere Stecklinge von verschiedenen Staudenarten gesetzt haben.

EINIGE STAUDEN, DIE MAN DURCH STECKLINGE VERMEHREN KANN

Buddleia
Camellia
Ceanothus
Choisya
Cistus
Cotoneaster
(siehe Abbbildung)
Escallonia
Forsythia

Fuchsia
Griselinia
Hebe
Hydrangea
Philadelphus
Potentilla
Pyracantha
Rosemary
Weigela

7 Wässern Sie die Pflanzen gründlich. Es lohnt sich, dem Wasser am Anfang ein Pilzvernichtungsmittel beizufügen, um zu verhindern, dass die Stecklinge faulen. Achten Sie darauf, dass der Boden nie austrocknet.

STAUDEN ABSENKEN

Das Absenken wird normalerweise bei buschigen Pflanzen mit niedrigen Ästen praktiziert, die leicht auf den Boden gebogen werden können, aber auch einige Beetpflanzen können auf diese Art vermehrt werden. Auch Nelken werden oft so vermehrt. Im Vergleich zur Stecklingsvermehrung, erhält man mit dem Absenken weniger aber kräftigere Pflanzen.

1 Suchen Sie einen niedrig wachsenden Trieb, der einfach auf den Boden gebogen werden kann. Schneiden Sie die Blätter von dem Bereich ab, der mit dem Boden in Kontakt kommt.

2 Biegen Sie den Ast nach unten, bis er den Boden berührt. Machen Sie ein 10 cm tiefes Loch, das zur Mutterpflanze hin abfällt, auf der anderen Seite aber eben ist.

3 Drehen oder ritzen Sie den Ast leicht an, um ihn zu verletzen. Stecken Sie ihn mit einem Stück gebogenen Draht oder einem Stock in das Loch und nutzen Sie das ebene Ende des Aushubs, um den Trieb aufrecht zu stellen.

4 Füllen Sie das Loch wieder mit der Erde und drücken Sie sie gut fest. Wenn Sie die Erde gut feucht halten, sollten sich bald Wurzeln bilden und nach 12 – 18 Monaten können Sie die neue Pflanze von der Mutterpflanze trennen.

SCHWERTLILIEN TRENNEN

Teilen Sie Schwertlilien – Hybriden aus der *Iris germanica* - nach der Blüte und wenn der Wurzelstock sehr stark verwachsen ist.

1 Heben Sie den Wurzelstock mit einer Gabel an und schneiden Sie die ältesten Teile ab. Verwenden Sie für die neuen Pflanzen nur die diesjährigen Triebe.

2 Schneiden Sie die Blätter zu Strünken von 5–8 cm. Setzen Sie die neuen Wurzelstöcke in einen leichten Erdhügel, indem Sie die Wurzeln bedecken, die Spitzen aber herausschauen lassen.

GARTENNELKEN ABSENKEN

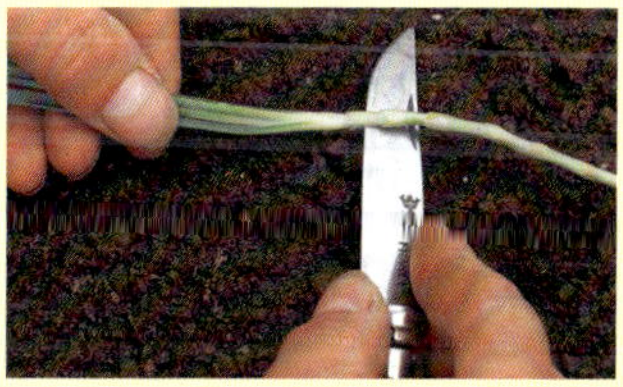

Gartennelken werden auf ähnliche Weise wie Stauden abgesenkt, sie wurzeln jedoch wesentlich schneller. Suchen Sie einige frei stehende, nichtblühende Triebe aus und entfernen Sie alle Blätter mit Ausnahme von den vier oder fünf obersten. Machen Sie mit einem scharfen Messer unterhalb des untersten Blattpaares einen Schnitt in den Stängel und stecken sie ihn mit dem Schnitt nach unten in gute Erde. Halten Sie die Pflanze feucht.

SOMMERPFLEGE VON GEWÄCHSHAUSTOMATEN

Tomaten im Gewächshaus benötigen regelmäßige Pflege: Entfernen von Geiztrieben, Düngen und Hochbinden. Achten Sie auch auf erste Anzeichen von Schädlingen und Krankheiten, die Quantität und Qualität Ihrer Ernte schnell reduzieren können.

1 Wenn die Pflanzen mit Bindfäden gestützt werden, dann wickeln Sie den Bindfaden einfach um das obere Ende des Triebes. Durch diesen spiralförmigen Halt wird der Stängel aufrecht gehalten.

2 Um die Pflanze an einem Stock zu befestigen, wickeln Sie den Bindfaden zweimal um den Stock und dann locker um den Stängel, bevor Sie ihn verknoten.

3 Entfernen Sie Geiztriebe, solange sie noch klein sind. Sie brechen leicht ab, wenn Sie sie seitwärts ziehen. Entfernen Sie keine Geiztriebe bei einer niedrig wachsenden, buschigen Sorte.

4 Wenn sich keine Früchte bilden, kann eine schlechte Bestäubung die Ursache sein. Schütteln Sie die Pflanze jeden Tag oder besprühen Sie die Blüten mit Wasser, um die Pollen zu verteilen.

5 Die unteren Blätter werden mit dem Alter oft gelb. Entfernen Sie diese, da sie die Pflanze nicht mehr ernähren und so mehr Licht an die Früchte kommt, die dann besser reifen können.

6 Beenden Sie das Wachstum Ihrer Pflanzen, wenn sie genügend Fruchtrispen gebildet haben, indem Sie die Spitzen kappen.
In einem ungeheizten Gewächshaus in kalten Gegenden können das vier, in warmen Regionen sechs oder sieben Rispen sein.

7 Tomaten sprechen gut auf Dünger an. Einige Tomatendünger enthalten viel Stickstoff für ein schnelles Wachstum, aber jetzt, wenn die Früchte sich entwickeln, ist ein Kalidünger am besten.

ANDERE GEWÄCHSHAUSPFLANZEN

Gewächshauspflanzen wie Auberginen, Gurken und Melonen brauchen zu dieser Jahreszeit genau so intensive Pflege, wenn Sie eine reiche, gesunde Ernte haben wollen.

1 Auberginen bilden buschigere Pflanzen, wenn Sie die Spitzen der Triebe abknipsen, sobald die Pflanze ungefähr 30 cm hoch ist. Lassen Sie sich nur eine Frucht pro Trieb entwickeln. Entfernen Sie die Spitzen dieser Triebe drei Blätter unterhalb der sich entwickelnden Frucht. Lassen Sie die Pflanzen niemals austrocknen und düngen Sie regelmäßig. Um eine hohe Feuchtigkeit zu schaffen, ist regelmäßiges Besprühen sehr nützlich.

2 Viele der neuen Gurkenzüchtungen produzieren nur weibliche Blüten, es gibt aber auch einige Gewächshaussorten, die sowohl männliche wie auch weiblich Blüten bilden (die weiblichen Blüten haben eine kleine Frucht hinter den Blütenblättern). Knipsen Sie die männlichen Blüten ab, bevor sie die weiblichen bestäuben können, da sonst die Gurken weniger schmackhaft sind.

PFLEGE VON MELONEN

Ziehen Sie die Seitentriebe von Melonen auf horizontale Drähte und knipsen Sie die Seitentriebe bis auf zwei Blätter unterhalb jeder sich entwickelnden Frucht. Melonen müssen eventuell bestäubt werden, wozu Sie die Pollen mit einem kleinen Pinsel von der männlichen auf die weibliche Pflanze übertragen müssen. Es kann auch notwendig sein, dass Sie die Früchte mit Netzen stützen müssen, wie in der Abbildung gezeigt.

BERIESELUNG

Das Sprühen oder Spritzen von Wasser auf den Gewächshausgang (normalerweise bekannt als Berieselung) hilft, ein feuchtes Klima zu schaffen. Dies ist insbesondere für Auberginen und Gurken sehr vorteilhaft, wobei die meisten Pflanzen an heißen Tagen eine hohe Luftfeuchtigkeit lieben – einschließlich der meisten Topfpflanzen. Berieseln Sie das Gewächshaus an sehr heißen Tagen mehrmals, um die heißen und feuchten Bedingungen zu schaffen, die die meisten tropischen Pflanzen bevorzugen.

SPÄTSOMMER

Der Spätsommer ist normalerweise eine heiße und trockene Jahreszeit, die Zeit einer natürlichen Flaute im Garten, in der die Mühen der Arbeiten im Frühjahr und Frühsommer Früchte tragen. Die Arbeiten, die im Frühherbst anstehen, können warten, bis die Ferien vorüber sind und es wieder kühler wird. In diesen Monaten sind nur Arbeiten wie Gießen, Rasen mähen und Hacken sowie das Schneiden von Hecken notwendig.

GARTENARBEITEN IN KÜRZE

Der Nutzgarten

- ☐ Hacken Sie regelmäßig, um das Unkraut niedrig zu halten
- ☐ Ernten Sie Zwiebeln und Schalotten, sobald sie reif sind
- ☐ Verziehen Sie weiterhin früher gesäte Gemüsesorten
- ☐ Pflanzen Sie späte Sorten von Blumenkohl, Winterkohl und Lauch
- ☐ Verabreichen Sie Pflanzen, die einen Wachstumsschub benötigen, einen schnell wirkenden Dünger
- ☐ Säen Sie Blumenkohl fürs Frühjahr
- ☐ Knipsen Sie die Triebe von Stangenbohnen ab, wenn sie die Höhe ihrer Stützstangen erreicht haben.
- ☐ Kümmern Sie sich regelmäßig um Freilandtomaten
- ☐ Ernten Sie weiterhin regelmäßig Kräuter.
- ☐ Verpassen Sie Spalieräpfeln einen Sommerschnitt, falls noch nicht geschehen und wenn die Triebe reif genug sind.
- ☐ Säubern Sie Erdbeeren, die keine Früchte mehr tragen. Schneiden Sie alte Blätter und unerwünschte Triebe ab, entfernen Sie das Stroh und beseitigen Sie das Unkraut
- ☐ Schützen Sie Obst vor lästigen Vögeln. Ein Fruchtkorb ist ideal.

UNTEN: *Ernten Sie frische Kräuter für ein kulinarisches Geschmackserlebnis.*

Der Blumengarten

- ☐ Entfernen Sie regelmäßig verblühte Blüten bei Beet- und Kübelpflanzen
- ☐ Düngen Sie Kübelpflanzen, damit sie weiterhin blühen
- ☐ Hacken Sie Beete und Rabatten regelmäßig, um das Unkraut niedrig zu halten
- ☐ Nehmen Sie Stecklinge
- ☐ Schneiden Sie Buchen-, Stechpalmen-, Hagebutten und Eibenhecken
- ☐ Pflanzen Sie Herbstzeitlose, damit sie im Herbst blühen
- ☐ Bestellen Sie Kataloge und Pflanzen für die Aussaat im Herbst
- ☐ Beginnen Sie mit dem Pflanzen von Blumenzwiebeln für das Frühjahr
- ☐ Nehmen Sie Ableger von Fuchsien und Geranien
- ☐ Beginnen Sie, winterharte, einjährige Pflanzen zu säen (nur in milden Gegenden oder wenn Sie einen Winterschutz bieten können)
- ☐ Schneiden Sie Kletterrosen
- ☐ Senken Sie Gartennelken ab
- ☐ Mähen Sie den Rasen, vorausgesetzt es ist nicht zu heiß
- ☐ Gießen Sie den Rasen, wenn es sehr heiß ist, wobei einige kräftige Güsse besser sind als ein langsames Besprenkeln, das nicht in die Tiefe eindringt
- ☐ Achten Sie auf Anzeichen von Läusen und Milben bei Rosen und anderen empfindlichen Pflanzen
- ☐ Düngen und entknospen Sie Dahlien und Chrysanthemen, wo notwendig
- ☐ Pflanzen Sie Polyanthus-Setzlinge ins Freiland
- ☐ Halten Sie Wege und Auffahrten unkrautfrei – per Hand oder mit einem Unkrautvernichter

Das Treib- und Gewächshaus

- ☐ Säen Sie Frühlingsblüher, wie Alpenveilchen, Schizanthus und Exacums
- ☐ Düngen Sie Topfpflanzen weiterhin regelmäßig
- ☐ Nehmen Sie Blatt- und Kopfstecklinge
- ☐ Düngen Sie Tomaten weiterhin regelmäßig
- ☐ Achten Sie auf Anzeichen von Schädlingen und Krankheiten
- ☐ Topfen Sie Setzlinge von Topfpflanzen um, sobald es nötig wird
- ☐ Pflanzen Sie Hyazinthen für eine frühe Blüte unter Glas
- ☐ Untersuchen Sie Cinerarias auf Motten (weiße „Tunnel" in den Blättern). Entfernen Sie befallene Blätter oder spritzen Sie sie mit einem Insektenvernichtungsmittel

UNTEN: *Pflanzen Sie Hyazinthen für eine frühe Blüte im Frühjahr.*

DIESE PFLANZEN SIND JETZT AM SCHÖNSTEN

Dahlia (Blumenzwiebel)
Erigeron (Staude)
Fuchsia (Strauch)
Helenium (Staude)
Hibiscus syriacus (Strauch)
Hydrangea (Strauch)
Hypericum (Strauch)
Lavatera (Strauch)
Lilium (Blumenzwiebel)
Perovskia atriplicifolia (Strauch)
Romneya (Strauch)
Solidago (Staude)
Sommerblumen
Verbascum (Staude)

RECHTS: *Fuchsien blühen während des gesamten Sommers bis in den frühen Herbst.*

UNTEN: *Perovskia atriplicifolia „Blue Spire" ist anspruchslos und eine der besten blauen Blumen für den Spätsommer.*

PFLEGE FÜR FREILANDTOMATEN IM SOMMER

Freilandtomaten brauchen weniger Pflege als Gewächshaussorten, vor allem wenn Sie Sorten anbauen, bei denen Sie die Geiztriebe nicht entfernen müssen. Düngen und Wässern sind jedoch notwendige Arbeiten, wenn Sie eine reiche Ernte und eine gute Qualität haben wollen. Regelmäßiges Gießen ist nicht nur die Voraussetzung für eine reiche Ernte, es verringert auch die Gefahr, dass die Früchte platzen. Dies passiert manchmal, wenn bei trockenem Wetter eine harte Haut gebildet wird, die dann den plötzlichen Wachstumsschub nach einer feuchten Periode nicht bewältigen kann. Fügen Sie dem Wasser einen Flüssigdünger hinzu – richten Sie sich bei der Menge und Häufigkeit nach den Angaben des Herstellers. Wie gut sich Ihre Freilandtomaten entwickeln, hängt von der Sorte, der Pflege und dem Klima ab. In kalten Gegenden kann die Ernte enttäuschend ausfallen, während Sie in warmen Gegenden wahrscheinlich mehr Tomaten ernten werden als Sie verarbeiten können.

1 Wenn Sie eine Spaliersorte angebaut haben (eine mit einem Einzelstamm, gestützt von einem Stock) entfernen Sie regelmäßig die Geiztriebe.

2 Im Freiland ist es wesentlich wichtiger, die Pflanze an der Stütze festzubinden als im Gewächshaus, da durch starken Wind die Stängel brechen können und die Ernte geringer ausfallen könnte.

3 Sobald die Pflanze genügend Rispen (Zweige) gebildet hat, knipsen Sie das obere Ende der Pflanze ab. In vielen Gegenden können Sie wahrscheinlich davon ausgehen, dass vier Rispen reifen werden, in warmen Gegenden können es eventuell mehr werden.

4 Viele Buschsorten haben kleine Früchte, aber eine ergiebige Ernte. Da es nicht praktisch ist, alle Seitentriebe mit Stöcken zu stützen, werden sich einige Äste wahrscheinlich nach unten biegen und mit dem Boden in Kontakt kommen. Legen Sie unter diese Äste Stroh, damit die Früchte nicht auf der Erde liegen. So bleiben sie sauberer und faulen nicht so schnell.

SCHALOTTEN ERNTEN

Schalotten hören normalerweise früher auf zu wachsen als Zwiebeln und können, wenn sie früh gepflanzt wurden, schon im Hochsommer geerntet werden. Wenn sie erst spät gepflanzt wurden, kann es jedoch Spätsommer werden, bevor sie reif sind.

1 Lockern Sie die Wurzelballen mit einer Gabel, lassen Sie sie aber einige Tage an der Oberfläche liegen. Dadurch können die Zwiebeln trocknen, bevor sie gelagert werden.

2 Bei feuchtem Wetter lassen Sie die Zwiebeln auf Schalen an einem hellen, warmen Platz trocknen, damit sie nicht feucht sind, wenn sie gelagert werden. Sie können sie auch draußen auf einem Gitter trocknen lassen. (siehe Zwiebeln, Punkt 3)

ZWIEBELN REIFEN LASSEN UND ERNTEN

Ernten Sie Zwiebeln, wenn die Schale strohfarben und ganz trocken ist. Sie lassen sich besser lagern, wenn sie nach dem Ausgraben erst noch an der Oberfläche nachreifen und trocknen können.

1 Der Reifeprozess kann beschleunigt werden, wenn man den oberen Teil zur Seite biegt, sobald die Pflanze ihre Größe nahezu erreicht hat. Biegen Sie sie so, dass soviel Sonne an die Frucht kommt, wie möglich.

2 Sobald die Schale eine strohgelbe Farbe hat und ganz trocken ist, graben Sie sie mit einer Gabel aus und lassen Sie sie einige Tage lang an der Oberfläche liegen, damit sie ganz austrocknen können. Legen Sie sie so, dass die Wurzeln der Sonne ausgesetzt sind.

3 Beenden Sie den Trocken- und Reifeprozess, indem Sie die Zwiebeln auf ein Netz oder Drahtgitter legen, das etwas vom Boden entfernt ist, so dass die Luft frei zirkulieren kann.

4 Wenn es sehr feucht ist, decken Sie die Zwiebeln ab, bis Sie sie lagern können.

ABLEGER VON FUCHSIEN NEHMEN

Fuchsien sind wirklich sehr einfach zu ziehen, und wenn Sie jetzt Ableger nehmen, werden Sie junge Pflanzen haben, die Sie an einem hellen, kühlen, aber frostfreien Standort oder in einem Gewächshaus überwintern können. Daraus werden im nächsten Sommer kräftige Pflanzen entstehen oder Sie können im nächsten Frühjahr weitere Ableger davon nehmen.

1 Kopfstecklinge können genommen werden, solange neue Triebe gebildet werden; zu dieser Jahreszeit wurzeln Stecklinge jedoch schneller und sind einfach zu nehmen. Ziehen Sie Seitentriebe von ungefähr 10 cm Länge vom alten Haupttrieb ab.

2 Entfernen Sie die unteren Blätter und schneiden Sie das Ende des Stängels gerade ab.

3 Auch wenn Stecklinge normalerweise ohne Hilfe wurzeln, kann ein Wurzelbeschleuniger den Prozess doch verkürzen. Stecken Sie einige Stecklinge an den Rand eines Topfes von ca. 8- 10 cm Durchmesser, der mit einer Anzuchterde gefüllt ist.

4 Beschriften Sie die Stecklinge, gießen und stellen Sie sie in ein Frühbeet, ins Gewächshaus oder auf ein helles Fensterbrett. Halten Sie die Erde feucht und topfen Sie die Pflanzen um, sobald sie gut gewurzelt haben. Schützen Sie sie vor Frost.

ABLEGER VON PELARGONIEN NEHMEN

Pelargonien (allgemein bekannt als Geranien) können an einem frostfreien Standort überwintert werden, um für das nächste Frühjahr Ableger zu produzieren. Viele Fachleute bevorzugen es jedoch, jetzt Ableger zu nehmen und diese an einem hellen, frostfreien Ort zu überwintern.

RECHTS: *Pelargonien oder Geranien gehören zu den beliebtesten Sommerpflanzen.*

1 Nehmen Sie die Ableger von nicht blühenden Trieben (wenn Sie blühende Triebe nehmen müssen, schneiden Sie die Blüte ab). Es empfiehlt sich, den Trieb direkt oberhalb des dritten Auges unterhalb der Spitze des Triebes abzuschneiden.

2 Entfernen Sie das untere Blattpaar mit einem scharfen Messer und auch alle Blüten und Knospen. Schneiden Sie das untere Ende des Ablegers gerade ab, direkt unterhalb des untersten Blattansatzes. Sie können das Ende in einen Wurzelbeschleuniger tauchen, die Ableger wurzeln aber auch ohne diese Hilfsmaßnahme normalerweise problemlos.

3 Stecken Sie ungefähr fünf Ableger am Rand eines Topfes mit ca. 13 cm Durchmesser entlang, der mit einer guten Anzuchterde gefüllt ist, und drücken Sie die Erde gut fest. Stellen Sie die Pflanzen an einen hellen, warmen Standort ohne direkte Sonneneinstrahlung. Achten Sie darauf, die Pflanzen nicht zu stark zu gießen, da sie sonst faulen können. Pflanzen Sie die Ableger um, sobald sie gut angewachsen sind.

PFLEGE VON DAHLIEN UND CHRYSANTHEMEN

Dahlien und Chrysanthemen entfalten ihre ganze Pracht am Ende des Sommers und im Herbst, wenn die meisten anderen Blumen bereits verblüht sind. Einige Arten produzieren ohne Zutun massenweise Blüten, bei anderen wiederum – meistens denjenigen mit großen Blüten – ist ein gezieltes Entknospen notwendig. Dies bewirkt, dass weniger, dafür aber größere Blüten gebildet werden. Beide Pflanzensorten brauchen ausreichend Dünger und sie müssen sorgfältig beobachtet werden, um Schädlingen und Krankheiten vorzubeugen, die diese Pflanzen befallen können.

1 Um größere Blüten zu erhalten, knipsen Sie die Seitenknospen hinter der Kronen-Blütenknospe von Dahlien ab, solange sie noch klein sind. Viele Chrysanthemen sollte man ebenfalls entknospen, aber wann und wie Sie dies tun, hängt von der jeweiligen Sorte ab. Informationen finden Sie in einem Pflanzenkatalog oder Fachbuch.

2 Am besten bekämpft man Schädlinge und Krankheiten, indem man sie bei den ersten Anzeichen spritzt. Manchmal kann man das Spritzen vermeiden, wenn man die befallenen Blätter entfernt und vernichtet. Diese Chrysantheme hat Anzeichen von Blattlausbefall.

3 Chrysanthemen und Dahlien profitieren von einer regelmäßigen Düngung. Auch wenn Sie während des Sommers einen Langzeitdünger verwendet haben, werden sie jetzt wahrscheinlich auf einen Düngeschub gut ansprechen. Verwenden Sie einen schnell wirkenden Universaldünger oder einen Kalidünger, sie sollten jedoch nicht zu viel Stickstoff geben.

BLUMENZWIEBELN FÜR DAS FRÜHJAHR PFLANZEN

Blumenzwiebeln für Frühlingsblumen sind jetzt überall erhältlich, wann Sie sie aber genau pflanzen, hängt vor allem davon ab, wann Sie die Sommerblumen entfernt haben. Wenn Sie die Blumenzwiebeln in Beete setzen wollen, dann ist es am besten, zu warten, bis die Sommerblumen verblüht sind, und auch in einer Staudenrabatte wollen Sie wahrscheinlich nicht jetzt schon die letzten Herbstfarben entfernen. Bei einem unbepflanzten Boden empfiehlt es sich jedoch, so früh wie möglich zu pflanzen.

In der Erde fühlen sich die Blumenzwiebeln wesentlich wohler als in Tüten und Schachteln, die möglicherweise nicht immer unter den besten Bedingungen gelagert werden. Frühlingsblumen sehen sehr gut vor Sträuchern aus, wo Sie sie pflanzen können, sobald es sie zu kaufen gibt. Blumenzwiebeln für drinnen, die speziell für eine frühe Blüte behandelt wurden, sollten ebenfalls so früh wie möglich gepflanzt werden.

1 Graben Sie den Boden vor dem Pflanzen um, und falls die Pflanzen für einige Jahre stehen bleiben sollen, harken Sie ausreichend organisches Material wie verrotteten Mist oder Gartenkompost unter. Viele Blumenzwiebeln lieben einen feuchten Boden und profitieren davon, dass das organische Material die Feuchtigkeit und die Nährstoffe speichert.

2 Vermeiden Sie, schnell wirkenden Dünger im Herbst einzusetzen. Langzeitdünger, die die Nährstoffe entsprechend der Bodentemperatur abgeben, können verwendet werden, aber auch diese werden vorzugsweise im Frühjahr verabreicht. Harken Sie statt dessen einen sehr langsam wirkenden Dünger wie Knochenmehl, das hauptsächlich Phosphat enthält, in die Oberfläche des Bodens oder in die Pflanzlöcher.

3 Wenn Sie Platz haben, und die Pflanzen in einer lockeren Gruppe angeordnet sind, heben Sie ein Loch aus, das etwa drei Mal so tief ist wie die Tiefe der Blumenzwiebeln und breit genug, um die Gruppe aufzunehmen.

4 Setzen Sie die Zwiebeln so, dass sie aussehen wie eine natürliche Gruppe. Richten Sie sich dabei nach dem auf der Packung empfohlenen Pflanzabstand. Ein größerer Abstand erlaubt eine spätere, zusätzliche Pflanzung, wenn Sie aber die Blumenzwiebeln nach der Blüte wieder ausgraben wollen, ist eine engere Pflanzung sehr viel effektvoller.

5 Bedecken Sie die Blumenzwiebeln wieder mit Erde, achten Sie aber darauf, sie dabei nicht wieder auszugraben.

6 Es ist besser, den Boden mit der Rückseite der Harke zu befestigen, anstelle ihn festzutreten, wodurch die Zwiebeln beschädigt werden könnten.

7 Wenn Sie den Boden möglicherweise bearbeiten, bevor die Triebe erscheinen, markieren Sie die Pflanzstelle mit einigen kleinen Stöcken. Stecken Sie immer ein Etikett in die Erde, da es Monate dauert, bis die Triebe erscheinen und blühen, und man sich dann nicht mehr daran erinnert, welche Blumen man wo gepflanzt hat.

WIE MAN ERKENNT, MIT WELCHER SEITE DIE BLUMENZWIEBELN NACH OBEN GEPFLANZT WERDEN MÜSSEN

Bei den meisten Blumenzwiebeln ist es eindeutig, welche Seite oben oder unten ist. Andere, insbesondere Knollengewächse, können Verwirrung stiften, da sie keinen eindeutigen Pflanzpunkt haben. Pflanzen Sie die Knolle im Zweifelsfall auf der Seite liegend – die Triebe werden sich nach oben entwickeln, die Wurzeln nach unten. Einige wenige Blumenzwiebeln, die eine eindeutige Oberseite haben, werden trotzdem auf der Seite gepflanzt, da die Unterseite in feuchtem Boden zur Fäulnis neigt, obwohl dies seltene Ausnahmen sind. *Fritillaria imperialis* wird manchmal auf diese Weise gepflanzt, und bei empfindlichen Blumenzwiebeln empfiehlt es sich immer, sie auf einem Kiesbett oder grobem Sand zu pflanzen, um, wie in der Abbildung gezeigt, rund um die Basis eine gute Drainageschicht zu schaffen.

IN INDIVIDUELLE PFLANZLÖCHER PFLANZEN

Wenn Sie viele Blumenzwiebeln auf einer großen Fläche pflanzen müssen, ist es möglicherweise besser, in einzelne Pflanzlöcher zu pflanzen als einen großen Bereich für eine Gruppe auszuheben. Es gibt viele langstielige Pflanzwerkzeuge, aber eine normale, langstielige Kelle tut es auch. Sie können natürlich auch eine Kelle mit einem normal langen Griff verwenden, bei einer großen Fläche wird das Pflanzen damit aber eher mühsam.

Überprüfen Sie immer wieder, ob die Löcher tief genug sind. Nachdem man einige Löcher überprüft hat, ist es normalerweise einfach, nach Augenmaß zu entscheiden. Machen Sie das Loch groß genug, damit die Blumenzwiebel bequem Platz darin hat (sie sollte nicht verkantet im Loch liegen, weil die Wurzeln sonst der trockenen Luft ausgesetzt sind).
Harken Sie den Erdaushub anschließend wieder zurück.

OBEN: *Tulpen, Goldlack und Vergißmeinnicht – alle ideal für ein Frühlingsbeet.*

FRÜHLINGSBLÜHER IN TÖPFE SÄEN

Wenn Sie Ihr Gewächshaus während des Winters frostfrei halten können – idealerweise bei mindestens 7 °C – dann lohnt es sich, einige Pflanzen zu säen, die im nächsten Frühjahr blühen. Einige Empfehlungen finden Sie im unten stehenden Kasten. Einige Sorten, wie Calendulas und Limnantes können sogar in einem ungeheizten Gewächshaus gezogen werden, vorausgesetzt, Sie wohnen nicht in einer sehr kalten Gegend.

1 Da Sie wahrscheinlich nur wenige Pflanzen benötigen werden, empfiehlt es sich, in Töpfe anstatt in Pflanzschalen zu säen. Wenn Sie keinen abgerundeten Stampfer haben, um die Saaterde leicht zu befestigen, können Sie auch den Boden eines Glases nehmen.

2 Verteilen Sie die Samen so dünn und gleichmäßig wie möglich über die Oberfläche. Große Samen, wie zum Beispiel Cyclamen, können einzeln verteilt werden. Besprenkeln Sie die Saatmischung anschließend leicht (folgen Sie den Hinweisen auf dem Paket).

3 Stellen Sie den Topf in eine Wasserschale. Wenn die Flüssigkeit auf diese Weise von unten in den Topf ziehen kann, besteht nicht das Risiko, dass der Samen weggespült wird oder klumpt, was passieren kann, wenn Sie den Topf von oben gießen.

4 Weil die Außentemperatur immer noch warm ist, werden die meisten Samen problemlos ohne Wachstumsbeschleuniger keimen. Sie sollten sie aber mit einer Glasscheibe abdecken oder in eine Plastiktüte stellen, um ein Verdunsten zu vermeiden. Samen, die langsam und unregelmäßig keimen, wie beispielsweise Cyclamen, profitieren davon, wenn sie in einen geheizten Keimapparat gestellt werden.

DIESE SAMEN KÖNNEN JETZT GESÄT WERDEN

Browallia
Calendula *
Cineraria
Cyclamen
(für drinnen und das Gewächshaus) **
Exacum affine
Limnanthes douglasii *
Linaria maroccana *
Primula acaulis (kultivierte Primel) *
Primula malacoides
Schizanthus

* Diese Pflanzen sind robust und vertragen leichten Frost. Sie sind in milden Gegenden für ein ungeheiztes Gewächshaus geeignet.

** Cyclamen blühen im Winter des folgenden Jahres (d.h. nach etwa 16 Monaten).

OBEN: *Die Ringelblume (Calendula officinalis), einfach und immer ein fröhlicher Anblick.*

HYAZINTHEN FÜR EINE FRÜHE BLÜTE PFLANZEN

Für eine frühe Blüte im Haus oder Gewächshaus müssen Sie Blumenzwiebeln wählen, die „behandelt" oder „präpariert" wurden. Die jeweilige Bezeichnung kann variieren, gemeint ist aber immer, dass die Blumenzwiebeln unter speziellen, kontrollierten Bedingungen gelagert wurden, so dass die Pflanze glaubt, dass bereits ein größerer Teil ihrer Ruhepause verstrichen ist. Sie sieht nicht anders aus, aber sie glaubt, dass der Winter bereits weiter vorangeschritten ist als dies in Wirklichkeit der Fall ist, und dass es Zeit ist, schnell zu wachsen und zu blühen. Normale, nicht behandelte Hyazinthen können ebenfalls jetzt auf die gleiche Art gepflanzt werden, sie werden jedoch später blühen. Es ist eine gute Idee, einige Blumenzwiebeln von jeder Sorte zu pflanzen, da man so die Blütezeit verlängern kann.

1 Wenn Sie eine Schale ohne Drainage verwenden, dann nehmen Sie eine Spezialmischung für Blumenzwiebeln auf Torfbasis. Wenn Sie einen Kübel mit Drainagelöchern bepflanzen, kann jede normale Blumenerde verwendet werden.

2 Füllen Sie eine dünne Lage Blumenerde in den Topf und setzen Sie die Blumenzwiebeln dann eng zusammen, achten Sie aber darauf, dass sie sich nicht berühren. Eine ungerade Zahl sieht besser aus als eine gerade (in eine Schale werden normalerweise drei oder fünf Blumenzwiebeln gepflanzt).

3 Füllen Sie die Schale mit Erde auf, lassen Sie aber die „Nasen" der Blumenzwiebeln herausschauen. Gießen Sie die Zwiebeln, achten Sie jedoch darauf, dass Sie sie nicht ertränken.

4 Lagern Sie die gepflanzten Blumenzwiebeln an einem kalten, dunklen Standort im Haus, vielleicht in der Garage oder in einem speziellen „Tauchbeet" im Freiland. Stellen Sie die Schale einfach an einen kühlen, schattigen Standort und bedecken Sie sie mit einigen Zentimetern Kies, Torf oder grobem Sand. Wenn die Schalen keine Drainagelöcher haben, schützen Sie sie vor Regen, um Stauwasser zu vermeiden. Überprüfen Sie die Schalen regelmäßig.

HERBST

Seien Sie wachsam und aufmerksam, wenn die Nächte kälter werden. In einigen Gegenden sind starke Fröste bereits im Frühherbst absolut üblich, in anderen kann der Frost, wenn überhaupt, erst Mitte oder im Spätherbst kommen. Achten Sie auf die Wettervorhersagen. Falls Frost angesagt ist, stellen Sie die empfindlichen Pflanzen ins Haus oder schützen Sie sie vor Frost. Denken Sie ernsthaft über einen Schutz der weniger winterharten Pflanzen nach und bereiten Sie diesen rechtzeitig vor, z. B. mit einem Windschutz über neu gepflanzte immergrüne Pflanzen. Mit relativ geringem Aufwand kann man sicherstellen, dass die Pflanzen überleben, anstatt sie eisigen Winden und Kälte auszusetzen.

GEGENÜBERLIEGENDE SEITE: *Die farbenprächtigen Blätter der Rhus typhina „Laciniata" mit den weißen Federn einer Cortaderia im Hintergrund.*

OBEN: *Liriope muscari, eine der Schönheiten des Herbst, ist glücklicherweise sehr widerstandsfähig und einfach anzubauen.*

BEETABDECKUNGEN

Wenn Sie Beetabdeckungen haben, die Sie normalerweise verwenden, um Ihr Saatgut im Frühjahr zu schützen, dann können Sie sie jetzt nutzen, indem Sie auch das Ende der Saison verlängern. Nehmen Sie große „Scheunentor-Abdeckungen" für größere Pflanzen, zum Beispiel Tomaten (siehe gegenüberliegende Seite) und einen Folienschutz oder ein Plastikzelt für niedrigere Pflanzen, wie Salat.

1 Winterrettich und Radieschen sind winterhart, sie können das Wachstum aber fördern, indem Sie sie mit Beetabdeckungen schützen, bevor das Wetter schlecht wird. In milden Gegenden ist es auch möglich, sie jetzt unter einer Beetabdeckung anzuziehen, wenn Sie vergessen haben, sie zu einem früheren Zeitpunkt zu säen, vorausgesetzt, der Boden ist immer noch warm.

2 Säen Sie Nüsslisalat und Winterportulak. Mit Ausnahme in kalten Gegenden brauchen sie keine Beetabdeckung, eine Abdeckung sorgt aber für eine bessere Ernte und kräftigere Blätter.

3 Stellen Sie die Beetabdeckungen auf, bevor das Wachstum der Pflanzen vom kalten Wetter gebremst wird. Auf diese Weise wachsen sie sehr viel besser.

OBEN: *Stellen Sie jetzt Beetabdeckungen auf, um den Boden zum Beispiel für Salat aufzuwärmen.*

RECHTS: *Auch Rote Beete kann früher gesät werden, wenn Sie den Boden zuerst unter einer Frühbeetabdeckung aufwärmen.*

FREILANDTOMATEN SCHÜTZEN

Grüne Tomaten können auch drinnen reifen, vorausgesetzt, sie haben einen bestimmten Reifegrad erreicht, es ist jedoch sinnvoller, so viele Früchte wie möglich an der Pflanze reifen zu lassen. Sobald strenger Frost droht, sollten Sie jedoch die restlichen Früchte ernten und sie drinnen reifen lassen.

1 Tomaten überleben keinen Frost, aber mit einem Frostschutz kann man oft die Saison um einige Wochen verlängern, und so viele Tomaten wie möglich an der Pflanze reifen lassen. Buschige, niedrig wachsende Pflanzen werden am besten mit einer großen Frühbeetabdeckung geschützt. Wenn Sie etwas Stroh unter die Pflanzen packen, sorgt das für zusätzliche Isolation.

2 Tomaten, die an einem Spalier wachsen, müssen zuerst abgebaut werden, bevor man sie abdecken kann. Binden Sie die Pflanze los und entfernen Sie die Stöcke.

3 Legen Sie ein Bett aus Stroh auf den Boden und legen Sie die Pflanzen dann vorsichtig darauf. Wenn Sie alle Stängel in eine Richtung ablegen, haben Sie eine ordentliche Reihe mit Tomaten, die leicht mit einer Frühbeetabdeckung zu schützen ist.

4 Ein Gartenvlies schützt vor Wind und bietet genügend Schutz vor einem oder zwei Grad Frost, es wärmt am Tag die Luft aber nicht im gleichen Maße auf wie Glas oder Hartplastik. Drapieren Sie einige Lagen über niedrige Sorten und stecken Sie die Enden an jeder Seite gut fest.

5 Mit einem Gartenvlies können auch Stabtomaten geschützt werden, solange sie noch am Stab festgebunden sind. Sie können Vliesstücke um die Pflanze herum wickeln, oder Vlies in Form eines Schlauchs kaufen. Schneiden Sie einfach die gewünschte Länge ab, streifen Sie sie über die Pflanze und sichern Sie das Vlies am Boden und am oberen Ende.

EIN FRÜHLINGSBILD VORBBEREITEN

Beete, die normalerweise mit Sommerblumen bepflanzt werden, können neu mit Frühlingsblumen bepflanzt werden – eine Kombination von Blumenzwiebeln und Pflanzen wirkt besser als Blumenzwiebeln allein. Vergissmeinnicht und Bellis bedecken im Winter den Boden zwischen den Blumenzwiebel und füllen im Frühjahr die Zwischenräume von hohen Blumen wie Tulpen, die sonst eher staksig aussehen würden. Es ist eine gute Idee, einmal zu schauen, welche Kombinationen in einem öffentlichen Park verwendet werden. Sie können sich Anregungen holen und dann Ihre eigenen Kombinationen kreieren, wenn Sie die Kombinationen nicht exakt kopieren wollen – so müssen Sie nicht herumexperimentieren, wenn Sie nicht so viel Wissen über die Pflanzen haben. Eine falsche Wahl würde bedeuten, dass Sie ein weiteres Jahr warten müssten, bis Sie den nächsten Versuch starten können.

1 Harken Sie den Boden eben, nachdem Sie die Sommerblumen abgeräumt haben. Ein Dünger ist normalerweise nicht notwendig, es lohnt sich jedoch Knochenmehl, das sehr langsam wirkt, zuzufügen, wenn der Boden ausgelaugt ist. Geben Sie das Knochenmehl nach dem Harken auf den Boden und rechen Sie es anschließend unter.

2 Wenn Sie die Pflanzen selbst gesät und in einem Frühbeet gezogen haben, sollten Sie sie mindestens eine Stunde vor dem Verpflanzen gut wässern. Graben Sie die Pflanzen aus, indem Sie um die Wurzeln herum so viel Erde wie möglich belassen.

3 Frühlingsblumen, die Sie in einem Gartencenter kaufen, werden normalerweise in Schalen angeboten. Es handelt sich üblicherweise um Einwegschalen – Sie können sie also ruhig aufbrechen, wenn Sie die Wurzelballen so besser herauslösen können.

OBEN: *Tulpen wirken normalerweise besser, wenn Sie mit Goldlack oder Vergissmeinnicht unterpflanzt werden.*

4 Verteilen Sie die Pflanzen auf dem Boden, bevor Sie sie einpflanzen. Beginnen Sie dann von der Rückseite oder einem Ende aus mit dem Einpflanzen.

LILIEN FÜR DEN SOMMER PFLANZEN

Lilien werden oft im Frühjahr gepflanzt, Sie können sie aber auch jetzt pflanzen, vorausgesetzt Sie wohnen nicht in einer extrem kalten Gegend. Die Blumenzwiebeln trocknen leicht aus, so dass manchmal schadhafte Zwiebeln enthalten sein können. Die meisten Lilien bevorzugen einen leicht sauren Boden (pH 6 - 6,5), einige jedoch – wie beispielsweise *Lilium candidum* – gedeihen auch in alkalischen Böden gut.

1 Lilien brauchen einen gut vorbereiteten Standort. Graben Sie also den Boden tief um und arbeiten Sie reichlich gut verrotteten Mist oder Gartenkompost ein. Ebenso sollten Sie ausreichend Kies untergraben, um die Durchlässigkeit des Bodens bei Nässe zu verbessern.

2 Lilien sehen besser aus, wenn man sie in Gruppen pflanzt, als als einzelne Pflanzen. Graben Sie daher ein Loch mit einer Tiefe von ca. 20 cm aus, das groß genug ist für mindesten vier oder fünf Blumenzwiebeln. Fügen Sie groben Kies oder Sand hinzu, es sei denn, der Boden ist bereits gut durchlässig.

3 Geben Sie etwas Knochenmehl oder einen Langzeitdünger hinzu, da Lilien normalerweise ungestört wachsen bis das Beet überfüllt ist, so dass eine Nährstoffzufuhr wichtiger ist als bei Frühlingsblühern, die nur eine Saison lang blühen.

4 Setzen Sie die Blumenzwiebeln in einem Abstand von ca. 15 cm in den Boden und achten Sie darauf, dass sie tief genug liegen und mit doppelt soviel Erde bedeckt sind wie ihre eigene Höhe. Verteilen Sie weiteren Kies oder groben Sand um die Zwiebeln, um Schnecken abzuwehren und das Risiko von Staunässe zu vermeiden.

5 Stecken Sie kleine Stöcke oder Stifte rund um die Pflanzstelle, bevor Sie die Erde wieder auffüllen. Dadurch vermeiden Sie, dass Sie die keimenden Pflanzen beim Hacken zerstören. Denken Sie daran, die Pflanzstelle zu beschriften.

OBEN: *Lilien sind richtige Hingucker, wie dieses Bild der kompakten Sorte „Little Girl" beweist.*

SOMMERBEETE ABRÄUMEN

Falls ein Frosteinbruch Ihrem Sommerblumenbeet nicht bereits ein jähes Ende beschert hat, machen die Pflanzen jetzt wahrscheinlich einen eher traurigen und geknickten Eindruck. Auch wenn Sie die Beete nicht neu mit Frühlingsblühern bepflanzen wollen, sieht der Garten ordentlicher aus, wenn die alten Pflanzen abgeräumt und der Boden umgegraben wurde.

1 Solche Pflanzen sehen auf einem Komposthaufen besser aus als auf einem Beet. Ein kahler Boden kann sauber und aufgeräumt aussehen, vorausgesetzt, Sie entfernen alles Unkraut.

2 Beetpflanzen haben normalerweise flache Wurzeln und können einfach mit der Hand herausgezogen werden. Pflanzen mit tiefen Wurzeln können Sie vorher mit einer Grabgabel etwas lockern.

3 Alte Beetpflanzen sind ideal für die Komposthaufen. Da sie keine hölzernen Anteile habe, verrotten sie sehr schnell.

4 Graben Sie den Boden um und entfernen Sie das Unkraut. Nehmen Sie einen Spaten, wenn der Boden sehr verunkrautet ist, so dass die meisten beim Umstechen mit ausgegraben werden. Andernfalls nehmen Sie eine Grabgabel.

5 Egal ob Sie das Beet mit Frühlingsblühern bepflanzen wollen oder nicht – Sie sollten den Boden eben harken, damit er sauber und ordentlich aussieht.

GARTENSTÖCKE INSTAND HALTEN UND LAGERN

Bambusstöcke verrotten, wenn sie ein oder zwei Jahre im Gebrauch waren, vor allem, wenn sie im Boden gesteckt sind. Erhöhen sie ihre Lebensdauer, indem Sie sie reinigen und konservieren. Lagern Sie sie an einem trockenen Ort und nicht ungeschützt im Garten.

1 Klopfen Sie die Erde ab und bürsten Sie die Stöcke dann mit einer groben Bürste und einem Garten- oder Haushaltsdesinfektionsmittel ab. Behandeln Sie speziell die Enden und achten Sie darauf, dass die Erde vollständig entfernt ist.

2 Reiben Sie die geschrubbten Stöcke mit einem Tuch trocken und stellen Sie die Enden, die in der Erde waren, dann in einen Eimer, der zur Hälfte mit einem Holzschutzmittel gefüllt ist. Lassen Sie das Mittel über Nacht einwirken.

3 Binden Sie die Stöcke fest zu einem Bündel zusammen und lagern Sie sie an einem trockenen Ort bis zum nächsten Jahr.

GLADIOLEN AUSGRABEN UND LAGERN

Gladiolen können nur in milden Gegenden mit mildem Frost, der nicht zu tief in den Boden eindringt in der Erde belassen werden. In kalten Gegenden werden sie vom Frost zerstört, wenn sie in der Erde bleiben – graben Sie sie also aus, bevor es einen starken Frosteinbruch gibt.

Gladiolen blühen zuverlässig Jahr um Jahr, so dass es immer lohnend ist, sie zu überwintern. Die Knollen, die sich rund um die Basis bilden, erreichen mit den Jahren eine stattliche Größe.

1 Lockern Sie den Boden mit einer Grabgabel, bevor Sie versuchen, die Pflanzen herauszuziehen.

2 Schneiden Sie den größten Teil der Blätter ab, indem Sie nur einen kurzen Strunk zum Trocknen stehen lassen. Schütteln Sie die Erde ab.

3 Lassen Sie die ausgegrabenen Pflanzen an einem trockenen Ort einige Tage zum Austrocknen stehen. Wenn die Strünke zusammengeschrumpft sind, schneiden Sie sie ab und entfernen Sie die Knollen, die sich rund um die Basis gebildet haben. Lagern Sie sie, wenn Sie sie aufheben wollen, andernfalls entsorgen Sie sie. Entfernen Sie alle Rückstände der alten Knollen, so dass nur die gesunde, neue Knolle übrig bleibt. Legen Sie die Knollen in Schalen und lassen Sie sie für weitere zwei bis drei Tage an einem trockenen Ort trocknen.

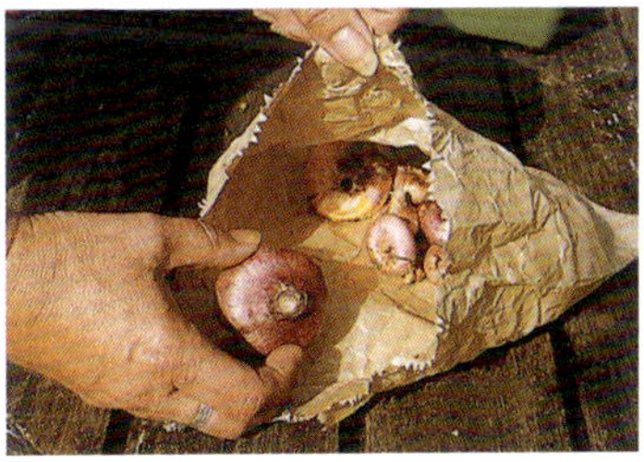

4 Bestäuben Sie sie mit einem Pilzvernichtungsmittel und lagern Sie sie frostsicher in Papiertüten.

KAKTEEN UND BROMELIEN UMTOPFEN

Kakteen und Bromelien können das ganze Jahr über umgetopft werden - das Frühjahr und das Ende der Wachstumsphase ist jedoch die Zeit, die am besten geeignet ist. Bei den meisten Bromelien gibt es keine besonderen Probleme mit dem Umpflanzen, stachlige Kakteen jedoch sind mit Respekt zu behandeln. Wählen Sie wenn möglich eine spezielle Erdmischung für Kakteen, da sie gut durchlässig ist und das richtige Verhältnis von Strukturanteilen und Nährstoffen aufweist. Eine Substratmischung ist ebenfalls eine gute Alternative.

Einige kommerzielle Erzeuger verwenden Mischungen auf Torfbasis, diese sollten aber möglichst vermieden werden. Neben der Schwierigkeit, das Wasserverhältnis in der richtigen Balance zu halten, haben Torfmischungen nicht die Konsistenz und das Gewicht, um große Kakteen und Bromelien zu stützen. Große Exemplare müssen nicht regelmäßig umgetopft werden. Entfernen Sie lediglich ungefähr 3 cm Erde von der Oberfläche und ersetzen Sie sie mit neuer Kakteenerde.

1 Damit Sie den stacheligen Kaktus gefahrlos anfassen können, falten Sie einen Streifen einer alten Zeitung, dickerem Papier oder dünnem Karton, um ein flexibles Band zu erhalten, das Sie um die Pflanze wickeln können.

2 Klopfen Sie den Topf auf einen harten Untergrund, um den Wurzelballen zu lockern. Oftmals können Sie dann die Pflanze bereits mit dem improvisierten Griff herausheben. Wenn sie sich weigert, sich zu bewegen, stecken Sie einen Bleistift durch das Drainageloch, um die Pflanze zu lösen.

3 Wenn die Pflanze sehr lange in der gleichen Erde war, entfernen Sie die Erde um die Basis und um die Seite des Wurzelballens. Seien Sie vorsichtig, damit Sie nicht die Wurzeln verletzen. Schütteln Sie die lose Erde einfach ab.

4 Die Mehrzahl der Kakteen und Bromelien fühlt sich in einem Topf wohl, der im Verhältnis zu ihrer Größe relativ klein ist. Am besten topft man die Pflanze in einen Topf um, der nur eine Größe größer ist. Wenn Sie einen Tontopf verwenden, sollten Sie das Drainageloch mit Tonscherben oder einem anderen Material abdecken.

5 Während Sie die Pflanze mit dem improvisierten Griff festhalten, lassen Sie die Erde rund um den alten Wurzelballen rieseln. Bei einigen Kakteen ist es wegen ihrer Form schwierig, das mit der Hand zu machen, ohne die Stacheln zu berühren. Nehmen Sie in diesem Fall einen Löffel.

6 Klopfen Sie den Boden des Topfes auf eine harte Unterlage, um die Erde rund um die Wurzeln zu verdichten. Das ist besonders dann wichtig, wenn Sie bei sehr stacheligen Kakteen die Erde nicht mit den Fingern festdrücken können. Warten Sie einige Tage, bevor Sie die Pflanze gießen.

TOPFPFLANZEN VOM GARTEN INS HAUS BRINGEN

Viele Zimmerpflanzen, die im Winter und Frühjahr blühen, zum Beispiel Schlumbergera, Zygocactus und Solanum, die wegen ihrer Winterbeeren gepflanzt werden, ja sogar Orchideen können den Sommer im Freiland verbringen, da sie in diesem Stadium uninteressant aussehen. Bringen Sie diese Pflanzen vor dem ersten Frost ins Haus.

1 Entfernen Sie das Mulchmaterial, wenn der Topf in den Boden gesetzt wurde und mit einer Mulchschicht bedeckt war.

2 Wenn der Topf nicht leicht herauszuheben ist, setzen Sie in etwas Abstand eine Grabgabel in den Boden und lockern sie den Topf vorsichtig.

3 Entfernen Sie Blätter und Rückstände von der Oberfläche der Erde, da diese höchst wahrscheinlich verunreinigt ist. Reiben Sie den Topf mit einem feuchten, sauberen Tuch ab, vor allem den Boden des Topfes, damit er im Haus keinen Dreck hinterlässt.

4 Untersuchen Sie die Pflanze immer nach Schädlingen und Krankheiten, bevor Sie sie ins Haus oder Gewächshaus nehmen. Sehen Sie auch auf der Blattrückseite nach, wo sich oft Schnecken festsetzen. Selbst eine kleine Schnecke kann großen Schaden anrichten, wenn sie unentdeckt bleibt. Wenn die Pflanze dicke oder glänzende Blätter hat, behandeln Sie diese mit einem speziellen Blattglanzspray, damit sie gut aussieht. Pflanzen, die im Freiland standen, sind fast immer mit Dreck und Matsch verunreinigt.

SCHATTENSPENDER VOM GEWÄCHSHAUS ENTFERNEN

Jetzt brauchen Pflanzen alles an Licht, was sie bekommen können. Entfernen Sie daher die Schattenspender vom Gewächshaus so bald wie möglich. Wenn Sie am Anfang des Jahres eine Schattierungsschicht aufgetragen haben, dann sollten sie sie jetzt entfernen. Der größte Teil kann mit einem Staublappen abgerieben werden, wenn das Glas trocken ist. Schattenspendendes Material an der Innen- oder Außenseite, wie Blenden oder Netze, können ebenfalls entfernt werden, wie hier gezeigt. Sie können möglicherweise die gleichen Befestigungen verwenden, um eine Winterisolierung zu fixieren.

HERBSTMITTE

Dies ist eine schwer einschätzbare Jahreszeit. In kalten Gegenden sind relativ schwere Fröste keine Seltenheit, während in einem milden Klima immer noch einige Pflanzen wachsen und auch empfindliche Pflanzen noch ein bis zwei Monate überleben können.

In dieser Jahreszeit lohnt es sich, die Wettervorhersagen zu hören und auf die ersten Frostwarnungen zu achten. Seien Sie flexibel und haben Sie ein wachsames Auge auf das Wetter und den Kalender.

GARTENARBEITEN IN KÜRZE

Der Nutzgarten

- ☐ Pflanzen Sie Kohl für die Ernte im Frühjahr
- ☐ Verziehen Sie spät gesäten Salat
- ☐ Häufeln Sie Erde um Sellerie und Lauch an
- ☐ Ernten und lagern Sie Kartoffeln
- ☐ Schützen Sie spät gesäten Blumenkohl vor Frost, indem Sie die Blätter um die Köpfe binden
- ☐ Schneiden Sie die verdorrten Enden vom Spargel ab
- ☐ Schützen Sie empfindliche Gemüsesorten mit einer Frühbeetabdeckung
- ☐ Graben Sie schwere Böden um
- ☐ Topfen Sie einige Kräuter ein, damit Sie sie im Winter verwenden können
- ☐ Ernten und lagern Sie Äpfel
- ☐ Schneiden Sie Schwarze Johannisbeeren, Stachelbeeren und Himbeeren
- ☐ Bedecken Sie späte Erdbeeren mit einer Frühbeetabdeckung, um die Saison zu verlängern
- ☐ Pflanzen Sie wurzelnackte Obststräucher und -bäume
- ☐ Bringen Sie bei Apfelbäumen Fettbänder an

UNTEN: *Das Fettband ist eine nicht chemische Methode, um einige Obstschädlinge zu kontrollieren.*

Der Blumengarten

- ☐ Legen Sie einen neuen Rasen aus Grassoden an
- ☐ Gönnen Sie Ihrem bestehenden Rasen eine spezielle Rasenpflege-Behandlung
- ☐ Pflanzen Sie Rosen
- ☐ Pflanzen Sie wurzelnackte und ballierte Bäume und Sträucher
- ☐ Pflanzen Sie Stauden
- ☐ Teilen Sie zu große Stauden
- ☐ Räumen Sie Sommerbeete ab
- ☐ Pflanzen Sie Frühlingsblumenzwiebeln
- ☐ Stellen Sie empfindliche Fuchsien und Pelargonien nach drinnen
- ☐ Schützen Sie empfindliche Pflanzen
- ☐ Schneiden Sie Dahlien, die vom Frost schwarz geworden sind, zurück und graben Sie sie aus
- ☐ Graben Sie Chrysanthemen aus, die nicht hart genug sind, um draußen zu überwintern und nehmen Sie sie ins Haus
- ☐ Graben Sie Gladiolenknollen aus
- ☐ Pflanzen Sie Lilien
- ☐ Säen Sie Erbsen in Töpfe
- ☐ Pflanzen Sie Hecken
- ☐ Bereiten Sie den Teich für den Winter vor
- ☐ Sammeln Sie Laub auf und entsorgen Sie es auf dem Komposthaufen
- ☐ Entfernen Sie Laub, das auf Steingartenpflanzen gefallen ist

Das Treib- und Gewächshaus

- ☐ Reinigen und desinfizieren Sie das Gewächshaus
- ☐ Isolieren Sie es
- ☐ Entfernen Sie gelbe und vertrocknete Blätter von Pflanzen
- ☐ Überprüfen Sie, ob die Gewächshausheizung gut funktioniert.
- ☐ Überprüfen Sie, ob die Mindesttemperatur erreicht wird (falls Sie kein Minimum-Maximum-Thermometer haben, kaufen Sie eines)
- ☐ Lüften Sie, wann immer möglich

UNTEN: *Wurzelnackte Pflanzen können übergangsweise in die Erde gesteckt werden, wenn Sie sie noch nicht pflanzen können.*

LINKS *Eine Isolation mit Blasenplastik hilft Geld zu sparen, wenn Sie ihr Gewächshaus im Winter heizen.*

DIESE PFLANZEN SIND JETZT AM SCHÖNSTEN

Acer, colourful foliage (Baum / Staude)
Anemone japonica (Staude)
Aster novi-belgii (Staude)
Berberis, farbenprächtiges Laub und Beeren (Strauch)
Fothergilla,farbenprächtiges Laub (Strauch)
Liriope muscari (Staude)
Parthenocissus, farbenprächtiges Laub (Kletterpflanze)
Pernettya, Beeren (Strauch)
Pyracantha, Beeren (Strauch)
Schizostylis coccinea (Staude)

LINKS: *Äpfel sind sehr dekorative Früchte, und einige sind jetzt reif.*

UNTEN LINKS: *Parthenocissus tricuspidatus beendet seine Saison mit brillanten Herbstfarben.*

UNTEN: *„Audrey" ist eine der vielen Varianten der Aster novi-belgii, ideal für ein farbenprächtiges Herbstbild.*

KARTOFFELN AUSGRABEN UND EINLAGERN

Frühe und mittelfrühe Sorten werden am besten bald nach der Ernte gegessen, während die späten Sorten hauptsächlich für die Einlagerung und den Verzehr während der Wintermonate angebaut werden. Wenn Sie nur eine kleine Menge anbauen, dann werden sie am besten im Haus in Papiersäcken gelagert.

Wenn Sie aber eine größere Menge anbauen und der Lagerplatz im Haus begrenzt ist, können Sie es auch mit der traditionellen Kartoffelmiete probieren. Das sieht zwar primitiv aus, funktioniert aber ausgezeichnet, vorausgesetzt die Winter sind nicht zu streng.

1 Graben Sie die Knollen mit einer Grabgabel aus, sobald das Laub verwelkt ist. Wenn Sie kein Problem mit schweren Frosteinbrüchen haben, können Sie die Knollen auch länger in der Erde lassen. Graben Sie sie aber sofort aus, falls Sie Schädlinge oder Schnecken entdecken.

2 Lassen Sie die Kartoffeln für einige Stunden an der Oberfläche liegen, damit die Schale trocknen und härten kann.

3 Sortieren Sie die Kartoffeln vor der Lagerung. Es ist ausreichend, wenn Sie sie in vier Größen aufteilen: sehr klein, klein, mittel und groß. Entsorgen oder verwenden Sie sehr kleine sofort, bewahren Sie kleine für einen baldigen Verzehr auf, und lagern Sie lediglich die mittleren und großen.

RECHTS: *Man läßt Kartoffeln am besten für einige Stunden trocknen, bevor man sie sortiert und einlagert.*

4 Füllen Sie die größten Kartoffeln in Säcke und lagern Sie sie an einem kühlen aber frostfreien Standort. Papiersäcke eignen sich am besten, wenn Sie aber keine bekommen können, können Sie auch Plastiksäcke nehmen. In diesem Fall machen Sie mit dem Messer einige Lüftungsschlitze.

5 Wenn Sie zu viele Kartoffeln haben, um sie in Säcken zu lagern oder drinnen nicht genügend Platz haben, machen Sie im Garten eine Miete. Heben Sie eine flache Mulde aus und legen Sie sie mit einer dicken Lage Stroh aus.

6 Stapeln Sie die Kartoffeln wie gezeigt auf das Strohbett.

7 Bedecken Sie die Kartoffeln mit einer dicken Lage Stroh. Sie muss dick genug sein, damit sie gut isolieren kann.

8 Bedecken Sie das Stroh mit Erde, lassen Sie aber einige Strohhalme zur Lüftung herausschauen.

DIE ERNTEZEIT VON KRÄUTERN VERLÄNGERN

Petersilie gehört zu den Kräutern, die während des ganzen Winters Blätter bilden, wenn Sie die Pflanze mit einer Beetabdeckung schützen. Achten Sie darauf, dass die Endstücke gut gesichert sind.

SCHUTZ MIT STROH

Gemüsearten wie Sellerie (siehe Abbildung) und Rote Beete profitieren in kalten Gegenden davon, wenn Sie die Stängel mit Stroh schützen. Schichten Sie das Stroh unter und um die Pflanze herum. Es macht nichts, wenn die obersten Blätter herausschauen – Sie schützen nur die essbaren Teile der Pflanze. Reifer Sellerie verträgt normalerweise etwas Frost, aber der Schutz ist hilfreich, wenn es plötzlich sehr kalt wird, bevor Sie ihn ernten konnten. Rote Beete können Sie in milden Gegenden ungeschützt lassen, durch das Stroh bleibt die Pflanze in kalten Gegenden jedoch länger frisch.

BLUMENZWIEBELN NATÜRLICH IN GRAS PFLANZEN

Blumenzwiebeln natürlich in Gras zu pflanzen, ist eine gute Möglichkeit, um jedes Frühjahr ohne Mühe eine herrliche Blütenpracht genießen zu können, die von Jahr zu Jahr schöner wird. Sie brauchen eine Grasfläche, die Sie bis zum frühen Frühjahr nicht mähen müssen, damit die Blätter natürlich absterben können.

1 Wenn Sie eine große Anzahl von kleinen Blumenzwiebeln haben, wie Krokusse und Eranthis, die Sie auf einer kleinen Fläche pflanzen wollen, dann heben Sie eine Grassode aus.

2 Heben Sie die Grassode mit einem Spaten an, bis Sie sie nach dem Pflanzen wieder zurücksetzen können.

3 Lockern Sie den Boden zunächst etwas, da er sehr komprimiert sein wird. Wenn Sie einen Langzeitdünger, zum Beispiel Knochenmehl hinzufügen wollen, dann sollten Sie dies in diesem Stadium machen.

4 Vermeiden Sie, in Reihen oder klaren Mustern zu pflanzen. Es soll natürlich und ungezwungen aussehen – streuen Sie sie also wahllos und pflanzen Sie sie dort, wo sie hinfallen.

5 Wenn Sie große Blumenzwiebeln auf diese Weise pflanzen wollen, müssen Sie tiefere Löcher mit einer Kelle machen. Pflanzen Sie sie so, dass sie mit etwa der doppelten Höhe ihrer eigenen Höhe mit Erde bedeckt sind.

6 Befestigen Sie die Erde und setzen Sie die Grassoden wieder zurück. Befestigen Sie die Soden gegebenenfalls noch einmal, damit sie eben sind und wässern Sie bei trockenem Wetter gut, damit das Gras schnell anwächst.

7 Große Blumenzwiebeln, wie Narzissen, pflanzt man am besten mit einem Blumenzwiebel-Pflanzgerät, mit dem man die Erde ausstechen kann. Verteilen Sie die Blumenzwiebeln willkürlich damit es natürlich aussieht.

8 Drücken Sie den Blumenzwiebelpflanzer in die Erde und drehen Sie ihn etwas, falls der Boden hart ist. Anschließend ziehen Sie ihn mit der Erde heraus. Entfernen Sie die Erde und setzen Sie die Blumenzwiebel in das Loch.

9 Setzen Sie dann die ausgestochene Erde wieder in das Loch. Befestigen Sie die Erde anschließend.

RECHTS: *Pflanzen Sie Blumenzwiebeln wie diese Anemonen an den Rand des Rasens, wo Sie das Gras lang lassen können, bis die Pflanze abgestorben ist.*

DAHLIEN AUSGRABEN UND LAGERN

Werfen Sie Ihre Dahlien nicht weg. Graben Sie die Knollen aus, bevor der Boden gefroren ist und lagern Sie sie für das nächste Jahr. Selbst Pflanzen, die aus Samen gezogen wurden, haben inzwischen Knollen gebildet, die Sie lagern können.

1 Graben Sie die Dahlienknollen aus, bevor die Blätter vor dem ersten Frost schwarz geworden sind.Verwenden Sie eine Grabgabel, um die Knollen auszugraben. So ist das Risiko nicht so groß, dass Sie sie beschädigen. Schneiden Sie den alten Stängel ab, so dass nur ein Stumpf von ca. 5 cm Länge übrig bleibt.

2 Stellen Sie die Knollen mit der Oberseite nach unten auf, so dass die Feuchtigkeit aus den hohlen Stängeln leicht austreten kann. Geeignet hierfür ist ein Drahtgeflecht. Lagern Sie die Knollen an einem trockenen, frostfreien Standort.

3 Nach einigen Tagen sollten die Knollen trocken genug sein, damit Sie sie lagern können. Entfernen Sie überschüssige Erde, entfernen Sie alte, trockene Wurzeln und kürzen Sie den Stängel, damit nur ein kurzer Stumpf übrig bleibt. Beschriften Sie jede Pflanze.

4 Packen Sie die Knollen in eine gut isolierte Schachtel mit Torf, Holzwolle oder zerknülltem Zeitungspapier. Bewahren Sie die Schachtel an einem frostfreien Standort auf.

WINTERQUARTIERE

Ein nicht genutztes Schlafzimmer oder eine kühle, aber frostfreie Garage sind gute Orte, um Blumenzwiebeln und Knollen, wie Dahlien, zu überwintern. Vermeiden Sie einen sehr warmen Ort, da sich sonst die Wurzeln zu schnell entwickeln und die Blumenzwiebeln oder Knollen leichter austrocknen. Lagern Sie Blumenzwiebeln und Knollen so, dass Sie sie einmal im Monat überprüfen können, um sicherzustellen, dass sie noch gesund sind. Blumenzwiebeln, die beginnen zu faulen, müssen sofort entfernt werden.

BEREITEN SIE DEN TEICH FÜR DEN WINTER VOR

Obwohl Teiche während des Jahres wenig Wartung brauchen, gibt es am Ende der Saison einige Arbeiten, die notwendig sind, wenn Sie wollen, dass Ihre Pflanzen und Fische gesund bleiben.

1 Schützen Sie Ihren Teich vor der größten Menge des Laubes mit einem feinmaschigen Netz. Befestigen Sie es direkt über der Oberfläche des Teiches. Dies ist zwar keine praktische Lösung für einen großen Teich, leistet aber bei einem kleinen gute Dienste. Entfernen Sie die Blätter regelmäßig und nehmen Sie das Netz schließlich weg.

2 Wenn Sie Ihren Teich nicht mit einem Netz abdecken können oder den Anblick eines Netzes nicht schön finden, nehmen Sie ein Fischnetz oder einen Rechen, um die Blätter regelmäßig zu entfernen – nicht nur von der, sondern auch unterhalb der Oberfläche. Zu viele Blätter im Wasser können den Teich verunreinigen.

3 Oxydierende Unterwasserpflanzen, zum Beispiel Elodea oder wuchernde Pflanzen, wie Myriophyllum würden Ihren Teich mit der Zeit verstopfen, wenn Sie sie nicht regelmäßig entfernen. Jetzt ist eine gute Zeit, um sie auszudünnen, indem Sie die überschüssigen Pflanzen einfach herausrechen.

4 Schneiden Sie verdorrte oder abgestorbenen Pflanzen rund um den Teich zurück, insbesondere dort, wo sie ins Wasser wachsen.

5 Um zu groß gewordene Wasserpflanzen zu teilen, entfernen Sie die Pflanzen zuerst aus ihren Behältern. Es kann notwendig sein, dass Sie dazu einige Wurzeln abschneiden müssen.

6 Einige Pflanzen können einfach mit der Hand auseinander gezogen werden. Andere, die einen festen Wurzelballen gebildet haben, müssen Sie mit dem Spaten trennen.

7 Werfen Sie alle Pflanzenteile, die Sie nicht wieder einpflanzen wollen, weg, die anderen pflanzen Sie in Pflanzkörbe. Bedecken Sie die Oberfläche mit Kies, damit die Erde nicht aufgewühlt wird.

EMPFINDLICHE WASSERPFLANZEN INS HAUS NEHMEN

Einige Wasserpflanzen, wie Muschelblumen (*Pistia Stratiotes*) und *Salvinia auriculata* gehen bei Frost ein, obwohl sie sich im Sommer im Freien schnell vermehren. Das Feenmoos (*Azolla caroliniana*) überlebt an einem günstigen Standort zwar einen milden Winter, aber zur Sicherheit sollten einige zusätzliche Pflanzen an einem frostsicheren Ort überwintert werden.

1 Fischen Sie mit einem Netz einige kräftige Pflanzen heraus. Pflanzen, die durch das kalte Wetter bereits beschädigt sind, sollten Sie nicht nehmen.

LINKS: *Ein Teich kann im Sommer großartig aussehen. Wenn Sie aber empfindliche Wasserpflanzen haben, ist es jetzt an der Zeit, sie ins Haus zu nehmen*

2 Legen Sie einige Pflanzen in einen Plastikbehälter – zum Beispiel eine Frühstücksbox oder einen Eiscremebehälter. Quetschen Sie die Pflanzen jedoch nicht hinein. Verwenden Sie vielmehr zusätzliche Behälter, damit sich die Pflanzen nicht berühren. Einige Gärtner füllen etwas Erde auf den Boden, um die Pflanze mit Nährstoff zu versorgen.

3 Stellen Sie die Pflanzen an einen warmen hellen Ort, zum Beispiel in ein Gewächshaus. Sie können sie auch auf ein helles Fensterbrett stellen. Füllen Sie die Schalen gelegentlich mit frischem Wasser auf oder ersetzten Sie es, damit das Wasser nicht abgestanden ist.

PFLEGE VON MINIATUR-WASSERLILIEN

Mit Ausnahme von tropischen Wasserlilien, die normalerweise nur von leidenschaftlichen Gärtnern angebaut werden und einen beheizten Teich brauchen, sind Wasserlilien sehr winterhart und haben keine Probleme mit dem Frost, wenn sie tief genug gepflanzt werden. Miniaturwasserlilien werden oft in erhöhten Miniteichen gezogen, zum Beispiel in einem halben Fass oder Holzkübel - und diese sind empfindlich. Weil sich der Behälter nicht in der Erde befindet, kann das Wasser komplett gefrieren. Wickeln Sie Ihren Miniteich in einige Lagen Isoliermaterial ein oder stellen Sie ihn während des Winters in ein kühles Gewächshaus.

RASENPFLEGE IM HERBST

Der Herbst ist eine gute Zeit, um Ihren Rasen für das nächste Jahr vorzubereiten und die beste Zeit, um langfristige Verbesserungen in Angriff zu nehmen. Arbeiten, wie das Herausrechen von abgestorbenem Gras, das Entfernen von Moos, Düngen und Vertikulieren, verbessert die Qualität Ihres Rasens in hohem Maße, wenn Sie es jährlich durchführen.

1 Im Laufe der Jahre bilden Grasabschnitte und Unkraut eine „Deckschicht" auf der Oberfläche Ihres Rasens. Diese beeinträchtigt das Graswachstum und sollte mit einem Rasenrechen entfernt werden. Durch das Rechen wird auch das Moos entfernt.

2 Wenn das Gras schlecht wächst, vertikulieren Sie den Rasen. Dafür können Sie die Zinken einer Gabel ungefähr 15 cm tief in den Boden stecken.

3 Harken Sie einen Bodenverbesserer in die Löcher, die durch die Zinken entstanden sind. Verwenden Sie Sand oder eine Mischung aus feiner Erde und Sand, wenn der Boden nicht durchlässig ist. Als Alternative können Sie Torf, einen Torfersatz oder sehr feinen, verrotteten Kompost nehmen, falls der Boden sandig ist.

4 Wenn Ihr Rasen in einem schlechten Zustand ist, fügen Sie einen Rasendünger hinzu. Es ist wichtig, dass Sie einen Dünger verwenden, der für eine Herbstdüngung vorgesehen ist, da Dünger für Frühling oder Sommer zu viel Nitrogen enthält.

5 Wenn das Gras sehr viel Moos enthält, behandeln Sie es mit einem Moosvernichtungsmittel. Verwenden Sie ein Präparat, das für die Verwendung im Herbst empfohlen ist – die Mischung, die als „Rasensand" bekannt ist, enthält ebenfalls zuviel Nitrogen.

6 Unebene Rasenkanten können Sie jederzeit in Form bringen. Wenn Sie dies jedoch im Herbst tun, sparen Sie sich die Arbeit in den Zeiten, in denen wichtigere Gartenarbeiten anfallen. Halten Sie einen halbmondförmigen Kantenschneider gegen ein Brett, das Sie mit Ihren Füßen in Position halten. Dies ist keine Arbeit, die Sie jedes Jahr durchführen müssen.

LAUB ZUSAMMENRECHEN UND KOMPOSTIEREN

Verschwenden Sie das Laub nicht: Es ist ein ausgezeichneter Gartenkompost, wenn Sie es verrotten lassen. Andererseits kann es Rasenflächen und kleinere Pflanzen beschädigen, wenn man es auf dem Boden liegen lässt.

1 Lassen Sie Laub nicht für längere Zeit auf dem Boden liegen. Das Gras darunter wird gelb und kann absterben. Auf einem kleinen Rasen können Sie das Laub mit einem kleinen Rechen entfernen.

2 Blätter auf Wegen und der Garagenzufahrt werden am besten mit einem Besen entfernt.

3 Es gibt spezielle Werkzeuge zu kaufen, mit denen man die Blätter mühelos aufnehmen kann. Man kann dies aber auch mit zwei Holzstücken machen, sobald die Blätter zu einem Haufen zusammen gerecht sind.

4 Sie können die Blätter auf den Komposthaufen werfen. Einige Blätter verrotten jedoch sehr langsam, so dass es besser ist, eine große Menge auf einem separaten Komposthaufen verrotten zu lassen. Verrottete Blätter sind ein nützlicher Zusatz für Topferde.

MECHANISCHE HILFSMITTEL

Das Herausrechen von verdichtetem Gras und Moos aus dem Rasen mit der Hand ist eine mühsame Angelegenheit. Bei einer großen Rasenfläche lohnt es sich, in einen elektrischen Rasenrechen zu investieren. Dieser erledigt die Arbeit schnell und effektiv. Erleichtern Sie sich die Arbeit, in dem Sie einen Vertikutierer verwenden, der Ihren Rasen mühelos und schnell belüftet. Darüber hinaus können Sie sich einen Laubsauger anschaffen, der auch große Rasenflächen von Blättern befreit.

SCHÜTZEN SIE KLEINERE PFLANZEN VOR BLÄTTERN

Wenn Sie Blätter längere Zeit auf kleinen Pflanzen wie Steingartenpflanzen liegen lassen, können diese verrotten, weil sie zu wenig Luft bekommen. Die Blätter bieten auch einen Unterschlupf für Schnecken und andere Schädlinge, die Ihre Pflanzen befallen können. Warten Sie, bis die meisten Blätter von den Bäumen gefallen sind und sammeln Sie sie dann von den empfindlichen Pflanzen ab, wie hier gezeigt.

EMPFINDLICHE STRÄUCHER SCHÜTZEN

Viele nicht ganz so winterharte Sträucher können mit einem leichten Schutz durch den Winter gebracht werden. Es gibt verschiedene Methoden, wie Sie einen Schutz anbringen können.

1 Ein leichter Schutz gegen kalte Winde und Schnee ist alles, was viele empfindliche Sträucher brauchen. Stecken Sie Äste von immergrünen Pflanzen, wie Koniferen, rund um die Pflanze in die Erde.

2 Bei einem großen Strauch kann es nötig sein, dass Sie die Äste zusammenbinden, damit sie in Position bleiben.

3 Wenn Sie keine immergrünen Zweige oder Farn haben, verwenden Sie ein Gartenvlies oder Sackleinen zum Schutz. Sie können das Vlies auch falten, bevor Sie es festbinden, um einen besonders wirkungsvollen Schutz zu bieten.

4 Einige Sträucher würden von kalten Winden und niedrigen Temperaturen beschädigt werden. Hier hilft ein Windschutz, um die Pflanzen vor Windbruch zu schützen. Stecken Sie rund um die Pflanze Stöcke oder Stangen in den Boden und befestigen Sie daran einige Lagen eines Windschutznetzes oder einer Plastikfolie.

RECHTS: *Schütteln Sie bei starkem Schneefall den Schnee immer von den Koniferen ab, bevor die Äste durch das Gewicht brechen und die Form des Baumes dadurch leidet.*

NEU GEPFLANZTE IMMERGRÜNE SCHÜTZEN

Eine immergrüne Pflanze, die im Spätsommer oder Herbst gepflanzt wurde, hat möglicherweise noch nicht genügend Wurzeln gebildet. Falls sie nicht regelmäßig gegossen wird, kann sie eventuell nicht in der Lage sein, das Wasser schnell genug zu absorbieren. Ein Windschutz für den ersten Winter reduziert den Feuchtigkeitsverlust und hilft einer empfindlichen Pflanze zu überleben.

1 Stecken Sie drei Stöcke oder Stangen rund um die Pflanze in den Boden und wickeln Sie dann eine Plastikfolie oder mehrere Lagen Gartenvlies um die Enden. Stecken Sie die Unterseite fest.

2 Wenn Sie kein Schutzschild errichten wollen – vielleicht aus ästhetischen Gründen – wässern Sie die Pflanze regelmäßig, um die Wurzeln feucht zu halten und bedecken Sie sie mit einer großen Plastiktüte, die am Boden mit einem Pflock befestigt ist, wenn schlechtes Wetter vorhergesagt wurde. Entfernen Sie die Tüte anschließend wieder.

EMPFINDLICHE STEINGARTEN-PFLANZEN SCHÜTZEN

Einige Steingartenpflanzen mit haarigen Blättern verrotten leicht, wenn sie während der kalten Monate zu nass werden.

1 Wenn Sie wissen, dass eine bestimmte Steingartenpflanze einen Nässeschutz im Winter braucht, dann bedecken Sie sie mit einer Glasscheibe oder Hartplastik, die Sie mit Draht befestigen.

2 Sie können auch Ziegelsteine verwenden, um die Scheiben zu stützen. Wenn Sie eine Frühbeetabdeckung haben, die Sie nicht benötigen, leistet auch diese gute Dienste. Lassen Sie die Seitenteile offen, achten Sie aber darauf, dass die Beetabdeckung fest verankert ist und nicht von starken Winden angehoben werden kann.

SCHNEESCHUTZ

Koniferen mit einer besonders schönen Form können von starkem Schneefall beschädigt werden, wenn die Äste nach unten gebogen werden und brechen. Wenn Sie in einer Gegend mit starkem Schneefall wohnen, binden Sie die Äste, wie hier gezeigt, fest. Grüner oder brauner Bindfaden ist weniger auffallend als normale Schnur.

EINE HECKE PFLANZEN

Sträucher können das ganze Jahr über gepflanzt werden, wenn Sie sie in Containern kaufen. Dies ist allerdings eine teure Angelegenheit, da Sie für eine Hecke sehr viele Pflanzen brauchen. Die meisten Gartencenter haben jetzt bündelweise Heckenpflanzen auf Lager, so dass jetzt die richtige Zeit ist, um eine Hecke zu pflanzen.

1 Bereiten Sie den Boden sorgfältig vor, da die Hecke für viele Jahre an diesem Standort stehen wird und dies jetzt die einzige Gelegenheit ist, um die Bodenqualität zu verbessern. Säubern Sie den Boden von Unkraut und graben Sie ihn tief um, insbesondere wenn er flach oder stark verdichtet ist.

2 Heben Sie einen Graben von etwa 25 cm Tiefe aus. Nehmen Sie eine Gartenschnur zu Hilfe, um sicherzustellen, dass die Reihe gerade wird.

3 Fügen Sie ausreichend Gartenkompost oder verrotteten Mist hinzu, um die Bodenqualität zu verbessern und die Pflanze zur tiefen Wurzelbildung anzuregen.

4 Bedecken Sie den Graben anschließend wieder mit Erde und fügen Sie dabei weiteres organisches Material hinzu. Geben Sie Knochenmehl dazu und harken Sie es unter. Düngen Sie zu dieser Jahreszeit nicht mit einem schnell wirkenden Dünger.

5 Sie bekommen wurzelnackte Heckenpflanzen wahrscheinlich zusammengebunden, wobei die Wurzeln in einem Torf- oder Erdbett eingebettet sind. Falls das nicht der Fall ist und Sie die Pflanzen nicht sofort einpflanzen wollen, können Sie sie auch einfach in den Boden stecken.

6 Graben Sie große Löcher im passenden Abstand. Üblicherweise ist der Abstand 38 – 45 cm, kann jedoch je nach Pflanze variieren. Vergewissern Sie sich daher zuerst, welcher Abstand empfohlen wird.

7 Befestigen Sie den Boden rund um die Pflanzen gut, indem Sie ihn festtreten, um mögliche Lufteinschlüsse zu entfernen, durch die die Wurzeln austrocknen könnten.

8 Wässern Sie die Pflanzen gründlich und denken Sie daran, sie im ersten Jahr bei Trockenheit ebenfalls zu gießen.

ROSEN PFLANZEN

Heutzutage werden Rosen das ganze Jahr über gepflanzt, da die meisten in Containern gezogen werden. Diejenigen, die vom Fachhandel per Post bestellt werden, werden jedoch meistens wurzelnackt geliefert und auch einige Gartencenter bieten jetzt im Herbst Rosen auf diese Weise an, wobei die Wurzeln eventuell in Moos oder eine Schutzfolie gewickelt sind. Diese Pflanzen wurden aus der Erde ausgegraben; sie sind oft günstiger als Rosen, die in Containern gezogen wurden. Die Qualität ist aber oft genauso gut, wenn sie sofort eingepflanzt werden.

EINE KLETTERROSE PFLANZEN

Pflanzen Sie eine Kletterrose niemals zu dicht an eine Mauer oder einen Zaun. Setzen Sie den Wurzelballen etwa 35 cm entfernt und biegen Sie den Stamm leicht in Richtung der Mauer oder des Zauns. Auf diese Weise können die Triebe an der Mauer entlangranken, ohne dass die Wurzeln an der trockensten Stelle des Bodens liegen.

LINKS: *Rosen verleihen Ihrem Garten einen ganz besonderen Charme, und jetzt ist eine gute Zeit, um sie zu pflanzen.*

1 Graben Sie ein Loch aus, das groß genug ist, dass alle Wurzeln gut ausgebreitet werden können und rechen Sie ausreichend Gartenkompost oder verrotteten Mist unter. Es ist vor allem wichtig, mögliche, verdichtete Bodenschichten aufzubrechen.

2 Schneiden Sie alle abgebrochenen oder beschädigten Wurzeln ab. Wenn die Wurzeln trocken sind, wässern Sie sie etwa ein bis zwei Stunden vor dem Pflanzen in einem Eimer.

3 Lassen Sie die Erde rund um die Wurzeln einrieseln – schütteln Sie die Pflanze dabei ab und zu, damit sich die Erde gut verteilt.

4 Befestigen Sie die Erde rund um die Pflanze mit den Füßen, damit mögliche Lufteinschlüsse entfernt werden und die Rose nicht vom Wind aus dem Boden gerissen werden kann. Harken Sie die Erde eben und wässern Sie die Pflanze sorgfältig.

5 Wenn die Pflanze beim Kauf noch nicht geschnitten war, dann schneiden Sie jetzt alle Triebe bis auf ca. 15 – 20 cm oberhalb des Bodens zurück. Dadurch wird ebenfalls vermieden, dass die Rose durch den Wind gelockert wird.

DAS GEWÄCHSHAUS ISOLIEREN

Eine Isolation reduziert die Heizkosten. Selbst wenn Sie Ihr Gewächshaus im Winter nicht heizen, bietet eine Isolation nicht so winterharten Pflanzen einen zusätzlichen Schutz.

1 Es gibt viele geeignete Befestigungen, um Polyäthylenfolie an den metallenen Innenseiten des Gewächshauses zu befestigen. Sie werden in die Schlitze der Metallprofile gesteckt und dann mit einer Drehung gesichert.

2 Wenn das Unterteil festgeklemmt ist, wird das Oberteil darauf gesteckt oder gedreht, wobei die Folie dazwischen geklemmt wird. Wenn Sie dicke Blasenfolie verwenden, müssen Sie eventuell spezielle Clips für diese dicke Folie verwenden.

3 Vielleicht ist es einfacher für Sie, die Seitenteile und das Dach einzeln zu bespannen. In diesem Fall müssen Sie eventuell die Verbindungen mit einem kräftigen Klebeband befestigen.

4 An einem Gewächshaus mit Holzrahmen können Sie die Isolation einfach mit Reißzwecken oder speziellen Stiften befestigen.

5 Wenn Sie die Isolation nicht direkt am Holzrahmen befestigen wollen, können Saugnäpfe am Glas befestigt werden. Diese können Sie auch bei Gewächshäusern mit Metallrahmen verwenden. Befeuchten Sie das Plastik, bevor Sie es anpressen.

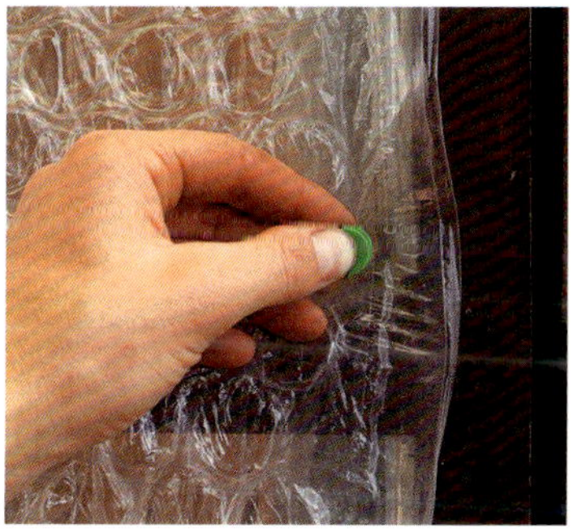

7 Welche Methode Sie auch wählen – Sie sollten die Lüftungen immer separat isolieren. Auch wenn Sie so viel Wärme wie möglich speichern müssen – an warmen Tagen ist es notwendig, dass Sie lüften können. Sie müssen wenigstens eine Lüftung öffnen können.

6 Sichern Sie die Folie an der Außenseite mit einem speziellen Stift oder einer Reißzwecke.

RECHTS: *Eine Isolation mit Blasen-Polyäthylenfolie speichert die Wärme und hält Ihre Heizkosten niedrig.*

8 Um zu vermeiden, dass zu viel Wärme an den Verbindungen zwischen den Folien verloren geht, sollten Sie diese Stellen mit einem durchsichtigen Klebeband versiegeln.

BLENDEN UND ABTRENNUNGEN

In gewerblichen Betrieben werden oft thermische Blenden aus durchsichtigem Plastikmaterial oder speziellem lichtdurchlässigem Gewebe verwendet, um Wärme zu speichern. Wenn sie horizontal über den Pflanzen befestigt werden, schotten Sie den Dachbereich des Gewächshauses ab. Normalerweise werden sie in der Nacht zugezogen und am Tag wieder zurück. Eine ähnliche Technik können Sie auch in Ihrem Gewächshaus anwenden, indem Sie Drähte von einer Seite des Gewächshauses zur anderen spannen, über die das Gewebe gelegt werden oder gezogen werden kann (u. links). Wenn Sie ein großes Gewächshaus haben, ist es eventuell wirtschaftlicher, wenn Sie nur einen Teil beheizen. Mit einer vertikalen Blende können Sie das hintere Ende abtrennen (u. rechts), um den zu heizenden Bereich zu reduzieren.

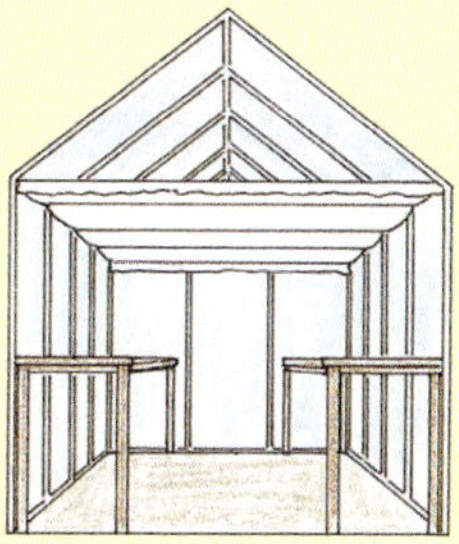

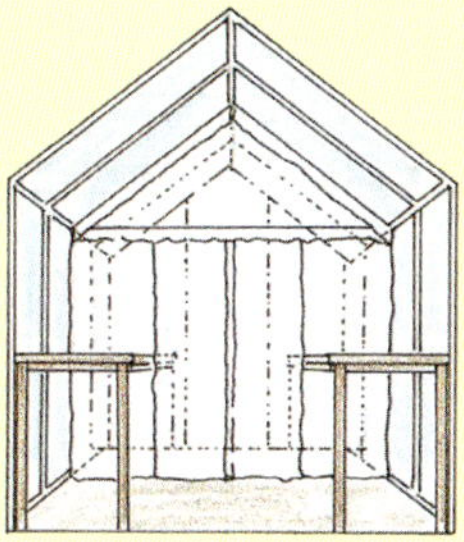

ISOLATIONSMATERIAL

Eine echte Doppelverglasung ist für die meisten Amateur-Gewächshäuser weder praktisch noch wirtschaftlich, da sehr hohe Temperaturen normalerweise nicht erreicht werden. Polyäthylenfolie ist die praktischste Lösung, da sie nach der Heizperiode abgenommen und bei sorgfältiger Lagerung im nächsten Jahr wiederverwertet werden kann. Einlagige, strapazierfähige Polyäthylenfolien lassen viel Licht durch und sind günstig, sind aber nicht besonders wirkungsvoll, wenn es darum geht, die Wärme zu speichern. Blasen-Polyäthylenfolie ist besser geeignet, da die in den Blasen eingeschlossene Luft den Wärmeverlust senkt. Wählen Sie möglichst eine dicke Blasen-Polyäthylenfolie mit großen Lufttaschen. Sie lässt zwar weniger Licht durch, ist aber weitaus wirkungsvoller bei der Senkung des Wärmeverlustes.

EMPFINDLICHE FUCHSIEN ÜBERWINTERN

Die meisten Fuchsien gehen bei Frost ein. Wenn Sie also nicht ganz sicher sind, ob eine bestimmte Sorte in Ihrer Gegend im Winter im Freiland gelassen werden kann, dann empfiehlt es sich, sie vorsichtshalber an einem frostsicheren Standort zu überwintern.

1 Wenn Ihre Fuchsien im Sommer in Töpfen gepflanzt waren, graben Sie sie jetzt aus und bringen Sie sie ins Gewächshaus. Wenn sie direkt in der Erde gepflanzt waren, dann graben Sie sie mit einer Grabgabel aus und entfernen Sie die überschüssige Erde.

2 Pflanzen Sie die Pflanzen einzeln in Töpfe oder in große Boxen, wenn Sie sehr viele Pflanzen haben und stellen Sie sie an einen frostsicheren Standort, zum Beispiel ins Gewächshaus oder auf eine helle Fensterbank im Haus.

3 Säubern Sie die Pflanzen, indem Sie die alten Blätter entfernen und neue, grüne Triebe abknipsen. Sie müssen die Pflanzen kühl oder frostfrei lagern, wobei die Erde fast trocken sein sollte.

FUCHSIEN IM FREILAND ÜBERWINTERN

Wenn Sie weder ein Gewächshaus noch Platz im Haus haben, dann probieren Sie es mit dieser Methode, anstatt die Pflanzen wegzuwerfen. Heben Sie einen Graben von ca. 30 cm Tiefe aus, legen Sie ihn mit Stroh aus und dann die Pflanzen darauf, wie oben gezeigt. Bedecken Sie die Pflanzen mit noch mehr Stroh und füllen Sie die Erde wieder auf. Graben Sie sie im Frühjahr wieder aus, topfen Sie sie ein und lagern Sie sie an einem warmen und hellen Ort, damit sie wieder treiben können. Wenn der Winter nicht zu streng ist, werden viele Pflanzen überleben.

WINTERHARTE FUCHSIEN SCHÜTZEN

Hart ist ein relativer Begriff. Obwohl manche Fuchsien robust genug sind, dass die Wurzeln dem Frost standhalten, wenn der Winter nicht zu streng ist, so können sie doch in kalten Gegenden ohne zusätzlichen Schutz dem Frost möglicherweise nicht standhalten. Schneiden Sie die alten Äste nicht ab, auch wenn diese eingehen werden, da sie für die Pflanze zusätzlichen Schutz bieten. Um zu vermeiden, dass der Frost zu stark eindringt, schützen Sie die Krone mit einer dicken Lage Farn, Stroh oder Torf, wie hier gezeigt. Entfernen Sie den Schutz im Frühjahr, wenn die neuen Triebe sichtbar sind. In milden Gegenden ist ein zusätzlicher Schutz für robuste Arten wie *Fuchsia magellanica* nicht notwendig.

PELARGONIEN ÜBERWINTERN

Pelargonien, auch bekannt als Gartengeranien, sollten an einem hellen und frostfreien Standort überwintert werden. Wenn Sie viele Pflanzen haben, ist das Gewächshaus der ideale Ort dafür, wenn Sie kein Gewächshaus haben, können einige Pflanzen vielleicht auch im Haus einen Platz finden.

1 Graben Sie die Pflanzen möglichst vor dem ersten Frosteinbruch aus, obwohl sie oft auch einen leichten Frost vertragen können, wenn sie anschließend gleich nach drinnen genommen werden.

2 Schütteln Sie so viel Erde von den Wurzeln ab wie möglich, um die Größe der Pflanze gering zu halten.

3 Schneiden Sie die längsten Wurzeln bis auf ca. 5 – 8 cm zurück, um das Eintopfen zu vereinfachen.

4 Kürzen Sie die Triebe bis auf etwa 10 cm und schneiden Sie alle Blätter ab. Auch wenn das drastisch aussieht - im Frühjahr werden sich neue Triebe bilden, die sie für Stecklinge nutzen können, wenn Sie zusätzliche Pflanzen haben wollen.

5 Die beste Art Pelargonien im Winter zu lagern, ist in großen Kisten von mindestens 15 cm Tiefe. Füllen Sie sie zur Hälfte mit Erde oder Pflanzkompost, stellen Sie die Pflanzen hinein und fügen Sie weitere Erde hinzu, um die Wurzeln zu bedecken. Wässern Sie am Anfang gut, später nur noch, wenn die Erde fast trocken ist

6 Wenn Sie Ihre Pelargonien im Haus auf einem Fensterbrett überwintern wollen, dann ist es vielleicht besser, wenn Sie sie in Töpfe anstatt in Schalen pflanzen.

WIE MAN JUNGE PFLANZEN BEHANDELT

Fuchsien und Pelargonien können aus Stecklingen gezogen werden, die man im Frühjahr oder Herbst nimmt. Wenn Sie alte Pflanzen überwintern, können Sie sie nutzen, um von ihnen im Frühjahr jede Menge Stecklinge zu gewinnen. Wenn Sie Stecklinge im Spätsommer oder im Herbst nehmen, werden die jungen Pflanzen weiterhin aktiv wachsen. Achten Sie darauf, dass diese Pflanzen mit viel Licht an einem warmen Standort stehen – in diesem Fall werden sie wahrscheinlich ihre Blätter behalten. Unter günstigen Bedingungen können Pelargonien sogar während der Wintermonate blühen.

SPÄTHERBST

Oft sind jetzt noch Last-Minute-Aktionen nötig, um den Garten winterfest zu bekommen und Pflanzen zu schützen, die einen Schutz brauchen. In kalten Gegenden hat der Winter bereits Einzug gehalten, während es in mildem Klima noch viele milde Tage zu genießen gibt. Nutzen Sie diese Tage aus, bevor kältere Temperaturen und kräftige Winde Sie nach drinnen treiben.

GARTENARBEITEN IN KÜRZE

Der Nutzgarten

- ☐ Schützen Sie spät gesäten Blumenkohl vor Frost, indem Sie die Blätter um die Köpfe binden
- ☐ Schützen Sie empfindliche Gemüsesorten mit einer Frühbeetabdeckung
- ☐ Graben Sie schwere Böden um
- ☐ Topfen Sie einige Kräuter ein, damit Sie sie im Winter verwenden können
- ☐ Ernten und lagern Sie Äpfel
- ☐ Schneiden Sie Schwarze Johannisbeeren, Stachelbeeren und Himbeeren
- ☐ Pflanzen Sie wurzelnackte Obststräucher und -bäume

UNTEN: *Pflanzen Sie einige Minzwurzeln, um die Saison zu verlängern und im nächsten Frühjahr rechtzeitig schöne Blätter zu erhalten.*

Der Blumengarten

- ☐ Schneiden Sie die verblühten Blüten von Stauden ab
- ☐ Entsorgen Sie Gartenabfälle, indem Sie sie verbrennen oder kompostieren
- ☐ Entfernen Sie Pumpen aus dem Teich und lagern Sie sie über die Wintermonate
- ☐ Pflanzen Sie Rosen
- ☐ Pflanzen Sie wurzelnackte und ballierte Bäume und Sträucher
- ☐ Räumen Sie Sommerbeete ab, falls Sie dies noch nicht gemacht haben
- ☐ Beenden Sie das Pflanzen von Frühlingsblumenzwiebeln
- ☐ Schützen Sie empfindliche Pflanzen, die im Garten bleiben
- ☐ Graben Sie Chrysanthemen aus, die nicht hart genug sind, um draußen zu überwintern, und nehmen Sie sie ins Haus
- ☐ Nehmen Sie Stecklinge von Sträuchern
- ☐ Pflanzen Sie Lilien
- ☐ Pflanzen Sie Hecken
- ☐ Sammeln Sie herunter gefallene Blätter auf und kompostieren Sie sie
- ☐ Entfernen Sie Laub, das auf Steingartenpflanzen gefallen ist
- ☐ Bedecken Sie Steingartenpflanzen, die Schutz vor der Nässe im Winter benötigen, mit einer Glasscheibe
- ☐ Schützen Sie die Kronen von empfindlichen Stauden, wie Delphinum und Lupinen vor Schnecken, indem Sie groben Kies um sie herum verteilen

Das Treib- und Gewächshaus

- ☐ Reinigen und desinfizieren Sie das Gewächshaus
- ☐ Isolieren Sie es
- ☐ Überprüfen Sie, ob die Mindesttemperatur erreicht wird (falls Sie kein Minimum-Maximum-Thermometer haben, kaufen Sie eines)
- ☐ Lüften Sie, wann immer es warm genug ist
- ☐ Mit Ausnahme von Pflanzen, die im Winter blühen und die noch immer in der aktiven Wachstumsphase sind, geben Sie nach und nach weniger Wasser. Die meisten Pflanzen vertragen dann kältere Temperaturen besser und machen weniger Probleme.

UNTEN: *Jetzt ist eine gute Zeit, um all die schmutzigen Töpfe zu waschen.*

DIESE PFLANZEN SIND JETZT AM SCHÖNSTEN

Acer, farbenprächtiges Laub (Baum / Staude)
Berberis, farbenprächtiges Laub und Beeren (Strauch)
Cotoneaster, Beeren (Strauch)
Fothergilla, farbenprächtiges Laub (Strauch)
Gentiana sino-ornata (Steingartenpflanze)
Liriope muscari (Staude)
Nerine bowdenii (Blumenzwiebel)
Pernettya, Beeren (Strauch)
Pyracantha, Beeren (Strauch)
Schizostylis coccinea (Staude)

LINKS: *Fothergilla sind mit ihren weißen Blüten im späten Frühjahr und Frühsommer die meiste Zeit des Jahres unauffällig. Im Herbst jedoch rücken sie mit ihrem brillanten Herbstlaub in den Mittelpunkt.*

UNTEN: *Schizostylis coccinea sind im Spätherbst, wenn die meisten Rabattenpflanzen bereits verblüht sind, immer eine Augenweide.*

SCHWARZE JOHANNISBEEREN SCHNEIDEN

Schwarze Johannisbeeren bringen die besten Erträge an einjährigen Trieben. Beim Schnitt eines bestehenden Strauches ist es also das Ziel, die ältesten Triebe zu entfernen und die Bildung von neuen Trieben anzuregen. Schneiden Sie während der Ruhephase der Pflanze.

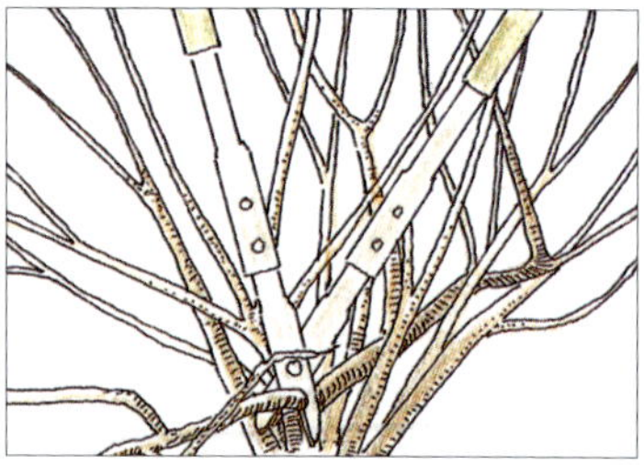

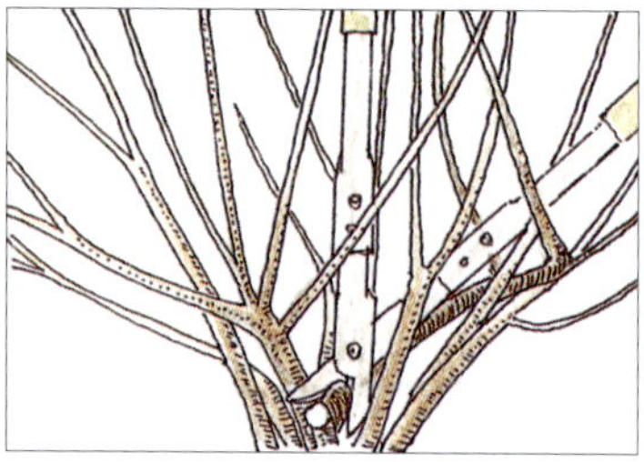

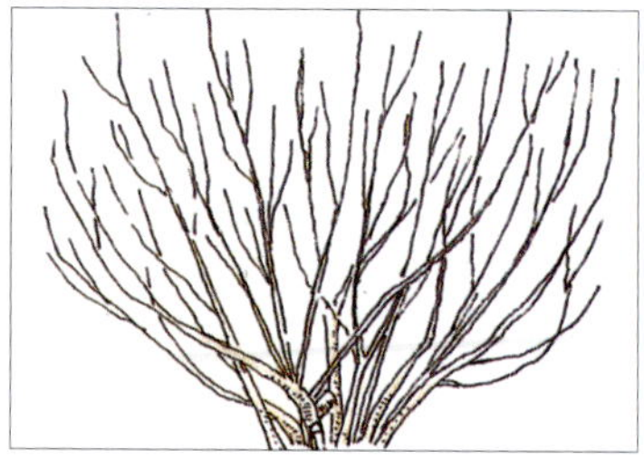

1 Schneiden Sie die Pflanze erst, wenn sie alt genug ist und zuverlässig Früchte trägt. Kürzen Sie die Triebe bis auf ein Drittel in Bodenhöhe zurück, und wählen Sie jeweils die ältesten Triebe.

2 Schneiden Sie kranke, beschädigte oder zu eng stehende Triebe bodeneben zurück.

3 So sollte der Strauch nach dem Schnitt aussehen – mit vielen jungen Trieben in genügendem Abstand.

ROTE UND WEIßE JOHANNISBEEREN SCHNEIDEN

Anders als Schwarze Johannisbeeren tragen diese am besten an Trieben, die mindestens zwei Jahre alt sind. Sie werden normalerweise an einem „Langtrieb“ gezogen, wie hier gezeigt, sie können aber auch als Busch oder als Spalierobst gezogen werden.

1 Falls Sie dies nicht bereits im Sommer gemacht haben, sollten Sie jetzt alle querstehenden und überzähligen Triebe entfernen, damit in die Mitte des Strauches genug Licht kommt.

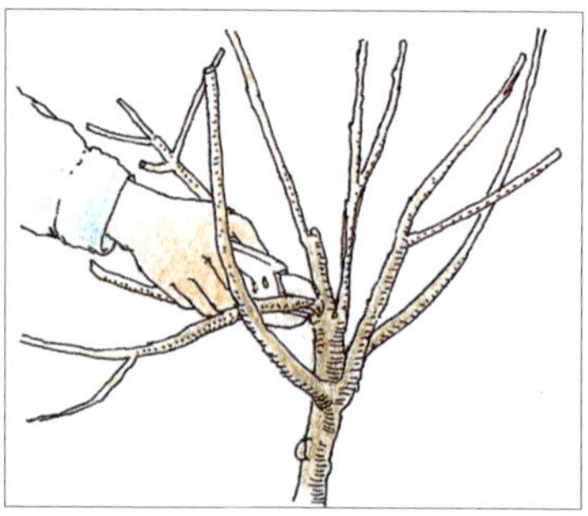

2 Nachdem alle zu dicht stehenden Triebe entfernt sind, kürzen Sie alle Triebe des letzten Sommers an der Spitze jedes Haupttriebes um die Hälfte.

3 Schneiden Sie schließlich die Seitentriebe bis auf eine oder zwei Knospen zurück. Dadurch wird das Wachstum gefördert.

4 Bei einem alten Strauch kann es notwendig sein, einige überalterte Triebe, die nicht mehr gut tragen, herauszuschneiden. Lassen Sie dafür aber die gleiche Anzahl an kräftigen Jungtrieben stehen.

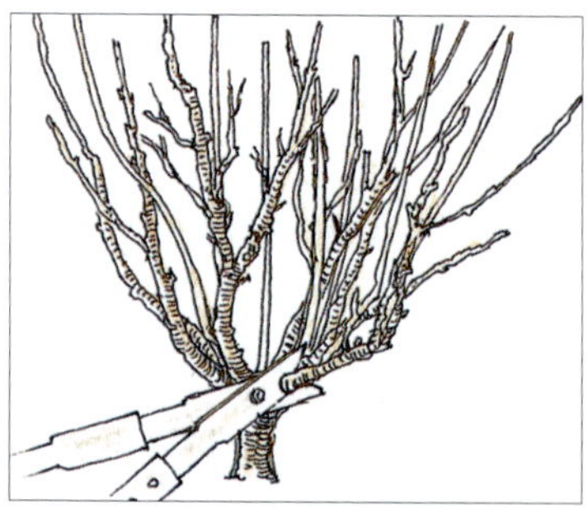

HIMBEEREN SCHNEIDEN

Herbsthimbeeren tragen an den Ruten, die in diesem Jahr gewachsen sind, so dass ein Schnitt sehr einfach ist. Sommerhimbeeren tragen an Ruten, die ein Jahr alt sind, achten Sie also darauf, nicht die letztjährigen Triebe zu schneiden.

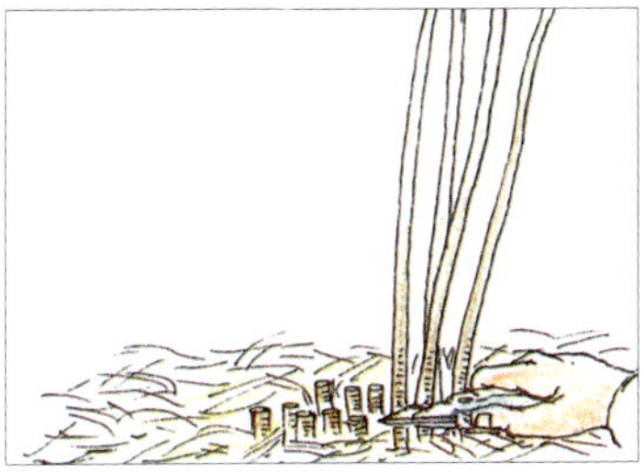

1 Wenn Sie sicher sind, dass es sich um eine Herbsthimbeere handelt, schneiden Sie alle Ruten dicht über dem Boden ab, während die Pflanze ruht.

2 Bei Sommerhimbeeren schneiden Sie die alten Ruten (dunkles Holz), die diesen Sommer getragen haben, bodeneben ab. Binden Sie die übrigen Ruten notfalls an einem Drahtgerüst fest.

3 Wenn Himbeeren mehrere Jahre ungestört gewachsen sind, ist der Wurzelstock wahrscheinlich zu dicht. Dünnen Sie überzählige Ruten aus, so dass sie in einem Abstand von ca. 8 cm stehen.

STACHELBEEREN SCHNEIDEN

Stachelbeeren tragen an Trieben, die ein Jahr oder älter sind, und selbst wenn Sie die Pflanze nicht schneiden, tragen sie weiterhin gut. Bei stacheligen Stämmen kann es jedoch schwierig sein, die Früchte zu ernten, wenn sie nicht regelmäßig geschnitten werden.

1 Falls Sie dies nicht bereits nach der Ernte gemacht haben, dann sollten Sie jetzt alle niedrigen Triebe, die am Boden aufliegen, bis zu einem nach oben zeigenden Auge zurückschneiden und alle zu dicht oder quer stehenden Triebe entfernen. Versuchen Sie, dass die Mitte des Busches licht bleibt.

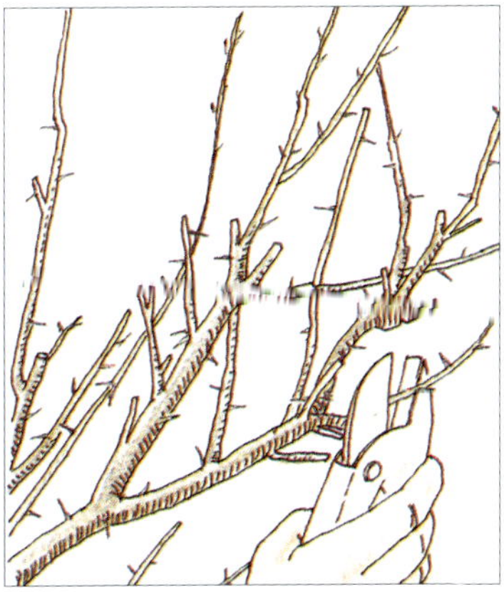

2 Während der Ruhephase der Pflanze kürzen Sie die neuen Sommertriebe an den Spitzen der Haupttriebe um etwa die Hälfte. Kürzen Sie anschließend die Seitentriebe an den Haupttrieben bis auf zwei Augen.

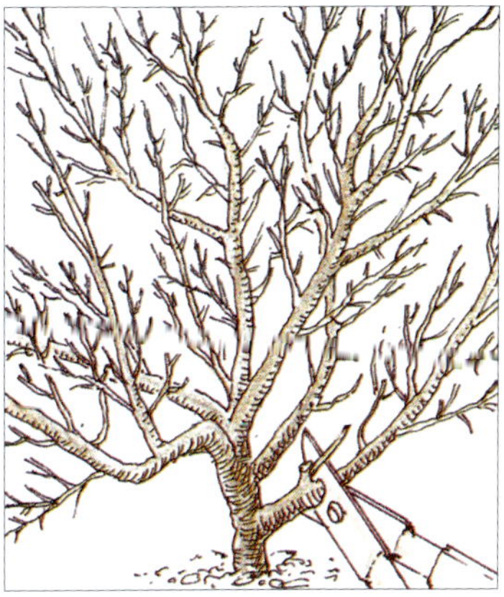

3 Bei einem alten Busch schneiden Sie ein oder zwei der ältesten Triebe heraus, wo sich neue Ersatztriebe bilden.

BEERENOBST PFLANZEN

Heutzutage werden die meisten Beerensträucher – mit Ausnahme von Himbeeren – in Containern verkauft. Sie können fast zu jeder Zeit gepflanzt werden, wobei allerdings der Herbst ideal ist, da es jetzt in den Gartencentern eine große Auswahl an Pflanzen gibt. Wurzelnackte Pflanzen müssen während der Ruhephase geschnitten werden.

1 Heben Sie den Boden in einer Tiefe aus, die doppelt so hoch ist wie der Wurzelballen oder der Container, so dass Sie den Boden in dem Bereich anreichern können, der später von den Wurzeln durchdrungen sein wird.

2 Auch wenn es nicht unbedingt notwendig ist – Ihre Früchte werden sich sehr viel besser entwickeln, wenn Sie große Mengen an Humus bildendem Material hinzu fügen können. Graben Sie so viel verrotteten Mist oder Gartenkompost unter wie möglich.

3 Weichen Sie die Wurzeln von wurzelnackten Pflanzen etwa eine Stunde vor dem Pflanzen in Wasser ein und wässern Sie Containerpflanzen mindestens eine halbe Stunde vorher. Setzen Sie die Pflanze in das Loch und überprüfen Sie mit einem Stock, ob sie in der Originalhöhe sitzt.

4 Befestigen Sie die Pflanze gut, indem Sie die Erde mit dem Absatz festtreten, um mögliche Lufteinschlüsse rund um die Wurzeln zu entfernen.

5 Nachdem Sie die Erde befestigt haben, rechen Sie die Erde, um die Fußstapfen zu entfernen, dann gießen Sie die Pflanze ausgiebig.

6 Auch wenn das vielleicht drastisch aussieht, sollten die meisten Sträucher mit Ästen, die sich aus dem Wurzelstamm entwickeln, nach dem Pflanzen bis auf ca. 23 – 30 cm gekürzt werden. Dadurch wird das Wachstum neuer Triebe aus dem Wurzelstock angeregt.

KRÄUTER FÜR DEN WINTER EINTOPFEN

Sie müssen sich nicht mit getrockneten oder gefrorenen Kräutern zufrieden geben, nur weil Winter ist. Einige Kräuter, wie Minze, Petersilie, Schnittlauch und Majoran können in Töpfe für das Haus oder das Gewächshaus gepflanzt werden, damit man im Winter frische Kräuter für die Küche hat. Der Ertrag wird zwar nicht sehr üppig, jedoch nicht weniger willkommen sein.

1 Minze ist eine dankbare Pflanze, die gut im Haus oder einem Frühbeet gepflanzt werden kann. Graben Sie einen bestehenden Wurzelstock aus, damit sie genug Wurzeln zum Eintopfen haben.

2 Achten Sie darauf, nur Abschnitte mit gesunden Blättern zu wählen (am Ende der Saison gibt es viele vertrocknete Blätter). Sie können einzelne Stücke mit der Hand herausziehen oder mit dem Messer abschneiden.

3 Pflanzen Sie die Wurzeln in einen Topf, wenn Sie die Pflanze für einen Monat oder länger ziehen wollen. Füllen Sie einen Topf von 20 – 25 cm Durchmesser zu drei Viertel mit Erde oder Pflanzerde, breiten Sie dann die Wurzeln aus und bedecken Sie anschließend die Wurzeln mit noch mehr Erde.

4 Wenn Sie im kommenden Frühjahr zarte, frische Kräuter ernten wollen, dann schneiden Sie die oberen Enden ab und setzen Sie die Wurzeln in Pflanzschalen oder tiefere Behälter und bedecken Sie sie anschließend mit Erde. Wenn Sie sie in einem Gewächshaus (oder auch einem geschützten Frühbeet) aufbewahren, können Sie sehr viel früher frische Minze ernten.

5 Schnittlauch kann man ebenso gut ausgraben und drinnen weiterziehen. Graben Sie einen kleinen Wurzelballen aus. Wenn er zu groß ist, können Sie ihn in kleinere Teile auseinander ziehen.

6 Setzen Sie den Wurzelballen in einen Topf mit normaler Garten- oder Pflanzerde, befestigen Sie die Erde gut und wässern Sie sorgfältig. Die Pflanze sollte weiterhin neue Blätter bilden, nachdem die alten, die im Freiland gewachsen waren, abgestorben sind, und auch im nächsten Frühjahr viele neue bilden.

PETERSILIE UND MAJORAN

Wenn Sie Majoran zurückschneiden und eintopfen, sollte er normalerweise neu austreiben, wenn er genug Wärme und Licht bekommt.
Petersilie ist immer ein zuverlässiges Winterkraut, wenn man sie im Spätsommer oder Frühherbst gesät hat und auf dem Fensterbrett zieht.

CHRYSANTHEMEN AUSGRABEN UND SCHÜTZEN

Nicht alle Chrysanthemen, die im Herbst blühen, müssen ausgegraben werden (siehe Kasten), einige jedoch schon. Die Wurzeln werden in Behälter gepflanzt, so dass sie im nächsten Frühjahr wieder austreiben können.

1 Graben Sie die Wurzeln aus, nachdem die Blüte abgeschlossen ist, und bevor der erste Frost kommt.

2 Schütteln Sie überschüssige Erde von den Wurzeln ab.

3 Schneiden Sie die Spitzen und alle zu langen Wurzeln zurück, um den Wurzelballen kompakt zu halten.

4 Geben Sie eine Lage Erde oder Pflanzerde in eine Box oder Schale (ca. 10 cm tief). Legen Sie die Wurzeln hinein und bedecken Sie sie mit ca. 3 cm Erde. Befestigen Sie die Erde und vergessen Sie nicht, die Schalen zu beschriften. Lagern Sie die Schalen an einem kühlen, hellen Standort, beispielsweise im Gewächshaus, einem hellen Fensterbrett in der Garage oder im Frühbeet. Die meisten Chrysanthemenarten vertragen leichten Frost. Halten Sie die Erde leicht feucht, aber nicht nass.

UNTEN: *Chrysanthemum „Countryman“ ist eine früh blühende Freilandsorte.*

CHRYSANTHEMEN ÜBERWINTERN

Von den vielen Chrysanthemenarten ist es nur die Sorte, die im Herbst blüht, die bezüglich des Überwinterns für Verwirrung sorgt. In einem milden, frostfreien Klima können alle Chrysanthemen in der Erde belassen bleiben, viele Sorten, beispielsweise *Chrysanthemum rubellum* sind selbst in kalten Gegenden hart genug. In kälteren Gegenden ist es jedoch besser, die langstieligen, früh blühenden Herbstchrysanthemen auszugraben und zu lagern, und selbst die Freilandsorten, die später blühen, werden am besten auf diese Weise behandelt. Auch solche Arten, die Frost vertragen, haben so größere Überlebenschancen. Die Kombination von Nässe und Kälte sollte möglichst vermieden werden.

TEICHPUMPEN SCHÜTZEN

Wenn Sie eine Teichpumpe über den Winter im Teich lassen, kann sie durch das Eis beschädigt werden. Nehmen Sie sie nicht einfach aus dem Teich und lassen Sie sie liegen, wo Feuchtigkeit eindringen kann – lagern Sie sie an einem trockenen Ort.

1 Entfernen Sie das Restwasser aus Tauchpumpen, bevor es einfrieren kann.

2 Reinigen Sie die Pumpe, bevor Sie sie einlagern. Sie wird wahrscheinlich mit Algen verschmutzt sein, die man jedoch leicht abschrubben kann.

3 Entfernen Sie den Filter und reinigen oder ersetzen Sie ihn. Beachten Sie die Empfehlungen des Herstellers.

4 Achten Sie darauf, dass das Wasser aus der Pumpe herausgepumpt ist. Bei einer externen Pumpe sollte das Wasser aus dem Pumpsystem herausgepumpt werden.

5 Lesen Sie die Gebrauchsanweisung sorgfältig durch und führen Sie alle anderen, notwendigen Wartungsarbeiten aus, bevor Sie die Pumpe an einem trockenen Ort lagern. Falls Sie die Pumpe für die Wartung einschicken müssen, ist es besser, dies jetzt zu tun als bis zum Frühjahr zu warten.

ENTSORGEN SIE IHRE ABFÄLLE ... MIT VERSTAND

Im Garten fallen im Herbst jede Menge Abfälle an. Eine allgemeingültige Lösung, wie man diese entsorgt, gibt es jedoch nicht. Verhalten Sie sich so umweltverträglich wie möglich und recyceln Sie so viel wie möglich durch Kompostierung. Fügen Sie alle 15 cm eine Lage verrotteten Mist oder Kompostbeschleuniger zu den Garten- oder Küchenabfällen hinzu. Hölzernes Material, wie Abfälle vom Hecken- oder Strauchschnitt verrotten zu langsam und können nicht direkt auf den Komposthaufen gebracht werden. Diese werden am besten mit einem Häcksler zerkleinert und dann kompostiert oder zum Mulchen verwendet. Manche Abfälle werden am besten verbrannt – verfaulte Pflanzen zum Beispiel oder schädliche Unkrautarten sowie Holzabfälle, sofern Sie keinen Häcksler haben. Ein Brandbeschleuniger, mit dem man die Abfälle schnell verbrennen kann, ist einem rauchenden Feuerchen vorzuziehen.

Große Mengen Laub werden am besten separat kompostiert. Einige Blätter verrotten nur sehr langsam, das Endprodukt ist aber gut als Zusatz zu Topferde geeignet.

GEHÖLZ-STECKLINGSVERMEHRUNG

Gehölz-Stecklinge wurzeln langsamer als die meisten Weichholz- oder Kopfstecklinge, die man im Frühjahr oder Sommer nimmt, sie brauchen andererseits aber weitaus weniger Pflege. Sie brauchen keine Wärme und weil Sie sie in die offene Erde (oder ins Frühbeet) pflanzen, ist auch das Wässern kein Thema. Viele Sträucher und sogar Bäume können aus Gehölz-Stecklingen gezogen werden. Eine Auswahl der empfohlenen Pflanzen finden Sie im unten stehenden Kasten.

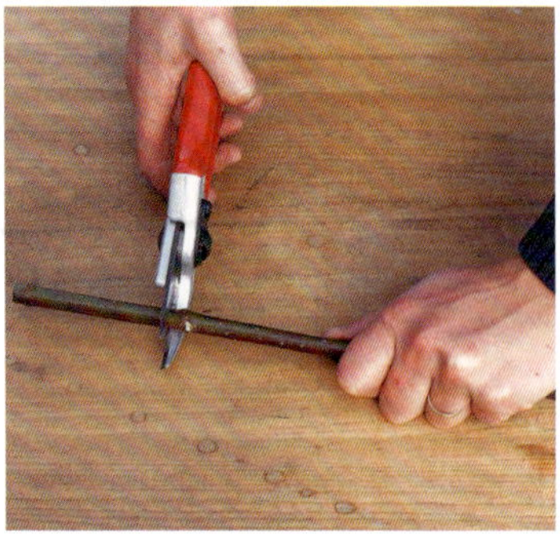

1 Wählen Sie feste und harte Äste aus – sie sollten noch nicht alt und nicht dick sein (ungefähr so dick wie ein Bleistift). Wie bei diesem Hartriegel sollten Sie von einem Trieb mehrere Stecklinge nehmen können. Die Länge der Stecklinge ist von Pflanze zu Pflanze verschieden – etwa 15 cm ist aber für die meisten passend. Machen Sie direkt unterhalb eines Auges einen geraden Schnitt.

2 Machen Sie etwa 15 cm über dem ersten Schnitt einen zweiten oberhalb eines Auges, dieses Mal jedoch in einem Winkel, so dass Sie wissen, welches die Oberseite und die Unterseite des Stecklings ist.

3 Auch wenn ein Wurzelbeschleuniger nicht notwendig ist, erhöht er doch die Erfolgsquote, insbesondere bei Pflanzen, die schlecht anwachsen. Befeuchten Sie die Stecklingsenden mit Wasser.

4 Tauchen Sie die angefeuchteten Enden in ein Wurzelpulver. Sie können auch einen flüssigen oder gelförmigen Wurzelbeschleuniger verwenden, bei denen Sie die Enden nicht anfeuchten müssen. Behandeln Sie nur das untere Ende des Stecklings.

STRÄUCHER, DIE SICH FÜR EINE STECKLINGSVERMEHRUNG EIGNEN

Die unten stehende Liste ist lediglich eine Auswahl von Sträuchern, die einfach aus Gehölzstecklingen gezogen werden können, es gibt jedoch noch viele andere. Experimentieren Sie oder schauen Sie in einem Fachbuch nach, welche Pflanzen geeignet sind.

Aucuba japonica (Lorbeer)
Buddleia (Sommerflieder)
Cornus alba (Hartriegel)
Cornus stolonifera (Hartriegel – siehe Abb.)
Forsythia
Ligustrum ovalifolium (Liguster)
Philadelphus (Pfeifenstrauch)
Ribes sanguineum (blühende Johannisbeere)
Rosen (verschiedene Sorten und Kreuzungen)
Salix (Weide)
Spiraea
Viburnum (laubabwerfende Arten)

5 Machen Sie mit einem Spaten einen schlitzförmigen Graben, etwas schmaler als die Länge der Stecklinge. Wählen Sie einen Platz aus, an dem die Stecklinge ein Jahr lang ungestört bleiben können.

6 Streuen Sie etwas Kies oder groben Sand auf den Boden des Grabens, falls er schlecht durchlässig ist. Dadurch wird ein Wasserstau rund um die Stecklinge vermieden.

7 Stecken Sie die Stecklinge in einem Abstand von 8 – 10 cm aufrecht gegen die Rückseite des Grabens und lassen Sie sie etwa 3 – 5 cm aus dem Boden herausschauen.

8 Befestigen Sie die Erde rund um die Stecklinge, um Lufttaschen zu entfernen, wodurch die Stecklinge austrocknen könnten.

9 Gießen und beschriften Sie die Stecklinge. Denken Sie daran, sie bei trockenem Wetter zu wässern.

BÄUME AUS GEHÖLZ-STECKLINGEN

Einige Bäume können ebenfalls mit Gehölz-Stecklingen vermehrt werden, wobei die unten aufgeführten sich besonders dafür eignen. Entscheiden Sie sich beim Vermehren von Bäumen, ob Sie einen mehrstämmigen Baum haben wollen, oder einen mit nur einem Hauptstamm. Wenn Sie sich für einen Baum mit einem Hauptstamm entscheiden, dann setzen Sie die Stecklinge tiefer in den Graben, so dass die oberste Knospe direkt unter der Erdoberfläche liegt.

Platanus (Platane)
Populus (Pappel) – siehe Abbildung
Salix (Weide)

HERBSTPUTZ FÜR DAS GEWÄCHSHAUS

Der Herbst ist die ideale Zeit, um das Gewächshaus zu reinigen. Es ist wahrscheinlich weniger voll als im Frühjahr, und es ist wichtig, die Saison mit den kalten, düsteren Tagen mit sauberen Fenstern zu beginnen, um das Tageslicht bestmöglich auszunutzen - in einer Umgebung, die frei von Schädlingen und Krankheitserregern ist.

1 Wenn Sie bisher die Reste von schattenspendenden Filmen noch nicht entfernt haben, dann tun Sie dies jetzt so bald wie möglich. Sie sind leicht mit einem Staublappen abzuwischen.

2 Ob ein schattenspendender Film verwendet wurde oder nicht – das Glas sollten Sie auf jeden Fall reinigen. Am einfachsten lässt sich die Außenseite mit einer Bürste oder einem Reinigungskopf an einem langen Stil reinigen. Besprühen Sie die Fläche mit Wasser, fügen Sie notfalls etwas Reinigungsmittel hinzu und reiben Sie das Glas sauber. Spülen Sie mit klarem Wasser.

LINKS: *Auch wenn das Gewächshaus noch in voller Blüte ist, ist der Herbst die ideale Zeit, um den tragenden Schienen und der Arbeitsbühne eine umfassende Reinigung zu gönnen.*

3 Ein Glasreiniger ist sehr nützlich, um Schmutz und Dreck zu entfernen, ist aber nur bei einem kleinen Gewächshaus empfehlenswert, bei dem Sie die Scheiben leicht erreichen können. Reinigen Sie die Scheiben von innen und von außen.

4 An Stellen, an denen die Glasscheiben überlappen, bildet sich oft Schimmel und Schmutz. Versuchen Sie, Wasser zwischen die Scheiben zu spritzen und entfernen Sie dann den Schmutz mit einem festen Plastikstreifen (ein Pflanzenetikett aus Plastik funktioniert normalerweise gut).

5 Spritzen Sie zum Schluss nochmals mit Wasser zwischen die Scheiben, um den gelösten Schmutz und Schimmel zu entfernen.

6 Schmutz und Erde sammelt sich auch an der Fuge zwischen Glas und Boden, und dies kann ein Nährboden für Schädlinge und Krankheitserreger sein. Verwenden Sie ein Etikett oder ein kleines Werkzeug, um die Erde aus der Spalte zu kratzen und begießen Sie sie anschließend mit einem Garten-Desinfektionsmittel (nicht in die Nähe von Pflanzen kommen).

7 Das Ausräuchern ist eine gute Methode, um eine ganze Reihe von Schädlingen und Krankheitserregern zu entfernen, die sich in Ecken und Rissen rund um das Gewächshaus eingenistet haben. Vielleicht können Sie einige oder alle Pflanzen nach drinnen stellen, oder ein leeres Gewächshaus ausräuchern. Beachten Sie die Gebrauchsanweisung.

8 Unabhängig davon, ob Sie das Gewächshaus ausräuchern oder nicht, sollten Sie die Rahmen und das Gerüst desinfizieren. Es ist besser, wenn Sie ein spezielles Desinfektionsmittel für den Garten und das Gewächshaus verwenden und nicht eines für den Haushalt.

9 Krankheitserreger werden leicht durch alte Töpfe und Pflanzschalen von einer Pflanze auf die andere übertragen. Wenn Sie jetzt etwas Zeit haben, schrubben Sie sie alle mit einem Garten-Desinfektionsmittel ab. Die Innenseite ist genauso wichtig wie die Außenseite.

WINTER

Ein gut geplanter Garten wird auch im Winter nicht farblos und langweilig wirken, und auch die Arbeit im Freien kann ein wirkliches Vergnügen sein. Es gibt immer etwas zu tun, und wenn man das jetzt schon in Angriff nimmt, hat man im Frühjahr nicht mehr ganz so viel zu tun. Manchmal bleibt einem allerdings nichts anderes übrig als ein Sofa-Gärtner zu werden. Jetzt können Sie Ihre Gartenbücher wälzen, Ideen zum Blühen bringen oder Ihren Garten komplett neu planen, und natürlich Ihre Samenbestellung zusammenstellen – wahrscheinlich eine der angenehmsten Arbeiten überhaupt.

Gegenüberliegende Seite: Der rotstämmige Cornus alba bleibt den ganzen Winter über ein interessanter Anblick.

Oben: Blickpunkte wie diese Gartenstatue können die fehlende Farbe während der kalten Monate kompensieren.

WINTERANFANG

Der Wintereinbruch bedeutet zwangsläufig, dass jetzt weniger Aufgaben im Garten zu erledigen sind, trotzdem empfiehlt es sich, nach draußen zu gehen, wann immer es das Wetter erlaubt. Es gibt immer etwas zum Aufräumen, Reparieren, usw. Es ist besser, solche Arbeiten jetzt zu erledigen, bevor es kälter wird und es draußen nicht mehr ganz so angenehm ist. Diese Jahreszeit eignet sich hervorragend, Ihren Boden dahingehend kritisch zu begutachten, inwieweit er für die nächste Pflanzsaison verbessert werden könnte.

GARTENARBEITEN IN KÜRZE

Der Nutzgarten

- ☐ Machen Sie einen Bodentest
- ☐ Führen Sie dem Boden Kalk zu, falls nötig
- ☐ Graben Sie das Gemüsebeet um
- ☐ Schneiden Sie Schwarze Johannisbeeren, Stachelbeeren und Himbeeren
- ☐ Pflanzen Sie wurzelnackte Obstbüsche und –bäume
- ☐ Überprüfen Sie Stangen und Spalierstöcke und säubern Sie sie, falls erforderlich. Stellen Sie sie für einen Tag in ein Holzschutzmittel
- ☐ Beenden Sie die Ernte von späten Apfelsorten
- ☐ Graben Sie Lauch und Pastinaken zum Verbrauch aus. Falls es extrem kalt ist, graben Sie Lauch aus und lagern Sie ihn ein
- ☐ Lassen Sie Rhabarber anfangen zu treiben

UNTEN: *Wärmen Sie sich auf, indem Sie den Boden umgraben. Hier wird der Boden vermessen.*

Der Blumengarten

- ☐ Prüfen Sie eingelagerte Blumenzwiebeln und Knollen
- ☐ Entsorgen Sie Gartenabfälle, indem Sie sie kompostieren oder verbrennen
- ☐ Warten Sie Ihren Rasenmäher oder lassen Sie ihn von einem Fachmann überprüfen
- ☐ Pflanzen Sie wurzelnackte Sträucher und Bäume

UNTEN: *Warten Sie Ihren Rasenmäher und machen Sie ihn winterfest.*

- ☐ Überprüfen Sie Blumenzwiebeln, die Sie in Töpfe gepflanzt haben
- ☐ Schauen Sie nach empfindlichen Pflanzen, die im Freiland bleiben
- ☐ Bestellen Sie Samen
- ☐ Nehmen Sie Gehölz-Stecklinge
- ☐ Nehmen Sie Wurzel-Stecklinge
- ☐ Installieren Sie eine Teichheizung, wenn Sie in einer kalten Gegend leben und der Teich zufrieren könnte
- ☐ Entfernen Sie das Laub von Steingartenpflanzen
- ☐ Schützen Sie Steingartenpflanzen mit einer Glasscheibe vor Winternässe
- ☐ Schützen Sie die Blüten von Winterpflanzen, die durch Kälte leiden könnten

Das Treib- und Gewächshaus

- ☐ Überprüfen Sie einmal pro Woche alle Pflanzen und entfernen Sie abgestorbene oder welke Blätter, bevor sie verrotten
- ☐ Lüften Sie an warmen Tagen, insbesondere wenn das Gewächshaus gut isoliert ist. Fehlende Lüftung kann die Bildung von Krankheitserregern begünstigen
- ☐ Mit Ausnahme von Pflanzen, die im Winter blühen und noch in vollem Wachstum stehen, sollten Sie alle Pflanzen nach und nach weniger gießen. Die meisten vertragen dann niedrigere Temperaturen sehr viel besser und Krankheiten sind weniger ein Problem
- ☐ Reinigen Sie die Dachrinnen, die möglicherweise mit Laub verstopft sind
- ☐ Reinigen Sie die Glasscheiben, um das schwache Winterlicht bestmöglich auszunutzen

UNTEN: *Wenn die Zimmer-Hyazinthen verblüht sind, schneiden Sie die verwelkten Blüten ab.*

OBEN: *Jasminum nudiflorum, eine der Winterfreuden.*

LINKS: *Pyracantha „Watereri", ein brillantes Farbschauspiel auch im tiefen Winter.*

DIESE PFLANZEN SIND JETZT AM SCHÖNSTEN

Chimonanthus praecox (Strauch)
Erica carnea (Strauch)
Erica × darleyensis (Strauch)
Hamamelis mollis (Strauch)
Iris unguicularis (auch *I. stylosa*) (Staude)
Ilex, Beeren (Stechpalme)
Jasminum nudiflorum (Kletterstrauch)
Liriope muscari (Staude)
Mahonia „Charity" (Strauch)
Nerine bowdenii (Blumenzwiebel)
Pernettya, Beeren (Strauch)
Prunus × subhirtella „Autumnalis" (Baum)
Pyracantha, Beeren (Strauch)
Sarcococca (Strauch)
Viburnum × bobnantense (Strauch)
Viburnum farreri (auch *V. fragrans*) (Strauch)
Viburnum tinus (Strauch)

DAS GEMÜSEBEET UMGRABEN

Wenn Sie ein Gemüsebeet oder eine andere große Fläche haben, die umgegraben werden muss, dann ist jetzt die richtige Zeit dafür. Wenn Sie bei schwerem Lehmboden die groben Erdschollen über den Winter liegen lassen, helfen Ihnen der Frost und die Witterung dabei, die großen Klumpen aufzubrechen. So können Sie den Boden im Frühjahr einfacher eben rechen und ein Saatbeet mit feiner, krümeliger Erde bereiten. Es empfiehlt sich, einen leichten, sandigen Boden erst im Frühjahr umzugraben, da er im Winter durch die Witterung und den Regen flachgedrückt um komprimiert wird, wenn er zu früh umgegraben wird. Keimendes Unkraut im Frühjahr kann gleich mit umgegraben werden.

1 Teilen Sie die Fläche, die umgegraben werden muss, in Rechtecke, indem Sie den Bereich mit einer Schnur markieren. Wenn Sie die Fläche auf diese Weise teilen, vermeiden Sie, dass Sie den Aushub von einem Beet auf das andere verteilen.

2 Heben Sie einen Graben in der Höhe und Tiefe eines Spatens aus. Häufen Sie die Erde am Ende der anderen Beethälfte auf, wie hier gezeigt.

3 Wenn Sie den nächsten Graben ausheben, werfen Sie die Erde nach vorne in den Platz, der vom ersten Aushub entstanden ist. Das Umgraben ist einfacher, wenn Sie zuerst das umzugrabende Stück „klein schneiden“.

4 Stecken Sie den Spaten parallel zum Graben in den Boden und graben Sie eine Scheibe von etwa 15–20 cm Tiefe aus. Große Tranchen können zu schwer werden.

5 Lockern Sie den Boden, indem Sie den Griff zurück ziehen, während Sie versuchen, die Erdtranchen auf dem Spaten zu lassen.

6 Schlenzen Sie die Erde aus dem Handgelenk herum und wenden Sie den Erdklumpen so, dass die Oberseite jetzt vergraben ist. Heben Sie die Erde, indem Sie in die Knie gehen, nicht indem Sie den Rücken beugen.

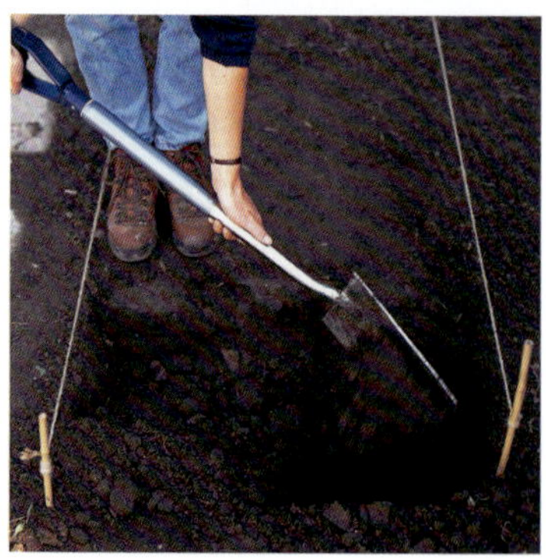

7 Wenn das Ende der Fläche erreicht ist, füllen Sie den Graben mit dem Aushub der ersten Reihe vom Rückweg auf.

8 Zum Schluss füllen Sie den letzten Graben mit der Erde des allerersten Aushubs auf.

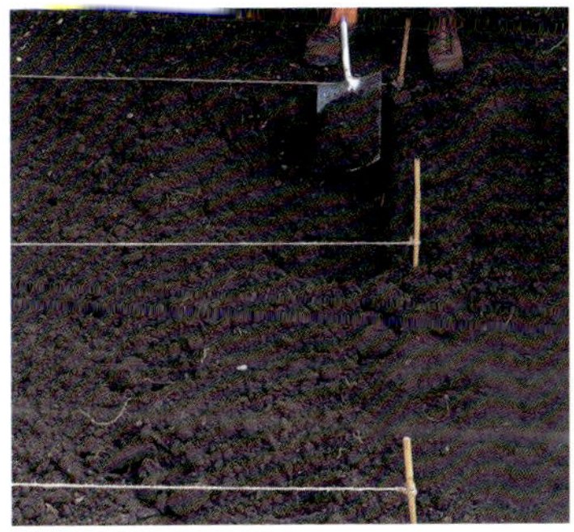

DOPPELTES UMGRABEN

Ein einfaches Umgraben ist für die meisten Pflanzen ausreichend; wenn Sie dann noch Mist oder Gartenkompost hinzufügen, haben Sie wahrscheinlich für flach wurzelnde Pflanzen, wie Salat und Kohl, alles getan, was notwendig ist. Für einige tief wurzelnde Pflanzen, wie Stangenbohnen oder um einen vernachlässigten Boden aufzuhacken, kann es nützlich sein, wenn Sie den Boden doppelt umgraben. Denken Sie daran, dass dies auch die Arbeit verdoppelt.

1 Teilen Sie die Fläche gleich auf, wie beim einfachen Umgraben beschrieben und verteilen Sie auch die Erde von einem Streifen zum anderen auf die gleiche Weise. Jetzt machen Sie jedoch den Graben ungefähr 40 cm breit und 25 cm tief.

2 Verteilen Sie eine großzügige Lage gut verrotteten Mist oder Gartenkompost – oder ein anderes voluminöses organisches Material, das das Wasser gut speichert - sowie Humus auf den Boden des Grabens.

3 Graben Sie dieses Material gut unter. Eine Grabgabel ist hierfür besser geeignet als ein Spaten, weil sie besser in die tieferen, festeren Erdschichten eindringt und das Material besser mit dem Boden vermischt.

4 Gehen Sie zur nächsten Fläche über und bleiben Sie beim Abstand von 40 cm. Schneiden und heben Sie die Erdklumpen wie beim ersten Abschnitt aus. Nehmen Sie aber immer nur einen kleinen Bereich, da der Boden sonst zu schwer wird.

TESTEN SIE IHREN BODEN

Viele Leute gärtnern erfolgreich, ohne jemals eine Bodenprobe genommen zu haben. Sie haben aber wahrscheinlich das Glück, einen Boden zu haben, der nicht nährstoffarm, weder zu sauer noch zu kalkhaltig ist und genug Nährstoffe durch die normale Kultivierung erhält. Wenn die Ergebnisse jedoch nicht ganz so gut ausfallen, ist eine Bodenprobe die Grundlage, um bessere Voraussetzungen zu schaffen. Engagierte Gärtner testen ihre Böden routinemäßig einmal im Jahr. Ein fachmännischer Bodentest ist die sicherste Möglichkeit, die Nährstoffe zu bestimmen, Sie können aber auch mit einem einfachen Testsatz den ungefähren Nährstoffgehalt Ihres Bodens bestimmen. Ein ph-Wert-Test (siehe Kasten auf der gegenüberliegenden Seite) ist schnell und wirksam. Beachten Sie, dass die Tests je nach Hersteller verschieden sein können. Beachten Sie daher immer die Hinweise des Herstellers, wenn sie von den hier gegebenen Tipps abweichen.

1 Nehmen Sie eine Bodenprobe aus einer Stelle, die etwa 5 – 8 cm unter der Oberfläche liegt. Dadurch erhalten Sie ein aussagekräftigeres Bild vom Nährstoffgehalt im Wurzelbereich. Nehmen Sie mehrere Bodenproben von unterschiedlichen Stellen im Garten, testen Sie jedoch jede Probe separat.

2 Bei diesem Test wird ein Teil Erde mit fünf Teilen Wasser gemischt. Schütteln Sie die Mischung kräftig in einem sauberen Glas und lassen Sie sich das Wasser anschließend setzen. Das kann zwischen einer halben Stunde und einem Tag dauern, je nach Boden.

3 Nehmen Sie für Ihren Test etwas von der abgesetzten Flüssigkeit von den oberen paar Zentimetern.

4 Geben Sie die Lösung mit der mitgelieferten Pipette vorsichtig in die Test- und Referenzkammer.

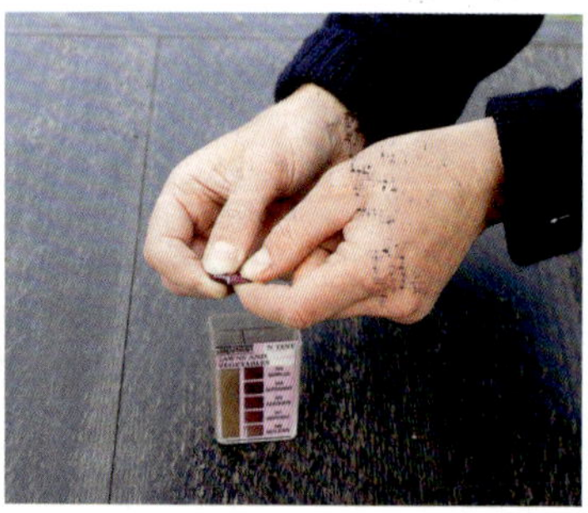

5 Wählen Sie die entsprechenden, farblich markierten Kapseln (unterschiedliche Farben für jeden wichtigen Nährstoff) und füllen Sie das jeweilige Pulver in die Testkammer. Setzen Sie den Deckel wieder auf und schütteln Sie dann kräftig.

6 Nach einigen Minuten können Sie die Farbe der Flüssigkeit mit der Farbskala am Behälter vergleichen. Der Test enthält eine Erklärung zu den einzelnen Ergebnissen und gibt Tipps, was zu tun ist.

WAS IST PH?

Der Begriff bezeichnet eine wissenschaftliche Methode, um feststellen, wie sauer oder basisch etwas ist. Ein Boden variiert bezüglich seines Säure- und Alkaligehalts. Die Skala reicht von 9 (hauptsächlich sauer) bis 14 (hauptsächlich alkalisch), wobei 7 neutral ist. Ein Boden erreicht niemals diese Extreme; im Gartenbau kann man 6,5 als neutral bezeichnen, da dies der pH-Wert ist, bei dem die meisten Pflanzen gut gedeihen. Säure liebende Pflanzen, wie Rhododendren, Kamelien und Pfingstrosen (siehe oben) sowie Heidekraut brauchen einen niedrigeren pH-Wert und können eine Chlorose – gelb werdende Blätter – entwickeln, wenn sie auf kalkhaltigem Boden wachsen. Kalk liebende Pflanzen, wie Dianthus oder Flieder bevorzugen einen pH-Wert von 7 oder mehr. Diese Unterschiede mögen sich vielleicht winzig anhören, aber auf der pH-Skala bedeutet ein Punkt eine 10-fache Erhöhung des Säure- bzw. Alkaligehalts.

DEN PH-WERT TESTEN

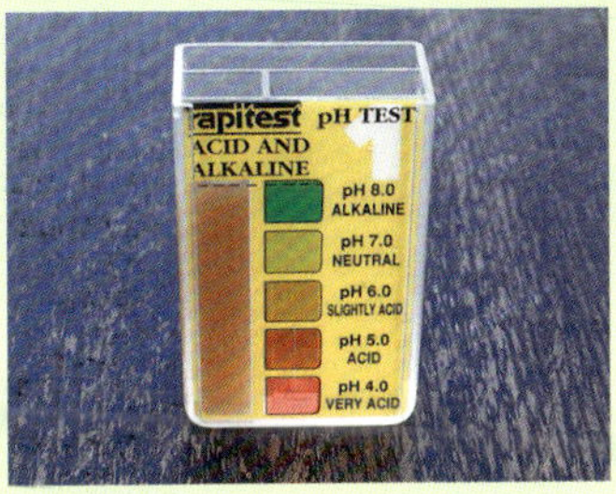

Nehmen Sie Ihre Bodenprobe und mischen Sie sie, wie beim Nährstofftest beschrieben, mit Wasser. Beim pH-Test müssen Sie jedoch nicht warten, bis sich die Mischung gesetzt hat und sie müssen auch nur die Testkammer mit der Lösung füllen. Für die Referenzkammer wird klares Leitungswasser verwendet. Fügen Sie das chemische Messmittel hinzu, das mit dem Test mitgeliefert wurde, setzen Sie dann den Deckel auf und schütteln Sie kräftig. Vergleichen Sie die Farbe mit der Farbskala auf dem Behälter.

EIN SONDENMESSGERÄT VERWENDEN

Sonden, die den pH-Wert auf einer Skala messen, sind sehr schnell und einfach anzuwenden, viele Leute meinen aber, dass sie nicht ganz so zuverlässig sind wie Farbtests. Um ein exaktes Ergebnis zu erhalten, sollten Sie die Anleitung genau befolgen und die Sonde immer sauber halten. Stecken Sie die Sonde in den Boden und lesen Sie das Ergebnis ab, sobald die Nadel nicht mehr ausschlägt. Nehmen Sie verschiedene Proben von der gleichen Stelle, um die Ergebnisse zu vergleichen.

DEM BODEN KALK ZUFÜHREN

Führen Sie dem Boden keinen Kalk zu, bevor Sie ihn getestet haben und sicher sind, dass er tatsächlich notwendig ist. Wenn Sie regelmäßig zu viel Kalk beimischen, kann das für Ihre Pflanzen nachteilig sein. Überprüfen Sie immer, dass Sie die richtige Kalksorte in der richtigen Dosierung zuführen. Ihr Bodentest sollte einen Hinweis enthalten, wie viel Kalk (kann je nach Typ variieren) Sie Ihrem Boden beimischen müssen, um den pH-Wert anzupassen

1 Wasserhaltiger Kalk, der oft für Gärten verwendet wird, sollte nicht unnötigerweise angewendet werden. Tragen Sie immer Handschuhe und eine Schutzbrille, um Ihre Augen zu schützen. Gemahlener Kalk ist einfacher anzuwenden.

2 Harken Sie den Kalk in die Oberfläche

WINTER-HELLEBOREN SCHÜTZEN

Helleboren, die im Winter blühen, wie die *Helleborus niger* (Christrose) sind frosthart, aber ihre blassen Blüten entwickeln sich oft nur knapp über dem Boden. Wenn Sie die Blüten als Schnittblumen verwenden wollen, sollten Sie die Blüten abdecken, damit sie sauber und gesund bleiben.

1 Schützen Sie niedrige, winterblühende Pflanzen wie *H. niger* mit einer Frühbeet-Abdeckung, wenn Sie schöne Schnittblumen haben wollen. Die Pflanzen sind zwar winterhart, aber oft mit Matsch beschmutzt und von schlechter Witterung beschädigt.

2 Wenn Sie keine Frühbeetabdeckung haben, improvisieren Sie mit einem Stück Plastik über einem Drahtrahmen oder einer Glasscheibe, die von Ziegelsteinen gestützt wird.

OBEN: *Helleborus argutifolius ist eine hohe Sorte und braucht keinen Schutz.*

EINGELAGERTE BLUMENZWIEBELN UND KNOLLEN ÜBERPRÜFEN

Warten Sie nicht, bis Sie Ihre Blumenzwiebeln im Frühjahr ins Freie pflanzen – überprüfen Sie immer zwischendurch, dass sie nicht zu faulen beginnen. Lagerfäule ist ein bekanntes Problem, was aber leicht in den Griff zu bekommen ist, wenn man die befallenen Knollen aussortiert.

1 Blumenzwiebeln und Knollen, die an einem frostfreien Platz überwintern, sollten mindestens ein Mal pro Monat überprüft werden. Wenn Sie kranke oder weiche Blumenzwiebeln und Knollen gleich entfernen, vermeiden Sie, dass die Fäule sich auf die anderen überträgt.

2 Wenn Sie weiche oder befallene Blumenzwiebeln entdecken, ist es ratsam, die übrigen mit einem Pilzvernichtungsmittel zu bestäuben. Lesen Sie die Packungsaufschrift genau, um sicher zu sein, dass das Mittel für diesen Zweck geeignet ist, und achten Sie darauf, die Dämpfe nicht einzuatmen.

IHREN RASENMÄHER WARTEN

Der Winter ist die beste Zeit, um Ihren Rasenmäher zu warten. So besteht die Chance, dass Sie sich nicht mehr um ihn kümmern müssen, wenn er im Sommer regelmäßig in Betrieb ist. Auch wenn sie ihn von einem Fachmann warten lassen wollen, ist dies zu dieser Jahreszeit wahrscheinlich günstiger als im Frühjahr, einfache Arbeiten können Sie aber auch gut allein durchführen. Die unten stehenden Hinweise sollten Sie zusammen mit den Anweisungen aus dem Handbuch befolgen.

1 Entfernen Sie den Grasschnitt und den Schmutz, der sich rund um die Messer angesammelt hat, achten Sie aber darauf, dass der Mäher von der Stromversorgung getrennt ist. Reinigen Sie Metall-Schneidmesser mit einem Schleifpapier.

2 Reiben Sie die Messer mit einem öligen Lappen ab oder besprühen Sie sie mit einem Anti-Rost-Spray. Wenn ein Messer stark abgenutzt ist, sollten Sie es ersetzen. Bei bestimmten Modellen können Sie aus Sicherheitsgründen auch in Betracht ziehen, es durch Plastikmesser zu ersetzen.

3 Wenn Sie einen Benzinmäher haben, lassen Sie das Benzin und das Öl ab, bevor Sie den Mäher für den Winter versorgen.

4 Entfernen Sie die Zündkerze, reinigen Sie sie und stellen Sie den Abstand der Elektroden neu ein. Wenn die Zündkerze in schlechtem Zustand ist, ersetzen Sie sie durch eine neue.

5 Schütten Sie 1 Teelöffel mit Öl in den Zylinder und ziehen Sie den Starter, damit die Maschine sich etwa ein halbes Dutzend Mal dreht, bevor Sie die Zündkerze wieder einsetzen. Auf diese Weise wird die Maschine geschmiert.

6 Bürsten oder wischen Sie angesammelten Grasschnitt aus einem Zylindermäher. Wenn der Mäher elektrisch ist, sollten Sie ihn vom Netz nehmen, bevor Sie beginnen.

7 Wischen Sie den Mäher mit einem öligen Lappen ab oder besprühen Sie ihn mit einem Anti-Rost-Spray, bevor Sie ihn lagern.

8 Ölen Sie gegebenenfalls die Kette. Es kann sein, dass Sie den Messerschutz vorher entfernen müssen.

BLUMENZWIEBELN ZIEHEN

Ob Ihre Blumenzwiebeln zu Weihnachten oder zu einem anderen bestimmten Zeitpunkt blühen, hängt primär davon ab, ob Sie speziell präparierte Blumenzwiebeln verwendet haben. Das Timing hängt aber auch davon ab, wie kalt sie die Zwiebeln gelagert haben und wann Sie sie ans Tageslicht und in die Wärme stellen.

1 Überprüfen Sie die Schalen, die Sie im Freiland unter Sand, Torf oder Kies eingegraben haben, damit sie es kühl und dunkel haben, während sich die Wurzeln entwickeln. Wenn die Triebe ungefähr 3 cm hoch sind, ist es an der Zeit, sie nach drinnen zu holen.

2 Wenn Sie die Zwiebeln an einem kühlen, dunklen Ort im Haus gelagert haben, prüfen Sie diese ebenso. Stellen Sie sie ans Licht, wenn die Triebe 3 – 5 cm hoch sind.

OBEN: *Moos sieht in einer Schale mit Blumenzwiebeln sehr hübsch aus. Graben Sie Mooskissen mit Wurzeln aus Ihrem Garten aus und bedecken Sie damit die Oberfläche.*

3 Wenn der Behälter draußen vergraben war, reiben Sie ihn sauber und stellen Sie ihn an einen hellen oder kühlen Standort im Wohn- oder Gewächshaus. Stellen Sie die Schalen erst dann an einen warmen Ort, wenn sich die Knospen gebildet haben und Farbe zeigen, weil sonst die Stängel zu lang und schwach werden.

4 Wenn Sie zum Zeitpunkt, an dem Sie die Blumenzwiebeln ans Licht stellen, Grassamen auf die Oberfläche säen, haben Sie einen schönen Rasenteppich, wenn die Blumenzwiebeln blühen.

5 Schneiden Sie das Gras bis auf eine Höhe von etwa 3-5 cm, kurz bevor die Blütenzwiebeln voll aufblühen, damit der Rasen gleichmäßig und hübsch aussieht.

WENN DIE BLÜTEZEIT VORBEI IST

Versuchen Sie niemals, die gleichen Blumenzwiebeln ein zweites Jahr im Haus zu ziehen. Eine Ausnahme bilden Zimmerpflanzen wie Amaryllis (*Hippeastrum*) - weitere Informationen finden Sie in unten stehendem Kasten. Wenn man winterharte Blumenzwiebeln im Haus blühen lässt, entzieht ihnen das die Reserven und das Ergebnis ist beim zweiten Mal fast immer enttäuschend. Trotzdem müssen Sie sie nicht wegwerfen. Pflanzen Sie sie in den Garten, wo sie sich nach und nach wieder erholen sollten.

1 Wenn Sie Ihre Blumenzwiebeln wieder in den Garten setzen wollen, sollten Sie die verblühten Blüten nach der Blüte abschneiden. So wird keine Energie für die Samenproduktion verschwendet.

2 Pflanzen Sie sie nicht direkt in den Garten, sondern akklimatisieren Sie sie in einem Frühbeet oder einem anderen kühlen, aber geschützten Ort. Regelmäßiges Gießen und etwas Flüssigdünger helfen der Pflanze, sich zu regenerieren.

3 Pflanzen Sie die Blumenzwiebeln im Frühjahr ins Blumenbeet, wo sie ungestört wachsen können. Einige Blumenzwiebeln werden im kommenden Jahr wahrscheinlich noch keine Blüten bilden, möglicherweise jedoch im darauf folgenden.

AMARYLLIS EIN ZWEITES MAL ZUM BLÜHEN BRINGEN

Die Zimmerpflanze, die allgemein als Amaryllis bezeichnet wird, heißt eigentlich *Hippeastrum*. Viele werden im Winter blühend oder als Blumenzwiebeln angeboten, die sich mit unglaublicher Schnelligkeit entwickeln. Wenn Sie diese Tipps befolgen, können Sie sie auch ein zweites Jahr zum Blühen bringen.

- Schneiden Sie die Blütenstängel bis [illegible] über der Erde ab, sobald die Blüten zu welken beginnen.
- Gießen Sie die Pflanze weiterhin und düngen Sie sie von Zeit zu Zeit.
- Stellen Sie sie ab dem späten Frühjahr möglichst in ein Gewächshaus oder einen Wintergarten.
- Wenn Sie kein Gewächshaus oder Wintergarten haben, stellen Sie die Pflanze im Sommer nach draußen.
- Lassen Sie im Spätsommer oder Herbst die Blüten verwelken.
- Bringen Sie sie im Spätherbst oder Winteranfang wieder zum Blühen.

OBEN: *Amaryllis blühen auch im zweiten Jahr – im Kasten links wird beschrieben, wie es geht.*

WINTERMITTE

Wenn Sie mit den Winterarbeiten, wie dem Umgraben und Säubern von Beeten und Rabatten schon früh begonnen haben, dann ist die Zeit in der Wintermitte hauptsächlich den Arbeiten im Haus vorbehalten, wie das Bestellen der Samen und Pflanzen, das Beschriften von Etiketten und das Planen von Verbesserungen für das kommende Jahr. Dies sind keine unwichtigen Aufgaben, und wenn Sie sich jetzt schon Gedanken darüber machen, werden Sie die richtigen Entscheidungen treffen und zum Ende des Winters und im frühen Frühjahr alles bereit haben, wenn die Gartensaison wieder beginnt.

GARTENARBEITEN IN KÜRZE

Der Nutzgarten

- ☐ Machen Sie einen Bodentest
- ☐ Führen Sie dem Boden Kalk zu, falls nötig
- ☐ Graben Sie weiterhin die Beete um
- ☐ Lassen Sie Rhabarber anfangen zu treiben
- ☐ Säen Sie in milden Gegenden breite Bohnen ins Frühbeet

UNTEN: *Der Winter ist eine gute Zeit für einen Bodentest, und Test-Sets wie der hier abgebildete erleichtern dies sehr.*

UNTEN: *Jetzt ist die richtige Zeit, um darüber nachzudenken, Rhabarber treiben zu lassen*

Der Blumengarten

- ☐ Prüfen Sie eingelagerte Blumenzwiebeln und Knollen
- ☐ Warten Sie Ihren Rasenmäher oder lassen Sie ihn von einem Fachmann überprüfen
- ☐ Überprüfen Sie Blumenzwiebeln, die Sie in Töpfe gepflanzt haben
- ☐ Bestellen Sie Samen, Blumenzwiebeln und Pflanzen für die kommende Saison
- ☐ Nehmen Sie Gehölz-Stecklinge
- ☐ Nehmen Sie Wurzel-Stecklinge
- ☐ Halten Sie bei anhaltendem Frost in einem zugefrorenen Teich eine Wasserstelle offen. Wenn Sie keine Teichheizung haben, stellen Sie einen Topf mit kochendem Wasser auf das Eis, bis es schmilzt
- ☐ Schützen Sie die Blüten von Winterpflanzen, die durch die Witterung leiden könnten
- ☐ Schütteln Sie schweren Schnee von Hecken und Koniferen, wenn sich die Zweige unter dem Gewicht neigen, ansonsten könnte die Form leiden
- ☐ Schützen Sie das Frühbeet mit einer zusätzlichen Abdeckung gegen die ärgste Kälte

UNTEN: *Fische werden es schätzen, wenn Sie bei anhaltendem Frost ein Loch in die Eisoberfläche schmelzen.*

Das Treib- und Gewächshaus

- ☐ Überprüfen Sie einmal pro Woche alle Pflanzen und entfernen Sie abgestorbene oder welke Blätter, bevor sie verrotten
- ☐ Lüften Sie an warmen Tagen
- ☐ Ziehen Sie Ableger von Chrysanthemen, die Sie überwintert haben
- ☐ Beginnen Sie mit der Aussaat von Samen, wenn Sie genügend Wärme bieten können, damit sie einen hellen Standort haben, an dem die Sämlinge anschließend treiben können

UNTEN: *Chrysanthemenstecklinge wurzeln schnell, und jetzt ist eine gute Zeit dafür.*

DIESE PFLANZEN SIND JETZT AM SCHÖNSTEN

Chimonanthus praecox (Strauch)
Eranthis hyemalis (Strauch)
Erica carnea (Strauch)
Erica × *darleyensis* (Strauch)
Galanthus nivalis (Blumenzwiebel)
Garrya elliptica (Strauch)
Hamamelis mollis (Strauch)
Iris unguicularis (auch *I. stylosa*) (Staude)
Ilex, Beeren (Stechpalme)
Jasminum nudiflorum (Kletterstrauch)
Lonicera fragrantissima (Strauch)
Prunus × *subhirtella* „Autumnalis" (Baum)
Sarcococca (Strauch)
Viburnum × *bodnantense* (Strauch)
Viburnum farreri (auch *V. fragrans*) (Strauch)
Viburnum tinus (Strauch)

LINKS: *Garrya elliptica.*

UNTEN LINKS: *Viburnum x bodnantense „Dawn", in Blüte Mitte des Winters.*

UNTEN: *Hamamelis mollis.*

RHABARBER ZUM TREIBEN BRINGEN

Rhabarber gehört zu den Gemüsesorten, die von ganz alleine wachsen und wenn Sie einen bestehenden Wurzelstock haben, ist es sehr einfach, neue, junge Triebe zu ziehen. Es gibt viele Methoden, Rhabarber zu ziehen, von denen alle gut funktionieren. Wählen Sie einfach die Technik, die für Sie passt.

OBEN: *Rhabarber ist eine praktische Pflanze, die Sie nun treiben lassen können. Ein dafür geeignetes Terracotta-Gefäß sehen Sie im Hintergrund*

1 Wählen Sie eine Methode, um das Licht abzuschirmen. Früher wurden dafür spezielle Töpfe verwendet, heute aber improvisieren die meisten Leute. Ein alter Teekessel, ein Eimer oder ein Fass sind einfache, aber nützliche Alternativen. Wenn Sie keine dieser Möglichkeiten haben, machen Sie aus Maschendraht und Stöcken einen Rahmen, wie hier gezeigt.

2 Befüllen Sie den Drahtkorb mit Stroh und pressen Sie es gut fest, damit es gut schützt und wärmt.

3 Ein anderer, einfacher Weg, um Rhabarber zum Treiben zu bringen, ist mit einem Plastikmülleimer. Wenn es Ihnen nichts ausmacht, den Boden auszuschneiden, können Sie ihn aufrecht mit Deckel verwenden oder Sie drehen ihn um und verwenden ihn ohne Deckel.

4 Um eine sehr frühe Ernte zu bekommen, graben manche Gärtner eine gut entwickelte Wurzel aus und lassen sie einige Wochen an der Oberfläche liegen. Das ist wie eine Zauberformel für die Wurzeln, die jetzt denken, dass der Winter schon weiter fortgeschritten ist als es in Wirklichkeit der Fall ist.

5 Pflanzen Sie Ihre gekühlten Wurzelhälse zum Treiben ins Freiland oder stellen Sie sie ins Gewächshaus. Wenn Sie ein warmes Gewächshaus haben, stellen Sie sie unter den Arbeitstisch und decken Sie sie mit einer schwarzen Plastikfolie ab. Alternativ können Sie sie auch eintopfen und in einer Plastiktüte im Haus aufbewahren. Achten Sie darauf, dass genug Luft in die Tüte kommt, indem Sie sie locker drapieren und einige kleine Löcher hinein machen. Dann stellen Sie die Tüte an einen warmen Ort – unter die Treppe oder in einen Küchenschrank. Überprüfen Sie den Fortschritt von Zeit zu Zeit.

CHICORÉE ZUM TREIBEN BRINGEN

Die bleichen, zarten neuen Triebe, die aus den Chicorée-Wurzeln gebildet werden, sind ein beliebtes Wintergemüse, wenn frische Produkte rar sind. Sie können Ihre eigenen Wurzeln aus Pflanzen produzieren, die Sie im späten Frühjahr oder Frühsommer gesät haben, es ist aber auch möglich, Wurzeln zum Treiben zu kaufen.

1 Um Knospen zu produzieren, sollten Sie eine Sorte wählen, die speziell dafür empfohlen ist – „Witloof" ist eine alte, traditionelle Sorte. Graben Sie die Wurzeln ab Herbstmitte aus und lassen Sie sie einige Tage an der Oberfläche liegen.

2 Wenn die Wurzeln einige Tage an der Luft lagen, wodurch das Wachstum verlangsamt wird, schneiden Sie die Enden ab, so dass nur ein Stumpf von etwa 3-5 cm stehen bleibt. Sie können sie jetzt schon einpflanzen oder in einer Kiste mit Sand, Torf oder trockener Erde zum späteren Gebrauch lagern.

3 Zum Treiben setzen Sie drei Wurzeln in einen Topf mit 23 cm Durchmesser mit feuchter Blumenerde oder normaler Gartenerde. Sie müssen die Wurzelenden möglicherweise kürzen, damit sie in den Topf passen. Lassen Sie die Kronen herausschauen. Bedecken Sie den Topf mit einem zweiten Topf, wobei Sie die Drainagelöcher verschließen (verwenden Sie hierfür ein Stück Küchenfolie) und lagern Sie ihn bei einer Temperatur von 10-18 °C. Halten Sie die Erde leicht feucht. Die Knospen werden in ca. drei Wochen ausgewachsen sein.

ETIKETTEN IM VORAUS BESCHRIFTEN

Es empfiehlt sich, so viele Arbeiten wie möglich schon im Winter zu erledigen, um später Zeit zu sparen, wenn Sie mit Säen und Pflanzen beschäftigt sind. Beschriften Sie daher Ihre Etiketten schon jetzt – zum Beispiel an einem grauen Tag, an dem Sie nicht nach draußen gehen können. Das Ergebnis wird wahrscheinlich sehr viel besser ausfallen, wenn Sie dies in aller Ruhe machen können.

WURZELSTECKLINGE NEHMEN

Fast jeder hat schon einmal Stecklinge aus einem Ast genommen, aber erstaunlicherweise kümmern sich die wenigsten Gärtner um Wurzelstecklinge. Einige nützliche Pflanzen können auf diese Weise vermehrt werden (Beispiele finden Sie im Kasten auf der nächsten Seite) und es ist eine interessante sowie relativ einfache Arbeit, da Wurzelstecklinge nur treiben, wenn sie während der Ruhephase der Pflanze genommen werden.

1 Graben Sie für die Stecklingsgewinnung eine junge, aber gut entwickelte Pflanze aus. Wenn Sie nicht die ganze Pflanze verwenden und die Mutterpflanze zum großen Teil unbeschädigt lassen wollen, entfernen Sie lediglich die Erde an einer Seite, um Zugang zu den Wurzeln zu haben.

2 Wenn die Pflanze lange, fleischige Wurzeln hat, schneiden Sie einige bis zum Hauptstamm oder zur Hauptwurzel zurück. Sie können aus einer Wurzel mehrere Stecklinge gewinnen, wenn Sie sie später in Stücke schneiden.

3 Schneiden Sie jede Wurzel in Stücke von etwa 4 cm Länge. Damit Sie wissen, welche Seite oben ist, schneiden Sie sie am oberen Ende horizontal und am unteren diagonal.

4 Füllen Sie den Topf mit einer grobkörnigen Erdmischung und stecken Sie die Stecklinge mit Hilfe eines Pikierstabs oder Bleistifts, mit dem Sie das Loch vorbohren, hinein. Das obere Ende des Stecklings sollte mit der Topferde bündig sein.

5 Streuen Sie eine dünne Lage Kies auf die Oberfläche. Beschriften Sie den Topf, da man eine Zeitlang nichts sehen wird und man leicht vergisst, was der Topf enthält. Stellen Sie den Topf in ein Frühbeet oder ins Gewächshaus und halten Sie die Erde leicht feucht.

6 Einige Pflanzen, wie Phlox und Steingartenpflanzen (z.B. *Primula denticulata*) haben dünne Wurzeln. Diese können horizontal gelegt werden – sie müssen also keine schrägen Schnitte machen, um die Enden zu bezeichnen. Schneiden Sie sie einfach in 3-5 cm lange Stücke.

7 Füllen Sie eine Samenschale mit einem grobkörnigen Kompost und drücken Sie ihn flach.

8 Verteilen Sie die Stecklinge gleichmäßig über die Fläche und bedecken Sie sie dann mit einer grobkörnigen Pflanzerde. Halten Sie die Erde feucht, aber nicht nass und stellen Sie die Schale ins Frühbeet oder Gewächshaus.

EINIGE PFLANZEN, DIE DURCH WURZELSTECKLINGE VERMEHRT WERDEN KÖNNEN

Acanthus
Echinops
Gaillardia
Phlox (Für Blumenbeete)
Primula denticulata
Pulsatilla vulgaris
Romneya coulteri

LINKS: *Phlox kann durch Wurzelstecklinge vermehrt werden. Dieser hier ist Phlox paniculata „Flamingo".*

FRÜHBEETE ISOLIEREN

Alte Frühbeete mit Ziegel- oder Holzrahmen waren zwar nicht so hell wie die modernen Frühbeete mit Aluminium und Glas- oder Kunststoffrahmen, aber sie waren wärmer. Glaswände lassen mehr Licht durch, verlieren die Wärme aber schneller. Nutzen Sie das Beste aus beiden Welten, indem Sie Ihre Glaswände während der größten Kälte isolieren und auf der anderen Seite alle Vorteile des Glases im Frühjahr und Sommer nutzen.

1 Manchmal gibt es kleine Lücken zwischen dem Glas und einem Aluminiumrahmen. Dies spielt bei warmen Temperaturen keine Rolle, wenn man die Wärme im Winter jedoch speichern will, lohnt es sich, die Lücken mit Isolationsstreifen abzudichten, die es für Türen und Fenster zu kaufen gibt.

2 Isolieren Sie die Glasseiten mit Styroporplatten. Schneiden Sie sie mit einem Messer oder einer Säge zu. Messen Sie exakt und berücksichtigen Sie die Dicke des Materials, wo sich die Platten an den Endseiten treffen. Setzen Sie die Platten auf die Glasscheiben, damit sie fest sitzen.

FRÜHBEETE ABDECKEN

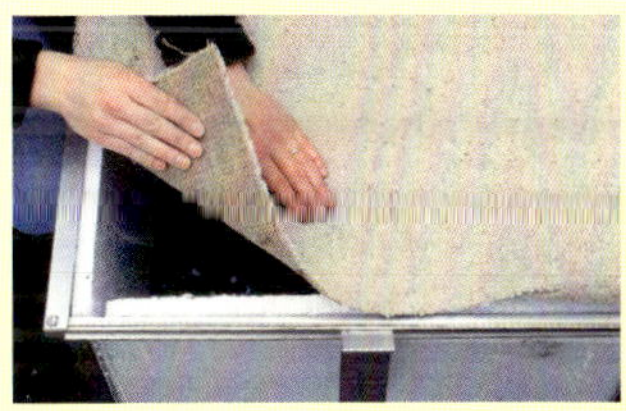

Frühbeete profitieren von einer warmen Decke, die in kalten Nächten über die Oberseite gelegt wird. Ein altes Teppichstück eignet sich gut dafür (siehe oben). Legen Sie es bereits bevor die Temperatur fällt an Ort und Stelle und entfernen Sie es am nächsten Morgen – es sei denn es bleibt außergewöhnlich kalt. Ihre Pflanzen brauchen Licht und Wärme.

CHRYSANTHEMENSTECKLINGE NEHMEN

Chrysanthemen, die in einem Gewächshaus oder Frühbeet überwintert werden, werden normalerweise durch Stecklinge vermehrt, sobald der alte Wurzelstock beginnt, neue Triebe zu bilden. Es ist besser, kräftige, junge Pflanzen aus Stecklingen zu ziehen, anstatt den alten Wurzelstock einfach neu einzupflanzen. Chrysanthemen, die im Herbst in Töpfe oder Schalen gepflanzt und frostfrei und feucht gelagert wurden, werden bald neue Triebe bilden. Stimulieren Sie das Wachstum jetzt mit viel Licht und Wärme.

1 Wenn Ihre Töpfe oder Schalen mit Chrysanthemen-Wurzelstöcken Triebe von ungefähr 5 cm gebildet haben, ist es Zeit, Stecklinge zu nehmen.

2 Wählen Sie möglichst Triebe, die direkt aus der Basis der Pflanze kommen. Schneiden Sie sie kurz oberhalb der Basis ab.

3 Ziehen Sie die untersten Blätter ab und schneiden Sie die unteren Enden der Stecklinge mit einem scharfen Messer gerade ab.

4 Tauchen Sie die Enden in einen Wurzelbeschleuniger. Wenn Sie ein Pulver verwenden, tauchen Sie diese zuerst in Wasser, damit es gut haftet. Die Behandlung mit einem Wurzelbeschleuniger verbessert normalerweise die Anzahl und die Geschwindigkeit, in der neue Wurzeln gebildet werden.

5 Stecken Sie die Stecklinge am Rand entlang in einen Topf mit einer entsprechenden Topferde, die für Stecklinge geeignet ist.

6 Wenn Sie keinen Keimapparat haben, bedecken Sie den Topf mit einer Plastiktüte. Blasen Sie die Tüte aber auf, damit sie nicht in Kontakt mit den Blättern kommt. Drehen Sie die Tüte regelmäßig um, damit kein Kondenswasser auf die Blätter tropft. Entfernen Sie die Tüte, wenn die Pflanzen gewurzelt haben.

RECHTS: *Viele Chrysanthemen bieten im Herbst ein herrliches Farbschauspiel. Zu dieser Jahreszeit können sie einfach durch Stecklinge vermehrt werden.*

BEETPFLANZEN SÄEN

Es ist definitiv zu früh, ins Freiland zu säen und es ist wahrscheinlich auch für die meisten empfindlichen Beetpflanzen zu früh, um sie im Gewächshaus oder auf dem Fensterbrett zu säen. Für Beetpflanzen, die eine lange Wachstumsphase brauchen, bevor sie blühen, ist es jedoch nicht zu früh. Dazu gehören zum Beispiel Faserwurzler wie *Begonia semperflorens*. Wenn Sie nicht sicher sind, informieren Sie sich anhand des Samenpakets, ob eine bestimmte Pflanze früh ausgesät werden muss oder nicht.

Da es in wirtschaftlicher Hinsicht schwierig ist, zu dieser Jahreszeit die notwendig Wärme zu erzeugen, insbesondere in einem Gewächshaus, ist es besser, die Samen in einem Keimapparat anzuziehen und sie zu verpflanzen, sobald sie gekeimt haben. Wenn Sie in Töpfe säen, können Sie in Ihrem Keimapparat zur gleichen Zeit mehr Samen zum Keimen bringen. Auch bei Samen, von denen man nur wenige Pflanzen benötigt, wie von Bäumen oder Sträuchern, ist es sinnvoll, sie in Töpfe zu säen.

1 Füllen Sie den Topf mit einer Saaterde, befestigen Sie sie vorsichtig und ebnen Sie die Oberfläche. Mit dem Boden eines Glases geht dies sehr gut.

2 Säen Sie so dünn und gleichmäßig wie möglich. Denken Sie daran, dass Sie später mit den Sämlingen hantieren müssen, was bei einem sehr engen Abstand schwierig ist. Die meisten kann man einfach wie Salz zwischen Daumen und Fingern verteilen.

3 Große Samen werden am besten einzeln verteilt. Wenn sie sehr groß sind, können Sie sie in kleine Löcher setzen, die Sie mit einem Pflanzstab gebohrt haben.

4 Die meisten Samen sollten mit einer leichten Schicht aus derselben Erdmischung bedeckt werden. Verwenden Sie ein Sieb, um die Erde gleichmäßig zu verteilen. Einige Samen keimen am besten im Licht und sollten nicht abgedeckt werden – es empfiehlt sich, auf der Packungsaufschrift nachzulesen.

5 Damit die Samen nicht weggeschwemmt werden, sollten Sie den Topf das erste Mal wässern, indem Sie ihn in eine flache Wasserschale stellen. Entfernen Sie ihn, wenn die Erde vollgesaugt ist und die Oberfläche feucht aussieht.

6 Wenn Sie keinen Keimapparat haben, bedecken Sie den Topf mit einer Glas- oder Plastikscheibe, bis die Samen keimen. Drehen Sie die Abdeckung von Zeit zu Zeit, falls sich starkes Kondenswasser bildet. Vergessen Sie nicht das Etikett!

SPÄTWINTER

In günstigen Lagen kann sich der Spätwinter fast wie Frühling anfühlen, vor allem in einem milden Winter. Lassen Sie sich aber nicht dazu verführen, zu früh ins Freiland zu säen oder zu pflanzen. Wenn es plötzlich doch wieder kalt wird, keimen die Samen nicht und Sämlinge und Pflanzen können einen solchen Wachstumsrückschlag bekommen, dass sie nicht früher blühen als Pflanzen, die später gesät oder gepflanzt wurden. Konzentrieren Sie sich auf das Pflanzen im Haus oder Gewächshaus und nutzen Sie das Frühbeet so weit wie möglich aus.

GARTENARBEITEN IN KÜRZE

Der Nutzgarten

- ☐ Beenden Sie das Umgraben
- ☐ Geben Sie Dünger und Kompost, falls nötig
- ☐ Lassen Sie Rhabarber treiben
- ☐ Säen Sie breite Bohnen unter einer Frühbeetabdeckung
- ☐ Pflanzen Sie Schalotten
- ☐ Säen Sie Frühgemüse ins Frühbeet oder unter Frühbeetabdeckungen
- ☐ Richten Sie Gräben für Stangenbohnen und Sellerie
- ☐ Lassen Sie Saatkartoffeln von frühen Sorten keimen
- ☐ Pflanzen Sie neue Obstbäume

UNTEN: *Wenn Sie Obststräucher jetzt mulchen, verhilft ihnen das zu einem guten Start.*

- ☐ Mulchen Sie bestehende Obstbäume und -sträucher mit Gartenkompost oder verrottetem Mist
- ☐ Setzen Sie Frühbeetabdeckungen über Erdbeeren, wenn Sie eine frühe Ernte haben wollen
- ☐ Spritzen Sie Pfirsiche und Nektarinen mit einem Pilzbekämpfungsmittel gegen die Kräuselkrankheit, wenn das in dem Gebiet, in dem Sie leben, ein Problem ist.

Der Blumengarten

- ☐ Pflanzen Sie Kletterpflanzen
- ☐ Überprüfen Sie Blumenzwiebeln und Knollen, die Sie in Töpfe gepflanzt haben
- ☐ Düngen und mulchen Sie Beete und Rabatten
- ☐ Warten Sie Ihren Rasenmäher oder bringen Sie ihn zu einem Fachmann
- ☐ Bestellen Sie Samen, Blumenzwiebeln und Pflanzen für die kommende Saison
- ☐ Halten Sie bei anhaltendem Frost in einem zugefrorenen Teich eine Wasserstelle offen
- ☐ Isolieren Sie das Frühbeet gegen die ärgste Kälte
- ☐ Säen Sie Erbsen
- ☐ Geizen Sie bei Erbsen, die Sie im Herbst gepflanzt haben, die Geiztriebe aus
- ☐ Räumen Sie den Steingarten auf und ergänzen Sie neue Steine, falls nötig
- ☐ Überprüfen Sie die Etiketten der Sträucher und Randpflanzen und erneuern Sie diese gegebenenfalls
- ☐ Verlegen Sie den Rasen von der Grasnarbe an neu, vorausgesetzt der Boden ist nicht gefroren

OBEN: *Nehmen Sie sich jetzt Zeit, um Ihren Steingarten zu säubern.*

Das Treib- und Gewächshaus

- ☐ Nehmen Sie Chrysanthemenstecklinge
- ☐ Topfen Sie Chrysanthemen um, die Sie früher gesät haben
- ☐ Nehmen Sie Dahliensteckline
- ☐ Säen Sie Beetpflanzen und Topfpflanzen
- ☐ Geizen Sie die Geiztriebe aus bei Pflanzen, die Sie früher gesät haben
- ☐ Erhöhen Sie die Lüftung an warmen Tagen
- ☐ Achten Sie darauf, dass die Glasscheiben sauber sind, damit die Pflanzen genügend Licht bekommen.

UNTEN: *Viele Sommerblumen können jetzt schon gesät werden.*

OBEN: *Viele Sommerblumen, die Sie schon früher gesät haben, können jetzt pikiert werden.*

DAS TREIB- UND GEWÄCHSHAUS

Crocus (Blumenzwiebel)
Daphne mezereum (Strauch)
Eranthis hyemalis (Blumenzwiebel)
Erica X darleyensis (Strauch)
Erica carnea (Strauch)
Galanthus nivalis (Blumenzwiebel)
Garrya a elliptica (Strauch)
Helleborus niger (Staude)
Helleborus orientalis (Staude)
Iris unguicularis (auch I. stylosa) (Staude)
Iris reticulata (Blumenzwiebel)
Jasminum nudiflorum (Kletterstrauch)
Muscari armeniacum (Blumenzwiebel)
Prunus X subhirtella „Autumnalis" (Baum)
Prunus cerasifera (Baum)
Sarcococca (Strauch)
Viburnum X bodnantense (Strauch)
Viburnum tinus (Strauch)

RECHTS: *Verschiedene Sorten von Erica carnea blühen im Winter und manchmal bis in den Frühling.*

UNTEN: *In milden Gegenden beginnt jetzt schon die Muscari armeniacum zu blühen.*

FRÜHGEMÜSE INS FRÜHBEET SÄEN

Sofern Ihr Frühbeet nicht mit Pflanzen zum Überwintern voll gestellt ist, sollten Sie es für Frühgemüse nutzen. Radieschen und Rüben gehören zu den Gemüsesorten, die in einem Frühbeet schnell wachsen und gedeihen, aber auch mit Karotten können Sie einen Versuch starten. Auch verschiedene Salatsorten eignen sich.

1 Graben Sie den Boden im Frühbeet um und arbeiten Sie soviel organisches Material ein, wie möglich. Stallmist ist zur Anreicherung des Bodens für Frühgemüse ideal. Verwenden Sie zu diesem Zeitpunkt keine hochkonzentrierten Kunstdünger.

2 Harken Sie den Boden eben und ziehen Sie mit einer Harke oder Hacke schmale Furchen. Sie können die Samen auch breitflächig (willkürlich verteilt) säen, was jedoch das Unkrautjäten und Verziehen schwieriger macht.

3 Säen Sie die Samen dünn und harken Sie dann die Erde wieder über die Furchen. Wässern Sie sorgfältig und halten Sie den Rahmen geschlossen, bis die Samen keimen. Lüften Sie nach dem Keimen an warmen Tagen, halten Sie den Rahmen aber immer noch geschlossen und isolieren Sie möglichst in den Nächten.

WÄRMEN SIE DEN BODEN AUF

Wenn Sie einen Nutzgarten haben, beginnen Sie jetzt damit, den Boden mit Abdeckungen aufzuwärmen, damit Ihr Gemüse ideale Startbedingungen hat. Auch wenn die meisten Frühgemüse nicht vor dem Frühjahr gesät werden, sollten Sie die Abdeckungen einige Wochen vor der Aussaat aufstellen.

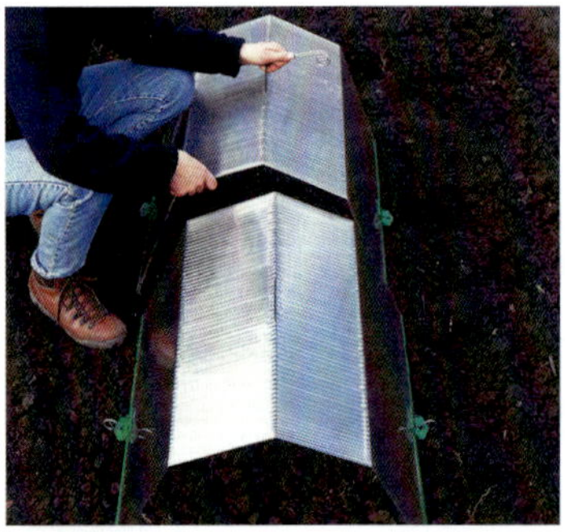

1 Die Formen von Frühbeetabdeckungen sind vielfältig, aber mit den meisten kann man lange Reihen bilden. Achten Sie darauf, dass Sie satt aneinanderstoßen und Plastikabdeckungen gut am Boden befestigt sind.

2 Die Befestigung der Enden ist besonders wichtig, weil die Abdeckung sonst zu einem Windtunnel wird. Achten Sie darauf, dass sie fest verankert sind.

3 Plastikfolien-Tunnelabdeckungen sind günstig in der Anschaffung und auch wenn Sie nach ein paar Jahren ersetzt werden müssen, ist der Ersatz keine kostspielige Angelegenheit. Befestigen Sie zuerst die Reifen und ziehen Sie dann die Folie darüber.

4 Verwenden Sie spezielle Befestigungsdrähte, um die Folie in Position zu halten.

5 Sichern Sie die Enden mit Stöcken oder Dübeln und ziehen Sie die Folie straff.

6 Häufen Sie etwas Erde über die Enden, um die Abdeckung zu verankern.

Bereiten Sie die Gräben für Bohnen und Sellerie vor

Sie können eine zufriedenstellende Bohnen und Sellerieernte einbringen, ohne den Boden speziell anzureichern. Wenn Sie allerdings eine besonders reiche Ernte und große Früchte haben wollen, lohnt es sich, den Graben vorzubereiten.

1 Heben Sie für Stangenbohnen einen Graben von ungefähr 25–30 cm Tiefe und einer Breite von 60 cm aus. Bei Sellerie sollte er 38 cm breit sein. Häufen Sie die Erde auf eine oder beide Seiten des Grabens auf.

2 Fügen Sie so viel verrotteten Mist oder Gartenkompost hinzu wie möglich. Dadurch werden dem Boden Nährstoffe zugefügt, die Struktur verbessert und der Boden kann die Feuchtigkeit besser speichern.

3 Harken Sie den Mist oder Kompost unter – lassen Sie ihn nicht als Lage im Graben. Harken Sie zum Schluss die Erde wieder in den Graben zurück.

Langsam wirkenden Dünger einsetzen

Fügen Sie langsam wirkenden Dünger, wie Knochenmehl oder speziellen Langzeitdünger, hinzu, wenn das Gemüsebeet im Frühjahr umgegraben, geharkt und bereit für das Aussäen ist. Langzeitdünger geben ihre Nährstoffe erst ab, wenn der Boden warm genug ist und die Pflanzen den Dünger aufnehmen können. Dünger sollte immer gleichmäßig und in der Menge, die vom Hersteller empfohlen wird aufgebracht werden.

1 Teilen Sie die Fläche mit einem Bindfaden in Streifen von 1 m Breite ein und setzen Sie Stöcke im gleichen Abstand, so dass Sie ein Quadrat erhalten. Verteilen Sie die abgemessene Menge und setzen Sie die Stöcke ein Quadrat weiter. Harken Sie den Dünger gut unter den Boden.

DAHLIENSTECKLINGE NEHMEN

Wenn Sie nur eine oder zwei neue Dahlienpflanzen brauchen, können Sie einfach die Wurzelknollen vor dem Pflanzen im Spätfrühjahr teilen, wobei Sie darauf achten sollten, dass jedes Teil ein „Auge“ oder eine Knospe hat. Wenn Sie mehrere Pflanzen haben wollen, ist es besser, nach dem Austreiben im Gewächshaus Stecklinge zu nehmen.

1 Pflanzen Sie die Knollen in tiefe Kisten mit Kompost. Sie werden die Knollen nicht ganz vergraben können, aber das macht nichts, solange Sie möglichst viel Erde darum herum verteilen. Stellen Sie die Kisten an einen hellen, warmen Platz.

2 Nehmen Sie die Stecklinge, wenn sich zwei oder drei Blattpaare gebildet haben. Wenn Sie ein kleines Stück der Mutterknolle mit abtrennen, sollte der Steckling ohne Wurzelbeschleuniger schnell anwachsen.

3 Sie können auch größere Stecklinge nehmen, wenn Sie das frühe Stadium verpasst haben, versuchen Sie aber, dass sie nicht länger als 8 cm werden. Schneiden Sie den Steckling kurz oberhalb der Knolle mit einem scharfen Messer ab.

4 Entfernen Sie das unterste Blattpaar, so dass der Stängel übrig bleibt. Ziehen Sie die Blätter vorsichtig ab oder entfernen Sie sie mit einem scharfen Messer. Wenn sich schon Blätter gebildet haben, schneiden Sie sie in der Mitte durch und werfen das obere Ende weg. Dadurch wird die Blattoberfläche reduziert, durch welche Feuchtigkeit verloren gehen kann, während der Steckling wurzelt.

5 Wenn Sie die Zahl der gut anwachsenden Stecklinge erhöhen wollen, sollten Sie die Enden in einen Wachstumsbeschleuniger tauchen. Stecken Sie die Stecklinge am Rand des Topfes entlang in die Erde, bringen Sie ein Etikett an und stellen Sie den Topf in einen Keimapparat.

6 Wenn Sie keinen Keimapparat haben, verschließen Sie den Topf und die Stecklinge mit einer Plastiktüte. Versuchen Sie, dass die Blätter nicht in Kontakt mit der Tüte kommen. Sie sollten innerhalb weniger Wochen wurzeln, wenn Sie sie an einen warmen, hellen Standort stellen.

KLETTERPFLANZEN PFLANZEN

Kletterpflanzen in Containern können Sie fast zu jeder Jahreszeit pflanzen, vorausgesetzt, der Boden ist nicht gefroren oder mit Wasser durchtränkt. Es ist wesentlich einfacher, neue Triebe zu ziehen als die alten Pflanzen vom Spalier zu ziehen und zu versuchen, sie neu anwachsen zu lassen.

1 Graben Sie ein Loch aus, das ungefähr doppelt so groß ist wie der Durchmesser des Wurzelballens. Das Zentrum der Pflanze sollte mindestens 30 cm von der Mauer oder dem Zaun entfernt sein, sonst werden die Wurzeln zu trocken.

2 Graben Sie großzügig verrotteten Mist oder Gartenkompost unter. Dies ist besonders wichtig, wenn Sie eine Kletterpflanze in der Nähe einer Mauer oder eines Zaunes pflanzen, da Sie Material brauchen, das die Feuchtigkeit rund um die Wurzeln bewahrt.

3 Ziehen Sie einige feine Wurzeln aus den Seiten des Wurzelballens heraus, damit die Pflanze gut in die umliegende Erde wurzeln kann. Füllen Sie die Erde rund um die Pflanze wieder auf und befestigen Sie sie gut. Fügen Sie einen langsam wirkenden oder Langzeitdünger hinzu.

4 Wenn die Äste an einem Stock festgebunden waren, lösen Sie sie zuerst, bevor Sie sie am Spalier befestigen. Spreizen Sie die Äste gleichmäßig und haben Sie keine Angst, sie in die Breite und in die Tiefe zu spreizen – die neuen Triebe werden nach oben wachsen und den Platz ausfüllen.

5 Wässern Sie nach dem Pflanzen sorgfältig und denken Sie daran, im ersten Jahr auch bei Trockenheit regelmäßig zu gießen. Kletterpflanzen werden normalerweise dort gepflanzt, wo Mauern oder Wände sie vor dem ärgsten Regen abschirmen.

6 Fügen Sie eine Mulchschicht von mindestens 5 cm rund um die Pflanze hinzu, sobald sich der Boden vollgesaugt hat. Dies reduziert den Verlust von Feuchtigkeit und unterdrückt das Unkraut.

FREILANDPFLANZEN SÄEN

Der Spätwinter ist eine gute Zeit, um die meisten der frostempfindlichen Freilandpflanzen zu säen, vorausgesetzt, Sie haben ein beheiztes Gewächshaus. Einige Arten jedoch, wie Pelargonien (Gartengeranien) und *Begonia semperflorens* sollten noch früher gesät werden, da sie sehr lange brauchen, bis sie Triebe gebildet haben und im Spätfrühjahr oder Frühsommer ins Freiland gepflanzt werden können. Schnell wachsende Pflanzen, wie Alyssum und Studentenblumen (*Tagetes patula*), werden den Vorsprung schnell aufholen, selbst wenn Sie sie erst im Spätfrühjahr säen.

Da Sie normalerweise eine große Menge an Pflanzen brauchen, ist es besser, sie in Schalen anstatt in Töpfen zu säen. Sie können aber auch die empfindlicheren Samen, die in einem Keimapparat keimen müssen, in Töpfe säen, da dann mehr hinein passen.

1 Füllen Sie eine Saatkiste mit einer sterilisierten Erde, die für Samen und Setzlinge geeignet ist. Eine normale Topferde könnte das Keimen hemmen oder manche Setzlinge schädigen. Streichen Sie die Erde auf Randhöhe der Kiste eben.

2 Nehmen Sie eine Druckplatte (ein Stück Holz, das auf die gewünschte Größe zugeschnitten ist, ist normalerweise auch geeignet) und pressen Sie die Erde bis auf 1 cm unterhalb des Randes zusammen.

3 Wässern Sie die Kiste, bevor Sie säen. Dadurch erhalten die Samen genug Anfangsfeuchtigkeit und werden nicht weggewaschen oder an eine Seite der Kiste geschwemmt.

4 Sehr große Samen können per Hand gesät werden, die meisten mittelgroßen Samen können mit einem gefalteten Stück Papier einfach verteilt werden. Beklopfen Sie es mit einem Finger, während Sie das Papier über die Fläche bewegen.

5 Bedecken Sie die Samen, indem Sie zusätzliche Erde auf der Oberfläche verteilen, vorausgesetzt, auf der Samenpackung steht, dass sie nicht abgedeckt werden dürfen (manche keimen besser, wenn sie dem Licht ausgesetzt sind).

6 Falls Sie die Kiste nicht in einen Keimapparat stellen, bedecken Sie sie mit einer Glasscheibe oder stecken Sie sie in eine Plastiktüte. Drehen Sie die Glasscheibe von Zeit zu Zeit um (kann jeden Tag notwendig sein), um Kondenswasserbildung zu vermeiden.

7 Entfernen Sie alle Abdeckungen, wenn die ersten Samen zu keimen beginnen. Andernfalls können die Sämlinge krankheitsanfällig werden. Es kann auch sein, dass Sie die Wärme reduzieren müssen, sobald die Samen gekeimt haben, viel Licht ist jedoch sehr wichtig.

FEINE SAMEN SÄEN

Es ist schwierig, sehr winzige Samen, wie Lobelien und Begonien zu handhaben und gleichmäßig zu verteilen. Mischen Sie sie mit einer kleinen Menge Sand und verteilen Sie diese Mischung zwischen Daumen und Zeigefinger über der Fläche.

FREILANDPFLANZEN VERZIEHEN

Samen, die Mitte des Winters gesät wurden, sind jetzt wahrscheinlich bereit zum Pikieren und wahrscheinlich wird es auch bei denen, die später im Winter gesät wurden, nicht mehr lange dauern. Lassen Sie die Sämlinge nach dem Keimen niemals zu dicht werden.

1 Füllen Sie eine Saatkiste mit einer Topferde, die für Sämlinge empfohlen wird. Streichen Sie die Erde eben und befestigen Sie sie mit den Fingern oder einer Druckplatte.

2 Ziehen Sie einen Sämling heraus, indem Sie die Erde lockern und die Pflanze an ihren Keimblättern (die ersten, die sich öffnen und die normalerweise ganz anders aussehen als die normalen Blätter) herausziehen.

3 Machen Sie ein Loch in die Erde, das tief genug ist, um die Wurzeln aufzunehmen, ohne Sie zu verdrehen. Drücken Sie dann die Erde um die Pflanze vorsichtig fest.

4 Damit Sie eine Kiste mit gleichmäßig verteilten Pflänzchen erhalten, setzen Sie zunächst eine Reihe entlang einer langen und einer kurzen Seite. Danach füllen Sie die restliche Fläche.

5 Der genaue Abstand hängt von der Art der Pflanze ab, die Sie pikieren. Größere brauchen mehr Platz als kleine. Sie werden wahrscheinlich nicht mehr als 40 Pflanzen in einer Saatkiste unterbringen können.

6 Wenn es Ihnen besser gefällt, können Sie auch ein modulares System verwenden. Das vereinfacht das Pflanzen und es gibt weniger Verwachsungen der Wurzeln, wenn die Pflanzen in den Garten gepflanzt werden.

MANUAL
GARDENING
WORLD HISTORY

ZIMMER-PFLANZEN

EINLEITUNG

Um das Beste aus Ihren Zimmerpflanzen herauszuholen, sollten Sie sie als Pflanzen und zugleich als Dekorationsgegenstand schätzen. Darüber hinaus hilft ein gewisses Verständnis der verschiedenen Pflanzenarten, sie passend anzuordnen, so dass Sie mit gesunden, schönen Pflanzen belohnt werden. Im ersten Teil dieses Abschnitts finden Sie Hinweise über die verschiedenen Pflanzengruppen und ihre Verwendung im Haus, zusammen mit Tipps, wie Sie die besten Pflanzen für einen bestimmten Standort oder bestimmte Bedingungen auswählen.

Es lohnt sich, mit Pflanzen zu experimentieren - akzeptieren Sie, dass Sie Fehler machen können und schauen Sie hinter das Alltägliche, um die ganze Paletten an interessanten und ungewöhnlichen Pflanzen zu entdecken, die Sie in Ihrem Heim ziehen können. Das Ziehen von Zimmerpflanzen wird so zu einem noch interessanteren Hobby.

Im zweiten Teil dieses Abschnitts erhalten Sie Ratschläge und Hilfe, die Sie brauchen, wenn Sie Ihre Pflanzen in einem Top-Zustand ziehen wollen. Zimmerpflanzen erfordern Zeit und Aufmerksamkeit. Wenn Sie vergessen, sie zu gießen, werden Ihnen das nur wenige verzeihen. Wenn Sie sie nicht düngen, werden sie krank und vernachlässigt aussehen. Dies sollte aber kein Grund sein, auf Zimmerpflanzen zu verzichten, denn es gibt Pflanzen und Techniken, die sich an die Zeit, die sie Ihren Pflanzen widmen können, anpassen.

Wenn es Ihnen zum Beispiel schwer fällt, jeden Tag an das Gießen zu denken, oder Sie häufig unterwegs sind und niemand haben, der Ihre Pflanzen in dieser Zeit betreuen kann, dann gibt es einfache Lösungen: konzentrieren Sie sich auf Kakteen und Sukkulenten, die ganz natürlich an diesen Entzug angepasst sind oder ziehen Sie normale Zimmerpflanzen in speziellen Gefäßen. Selbstwässernde Pflanzgefäße sind ideal für Pflanzengruppen und Sie müssen den Wasserspeicher nur etwa jede Woche einmal auffüllen. Hydrokultur ist eine andere ausgezeichnete Methode, wenn Sie den Gießaufwand reduzieren wollen. Das Düngen ist ebenfalls einfach – mit Langzeitdünge-Tabletten oder – Sticks, die Sie in die Erde stecken und die ihre Nährstoffe über einen langen Zeitraum abgeben.

All diese Hilfsmittel für viel beschäftigte Leute sind sehr nützlich, aber das Kümmern um die Pflanzen ist eigentlich ein Vergnügen an sich. Sie merken nicht nur rechtzeitig, wenn die Pflanzen von Schädlingen befallen werden, Sie lernen Ihre Pflanzen auch besser kennen und entdecken Dinge, die sonst an Ihnen vorübergehen. Wenn Sie nichts anderes machen als ein bisschen Wasser über Ihre Schusterpalme zu spritzen, werden Sie sie bald als selbstverständlich betrachten. Wenn Sie sich aber um sie kümmern, hier ein vertrocknetes Blatt entfernen oder die Blätter mit einem feuchten Tuch abreiben, um den Glanz und das Funkeln zurückzubringen, dann entdecken Sie vielleicht plötzlich eine seltsame, violette Blüte, die sich zwischen den Blättern versteckt hat, ein Kleinod, das Sie sonst übersehen hätten. Zimmerpflanzen sind voller Überraschungen, viele entdecken Sie nur, wenn Sie sich *wirklich* um sie kümmern.

GEGENÜBERLIEGENDE SEITE: *Eine große Solitärpflanze, wie diese majestätische Palme setzt in jedem Raum einen Akzent.*

RECHTS: *Wenn Sie Gruppen pflanzen, wie diese Farne in einem Korb, wirkt dies mehr als wenn Sie einzelne Pflanzen im Raum verteilen.*

Zuverlässige Immergrüne

Wählen Sie einige anspruchslose und zuverlässige Immergrüne als Hintergrund Ihres Arrangements. Viele sind robust genug, um auch an schwierigen Standorten im Haus zu gedeihen – und die meisten der hier vorgeschlagenen sind auch noch auffallend genug, um als Blickpunkt zu dienen.

Die glänzenden Immergrüne, wie Drachenbaum, Fatsia, Ficus, Scheffleria, Palmen und Philodendren sind normalerweise ideale Solitärpflanzen, können aber auch als Rahmen für Gruppen und Arrangements dienen. Sie sind viel robuster als Pflanzen mit dünnen oder papierartigen Blättern, wie die fedrigen Farne oder auch Pflanzen mit haarigen Blättern. Sie brauchen diese anderen Blattstrukturen natürlich genauso wie blühende Pflanzen für die Vielfalt von Form und Gestalt, aber es ist sinnvoll, die robusten Immergrüne als Basis Ihrer Zimmerpflanzen-Gestaltung zu nutzen.

„Bäume" als Zimmerpflanzen

Selbst der einfachste Raum kann durch eine große Solitärpflanze, die die Größe eines kleinen Baumes hat, mit Leben gefüllt werden und einen stilvollen Touch erhalten. Einige Zimmerpflanzen entwickeln sich in ihrer natürlichen Umgebung tatsächlich zu Bäumen, im Haus brauchen Sie jedoch Pflanzen, die sich so entwickeln, dass sie zu den Proportionen des Raumes passen, und die nicht in kürzester Zeit den gesamten Platz beanspruchen.

Große Palmen sind für diesen Zweck ideal, aber auch viele aus der Familie der Ficus sind gut geeignet. Der bekannte *Ficus elastica*, der einst so beliebt war, inzwischen aber oft als langweilig eingestuft wird, ist eine gute Wahl und es gibt eine Vielzahl an panaschierten Sorten, die weit davon entfernt sind, eintönig zu wirken. Wenn Sie eine rein grüne Sorte haben wollen (diese haben den Vorteil, dass sie schneller wachsen als die panaschierten), dann ist die „Robusta" eine gute Wahl. Wenn Ihnen die aufrechte, manchmal langbeinige Form dieser Pflanze nicht gefällt, dann schneiden Sie die Spitzen ab, wenn sie ca. 1,5 – 1,8 m groß ist, um die

Ganz oben: *Ficus elastica war einmal eine sehr beliebte Zimmerpflanze und es ist immer noch einen Versuch wert, sie zu ziehen. Die übliche Sorte ist die „Robusta", eine Weiterentwicklung der alten Sorten.*

Oben: *Ficus lyrata ist eine eindrucksvolle „architektonische" Pflanze, die leicht Zimmerhöhe erreichen kann.*

Ganz links: *Philodendron scandens ist sowohl als Kletterpflanze als auch an einem Moosstamm, wie in dieser Abbildung, eine wirkungsvolle Pflanze.*

Links: *Yucca elephantipes ist zu Recht eine beliebte Zimmerpflanze. Sie eignet sich als eindrucksvoller Blickpunkt und ist eine wirklich robuste Pflanze, die viele Jahre überleben kann.*

Bildung von niedrigen Ästen anzuregen. Weitere interessante Ficus sind *F. lyrata* (sehr große Blätter mit einer unverwechselbaren Form), *F. benghalensis* und der weit verbreitete *Ficus benjamina*. Dieser ist besonders schön, weil er einen hohen Wuchs mit einer breiten Krone und verzweigten Ästen hat. Es gibt auch schöne panaschierte Sorten, zum Beispiel „Starlight".

Buschige Pflanzen, die hoch und breit werden, sind *Schefflera arboricola* (auch *Heptapleurum arboricola*) und *Schefflera actinophylla*. Beide Sorten haben fingerähnliche Blätter, die sich aus einem zentralen Punkt entwickeln.

Wenn eine robuste Pflanze gebraucht wird

Wenn Sie eine robuste, glänzende Immergrüne für einen kalten oder zugigen Standort brauchen, zum Beispiel für ein Treppenhaus oder in der Nähe der Haustür, dann können Sie auch die winterharten Blattpflanzen wählen, die Frost und Sturm im Freiland aushalten!

Fatsia japonica ist eine weitere glänzende Immergrüne mit fingrigen Blättern, ähnlich wie die Handfläche einer Hand (wählen Sie die mehrfarbigen Sorten, wenn Ihnen die einfach grünen Blätter nicht gefallen). Nah verwandt ist *X Fatshedera lizei*, eine Kreuzung zwischen *Fatsia japonica* und einem Efeu. Ziehen Sie ihn als Strauch, indem Sie in jedem Frühjahr die Triebe abknipsen oder lassen Sie ihn seinen Efeu-Ursprung zeigen, indem Sie ihn aufrechter wachsen lassen.

Weitere geeignete Sorten sind die mehrfarbigen Arten der *Aucuba japonica* und die *Euonymus japonicus*-Sorten, wie „Mediopicatus", „Microphyllus Albovariegatus" und „Microphyllus Aureovariegatus".

Efeu ist ideal, wenn Sie eine robuste Kletter- oder Rankpflanze suchen. Es gibt eine große Auswahl in allen Blattformen, Größen und Farbe.

Ganz oben rechts: *Monstera deliciosa ist eine der eindrucksvollsten Solitär-Blattpflanzen. Die Blätter sind groß und wohlgeformt und die Pflanze wird sehr mächtig.*

Rechts: *Aspidistra elatior ist eine robuste Pflanze, die jede Form der Vernachlässigung zu überstehen scheint. Wenn Sie sich um sie jedoch gut kümmern, haben Sie eine wunderschöne Blattpflanze. Es gibt auch eine panaschierte Variante.*

Oben rechts: *Die Radermachera kombiniert robuste, glänzende Blätter mit einer lockeren, fast farnartigen Form; eine erfrischende Abwechslung zu den meisten glänzenden Grünpflanzen.*

Oben: *Scindapsus aureus, oft auch angeboten unter dem Namen Epipremnum aureum, ist eine nützliche Kletter- oder Rankpflanze. Dies ist die goldene Sorte „Neon".*

Philodendronblätter

Oben: *Einige Gattungen haben Arten und Sorten mit sehr unterschiedlichen Blättern. Die fünf hier gezeigten Philodendronblätter sind typisch für die Vielfalt, die man innerhalb einer Pflanzengruppe finden kann.*

Elegante Palmen

Palmen sind der Inbegriff von Eleganz und verleihen Ihrem Heim einen Hauch von Raffinesse. Sie beschwören Bilder von sanften Pianoklängen im Palmengarten eines Luxushotels herauf, obwohl Palmen auch in einem ultramodernen, eleganten Raum beeindruckend aussehen können.

Viele Palmen wachsen langsam, so dass große Exemplare entsprechend kostspielig sind. Lassen Sie sich davon aber nicht abschrecken; wenn Sie die richtigen Bedingungen schaffen, werden selbst kleine Pflanzen sich zu beeindruckenden Exemplaren entwickeln. Jedoch werden nicht alle Palmen groß – viele sind eher kompakt und für einen Tisch oder ein Podest gut geeignet.

Wie man gesunde Palmen zieht

Der häufigste Irrtum ist zu glauben, dass alle Palmen viel Sonne und wüstenähnliches Klima lieben. Sie sind zwar oft mit diesen Bedingungen in Ländern, in denen sie im Freien wachsen, konfrontiert, als Zimmerpflanzen wollen Sie jedoch, dass sie gesund bleiben – ohne verunstaltete Blätter.

- Halten Sie sie im Winter kühl, aber nicht unter 10 °C
- Vermeiden Sie direktes Sonnenlicht, es sei denn, Ihre Palme liebt Sonne (manche tun dies)
- Verwenden Sie eine lehmhaltige Topferde und achten Sie auf eine gute Drainage
- Topfen Sie sie nur um, wenn dies absolut notwendig ist, da Palmen eine Störung der Wurzeln nicht lieben. Achten Sie darauf, dass die Erde nach dem Umtopfen immer gut verdichtet ist
- Gießen Sie im Frühjahr und Sommer großzügig, im Winter sparsam
- Besprühen Sie die Pflanzen häufig und reiben Sie die Blätter gelegentlich mit einem Schwamm ab
- Verwenden Sie kein Blattglanz-Spray

Was ist schiefgegangen?

• Braune Blattspitzen werden normalerweise durch zu trockene Luft verursacht. Zu geringes Gießen und Kälte sind weitere mögliche Ursachen.

• Braune Flecken auf den Blättern haben ihren Ursprung wahrscheinlich in einer Krankheit aufgrund zu starkem Gießen oder Kälte. Schneiden Sie alle befallenen Blätter ab.

• Gelb werdende Blätter sind meistens die Folge von zu geringem Wässern, sie können aber auch darauf hinweisen, dass die Pflanze Dünger braucht.

• Bei braunen Blättern müssen Sie sich keine Sorgen machen, solange es sich um einige wenige handelt und nur die unteren Blätter betroffen sind.

Links: *Washington-Palmen haben farnartige Blätter, die eine ganz besondere Wirkung erzielen.*

EINE PALME AUSSUCHEN

• Groß und robust
Chamaerops humulis kann in Gegenden mit nur mildem Frost auch im Freien stehen; geeignet für einen kalten Standort im Haus.
Howeia forsteriana (auch *Kentia forsteriana*) und *H. belmoreana* (auch *K. belmoreana*). Wird mit alten Palmengärten assoziiert. Überlebt auch an einem schattigen Standort, das Wachstum ist aber sehr langsam.
Phoenix canariensis. Diese Sorte liebt volle Sonne (achten Sie aber auf Brandflecken durch Glas) und kann im Sommer auf der Terrasse stehen. Stellen Sie sie im Winter an einen kühlen Standort – mit mindestens 7 °C.

• Anspruchslose Tischpflanze
Chamaedorea elegans (auch *Neanthe bella*). Kann in einem Flaschengarten oder Terrarium gezogen werden, solange sie klein ist. An jungen Pflanzen entwickeln sich häufig unbedeutende Blüten.

• Anspruchsvoll, aber der Mühe wert
Cocos nucifera. Dies ist die Kokospalme mit der großen Nuss an der Basis. Selbst eine junge Pflanze kann bis zu 1,8 m groß werden und ist schwierig im Haus unterzubringen.
Cocos weddeliana. Ein Langsam-Wachser. Kann in einem Flaschengarten oder Terrarium angepflanzt werden.

OBEN RECHTS: *Howeia belmoreana wird manchmal auch unter ihrem anderen Namen Kentia belmoreana angeboten.*

GANZ RECHTS: *Chamaedorea elegans ist eine zuverlässige und anspruchslose Palme. Sie bleibt kompakt genug, so dass Sie sie auch auf einen Tisch stellen können.*

RECHTS: *Cocus nucifera ist eine große Palme, die schwierig im Haus zu ziehen ist.*

Wie man mit braunen Blättern umgeht

Es ist natürlich, dass die unteren Blätter von Palmen mit der Zeit braun werden und absterben. Damit die Pflanze gut aussieht, sollten Sie diese Blätter direkt an der Basis abschneiden (ganz oben). Für die meisten Palmen eignet sich eine Gartenschere, lediglich für einige Sorten mit sehr festen Blättern kann eine Säge notwendig sein. Wenn sich die Blattspitzen braun färben, kürzen Sie sie mit einer Schere, vermeiden Sie aber, damit ins gesunde Blatt zu schneiden. (oben).

Panaschierte Pflanzen

Panaschierte Blattpflanzen bringen, je nach Sorte, Farbe und eine Hauch von Exotik in eine düstere Ecke oder auf ein helles Fensterbrett. Anders als blühende Pflanzen bleiben sie das ganze Jahr über farbenfroh.

Die Vielfarbigkeit hat sich aus verschiedenen Gründen entwickelt. Damit Sie in der Lage sind, gesunde Pflanzen mit einer guten Panaschierung zu ziehen, ist es von Vorteil, die zwei wichtigsten zu kennen.

Viele panaschierte Zimmerpflanzen sind aus Pflanzen entstanden, die auf dem Waldboden leben und bei denen die Vielfarbigkeit eine nützliche Eigenschaft ist. Wenn sie nämlich an einem helleren Standort vorkommen, zum Beispiel auf einer Lichtung, wird so die eigentliche Blattfläche reduziert. Diese Art der Panaschierung ist normalerweise weiß und grün, wobei die weißen Flächen diejenigen Flächen schmälern, die auf das Sonnenlicht reagieren. Diese Pflanzengruppe bildet die beste Panaschierung, wenn sie nicht dem direkten Sonnenlicht ausgesetzt ist.

Anders die Arten, die Licht brauchen und ihre Farben und Muster aus einem anderen Grund entwickelt haben. Rote und violette Blätter haben die Fähigkeit, Licht aus dem gesamten Tageslichtspektrum zu absorbieren und je mehr verschiedene Farben auf einem Blatt vorhanden sind, desto größer ist die Wirkung. Die Panaschierung bei diesen Pflanzen ist häufig besser, wenn sie einen hellen Standort haben.

Einige Pflanzen haben auch unterschiedliche Farben, um Bestäuber anzulocken. Der bekannte Weihnachtsstern (*Euphorbia pulcherrima*) und Bromelien, wie Neoregelia haben die Fähigkeit, die Farbe der Blütenblätter, die die unbedeutenden Blüten umschließen, von Grün bis zu leuchtenden Farben wie Rot und Violett zu ändern.

Ein weiterer Grund für eine Panaschierung ist die Warnfunktion für Räuber – es gibt also keine allgemeingültige Regel für alle farbigen Blattpflanzen.

Mögliche Probleme

Einige Pflanzen verlieren ihre Panaschierung, wenn das Licht zu stark ist, andere, wenn es zu schwach ist. Wenn Sie das Gefühl haben, dass die Pflanze sich nicht wohl fühlt, stellen Sie sie an einen schattigeren oder helleren Standort.

Wenn einige einzelne, nur grüne Triebe an einer sonst gut panaschierten Pflanze erscheinen, schneiden Sie sie bis zum Ansatz zurück. Manche Pflanzen „konvertieren" auch, und die rein grünen Anteile dominieren, wenn Sie die fehlerhaften Triebe nicht zurückschneiden.

Farbige Deckblätter (die veränderten Blätter, die einen Blütenstand einrahmen) verlieren ihre Farbigkeit oder Farbintensität nach der Blütezeit. Daran können Sie nichts ändern.

Blätter der Begonia rex

Auch wenn sie nicht als spezielle Sorte bezeichnet werden, gibt es eine ganze Reihe von Begonia rex mit unterschiedlicher Panaschierung. Zwei andere Arten von Blattbegonien zeigen wir hier: B. masoniana (GANZ OBEN LINKS) und, rechts daneben, B. „Tiger".

EINE PFLANZEN-SAMMLUNG AUFBAUEN

Es gibt so viele panaschierte Zimmerpflanzen, dass manche Leute gerne eine Sammlung mit einer bestimmten Pflanzengruppe aufbauen wollen. Dadurch ist es einfacher, die richtigen Bedingungen für alle Pflanzen zu wählen und die Suche nach neuen Sorten oder Varianten, mit denen man die Sammlung ergänzen könnte, macht Ihr Hobby noch interessanter. Geeignete Pflanzen für eine Sammlung sind Begonien (es gibt viele Arten der *B. rex*, aber auch viele andere Begonien mit interessanten Panaschierungen), Kaladien (wenn Sie die Herausforderung lieben), Codiaeum, Drachenbaum und Keulenlilie, Maranta und Calthea sowie Pilea. Die genannten Arten von vegetativ vermehrten Coleus sind schwierig zu bekommen, aber ein Paket mit Samen beschert Ihnen eine reiche Auswahl an Farben und Mustern, von denen Sie dann die aussuchen können, die Sie behalten wollen.

GEGENÜBERLIEGENDE SEITE OBEN: *Begonia rex variiert in der Blattfarbe von einer Pflanze zur anderen, sie sind jedoch alle attraktiv panaschiert und bilden eindrucksvolle Blattpflanzen.*

GEGENÜBERLIEGENDE SEITE RECHTS: *Dracaena marginata ist eine beliebte Zimmerpflanze, diese hier ist eine Variante mit attraktiv panaschierten Blättern.*

GEGENÜBERLIEGENDE SEITE LINKS: *Cordyline terminalis, auch angeboten als Dracaena terminalis, gibt es in vielen Varianten, die sich in der Farbe und Panaschierung unterscheiden.*

OBEN RECHTS: *Efeu (Varianten von Hedera helix) sind vielseitig Pflanzen, die als Kletter- oder Rankpflanze verwendet werden können.*

OBEN LINKS: *Ficus benjamina „Starlight" ist eine hervorragende Zimmerpflanze mit leuchtend panaschierten Blättern an einer Pflanze, die im ausgewachsenen Zustand sehr groß wird und attraktive, verzweigte Äste hat.*

RECHTS: *Codiaeums, auch bekannt als Croton, ist nicht einfach zu ziehen, aber es sind spektakuläre Pflanzen. Die Farbtönung und Form der Blätter variiert je nach Sorte stark, sind aber glänzend und farbenprächtig.*

Dankbare Farne

Farne sind faszinierende Pflanzen, die jedem Raum eine besondere Note verleihen, indem Sie ein Gefühl von ruhiger Gelassenheit und grüner Üppigkeit schaffen wollen. Sie kreieren im Gegensatz zur lebhaften Farbe der leuchtenden Blattpflanzen und der Forschheit von Blumen eine entspannte Atmosphäre.

Farne werden hauptsächlich wegen der Anmut und Schönheit ihrer Farnkrautwedel gezogen und ihre Eleganz gleicht die Abwesenheit von Blüten aus. Die meisten Farne gedeihen im Schatten oder Halbschatten, Bedingungen, die in jedem Raum einfach zu schaffen sind. Leider brauchen Sie viel Nässe und hohe Luftfeuchtigkeit, beides Bedingungen, die in einem normalen Wohnzimmer wiederum nicht so einfach zu realisieren sind. Wenn Sie Farne ziehen wollen, empfiehlt es sich, dass Sie einfache und duldsame Varianten wählen (siehe *Farnauswahl* oben rechts) oder sie mit der Nässe und Luftfeuchtigkeit versorgen, die so wesentlich ist. Auch wenn die meisten Farne, die als Zimmerpflanzen angeboten werden, aus tropischen Regionen kommen und Wärme lieben, bedeutet die Zentralheizung für viele das Ende, wenn Sie keine Gegenmaßnahmen treffen, um die trockene Luft durch mehr Luftfeuchtigkeit zu verbessern, zumindest in der direkten Nähe der Pflanzen.

Der ideale Platz für Farne ist in einem Gewächshaus, einer Veranda oder in einem Wintergarten, wo es einfacher ist, eine feuchte Atmosphäre herzustellen.

Nicht alle Farne müssen jedoch so verhätschelt werden – einige haben sich gut an trockene Luft und kühle Temperaturen angepasst. Es gibt sicher einige Farne, die Sie erfolgreich ziehen können und wenn Sie sich nicht von den empfindlichen Arten mit den dünnen, fedrigen Farnwedeln abbringen lassen wollen, dann pflanzen Sie sie in einen Flaschengarten oder ein Terrarium, wo sie gut gedeihen werden.

Farne für Anfänger

Wenn Sie noch nie Farne gehabt haben, beginnen Sie mit den einfachen Sorten. Wenn Sie mehr Erfahrung haben, können Sie einige der exotischen, schwierigen Arten dazunehmen. Die bekanntesten Farne sind kostengünstig und selbst die selteneren Sorten sind normalerweise günstig zu bekommen, wenn Sie kleine Pflanzen wählen. Blumenhändler und Gartencenter bieten die üblichen Zimmerfarne an, während Sie die selteneren Sorten wahrscheinlich von einem Spezialhandel beziehen müssen.

Farnauswahl

- **Gut für Anfänger**
  Asplenium nidus
  Cyrtomium falcatum (auch *Polystichum falcatum) Nephrolepis exaltataPellaea rotundifolia*

- **Für den erfahrenen Gärtner**
  Adiantum capillus-veneris
  Platycerium bifurcatum
  Polypodium aureum
  Pteris cretica (und ihre Varianten)

- **Schwierig aber interessant**
  Asplenium bulbiferum
  Davallia fejeenis

Farne vermehren

Die einfachste Art, zusätzliche Pflanzen zu bekommen, ist das Teilen eines großen Wurzelstocks oder das Nehmen von Ablegern. Einige Sorten wie *Davallia fejeenis* bilden Rhizome, die wurzeln und dann zur Vermehrung genommen werden können, andere produzieren kleine Brutknollen oder sogar Pflänzchen auf den Blättern (*Asplenium bulbiferum* ist eine von ihnen). Diese wurzeln normalerweise in einer feuchten Topferde. Das ist die interessanteste und Erfolg versprechendste Art, weitere Farne zu ziehen.

LINKS: *Die meisten der Asplenium sind viel einfacher als die Farne mit sehr feinen und zart verzweigten Blättern. Asplenium nidus (links) hat breite Blätter die sich strahlenförmig aus einer zentralen Quelle oder einem zentralen „Nest" entwickeln und ist eine besonders gute Zimmerpflanze.*

Eigene Farne aus Sporen zu ziehen ist zwar auch möglich, aber eine langsame Angelegenheit und es könnte schwierig sein, frische Sporen von Zimmerpflanzen mit guter Keimfähigkeit zu bekommen.

Lassen Sie sich nicht täuschen!

Viele Pflanzen, die allgemein als Farne bezeichnet werden, geben sich nur als Farne aus. Einige, wie Selaginella, sind ganz primitive Pflanzen, andere, wie der Asparagus- „Farn", sind weiter entwickelte blühende Pflanzen, die einfach nur feine, fedrig aussehende Blätter haben – eine Eigenschaft, die mit Farnen assoziiert wird.

Der Asparagus-Farn gehört zur Familie der Liliengewächse, obwohl man die Verbindung aufgrund der unscheinbaren Blüten nur schwerlich herstellen würde. Selaginellas sind schöne, niedrig wachsende Pflanzen, die die gleichen Bedingungen wie Zimmerfarne lieben: leichten Schatten und moderate Wärme. Sie gedeihen gut neben Farnen in einem Flaschengarten. Asparagus-Farne sind als Zimmerpflanzen erhältlich, wobei sie robuster und widerstandsfähiger gegen Vernachlässigung sind als die Mehrheit der echten Farne.

Ein Hirschhorngeweih basteln

Die *Platycerium bifurcatum* ist in Australien zuhause und verträgt, anders als die anderen Farne, trockenes Klima. Eine der spektakulärsten Methode, sie in Szene zu setzen, ist auf einem Stück Rinde. Halten Sie den Wurzelballen trocken und besprühen Sie die Pflanze regelmäßig.

1 Suchen Sie ein passendes Stück Borke, z. B. eine Korkrinde. Wählen Sie eine kleine Pflanze und nehmen Sie sie aus dem Topf. Entfernen Sie notfalls etwas Erde, damit sie nicht so groß ist und wickeln die Wurzeln in feuchtes Torfmoos ein. Sichern Sie den Ballen mit Draht.

2 Befestigen Sie den Moos-Wurzelballen mit Blumendraht oder einem Plastikdraht an der Korkrinde.

Oben rechts: *Cyrtomium falcatum ist eine Variante, die Sie wählen können, wenn Sie Farne generell für zu anspruchsvoll halten. Sie toleriert ein trockenes Klima und braucht nicht so viel Wärme.*

Rechts: *Nephrolepsis exaltata ist einer der besten Farne für ein Podest oder einen Tisch. Es gibt viele Sorten mit unterschiedlichen Blattformen, wobei einige etwas mehr gekräuselt sind als andere.*

Oben: *Adiantum capillus-veneris braucht wie die meisten der Frauenhaarfarne ein feuchtes Klima, um gut zu gedeihen. Dies hier ist ein wirklich ansprechendes Exemplar.*

Kakteen und Sukkulenten

Einige Leute sind von Kakteen fasziniert und betrachten sie als leidenschaftliches Hobby, andere lehnen sie mit der Begründung ab, sie seien keine „richtigen" Zimmerpflanzen. Was Sie auch über sie denken – Kakteen und Sukkulenten gehören zu den Pflanzen, die am einfachsten zu pflegen und eine ideale Wahl sind, wenn Sie oft unterwegs sind und Ihre Pflanzen sich selbst überlassen müssen.

Kakteen können in der Blüte wunderschön und eine gewaltige Epiphyllum-Blüte kann wirklich atemberaubend sein, aber Ihre Entscheidung, ob Sie sich für oder gegen Kakteen entscheiden, wird wohl hauptsächlich davon abhängen, ob Sie ihre Art und Form mögen. Zugegeben sind einige Sorten, wie auch die eben genannte Epiphyllum, außerhalb der Blüte unansehnlich und unattraktiv, die meisten jedoch sehen hübsch aus und haben in den Augen vieler Menschen einen ganz eigenen Charme. Es gibt kriechende und rankende Arten, andere haben haarige oder zylindrische, stachelige Säulen, einige flache, verbundene Kissen oder sie haben die Form einer Kugel oder eines Kronleuchters. Sukkulenten sind genauso vielseitig: einige werden wegen ihrer Blüten geschätzt, andere wegen ihrer Blätter oder ihrer Form. Es gibt hunderte von ihnen in Gartencentern, viele weitere Arten kann man in speziellen Gärtnereien finden.

Wüstenblumen

Diese Pflanzen brauchen extrem wenig Wasser zwischen Herbstmitte und Frühjahr, jedoch das ganze Jahr über reichlich Sonne. Als Faustregel gilt: Stellen Sie sie im Winter kühl (ungefähr 10 °C), um die Blüte anzuregen. Topfen Sie junge Pflanzen jährlich um, ältere nur noch wenn es absolut notwendig ist, da ein kleiner Topf ebenfalls die Blüte beschleunigt.

Nicht alle Kakteen blühen, wenn sie jung sind. Wenn Sie einen Kaktus haben wollen, der bereits als junge Pflanze blüht, sollten Sie sich nach Arten von Echinopsis, Lobivia, Mammillaria, Notocactus, Parodia und Rebutia umsehen.

Wald-Kakteen

Wald-Kakteen, die flache, blattähnliche Stämme haben, sind die bekannteste Kakteenart. Damit sie jedes Jahr blühen, sollten Sie daran denken, dass Sie sie nicht wie die normalen Kakteen behandeln können, sondern die folgenden Grundregeln beachten.

Die genaue Pflege hängt zwar von der jeweiligen Sorte ab, aber sie brauchen alle auf jeden Fall eine Ruheperiode, in der sie kühl stehen und nur selten gegossen werden sollten, normalerweise von Herbstmitte bis Mitte des Winters oder vom Spätwinter bis zum frühen Frühjahr, gefolgt von einer Wärmeperiode, in der sie großzügig gegossen werden.

LINKS: *Kakteen wirken in kleinen Gruppen oft besser als einzeln. In der hier gezeigten Gruppe wurde ein okulierter Kaktus (auf der linken Seite der Gruppe) hinzugefügt, um das Arrangement noch interessanter zu machen.*

UNTEN: *Epiphyllums haben riesige Blüten und gehören zu den spektakulärsten blühenden Sorten. Leider sehen sie außerhalb der Blütezeit hässlich und unschön aus, so dass Sie sie wahrscheinlich die meiste Zeit an einen unauffälligen Ort verbannen wollen.*

Es tut ihnen auch gut, wenn sie den Sommer an einem schattigen Platz im Freien verbringen können.

Sukkulenten

Sukkulenten haben die unterschiedlichsten Anforderungen – einige, wie Sempervivum, sind robust und frostunempfindlich, andere empfindlich und wärmebedürftig. Beachten Sie jeweils die speziellen Bedürfnisse der einzelnen Pflanzen, generell brauchen sie aber viel Licht und wenig Wasser im Winter.

Anordnen und Sammeln

Nur wenige Kakteen und Sukkulenten eignen sich als Pflanzen für einen Blickpunkt – obwohl eine große Epiphyllum auf einer Terrasse ein richtiger Hingucker sein kann – und werden am besten in Gruppen in Trögen oder Kübeln gepflanzt. Rankende Kakteen jedoch, wie die bereits erwähnten Wald-Kakteen, werden fast immer einzeln gepflanzt und sehen während der Blüte auf einem Podest besonders gut aus. Wenn Sie ein Gewächshaus haben, können Sie auch mehrere zusammen in einem Hängekorb arrangieren.

Wie man mit Kakteen umgeht

Das Umtopfen eines Kaktus kann eine stachlige Angelegenheit sein. Machen Sie es für Ihre Hände einfacher, indem Sie ein Stück Zeitungspapier oder Packpapier falten (ganz oben). Wickeln Sie es um die Pflanze und lassen Sie an jedem Ende genug überstehen, um damit einen Griff zu formen. (oben).

KAKTUS ODER SUKKULENTE?

Der Begriff Sukkulente oder Fettpflanze bezeichnet eine Pflanze, die sich den trockenen Bedingungen angepasst hat und Feuchtigkeit bewahren kann, indem sie nur in minimalem Rahmen Feuchtigkeit durch die Blätter verliert, die oft dick und fleischig sind. Kakteen sind auch Sukkulenten, aber mit Ausnahme einiger weniger primitiver Arten haben sich die Blätter zu Stacheln oder Haaren verwandelt und die Stämme haben die Funktion der Blätter übernommen – sie sind dick, fleischig und haben die Fähigkeit der Photosynthese.
Obwohl die meisten Kakteen in der warmen Halbwüste von Amerika zu Hause sind, wachsen einige als Epiphyten auf Bäumen in den tropischen Wäldern Amerikas. Einige von ihnen, wie Zygocactus, Schlumbergera und Rhipsalidopsis haben Hybriden hervorgebracht und Arten, die im Winter und Frühjahr beliebte Zimmerpflanzen sind.

OBEN: *Crassula ovata ist, wie die meisten Sukkulenten, anspruchslos und gedeiht mit einem Minimum an Pflege.*

GANZ LINKS: *Euphorbia trigona ist eine einfache Sukkulente mit eindrucksvollen drei- oder vierarmigen Ästen.*

LINKS: *Sansevieria trifasciata „Laurentii" ist eine attraktive, panaschierte Pflanze die wirklich robust ist und wenige Pflege braucht.*

Bromelien

Bromelien sind sonderbare Pflanzen. Einige haben Blätter, die sich zu wasserspeichernden Vasen formen, andere haben farbenprächtige Blätter, die einer blühenden Pflanze Konkurrenz machen und einige wenige wachsen buchstäblich auf Luft und brauchen keine Erde.

Einige Bromelien – Aechmeas, Vrieseas und Guzmanias zum Beispiel – werden wegen ihrer attraktiven Blütenköpfe und ihrer Blätter geschätzt. Einige wenige – Billbergias, zum Beispiel – haben einzelne Blüten, die sowohl ungewöhnlich als auch schön sind. Die große Mehrheit kann man jedoch einfach als Blattpflanzen bezeichnen. Einige, wie die Neoregelia, formt Blattrosetten, die sich im Zentrum zu einer leuchtenden Farbe entwickeln, wenn die Pflanze blüht, andere, wie Cryptanthus, sind wunderschön panaschiert. Die Ananas ist die bekannteste Bromelie, wobei die panaschierten Arten, wie *Ananas comosus* „Variegatus" normalerweise als Zimmerpflanzen verwendet werden.

Luftpflanzen

Eine große Gruppe der Tillandsia sind bekannt als Luftpflanzen, da sie ohne Erde wachsen. In der Natur drapieren sie sich über Ästen und sogar Drähten oder hängen an Steinen. Auf einem Bromelienbaum kann man sie auf eine äußerst attraktive Art arrangieren (siehe gegenüberliegende Seite), man kann sie aber auch in Muscheln und Körben kaufen oder sogar mit Kleber auf einem Spiegel befestigen.

- Besprühen Sie die Pflanzen regelmäßig, insbesondere vom Frühjahr bis Herbst. Dies ist der einzige Weg, wie sie Feuchtigkeit bekommen können, wenn die Luft selbst nicht genügend Feuchtigkeit enthält.
- Wenn die Pflanzen in der Wachstumsphase sind, düngen Sie sie, indem Sie vielleicht alle zwei Wochen dem Sprühwasser einen stark verdünnten Dünger beimischen.

Pflege der Bromelien

- Bromelien brauchen eine spezielle Pflege. Die folgenden Hinweise gelten für die meisten Arten, bei Tillandsias sollten Sie aber die speziellen Pflegehinweise beachten.
- Die meisten Arten brauchen nur eine moderate Wärme (ungefähr 10 °C), während einige zum Blühen etwa 24 °C brauchen.
- Sorgen Sie für viel Licht, jedoch ohne direkte Sonneneinstrahlung (einige, wie Cryptanthus und Ananas vertragen direkte Sonne).
- Pflanzen Sie sie in kleine Töpfe, da sie nicht viel Erde und Wasser brauchen und gießen Sie nur, wenn die Erde fast trocken ist.
- Verwenden Sie eher eine Topferde auf Torfbasis anstatt auf Lehmbasis und mischen Sie möglichst Torfmoos unter.
- Befüllen Sie diejenigen, die eine „Vase" bilden mit Wasser (verwenden Sie in Gegenden mit hartem Wasser Regenwasser).
- Besprühen Sie die Blätter im Sommer und mischen Sie gelegentlich einen Blattdünger bei. Vasenarten kann ein Dünger im Verhältnis von 1:3 beigemischt werden, der alle paar Wochen in die Vase gegeben werden kann.

Gegenüberliegende Seite links: *Ananas bracteatus striatus ist eine panaschierte Variante der Ananas – eine eindrucksvolle Zimmerpflanze.*

Links: *Neoregelia carolinae ist eine typische „Vasen"-Bromelie. Die Blätter im Zentrum werden farbig, wenn die kleinen Blüten in der Mitte der Vase erscheinen, die von einer Blattrosette gebildet wird.*

Oben links: *Die meisten Tillandsias sind bekannt als Luftpflanzen, weil sie nicht in Erde gepflanzt werden müssen. Sie wirken sehr dekorativ, wenn sie auf ein Rindenstück oder Treibholz gesetzt werden.*

Gegenüberliegende Seite rechts: *Die meisten Guzmanias, wie G. lingulata, haben lang blühende Blütenköpfe.*

UNTEN: *Aechmea fasciata hat bizarre, aber wunderschöne Blüten, gehalten von markanten, gräulichen Blättern.*

DER BROMELIEN-BAUM

Die Größe und Form Ihres „Baums" hängt vom Platz, den Sie zur Verfügung haben, dem passenden Behälter und der Größe Ihres Astes ab. Wählen Sie einen gabelförmigen Ast von einem Baum und sägen Sie ihn auf die gewünschte Größe zu. Verankern Sie den Ast im Behälter mit Steinen, Ziegelsteinen oder Kieselsteinen – dies sorgt für Gewicht und Stabilität und hält den Ast in Position. Schütten Sie dann Gips oder eine Zement- oder Mörtelmischung bis einige Zentimeter unterhalb des Randes in den Behälter. Sie können auch einige leere Töpfe in den Gips oder Zement setzen, die Sie später bepflanzen. Wenn der Gips oder Zement ausgehärtet ist, binden Sie die Bromelien an den Baum. Entfernen Sie fast die gesamte Erde von den Wurzeln und wickeln Sie etwas Moos darum. Binden Sie die Wurzeln mit Plastik- oder Kupferdraht am Baum fest. Nutzen Sie jede Astverzweigung aus, um eine attraktive Form zu schaffen. Luftpflanzen, wie *T. usneoides* können einfach über die Äste drapiert werden; andere Arten kann man festbinden oder festkleben.

Blühende Zimmerpflanzen

Blühende Zimmerpflanzen sind normalerweise kurzlebig, aber sie bringen einen Farbklecks und eine ganz besondere Schwingung mit, die selbst farbiges Laub einer Blattpflanze nicht erreichen kann. Sie setzen auch einen jahreszeitlichen Akzent, den Blattpflanzen nicht schaffen können.

Die dankbarsten blühenden Pflanzen sind diejenigen, die von Jahr zu Jahr größer und schöner werden und bei denen die Blüten für ein weiteres Jahr an guter Pflege belohnen. Zu den Blumen, die Sie im Haus mehrere Jahre hintereinander ziehen können, gehören Beloperonen, Bougainvillae, *Campanula isophylla*, Clivia, Gardenien, Hoyas, *Jasminum polyanthum*, *Nerium oleander*, Pelargonien, Saintpaulias, Spathiphyllum und Streptocarpus.

Einwegpflanzen

Viele blühende Topfpflanzen sind schwierig dauerhaft drinnen zu ziehen und werden am besten entsorgt, wenn die Blüte vorüber ist (oder in ein Gewächshaus gebracht, sofern Sie eines haben). Sie sind drinnen nicht mehr ansehnlich und sollten eher wie Schnittblumen behandelt werden. Die meisten von ihnen sind einjährig und können günstig aus Samen gezogen werden.

Versuchen Sie es mit Browallia, Calceolaria, Cinerarias und Exacums, die alle

LINKS: *Begonia elatior Hybriden können die meiste Zeit des Jahres blühen, während Pflanzen, wie die Zwerg-Narzisse „Tete-a-Tete" besonders geschätzt wird, weil sie einen saisonalen Schwerpunkt setzt.*

UNTEN LINKS: *Arten der Kalanchoe blossfeldiana kann man blühend das ganze Jahr über kaufen.*

UNTEN: *Lilien sind eindrucksvolle Topfpflanzen, aber es ist normalerweise besser, sie bereits blühend zu kaufen als zu versuchen, sie selbst aus Zwiebeln zu ziehen. Gewerbliche Blumenzüchter können sicherstellen, dass die geeigneten Zwergsorten gewählt werden, und oft werden auch Chemikalien eingesetzt, um zu erreichen, dass die Pflanze kompakt bleibt. Pflanzen Sie sie in den Garten, damit sie in den Folgejahren blüht.*

sehr hübsch und farbenfroh sind und günstig und einfach aus Samen gezogen werden können.

Einjährige Pflanzen sterben nach der Blüte ab und müssen entsorgt werden, andere sind einfach den Versuch nicht wert, sie im Haus am Leben zu halten; Impatiens sind oft langstielig, wenn man sie behält, obwohl sie einfach zu ziehen und nicht teuer sind; Hiemalis begonia verwelken schnell und sind schwierig gesund zu erhalten; darüber hinaus sind sie so billig in der Anschaffung, dass es sich wirklich nicht lohnt, für sie einen Platz zu reservieren, wenn sie verblüht sind. Blumenzwiebeln wie Hyazinthen haben eine wunderschöne Blüte, wenn sie speziell für eine frühe Blüte behandelt wurden, sie blühen im zweiten Jahr im Haus jedoch nicht mehr und sollten daher am besten in den Garten gepflanzt werden, wo sie sich erholen und in den Folgejahren blühen können.

Winterharte Beetpflanzen wie Astern werden manchmal als Topfpflanzen angeboten. Während der Blüte sehen sie großartig aus, aber der Topf mit großen Blättern, die nach der Blüte übrig bleiben, ist wenig attraktiv und die Pflanze wird sicher eingehen, wenn sie im Haus behalten wird. Wenn Sie sie nach der Blüte in den Garten pflanzen, dann haben Sie einige Wochen nach dem Kauf ein herrliches Blütenmeer und anschließend mehrere Jahre Freude an ihnen im Garten.

Rechts: *Saintpaulias gehören zu den beliebtesten blühenden Pflanzen, und es gibt so viele Blütenformen, Größen und Farben, dass man leicht ein interessantes Arrangement mit ihnen gestalten kann.*

Unten links: *Hydrangas sind attraktive Zimmerpflanzen, wenn man sie blühend kauft, fühlen sich aber als Dauergast im Haus nicht wohl. Versuchen Sie, sie nach der Blüte in den Garten zu pflanzen.*

Unten rechts: *Impatiens sind seit jeher beliebte Zimmerpflanzen; die New Guinea-Sorten haben größere Blätter als die alten Sorten, die normalerweise angeboten werden. Einige haben zusätzlich zu den Blüten auch eindrucksvoll panaschierte Blätter.*

Zum Blühen ausgetrickst

Manche Pflanzen werden mit dem Ziel ausgetrickst, dass sie zu einem bestimmten Zeitpunkt blühen. Zuhause können Sie diese Bedingungen nicht reproduzieren. Ganzjährige Chrysanthemen werden zu jedem Monat im Jahr zum Blühen gebracht, indem die Tageslänge durch spezielle Beleuchtung und Verdunkelung des Gewächshauses angepasst wird. Sie blühen zumeist an kompakten Pflanzen, da sie mit hemmenden Chemikalien behandelt wurden, deren Wirkung mit der Zeit nachlässt. Wenn es Ihnen gelingt, sie am Leben zu halten, werden sie immer größer werden und wahrscheinlich zu unterschiedlichen Zeiten blühen. Versuchen Sie, sie in den Garten zu pflanzen – manche Sorten werden wie Gartenpflanzen treiben, wenn die Winter nicht zu streng sind.

LEUCHTENDE BEEREN

- Übersehen Sie nicht die Pflanzen mit leuchtenden Beeren. Diese bleiben oft länger attraktiv als Blumen; einige der beliebtesten sind einfach aus Samen zu ziehen und – falls Sie sie kaufen müssen – günstig. Einjähriger Pfeffer (*Capsicum annuum*) hat kegelförmige Früchte in Schattierung von Gelb, Rot und Violett. *Solanum capsicastrum* hat orangefarbene oder rote Beeren, die wie kleine Tomaten aussehen – und mit Glück haben Sie auch im folgenden Jahr Freude an der Pflanze, wenn Sie sie im Sommer ins Freie stellen. Denken Sie daran, die Luftfeuchtigkeit hoch zu halten, indem Sie sie von Zeit zu Zeit besprühen, damit die Beeren nicht frühzeitig abfallen.

GEGENÜBERLIEGENDE SEITE OBEN: *Ganzjährige Chrysanthemen sind ausgezeichnete kurz blühende Zimmerpflanzen. Sie werden am besten knospend oder blühend gekauft. Danach haben Sie einige Wochen Freude an ihnen, bevor sie entsorgt werden müssen.*

GEGENÜBERLIEGENDE SEITE UNTEN: *Beeren können genauso leuchtend sein wie Blumen, und halten oft wesentlich länger. Diese Sorten Solanum capsicastrum und S. pseudocapsicum und ihre Hybriden sehen aus wie Cherry-Tomaten. Die Pflanzen werden normalerweise nach der Blüte entsorgt, können aber auch für ein weiteres Jahr behalten werden.*

GANZ OBEN LINKS: *Beloperone guttata ist einfach zu ziehen, blüht lange und es sollte möglich sein, sie Jahr für Jahr zum Blühen zu bringen.*

GANZ OBEN RECHTS: *Primula obconica ist während der Blüte eine ansprechende Zimmerpflanze. Einige Leute reagieren jedoch allergisch auf die Blätter.*

MITTE RECHTS: *Azaleen werden meistens als Topfpflanzen verkauft, manchmal auch unter dem Namen Azalea indica, botanisch Rhododendron simsii.*

RECHTS: *Euphorbia pulcherrima, der sogenannte Weihnachtsstern, hat unscheinbare, echte Blüten, aber wirklich farbenprächtige und eindrucksvolle Hochblätter.*

EINJÄHRIGE GARTENBLUMEN

• Wenn Sie nach dem Auspflanzen ins Blumenbeet einige Pflanzen übrig haben, dann können Sie sie in größere Töpfe pflanzen. Zu den Pflanzen, die bei guten Lichtverhältnissen auch drinnen attraktive Zimmerpflanzen abgeben, gehören Ageratum, Lobelien, Salbei und Samtblumen.

Duft in der Luft

Der Duft ist eine weitere Dimension Ihrer Pflanzen – und es sind nicht nur die Blüten, die einen Duft verströmen. Entdecken Sie einige der aromatischen Zimmerpflanzen und Sie werden sich fragen, warum Sie jemals chemische Luftverbesserer angewendet haben.

Die Wahrnehmung von Duftstoffen ist eine sehr persönliche Erfahrung und bei manchen ist sie mehr entwickelt als bei anderen. Unsere Fähigkeit, Düfte zu erkennen kann durch die genetische Veranlagung unserer Duftrezeptoren bestimmt sein. Einige Leute sind duftblind, genauso wie manche farbenblind sind. Sie können die meisten Düfte zwar erkennen, haben aber in bestimmten Bereichen eine Mangelfunktion: jemand, der eine Rose oder Wicke riechen kann, kann unfähig sein, den gleichfalls intensiven Duft einer Freesie zu riechen. Dies macht es schwierig, jemandem eine Pflanze zu empfehlen: die hier empfohlenen Pflanzen haben einen Duft, der von den meisten Menschen sofort erkannt wird, es kann aber sein, dass Sie feststellen, dass Sie eine bestimmte Duftschwäche haben oder den Duft sogar gar nicht wahrnehmen können.

Die Duftwahrnehmung wird zusätzlich durch individuelle Reaktionen auf einen Duftstoff erschwert. Manchmal aus biochemischen Gründen, es kann aber auch sein, dass manche Düfte mit angenehmen oder unangenehmen Erlebnissen assoziiert werden. Es gibt die sog. Duftblattgeranien (Pelargonien), die den einen an den spritzigen Duft von Zitronen erinnert, andere schmecken darin einen Thymolduft, der die Erinnerung an einen Zahnarztbesuch wachruft. Die einzige Möglichkeit, um festzustellen, ob Sie den Duft einer bestimmten Pflanze lieben, ist, sie zu ziehen und zu riechen. Sie werden wahrscheinlich die nachstehend aufgeführten Pflanzen lieben, falls jedoch nicht, dann streichen Sie sie aus Ihrer zukünftigen Pflanzenliste.

Oben links: *Die Blüten der Gardenia jasminoides sind in der Blüte rein weiß und werden mit dem Alter creme-gelb und duften stark.*

Unten links: *Datura suaveolens (auch Brugmansia suaveolens) ist eine große, prächtige Pflanze mit riesigen glockenförmigen Blüten und einem intensiven Duft, dessen Intensität zu der Größe der Blüten passt. Diese Sorte ist die „Grand Marnier", manchmal auch geführt unter dem Namen D. x candida.*

Standort für Duftpflanzen

Pflanzen mit einem zarten Duft, den Sie nur aus nächster Nähe riechen können, wie bei einem Exacum zum Beispiel, müssen so positioniert werden, dass man an ihr riechen kann – vielleicht auf einem Tisch oder Bord, an dem Sie im Eingangsbereich vorbeigehen oder als Mittelpunkt auf dem Esstisch.

Pflanzen mit einem beherrschenden Duft, wie Gardenien und Hyazinthen, können so kraftvoll sein, dass sie einen ganzen Raum mit ihrem Duft erfüllen. Es spielt keine Rolle, wo Sie diese Pflanzen im Raum platzieren; vermeiden Sie aber andere Pflanzen, die sie stören könnten; stellen Sie diese in einen anderen Raum,

OBEN: *Stephanotis floribunda ist eine stark duftende Kletterpflanze, die als Topfpflanze gepflanzt werden kann, solange sie jung ist.*

OBEN MITTE: *Eine Schale mit Hyazinthen erfüllt einen Raum mit herrlichem Duft. Auch wenn Sie nur für ungefähr eine Woche in voller Blüte stehen, können Sie doch mehrere Wochen Freude an ihnen haben, wenn Sie verschiedene Sorten pflanzen und Arten wählen, die speziell für eine frühe Blüte behandelt wurden.*

OBEN RECHTS: *Geranien mit duftenden Blättern (Pelargonien) haben unbedeutende Blüten. Pflanzen Sie sie wegen ihrer aromatischen Blätter. Setzen Sie sie an einen Standort, an dem Sie sie immer wieder mal berühren können, damit die Blätter ihren starken Duft verströmen können. Dies ist die Pelargonium graveolens mit einem an Zitronen erinnernden Duft.*

UNTEN: *Orangen sind ausgezeichnete Pflanzen für einen Wintergarten. Für kurze Zeit können sie auch ins Haus gebracht werden.*

DUFTENDE BLÄTTER

Zu den besten Pflanzen, die wegen ihrer wohlriechenden Blätter gepflanzt werden, gehören die Duftblattgeranien (Pelargonien).

Dies ist nur eine kleine Auswahl:
P. capitatum (Rosenduft)
P. crispum (Zitronenduft)
P. graveolens (leicht zitronig)
P. odoratissimum (Apfelduft)
P. tomentosum (Pfefferminzduft)

wo Sie deren eigenen, besonderen Duft isoliert genießen können.

Pflanzen, die ihren Duft verströmen, wenn Sie sie berühren oder streifen, wie die Duftblattgeranien (Pelargonium), sollten an einem Platz stehen, an dem Sie sie im Vorbeigehen berühren, zum Beispiel Alkoven, Fenster im Treppenhaus oder auf dem Küchentisch.

DUFTENDE BLÜTEN

Citrus (nach Zitronen duftende Blätter und Früchte)
Datura suaveolens
Exacum affine

Hyazinthen
Hymenocallis X festalis, H. narcissiflora
Jasminum officinale
Narcissus „Paperwhite“
Stephanotis floribunda

Orchideen und andere Exoten

Ergänzen Sie Ihre Zimmerpflanzen mit einem Hauch Besonderheit, indem Sie einige Orchideen zusammen mit anderen Exoten wie Strelitzia, dem „Paradiesvogel“ ziehen.

Orchideen haben den Ruf, dass es schwierig ist, sie zu ziehen und folglich schrecken viele Leute davor zurück, sie als Zimmerpflanze zu wählen. Wenn Sie jedoch die richtigen Sorten wählen, sind sie relativ anspruchslos und bilden von Jahr zu Jahr schönere Blüten.

Der Nachteil von Orchideen ist der Kontrast zwischen der Schönheit ihrer exotischen Blüten und den ziemlich unansehnlichen Blättern, mit denen Sie die restlichen zehn oder elf Monate des Jahres leben müssen.

Am besten stellt man sie im Sommer an einen geschützten und halbschattigen Ort im Garten – oder noch besser in einen Wintergarten – und nimmt sie im Winter oder wenn sie zu blühen beginnen ins Haus.

Einfache Orchideen

Die besten Orchideen für den Anfang sind Cymbidium Hybriden, die einfach zu pflegen, problemlos zu bekommen und zudem noch günstig sind – wenn Sie nicht unbedingt eine bestimmte Sorte haben wollen.

Wenn Sie eine kompaktere Sorte suchen, dann sind Miltonias die bessere Alternative. Die großen, flachen Blüten, die an Stiefmütterchen erinnern, gibt es in einer riesigen Farbauswahl und blühen oft einen Monat lang.

Cypripediums (paphiopedilum) ist eine andere charakteristische und problemlose Orchideenart. Sie wird manchmal Frauenschuh genannt, da der Boden des Blütenblatts wie ein Schuh geformt ist.

Andere Orchideen können im Haus gezogen werden, vor allem , wenn Sie einen speziellen Bereich für sie bereitstellen können, vielleicht mit künstlichem Licht, obwohl es besser ist, erst etwas Erfahrung mit den einfacheren, oben beschriebenen Sorten zu sammeln.

Andere Exoten

Versuchen Sie es doch einmal mit den folgenden exotischen Pflanzen, die etwas von der Farbenvielfalt und der Extravaganz der Tropen in Ihr Wohnzimmer bringen.

Anthuriums haben lebhaft violette, rote oder orangefarbene „Blüten“, die niemals übersehen werden können. Die „Blüte“ ist in Wirklichkeit eine Blütenscheide, während der gedrehte, schwanzähnliche Kolben die eigentliche Blüte enthält. Die „Blüten“ sind lang anhaltend.

Bougainvilleas wirken am besten, wenn sie am Dach eines Wintergartens entlang ranken, sie können aber auch versuchen, sie auf einer Terrasse oder einem hellen Fenster zu ziehen. Die leuchtenden „Blüten“ sind in Wirklichkeit papierartige Hochblätter. Schneiden Sie sie nach der Blüte ab und stellen Sie sie während des Winters an einen kühlen, aber frostfreien Standort.

Pflege von Orchideen

Mit dem Alter werden die Blätter von Orchideen oft unansehnlich. Wenn die Blattenden braun werden, versuchen Sie, diese Stellen abzuschneiden. Machen Sie den Schnitt in einem Winkel, damit es natürlicher aussieht.

Daturas sind große Pflanzen, die am besten in einem Wintergarten wirken, auch wenn man kleine Pflanzen im Haus ziehen kann. Die riesigen glockenförmigen Blüten sind normalerweise weiß, violett oder gelb, je nach Sorte und Art. Die Kopfnote des Dufts spiegelt die Pracht der Blüten wider – eine einzige Blüte kann ein ganzes Haus mit ihrem Duft ausfüllen.

Hibiscus rosa-sinensis entwickeln sich zu einem großen Strauch, man kann sie aber auch als kleine Pflanzen kaufen. Die Blüten sind groß und wunderschön: Mit 10 cm und mehr im Durchmesser gibt es sie in den Farbschattierungen von Rot, Gelb und fast Orange.

Strelitzien werden manchmal „Paradiesvögel“ genannt, weil ihre orange- und blaufarbigen Blüten an den Kopf eines exotischen Vogels erinnern. Die Blätter haben oft eine Länge von 1m oder mehr, und solch eine große Pflanze ist einfach atemberaubend.

WIE MAN ORCHIDEEN ZIEHT

• Es ist am besten, die besonderen Anforderungen einer Sorte zu überprüfen – die folgenden Regeln gelten jedoch für die meisten Pflanzen.

• Stellen Sie die Pflanze an einen sehr hellen Standort, aber nicht in direktes, starkes Sonnenlicht.

• Sorgen Sie für reichlich Feuchtigkeit. Stellen Sie die Töpfe auf eine Schale mit Kies oder besprühen Sie sie regelmäßig. Kleine Pflanze gedeihen gut in einem geschlossenen Pflanzgefäß.

• Vermeiden Sie Zugluft, aber sorgen Sie für viel frische Luft. Lassen Sie sie nachts nicht an einem kalten Fenster stehen.

• Topfen Sie die Pflanze nur um, wenn der Topf voller Wurzeln ist. Verwenden Sie immer eine spezielle Topferde für Orchideen (es kann sein, dass Sie diese von einem Fachhandel beziehen müssen).

• Düngen Sie regelmäßig während des Sommers.

• Stellen Sie die Pflanzen im Sommer draußen an einen geschützten Standort, wenn Sie keinen Wintergarten haben.

• Gießen Sie nur, wenn die Erde fast trocken ist.

GEGENÜBERLIEGENDE SEITE GANZ OBEN: *Strelitzia reginae, der „Paradiesvogel" verfehlt seine Wirkung mit seinen auffallenden Blüten nie.*

GEGENÜBERLIEGENDE SEITE MITTE: *Die roten oder violetten Hochblätter, die die unscheinbaren Blüten der beeindruckenden Anthurium einrahmen, sind in Wirklichkeit modifizierte Blätter.*

GANZ OBEN: *Bougainvillae haben ein wirklich exotisches Aussehen. Obwohl sie Kletterpflanzen sind, können sie als Zimmerpflanzen verwendet werden, solange sie klein sind. Größere Pflanzen gedeihen am besten in einem Wintergarten.*

OBEN: *Phalaenopsis Orchideen blühen die meisten Monate des Jahres, es sind aber keine Pflanzen, die einfach im Haus zu ziehen sind.*

OBEN RECHTS: *Cymbidiums gehören zu den Orchideen, die am einfachsten im Haus zu ziehen sind, aber auch sie profitieren während der Sommermonate von einem Kurzaufenthalt im Freiland oder im Gewächshaus.*

RECHTS. *Die Blüten des Hibiscus rosa-sinensis sind groß, auffällig und leuchtend; sie verfehlen selten ihre Wirkung.*

SPASSPFLANZEN

Manche Pflanzen haben eher einen unterhaltsamen und lehrreichen Wert und sind weniger wegen ihrer Schönheit beliebt. Sie sind ein guter Weg, um Kinder für Pflanzen zu begeistern und interessante Zimmerpflanzen.

Fleischfressende Pflanzen sind immer eine Attraktion für Kinder. Nur die wenigsten sehen wirklich hübsch aus, obwohl es auch einige mit schönen Blüten gibt. *Pinguicula grandiflora* hat hübsche violette Blüten und erinnert an Krokusse an langen Stielen, die wochenlang halten. Die meisten haben jedoch uninteressante Blüten und ihre Anziehungskraft besteht hauptsächlich in der unterschiedlichen Form ihrer Fallen.

Einige eignen sich nicht als Zimmerpflanzen, aber bei den folgenden ist es einen Versuch wert: *Dionaea muscipula* (eine Schnappfalle), *Drosera capensis* (eine Klebefalle), *Pinguicula grandiflora* (eine Fliegenfänger-Falle), und *Sarracenia flava* (eine Fallgruben-Falle). Liebhaber haben eine ganze Sammlung von Dutzend verschiedenen Sorten, die hier aufgeführten repräsentieren lediglich die vier verschiedenen Fallenarten und sind alle gute Zimmerpflanzen, obwohl auch sie sorgfältig behandelt werden müssen, damit sie nicht eingehen.

Empfindliche Pflanzen

Manche Pflanzen sind berührungsempfindlich und gehen ein, wenn man sie berührt. Die bekannteste ist die *Mimosa pudica*, die mit ihren empfindlichen Blättchen und attraktiven Blüten, die wie violette Bälle aussehen, eine sehr schöne Pflanze ist. Man kann sie einfach aus Samen ziehen, wenn Sie keine Pflanzen im Gartencenter oder in Gärtnereien finden können.

Blätter, die „Babys" haben

Manche Pflanzen haben die Fähigkeit, kleine Pflänzchen auf den Blättern zu bilden, die schließlich abfallen und wurzeln (oder Sie können den Vorgang beschleunigen, indem Sie sie entfernen und eintopfen). Zwei bekannte Arten sind die *Kalanchoe daigremontiana* (auch *Bryophyllum daigremontianum*), die rund um die Blattenden viele Minipflanzen hat und *K. tubiflora* (auch *Bryophyllum tubiflorum*), die die Pflänzchen als Blütenstände an den Blattenden bildet.

Andere Pflanzen, die „Babys" produzieren, sind der Farn *Asplenium bulbiferum* und *Tolmiea menziesii*.

UNTEN: *Dionaea muscipula ist eine fleischfressende Pflanze mit einer Schnappfalle, die sich schnell über ihrer Beute schliesst.*

Blumenzwiebeln, die ohne Erde blühen

Als Novum können Sie versuchen, Herbstzeitlose „trocken" blühen zu lassen. Zur Stabilität sollten Sie sie auf einen Untersatz mit Sand stellen. Normalerweise bildet sich innerhalb von wenigen Wochen eine große, dem Krokus ähnliche Blüte aus der trockenen Blumenzwiebel.

Eine ebenfalls ungewöhnliche Blumenzwiebel, die *Sauromatum venosum* (auch *S. guttatum*) wird manchmal als Novum für die Trockenblüte angeboten (behandeln Sie sie wie eine Herbstzeitlose). Die röhrenförmigen Blüten erscheinen in einem dunklen Grünviolett. Diese ungewöhnliche Blüte wird bald durch den grauenhaften Gestank nach faulem Fleisch auf sich aufmerksam machen – faszinierend für Kinder, aber für Ihr Wohnzimmer nicht unbedingt geeignet!

GEGENÜBERLIEGENDE SEITE OBEN: *Colchicum autumnale kann „trocken" gezogen werden. Stellen Sie die Knollen entweder direkt auf ein Fensterbrett oder setzen Sie sie zur Stabilisierung in eine Schale mit Kies und warten Sie einige Wochen, bis sich die krokusartigen Blüten zeigen.*

GANZ OBEN RECHTS: *Sarracenia flava ist eine fleischfressende Pflanze mit einer Fallgruben-Falle.*

MITTE RECHTS: *Drosera capensis ist ein Beispiel für eine Klebefalle und eine interessante Ergänzung zu den fleischfressenden Pflanzen.*

LINKS UND OBEN: *Kalanchoe daigremontiana (auch Bryophyllum daigremontianum) bildet kleine Pflänzchen entlang der Blattseiten (links). Diese fallen rund um die Mutterpflanze oft auf die Erde und wurzeln dort, Sie können sie aber auch einfach entfernen und einpflanzen. (Oben links).*

PFLEGE FÜR FLEISCHFRESSENDE PFLANZEN

- Verwenden Sie keine normale Topferde. Sie muss säurehaltig sein und leicht lösliche Mineralien enthalten. Eine geeignete Erde (mittel) enthält normalerweise Torf, Sand, Moos und manchmal Rindenschnitzel.
- Pflanzen Sie einige der Pflanzen in eine Pflanzkiste oder ein altes Aquarium. Decken Sie es möglichst ab, um ein feuchtes Klima zu schaffen.
- Sorgen Sie für gutes Licht.
- Stellen Sie die Töpfe in ein mit Wasser gefülltes Kiesbett, um für Feuchtigkeit zu sorgen, wenn die Pflanze nicht in einer geschlossenen Umgebung steht.
- Einige Arten bevorzugen eine konstant feuchte Erde. Diese können Sie in eine Schale mit Wasser stellen (nicht für normale Zimmerpflanzen empfehlenswert).
- Verwenden Sie grundsätzlich weiches Wasser (destilliertes oder deionisiertes Wasser ist geeignet, Regenwasser ist jedoch am besten).
- Am besten verwendet man keinen Dünger, die meisten richten Schäden an. Wenn Sie jedoch glauben, die Pflanzen brauchen wirklich Nährstoffe, dann besprühen Sie die Blätter während der Wachstumsphase alle vierzehn Tage mit einem Blattdünger, der im Verhältnis 1:4 verdünnt wurde.
- Diese Pflanzen fangen Tierchen, um ihren Nährstoffbedarf zu decken, im Haus kann die Anzahl der Insekten jedoch begrenzt sein. Manche Leute lassen in der Nähe der Pflanzen Fruchtfliegen fliegen oder füttern sie mit Fliegenlarven (oft im Angelfachgeschäft erhältlich).

Zimmerpflanzen kaufen

Das Einkaufen von neuen und interessanten Pflanzen kann großen Spaß machen, achten Sie aber darauf, wo und wann Sie die Pflanzen kaufen. Eine Pflanze, die schlecht behandelt wurde, bevor Sie sie kaufen, wird wahrscheinlich nur die schlechte Behandlung widerspiegeln, wenn sie bei Ihnen zu Hause ist.

Die Auswahl von Zimmerpflanzen erfordert die gleiche Sorgfalt und Überlegung wie der Kauf von anderen Dingen für Ihr Zuhause. Tatsächlich werden manche Pflanzen länger bei Ihnen bleiben als manch ein Haushaltsgegenstand.

Sie können eine Pflanze kaufen, einfach weil sie Ihnen gefällt und anschließend finden Sie einen passenden Platz für sie; sie können aber auch eine Pflanze suchen, die eine bestimmte Ecke in einem Raum ausfüllen soll. Die letztere Variante ist zweifellos das theoretische Ideal, geht aber an der Realität vorbei.

Mit Ausnahme der bekanntesten Zimmerpflanzen sind die Chancen, selbst nach mehreren Einkaufstouren eine bestimmte Pflanze zu finden, nicht sehr groß. Auch wenn eine Vorausplanung wünschenswert ist, unterdrücken Sie nicht den Impuls, spontan etwas Interessantes oder Ungewöhnliches zu kaufen, vor allem wenn Sie bereit sind, auf Ihrem Weg auch einige Fehlentscheidungen in Kauf zu nehmen.

Wo Sie kaufen sollten

Für alltägliche Zimmerpflanzen ist ein Gartencenter eine gute Adresse: dort gibt es höchstwahrscheinlich eine gute Auswahl an „Basic"-Zimmerpflanzen und normalerweise einige außergewöhnliche Arten. Wichtig ist, dass sie Bedingungen wie in einem Gewächshaus haben: gutes Licht, Wärme (gelüftet im Sommer), ein heiteres und feuchtes Klima. Das Personal hat normalerweise gute Fachkenntnisse, aber es ist nicht unbedingt anzunehmen, dass Teilzeit- oder Aushilfskräfte mehr wissen als Sie!

Floristen verkaufen ebenfalls Topfpflanzen, aber mit Ausnahme von sehr großen Geschäften ist die Auswahl begrenzt und die Bedingungen sind selten gut. Einige große Geschäfte bieten eine begrenzte Auswahl an Pflanzen an. Bei einigen von ihnen ist die Qualität ausgezeichnet, die Pflanzen sind in einem sehr guten Zustand und werden aus dem Laden genommen, wenn sie nicht innerhalb einer bestimmten Zeit verkauft wurden. In anderen vegetieren die Pflanzen bei schlechtem Licht und ungenügender Pflege vor sich hin, bis sie schließlich verwelken. Die Qualität der Pflanzen, die von gewöhnlichen Geschäften oder Heimwerkermärkten verkauft werden, variiert enorm.

Gehen Sie die „Verkäufer-Checkliste" sorgfältig durch, bevor Sie in diesen Geschäften kaufen. Marktstände verkaufen oft Pflanzen zu sehr günstigen Preisen, die normalerweise schnell verkauft werden. Es ist also möglich, qualitativ gute Pflanzen günstig zu bekommen, wenn Sie sich nicht an der geringen Auswahl stören. Kaufen Sie nicht bei kaltem Wetter – besonders nicht im Winter. Den Schock, den Pflanzen erhalten, wenn sie aus einer warmen Umgebung nach draußen kommen, bemerken Sie wahrscheinlich erst einige Tage später, wenn die Pflanze beginnt, ihre Blätter zu verlieren. Selbst im Sommer können Zimmerpflanzen, die draußen stehen, einen starken Wachstumsschock erleiden, wenn das Wetter plötzlich kalt und windig wird.

OBEN: *Versuchen Sie, Ihre Pflanzen von einer Gärtnerei oder einem Gartencenter zu kaufen, wo sie ausgezeichnete Bedingungen und gute Lichtverhältnisse haben.*

Wie bringen Sie Ihre Pflanzen nach Hause

- Kaufen Sie Ihre Pflanzen als letztes, kurz bevor Sie nach Hause gehen.
- Stellen Sie Pflanzen nicht in einen heißen Kofferraum, besonders wenn Sie nicht sofort nach Hause fahren oder einen langen Weg haben.
- Achten Sie darauf, dass sie in einer Schutzhülle eingepackt sind, wenn Sie sie mit öffentlichen Verkehrsmitteln transportieren. Das schützt sie vor Kälte und Wind sowie vor Stößen.

Verkäufer-Checkliste

- Prüfen Sie die Erde. Wenn sie ausgetrocknet ist, wurden die Pflanzen vernachlässigt. Kaufen Sie nicht.
- Heben Sie den Topf und überprüfen Sie die Unterseite. Wenn viele Wurzeln aus der Unterseite herauskommen, hätte die Pflanze früher umgetopft werden müssen. Einige kleine Wurzeln, die aus dem Topf herausschauen, sind kein Zeichen für Vernachlässigung und normal, wenn die Pflanzen auf Kapillarmatten gezogen wurden.
- Wenn Sie eine blühende Pflanze kaufen,

achten Sie darauf, dass sie noch viele Knospen hat, andernfalls haben Sie nur kurz Freude an ihr.

- Schauen Sie sich die Form kritisch an. Wenn die Pflanze an einer Seite abgehackt ist oder an der Basis schütter, wählen Sie eine andere.
- Achten Sie darauf, dass die Pflanze ein Etikett hat. Ein Etikett sollte Hinweise darüber enthalten, wie Sie die Pflanze pflegen müssen – eine Pflanze ohne Etikett deutet auf mangelndes Interesse an den Pflanzen und den Kunden hin.
- Nehmen Sie keine Pflanzen mit verletzten oder abgebrochenen Blättern.
- Scheuen Sie sich nicht, die Blätter herumzudrehen. Achten Sie auf Anzeichen von Schädlingen und Krankheiten. Wenn Sie solche Anzeichen finden, lassen Sie die Pflanze im Geschäft!
- Wenn die Pflanzen in einer Schutzfolie verpackt sind, dann kaufen Sie sie nicht, wenn Sie die Folie nicht von der Pflanze entfernen können, die Sie kaufen möchten. Schutzfolien können sowohl Fäulnis und Krankheitsbefall, Schädlinge als auch eine karge und schlecht geformte Pflanze verbergen.

Schutzfolien
Solche Schutzfolien können nützlich sein: sie ermöglichen es, dass Sie Ihre Pflanze ohne große Schäden nach Hause transportieren können und bieten Schutz vor kaltem Wind im Winter. Achten Sie aber darauf, dass sie keine beschädigten oder kranken Blätter verbergen. Entfernen Sie notfalls die Folie, um die Pflanze untersuchen zu können.

Wurzelcheck
Es ist normal, wenn einige Wurzeln aus der Unterseite des Topfes herausgewachsen sind, insbesondere, wenn ein kapillares Bewässerungssystem verwendet wurde (was in Gärtnereien üblich ist), eine große Menge von Wurzeln ist jedoch wahrscheinlich ein Anzeichen dafür, dass die Pflanze umgetopft werden muss.

Blühende Pflanzen
Wenn Sie eine blühende Pflanze kaufen, achten Sie darauf, dass noch viele Knospen vorhanden sind. Eine Pflanze in voller Blüte sieht zwar anfangs eindrucksvoller aus, sie werden jedoch nicht so lange Freude daran haben.

Schädlinge und Krankheiten
Überprüfen Sie die Unterseite einiger Blätter vor dem Kauf, um sicher zu sein, dass sie frei von Schädlingen und Krankheiten sind.

Topfgrößen

Zimmerpflanzen wirken und entwickeln sich besser, wenn sie einen Topf in der passenden Größe haben. Die Pflanze in der Abbildung ganz oben ist in einem zu großen Topf – er dominiert die Pflanze. Die Pflanze, die oben gezeigt wird, ist in einem zu kleinen Topf; die Pflanze ist nicht nur kopflastig und instabil, die vorhandene Blumenerde reicht auch nicht aus, um die Pflanze zu stützen.

Die richtige Umgebung schaffen

Es ist nicht möglich, das Klima eines südamerikanischen Regenwaldes oder die Bedingungen einer Halbwüste aus den trockeneren Regionen der Welt in unseren Wohnzimmern nachzubilden. Und doch erwarten wir, dass Orchideen und Bromelien zusammen mit Kakteen und Sukkulenten, Pflanzen aus den wärmsten Regionen der Welt neben winterharten Pflanzen, wie Efeu und Aucubas, nebeneinander existieren. Eine Umgebung zu schaffen, die für eine solche Vielfältigkeit an Pflanzen geeignet ist, während man gleichzeitig aber einen Wohnraum beibehält, in dem man sich wohl fühlt, erfordert Einfallsreichtum und eine Prise Kompromissbereitschaft.

Richten Sie sich hinsichtlich der besten Bedingungen für Ihre Pflanzen nach den auf den Etiketten empfohlenen Pflegehinweisen und Ratschlägen in Fachbüchern. In der Realität werden Sie vielleicht nicht alle aufgeführten Bedingungen erfüllen können, die meisten Pflanzen werden jedoch trotzdem überleben, selbst wenn sie nicht treiben. Nehmen Sie die Empfehlungen für den Feuchtigkeitsbedarf jedoch ernst: eine Pflanze, die eine hohe Feuchtigkeit braucht, wird in einer sehr trockenen Luft schnell eingehen. Die Empfehlungen hinsichtlich Licht und Schatten sind zwar wichtig, wenn Sie diese jedoch nicht ganz erfüllen können, ist die Konsequenz wahrscheinlich eine schlechte Panaschierung, vielleicht Brandspuren auf den Blättern, kränkliche und schlaksige Pflanzen, aber keine, die eingegangen sind. Normalerweise können Sie das Problem korrigieren, indem Sie die Pflanze umstellen.

Die Temperatur ist die flexibelste Anforderung und die meisten Pflanzen tolerieren eine große Bandbreite ober- und unterhalb der empfohlenen Zielwerte.

Temperatur

Betrachten Sie Hinweise in Büchern und Etiketten, die einen präzisen Temperaturbereich empfehlen mit Vorsicht.

Die meisten Pflanzen vertragen Temperaturen, die sehr viel niedriger sind als die ursprünglich empfohlenen Werte und im Winter, wenn die Lichtverhältnisse schlecht sind, kann eine hohe Temperatur das Wachstum anregen, das von den Lichtverhältnissen nicht kompensiert werden kann. Höhere Temperaturwerte sind bedeutungslos – es sei denn, Sie haben einen Luftkonditionierer. Im Sommer steigen die Temperaturen oft über den Wert, der für eine bestimmte Pflanze empfohlen wird und falls Sie keine Möglichkeit haben, die Luft auf irgendeine Art und Weise abzukühlen, werden die Pflanzen, genau wie Sie auch, die Temperaturen ertragen müssen. Wenn sie vor direktem Sonnenlicht geschützt sind und genügend Wasser bekommen, werden sie höchstwahrscheinlich keinen Schaden davontragen. Wenn die Temperaturen sich jedoch dem Frostbereich nähern, wird das für die meisten Zimmerpflanzen gefährlich. Selbst in einem Haus mit Zentralheizung kann die Temperatur sehr niedrig werden, wenn die Heizung über Nacht ausgeschaltet ist.

Licht und Schatten

Der beste Standort für die meisten Pflanzen ist in gutem Licht, jedoch ohne direkte Sonneneinstrahlung. Selbst Pflanzen, die im Freiland in der Sonne gut gedeihen, nehmen die durch die Fensterscheiben verstärkten Strahlen übel, die die Blätter oft verbrennen. Seien Sie besonders vorsichtig, wenn Sie Pflanzen hinter gemustertem Glas der vollen Sonne aussetzen: das Muster verstärkt die Sonnenstrahlen zusätzlich.

Nur Pflanzen, die normalerweise in der Wüste, auf Steppen, hohen Bergen und dürren Mooren wachsen, gedeihen in Gegenden ohne Schatten. Und selbst diese lieben die durch Glas intensivierten Sonnenstrahlen nicht. Bringen Sie wenn möglich Jalousien an, die Sie während der heißesten Tageszeit schliessen können. Selbst Netzvorhänge sind hilfreich und filtern die stärksten Sonnenstrahlen.

Die sogenannten Schattenpflanzen lieben überhaupt keine direkte Sonneneinstrahlung, was aber nicht heisst, dass sie im Dunkeln gedeihen. Das Auge ist trügerisch, wenn es um die Beurteilung von Lichtverhältnissen geht. Verwenden Sie eine Kamera mit einem Belichtungsmesser und messen Sie das Licht an verschiedenen Stellen im Raum. Sie werden wahrscheinlich feststellen, dass das Licht direkt ober- und unterhalb eines Fensters genauso schlecht ist wie in der Raummitte. Wenn die Fenster hoch sind, experimentieren Sie mit dem Belichtungsmesser, um zu sehen, wie viel besser das Licht ist, wenn Sie die Pflanze auf ein Podest oder einen niedrigen Tisch stellen.

OBEN: *Blattbrand (braune Stellen oder Flecken, die den Bereich dünn und papierartig aussehen lassen) ist ein bekanntes Problem bei Pflanzen, die auf einem sehr sonnigen Fensterbrett stehen. Sofern Sie nicht an diese intensive Hitze angepasst sind, kann das Blattgewebe Schaden nehmen. Das Problem entsteht oft, wenn in starkem Sonnenlicht Wassertropfen auf den Blättern zurück bleiben (das Wasser wirkt dann wie ein Brennglas) oder wenn gemustertes Glas die Sonnenstrahlen verstärkt.*

Oben: *Pflanzen wie Schizanthus und Cineraria machen ein herrliches Bild, wenn Sie gute Lichtverhältnisse und ein feuchtes Klima bieten können.*

PFLANZEN ISOLIEREN

Die größte Gefahr für Pflanzen sind Zugluft (besonders nachts, wenn die Temperatur fällt und die Heizung ausgeschaltet ist) und Frost. Treffen Sie Vorkehrungen, um sie zu isolieren: Stellen Sie die Pflanzen ins Zimmer, wenn Sie die Vorhänge zuziehen – lassen Sie sie nicht zwischen Vorhang und Fensterglas stehen, wo die Temperatur dramatisch fallen kann. Wenn Sie die Pflanzen in einer kalten Nacht am Fenster stehen lassen müssen, versuchen Sie, sie mit einem Stück Styropor zu schützen, mit dem Sie die untere Hälfte des Fensters abschirmen.

Luftfeuchtigkeit

Die Luftfeuchtigkeit – oder die Menge an Feuchtigkeit, die bei einer bestimmten Temperatur in der Luft vorhanden ist – ist für alle Pflanzen wichtig, vor allem für solche mit empfindlichen oder dünnen Blättern, wie Farne, Selaginella und Caladiums. Pflanzen Sie diese Pflanzen, die ein sehr feuchtes Klima brauchen, in einem Flaschengarten oder Terrarium oder besprühen Sie die Pflanzen häufig (mindestens einmal pro Tag, wenn möglich häufiger).

Weniger anspruchsvolle Pflanzen, die eine hohe Luftfeuchtigkeit brauchen, können Sie in Gruppen pflanzen, um ein Mikroklima zu schaffen oder in eine flache Schale mit Kies, Kieselsteinen oder Murmeln stellen, die mit Wasser gefüllt ist.

Die Luft wird auf diese Weise feucht genug sein, vorausgesetzt, die Topfunterseite ist nicht in direktem Kontakt zum Wasser und die Erde kann sich nicht mit Wasser vollsaugen. Ein Besprühen ist nach wie vor wünschenswert, wenn die Pflanzen jedoch blühen, sollten Sie die Blüten abschirmen, da sonst die Blütenblätter Flecken bekommen und faulen können. Einfache Wasserschalen auf dem Heizkörper sind günstig und helfen, ein besseres Klima für Pflanzen zu schaffen.

Oben: *Es kann schwierig sein, im Haus ein feuchtes Klima zu bieten, Sie können jedoch ein kleines Mikroklima um die Pflanze herum schaffen. Wenn Sie die Pflanze auf einen Untersatz mit Wasser stellen, erhöht das die Luftfeuchtigkeit. Der Topf muss allerdings auf kleinen Kieseln oder Murmeln stehen, damit er nicht mit dem Wasser in Kontakt kommt und die Erde sich nicht vollsaugen kann.*

Oben: *Die meisten Zimmerpflanzen profitieren davon, wenn man sie mit Wasser besprüht. Wenn Sie dies täglich machen, werden die Pflanzen sehr viel besser gedeihen. Empfindliche Farne, die eine sehr hohe Luftfeuchtigkeit brauchen, müssen eventuell mehrmals täglich besprüht werden, damit sie sich wirklich wohl fühlen.*

Oben: *Auch wenn die Blätter vom Besprühen profitieren, können empfindliche Blüten durch das Wasser beschädigt werden. Schützen Sie die Blüten einfach mit einem Stück Papier oder Karton, wenn die Pflanze blüht.*

Pflanzen für das Fensterbrett

Das Fensterbrett ist ein beliebter Platz für Zimmerpflanzen, Sie müssen jedoch dafür geeignete Pflanzen wählen. Nicht alle lieben es, in der Sonne gebraten zu werden.

Es empfiehlt sich, die Intensität der direkten Sonneneinstrahlung an jedem Fenster zu messen, bevor man entscheidet, welche Pflanzen man wo platziert. Große Fenster lassen natürlich sehr viel Licht herein, jedoch immer noch weniger als wenn die Pflanzen draußen stehen würden; je größer die Glasfläche, desto schneller fallen die Temperaturen in der Nacht.

Die meisten Pflanzen gedeihen am besten, wenn sie bei guten Lichtverhältnissen an einem Standort stehen, der vor direkter Sonneneinstrahlung geschützt ist. Es gibt sicher Räume, die wenig direkte Sonne bekommen, die meisten jedoch werden zumindest am Morgen oder am Abend etwas Sonne haben. Mit Ausnahme von Schatten liebenden Pflanzen, die besonders empfindlich gegenüber direkter Sonne sind, profitieren die meisten Pflanzen davon, dass die Sonne am frühen Morgen und am Abend nicht so stark ist und keine Gefahr besteht, dass die Blätter verbrennen.

Sehr sonnige Fensterbretter können trotzdem interessant gestaltet werden, wenn Sie die Pflanzen sorgfältig auswählen, achten Sie aber darauf, dass die Erde bei warmen Temperaturen immer gut feucht ist. Vermeiden Sie, die Blätter zu bespritzen, wenn die Sonne auf sie scheint, da die Wassertropfen wie ein Brennglas wirken und die Blätter verbrennen können.

Die Liste der hier empfohlenen Pflanzen ist nicht erschöpfend, jedoch zeigt sie Beispiele, welche Pflanzen empfehlenswert sind. Experimentieren Sie mit weiteren Exemplaren, insbesondere auf einem hellen Fensterbrett, das keiner direkten Sonne ausgesetzt ist.

In Fällen, bei denen nur die Gattung genannt ist, können auch all die weit verbreiteten Arten genauso erfolgreich verwendet werden.

Viele Pflanzen gedeihen in der Sonne oder im Halbschatten und einige wenige vertragen sowohl direkte Sonne als auch indirektes Licht.

Pflanzen für ein sehr sonniges Fenster

Ananas, Kakteen, Ceropegia, Chlorophytum, Coleus, Geranien (Pelargonien), Duftblattpelargonien, Gerbera, Hippeastrum, *Hoya carnose,* Hypocyrta, Impatiens, Iresine, *Kalanchoe blossfeldiana* und Hybriden, Oleander, *Plectranthus fruticosus*, Sansevieria, Setcreasea, Stapelia, Sukkulenten (die meisten), Yucca und Zebrina.

Pflanzen für ein Fenster, das Morgen- oder Abendsonne bekommt

Aechmea, Aglaonema, Anthurium, Aphelandra, Begonien, Beloperone, Billbergia, Caladium, Calathea, Capsicum, Chlorophytum, Chrysanthemum, Cocos, Codiaeum, Coleus, *Cordyline terminalis* (auch *C. fruticosa*) und Varianten, *Crossandra, Cuphea, Ficus* (die meisten), *Gardenia, Gynura, Hoya, Impatiens, Maranta, Nertera, Plectranthus oertendahlii*, Rhipsalidopsis, Saintpaulia, Sansevieria, Sinningia, Solanum, Spathiphyllum, Tolmiea, Tradescantia, Zebrina.

Pflanzen für ein helles Fenster ohne direkte Sonne

Adiantum, Aglaonema, Anthurium, Asparagus, Aspidistra, Asplenium, Billbergia, Calathea, Chlorophytum, Clivia, Dieffenbachia, Dracaena, Farne, *Ficus deltoidea*, *Ficus pumila*, Hydrangea, Maranta, Orchideen, Saintpaulia, Sansevieria, Selaginella, Soleirolia (auch Helxine), Spathiphyllum.

Oben: *Hoya carnosa ist eine hübsche Kletter- oder Rankpflanze für einen sonnigen Standort. Sie ist hauptsächlich wegen ihrer weißen Blüten beliebt, aber die panaschierte „Tricolor" ist auch eine attraktive Blattpflanze.*

Oben: *Aphelandra squarrosa braucht viel Licht, aber keine direkte Sommersonne. Wählen Sie einen Standort, wo sie Morgen- oder Abendsonne im Sommer und viel Licht im Winter bekommt.*

Oben: *Gerbera lieben einen sehr sonnigen Standort, aber wenn Sie die Pflanze nach der Blüte entsorgen wollen, können Sie sie genauso gut auch an einen dunklen Platz stellen, um ihn aufzuhellen.*

OBEN: *Mammillaria elongata, gedeiht, wie die meisten Kakteen, an einem sonnigen, heissen Standort.*

OBEN: *Aglaonema „Silver Queen" fühlt sich im Halbschatten oder einem hellen Standort wohl, vermeiden Sie aber direkte Mittagssonne.*

OBEN: *Sansevieria trifasciata „Laurentii" gehört zu den robusten Pflanzen, die sich auf jedem Fensterbrett wohl fühlen, sowohl im Schatten als auch in praller Sonne.*

OBEN: *Yucca elephantipes braucht so viel Licht wie möglich. Sie liebt einen heissen, sonnigen Standort.*

UNTEN: *Zygocactus-(Schlumbergera) Hybriden sind Wald-Kakteen und gedeihen am besten an einem hellen Standort ohne direkte Sonneneinstrahlung.*

RECHTS: *Kalanchoe blossfeldiana Hybriden fühlen sich auf einem sonnigen Fensterbrett wohl.*

OBEN: *Calathea zebrina gedeiht am besten an einem hellen Standort mit Morgen- oder Abendsonne, verträgt jedoch keine direkte Mittagssonne.*

OBEN: *Aechmea fasciata ist hauptsächlich wegen ihrer faszinierenden Blütenähren beliebt. Da sie in der Natur auf Bäumen wächst, ist sie für ein Leben auf einem sehr heissen, sonnigen Fensterbrett nicht geeignet. Wählen Sie einen Standort, an dem sie Morgen- oder Abendsonne bekommt.*

Schattige Standorte

Pflanzen, die Schatten vertragen, sind besonders dann nützlich, wenn Sie eine auffällige Pflanze für schwierige Standorte im Raum brauchen. Große Solitärpflanzen sind normalerweise zu groß für ein Fensterbrett, so dass sie Eigenschaften wie Größe und Schattenverträglichkeit in sich vereinen müssen.

Es ist ein Fehler, eine Pflanze nur unter dem Dekorationsgesichtspunkt aufzustellen – Sie sollten immer einen Standort wählen, den die Pflanze zumindest toleriert, auch wenn sie nicht treibt. Für wirklich unwirtliche Ecken, wo es selbst für Schatten liebende Pflanze zu dunkel ist, sollten Sie Schnittblumen oder Farne verwenden, wenn Sie bereit sind, diese nach einigen Monaten wegzuwerfen.

Im Winter vertragen Pflanzen eine Lichtstärke unter 1000 Lux, im Sommer ist 5000 Lux das Minimum für Blattpflanzen wie Aspidistra und *Cissus rhombifolia* (auch *Rhoicissus rhomboidea*). Dies sind nichts sagende Zahlen, es sei denn, Sie haben eine Möglichkeit, die Lichtstärke zu messen, aber zum Glück gibt es einfache Faustregeln. Zwei Methoden, die Lichtstärke zu beurteilen, finden Sie unter dem Abschnitt *Wie man die Lichtstärke bestimmen kann* (gegenüberliegende Seite).

Oben: *Aglaonema „Silver Queen" ist anspruchslos und für Bereiche mit wenig Licht geeignet.*

Künstliches Licht

Künstliches Licht kann verwendet werden, um Pflanzen in dunklen Ecken hervorzuheben oder beim Treiben zu unterstützen, wenn das natürliche Licht nicht ausreicht.

Selbst normale Glühlampen können die Pflanze beim Wachstum unterstützen, indem sie punktuelle Wärme und eine verstärkte Ausleuchtung bieten. Fluoreszierende Lampen sind für das Pflanzenwachstum jedoch besser, und können, weil sie weniger Hitze produzieren, näher an der Pflanze verwendet werden. Die Lichtquellen müssen nah an der Pflanze platziert und die Röhren, wenn möglich, speziell für das Pflanzenwachstum ausbalanciert sein (Sie können diese in einigen Gartenfachgeschäften oder auch beim Aquarienhandel beziehen). Andernfalls können Sie die Röhren auch paarweise mit einer „Tageslicht"- und „Kaltlicht-" Röhre verwenden.

Oben: *Die Sorten der Aucuba japonica vertragen nicht nur Schatten, sondern auch Kälte. Sie sind frosthart, so dass Sie sie für einen Standort einsetzen können, der sowohl wenig Licht hat als auch niedrige Temperaturen im Winter hat.*

Oben: *Ficus pumila ist eine niedrige Rankpflanze, die auf einem sonnigen Fensterbrett schnell eingehen würde. Die panaschierten Arten sind attraktiver als die rein grünen.*

Oben: *Fatsia japonica ist ein Gartenstrauch, der hart genug fürs Freiland ist, mit Ausnahme sehr kalter Gegenden. Für drinnen ist die panaschierte Sorte attraktiver. Wählen Sie sie für einen Standort mit wenig Licht, wo die Temperatur im Winter ebenfalls fällt.*

Oben: *Philodendron scandens ist eine nützliche Rankpflanze für Bereiche mit wenig Licht.*

OBEN: *Helxine soleirolii, auch angeboten als Soleirolia soleirolii, ist eine robuste Pflanze, die wenig Licht und kühle Temperaturen verträgt (sogar leichten Frost). Es gibt grüne, silberne und goldene Arten.*

OBEN: *Efeu (Sorten von Hedera helix) gedeihen wild gut in der Sonne und im Schatten, ebenso wie drinnen. Bieten Sie ihm wenn möglich einen hellen Standort im Winter und vermeiden Sie direkte Sonne im Sommer.*

OBEN: *Fittonia verschaffeltii gehört zu den schwierigen Blattpflanzen. Bei direktem Sonnenlicht wird sie nicht lange überleben.*

OBEN: *Pellaea rotundifolia braucht nicht so ein feuchtes Klima wie die meisten Farne; ein helles Fenster ohne direkte Sonne ist ideal.*

OBEN: *Adiantum capillus-veneris verträgt keinen heissen, sonnigen Standort für längere Zeit. Sie fühlt sich wesentlich wohler in einem feuchten, schattigen Gewächshaus.*

OBEN: *Scindapsus aureus, auch angeboten als Epipremnum aureum, ist eine Rank- oder Kletterpflanze, die sich an einem Standort mit wenig Licht wohl fühlt. Diese goldene Art ist besonders leuchtend, aber mit der Zeit werden die Blätter grüner und weniger farbenfroh.*

OBEN: *Asplenium nidus ist eine der einfachsten Farnarten die man ziehen kann.*

Lichtstärke bestimmen

Verwenden Sie eine Kamera mit einem eingebauten Belichtungsmesser und stellen Sie eine Empfindlichkeit von 100 ISO (ASA) und eine Verschlusszeit von 1/125 Sekunden ein Nehmen Sie die Messung etwa zur Mittagszeit an einem sonnigen Tag im späten Frühjahr oder Frühsommer vor. Positionen Sie Kamera dort, wo Sie die Pflanze hinstellen wollen und richten Sie sie in Richtung Fenster. Lesen Sie die Blendeneinstellung ab und verwenden Sie dann als grobe Richtschnur die folgenden Tipps zur Bestimmung der Lichtstärke:

F16 oder mehr = Starkes Licht. Geeignet für Pflanzen, die beste Lichtverhältnisse brauchen.

F8-11 = Entspricht abgeschirmtem Tageslicht und ist geeignet für Pflanzen, die viel Tageslicht, aber keine direkte Sonne vertragen.

F4-4,6 = Schlechtes Licht. Nur geeignet für Pflanzen, die sich im Schatten wohl fühlen.

F2, 8 = Nur für absolute Schattenpflanzen und solche, die in den Wintermonaten nicht überleben würden.

Ein anderer Test ist, dort eine Zeitung zu lesen, wo Sie die Pflanze hinstellen wollen. Gutes Sehvermögen vorausgesetzt, ist der Standort zu dunkel für Pflanzen, wenn Sie die Zeitung nicht problemlos lesen können.

Pflanzen für schlechte Lichtverhältnisse

Aglaonema, Araucaria, Asplenium, Aspidistra, Aucuba, Blumenzwiebeln (beispielsweise Hyazinthen), stellen Sie sie jedoch in gutes Licht, sobald sie zu blühen beginnen, *Cissus rhombifolia* (auch *Rhoicissus rhomboidea*) X Fatshedera, Fatsia, Farne, *Ficus pumila, Fittonia, Hedera helix* (Efeu), Palmen (die meisten), *Philodendron scandens*, Pteris, Sansevieria, *Scindapsus aureus* (auch *Epipremnum aureum, Rhaphidophora aurea*), wird aber wahrscheinlich seine Panaschierung verlieren, *Soleirolia soleirolii* (auch *Helxine soleirolii*).

GIESSEN

Keine Pflanze kann ohne Wasser überleben. Die meisten Pflanzen gehen jedoch ein, weil sie zuviel und nicht zuwenig gegossen wurden. Diese auf den ersten Blick simple Tätigkeit in den Griff zu bekommen ist eine der wichtigsten Elemente einer erfolgreichen Pflanzenpflege.

Überprüfen der Erde
Wenn Sie einen Tontopf haben und mit einer Baumwollspule an einem Stock oder Bleistift dagegen klopfen, klingt es bei trockener Erde hell. Wenn die Erde noch feucht ist, ist der Klang dumpfer. Mit etwas Erfahrung erkennen Sie leicht den Unterschied.

Messgeräte und Messstreifen, die in die Erde gesteckt werden, sind ein Hilfsmittel, das Ihnen einen Anhaltspunkt gibt, wie viel Feuchtigkeit in der Erde enthalten ist; sie sind jedoch unpraktisch, wenn Sie sehr viele Zimmerpflanzen haben. Sie werden es bald leid sein, in jeden Topf einen Messstreifen zu stecken und das Ergebnis abzulesen. Diese Vorrichtungen sind für Gartenneulinge gedacht, die Erfahrungen sammeln wollen, wie man den Feuchtigkeitsgehalt auf andere Art und Weise beurteilen kann.

Wie viel Wasser?

Es gibt keine festen Regeln für das Gießen. Wie viel Wasser eine Pflanze braucht und wie oft hängt nicht nur von der Pflanze, sondern auch von der Art des Topfes (Tontöpfe müssen öfter gegossen werden als Plastiktöpfe), der Topferde (Erde auf Torfbasis speichert das Wasser besser als Erde auf Lehmbasis) sowie der Luftfeuchtigkeit und der Temperatur ab.

Das Gießen ist ein fachliches Können, das man sich aneignen kann, ein Können, das möglichst jeden Tag angewendet werden sollte; andernfalls ist es besser, auf Selbstbewässerungsbehälter oder Hydrokultur umzusteigen.

Nützliche Techniken

Überprüfen Sie die Töpfe täglich und wenden Sie diejenige der folgenden Techniken an, die Ihnen am meisten liegt:

- Das Aussehen kann bereits Aufschluss über den Zustand der Erde geben. Trockene, lehmhaltige Erde sieht blasser aus als feuchte. Eine trockene Oberfläche muss nicht bedeuten, dass die tiefere Erdschicht auch trocken ist, wenn sie jedoch feucht aussieht, dann wissen Sie, dass Sie nicht gießen müssen. Wenn die Pflanze in einem Untersatz steht, überprüfen Sie, dass es keine Staunässe gibt. Mit Ausnahme von Sumpfpflanzen sollten Sie kein Wasser hinzufügen, wenn noch Restwasser enthalten ist.
- Der Berührungstest ist bei Erde auf Torfbasis hilfreich. Drücken Sie einen Finger leicht in die Oberfläche – sie merken gleich, ob sich die Erde sehr trocken oder sehr feucht anfühlt.
- Der Spulentest ist für Tontöpfe (insbesondere große) geeignet, die Solitärpflanzen und eine große Menge Erde enthalten. Stecken Sie eine Baumwoll-Garnspule auf einen kurzen Bambusstock und klopfen Sie an den Topf: ein dumpfer Schlag zeigt eine feuchte Erde an (obwohl er auch auf einen gebrochenen Topf hindeuten kann), ein klares Klingen bedeutet trockene Erde. Diese Methode funktioniert nicht bei Erde auf Torfbasis und bei Plastiktöpfen.
- Mit etwas Erfahrung können Sie schon sagen, ob die Erde trocken ist, indem Sie einfach den Topf leicht anheben: ein Topf mit trockener Erde ist wesentlich leichter als einer mit nasser Erde.

Von oben gießen
Eine kleine Gießkanne ist immer noch die beliebteste Möglichkeit, um Pflanzen zu bewässern. Wählen Sie eine aus, die gut in der Hand liegt und über eine lange, schmale Tülle verfügt, damit Sie gezielt auf die Topferde gießen können und nicht von oben gießen müssen.

Wie man gießt

Füllen Sie den Topf beim Gießen bis zum Rand – ein Tröpfeln ist nicht ausreichend. Wenn der Wurzelballen völlig ausgetrocknet ist, kann das Wasser an der Innenseite des Topfes direkt durchlaufen. Stellen Sie in diesem Fall den Topf so lange in einen Eimer mit Wasser bis keine Luftblasen mehr aufsteigen.

Überprüfen Sie nach dem Gießen, dass kein überschüssiges Wasser im Untersatz oder Übertopf ist. Wenn im Topf Kieselsteine oder Murmeln enthalten sind, die den Topfboden vom direkten Kontakt mit dem Wasser fernhalten, ist das kein Problem, andernfalls müssen Sie das überschüssige Wasser ausschütten. Staunässe ist die häufigste Ursache bei Problemen. Mit nur ganz wenigen Ausnahmen werden die meisten Zimmerpflanzen eingehen, wenn sie längere Zeit im Wasser stehen.

Eine Gießkanne mit einem langen Hals ist am praktischsten, um die meisten Pflanzen zu gießen. Mit dem langen Hals kann man gut zwischen die Blätter gelangen und eine enge Ausgusstülle hilft, die Wassermenge zu kontrollieren. Außerdem ist der Wasserstrahl weniger stark und kann die Erde nicht wegwaschen. Beim Gießen mit einer Gießkanne können die Blätter und die Blütenblätter von bodennahen Pflanzen, wie Saintpaulias, nass werden und wenn Sie nicht vorsichtig sind, dadurch faulen. Für diese Pflanzen empfiehlt es sich, sie in eine Schale mit einigen Zentimetern Wassern zu stellen. Lassen Sie die Pflanze sich vollsaugen, bis die Oberfläche der Erde feucht ist und entfernen Sie die Pflanze anschließend wieder aus der Schale.

Besondere Bedürfnisse

Leitungswasser ist zwar nicht ideal, aber die meisten Zimmerpflanzen vertragen es. Wenn das Wasser jedoch sehr hart ist (mit einem hohen Calcium- oder Magnesiumgehalt), müssen Sie für Pflanzen, die auf alkalische Böden negativ reagieren, besondere Vorkehrungen treffen. Zu diesen Pflanzen gehören Aphelandra, Azaleen, Hydrangeas, Orchideen, Rhododendren und Saintpaulias. Normalerweise wird für diese Pflanzen Regenwasser empfohlen, manchmal ist aber nicht genügend vorhanden oder es ist in manchen Regionen verschmutzt.

Wenn Ihr Leitungswasser nur leicht hart ist, füllen Sie die Gießkanne einfach einen Tag vorher und lassen Sie sie über Nacht stehen. Bei härterem Wasser empfiehlt es sich, es abzukochen: ein Teil der Härte wird als Kesselstein abgelagert und sie können das Wasser verwenden, sobald es abgekühlt ist.

Viele Wasserenthärter arbeiten nach einem Prinzip, das den Pflanzen leider nicht hilft: wenn es Ihren Pflanzen nutzen soll, ist ein Demineralisationssystem erforderlich, das alle Mineralien entfernt und destilliertes Wasser bereitet. Die Anschaffung lohnt sich allerdings nur, wenn Sie viele Pflanzen haben.

Zu wenig Gießen

Wenn eine Pflanze wie diese hier welkt oder eingeht (ganz oben) kann man sie normalerweise nur wieder zum Leben erwecken, wenn man sie für einige Stunden in einen Topf mit Wasser stellt und sie anschliessend für einen Tag lang an einem kühlen, schattigen Standort stehen lässt. Am nächsten Tag wird sie wahrscheinlich so gesund aussehen wie vorher (oben). Achten Sie darauf, dass die Erde trocken ist, bevor Sie dies tun, denn eine zu stark gewässerte Pflanze wird ebenfalls welken.

Selbstbewässerungs-Töpfe

Wenn Sie das Gießen lästig empfinden, können Selbstbewässerungs-Töpfe die Lösung sein. Die Feuchtigkeit wird durch Dochte aus einem Speicher unter dem Topf in die Erde gezogen, so dass Sie weniger häufig gießen müssen.

Den Übertopf gießen

Nur wenige Pflanzen, wie dieses Zypergras, vertragen es, wenn sie mit den Wurzeln im Wasser stehen. Bei diesen Pflanzen können Sie das Wasser in den Untersetzer oder Übertopf füllen, aber nur wenn Sie sich vergewissert haben, dass die Pflanzen in ihrer natürlichen Umgebung auf sumpfigem Boden wachsen.

Zu viel Gießen

Bevor eine Pflanze eingeht, die zu stark gegossen wurde, wird sie wahrscheinlich beginnen zu kränkeln. Die Pflanze auf der linken Seite wurde zu viel gegossen, die auf der rechten Seite hat die richtige Menge an Wasser bekommen.

Düngen

Das Düngen kann den Unterschied zwischen einer Pflanze machen, die lediglich existiert und „stillzustehen“ scheint und einer, die gesund und kräftig aussieht und im wahrsten Sinne des Wortes aufblüht.

Moderne Düngemittel haben das Düngen wirklich erleichtert und inzwischen ist es nicht einmal dann eine lästige Pflicht, wenn man daran denken muss, es regelmäßig zu machen.

Zimmerpflanzen haben schlicht das Handicap, dass sie in einem Topf stehen. Das Volumen an Erde, das die Wurzeln durchdringen können, ist stark begrenzt, und manchmal erwarten wir sogar, dass die gleiche Erde eine große Pflanze mehrere Jahre lang ernährt.

Mit wenigen Ausnahmen sehen Ihre Pflanzen besser aus, wenn Sie sie düngen. Sie können Spezialdünger für blühende Pflanzen, Blattpflanzen und sogar spezielle Arten, wie Saintpaulias, kaufen. Wenn Sie es sich jedoch einfach machen wollen, können Sie auch einen Universaldünger für alle Pflanzen nehmen – das ist immer noch besser als gar nicht zu düngen.

Wann sollten Sie düngen?

Wenn Sie bei einer bestimmten Pflanze Zweifel haben, beachten Sie die Hinweise auf dem Etikett oder schauen Sie in einem Fachbuch nach. Als allgemeine Regel gilt, dass Pflanzen nur während der aktiven Wachstumsphase und wenn die Temperatur- und Lichtverhältnisse so sind, dass sie tatsächlich von den zusätzlichen Nährstoffen profitieren können, gedüngt werden sollen. Das ist normalerweise zwischen Frühjahrsmitte und Herbstmitte der Fall, obwohl es auch hier Ausnahmen gibt – insbesondere bei Pflanzen, die im Winter blühen.

Alpenveilchen werden während des Winters genauso wie immer gedüngt, und der im Winter und Frühjahr blühende Wald-Kaktus wird während des Winters gedüngt und ruht im Sommer. Die Regel von der „aktiven Wachstumsphase“ ist wichtiger als die Jahreszeit.

Für Zimmerpflanzen sind Langzeitdünger gut geeignet, denken Sie aber daran, dass ihre Wirkung temperaturabhängig ist und sie im Winter genauso wie im Freien aufhören, die Nährstoffe abzugeben.

Wie oft soll man düngen?

Einige Versuche und Irrtümer lassen sich nicht vermeiden. Bücher und Pflanzenetiketten empfehlen zwar oft „düngen Sie alle vierzehn Tage“, aber bei so vielen unterschiedlichen Zusammensetzungen ist ein solcher Rat eher unpassend. Dies trifft nur bei einem typischen Flüssigdünger für Zimmerpflanzen zu. Folgen Sie dem Ratschlag nicht zu genau, wenn sie einen anderen Dünger verwenden.

Dünger mit kontrollierter Abgabe und Langzeitdünger

Diese werden oft gewerblich, vor allem für Container- und Topfpflanzen im Außenbereich eingesetzt. Anders als bei normalem Dünger werden die Nährstoffe über einen längeren Zeitraum von mehreren Monaten abgegeben, so dass eine Gabe von einigen Malen pro Jahr ausreichend ist.

Dünger mit kontrollierter Abgabe sind am nützlichsten für Freilandpflanzen, da sie ihre Nährstoffe nur abgeben, wenn die Bodentemperatur hoch genug ist, damit die Pflanzen davon profitieren können.

Warum düngen?
Diese beiden Rhoicissus rhomboidea sind gleich alt und hatten beim Kauf die gleiche Größe. Die Pflanze auf der linken Seite wurde regelmäßig gedüngt und ein Mal umgetopft; die auf der rechten Seite wurde nicht gedüngt und zeigt typische Mangelerscheinungen.

Langzeitdünger
Es lohnt sich, der Topferde Langzeitdünger beizumischen, weil er die Pflanze während etwa sechs Monaten mit Nährstoffen versorgt. Die Nährstoffe in vielen Topferdesorten, die auf Torf oder Torfersatz basieren, können innerhalb von Wochen oder einigen Monaten aufgebraucht sein.

Langzeitdünger eignen sich als Zusatz zur Topferde, wenn Sie eine bestehende Pflanze umtopfen.

Flüssigdünger

Flüssigdünger wirkt schnell und ist für einen sofortigen Energieschub geeignet. Stärke und Verdünnung variieren, beachten Sie daher die Herstellerempfehlungen bezüglich der Menge und Häufigkeit der Anwendung.

Pellets und Sticks

Es gibt verschiedene Produkte, die Ihnen das regelmäßige Düngen erleichtern. Im Gegensatz zu Flüssigdüngern ersparen Sie Ihnen viel Zeit und Ärger, sind jedoch auf lange Sicht teurer. Einige sind in Tabletten – andere in Stiftform, aber das Prinzip ist immer das gleiche: Sie machen ein Loch in die Erde, stecken die Düngetablette oder den Düngestift hinein – die Nährstoffe werden langsam über einen Zeitraum von etwa einem Monat (überprüfen Sie die Anleitungen) abgegeben.

ÜBERDÜNGEN SIE NICHT

Weil etwas Dünger gut ist, bedeutet das nicht, dass viel Dünger besser ist. Verabreichen Sie nicht mehr als auf der Packung vom Hersteller empfohlen wird, da Sie sonst Ihre Pflanze umbringen können. In der Erde würden sich Salze bilden, die die Aufnahme von Wasser und Nährstoffen beeinflussen und zusammen mit einer Über-Stimulation der Pflanze dazu führen kann, dass die Pflanze eingeht.

Sticks und Pellets

Dünger für Topfpflanzen sind auch in Form von Sticks (ganz oben) und Pellets (oben) erhältlich, die Sie einfach in die Topferde stecken. Viele finden dies angenehmer als Flüssigdünger zu mischen.

Langzeitdünger-Tütchen

Langzeitdünger ist auch in Tütchen erhältlich, die sie auf die Topfinnenseite auf den Boden legen. Sie eignen sich hauptsächlich zum Umtopfen von Pflanzen.

Lösliche Pulver

Diese wirken nach dem gleichen Prinzip wie Flüssigdünger, mit dem einzigen Unterschied, dass Sie das Pulver in Wasser auflösen. Sie sind oft günstiger als Flüssigdünger.

Düngegranulat
Wenn Sie der Erde ein Dünger in Granulat- oder Pulverform beimischen wollen, dann nehmen Sie eine Gabel, um ihn unter die Erde zu mischen und wässern Sie anschliessend gründlich.

Vorteile des Düngens

Um die Vorteile des Düngens wirklich schätzen zu lernen, beginnen Sie mit zwei Pflanzen in gleichem Alter und gleicher Größe und düngen Sie dann die eine der beiden Pflanzen regelmäßig. Die Abbildung ganz oben zeigt die beiden Pilea cadierei beim Kauf. Die gleichen Pflanzen (oben) zeigen die Wirkung einige Monate später, nachdem die rechte Pflanze nur ein Mal einen Langzeitdünger erhalten hat.

PFLANZERDE AUSWÄHLEN

Ihre Pflanzen sind nur so gut wie die Erde, in der sie wachsen. Durch Düngen kann man Mangelerscheinungen ausgleichen, aber die richtige Struktur ist genauso wichtig, wenn die Wurzeln ein ausgewogenes Verhältnis von Feuchtigkeit und Luft, das so wichtig für ein gesundes Wachstum ist, erhalten sollen. In gewerblichen Betrieben wird die Pflanzerde nach Kriterien ausgewählt, die eine einfache kapillare Bewässerung ermöglichen und leicht zu transportieren sind. Für den Hausgebrauch sind dies aber nicht unbedingt die besten Voraussetzungen.

Pflanzerde hat nicht nur die Aufgabe, die Pflanzen zu stützen, sie wirkt auch als Nährstoffspeicher und ermöglicht – bei der richtigen Struktur – die richtige Balance zwischen Feuchtigkeit und Luft. Sie bietet auch vielen nützlichen Mikro-Organismen Unterschlupf.

Frühere Generationen von Gärtnern haben oft spezielle Mischungen an Topferde für die verschiedenen Pflanzenarten zusammengestellt, heute ist Pflanzerde erhältlich, die für die meisten Pflanzen passend ist, nur wenige Pflanzen haben spezielle Anforderungen.

Das wichtigste Unterscheidungsmerkmal besteht zwischen Pflanzerde auf Torf- oder Torfersatzbasis und solcher auf Lehmbasis. Die meisten Pflanzen gedeihen in einer der beiden Sorten gut, wobei es Vor- und Nachteile gibt, die eine Sorte für eine bestimmte Pflanze mehr oder weniger geeignet macht.

Pflanzerde auf Lehmbasis verwendet sterilisierten Lehm als Hauptbestandteil, mit Sand und Torf als Zusatz zur Verbesserung der Struktur sowie Dünger zur Ergänzung der Nährstoffe, die bereits im Lehm enthalten sind. Lehmerde ist schwer, eine nützliche Eigenschaft für große Pflanzen wie Palmen, da sie für Stabilität sorgt.

Pflanzerde auf Torfbasis ist leicht und einfach zu handhaben und die meisten Pflanzen gedeihen gut in ihr. Manchmal werden Sand oder andere Materialien beigemischt, wobei dies hauptsächlich unter dem Gesichtspunkt der Düngemittel-Ergänzung erfolgt. Oft sind die in der Erde enthaltenen Nährstoffe schnell erschöpft und die Pflanze leidet unter Mangelerscheinungen, wenn Sie nicht bei den ersten Anzeichen zusätzlichen Dünger verabreichen.

Torferde ist einfach zu handhaben, kostengünstig und hat automatische Bewässerungssysteme. Im Haus braucht sie jedoch eine sorgfältigere Bewässerung als Lehmerde. Sie kann komplett austrocknen, ist schwer wieder zu befeuchten und darüber hinaus auch schnell überwässert.

Einige Gärtner scheuen sich davor, Pflanzerde auf Torfbasis zu nutzen, weil die Feuchtgebiete, in denen der Torf gestochen wird, dezimiert werden. Aus diesem Grund werden inzwischen viele alternative Produkte angeboten, einschließlich Pflanzerde auf Kokosbasis (Abfallprodukt der Kokosnuss) und fein pulverisierte Rinde.

Einige verwenden auch eine Materialmischung. Die Ergebnisse dieser alternativen Mischungen sind je nach Marke und Zusammensetzung sehr unterschiedlich. Probieren Sie einige Sorten aus, indem Sie die gleiche Pflanzenart in unterschiedliche Mischungen pflanzen und entscheiden Sie dann, welches die beste ist.

SPEZIELLE MISCHUNGEN

Einige Pflanzen, wie Azaleen, viele Begonien, Erika und Saintpaulias, haben besondere Bedürfnisse, für die eine normale Pflanzmischung nicht geeignet ist. Selbst Pflanzerde auf Torfbasis ist normalerweise alkalihaltig, da sie Kalk enthält, um sie für die meisten Zimmerpflanzen gut verträglich zu machen. Für Pflanzen, die Kalk nicht mögen, brauchen Sie eine „Moorbeeterde", die in Gartencentern erhältlich ist. Bromelien, Kakteen und Orchideen gehören zu einer anderen Gruppe mit speziellen Anforderungen.
Sie können spezielle Pflanzerde-Mischungen in Gärtnereien oder guten Gartencentern bekommen.

Perlit

Kies

Torfmoos

Blähtongranulat

Wasserabsorbierende Kristalle

Dünger mit kontrollierter Abgabe

Kakteenerde

Moorbeeterde

Pflanzerde auf Lehmbasis

Pflanzerde auf Torfbasis

Orchideenerde

Pflanzerde auf Kokosbasis

ZUSÄTZE

Es gibt herkömmliche Zusätze zu Pflanzenerde, wie Perlit und Wurmstein, die die Erde offen halten und erlauben, dass genügend Luft an die Wurzeln kommt, und die die Feuchtigkeit im Boden halten. Diese werden manchmal bei der Stecklingsvermehrung angewendet, sie erhalten jedoch keine nennenswerten Nährstoffe. Ihr Beitrag ist rein struktureller Natur. Sie können damit normale Erde anreichern, um die Speicherfähigkeit von Feuchtigkeit zu erhöhen oder um die Erde offen zu halten, damit die Wurzeln genügend Sauerstoff bekommen.

Hoch-absorbierende Polymere (wasser-absorbierende Kristalle) sind sehr beliebt geworden, insbesondere für Behälter im Freien, wie Blumenampeln. Wenn Sie diese zur Erde hinzufügen, kann sie die Feuchtigkeit sehr viel länger speichern. Sie sind jedoch kein Ersatz für regelmäßiges Gießen und ihr Einsatz für Zimmerpflanzen ist eher begrenzt.

Töpfe und Container

Töpfe müssen nicht einfach nur praktisch, sie können auch interessant und schön sein. Aber welchen Typ Sie auch auswählen, die Größe und Proportion im Verhältnis zur jeweiligen Pflanze sind ausschlaggebend dafür, wie sie wahrgenommen wird – der Topf entscheidet, ob die Pflanze positiv oder negativ wirkt.

Normale Ton- oder Plastiktöpfe sind optisch nicht besonders ansprechend und die meisten Menschen verstecken sie in einem dekorativeren Übertopf, der etwas größer ist. Füllen Sie in diesem Fall Blähtongranulat oder einige Murmeln auf den Boden, damit der Topfboden nicht in Kontakt mit dem überschüssigen Wasser kommt, das sich am Boden sammelt. Als Alternative können Sie den Zwischenraum zwischen dem Innen- und Außentopf auch mit Torf füllen, der den Großteil der Feuchtigkeit aufsaugt und zusätzlich ein feuchteres Mikroklima in der Nähe der Pflanze schafft. Wählen Sie die letzte Methode nur, wenn Sie mit dem Gießen sehr methodisch vorgehen und es unwahrscheinlich ist, dass Sie die Pflanze zuviel gießen oder überschüssiges Wasser im Topf stehen lassen. Es ist schwierig festzustellen, sobald der Zwischenraum zwischen den beiden Töpfen erst einmal ausgefüllt ist.

Einige Pflanzen sehen gut in Tontöpfen aus, vor allem Kakteen und Sukkulenten. Halbtöpfe sehen manchmal noch besser aus, da Kakteen keine langen Wurzeln haben und ein flacherer Topf normalerweise besser zu den Proportionen der Pflanze passt. Halbtöpfe haben den gleichen Durchmesser wie normale Töpfe, sind jedoch nur etwa halb so hoch.

Pflanzschüsseln, die inzwischen eher unüblich sind, haben eine ähnliche Form, sind jedoch flacher; obwohl sie eigentlich zur Anzucht von Samen gedacht sind, kann man sie auch für niedrige oder kriechende Pflanzen verwenden.

Viele andere Pflanzen sehen ebenfalls in einem Halbtopf besser aus, zum Beispiel Azaleen, die meisten Begonien, Saintpaulias und die Mehrzahl der Bromelien. Richten Sie sich nach dem Topf, in dem sich die Pflanze befindet, wenn Sie sie kaufen; verwenden Sie den gleichen Topf, wenn Sie sie umtopfen.

Einige der qualitativ hochwertigeren Plastiktöpfe sind farbig und haben einen passenden Untertopf – solche Töpfe können genauso attraktiv aussehen wie ein Übertopf, besonders wenn die Farbe auf den Raum abgestimmt ist. Sie können normale Ton- oder Plastiktöpfe auch verschönern, indem Sie sie freihändig oder mit einer Schablone bemalen. Nehmen Sie für Tontöpfe eine Wandfarbe, für Plastiktöpfe eine Acryl-Künstlerfarbe.

Quadratische Töpfe werden eher im Gewächshaus verwendet, sie sind jedoch platzsparend, wenn Sie eine ganze Sammlung von kleinen Pflanzen, beispielsweise Kakteen, haben.

Plastik oder Ton?

Die große Mehrheit der angebotenen Pflanzen werden in Plastiktöpfen gezogen; der Beweis dafür, dass gewerbliche Gartenbetriebe sie zufriedenstellend beurteilen. Plastiktöpfe sind sauber, leicht, einfach zu handhaben, bleiben zum großen Teil frei von Schimmel und sind günstig. Sie halten die Feuchtigkeit besser und die Erde trocknet weniger aus. Was vielleicht verwundert: Tontöpfe halten normalerweise länger als Plastiktöpfe.

Plastiktöpfe werden mit dem Alter brüchig und ein leichter Schlag reicht manchmal aus, um sie zu zerbrechen. Ein Tontopf zerbricht nicht, es sei denn Sie lassen ihn auf eine harte Fläche fallen. Das zusätzliche Gewicht eines Tontopfes ist außerdem günstig, wenn die Pflanze größer und eher kopflastig ist.

Oben: *Dieser Zinkbehälter schafft genau die richtige Atmosphäre für eine altmodische Küche. Wenn der Topf groß genug ist, können Sie auch mehrere ähnliche Pflanzen kombinieren, wie die Adiantum und Pellaea Farne.*

Oben: *Binsenkörbe können für kleine Frühlingsblumen oder kompakte Pflanzen, wie Saintpaulias, sehr wirkungsvoll sein. Kleiden Sie sie immer aus oder verwenden Sie sie nur als Übertopf.*

Oben: *Keramiktöpfe sehen stilvoll aus und sind viel farbenfroher als normale Ton- oder Plastiktöpfe.*

Oben: *Rindentöpfe sehen bei Zimmerpflanzen gut aus, die sie normalerweise mit Bäumen assoziieren würden, zum Beispiel Efeu.*

OBEN: *In einer modernen Umgebung suchen Sie vielleicht nach einem eleganten Behälter, wie diesem kleinen Zinktopf. Die violette Gynura lenkt nicht vom Topf ab, der für sich allein eine Besonderheit ist.*

OBEN: *Mooskörbe geben ein schönes Bild ab für einige Frühlingsblumen, wie Primeln und Krokusse. Pflanzen Sie nicht direkt in diese Körbe, wenn Sie nicht sicherstellen können, dass die Oberfläche wasserdicht ist.*

OBEN: *Wandtöpfe aus Terrakotta können sowohl drinnen wie draußen verwendet werden. Dieser Philodendron scandens wird nach einigen Monaten zurückgeschnitten, damit der Behälter als Besonderheit weiterhin zur Geltung kommt.*

OBEN: *Passende Abtropfschalen sind nützlich, diese hier ist besonders hübsch, weil sie drei Keramiktöpfe kombiniert.*

OBEN: *Hängetöpfe aus Terrakotta sehen für halbhängende Pflanzen, wie diesen Nephrolepsis Farn besser aus als Plastiktöpfe.*

OBEN: *Seien offen für das Ungewöhnliche und Unerwartete. Der ungewöhnliche Topf ist aus getrockneten Pilzen hergestellt! Die Pflanze darin ist eine panaschierte Ficus pumila.*

OBEN: *Diese Metallschale sieht in der richtigen Umgebung umwerfend aus. Sie können sie mit Moos auslegen, was bei dieser Schale besser gelingt, als bei einem hängenden Korb.*

OBEN: *In Gärtnereien und Gartencentern finden Sie alle Arten an dekorativen Übertöpfen, so dass es Ihnen leicht fallen sollte, den für Sie passenden zu finden.*

OBEN: *Dieser Porzellan-Übertopf nimmt die Farbe der Alpenveilchen auf und schafft so ein einheitliches Bild.*

OBEN: *Steinguttöpfe eignen sich für Pflanzen in einer Küche. Dieser hier wurde mit Helxine soleirolii (auch Soleirolia soleirolii) bepflanzt, die die runde Form des Topfes aufnehmen.*

OBEN: *Manchmal können alte, handgemachte Tontöpfe sehr wirkungsvoll eingesetzt werden. Die weiße Ablagerung, die man häufig auf diesen Töpfen sieht, verstärkt das antike Aussehen. Sie wurden mit Efeu bepflanzt.*

Pflanzen eintopfen

Früher oder später müssen die meisten Pflanzen umgetopft werden, was für eine kränkliche Pflanze ein Neustart bedeuten kann. Aber nicht alle Pflanzen reagieren positiv auf häufiges Umtopfen, und einige bevorzugen es, in kleineren Töpfen zu stehen. Das Wissen, wann Sie umtopfen müssen, und in welche Topfgröße kommt mit der Erfahrung.

Überstürzen Sie es niemals, eine Pflanze in einen größeren Topf umzupflanzen. Pflanzen lieben es nicht, wenn ihre Wurzeln gestört werden und jede Beschädigung hat einen Wachstumsstop zur Folge.

Das Umtopfen sollte keine jährliche Routine sein. Es ist eine Arbeit, die man jährlich in Betracht ziehen, aber nur tatsächlich ausführen sollte, wenn die Pflanze es braucht.

Junge Pflanzen müssen häufiger umgetopft werden als ältere. Wenn eine große Solitärpflanze erst einmal in einem großen Topf ist, kann es besser sein, sie am Wachsen zu halten, indem man sie in einen anderen Topf von der gleichen Größe umtopft, sie zurückschneidet oder einfach zusätzlich düngt.

Wann ist ein Umtopfen notwendig?

Wenn die Wurzeln aus der Unterseite des Topfes herauswachsen, ist dies an sich nicht unbedingt ein Zeichen dafür, dass ein Umtopfen notwendig ist. Wenn die Pflanzen durch eine Kapillarmatte bewässert wurden oder der Topf in einem Übertopf stand, dann wachsen einige Wurzeln auf der Suche nach Wasser unweigerlich durch den Topf.

Wenn Sie Zweifel haben, klopfen Sie die Pflanze aus dem Topf. Um den Wurzelballen einfach zu entfernen, drehen Sie den Topf um und klopfen Sie mit dem Rand auf eine harte Oberfläche, während Sie die Pflanze und die Erde mit der Hand stützen. Es ist normal, dass einige Wurzeln an der Innenseite des Topfes entlangwachsen, wenn sich jedoch eine feste Wurzelmasse gebildet hat, ist es Zeit fürs Umtopfen.

Es gibt mehrere Möglichkeiten, eine Pflanze umzutopfen, wobei die beiden hier beschriebenen die besten sind.

Wann man umtopfen musst

Eine große Menge an Wurzeln, die durch den Topf wachsen (ganz oben) sind ein Zeichen dafür, dass die Pflanze umgetopft werden muss. Ebenso deuten viele Wurzeln, die sich entlang des Topfrandes bilden (oben) darauf hin, dass es Zeit für einen größeren Topf ist.

Topf-in-Topf-Methode

1 Bereiten Sie einen Tontopf nach der im Abschnitt *Traditionelle Methode* beschriebenen Weise vor. Verschließen Sie das Drainageloch jedoch nicht bei einem Plastiktopf oder bei kapillaren Bewässerungsmatten.

Eintopfen - Umtopfen - Umsetzen

- Auch wenn manche dieser Begriffe üblicherweise abwechselnd verwendet werden, ist die eigentliche Bedeutung folgende:
- Eintopfen passiert, wenn ein Sämling oder Steckling das erste Mal seinen eigenen Topf bekommt.
- Umtopfen ist die Tätigkeit, wenn ein Wurzelballen in einen größeren Topf gepflanzt wird.
- Umsetzen bedeutet, dass die Pflanze in einen Topf in der gleichen Größe gesetzt wird, wobei jedoch der größte Teil der Erde ersetzt wird. Dies ist nur dann notwendig, wenn die Pflanze nicht in einen größeren Topf gesetzt werden kann.

2 Füllen Sie etwas feuchte Erde über das Grundmaterial und setzen Sie dann den bestehenden Topf ein, wobei Sie darauf achten sollten, dass die Erde bis ungefähr 1 cm unterhalb des neuen Topfes reicht.

3 Füllen Sie weitere Erde zwischen den Innen- und Außentopf, indem Sie sie vorsichtig mit den Fingern nach unten drücken. So entsteht eine Mulde, wenn der innere Topf entfernt wird.

4 Entfernen Sie den inneren Topf und setzen Sie dann die Pflanze in das Loch, das in der neuen Erde gebildet wurde. Befestigen Sie die Erde vorsichtig um den Wurzelballen und gießen Sie die Pflanze gründlich.

TRADITIONELLE METHODE

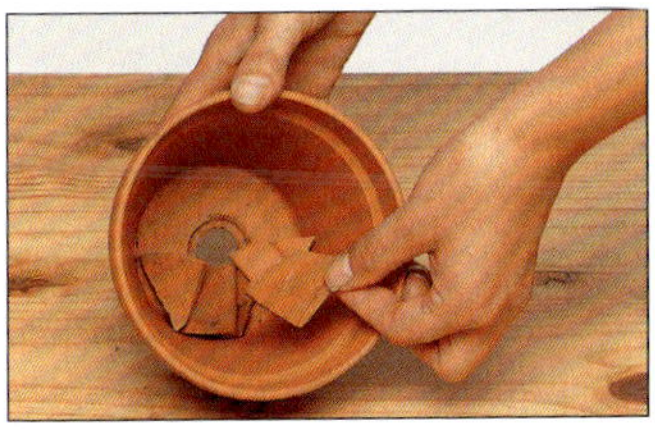

1 Bereiten Sie einen Topf vor, der eine oder zwei Größen größer ist als der bestehende und bedecken Sie das Drainageloch bei einem Tontopf mit einer Tonscherbe oder einigen Rindenstücken.

2 Achten Sie darauf, dass die Pflanze kurz vorher gewässert wurde und klopfen Sie dann den Wurzelballen aus dem alten Topf heraus. Entfernen Sie ihn, indem Sie vorsichtig an der Pflanze ziehen oder drehen Sie den Topf um und klopfen Sie den Rand auf eine harte Fläche.

3 Füllen Sie etwas Erde auf den Boden des neuen Topfes und setzen Sie dann den Wurzelballen so ein, dass er auf der richtigen Höhe sitzt.

4 Lassen Sie mehr Erde an den Seiten einrieseln und drehen Sie dabei den Topf. Verwenden Sie die gleiche Sorte Erde – auf Torf- oder Lehmbasis – wie im Originaltopf.

5 Befestigen Sie die Erde vorsichtig. Lassen Sie zwischen Erde und oberem Topfrand einen Zwischenraum von 1 – 2,5 cm zum Gießen stehen. Wässern Sie die Pflanze zum Schluß gründlich.

OBERFLÄCHENDÜNGUNG

- Wenn Pflanzen einmal einen großen Topf von etwa 25-30 cm im Durchmesser haben, ist es nicht mehr praktisch, die Pflanze in immer größere Töpfe umzupflanzen. Entfernen Sie die oberen Zentimeter Erde, wobei Sie sie zuerst mit einer Gabel etwas lockern sollten. Ersetzen Sie sie mit einer Topferde vom gleichen Typ. Auf diese Weise, und bei regelmäßiger Düngung, können die Pflanzen mehrere Jahre lang im gleichen Topf bleiben.

Schnitt und Pflege

Ihre Pflanzen bleiben bei regelmäßiger Pflege nicht nur gesund, Sie können auch frühe Anzeichen von Schädlingen und Krankheiten rechtzeitig erkennen, bevor sie zu einem Problem werden.

Durch regelmäßiges Schneiden und Pflegen bleibt Ihre Pflanze frisch und sauber, darüber hinaus wird bei manchen ein buschigerer Wuchs oder eine zusätzliche Blüte angeregt.

Mit Ausnahme vom Absammeln der abgestorbenen Blätter, das immer dann getan werden sollte, wenn man sie entdeckt, ist die Pflege eine Arbeit, die man einmal pro Woche machen sollte. Die meisten Arbeiten müssen weniger häufig ausgeführt werden, wenn Sie es aber zur Routine werden lassen, werden Sie mögliche Schädlinge, Krankheiten und Mangelerscheinungen früher feststellen. Durch eine genaue Inaugenscheinnahme lernt man auch, die Pflanzen mehr zu schätzen, wovon Sie selbst und auch Ihre Pflanzen profitieren.

DAS RICHTIGE WERKZEUG

Das meiste, was Sie an Werkzeug für die Pflege Ihrer Zimmerpflanzen brauchen, haben Sie wahrscheinlich im Haushalt. Vielleicht wollen Sie ein handelsübliches Blattglanzspray verwenden oder eine Gartenschere kaufen, aber ein Schwamm oder ein weiches Tuch und eine Küchenschere erfüllen den gleichen Zweck.
Es empfiehlt sich, sich einen kleinen Pflegesatz, eventuell in einer Schachtel, zuzulegen, den Sie während der Pflege Ihrer Pflanzen mit sich herumtragen können.
Dieser sollte enthalten:

- Eine scharfe, spitze Schere oder eine Garten- oder Blumenschere.
- Einige Kanthölzer zur Stütze.
- Eine Rolle weiche Gartenschnur, vorzugsweise grün, oder Metallringe. Für einige Arbeiten ist eine Rolle mit grünem Plastikdraht hilfreich.
- Ein Schwamm, um glänzende Blätter abzuwischen.
- Eine kleine Malerbürste, um haarige Blätter zu reinigen.

Entfernen von verblühten Blüten

Dies hält Ihre Pflanze ordentlich und regt in vielen Fällen die Bildung von neuen Knospen an. Es hält auch Krankheiten ab: Pilzinfektionen beginnen häufig bei abgestorbenen oder vertrockneten Blüten, bevor sie auf die Blätter übergreifen.

Bei Pflanzen mit Unmengen von kleinen Blüten, zum Beispiel einer faserwurzelnden Begonie (*B. semperflorens*), ist es schwierig, die Blüten oft genug zu entfernen; wenn Sie diese Mühe allerdings nicht auf sich nehmen, werden die herabgefallenen Blüten die Möbel beschmutzen und das Aussehen der Pflanze leidet ebenfalls.

Mit Ausnahme von Pflanzen mit Blütenrispen, sollten Sie die Blütenstiele zusammen mit den Blüten entfernen.

Manchmal sind die Blütenstiele sehr einfach mit der Hand zu entfernen, indem man sie gleichzeitig dreht und zieht.

Bei Blüten an Rispen oder mit großen Blütenköpfen, wie bei einer Hydrangea, schneiden Sie den ganzen Blütenkopf oder die Rispe nach der Blüte bis direkt oberhalb eines Blattpaares zurück.

Blätter

Staub und Schmutz sammelt sich auf Blättern genauso wie auf Möbeln, was man allerdings nicht sofort erkennt, wenn die Blätter nicht glänzend sind. Dies bedeutet nicht nur eine Vernachlässigung, es schädigt die Pflanze auch, indem das Licht, das auf die Blätter fällt, reduziert und so die Photosynthese, der Prozess, mit dem die Pflanze Energie zum Wachsen produziert, behindert wird.

Wischen Sie glatte Blätter mit einem weichen, feuchten Tuch ab. Für einen schönen Glanz fügen manche Leute zum Wasser etwas Milch hinzu. Als Alternative können Sie ein handelsübliches Blattglanzspray verwenden. Es gibt Blattreiniger zum Sprühen und Sprayen, oder imprägnierte Tücher. Wenn Sie ein Spray verwenden, beachten Sie sorgsam die Herstelleranweisungen und halten Sie

Blätter entfernen
Früher oder später haben alle Pflanzen abgestorbene Blätter. Selbst immergrüne Pflanzen verlieren von Zeit zu Zeit alte Blätter. Lassen Sie das Aussehen der Pflanze nicht darunter leiden; die meisten kann man mit einem leichten Ziehen einfach entfernen, kräftigere sollten abgeschnitten werden.

Blatttücher
Vielleicht schätzen Sie die handelsüblichen Blatttücher. Sie geben großen, glänzenden Blätter einen schönen Glanz.

Absammeln von verblühten Blüten
Das Absammeln von verblühten Blüten lässt Ihre Pflanze ordentlich aussehen und reduziert die Gefahr, dass abgestorbene Blütenblätter das Ausbreiten von Pilzen und anderen Krankheiten fördern. Manche Pflanzen verschmutzen auch den Tisch oder das Fensterbrett, wenn die Blüten einfach abfallen können.

Blätter tauchen
Wenn die Pflanze klein genug ist, können Sie die Blätter in eine Schale mit lauwarmem Wasser tauchen. Machen Sie dies nicht, wenn die Pflanze haarige oder empfindliche Blätter hat.

insbesondere die empfohlene Entfernung von der Sprühflasche zur Pflanze ein.

Tücher und Sprays sind für haarige Blätter nicht geeignet. Verwenden Sie stattdessen einen kleinen Pinsel. Kakteen können Sie auf die gleiche Art abstauben.

Kompakte, nicht blühende Pflanzen, die keine haarigen Blätter haben – Aglaonemas zum Beispiel – können gereinigt werden, indem man die Blätter in einer Schale mit lauwarmem Wasser schwenkt. Achten Sie aber darauf, dass die Pflanze nicht in direktem Sonnenlicht trocknet, weil sonst die Blätter verbrennen können.

Formen und Trimmen

Sie können die Form der meisten Zimmerpflanzen verbessern, indem Sie die treibenden Spitzen kappen, damit die Pflanze nicht lang und schlaksig wird.

Wenn Sie die Spitzen der Triebe entfernen, wird die Pflanze buschiger. Impatiens, Hypoestes, Pileas und Tradescantia gehören zu den Pflanzen, die von so einer Behandlung profitieren.

Kletter- und Rankpflanzen brauchen regelmäßige Aufmerksamkeit. Binden Sie neue Triebe an die Stützen und schneiden Sie alle langen Triebe ab, die die Form stören.

Mit dem Schwamm arbeiten
Pflanzen mit glänzenden Blättern, wie dieser Fikus, sehen eleganter aus, wenn Sie die Blätter gelegentlich mit einem feuchten Schwamm abwischen. Zudem kann Staub die Lichtintensität verringern und die Poren verstopfen, durch die die Pflanze „atmet".

Blätter abbürsten
Pflanzen mit haarigen Blättern, wie diese Saintpaulia, sollten nicht mit einem Schwamm oder einem Blattglanzspray behandelt, sondern gelegentlich mit einem weichen Pinsel abgebürstet werden.

Ausgeizen
Wenn Sie eher eine buschige anstatt eine hohe oder ausufernde Pflanze haben wollen, geizen Sie die Triebe einige Male aus, solange die Pflanze noch jung ist. Dies regt die Bildung von Seitentrieben an, wodurch ein buschigerer Wuchs erzielt wird. Die meisten Pflanzen reagieren auf diese Behandlung, wenden Sie dies aber nicht bei langsam wachsenden Sorten an.

URLAUBSPFLEGE

Urlaub ist gut für uns, aber nicht für Pflanzen. Sofern Sie keinen freundlichen Nachbarn haben, der als Pflanzensitter einspringt, müssen Sie nach Wegen suchen, wie Sie die Pflanzen in der Zeit Ihrer Abwesenheit bewässern.

Die meisten Zimmerpflanzen überleben im Winter einige Tage oder sogar eine Woche, wenn sie vorher gut gegossen wurden, insbesondere, wenn die Heizung heruntergedreht ist. Bei heissen Sommertemperaturen müssen Sie jedoch spezielle Vorkehrungen treffen, wenn Sie länger als ein langes Wochenende weg sind.

Wenn Sie keinen Nachbarn haben, der Ihre Pflanzen alle paar Tage gießt, dann treffen Sie die folgenden Vorkehrungen:

- Stellen Sie im Sommer so viele Pflanzen wie möglich nach draußen. Wählen Sie einen schattigen, geschützten Standort und graben Sie die Töpfe bis zum Rand in die Erde ein. Geben Sie dann eine dicke Mulchschicht aus Rindenschnitzel oder Torf über die Töpfe, um sie kühl zu halten und die Feuchtigkeit zu konservieren. Wenn Sie vor Ihrer Abreise gut gewässert werden, überstehen die meisten Pflanzen so eine Woche, selbst wenn es nicht regnet.
- Stellen Sie Pflanzen, die zu empfindlich sind, um sie nach draußen zu stellen, in einer Gruppe zusammen an einen kühlen Standort ohne direkte Sonneneinstrahlung.
- Stellen Sie so viele Pflanzen wie möglich auf eine Schale mit Kies, die bis zum Topfboden mit Wasser gefüllt ist. Auch wenn dadurch die Erde nicht gewässert wird, sorgt die feuchte Luft dafür, dass die Pflanzen in gutem Zustand bleiben.
- Stellen Sie sicher, dass die empfindlichsten Pflanzen eine Art von Bewässerungssystem haben.

Eigenes Bewässerungssystem

Es gibt viele Bewässerungsgeräte zu kaufen und immer neue – normalerweise Abwandlungen von bestehenden Geräten – kommen jedes Jahr auf den Markt. Die meisten arbeiten nach einem der folgenden Prinzipien:

Poröse Speicher werden in die Erde gesteckt und mit Wasser gefüllt. Das Wasser entweicht durch die porösen Wände über eine Zeitspanne von einigen Tagen bis zu einer Woche. Sie sind über eine kurze Zeitspanne für ein oder zwei Töpfe geeignet, da Sie aber einen für jeden Topf brauchen und der Speicher klein ist, ist ihre Verwendung begrenzt.

Keramikpilze arbeiten nach dem gleichen Prinzip, aber die Oberseite ist versiegelt und sie enthalten einen Verbindungsschlauch zu einem größeren Wasserbehälter (wie ein Eimer). Wenn das Wasser durch die poröse Wand sickert, entsteht ein Unterdruck und frisches Wasser wird aus dem Speicher gezogen. Diese einfache, aber wirkungsvolle Vorrichtung hält Ihre Pflanze für mehrere Wochen feucht, aber auch hier gilt: Sie brauchen eine Vorrichtung für jeden Topf!

Dochte werden zum Einführen in den Topfboden angeboten, der dann auf einen Wasserspeicher gestellt wird. Dies ist eine gute Methode, wenn Sie eine Handvoll Pflanzen haben, andernfalls wird es schwierig, sie zu installieren.

Künstliche Bewässerungen, die für das Gewächshaus und den Garten angeboten werden, sind eine gute Lösung. Sie können teuer sein und sind - wenn Sie einen tragbaren Wasserspeicher wählen – nicht sehr elegant für den Hausgebrauch, aber das spielt ja keine Rolle, solange Sie nicht zu Hause sind.

Improvisieren

Zwei zuverlässige Systeme verwenden das Küchen- oder Badezimmerwaschbecken und Kapillarmatten, die in allen guten Gartencentern und Baumärkten erhältlich sind.

Schneiden Sie für das Waschbecken ein langes Stück der Matte ab, das in das Drainageloch passt und lang genug ist,

Kurzzeitige Urlaubspflege
Wenn Sie Ihre Pflanzen für eine Zeitlang allein lassen, gruppieren Sie sie in einem großen Behälter. Stellen Sie sie auf nasse kapillare Matten und achten Sie darauf, dass auch die Erde feucht ist. Wenn Sie sie für mehr als ein paar Tage allein lassen, sollten Sie für eine Möglichkeit sorgen, die Matte feucht zu halten.

Improvisierte Dochte
Machen Sie Ihre eigenen improvisierten Dochte, indem Sie Kapillarmatten in Streifen schneiden. Stellen Sie sicher, dass die Dochte und die Erde feucht sind und der Docht fest in die Erde gesteckt ist, bevor Sie abreisen.

Feuchtigkeit konservieren
Wenn Sie die Pflanze wie hier in eine aufgeblasene Plastiktüte stellen, bewahrt das die Feuchtigkeit für eine relativ lange Zeit, wenn sie jedoch zu lange darin belassen wird, besteht die Gefahr, dass die Blätter verrotten. Versuchen Sie, dass die Blätter die Tüte nicht berühren.

um in das Becken zu reichen. Füllen Sie das Waschbecken mit Wasser als Speicher oder lassen Sie das Leitungswasser ohne Stöpsel auf die Matte tropfen, um sie feucht zu halten. Wenn Sie den Wasserhahn tropfen lassen, machen Sie zuerst einen Probelauf, damit Sie sicher sein können, dass die Matte feucht bleibt, ohne Wasser zu verschwenden. Wenn Sie das Wasser in der Badewanne lassen wollen, dann stellen Sie die Matte und die Pflanzen auf eine Holzplanke, die mit Ziegelsteinen gestützt ist, um etwas Platz über dem Wasser zu lassen. Denken Sie daran, dass Tontöpfe, deren Drainagelöcher mit Tonscherben bedeckt sind, von dieser Methode nicht wirkungsvoll profitieren können (auch wenn Sie kleine Dochte in die Löcher stecken können). Das System funktioniert am besten bei Zimmerpflanzen in Plastiktöpfen, bei denen die Drainagelöcher offen sind.

Widerstandsfähige Pflanzen
Viele der widerstandsfähigeren Pflanzen können im Freiland mit ihren Töpfen in den Boden eingegraben werden. Wählen Sie einen schattigen Standort, wässern Sie die Pflanzen gründlich und bedecken Sie die Oberseite der Töpfe mit einer dicken Lage Rindenschnitzel.

Poröse Rieseler
Poröse Rieseler sind hilfreich, wenn Sie Ihre Pflanzen nur für wenige Tage allein lassen. Achten Sie darauf, dass die Erde feucht ist und füllen Sie die Speicher dann mit Wasser.

Poröse Dochte
Verwenden Sie eine lange Nadel, um die Dochte durch die Erde und durch das Drainageloch am Topfboden zu ziehen.

Keramikpilze
Keramikpilze können sehr wirkungsvoll sein. Wenn das Wasser durch den porösen Behälter sickert, entsteht ein Unterdruck, wodurch mehr Wasser aus dem Speicher gesaugt wird. Vorausgesetzt, der Speicher ist groß genug, können Sie Ihre Pflanze so für eine Woche oder länger versorgen.

Im Badezimmer
Das Badezimmer ist ein guter Standort, um Ihre Pflanzen auf Kapillarmatten feucht zu halten: Sie können die Pflanzen auch ohne Matte auf poröse Ziegelsteine stellen. Machen Sie einen Probelauf um zu testen, dass der Stöpsel das Wasser ohne Versickern hält.

Hydrokultur

Hydrokultur – auch bekannt als Hydroponik – ist eine Methode, Pflanzen ohne Erde zu ziehen. Ein Bewässern ist normalerweise nur alle paar Wochen erforderlich und Düngen ist eine Aufgabe, die nur zweimal im Jahr durchgeführt werden muss. Hydrokultur beschert Ihnen gesunde Pflanzen mit einem Minimum an Aufwand.

Hydroponik ist eine höchst wissenschaftliche Methode, um Pflanzen zu kultivieren – mit Nährstofflösungen, die mit teuren Überwachungsgeräten sorgfältig kontrolliert werden. Die Systeme jedoch, die zu Hause von Amateuren verwendet werden – und allgemein als Hydrokultur bezeichnet werden – sind einfach und können selbst von absoluten Anfängern erfolgreich eingesetzt werden.

Sie können Pflanzen kaufen, die bereits hydroponisch gezogen sind. Dies ist die beste Methode für den Anfang, da Sie auf jeden Fall entsprechende Behälter, Tongranulat und Spezialdünger kaufen müssen. Wenn Sie aber erst einmal erkannt haben, wie einfach diese Pflanzen in der Pflege sind, werden Sie vielleicht Ihre eigenen Pflanzen ziehen wollen.

Pflegeroutine

Warten Sie, bis der Wasseranzeiger auf Minimum steht, wässern Sie aber nicht sofort. Gönnen Sie der Pflanze zwei oder drei Tage, bevor Sie nachfüllen. Füllen Sie das Wasser nicht bis zum Maximalstand auf – es ist wichtig, dass Luft bis in den unteren Bereich eindringen kann.

Verwenden Sie immer Leitungswasser, da der spezielle Ionen-Austauscher-Dünger auf den im Leitungswasser enthaltenen Chemikalien basiert, um zu wirken.

Achten Sie darauf, dass das Wasser Raumtemperatur hat. Weil es keine Erde gibt, hat kaltes Wasser eine sofortige Abkühlungswirkung auf die Pflanze, was eine allgemeine Fehlerursache bei Hydrokulturpflanzen ist.

Notieren Sie sich, wann Sie den Dünger ersetzen und erneuern Sie ihn alle sechs Monate. Manche Systeme verwenden den Dünger in einer „Batterie“, die in einem speziellen Hydrokulturtopf eingebaut ist; sie können ihn aber auch einfach auf die Oberfläche sprenkeln, damit er mit etwas Wasser eingewaschen wird.

Hydrokulturpflanzen wachsen genau wie Pflanzen in Erde. Da die Wurzeln nicht nach Feuchtigkeit und Nährstoffen suchen müssen, ist das Wurzelsystem normalerweise kleiner als bei vergleichbaren Pflanzen in Erde, aber mit der Zeit müssen auch diese Pflanzen umgetopft werden, vor allem, wenn der Wuchs nicht mehr zur Proportion des Topfes passt.

Entfernen Sie die Pflanze so vorsichtig wie möglich. Möglicherweise müssen Sie den inneren Behälter aufschneiden, damit die Wurzeln möglichst wenig beschädigt werden. Manchmal können Sie die Pflanze auch im Innenbehälter lassen und nur einen größeren Außenbehälter verwenden. Wenn sich ein sehr großes und verzweigtes Wurzelsystem gebildet hat, kann ein Erziehungsschnitt erforderlich sein. Sowohl die Wurzeln als auch die obere Pflanze können erfolgreich zurückgeschnitten werden, dies hängt jedoch hauptsächlich von der Art der Pflanze ab.

Wie Hydrokultur funktioniert

Pflanzen können verschiedene Arten von Wurzeln bilden: Bodenwurzeln und Wasserwurzeln. Wenn Sie einen Steckling in Wasser wurzeln lassen, bildet er Wasserwurzeln, sobald er aber in Erde gesetzt wird, beginnt er Bodenwurzeln zu bilden. Daher ist der Wechsel zwischen Erd- und Wasserkultivierung in beide Richtungen schwierig. Wenn die Pflanze jedoch die Übergangsphase überstanden hat, kann eine Hydrokulturpflanze ihre Feuchtigkeit und Nährstoffe aus der Lösung am Boden des Behälters ziehen, während die oberen Teile den notwendigen Sauerstoff absorbieren können.
Der Füllstand der Nährlösung ist entscheidend. Wenn Sie den Speicher mit zu viel Wasser füllen, ist nicht genügend Luftzwischenraum für die Wurzeln vorhanden, um genügend Sauerstoff zu absorbieren und die Pflanze wird eingehen.

Eine neue Pflanze setzen

1 Wählen Sie eine junge Pflanze und waschen Sie die Erde von den Wurzeln ab. Achten Sie darauf, die Wurzeln nicht zu verletzen. Setzen Sie die Pflanze in einen Behälter mit latten- oder gitterförmigen Seiten.

5 Befüllen Sie den Topf mit weiterem Tongranulat, um den Innentopf und den Wasseranzeiger zu sichern.

2 Packen Sie Blähtongranulat um die Wurzeln – achten Sie darauf, sie so wenig wie möglich zu beschädigen.

3 Setzen Sie den Innentopf in einen größeren, wasserdichten Behälter. Füllen Sie zuerst Tongranulat auf den Boden, um den Innentopf anzuheben, so dass er etwa einen Zentimeter unterhalb des Topfrandes sitzt.

4 Setzen Sie das Wasserstandsrohr ein. Wenn Sie keines finden können, das den Wasserstand anzeigt, dann nehmen Sie eines, das anzeigt, wie feucht die Wurzeln sind.

6 Streuen Sie den Hydrokultur-Spezialdünger über das Tongranulat.

7 Waschen Sie den Dünger ein, während Sie den Topf bis zur Maximalanzeige mit Wasser füllen. Wenn die Anzeige den Wasserstand nicht anzeigt, füllen Sie Wasser bis zu einem Viertel des Fassungsvermögens des Topfes auf. Wässern Sie erneut, sobald die Anzeige auf „trocken" steht. Füllen Sie immer mit Leitungswasser auf.

8 Nach ein paar Monaten wird die Zimmerpflanze gut gedeihen.

Geeignete Pflanzen

Nicht alle Pflanzen sprechen auf Hydrokultur an – es kann also etwas Experimentieren notwendig sein. Die Bandbreite ist jedoch erstaunlich weit und umfasst Kakteen und Sukkulenten (bei diesen ist es besonders wichtig, eine entsprechende „Trockenperiode" einzuhalten, bevor Sie neues Wasser nachgießen, und den Wasserstand nicht zu hoch werden zu lassen) sowie Orchideen.

Versuchen Sie es am Anfang mit Pflanzen aus der folgenden Liste oder lassen Sie sich von Hydrokulturpflanzen im Fachhandel inspirieren. Später, wenn Sie etwas mehr Erfahrung haben, können Sie mit weiteren Pflanzen experimentieren. *Aechmea fasciata*, Aglaonema, Amaryllis, Anthurium, Asparagus, Aspidistra, Beaucarnea, *Begonia manicata*, *Begonia rex*, Kakteen*, Cissus, Clivia, Codiaeum, Dieffenbachia, Dizygotheca, Dracaena, *Euphorbia pulcherrima*, Ficus, Gynura, Hedera, Hibiscus, Hoya, Maranta, Monstera, Nephrolepis, Philodendron, Saintpaulia, Sansevieria, Schefflera, *Spathiphyllum wallisii*, Stephanotis, Streptocarpus, Tradescantia, *Vriesea splendens*, Yucca.

* *Die meisten Kakteen können hydroponisch gezogen werden, es ist jedoch wichtig, dass der Wasserstand sorgfältig reguliert wird. Wenn der Wasserstand zu hoch ist, wird die Pflanze bald eingehen.*

Störungen und Mängel

Nicht alle Probleme werden von Schädlingen und Krankheiten verursacht. Manchmal können physiologische Probleme, wie Kälteschock und Zugluft oder auch ein Mangel an Nährstoffen, die Ursache sein.

Einem physiologischen Problem auf den Grund zu gehen, erfordert etwas Detektivarbeit. Die Beschreibungen von einigen bekannten Problemen helfen zwar, einige mögliche Ursachen aufzuzeigen, achten Sie aber auf alles, was die tägliche Routine gestört haben könnte. Indem Sie alle Einzelteile zusammenfügen, können Sie oft Rückschlüsse auf die möglichen Ursachen ziehen und so erkennen, was Sie tun müssen, um eine Wiederholung zu vermeiden.

Temperatur

Die meisten Zimmerpflanzen tolerieren kühle, aber frostfreie Temperaturen. Es ist der plötzliche Temperaturwechsel oder eisige Zugluft in einem warmen Raum, die die meisten Probleme verursachen. Wenn die Blätter abfallen, kann das aufgrund der Temperatur geschehen. Dies passiert häufig bei neu gekauften Pflanzen, die draußen aufgebaut waren oder auf dem Heimweg einen Kälteschock erlitten haben. Blätter, die geschrumpft und leicht durchsichtig aussehen, haben eventuell Frost bekommen.

Harte Pflanzen, wie *Euonymus japonicus* können ihre Blätter verlieren, weil sie im Winter zu warm stehen. Auch Beeren fallen vorzeitig ab, wenn die Temperatur zu hoch ist.

Licht und Sonne

Pflanzen, die sehr viel Licht brauchen, werden lang und schlaksig, wenn das Licht schlecht ist. Ein einseitiger Wuchs ist ein weiterer Hinweis auf ungenügende Lichtverhältnisse. Wenn Sie die Pflanze nicht an einen helleren Standort stellen können, drehen Sie den Topf jeden Tag um 45° (machen Sie am Topf eine kleine Markierung als Hilfe). Licht ist eine gute Sache, aber direktes Sonnenlicht, das eventuell noch durch Glas verstärkt wird, kann Blätter verbrennen – das Ergebnis sind braune, papierartige Stellen auf den Blättern. Gemustertes Glas ist ein besonderes Problem, da es wie ein Brennglas wirkt und an den betroffenen Stellen zu trockenen, braunen Flecken führt.

Vernachlässigung
Diese Pflanze zeigt klare Anzeichen von Stress und Nährstoffmangel. In diesem Fall ist es wohl besser, die Pflanze auszurangieren.

Sonnenflecken
Pflanzen, die nicht an ein Wachstum in sehr hellem Licht angepasst sind, werden leicht von starkem Sonnenlicht, das durch die Fensterscheiben noch verstärkt wird, verbrannt. Diese Dieffenbachia leidet an Brandspuren.

Feuchtigkeit

Trockene Luft kann bei empfindlichen Pflanzen zu braunen und papierartigen Spitzen führen.

Wässern

Zu wenig Wasser und eine ausgetrocknete Erde sind die häufigsten Gründe, dass eine Pflanze welkt und eingeht. Wenn die Pflanze eingeht und sich die Erde sehr nass anfühlt oder Wasser im Übertopf steht, ist der Grund wahrscheinlich eine Überwässerung.

Auswirkungen von Überwässerung
Wenn die unteren Blätter gelb werden, ist das oft ein Zeichen von zu starker Wässerung, kann aber auch die Ursache eines Kälteschocks sein, wenn es im Winter passiert. Dies ist eine Fatshedera lizei, die Anzeichen von Überwässerung zeigt.

Aerosolflecken
Eine Pflanze kann auch durch Sprays (sogar durch Spray, das ein Insektizid für Zimmerpflanzen enthält) beschädigt werden. Diese Dieffenbachia hat viele Blätter verloren, andere sind verbrannt, weil ein Insektenspray zu dicht an der Pflanze verwendet wurde.

Auswirkungen von trockener Luft
Trockene Luft ist ein spezielles Problem für die meisten Farne. Diese Adiantum zeigt Anzeichen von niedriger Feuchtigkeit.

Düngen

Fahle Blätter und kurzer, gedrungener Wuchs können auf einen zu geringen Nährstoffgehalt in der Erde zurückzuführen sein. Geben Sie für einen sofortigen Energieschub einen Flüssigdünger. Bestimmte Pflanzen, wie Zitrusfrüchte und Rhododendren können Anzeichen von Eisenmangel haben (gelbe Blätter), wenn sie in alkalische Erde gepflanzt werden. Düngen Sie mit einem Chelateisen (gelöst) und verwenden Sie das nächste Mal beim Umtopfen Moorbeeterde (Spezialmischung für Pflanzen, die kein Kalk vertragen).

Abfallende Knospen

Abfallende Knospen werden oft durch trockene Erde oder trockene Luft verursacht, manchmal liegt es aber auch daran, dass die Pflanze bewegt oder gedreht wurde, während sich die Knospen entwickelt haben. Die Pflanze nimmt es übel, wenn sie ihre Knospen auf die neuen Lichtverhältnisse ausrichten muss.

Dehydration
Diese Thunbergia zeigt die klassischen Symptome einer dehydrierten Pflanze. Die sehr trockene Erde bestätigt die Ursache. Die beste Behandlung besteht darin, dass Sie den Topf für mehrere Stunden in eine Schale mit Wasser stellen, bis die Erde komplett vollgesaugt ist. Torferde, die völlig ausgetrocknet ist, ist besonders schwierig neu zu befeuchten, aber einige Tropfen eines milden Haushaltsreinigers als Zusatz zum Wasser können dabei helfen.

Abfallende Knospen
Abfallende Knospen werden häufig von trockenen Wurzeln oder Überwässerung verursacht, oder wenn die Pflanze umgestellt wird, während sie Knospen bildet.

Reise in die alte Heimat

Schlesien in 1000 Bildern

Für den einen die Heimat, für andere ein unbekanntes Land, so ist Schlesien doch für alle immer eine Reise wert. Wer nicht gleich losfahren möchte, kann sich hier auf eine interessante Reise in tausend Bildern begeben. Die hier abgebildeten Postkarten und Fotos stammen aus privaten Archiven, spiegeln die damalige Zeit und geben einen authentischen Eindruck vom einstiegen Leben in Schlesien. Landschaft und Landwirtschaft, Industrie und Natur, Städte und Dörfer und natürlich das private Leben werden abgebildet und anschaulich beschrieben. Ein Buch aus der alten Heimat, das so manche Erinnerungen weckt.

Hardcover, vierfarbig,
Format 225 x 295 mm, 376 Seiten
ISBN 978-3-941557-20-8
€ 19,95

Ostpreußen in 1000 Bildern

Ostpreußen – das Land zwischen Memel und Weichsel: Dunkle Wälder und fruchtbare Getreidefelder, meerumbrandete Küsten und einsame Seen, wehrhafte Burgen und verträumte Dörfer. 1000 Bilder geben einen Eindruck vom Leben in Ostpreußen – eine ausführliche Zusammenstellung von bisher unveröffentlichten Aufnahmen der Sammlung Koschwitz. Ein Buch aus der Heimat, das so manche wehmütige Erinnerung weckt.

Hardcover, vierfarbig,
Format 225 x 295 mm, 400 Seiten
ISBN 978-3-941557-25-3
€ 19,95

„Wer das Himmelreich nicht kennt, der hat umsonst gelebt", sagen die Schlesier. So ist das Himmelreich das Nationalgericht der Schlesier, das nicht nur wegen der Klöße geliebt wird. In diesem liebevoll gestalteten Kochbuch finden sich die besten Rezepte der schlesischen Küche, wie sie die Großmutter traditionell gekocht hat.

ISBN 978-3-941557-71-0
€ 9,95

Brandenburgisches Verlagshaus
Math. Lempertz GmbH, Hauptstr. 354, 53639 Königswinter,
Tel.: 02223-900039, Fax: 02223-900038
E-Mail: info@edition-lempertz.de
Besuchen Sie auch unsere Homepage:
www.edition-lempertz.de